亲历中国经济70年

郑新立经济理论纪年

郑新立 墨白 江媛 编著

中信出版集团 | 北京

图书在版编目（CIP）数据

亲历中国经济70年：郑新立经济理论纪年 / 郑新立，墨白，江媛编著. -- 北京：中信出版社，2019.9

ISBN 978-7-5217-0851-6

Ⅰ. ①亲… Ⅱ. ①郑… ②墨… ③江… Ⅲ. ①中国经济－经济发展－研究 Ⅳ. ①F124

中国版本图书馆CIP数据核字(2019)第162281号

亲历中国经济70年：郑新立经济理论纪年

编　　著：郑新立　墨白　江媛

出版发行：中信出版集团股份有限公司

（北京市朝阳区惠新东街甲4号富盛大厦2座　邮编　100029）

承 印 者：北京盛通印刷股份有限公司

开　　本：787mm × 1092mm　1/16　　印　　张：41

彩　　插：32页　　字　　数：568千字

版　　次：2019年9月第1版　　印　　次：2019年9月第1次印刷

广告经营许可证：京朝工商广字第8087号

书　　号：ISBN 978-7-5217-0851-6

定　　价：128.00元

序一

中国经济体制改革在理论上的突破[1]

蒋正华

中国经济在过去40年取得了巨大成就，这个成就主要来自成功地进行了改革，而改革的成功又主要在于理论的突破和新体制的建立。我们在经济理论上主要有哪些突破，在认识上有哪些转变，并建立了哪些新制度呢？这些是国内外广泛关注的焦点，大体可归纳为以下几方面的内容。

中国仍处于并将长期处于社会主义初级阶段。中国是在一个落后的农业国的基础上建立起社会主义制度的。改革开放前，我们实行的经济体制和政策超越了生产力的发展阶段，认为公有制程度越高越好，分配越平均化越好，结果阻碍了经济发展。事实使我们清醒地认识到，社会主义仍处于初级阶段，体制和政策一定要与生产力发展水平相适应。只有基于这一认识，我们才能在改革中大胆建立起一整套有利于生产力发展的新制度、新政策。

确立了社会主义市场经济体制。改革开放前我们实行的是计划经济体制，实践证明这种制度束缚了生产力发展。40年来我们始终坚持市场取向的改革，从提出发挥市场对资源配置的基础性作用，到提出发挥市场对资源配置的决定性作用，不断为经济发展注入活力。同时，注意不断改进和发挥好政府的引导和管理作用。两者有机结合，形成了经济发展的动力机制和平衡机制，推动了经济平稳健康快速发展。

坚持公有制经济与非公有制经济共同发展。在坚持公有制为主体的同时，放手发展私营、个体等非公有制经济。国有企业建立现代企业制度，吸收民营企业入股，发展混合所有制经济，在规范的股份制的基础

[1] 本文原为郑新立所著《奇迹是如何创造的——中国经济改革和发展40年轨迹》一书的序言。

上建立科学的治理结构，使混合所有制成为公有制的主要实现方式。民营经济从无到有、迅速壮大，对国民经济的发展发挥了重要作用。

实行按劳分配与按要素分配相结合。打破“大锅饭”和“平均主义”，是改革的重要突破。从允许一部分人、一部分地区先富起来，到先富帮后富，最终实现共同富裕；从效率优先、兼顾公平，到效率与公平并重，反映了我们在分配问题上不断进行政策调整的过程。如何解决收入差距过大、实现共享发展，正在成为政府着力解决的问题。

农村实行土地家庭联产承包责任制。20 世纪 80 年代初，改革率先从农村开始，通过推行土地家庭联产承包责任制，调动了农户的生产积极性，推动了农业大发展。现在，正在推行土地所有权、承包权、经营权三权分置改革，促进土地规模化、专业化经营，以加快实现农业现代化。促进农村多种产业融合，加快乡村振兴。

始终坚持以开放促改革、促发展。从改革初期兴办经济特区，到开放沿海城市，再到沿边和内陆地区对外开放，我国逐步形成梯次开放格局。近几年建立自由贸易区和探索建立自由贸易港、进一步放宽外资进入领域、降低进口关税等，中国经济的开放程度越来越高，开放型经济体系正在形成。事实证明，中国已经走出一条以开放促改革、促发展的道路。

郑新立所著《奇迹是如何创造的——中国经济改革和发展 40 年轨迹》一书，记录了中国改革开放和经济发展的过程，揭示了中国改革和发展的成功经验。由于作者长期从事党中央和国务院有关改革发展文件的起草工作，长期从事经济理论和经济政策研究，长期参与或主持发展项目规划，经常在各地进行调查研究，因此，他的文章更能准确地反映 40 年中央有关改革发展的决策背景、决策内容和决策落实的情况，特别是对上述六个方面重大改革理论的突破，书中都有比较详尽的阐述。对于希望全面了解中国改革经验的人，阅读这本书是一个捷径。

蒋正华

2018 年，北京

序二

一部解读中国经济成功秘诀的书[1]

厉以宁

2018年是中国改革开放40周年。40年前，中国之所以要进行改革，主要是基于对前30年实行传统计划经济体制的反思，实践证明，这种体制阻碍了生产力发展。对社会主义经济体制主动地、自觉地进行改革，是一件史无前例的伟大事业，这是实事求是的唯物主义思想路线的胜利，是中国共产党新的伟大觉醒。

在一个十亿以上人口的大国进行经济体制改革，必须有理论指导和统一部署，必须制定明确的方针和政策，必须先试验、后推广。因此，研究改革的理论，制定改革的方案和政策，就成为摆在全党面前的重大任务。改革从农村开始，继而推向城市；从搞活微观经济主体开始，进而推行宏观经济体制改革；从沿海地区开始对外开放，逐步扩展到全国。正确的改革理论和政策来自实践，来自广大基层群众和干部的创造。大兴调查研究之风，总结基层的改革经验，把实践证明行之有效的改革措施上升到理论，形成指导全国的改革方案，成为顺利推进改革的正确方法。这是一场大规模的社会革命。各级党政机构和学术研究机构的大批人员都在探索和研究改革的有关问题。我们从对各个国家经济体制的比较研究中吸取有益的经验和借鉴。从20世纪80年代开始，形成了新中国成立后经济理论和改革思想最为活跃的时期，涌现了一大批献身于改革的思想家、理论家和积极的探索者。虽然大家的观点不尽相同，有时在一些问题上还存在一些争执，但是由于改革的目标一致，大家都能相互理解。特别是当党的中央全

[1] 本文原为郑新立所著《奇迹是如何创造的——中国经济改革和发展40年轨迹》一书的序言。

会做出改革的决定之后，大家都把思想认识统一到中央精神上来，自觉地同党中央保持一致。各方面形成合力，同心协力把改革推向前进。

郑新立先生早在改革初期就在中共中央书记处研究室从事经济理论和经济政策研究工作，之后到国家计划委员会从事经济政策研究，2000 年之后，又到中共中央政策研究室。2009 年退休后，协助国务院原副总理创办了中国国际经济交流中心，继续研究中央经济政策并提供咨询。在长期的工作实践中，围绕中央有关改革文件和国家五年计划（规划）的起草工作，积极开展有关重大问题的研究，对党中央和国务院做出的重大决策进行阐释。由于他的勤奋努力，写出了大量经济理论文章，主要发表在《人民日报》《求是》《经济日报》《光明日报》等报刊上。他还撰写和主编了一些经济著作，主要也是围绕中央重大决策的研究和解读。郑新立在研究工作中能够独立思考，敢于从实际出发大胆提出一些政策性建议，如 1997 年在面对亚洲金融危机冲击时，提出发行长期建设债券用于基础设施建设的建议，2013 年提出建立亚洲基础设施投资银行的建议等，在得到党和国家领导人的肯定和实施之后，在实践中都取得了很好的效果。对于一个智库研究人员来说，能够深入研究问题，敢于提出建议并坚持自己的意见，这是难能可贵的，也是对从事经济研究人员的基本要求。

郑新立的论文中不乏经济理论创新，他提出把最终产品率作为评价宏观经济效益的重要指标、提高居民收入占国民总收入的比重和居民消费率、合理投资规模的界限、混合所有股份制是公有制的主要实现形式、建立城乡统一的房地产市场等，以及他在创立市场经济条件下的发展计划学和现代政策学方面的努力，都具有重要的创新价值。作为千万个改革理论和政策探索者中的一员，他以自己的努力做出了应有的贡献。

回顾改革开放 40 年的历程，有许多成功的经验值得总结。由商务印书馆发行中文版和斯普林格出版社发行英文版的《奇迹是如何创造的——中国经济改革和发展 40 年轨迹》一书，是从郑新立多年来发表的重要文章中精选出来的，真实地记录了改革开放各个时期的重大突破，记录了改革与发展如何相互促进、紧密结合，从不同侧面回答了中国40年的经济奇迹是如何创造出来的。它的出版，对于希望了解中国改革发展经验的人将会有所帮助。

2017年中国共产党第十九次全国代表大会确立了习近平新时代中国特色社会主义思想在全党的指导地位，明确了新的奋斗目标。到2020年将全面建成小康社会，到2035年基本实现社会主义现代化，到21世纪中期把我国建成富强、民主、文明、和谐、美丽的社会主义现代化强国。实现未来30多年的奋斗目标，需要继续全面深化经济体制、政治体制、文化体制、社会体制、生态文明体制和党的建设制度改革，增强改革的系统性、整体性、协同性，推进国家治理体系和治理能力现代化。改革不断深化，理论之树常青。根据实现新的奋斗目标的要求，不断进行理论创新，这是中国特色社会主义能够保持旺盛生命力的根本所在。前40年的理论和政策创新解决了当时所处时代的问题，未来所面临的新的问题有待新的理论和政策来解决，在不断解决新矛盾、新问题中推动中国经济持续健康发展。

2018年，北京

序三

文必切于日用

滕文生

1981 年秋，中共中央书记处研究室为了充实和培养研究工作的后备人才，从中国社会科学院研究生院首届毕业生中选调了 4 名同志，郑新立便是其中之一。我当时在书记处研究室理论组工作，新立同志被分配到经济组。1987 年，中央书记处研究室撤销，我调到中共中央顾问委员会办事机构工作，新立同志调到国家计划委员会。1993 年，我已到中共中央政策研究室担任领导职务。这一年，受中美经济文化交流协会邀请，组织了一个赴美考察团，由时任国家计委副主任桂世镛任团长，我为随团顾问，新立同志为访问团成员，彼此度过了一段难忘的考察生活。

2000 年，新立同志从国家计委研究室主任、副秘书长岗位调到中共中央政策研究室任副主任，我们又共事了几年。退休之后，我们又一起在中国政策科学研究会做些相关的研究工作。几十年间多有交往，念兹在兹。

2018 年是改革开放 40 周年，经济学界要为一些对改革发展的理论和政策研究做出贡献的学者出版学术传记，新立同志作为经济理论和政策的研究者入选，这是一件有意义的事情，也是入选者的光荣。学术传记是学者的学术研究历程及其成果的记录和展示，不同学者会有不同的学术贡献及其特色。学术有专攻，选编好一部某一方面的学术传记，如同在这一方面建造一个“学术花园”，众彦齐集，交相辉映，异彩纷呈，于经国治事往往可以收到金声玉振、文韵流芳之效。

改革开放以来，新立同志虽然在不同部门和单位工作过，但大都从事改革和发展中的经济理论与政策研究，撰写过不少研究文章，同时还多次参与过党和国家一些重要文件的起草。他的这些经历，不仅使他成为20世纪八九十年代以来我国改革发展实践和研究的亲身参与者，也使他成为经济改革的一些重要理论和政策的形成与发展的历史见证者。

在我国社会主义改革开放和现代化建设的史诗般的历程中，所有的参与者和研究者，都会以这样或者那样的建树做出奉献。郑板桥曾提倡“文必切于日用”，在学术风格上，“学者当自树其帜”。在建设中国特色社会主义思想旗帜的指引下，新立同志的学术研究不仅取得个人建树，也有着自己的研究特色与风格。他是集读书学习、调查研究、理论思考于一身，将实践经验、认识升华、成果应用熔于一炉，而且是数十年间一以贯之、别具一格、坚守旗帜。这从新立同志的著述和学术传记中，可以清晰察见。作为一个马克思主义的理论工作者和学术研究者，坚持做到这一点是非常重要的，也属难能可贵。

2018年，北京

序四

我和郑新立共同经历的改革岁月

魏礼群

我和郑新立相识是在1984年。当时由国家计委原副主任宋邵文主持在哈尔滨召开计划体制改革研讨会，我在国家计委政策研究室，新立在中央书记处研究室，我们对计划体制改革都很关注，而且他读研究生时的论文指导老师桂世镛在国家计委政策研究室担任领导工作，我们对桂世镛同志的学问及其对年轻人的指导都很钦佩，所以相谈甚欢。

1987年中央书记处研究室撤销，郑新立被分配到国家计委下属的国家信息中心工作。1989年在房维中、桂世镛领导下，由我负责抽调人员组建国民经济和社会发展"八五"计划起草小组，新立同志参加，从此开始了共同参加中共中央、国务院和国家计委各种文件的起草工作，一直到退休。在我们共同参加起草的文件中，有三个类型印象最深。

一是关于五年计划和规划，以及每年由国家计委主任向全国人大所做的国民经济和社会发展计划报告的起草工作。"八五"计划以满足居民对吃穿用的需求、稳定市场价格为主要任务；"九五"计划主要是推动经济增长方式和经济体制转变，实现第二步发展战略的任务。每个五年计划经全国人大批准实施后，我们又积极撰写阐释的文章和读本，宣传中央制定的重大战略决策和方针政策。

二是起草关于中央金融工作会议的文件。20世纪90年代中期，国民经济中出现了"乱集资、乱拆解、乱设金融机构"和"房地产热、开发区热"等现象。在时任国务院副总理朱镕基同志的直接领导下，对混乱现象进行清理整顿，深化金融体制改革。经过充分调查研究，中央决定召开全国金融工作会议。我当时在中央财经领导小组办公室担任副主任，负责为会议准备文件。郑新立参加了这项工作。当时我们对金融都不熟悉，为了把文件写好，可以说是不遗余力。我们虚心向熟悉业务的同志学习，从实践中学习，通过起草中央文件，增加了关于金融方面的知识。之后由我负责的全国金融工作会议文件起草工作又进行了三次，新立同志都参加了。这四次会议及相关文件对金融改革发展、促进经济稳定发展发挥了重要作用。

三是起草政府工作报告。我从中央财经领导小组办公室调到国务院研究室任职以后，每年主持政府工作报告起草工作，包括朱镕基同志和温家宝同志担任总理的大多数时期，新立同志都参与其中。两位总理对政府工作报告要求都很高，我们在起草中十分认真，不敢有半点懈怠和马虎。每次报告得到两会代表好的评价，我们才算松一口气。

退休之后，我们都到中国国际经济交流中心这个智库工作，在曾培炎理事长的领导下为建设新型智库继续发挥余热。

回顾 30 多年的共事与合作，我感觉郑新立最大的特点，就是对我们党、国家和社会主义真挚的热爱和为之不懈奋斗的情怀，由此产生忘我的工作精神。我们常常彻夜加班，毫无怨言。虽然工作苦点、累点，但是我们觉得这和常年在土地上劳作的农民父辈相比，算不了什么，并以有机会参与如此重要的文稿起草等活动感到自豪和荣幸。新立同志热衷学习新的知识，注重全面了解经济情况，善于提出建设性意见，他观点鲜明，思路清晰，喜欢讨论问题，敢于在困难的情况下提出解决问题的办法。

在改革开放迎来 40 周年之际，回顾我们共同度过的日日夜夜，心情激动。写下上述文字，以作为郑新立同志传记的序言。

2018 年，北京

编著说明

一、《亲历中国经济 70 年：郑新立经济理论纪年》以阳历为主、阴历为辅，按年、月、日顺序编写，少数条目根据叙事的需要采用纪事本末体。具体日期考订不清的纪旬，旬考订不清的纪月，月考订不清的纪季。依旬、月、季编写的条目，一般列在该旬、月、季的末尾；只能判定时间为某年的条目，一律列在年末。每条条目下需要说明的内容皆以【按】字起首；对于正文中涉及的部分人物、地名和事件等，作简略的注解，置当页注脚。

二、记述谱主的活动，起首处主语省略。为记述方便，文中对谱主或其他人物，皆直称其名。

三、《亲历中国经济 70 年：郑新立经济理论纪年》记述谱主学行事迹时，为保留历史原貌，尽可能照录当时的媒体、网络报道以及谱主自己的陈述。所引理论、学术观点保持原貌，编著者采用客观陈述的方法，一般不做评论。

四、《亲历中国经济 70 年：郑新立经济理论纪年》每年年末附当年中外政治、经济大事记。

五、《亲历中国经济 70 年：郑新立经济理论纪年》引用资料皆注明原始出处。部分条目的资料来源有多条出处，或以一条为主，其他仅做参考，或综合多条资料而成。《亲历中国经济 70 年：郑新立经济理论纪年》以《郑新立文集（全 16 册）》（中国社会科学出版社，2016 年 6 月版）为基础，同时参考其他书目和报纸、杂志、网络资料，其重要观点或引全文，或摘录，或仅注明出处。

前言

波澜壮阔、彪炳史册的 70 年[1]

郑新立

今年，中华人民共和国迎来了自己的 70 华诞。虽然 70 年在中华民族悠久的历史上只是短暂的一瞬，但是却创造了波澜壮阔、彪炳史册的业绩。这是在中国共产党领导下对社会主义道路艰辛探索的 70 年，是中国人民从贫穷走向富裕的 70 年，是从落后的农业国走向社会主义现代化强国的 70 年。

一、1949—1978：建立社会主义制度和探索社会主义发展道路的时期

新中国成立之后，仅用短短半年时间，我们就统一了财政，稳定了物价，实现了财政收支基本平衡，解决了旧中国多少年来无法解决的金融物价问题，结束了连续多年以来使人民深受其害的恶性通货膨胀、物价飞涨的局面，有力推动了在全国范围内改造半殖民地半封建经济，转变为独立自主的新民主主义经济，为安定人民生活、恢复和发展工农业生产创造了条件。

从 1950 年冬到 1952 年底，党领导的占全国人口一半多的新解放区进行了废除封建土地制度的改革。颁布了《土地改革法》，全国约有 3 亿无地、少地的农民无偿获得约 7 亿亩土地，免除了过去每年向地主缴纳的 3 000 万吨以上粮食的地租，还分得了大量生产资料和生活资料，农民生产积极性得到极大提升，农村生产力得到极大解放，

[1] 本文原载《红旗文稿》2019 年第 15 期。

农业迅速恢复和发展，为国民经济其他部门的恢复奠定了基础。仅用三年时间，我们党带领全国人民艰苦奋斗，彻底医治了战争创伤，全面恢复了解放前遭到严重破坏的国民经济。

到 1952 年，我国面临的形势是，土地改革在全国范围内基本完成，恢复国民经济的任务顺利实现，朝鲜停战谈判双方在主要问题上达成协议，国家具备了开展大规模经济建设的条件。中共中央决定从 1953 年起执行我国发展国民经济的第一个五年计划，并提出向社会主义过渡的总路线。过渡时期总路线的基本内容是："从中华人民共和国成立，到社会主义改造基本完成，这是一个过渡时期，党在这个过渡时期的总路线和总任务，是要在一个相当长的时期内，逐步实现国家的社会主义工业化，并逐步实现国家对农业、对手工业和对资本主义工商业的社会主义改造。"随着总路线的贯彻落实，党探索并稳妥解决了社会主义改造的具体途径问题，创造性地完成了从新民主主义到社会主义的转变，在中国建立起社会主义基本制度，实现了中国历史上最广泛、最深刻的社会变革。这是中国社会变革和历史进步的巨大飞跃，也极大地支持和推进了世界社会主义事业和一切进步事业。

从 1953 年到 1957 年，我国完成了第一个五年计划。我们以苏联援建的 156 项重点工程为中心，进行了大规模投资，逐步形成了一批门类比较齐全的基础工业项目，涉及冶金、汽车、机械、煤炭、石油、电力、通信、化学、国防等领域，为国民经济的进一步发展打下了坚实的基础。从 1964 年开始的三线建设，不仅增强了国防力量，而且改善了工业布局。中国能够自行设计和批量生产汽车、飞机、坦克、拖拉机等，而且成功爆炸了原子弹、氢弹，试制并成功发射了中远程导弹和人造卫星。同时，还通过兴修水利、开展农田基本建设、培育推广良种、提倡科学种田，较大幅度提高了粮食生产水平和抵御自然灾害的能力。

经过几个五年计划的建设，到 1978 年，我国国民生产总值和财政收入分别比新中国成立初期有了几倍、十几倍的增长，农业生产条件得到很大改善，原有工业部门大大加强，许多新的工业部门从无到有、从小到大迅速发展起来。从 1950 年到 1978 年，我国工农业总产值年均增长速度为 9.5%，国民收入年均增长 7.3%。钢产量从 1949 年的 16 万吨增长到 1976 年的 2 046 万吨，发电量从 1949 年的 43 亿度增长到 1976 年的 2 031 亿度，原油从 1949 年的 12 万吨增长到 1976 年的 8 716 万吨，原煤从 1949 年的 3 200 万吨增长到 1976 年的 4.83 亿吨，汽车产量从 1955 年年产 100 辆增长到 1976 年年产 13.52 万辆。总体上，在“一穷二白”的基础上，建立了独立的、比较完整的工业体系和国民经济体系，这就为中国经济独立自主的、持续的发展，奠定了牢固的物质技术基础。

随着建设事业的发展，广大人民群众的物质、文化生活水平逐步得到提高。全国居民人均消费水平上升，农村居民从 1952 年的 65 元增加到 1976 年的 131 元，城镇居民同期从 154 元增加到 365 元，初步满足了占世界四分之一人口的基本生活需要。从 1949 年到 1976 年，小学在校生从 2 439 万人发展到 1.5 亿人，中学在校生从 103.9 万人发展到 5 836.5 万人，高等学校在校生从 11.7 万人发展到 56.5 万人。学龄儿童入学率达到 90% 以上。劳动者的整体素质得到很大的提高。教育、文化、体育、医疗等事业都得到长足发展。居民平均寿命显著延长，1949 年仅为 35 岁，1975 年提高到 63.8 岁。

在探索社会主义建设道路的过程中，我们也出过问题、走过弯路，主要是在 1958 年开始的“大跃进”，尤其是 1966 年开始的“文化大革命”时期，曾经犯过严重错误，经历了严重曲折。但从总体上说，中国共产党领导社会主义革命和社会主义建设取得的成就是巨大的，这些成就从根本上改变了中国人民的前途命运，为当代中国的发展进步奠定了坚实基础。党领导人民在实践中积累的正反两方面经验，对于中国共产党人和中国人民胜利走向未来有着深刻的启示。

比如，走独立自主建设有中国特色社会主义的道路，坚决维护国家的主权独立、统一和领土完整，不以意识形态和社会制度划线，不将自己的价值观强加于人，不同任何国家和国家集团结盟，不干涉别国内政，也不允许任何国家干涉我国内政；始终坚持以经济建设为中心，大力发展生产力，把集中力量发展社会生产力作为根本任务，这是总结我国社会主义建设经验教训得出的重要结论；要遵循经济建设规律，从基本国情出发，正确判断我国社会所处的历史阶段，不能急于求成、不能超越生产力发展阶段，要有步骤、分阶段地实现社会主义现代化发展目标；要把改善人民生活放在重要地位，逐步满足人民日益增长的物质和文化需要；要调动一切积极因素，依靠最广大人民群众建设社会主义，要正确认识和分析我国的社会阶层状况，采取符合实际的方针政策，团结一切可以团结的力量建设社会主义；主张社会主义社会也存在商品生产和商品交换，要让价值规律和价格信号发挥作用，计划要建立在市场的基础上；等等。中国共产党领导人民进行的社会主义建设的实践探索以及取得的宝贵经验，为进入改革开放历史新时期、开创中国特色社会主义打下了基础。

二、党的十一届三中全会开启改革开放的历史进程

改革开放 40 多年来，特别是党的十八大以来，我国之所以能够创造经济奇迹，关键在于通过不断深化改革，推动了经济结构的不断转换，从而释放出经济增长的新动能，促进了经济的持续快速健康发展。

20 世纪 80 年代农村改革带动了农业大发展和乡镇企业崛起，一举结束了短缺经济。改革之初，我国被长期存在的商品匮乏所困扰：食品供给不足，不得不长期实行粮食统购统销政策；工业消费品短缺，不得不凭票供应，票证多达几十种。这种情况被视为社会主义的通病，以至于国外经济学家把它概括为“短缺经济”。我们的改革就围绕着解决短缺问题开始。由安徽小岗村农民创造的土地家庭联产承包责任制，调动了农民的生产积极性，对粮食增产发挥了奇效。尽管当时不少人认为这是走资本主义道路，但是在邓小平同志的支持下，这项改革得以继续并迅速在全国各地推广，粮食和各种农产品连年大幅度增产，很快就满足了市场需要。到 1992 年，各地粮食库存增多，

占压了大量资金。全国多数地区放开了粮食价格，从1993年开始，实行了39年的粮食统购统销政策退出历史舞台。与此同时，围绕增加短缺工业品、鼓励乡镇企业发展，国家对轻纺工业实行优先供给能源、原材料、外汇等“六个优先”政策，消费品工业出现了高速发展局面。仅用十年时间，琳琅满目的工业消费品就涌向市场，结束了票证时代。

改革首先在农业和消费品工业上发力，主要在于它们所提供的产品属于最终消费品，距离市场最近，人民受益最快。当人民享受到改革红利之后，就更加支持改革，并以更大的热情投入改革发展之中。在产业结构上，农业和轻纺工业成为这一时期的增长点，拉动了整个国民经济的起飞。乡镇企业崛起造就了一大批农民企业家。

20世纪90年代建立社会主义市场经济体制和现代企业制度，带动了四大支柱产业振兴和经济腾飞。1992年召开党的十四大，提出了建立社会主义市场经济体制的改革目标。1993年，党的十四届三中全会做出了《中共中央关于建立社会主义市场经济体制若干问题的决定》，提出了市场经济体制的框架体系，国有企业要建立现代企业制度，这是我国经济体制改革的重大突破。1995年开始实施的“九五”计划，提出了振兴电子机械、石油化工、汽车制造和建筑业四大支柱产业。此前，重化工业产品大量依赖进口，远远满足不了市场需求；城镇居民改善居住条件的愿望强烈，住房建设跟不上需求增长。振兴四大支柱产业适应了产业结构调整的要求。市场经济体制和现代企业制度的建立，解放了生产力。一批国有企业和民营企业在振兴支柱产业中迅速发展壮大。仅用十年时间，四大支柱产业占国内生产总值的比重就由8%上升到20%，支撑了90年代经济的腾飞。机电产品出口在出口总额中的比重不断提高，我国制造业占全球的比重迅速提升。建筑业的迅速发展不仅满足了市场需求，还拉动了钢铁、水泥、玻璃等建材工业和能源工业的发展。到20世纪末，我国已有200多种工业产品产量居世界第一位。这一时期的发展，其突出特征就是重工业的增长速度明显高于轻工业，重工业在工业中的比重迅速上升，工业产品的附加值和技术含量不断提高。改革促进了经济结构调整，结构转换释放了经济增长的新动能，有力地推动了 20 世纪 90 年代的经济发展。

新世纪第一个十年通过发行国债进行基础设施建设，把高铁网、高速公路网和通信网做到世界第一。1998 年 4 月，为了应对亚洲金融危机的影响，按照党中央提出的扩大内需战略，国务院决定增发 1 000 亿元十年期长期建设债券，在实际执行中按 1 250 亿元掌握，同时银行配套贷款 1 000 亿元，集中用于交通通信、农田水利、城市基础设施和环保、城乡电网改造、经济适用房等领域的建设。国债连续发行了五年。这项政策有力地扭转了通货紧缩趋势，支持了当期经济增长，并为之后十年经济的高速增长奠定了坚实基础，成功地把亚洲金融危机带来的挑战变成了发展机遇。进入新世纪的第一个十年，我国经济年均增长速度高达两位数，出现了我国历史上的黄金增长期。我国的经济总量由世界第六位上升到第二位，综合国力明显增强。过去常常有人讲，经济总量大了，速度会相应慢下来。但是，相对于 20 世纪八九十年代来讲，新世纪第一个十年的总量要大多了，速度反而更快了。出现这种现象，不能不说是改革的成功，是宏观调控的成功。

三、党的十八大标志中国特色社会主义进入新时代

（一）围绕转变经济发展方式，在调整需求结构、产业结构、要素结构等方面取得突破性进展

转变经济发展方式是贯穿“十二五”“十三五”规划的主线。但与之前经历的结构转换不同，党的十八大以来的这一次经济结构转换的覆盖面更广、内涵更丰富、针对性更强，特别是党的十九大提出实现高质量发展的重要目标，对结构调整提出了更高的要求。我们以供给侧结构性改革为主线引领各项改革，经过多年的努力，转变经济发展方式已经取得重大进展。

——在投资与消费结构的调整上，通过调整收入分配结构，重点

增加中低收入者收入，特别是增加农民收入；采取鼓励消费的措施，重点鼓励增加服务消费；适度控制投资增长速度。经过坚持不懈的努力，投资与消费失衡的局面已经改变。在国内生产总值构成中，资本形成总额所占比重已经由 2010 年的 47.9% 下降到 2016 年的 44.2%，最终消费支出的比重同期由 48.5% 上升到 53.6%。2018 年，最终消费支出对经济增长的贡献率达到 78.0%，资本形成总额对经济增长的贡献率下降为 31.8%，消费已经成为拉动经济增长的最大动力。

——在产业结构调整上，鼓励第三产业发展，对第三产业全面实行营业税改增值税，降低了第三产业企业的税负。2017 年，第三产业投资增速达到 9.5%，是工业投资增速的近三倍，改变了经济增长过度依赖第二产业的状况，第三产业已经成为新的增长点。2018 年，第三产业占国内生产总值的比重已经上升到 52.2%，对经济增长的贡献率达到 59.7%。

——在要素结构调整上，鼓励技术进步、改善管理和提高劳动者素质，经济增长过度依赖物质资源消耗的状况已经明显改变，生态环境恶化的趋势已经制止，局部开始改善。科技研发投入不断增加，技术成果开始成批涌现。我国申请技术专利数量已连续多年居世界第一位，国际专利申请量同美国的差距也逐年缩小，涌现了一批创新型企业。深圳作为创新型城市，在带动全国技术创新中发挥着重要作用。在创新驱动下，我国高新技术产业、战略性新兴产业在工业和出口中的比重不断提高，围绕重大技术难题组织产业联盟进行科研攻关不断取得突破。政府、企业和科研人员创新的积极性已经调动起来，以创新求发展已经成为全社会的共识，技术进步对经济增长的贡献率不断提高。

（二）解决城乡二元结构矛盾，实现乡村振兴，是当前面临的又一次结构大调整的战略任务

党的十九大提出，我国社会主要矛盾已经转化为人民日益增长的美好生活需要和不平衡不充分的发展之间的矛盾，提出了乡村振兴目

标和城乡融合发展战略，从战略依据、战略目标到战略举措，形成一个完整的战略组合。

回顾改革开放的历程，我们以改革促发展，把消费资料、生产资料、基础设施、第三产业都搞上去了，在经济结构上剩下最后一个硬骨头，就是城乡结构。城乡差距大不仅关系到农村的 5 亿多人口能不能与全国人民一道共享改革发展成果，过上体面的生活，也蕴藏着巨大的发展潜能。实现乡村振兴，使农民的收入水平能够赶上城市人口的收入水平，使农业劳动生产率能够赶上社会平均劳动生产率，把农村建设得比城市更漂亮、更宜居，是我国经济结构调整面临的重大历史任务，也是亟待释放的经济发展最大新动能。

城乡差距大是社会主要矛盾的集中体现。发展的不平衡、不充分集中表现在城乡之间发展不平衡和农村发展不充分。城乡居民收入差距仍在 2.7∶1；农业劳动生产率仅为全社会劳动生产率的 28%，缺乏国际竞争力。区域发展差距本质上是城乡差距的反映，因为中西部的城市同沿海地区城市没有太大差距，主要是中西部的农村远远落后于沿海地区农村。社会发展滞后于经济发展，主要表现在农村的公共服务和基础设施严重落后于城市。生态环境压力加大主要体现在农产品质量安全、农业面源污染堪忧和农村环境脏乱差上。导致城乡差距拉大的重要原因是城乡市场发育程度不同。城市的各类生产要素都已经市场化了，农村却处在半市场化或非市场化状态。按照商品流动规律，农村的生产要素 40 年来源源不断流向城市，而城市的要素却流不到农村。

党的十九大提出要建立城乡融合发展的体制机制和政策体系，关键是要建立城乡统一的全要素市场体系，发挥市场对城乡资源配置的决定性作用。要全面认真贯彻落实十八届三中全会《中共中央关于全面深化改革若干重大问题的决定》的精神，改革农村土地制度，激活土地资本。农民凭借对农村土地的用益物权，可以抵押、担保、转让、入股，获取财产性收入。以农村土地为平台，吸引城市资本下乡。2019 年 4 月 15 日《中共中央国务院关于建立健全城乡融合发展体制机制和政策体系的意见》对建立城乡统一的要素市场做出了具体部署，提出“允许农村集体经营性建设用地入市，允许就地入市或异地调整入市；允许村集体在农民自愿前提下，依法把有偿收回的闲置宅基地、废弃的集体公益性建设用地转变为集体经营性建设用地入市”。落实这些改革举措，就能为农村发展筹集和吸引大量资金，支持农业现代化、新农村建设和农民工市民化，从而为建设富强、民主、文明、和谐、美丽的社会主义现代化强国做出贡献。

（三）为全面建成小康社会，完成现阶段中国特色社会主义的主要任务打下决定性基础

到2020年全面建成小康社会，是现阶段建设中国特色社会主义的主要任务。2020年要建成的全面小康社会，与2000年已经达到的总体小康水平相比，是经济更加发展、民主更加健全、科教更加进步、文化更加繁荣、社会更加和谐、人民生活更加殷实的小康社会。按照党的十九大提出的新战略部署，在全面建成小康社会的基础上，将分两步走在本世纪中叶建成富强、民主、文明、和谐、美丽的社会主义现代化强国。诚然，我们在前进道路上会遇到各种困难和挑战，但任何艰难险阻都挡不住已经觉醒了的近14亿中国人民前进的步伐。

2019年是新中国成立70周年，是决胜全面建成小康社会的关键之年。做好当前工作，确保全面建成小康社会目标圆满实现，是全党全国人民团结一致为之奋斗的紧迫任务。我们要以习近平新时代中国特色社会主义思想为指导，统筹推进“五位一体”总体布局，协调推进“四个全面”战略布局，突出抓重点、补短板、强弱项，保持经济持续健康发展和社会大局稳定，为全面建成小康社会收官打下决定性基础，以优异成绩庆祝中华人民共和国成立70周年。

党的十九大提出，我国社会主要矛盾已经转化为人民日益增长的美好生活需要和不平衡不充分的发展之间的矛盾，并依据社会主要矛盾变化，提出实施乡村振兴战略、坚持农业农村优先发展。农村发展既是全面建成小康社会的难点，又是贯彻新发展理念、让全体人民共

享改革发展成果的重点。要抓紧建立健全城乡融合发展的体制机制和政策体系，动员各方面力量积极投入农业现代化、新农村建设、农民工市民化和特色小镇建设，加快乡村振兴进程。通过全面深化农村体制改革，促进生产要素在城乡之间双向自由流动，促进农业劳动生产率和农民收入提高，加快补齐农业农村发展短板。

打赢脱贫攻坚战，确保一个不落地实现全面小康，这一任务非常艰巨。习近平总书记强调："小康不小康，关键看老乡。"目前我国尚未脱贫的人口主要集中在自然条件较差的农村和缺乏劳动力的家庭。应动员全社会力量帮扶困难地区、困难家庭提高生产能力和就业技能，建立造血机制。要细心筛查，不漏过一个贫困户。根据致贫原因和当地条件，有针对性地实施科技扶贫、就业扶贫、易地扶贫搬迁、生态扶贫、信息扶贫、教育扶贫等举措。

把推进基本公共服务均等化作为决胜全面建成小康社会的重要任务。城乡区域基本公共服务不均等，既是城乡和区域发展不平衡的重要表现，又是导致城乡和区域发展不平衡的重要原因。特别是在教育、医疗、社会保障、交通通信、市场中介等方面城乡差距较大，已成为全面建成小康社会必须着力解决的问题。应加大财政转移支付力度，加快实现基本公共服务均等化，加快解决社会事业发展滞后于经济发展的问题，努力满足人民在教育、医疗、养老、文化等方面的多层次、多样化需求。

决胜全面建成小康社会，关键在于加强和改善党的领导。中国共产党是中国特色社会主义事业的领导核心。实现全面建成小康社会目标，必须加强和改善党的领导，充分发挥党总揽全局、协调各方的领导核心作用。在脱贫任务重的地方，要加强领导力量和人力、财力、物力支持，特别是加强基层党组织建设，发挥广大党员在脱贫攻坚奔小康中的先锋模范作用。

"艰难困苦，玉汝于成。"回首 70 年历史，在中国共产党的领导下，党和国家各项事业取得了历史性成就。我国经济总量上升到世界第二位，社会生产力、经济实力、科技实力大幅提高，人民生活水平、居民收入水平、社会保障水平大幅提升，综合国力、国际竞争力、国际影响力大幅增强。以习近平同志为核心的党中央，正在团结带领全国各族人民深入贯彻党的十八大、十九大精神，紧紧围绕坚持和发展中国特色社会主义、实现“两个一百年”奋斗目标和中华民族伟大复兴的中国梦，提出习近平新时代中国特色社会主义思想，统筹推进经济、政治、文化、社会、生态文明“五位一体”建设，协调推进全面建成小康社会、全面深化改革、全面依法治国、全面从严治党“四个全面”战略布局，党和国家事业正在揭开更加辉煌灿烂的崭新篇章！

目录

第一编　1945 年至 1980 年

第三编　2000 年至 2008 年

第四编　2009 年至 2017 年

第一编

1945 年至 1980 年

1945年（乙酉）
一岁

2月12日（农历腊月三十），出生于河南省唐河县[1]上屯乡[2]褚庄村。这一年的4月，父亲郑德麟不幸病逝。

【按】下面是2015年8月17日下午，郑新立在北京万寿宾馆接受本书撰稿人采访的谈话内容。

撰稿人：我看资料上显示您的出生年月，有的写2月，有的写5月，是哪个呢？

郑新立：是2月，2月12日，农历腊月三十。按农历算（我）应该是属猴的，（出生于）猴年的最后一天；但按阳历算是1945年2月，抗日战争已经看到了曙光。

撰稿人：您出生的村庄叫什么名字？

---

[1] 唐河县因毗邻唐河而得名。唐河古称沘水，为长江流域汉水水系支流唐白河的支流。夏、商时为豫州之域；周为申、谢、唐、蓼国地；秦置湖阳县，属南阳郡；唐贞观元年（627年）省上马县并入湖阳县，废湖州改属唐州（州治为今湖北枣阳）；贞观九年（635年）唐州治由枣阳迁至比阳（今驻马店市泌阳）；唐天祐三年（906年）唐州治由比阳迁泌阳（今唐河），唐州更名泌州；宋、金为泌阳、湖阳二县，均属唐州；元至元二年（1265年）分泌阳县（今唐河）复设湖阳县，均属唐州；明洪武二年（1369年）废唐州设唐县（今唐河），属南阳府；清沿明制；中华民国初（1912年）为唐县，属南阳府；民国三十七年（1948年）11月唐河解放，设立唐河县（又称唐北县）；1949年3月，唐河（北）、唐南、唐西三县合并为唐河县，县政府设于唐河县城，属南阳地区；1949年10月设唐河县，属南阳地区。

[2] 上屯乡位于南阳盆地东南部，北距唐河县城17公里，省道豫49线、豫53线横贯南北。上屯地属长江流域，唐河、清水河穿境而过，全镇地势平坦，土地肥沃，气候呈明显暖温带季风型特征，无霜期长，四季分明，雨量充沛。

郑新立：褚庄。

撰稿人：属于哪个公社？

郑新立：上屯乡，那个时候叫乡。

撰稿人：当时村里有多少人？

郑新立：四百多口人。我们村里有褚、郑两大姓，褚姓大多是地主、富农；郑姓只有一家地主，其他都是种地户。村里的贫富差距比较大。“土改”后郑姓就翻过身来了，褚姓的地主被枪毙的枪毙，蹲监狱的蹲监狱。村里的支书、村长都是郑姓，村干部比较多。地主家的后代有的连媳妇都娶不上。

撰稿人：您的父亲叫什么名字？

郑新立：我父亲叫郑德麟。我出生那一年父亲21岁，推算下来，我父亲是1923年出生的。母亲比父亲小一岁，1924年生人。1945年国民党要抓我父亲当壮丁，我爷爷想把祖上留下的一亩多地卖了买壮丁，但我父亲不同意，说：“我们家就那点地，卖了靠什么养活您二老？我年轻，抓就让他们抓吧。”就被抓了壮丁。部队一直开到黄河边。有一天夜里，天很黑，父亲溜号跑了，路上遇到一户好心人家，说：“看你穿的那身衣服，把你抓回去就枪毙了。”那户人家是钉马掌的，给了父亲一套钉马掌的工具，扮作钉马掌的逃了回来。小时候我常常拿着那些钉马掌的工具玩，爷爷看到就会讲我父亲当年从黄河边逃回来的情景。有一天夜里，我奶奶做了一个梦，梦见一个白胡子老头说：“你儿子回来了。”奶奶猛地醒来，一会儿就听门闩咣当咣当响，我父亲真就回来了。这可真是心灵感应，是母亲想儿子了。回来后不能待在家里呀，因为是逃回来的壮丁，于是我父亲就到处躲藏。先南下躲到湖北当染匠，后又北上卖小磨香油，在竹桶里面贴上油棉纸，担两桶香油，往北跑到许昌南边的石桥，就到了我母亲家。我舅舅是石桥附近张宋村的，家里开了个铁匠铺，外公、外婆眼看饿得受不了，就让母亲跟着父亲到了我们南阳。那时是1944年春季，前两年中原大饥荒，也就是1942年，黄河两岸大旱，往南到信阳、南阳要好一些。听我叔叔说，那个时候从北方逃荒过来的人，看到谷糠就抓着吃，咽不下去，吃了以后拉不出来。

撰稿人：您的母亲姓什么？

郑新立：姓张，叫张聚芳。母亲先前没有名字，是在我上学后给起的。1945 年春天我父亲得了重感冒。当时我家不是有一头牛吗，还有一个牛犊，国民党的部队让我父亲替他们往南拉东西，抓夫，李宗仁的部队。刚过春节，天还比较冷，我父亲出去一个多月，回来就得了重感冒。我们当地有一个中医，姓曲，叫曲庆云，我上小学的时候还见过他，爷爷过去让他抓了一剂药，结果吃反了，吃了那剂药我父亲就不会动了，不久就去世了。那时快到收麦季，我才出生四个多月。后来听爷爷和奶奶跟我讲这些事，真是觉得不容易。那时候，农村缺医少药。

撰稿人：您父亲兄妹几个？

郑新立：兄弟三人。我父亲是老大。二叔十二岁那年就到了湖北枣阳，跟了我曾祖父的三弟，我喊他三老太爷。三老太爷住在枣阳南边七八十里远的资山。他懂点中医，在那儿开了间中药铺，由于老伴与孩子水土不服，都死在那儿，就想找个亲人在身边。我祖父就把我二叔送了过去，在那儿学中医。我二叔名叫郑德富，后来在当地镇卫生院当医生，做过院长，去年（2014 年）去世，活到 86 岁。他的孩子多，有八个，都在湖北。我还有个小叔，叫郑德俊，比我大 7 岁，今年 78 岁。

撰稿人：爷爷呢？

郑新立：我爷爷叫郑明岑。爷爷去世那一年 76 岁，是 1976 年。这样算起来，我爷爷是 1900 年出生的。

撰稿人：奶奶姓什么？

郑新立：奶奶姓韩，叫韩成娥，1985 年去世，活到 83 岁。当时我正在中央党校学习。奶奶本家在离我们村不远的韩庄。我们家是传统的男耕女织家庭。爷爷一生都种地，主要是种地主的地。他的手就像铁手，都是厚厚的茧子，60 多岁时还能使牲口。我爷爷养过一头牛，一头牛不能耕地，就和邻居家的另一头牛搭伴耕地。我小叔割草喂牛，奶奶和母亲在家纺线织布。

附录

1945 年	中外政治、经济大事记
4 月 23 日至 6 月 11 日	中国共产党第七次全国代表大会召开，确立毛泽东思想为全党的指导思想
8 月 29 日至 10 月 10 日	以毛泽东为首的中国共产党代表团与国民党政府在重庆经过 43 天的谈判，签订《国民政府与中共代表会谈纪要》，即《双十协定》
1945 年至 1949 年	中国民族资本主义陷入困境

1946年至1950年（丙戌至庚寅）二岁至六岁

初识农活，跟着爷爷耕地，跟着母亲拾棉花，小叔割草、喂牛。

【按】下面是2015年8月17日下午，郑新立在北京万寿宾馆接受本书撰稿人采访的谈话内容。

撰稿人：您幼年记忆里最深的是什么？

郑新立：军队拉锯战，就是打仗。那个时候国共两党的部队经常打拉锯战。我们村子西边是从唐河往南通向湖北枣阳的大道，我记事的时候常有汽车拉着兵路过，日夜不停。一会儿国民党的部队来了，一会儿共产党的部队来了，一来就住一屋子兵。那时候我三四岁。有些士兵待我们小孩挺好，会给些吃的。那时候土匪多，晚上家人就挤在牛棚里。

还有就是，“土改”时斗地主。我记得非常清楚，“土改”的时候开斗争地主的会，分地主家的房子、家具，分他们的地。一说起斗争，有些地主家的人都吓瘫了。

再就是我小叔。小叔比我大七岁，没上几天学，供不起。那个时候我父亲去世了，爷爷就供我一个人上学。一个家庭总要有人做出牺牲。小叔小时候割草、喂牛。我上小学的时候，农民的地位刚刚改变，有了土地，生活很快好起来了。

撰稿人：您对土地有什么感受，还有和土地的关系？

郑新立：土地是活命的根本。新中国成立前我们家种的地大部分是租地主家的，共种了十几亩地，我家是佃户。

撰稿人：那时都种什么粮食？

郑新立：春秋两季。春季种冬小麦，秋季主要种黄豆、绿豆、黑豆、高粱、芝麻、红薯，那个时候还没有大豆、玉米；种黑豆用作牲口料、种黄豆磨豆腐、种绿豆发豆芽，农作物的品种还是丰富的。

附录

1946 年	中外政治、经济大事记
2 月 14 日	世界上第一台通用计算机“ENIAC”（埃尼阿克）于 1946 年在美国宾夕法尼亚大学诞生，发明人是美国人莫克利和埃克特
3 月 5 日	英国首相温斯顿·丘吉尔在美国富尔顿城威斯敏斯特学院发表反苏联、反共产主义演说，被称为“铁幕演说”
6 月	国共内战全面爆发
11 月 4 日	签订《中美友好通商航海条约》

1947 年	中外政治、经济大事记
3 月 12 日	美苏“冷战”开始
10 月 30 日	23 个国家政府缔结旨在降低关税、减少贸易壁垒的有关关税和贸易政策的多边国际贸易协定《关税及贸易总协定》，形成了以美国为中心的国际贸易体系，成为战后支撑世界经贸的一大支柱

1948 年	中外政治、经济大事记
1 月 1 日	《关税及贸易总协定》开始临时生效
6 月 15 日	《人民日报》在河北省平山县创刊
8 月 19 日	国民政府发行金圆券

1948 年 9 月至 1949 年 1 月	辽沈、平津、淮海三大战役

1949 年	中外政治、经济大事记
1 月 15 日	中共中央发出《关于接收官僚资本企业的指示》，中财委制定确定官僚资本标准
1 月 20 日	杜鲁门发表第二任总统就职演说，提出美国对外政策“第四点行动计划”
4 月 4 日	《北大西洋条约》在华盛顿签署，“北约”组织宣告成立
8 月 5 日	美国国务院发表《美国与中国的关系》白皮书，详述美国扶蒋反华政策的破产
10 月 1 日	中华人民共和国成立
12 月 6 日	毛泽东主席率领中国代表团访问苏联

1950 年	中外政治、经济大事记
2 月 14 日	在莫斯科签订《中苏友好同盟互助条约》
6 月 25 日	朝鲜战争爆发
6 月 30 日	《中华人民共和国土地改革法》公布施行，逐步开展土地改革运动，1953 年春基本结束
10 月 19 日	中国人民志愿军赴朝作战

1951年至1955年（辛卯至乙未）
七岁至十一岁

1951年秋季至1956年夏季，在草寺小学读初小。

【按】下面是2015年8月17日下午，郑新立在北京万寿宾馆接受本书撰稿人采访的谈话内容。

撰稿人：您是哪一年、在哪里读的小学？

郑新立：1952年的秋季，七岁。我读书的小学叫草寺小学，在我们村子旁边，以前是个庙，叫草寺庙。草寺小学是初小，只有一、二、三、四年级，开设的课有语文、算术，还有音乐、体育、美术。我是在土地改革后上的小学。农民没文化，那时候有个口号叫“农民文化翻身”，村子里一些20岁到30岁的成年人，也都去学校上学，这叫扫盲。我在草寺小学上学时的班主任叫王子才，人非常好，后来被打成了“右派”；校长叫楚连壁。

1954年春天，母亲离开褚庄，回到许昌县石桥的娘家。

【按】下面是2015年8月17日下午，郑新立在北京万寿宾馆接受本书撰稿人采访的谈话内容。

撰稿人：在草寺上学记忆最深的是什么？

郑新立：母亲离开了。我的母亲一直守到我十岁，这期间舅舅来过两次，都是因为我年纪小，母亲才没有离开。到我十岁那年，母亲才回到许昌石桥的娘家。我从此跟着爷爷和奶奶生活。第二个就是，我一心想读好书。学校有一个小图书馆，当时有《新少年报》，用三个鸡蛋就能订一学期，上面所有的文章我都看。我们村里所有的书我也都读过，比如《三国演义》《水浒传》《施公案》《彭公案》《西汉演义》《东汉演义》等；我们村过去地主比较多，所以相应地书也比较多。

附录

1951 年	**中外政治、经济大事记**
4 月 18 日	《欧洲煤钢共同体条约》在巴黎签订
10 月 14 日	中美洲 5 国签署《中美洲国家组织宪章》
12 月 14 日	中美洲国家组织成立

1952 年	**中外政治、经济大事记**
7 月 23 日	欧洲煤钢共同体在卢森堡正式成立
11 月 1 日	美国爆炸第一颗氢弹
12 月 1 日	中共中央发出反贪污、反浪费、反官僚主义指示，“三反”运动在全国开展

1953 年	**中外政治、经济大事记**
1 月	第一个五年计划开始实施
2 月 12 日	北欧理事会成立
3 月 5 日	斯大林逝世
8 月 12 日	苏联爆炸第一颗氢弹
10 月	全国开始实行粮食统购统销，后又对油料、棉花和棉布实行计划收购和供应
12 月 16 日	中共中央做出《关于发展农业生产合作社的决议》，全国开展农业合作化运动

1954 年	**中外政治、经济大事记**
4 月 29 日	中印签订《中印关于中国西藏地方和印度之间的通商和交通协定》，首次将和平共处五项原则载入国际文件
6 月 25 日	周恩来总理访问印度、缅甸、越南，共同确认和平共处五项原则是指导国家之间关系的准则
9 月 20 日	全国人大一届一次会议通过《中华人民共和国宪法》
10 月 23 日	9 国外长会议在巴黎举行。会议就改组布鲁塞尔条约组织为西欧联盟、联邦德国和意大利加入西欧联盟以及联邦德国加入北约等问题达成协议（统称《巴黎协定》）

1955 年	**中外政治、经济大事记**
4 月 18 日	亚非会议在印度尼西亚万隆召开，提出万隆会议十项原则
4 月 22 日	中国与印尼签订《关于双重国籍问题的条约》
8 月 1 日	中美大使级会谈开始，至 1970 年 2 月 20 日共举行 136 次会谈
10 月	中共七届六中全会通过《关于农业合作化问题的决议》，农业合作化高潮兴起

1956年至1957年（丙申至丁酉）十二岁至十三岁

1956年秋季到1958年夏季，在丁岗[1]小学读高小。

【按】下面是2015年8月17日下午，郑新立在北京万寿宾馆接受本书撰稿人采访的谈话内容。

撰稿人：您高小在哪里读的？

郑新立：丁岗小学。高小五年级班主任叫李荣泰，后来做了校长，还有一个老师叫牛其显。六年级的班主任叫朱良儒，教语文。高小期间，开始看当代文学，第一本书是《铁道游击队》。后来上初中的时候，学校图书馆里的书几乎都读过了，包括那个时期出的长篇小说《暴风骤雨》《三家巷》，孙犁的《铁木前传》，柳青的《创业史》，赵树理的《三里湾》，还有《红旗谱》《红日》《红岩》《青春之歌》《林海雪原》；以及翻译过来的苏联小说《钢铁是怎样炼成的》《海鸥》，高尔基的作品《海燕》；等等。好的景物描写、好的句子都抄写下来。

[1] 丁岗，上屯所属的一个行政村，北距上屯2公里，距褚庄2公里。

附录

1956 年	中外政治、经济大事记
2 月 14 日	苏共召开“二十大”，赫鲁晓夫做反对个人崇拜的秘密报告
7 月 12 日	宝成铁路南北两段在黄沙河接轨通车
7 月 13 日	中国第一汽车集团公司建成投产
9 月 15 日	中共八大在京召开

1957 年	中外政治、经济大事记
3 月 25 日	法、意、荷、比、卢、联邦德国 6 国在罗马签订《欧洲经济共同体条约》和《欧洲原子能共同体条约》(合称《罗马条约》)
10 月 4 日	苏联发射第一颗人造地球卫星
10 月 15 日	武汉长江大桥正式通车
10 月 25 日	中共中央公布了《1956 年到 1967 年全国农业发展纲要》(修正草案)

1958 年至 1960 年（戊戌至庚子）
十四岁至十六岁

1958 年秋季到 1961 年夏季，在丁岗唐河九中读初中。

【按】下面是 2015 年 8 月 17 日下午，郑新立在北京万寿宾馆接受本书撰稿人采访的谈话内容。

郑新立：初中我住校，因为家里人都去了湖北，就我一个人在家上学，和老师的感情特别好，像父母子女一样。初中的班主任叫尤永卿，教语文，开封师范学院毕业；另一位教历史的老师叫张全来，也当过我的班主任。初中三年，无论是小考还是大考，我始终都是班里第一名。那时就爱学习，有时间就看小说，这对我影响比较大。

1958 年夏天，我小学毕业，爷爷带着我到湖北二叔那儿去。等秋天回来上初中，家就没了，搬到别的村里去了。吃食堂，大锅饭，眼看大好的形势发生了逆转，因为吃大锅饭，都不好好干活了。1958 年是大丰收，可是地里的庄稼都不收，红薯烂在地里，棉花散在地里，都去炼钢铁，人都疯了。我家房前屋后有 6 棵大枣树，全都锯了去炼钢铁。

1959 年，我上初二，因为没饭吃，爷爷、奶奶和小叔就去了湖北随县一个叫肖家湾的地方开荒种地。奶奶小脚，坐在独轮车上，由我的一个本家大伯推着，爷爷在前面拉着，走了 200 里路。那里很荒凉，夜里常能听到狼嚎叫。半年后，学校食堂也停伙了。上级通知无限期放假，我就跑到爷爷那儿，在山上放牛。那年我15岁，常常躺在荒山野岭上看云彩，学上不成，饭也吃不上，百思不得其解。又过了半年多，学校通知复课，爷爷想让我在枣阳的王城上学，就让我小叔回丁岗给我开转学证，可是那个时候河南把到外地逃荒的人当成流窜犯，不让转学。经过激烈的思想斗争，我决定还是回去上学。虽然晚回来一个多月，但是班长的位置仍给我留着。回来时，爷爷送了我几里路，失声痛哭，那种无奈的情形，至今犹存眼前。

1960年的严重困难不只是自然灾害。1958年我们村有四百多人，可是1960年过后，只剩下二百多人，一下子少了一半多，饿死的、逃荒逃走的各占一半。我的爷爷、奶奶如果不去湖北，也会饿死在家里。到后来分自留地，很快就恢复过来了。1960年农村的状况真是触目惊心。当时那么好的形势，一到"人民公社"刮"共产风"，形势就急转直下。

撰稿人：想没想过在您生命里缺失父亲，对您人生的影响？

郑新立：没有父亲，就没有依靠。上学、处理什么事都是自己拿主意，让我早熟。我上初一的时候，临近春节，我小叔去水库干活。祖母病了，眼看就不行了。我在村食堂拿了几个红薯丸子，到枣阳去找我二叔，那时候我二叔正在枣阳学习。可是到了枣阳才知道我二叔回资山镇去了，那时正是腊月二十几。我只好给二叔写了一封信。因为没钱，没处住，就连夜往回走。回到家是第二天上午，一天一夜我走了220里路，就吃了几个红薯丸子。那一年我14岁，耐力达到极限。不久我二叔回来了，留下一点钱和粮票，把我爷爷、奶奶接到湖北去了。那个时候我爷爷还能干农活，但毕竟有饭吃了。

撰稿人：在您的初中时期，还有什么难忘的事？

郑新立：我上初二的时候，一个修水库的民工在从工地回家的路上，死在了学校的操场边。

还有一件事，在我初中毕业等高中通知书的那个夏天，有一天我在地里砍苞谷秆，干了一上午，实在是太累了，结果一下子砍在了我的脚踝上，鲜血直冒，当时就抓了一把农民吸烟的烟末捂在伤口上，被拉回家后没有吃药，也没有打针。那时我爷爷奶奶还在湖北，就我一个人住在本家族一个堂奶奶家里。等高中录取通知书下来，我的脚还不能走路。开学一个多月后，我才被村里人拉着板车送到学校。

附录

1958 年	中外政治、经济大事记
1 月 1 日	欧洲经济共同体和欧洲原子能共同体正式成立
1 月 31 日	美国发射人造地球卫星
1958 年 5 月至 1960 年冬天	“大跃进”、“全民炼钢”和“人民公社化运动”

1959 年	中外政治、经济大事记
6 月 20 日	苏联政府单方面终止中苏《国防新技术协定》
9 月 30 日	赫鲁晓夫访问中国，同毛泽东等中共领导人进行了会谈
9 月 26 日	勘探发现大庆油田

1960 年	中外政治、经济大事记
5 月 1 日	大庆油田大会战全面开始
5 月 3 日	欧洲自由贸易联盟成立
5 月 31 日	《中蒙友好互助条约》在乌兰巴托签订
6 月 24 日	51 个社会主义国家及资本主义国家共产党、工人党代表在布加勒斯特举行会晤，中共代表团对赫鲁晓夫组织的围攻进行了斗争
7 月 16 日	苏联政府撕毁与中国的协定和几百项合同，决定撤走全部在华专家
9 月 14 日	石油输出国组织成立

1961年至1963年（辛丑至癸卯）十七岁至十九岁

1961年秋季到1964年夏天，在唐河县城唐河一中读高中。

【按】下面是2015年8月17日下午，郑新立在北京万寿宾馆接受本书撰稿人采访的谈话内容。

郑新立：我是在唐河一中上的高中，它是唐河县最好的高中，坐落在唐河岸边秀丽宁静的竹林寺。我的语文老师叫申光亚，毕业于开封师范学院；张国防老师也教过我语文。一中的老师都非常敬业。王志明是我的班主任。我爱听物理老师傅洪涛讲课，45分钟的课，半小时讲完，讲完了就可以提问。我高考物理一分都没丢。高中的时候，我一直是学生干部。

那是1962年春节，上高中的头一个假期，我本来想在学校待着，可是一到放假人都走了，老师们也都走了。我一个人不能待在那儿，得到湖北我爷爷那儿去。头一天走到枣阳县太平镇，110里路，下着大雪；第二天还有120里；走过枣阳，到了王城，天都快黑了，还有50多里。下午四五点钟，碰到一个烧窑的河南人，我向他要了一根棍子。这之前我在枣阳县城新买了两节电池，防备走夜路。结果走过了，又往回折返。那是腊月三十的晚上，漫山遍野都是雪，看不清路。看到一户人家，就问问路，等走到爷爷奶奶住的周家湾那个村子，已经是除夕的下半夜了，膝盖以下的裤腿都冻成了冰，一到家，哎呀……

附录

1961 年　中外政治、经济大事记

7 月 11 日　《中朝友好合作互助条约》在北京签订

7 月 31 日　东南亚联盟成立

9 月 30 日　主要资本主义国家协调经济和社会政策的国际组织“经济合作与发展组织”在巴黎成立

1962 年　中外政治、经济大事记

8 月 2 日　哥斯达黎加、危地马拉、萨尔瓦多、尼加拉瓜、洪都拉斯 5 国就统一关税等在圣约瑟签订协议，中美洲共同市场正式成立

10 月 20 日　中印边界发生大规模武装冲突，中国边防军进行自卫还击并于 11 月 21 日主动停火

12 月 26 日　《中蒙边界条约》在北京签订

1963 年　中外政治、经济大事记

3 月 2 日　中国与巴基斯坦在北京签订边界协定

5 月 25 日　非洲 31 个国家的元首、政府首脑在亚的斯亚贝巴签署《非洲统一组织宪章》，非洲统一组织宣告成立

6 月 14 日　中共中央发表对苏共中央 3 月 30 日来信的复信，即《关于国际共产主义运动总路线的建议》

7 月 14 日　苏共中央发表《给苏共各级党组织和全体共产党员公开信》，中苏论战公开化

11 月 22 日　肯尼迪遇刺身亡，约翰逊继任美国总统

11 月 22 日　《中华人民共和国和阿富汗王国边界条约》在京签字

12 月 14 日至 1964 年 2 月 29 日　周恩来总理访问亚非 14 国

1964 年（甲辰）
二十岁

8 月，入北京钢铁学院（今北京科技大学）采矿系学习。

9 月，任年级总干事。

【按】下面是 2015 年 8 月 18 日下午，郑新立在北京万寿宾馆接受本书撰稿人采访的谈话内容。

郑新立：当时考钢铁学院，有几个因素，上初中时候大炼钢铁，心想钢铁这么重要，既然重要，就学钢铁吧。还有一个因素，就是粮食定量高。那时候在学校喜欢打篮球，老师说钢铁学院的定量高，吃得饱。那时候真是饿怕了，有点盲目。本来想学文科，喜欢文学，后来班主任说文科考大学是碰运气，不一定能考上好的学校，在我们唐河一中报理工科考个一流大学没问题。我高中三年始终是班上前两名。

撰稿人：大学一年级的班主任和后来的班主任换人了吗？

郑新立：没换，六年都是同一个班主任，同一个辅导员。辅导员跟我们住在一起，名叫吴健汉，他已经去世了。班主任叫霍祖照，后来去了美国。

撰稿人：那时候钢铁学院的校长是谁?

郑新立：高芸生[1]，武钢（武汉钢铁公司）的副总经理，部级干部，学校党委书记。

附录

1964 年	中外政治、经济大事记
1 月 27 日	中国同法国建立大使级外交关系
3 月 23 日	第一届联合国贸易和发展会议在日内瓦举行，同年 6 月“七十七国”集团诞生
10 月 14 日	赫鲁晓夫下台，两天后勃列日涅夫出任苏共中央第一书记
10 月 16 日	中国成功爆炸了第一颗原子弹

[1] 高芸生（1910—1966），名际洲，河北武清人。1935 年加入中国共产党，1937 年与中共地下组织 40 多名党员奔赴山西抗日，1949 年随军南下，曾任豫西专员、中原临时人民政府秘书长。1949 年 11 月，先后任华中钢铁公司监委、经理，中共黄石市委书记兼中共中南工业部华中钢铁公司（大冶钢厂前身）委员会书记、315 厂筹备处副主任。在此期间依靠技术骨干起草了扩建华钢的可行性报告，并于 1950 年初组织大冶设计组赴京会战。1952 年 12 月后，历任部属华钢副总经理兼大冶钢厂厂长、武汉钢铁公司副总经理等职；后参加武钢筹建，和苏联专家一起确定武汉市青山区为武钢厂址，领导了武钢建厂初期的基本建设工作；1956 年调任中共北京钢铁学院委员会第一书记兼北京钢铁学院校长；1966 年 7 月 6 日，不堪忍受“文革”中的迫害，自杀身亡。

1965年（乙巳）
二十一岁

暑假，去江西抚州修铁路。

9月，当选采矿系学生会主席。

10月30日，被批准为中国共产党预备党员，入党介绍人吴健汉。

【按】下面是2017年12月24日下午，郑新立在北京万寿宾馆接受本书撰稿人采访的谈话内容。

郑新立：1965年暑假去江西抚州，到那儿修铁路，全校学生都去了，我当连队司务长，一共去了一个多月，7月份去，8月底回来，坐火车专列，一共5 000人。我们主要做基础，填土方石子；技术活都是铁道兵干，主要做路基。在部队上也没干什么活，早上出操，没穿军装，但实际上是部队管制。回来以后，开学了，经受住考验，表现好，暑假之后当了学生会主席，也就是二年级开学，10月成为预备党员。

附录

1965 年	**中外政治、经济大事记**
7 月 13 日	中越签订《关于中国政府给予越南政府经济技术援助的协定》
8 月 5 日至 9 月 23 日	第二次印巴战争
8 月 9 日	新加坡退出马来西亚联邦，成立新加坡共和国
9 月 30 日	印尼排华事件，苏哈托接管政权

1966年（丙午）
二十二岁

5月，“文化大革命”开始。

10月，先到安徽、上海“串联”，后从上海步行到绍兴、井冈山、韶山参观。

【按】下面是2015年8月18日下午，郑新立在北京万寿宾馆接受本书撰稿人采访的谈话内容。

郑新立：1966年夏初停课，“文化大革命”开始了。这年的7月份，我们的校长高芸生自杀了。当时一派保他，一派反对他，后来两派武斗，闹得一塌糊涂。

撰稿人：“文革”出去“串联”了吗？

郑新立：去了。先去了安徽、上海，“串联”时背着背包，从上海步行到杭州，还得夜行军，从杭州走到绍兴走了一夜，回来还是步行。又从杭州一直步行到井冈山，然后又走到韶山，走了两个多月。我们四五个同学一起，走到哪儿就吃到哪儿、住到哪儿，不要钱。一碗米饭加点炒萝卜丝，晚上在稻草上铺上行李倒头就睡。

附录

1966 年	中外政治、经济大事记
1 月 10 日	印度、巴基斯坦两国首脑签署《塔什干宣言》，宣布通过和平手段解决两国争端
1 月 11 日	英迪拉·甘地出任印度总理
3 月 9 日	法国宣布退出北约军事一体化组织
5 月 16 日	“文化大革命”爆发
6 月 21 日至 7 月 1 日	戴高乐总统访问苏联，双方签署《苏法宣言》
12 月 19 日	联合国大会通过《外层空间法》

1967年（丁未）
二十三岁

年初，回到北京钢铁学院。

【按】下面是2017年12月24日下午，郑新立在北京万寿宾馆接受本书撰稿人采访的谈话内容。

郑新立：1967年过完春节以后回到学校，学校里面停课闹革命。那时候在学校里面，我基本属于逍遥派，哪派也没参加，看着两派斗。我在学校里面看点书，那时候喜欢读哲学书、历史书，看艾思奇的《辩证唯物主义与历史唯物主义》，看范文澜的《中国通史简编》。

附录

1967年	中外政治、经济大事记
6月5日至10日	第三次中东战争
6月23日	苏联部长会议主席柯西金访美，同美国总统约翰逊在新泽西州葛拉斯堡罗举行会谈
7月1日	欧洲经济共同体、欧洲煤钢共同体和欧洲原子能共同体3个组织合并，统称“欧洲共同体”
8月8日	东南亚国家联盟成立，取代了1961年7月成立的东南亚联盟

11 月 22 日	联合国安理会提出在中东建立“公正及持久和平”的两项原则，并通过解决中东问题的第 242 号决议
12 月 1 日	东非共同体成立

1968年（戊申）
二十四岁

7月，工宣队入驻学校，随后，军宣队入驻学校。

是年，到首都钢铁厂参加劳动。

【按】下面是2015年8月18日下午，郑新立在北京万寿宾馆接受本书撰稿人采访的谈话内容。

郑新立：学校党组织开始恢复，预备党员按期转正，预备期计算党龄。临近春节前几天，全校师生开赴河北迁安铁矿，帮助首钢建设水厂铁矿，全校几千名老师、学生住在自己搭建的工棚里。现在迁安已成为河北省钢铁产量第一大县级市。

附录

1968年	中外政治、经济大事记
1月9日	阿拉伯石油输出国组织成立
8月20日	苏联纠集部分华约国家（波兰、民主德国、保加利亚、匈牙利）武装入侵捷克斯洛伐克
12月	各地开始知识青年“上山下乡”运动

1969年（己酉）
二十五岁

8月，因战备疏散，全班学生到安徽铜陵狮子山铜矿参加劳动。

【按】下面是2017年12月24日下午，郑新立在北京万寿宾馆接受本书撰稿人采访的谈话内容。

郑新立：1968年的春节，腊月二十七那天，全校师生被拉到首钢的迁安铁矿劳动。我当时已经买了车票准备回家过年，结果车票退了，不让回家了，要过革命化春节。腊月二十七，包括老师学生在内的三四千人全都被拉到唐山迁安铁矿。到那儿以后，下了火车，工地上的工人全都放假回家了，没地方吃、没地方住，也没工具用，最后住到周围老百姓家里，一直住到过完春节。

10月，转为正式党员。

【按】下面是2017年12月24日下午，郑新立在北京万寿宾馆接受本书撰稿人采访的谈话内容。

郑新立：我是在中共九大召开以后从预备党员转正的，那时我还在迁安。中共九大是1969年4月1日至24日在北京召开的。转正以后仍按照正常时间算入党时间，算是1966年10月30日。这样，从1965年入党到现在，已经有52年党龄了。

附录

1969 年	中外政治、经济大事记
3 月 2 日至 17 日	苏联在中国珍宝岛地区进行武装挑衅，制造“珍宝岛事件”
7 月 16 日	美国“阿波罗 11 号”飞船完成人类首次登月飞行
7 月 25 日	美国总统尼克松在关岛发表演说，提出“新亚洲政策”
8 月 13 日	苏联在中国新疆铁列克提地区制造流血事件
9 月 11 日	周恩来总理与苏联部长会议主席柯西金在北京机场会晤，就两国边界争论进行谈判
10 月	挪威经济学家朗纳·安东·基蒂尔·弗里施（1895—1973）因“发展了动态模型，并将其应用到经济进程分析中”，与荷兰经济学家简·丁伯根（1903—1994）因“发展了动态模型来分析经济进程”而获得首次设立颁发的诺贝尔经济学奖

1970年（庚戌）二十六岁

1月至7月，在安徽铜陵狮子山铜矿参加劳动。

8月，从北京钢铁学院毕业。

10月，分配到邯郸冶金矿山建设指挥部工作。

【按】下面是2017年12月24日下午，郑新立在北京万寿宾馆接受本书撰稿人采访的谈话内容。

郑新立：1969年我晚毕业一年，直到1970年8月才分配。1970年9月从铜陵去到邯郸。当时学校里河南学生比较多，学校先派人到河南组织部询问，一年招这么多学生，都分配到哪儿？回答说毕业的学生全部要到农村插队落户。老师说：“我们这届学生年龄比较大了，晚毕业一年，现在国家搞钢铁建设也很需要人，国家战备需要钢铁，钢铁学院毕业的学生，不分到工厂却分到农村插队，不是耽误时间吗？”河南省政府坚持全部毕业生一定要到农村插队，最后学校决定一个人也不去。河南籍的学生都分到河北，大部分在邯郸、邢台，邯邢基地。那时邓小平很重视重工业，要在河北建一个重工业基地。邓小平刚恢复领导工作，坐火车到涉县视察，指示那儿发展煤炭钢铁工业。时任国家计委主任是余秋里，他提出在“七五”期间华北经济区的重工业要赶上东北经济区。华北要发展钢铁工业、重型机械工业，发展煤炭工业，所以我们正好赶上。那一批钢铁学院 1969、1970 两届毕业生是一起分配的，70% 的学生都分到河北省了，分到邯郸、邢台、石家庄、宣化、承德、唐山这些地方。我最初所在的单位是邯郸冶金矿山公司，开始到岗位上去劳动，当岗位工。我被分到午汲选矿厂，当球磨工，把矿石磨成碎粉，开球磨机开了一年，后来到选矿厂生产组搞计划。

附录

1970 年	中外政治、经济大事记
4 月 24 日	中国第一颗人造地球卫星“东方红一号”发射成功
4 月 29 日	越南军队入侵柬埔寨
10 月	美国经济学家保罗·萨缪尔森（1915—2009）因“发展了数理和动态经济理论，将经济科学提高到新的水平”而获得诺贝尔经济学奖

1971年（辛亥）
二十七岁

3月，到生产组搞生产计划。

【按】下面是2015年8月18日下午，郑新立在北京万寿宾馆接受本书撰稿人采访的谈话内容。

郑新立：1970年到邯郸冶金矿山公司，后来改成生产与基建分家，调到邯邢基地冶金矿山建设指挥部。企业很大，有两万多人，是冶金部的支柱企业，它生产的矿石由国家统一分配。先在设计队搞矿山设计，后来中央号召读马列经典，《资本论》《共产党宣言》《反杜林论》《国家与革命》《帝国主义是资本主义的最高阶段》。我用一年多的时间认认真真读了这几本书，还到省委党校、地委党校去学习。从1972年到1976年，一直搞理论学习，在企业里当理论教员，主要讲马列的六本书。

附录

1971年	中外政治、经济大事记
4月10日	美国乒乓球队应邀访华
6月17日	美日签订《关于琉球诸岛及大东诸岛的日美协定》，简称《归还冲绳协定》

7 月 9 日　美国总统国家安全事务助理基辛格博士首次访问中国，与周恩来总理举行了会谈

9 月 3 日　苏、美、英、法在柏林签订关于柏林问题的“四方协定”

10 月 25 日　联合国大会第 26 届会议上，通过第 2758 号决议，恢复中华人民共和国在联合国的一切合法席位

10 月　美国经济学家西蒙・库兹涅茨（1901—1985）因“在研究人口发展趋势及人口结构对经济增长和收入分配关系方面做出的巨大贡献”而获得诺贝尔经济学奖

11 月 21 日　第三次印巴战争

11 月 27 日　东盟五国外长在吉隆坡发表《东南亚中立化宣言》

12 月　美、日两国国会先后通过“归还冲绳协定”。12 月 31 日中国外交部发表声明，抗议美日把中国钓鱼岛等岛屿划入“归还区域”，重申中国对上述岛屿的主权

1972 年（壬子）
二十八岁

年初，到邯郸冶金矿山公司设计队当技术员，参加北铭河铁矿的初步设计和团城铁矿的施工设计。

春季，与刘世援结婚成家。

【按】下面是 2015 年 8 月 18 日下午，郑新立在北京万寿宾馆接受本书撰稿人采访的谈话内容。

撰稿人：哪一年成家？

郑新立：1972 年。我爱人刘世援也是 1945 年出生的人，我比她大两个多月，她是 4 月 26 日出生。我们都是 1964 年考的大学，她读的是北京医学院。她父母都是北京人，她父亲是一个中学的英语老师。1970 年我们一起分到邯郸，当时一起分到公司的有九十多名学生，我们就是在邯郸认识的。

附录

1972 年	中外政治、经济大事记
2 月 21 日至 28 日	尼克松总统访华，中美发表《上海公报》
5 月 22 日至 30 日	尼克松访苏，双方发表《联合公报》和《苏美关系相

	互原则》，签署了《苏美关于限制反弹道导弹系统条约》等7项协定
9月25日至29日	日本首相田中角荣应邀访华，中日邦交实现正常化
10月10日	英国牛津大学教授约翰·希克斯（1904—1989）与美国哈佛大学教授肯尼斯·约瑟夫·阿罗（1921—2017）因“深入研究了经济均衡理论和福利经济理论”而获得诺贝尔经济学奖
12月21日	联邦德国与民主德国签订《关于两个德国关系基础条约》，简称《基本条约》

1973年（癸丑）
二十九岁

11月，儿子郑哲出生。

是年，任邯邢基地冶金矿山建设指挥部党委学习秘书。

附录

1973年	中外政治、经济大事记
9月18日	联邦德国与民主德国同时加入联合国
10月6日	第四次中东战争爆发，至26日结束
10月10日	美籍俄裔美国哈佛大学教授华西里·列昂惕夫（1906—1999）因“发展了投入产出分析方法，该方法在许多重要的经济问题中得到运用”而获得诺贝尔经济学奖

1974年（甲寅）
三十岁

是年，任邯邢基地冶金矿山建设指挥部党委宣传部理论教育科副科长，随马万水[1]工程队工作。

附录

1974年	中外政治、经济大事记
1月1日	西非国家经济共同体成立
2月22日	毛泽东主席会见赞比亚总统卡翁达，提出“三个世界”的理论
4月10日	邓小平副总理在联合国大会第6届特别会议上发言，阐述中国对外政策和关于“三个世界”的战略思想，倡议建立国际经济新秩序
5月1日	联合国大会第6届特别会议通过《建立国际经济新秩序宣言》和《行动纲领》
6月26日	“北约”15国外长在布鲁塞尔签署《大西洋关系宣言》

[1] 马万水（1922—1961），河北深州人，中共党员。曾任河北龙烟铁矿“马万水小组”组长、东采矿部副主任、龙烟钢铁公司井巷工程公司副经理。1950年被授予全国劳动模范称号，第一、第二届全国人大代表。1961年8月12日，马万水因癌症病逝，年仅38岁，但他那种“永远争先进、攀高峰”的精神却激励着一代又一代中国工人。以马万水的名字命名的“马万水工程队”，原隶属于宣钢龙烟铁矿，曾20次创造全国掘进纪录。

8 月 8 日	尼克松在“水门事件”冲击下辞去总统职务，福特继任美国总统
10 月 10 日	瑞典经济学家纲纳·缪达尔（1898—1987）和奥地利出生的英国经济学家弗里德里希·奥古斯特·冯·哈耶克（1899—1992）因在宏观经济学、制度经济学领域“深入研究了货币理论和经济波动，并深入分析了经济、社会和制度现象的互相依赖”而同时荣获诺贝尔经济学奖
11 月 23 日至 24 日	福特总统访苏，同勃列日涅夫在符拉迪沃斯托克（海参崴）会谈，双方发表《关于进攻性战略武器的联合声明》
12 月 12 日	联合国大会第 29 届会议通过《各国经济权利和义务宪章》

1975年（乙卯）
三十一岁

是年，参加马万水工程队井巷掘进速度创纪录活动。

12月，赴宣化钢铁公司庞家堡铁矿，调查马万水工程队先进事迹和成长历史。

附录

1975年	中外政治、经济大事记
2月4日	第一届发展中国家原料会议在达喀尔举行
2月28日	非洲、加勒比和太平洋地区46个发展中国家同欧洲共同体9国签订关于经济贸易的第一个《洛美协定》
3月4日至6日	石油输出国组织第一届首脑会议通过《庄严宣言》
5月8日	中国同欧洲共同体建立正式外交关系
5月28日	西非国家经济共同体成立
10月10日	苏联经济学家列奥尼德·康托罗维奇（1912—1986）和荷兰裔的美国耶鲁大学教授佳林·库普曼斯（1910—1985）因在资源优化配置理论领域，“前者在1939年创立了享誉全球的线性规划要点，后者将数理统计学成功运用于经济计量学，他们对资源最优分配理论做出了贡献”而获得诺贝尔经济学奖
11月15日至17日	七国经济最高级会议第一次会议在巴黎召开

1976年（丙辰）
三十二岁

1月8日，早晨六点半在邯郸光明路跑步，忽然听到大喇叭里播送周恩来总理逝世的消息，眼泪顿时流了下来，双腿发软，再也跑不动了。上午到办公室，大家的眼睛都哭红了。

7月6日，朱德委员长逝世。

7月28日，唐山大地震。

9月9日，毛泽东主席逝世。对于全国人民来说，1976年是令人悲痛的一年。

是年，任邯邢基地冶金矿山建设指挥部党委办公室副主任、学大庆办公室主任。7月，随马万水工程队副书记姜隆增参加全国计划会议。

附录

1976年	中外政治、经济大事记
2月24日	东南亚国家联盟第一次首脑会议在印尼巴厘岛举行，签署

《东南亚友好合作条约》和《东盟协调一致宣言》

10 月 6 日　粉碎“四人帮”“文化大革命”，十年内乱至此结束

10 月 10 日　美国芝加哥大学教授米尔顿·弗里德曼（1912—2006）因在宏观经济学领域“创立了货币主义理论，提出了永久性收入假说”而获得诺贝尔经济学奖

1977年（丁巳）
三十三岁

是年，参与组织“企业学大庆”活动，确保工程质量，完成国家计划下达的矿山建设任务。

下半年，得知1978年将恢复研究生招生考试，开始在工作之余进行备考。

【按】下面是2015年8月18日下午，郑新立在北京万寿宾馆接受本书撰稿人采访的谈话内容。

撰稿人：参加工作、娶妻生子、成家立业，都是人生重大的事，这段时期除了当理论教员，工作有什么变动？还有印象深刻的事吗？

郑新立：对国有企业有了比较深刻的了解。在企业里，我先在设计队工作，后来到宣传部干过理论教员，再后来到党委办公室任副主任，兼任“学大庆”办公室主任。印象最深的是跟随马万水工程队，这是全国有名的工程队。1965年，马万水小组扩建为马万水工程队，之后转战西北；1972年由马明负责在张家口宣化重建了马万水工程队。冶金部或者公司每年开会，他都要介绍经验，我主要负责写发言稿、总结经验，和他们住在一起、吃在一起。1974年，马万水工程队从宣化调到我们指挥部，后来单独成立公司了。队里大部分是从张家口比较穷的县招来的人，能吃苦，是全国有名的先进典型。搞矿山建设艰苦，工作环境比较差，体力消耗大，不少老年工人患有硅肺病。指挥部队伍比较大，两万多人，大部分都是转业兵。办好国有企业不容易，跟打仗一样，老工程队伍，人员资格老，都参加过鞍钢、酒钢建设。有七八个分公司分布在邯郸、邢台西部山区，工人生活艰苦，物资供应比较困难，刚开始还能吃上肉，一个月供应一斤，后来改为每月供应半斤，甚至连蔬菜也吃不上，感觉越来越困难，物资短缺。

邯郸冶金矿山公司当时是国家重要企业，冶金部的企业都下放了，但这个企业没有下放。它产的矿石供国家调配，供给首钢、邯钢，是冶金部的支柱企业。领导干部是冶金部任命的。这个时期，我对企业有了一定的了解，知道企业是怎么回事了，还知道工业的发展与周边环境、领导班子、队伍建设、作风建设和经济核算等基础要素的关系，企业办好办不好，这些很关键。也知道国有企业的体制弊端在什么地方。

撰稿人：那时候您渐渐知道了企业的核心问题在哪里。大学之前您是农民子弟，跟农民是血肉相连的，您对中国农民的生存方式不是特意去体验的，而是刻在命运里面，不这样做不行。大学毕业到邯邢的9年，这个过程是您对工人阶级和中国的企业逐渐了解的过程。农业、工业，中国社会的两大阶层您都有了深刻的了解。应该说，后来到国家机关工作以后，这些为您的理论体系建设打下了坚实的基础。

郑新立：是的。在邯邢的9年，整天往下面跑，渴望了解职工在想什么、干什么。那时候我写的文章，一方面是经验总结材料，供企业内部交流和发表；另一方面是给领导写开会讲话稿，小到下面一个小组、个人的典型经验，大到公司的经验，发现有好的典型，马上去总结推广。

附录

1977 年	中外政治、经济大事记
6 月 30 日	东南亚条约组织宣布解散

10 月 10 日　瑞典经济学家和政治家戈特哈德・贝蒂・俄林（1899—1979）与英国剑桥大学教授詹姆斯・爱德华・米德（1907—1995）在国际经济学领域因“对国际贸易理论和国际资本流动做了开创性研究”而获得诺贝尔经济学奖

1978年（戊午）
三十四岁

8月，从邯邢基地冶金矿山建设指挥部考入中国社会科学院研究生院工业经济专业，师从马洪[1]、桂世镛[2]、曾延伟[3]、吴家骏[4]等经济学家。

【按一】郑新立在《郑新立经济文集》序言里说，这一件事成为他人生道路的重要转折。在攻读经济硕士期间，聆听了经济理论界和实际工作者对建国30年经济建设经验教训的大讨论，参加了国务院组织的经济结构大型调查。

【按二】下面是2015年8月18日下午，郑新立在北京万寿宾馆

[1] 马洪（1920—2007），山西定襄人，经济学家、博士生导师。1978年受命创建中国社会科学院工业经济研究所并任所长，曾任中国社会科学院副院长、国家机械委员会副主任、国务院副秘书长、国务院发展研究中心主任、中国政策科学研究会会长、中国综合开发研究院理事长，历任中共第十二届中央候补委员，十三大、十四大代表，七届全国人大常委会委员兼财经委员会副主任委员。长期从事经济管理和研究工作，在经济改革、经济结构、经济发展战略、工业管理和企业管理等研究方面成果丰硕。由他主编的《2000年的中国》是制定“七五计划”和长远规划的主要参考文件。

[2] 桂世镛（1935—2003），浙江湖州人，经济学家，曾任国家计委委员兼计划经济研究所所长、人民日报社副总编辑、国家计委副主任、国家行政学院副院长、国务院研究室主任，历任政协第九届、第十届全国委员会常务委员，经济委员会副主任，文史资料委员会主任，中共第十三届、十四届中央候补委员，第十五届中央委员，主要著作有《国营工业企业责任制》等。

[3] 曾延伟，将军，曾任志愿军总部的宣传部部长、解放军政治学院战略研究室主任、中国社会科学院研究员，主要著作有《两汉社会经济发展史初探》等。

[4] 吴家骏，北京人，中国社会科学院工业经济研究所研究员、博士生导师，曾任中国工业经济学会理事长。主要著作有《企业管理漫谈》《中日企业比较研究》《吴家骏文集》等。

接受本书撰稿人采访的谈话内容。

郑新立：1978 年我考研究生时，在公司里当副处长，是最年轻的处级干部，当时觉得还是要学点东西。报考专业时选来选去，开始想学爆炸力学，后来一看，要补的物理、数学课太多，正好社会科学院成立研究生院，就决定报工业经济。社会科学院成立工业经济研究所，共 400 多人报考，最后录取了 20 多人。我的导师是曾延伟，是中国人民志愿军总部的宣传部部长，是将军，当过解放军政治学院战略研究室主任，后来到社科院当研究员，非常有水平的一个人。当时社科院院长是胡乔木，副院长是于光远、邓力群、周扬……

撰稿人：“四条汉子”中的周扬？

郑新立：对，他是我们研究生院的院长。我们研究生院副院长是温济泽[1]，十一届三中全会精神是温济泽向我们传达的，大家听了都很兴奋。社科院专业很多。周扬给我们讲课，每年开学的时候他去讲一课，那真是大家，不用讲稿，讲文艺理论，信手拈来，一开口就是古文。

附录

1978 年	中外政治、经济大事记
8 月 8 日	中越举行关于越南驱赶华侨问题的副外长级谈判
8 月 12 日	《中日和平友好条约》在北京签字
10 月 10 日	美国卡内基梅隆大学教授赫伯特·西蒙（1916—2001）在管理科学领域因“对于经济组织内的决策程序进行了研究，这一有关决策程序的基本理论被公认为关于公司企业实际决策的创见”而获得诺贝尔经济学奖

[1] 温济泽（1914—1999），原籍今广东梅州，出生于江苏淮阴；曾任延安中央研究院研究员，《解放日报》副刊主编，新华通讯社口语广播编辑部主任、社务委员。新中国成立后，历任中央人民广播电台副总编辑、中央广播事业局副局长、社会科学院研究生院副院长、社会科学院研究生院院长、中国新闻教育学会会长、中华全国科普创作协会理事长。主要论著有《人类征服自然的武器》《征鸿片羽集》《温济泽科普文选》等。

12 月 15 日	中美发表联合公报，宣布从 1979 年 1 月 1 日起正式建交
12 月 18 日至 22 日	中国共产党第十一届中央委员会第三次全体会议在北京举行，讨论把全党的工作重点转移到社会主义现代化建设上来。12 月召开的十一届三中全会，是新中国成立以来我党历史上具有深远意义的伟大转折。全会结束了 1976 年 10 月以来党的工作在徘徊中前进的局面，开始全面认真地纠正“文化大革命”及其以前的“左倾”错误
同年	安徽省遭遇旱灾，当地凤阳县小井庄、小岗村等地农民决定实行包产到户

1979 年（己未）
三十五岁

下半年，参加马洪组织的建国 30 年经济工作经验教训的大讨论，各个经济部门的同志分别总结回顾，对“左”的经济指导思想进行系统反思。特别是讲到“大炼钢铁”“大跃进”“人民公社”“共产风”带来的惨痛教训时，台上台下无不动容，对急于求成、违背经济规律的蛮干有了深刻认识。

8 月，爱人刘世援考入中国医学科学院附属协和医院研究生部。

附录

1979 年	中外政治、经济大事记
1 月 29 日至 2 月 5 日	邓小平副总理访问美国
2 月 6 日至 8 日	邓小平副总理在访美归国途中顺访日本
2 月 17 日至 3 月 16 日	中国对越自卫反击战
3 月 13 日	在巴黎举行的欧洲经济共同体首脑会议正式宣布实行“欧洲货币体系”
10 月 10 日	美国经济学家西奥多・舒尔茨（1902—1998）与圣卢西亚共和国经济学家、作家，美国普林斯顿大学教授威廉・阿瑟・刘易斯（1915—1991）因在发展经济学领域“在经济发展方面做出了开创性研究，深入研究了发展中国家在发展经济中应特别考虑的问题”而获得诺贝尔经济学奖

1980年（庚申）
三十六岁

是年，参与马洪组建国务院技术经济研究中心的具体工作，负责马洪组织的每周经济问题对策会议的记录、整理纪要、校对印发等工作。参加对策会的成员主要有桂世镛、孙尚清、林自新、何建章等。每次会后把简报稿送到孙尚清家中，孙尚清修改后送国家计委印刷厂，经过一校、二校，把印好的简报取回，装写信封，分送党中央、国务院有关领导和部门。

【按一】1980年1月至1981年1月，在中国社会科学院研究生院工业经济研究所读硕士研究生期间，参加了国务院组织的上海产业结构的调查，后又参加了国务院技术经济研究中心的工作，包括对山西煤炭基地和宝钢建设工程的论证。硕士论文《论最终产品和最终产品率》，对社会产品结构的变动与经济效益的关系进行了定性和定量分析。

【按二】下面是2015年8月18日下午，郑新立在北京万寿宾馆接受本书撰稿人采访的谈话内容。

撰稿人：研究生院的院长、副院长都去给你们上过课？

郑新立：都上过，胡乔木、于光远、邓力群、孙冶方[1]、马洪都给我们讲过课。那时候孙冶方七十多岁了，是经济学家，1927年加入共产党，留过苏，当过经济研究所所长。“文化大革命”前就提出

[1] 孙冶方（1908—1983），本名薛萼果，曾用名孙宝山、叶非木、宋亮、勉之等，无锡玉祁镇人，著名经济学家，老一辈无产阶级革命家。“孙冶方经济科学奖”于1985年开始设立和评选，每两年评选、颁发一次，是迄今为止中国经济学界的最高奖。

“千规律，万规律，价值规律第一条”，“搞经济工作抓住价值规律就抓住了牛鼻子，否则就是抬牛腿”，很著名的理论。给我们讲课的都是名家，直接听他们讲课，那三年彻底改变了我的知识结构与价值观，眼界一下打开了。带着好多问号去学习，对以前所经历的“大跃进”“文化大革命”这么多事进行反思，这到底是什么问题造成的？我读研究生时恰逢召开十一届三中全会，陈副总理出来主持经济工作，马洪、于光远提出成立两个组，进行经济调查。一个理论组，由于光远负责；一个结构组，由马洪负责。各个部门系统地总结新中国成立 30 年来的经验教训，一个星期讲一次，讲了好几个月。我每次都去听，为什么 1960 年饿死人？为什么消费品短缺？是因为急于求成，欲速则不达。新中国成立 30 年，人们工资收入年均增长只有零点几，经济增长只有五点几，到 1978 年，折腾半天，想快反而慢了。“文化大革命”前都快破产了，整个经济处于崩溃的边缘，最后留下好多废东西。炼了那么多钢，机床的加工能力大于钢的生产能力，钢变成机床，机床生产出来闲置在那里，这就算是成绩，不能吃也不能穿。生产资料优先增长理论，用马克思列宁公式推导，理论导致消费品短缺。人民生活不能随着经济发展得到改善，教训深刻。这是整个国家的反思，全党的反思。当时的“总路线”、“大跃进”和“人民公社”三面红旗，后来一个个都被否定了。那三年的学习真是思想大解放，开阔了眼界。毕业时，我是研究生会主席，学生里面的处级干部很少，就去了书记处研究室。因为社科院是搞研究的，招学生看重有没有分析能力、有没有独立见解，培养学生也看重研究能力。这三年对国家、对个人而言都是大转折。1964 年第一次进北京，不是农民了；第二次进北京，彻底改变了知识结构。

撰稿人：成长的过程，都是最基础的东西，为你后来的经济理论体系的构建打下了基础。

郑新立：对，成长。一是对技术的了解，我在工厂待了九年，对国有企业有了解；我有理工科的基础，对工程技术问题、数字有特殊的偏好。经济的数字很简单，我研究经济问题总是从数据看问题，每讲一个观点都要用数字做支撑。没有理工科基础不行。学经济不能光有理论，我在社科院学了经济理论，又对数据感兴趣，以后写文章总爱用数据说明问题，对数据比较敏感，每年统计数据出来以后反复看，从数据变化中看出规律，再上升到经济理论。后来到党校学哲学、科学社会主义，全面提高理论水平，理论与数据结合，越写越有感触。我们经济组好几个人，多数不是学理工的，包括王梦奎[1]，他是北京大学毕业的，写的东西数据比较少。我们经济组长有林[2]也是看到数据头疼，不愿看数据，而是讲观点。我跟他们不一样，既要有观点，还要有数据支撑，有些经济上的问题要从理论上概括，有了数据分析，从理论上概括就有可靠的基础。这些后来在国家计委13年的工作中发挥了作用。

国家计委是国民经济的重要部门，我在国家计委政策研究室负责起草计委的文件，起草每年人代会上的计划工作报告，起草计委主任的重要讲话。每次起草文件时，把各个部门叫到一起提供数据，讲明情况，我们进行归纳综合，提出建议、观点。在国家计委讨论的问题都是国民经济中非常重大的问题，讨论以后提出意见，报国务院，国务院一般都会采纳。国务院依靠各个部门提供建议，制定国家经济政策。

在计委工作的13年，是我人生最重要的一个时期，写的东西比较多。我曾经为三位计委主任服务，一位是邹家华，一位是陈锦华，最后一位是曾培炎。2000年我调到中央政策研究室去了。13年，概括来讲，第一任主要任务是简政放权。改革前计委权力较大，地方的投资权、企业的投资权集中在计委。改革中逐步下放，简政放权。到第二任时，通货膨胀成为主要问题，抑制通货膨胀成了主要任务。1994年价格上涨24.1%。抑制膨胀，必须稳住价格。到第三任这里，价格没啥可涨了，亚洲金融风暴来了，主要任务是扩大内需。三任主

[1] 王梦奎，河南温县人。北京大学经济系政治经济学专业毕业，大学学历，研究员、教授、博士生导师；曾任国务院发展研究中心主任，现任中国发展研究基金会理事长。主要著作有《世纪之交的中国经济》《王梦奎文存（全6卷）》等。

[2] 有林，黑龙江呼兰人。经济学家、研究员、全国人大常委会原副秘书长、《求是》杂志社总编辑，著有《论生产资料社会主义公有制》等。

任任期内，一个是“简政放权”，一个是“抑制通胀”，一个是“扩大内需”。一任就干四个字，但都很关键，都有转折。在计委工作，谁也不要说有经验，情况变化太快了，用老经验解决新问题肯定是南辕北辙。最初抑制膨胀时收紧银根，把通货膨胀压下来；到后来通货紧缩了，所以赶紧扩大内需，发国债。真是见世面了，知道中国经济是怎么回事了。13 年经历了这三个阶段。

2 月，第 2 期《中国能源》杂志发表与张思平[1]合写的《加强集中管理是发展电力工业的重要措施》一文。

附录

1980 年	**中外政治、经济大事记**
1 月 4 日	美国宣布对苏联实行谷物禁运
5 月 31 日	中国所有的农村都开始实行以家庭联产承包责任制为主要形式的体制转变。在坚持土地最终所有权在国家的情况下，许可农民自行生产、自负盈亏，只缴纳部分农业产品，并鼓励农村发展乡镇企业和农业副业，向专业化、商品化的方向继续发展，并废除不适合农村生产力发展的人民公社体制
10 月 10 日	美国宾夕法尼亚大学教授劳伦斯·克莱因（1920—2013）因在宏观经济学领域“以经济学说为基础，根据现实经济中实有数据所做的经验性估计，建立起经济体制的数学模型”而获得诺贝尔经济学奖

[1] 张思平，河南延津人，经济学硕士、副研究员，曾任中共广东省深圳市委常委、市委统战部部长。

第二编

1981 年至 1999 年

1981年（辛酉）
三十七岁

8月，结束在中国社会科学院研究生院现实经济系工业经济专业的学习，获经济学硕士学位，进入中共中央书记处研究室工作。

9月，开始编辑《经济问题研究资料》。

【按】下面是2015年8月18日下午，郑新立在北京万寿宾馆接受本书撰稿人采访的谈话内容。

郑新立：我初到中央书记处研究室，主要负责编辑《经济问题研究资料》，因为刚从基层上来，农村孩子，不敢多说话，小心谨慎编刊物。《经济问题研究资料》出了合订本，两个人编。我们挑选和修改文章，选择最重要的资料给领导看。也自己写，对重大政策做出解读，在报纸上登。一直编到1984年7月，之后我到中央党校去学习。这期间也搞调查研究，宣传陈云的经济思想、邓小平的经济思想。待在书记处研究室的7年比较谨慎，处于知识积累阶段；在研究生院的时候，是改善知识结构；到书记处研究室，是了解中国经济的宏观政策，知道了中国经济发展的脉络。

是年，第143期《经济研究参考资料》发表《论最终产品与最终产品率》一文。

【按】此文后收入《中国人文社会科学博士硕士文库》(经济卷，第1521—1579页)。下面是这篇论文的注释、引用与参考部分。

第一节　关于最终产品

王思华[1]认为："社会生产的最终产品总额"，"是一定时期内社会最后的有使用价值的物质财富的总和，它是社会总资本的产品"。参见王思华《关于工业总产值的商榷》,《统计工作》1957年第13期。

钱伯海[2]认为：最终产品是"一定时期生产而在同期不再加工可供最终消费和使用的产品，除了全部固定资产产品外，还包括个人、社会集团的全部消费品，以及作为增加储备、后备的产品和净出口产品"。参见钱伯海等《略论最终产品与最终产值》,《中国经济问题》1979年第6期。

乌家培[3]认为：部门联系平衡表中的"最终产品应该是实物形态的国民收入，包括全部消费品和一部分用于积累的生产资料"。参见乌家培《试论部门联系平衡表的基本思想》,《经济数学方法研究》(生活·读书·新知三联书店1980年版，第235页)。

刘宗时认为：最终产品应包括"(一)个人消费品；(二)社会集体消费品；(三)武器和国防设施；(四)生活资料进出口差额"。参见刘宗时《序列结构与综合平衡》,《工业经济管理丛刊》1980年第1期。

梁文森、田江海认为："直接用于人民生活消费，即用于个人消费和社会共同消费的资料是最终产品。"参见梁文森等《论从最终产品出发制定国民经济计划》,《中国社会科学》1980年第5期。

[1] 王思华(1904—1978)，又名王慎铭，河北乐亭县人，留美经济学家。曾就读于北京大学，受李大钊影响，后加入中国共产党。曾任国家统计局局长。

[2] 钱伯海(1928—2004)，江苏泰兴人，曾任厦门大学经济学院院长、国务院学位委员会经济学科评议组成员、中国统计学会副会长、中国国民经济核算研究会副会长、福建省统计学会会长等。

[3] 乌家培，浙江宁波人，研究员、博士生导师。国家社会科学基金经济学科、国家自然科学基金管理学科、国务院学位委员会经济学科评议组成员，中国信息经济学会理事长，长期从事经济学、数量经济学、信息经济学领域研究，主要著作有《探索社会主义再生产模式的若干问题》《宏观经济控制论》等。

附录

1981 年	中外政治、经济大事记
3 月 18 日	拉丁美洲一体化协会成立
10 月 10 日	美国经济学家詹姆士・托宾（1918—2002）因在宏观经济学领域“阐述和发展了凯恩斯的系列理论及财政与货币政策的宏观模型，在金融市场及相关的支出决定、就业、产品和价格等方面的分析做出了重要贡献”而获得诺贝尔经济学奖
10 月 21 日至 23 日	国际经济合作会议（亦称南北对话）在墨西哥坎昆城举行，中国提出促进发展中国家同发达国家间国际合作的五项原则

1982 年（壬戌）
三十八岁

3 月，第 3 期《工业经济研究资料》发表题为“专业化协作道路要坚持走下去——北京市机械局企业改组情况调查”的调查报告。

是年，第 10 期《经济研究参考资料》发表《〈决议〉发表以来关于计划经济和市场调节问题的讨论情况》一文。

【按】本文共分三部分：（一）坚持以计划经济为主必须实行指令性计划与指导性计划相结合；（二）计划只能是指导性的，不能是指令性的；（三）宏观决策由国家集中控制，微观决策下放给企业。

附录

1982 年	中外政治、经济大事记
2 月 22 日至 24 日	44 个发展中国家在印度新德里举行“南南合作”会议，中国提出开展“南南合作”五项原则建议
10 月 5 日	中苏副外长级磋商开始，至 1988 年 6 月 20 日共举行 12 轮磋商
10 月 10 日	美国经济学史家、芝加哥大学教授乔治·斯蒂格勒（1911—1991）因在产业组织领域，“在工业结构、市场的作用和公共经济法规的作用与影响方面，做出了创造性重大贡献”而获得诺贝尔经济学奖

1983年（癸亥）
三十九岁

1月10日，《工人日报》发表《北京第一机床厂做好定额管理中思想政治工作的调查》一文。

3月，第3期《中学政治课教学》发表《控制建设规模、保证经济稳步发展》一文。

4月18日，《经济日报》发表《在发展生产的基础上逐步改善生活》一文。

4月18日，《经济学周报》发表《技术进步的资金问题》一文。

5月初，随中央书记处研究室副主任梅行[1]、王玉清[2]到辽宁鞍山调研鞍钢技术改造问题。

---

[1] 梅行（1919—2003），祖籍江苏沙洲，张家港泗港镇人。原中央书记处研究室副主任，第七届全国政协常委。

[2] 王玉清（1911—2002），曾用名王玉卿、王洁。江苏江阴人。1932年初参加淞沪抗战的支前宣传活动，1934年夏在上海加入“左翼作家联盟”。曾任冶金工业部副部长、中央书记处研究室副主任等职。

9月30日，《人民日报》发表与刘景彤[1]合写的《技术改造要有一个长远的总体规划》一文。

【按】本文共分四部分：（一）没有好的规划必然打乱仗；（二）企业技术改造规划必须纳入行业、地区的发展规划；（三）采用多层次技术结构，全面提高企业的技术水平；（四）规划的制定和实施过程要搞好综合平衡。

是年，第188期《经济研究参考资料》发表《基本建设投资规模的制约因素》一文。

【按】此文在吸收同类研究成果的基础上，提出合理投资规模最低限度（或称下限）和最高限度（或称上限）的设想。该文提出的确定合理的投资总规模的数量界限，对医治投资饥渴症、实现投资总规模调控科学化，具有开创意义。

本文共分三部分。

第一部分从以下几个方面入手，分析1982年的建设规模可能产生的影响。

（一）1982年固定资产投资规模的猛增，出现在连续四年财政赤字的情况之下，因而带有一定的危险性。1982年，我国财政赤字计划为30亿元。1979—1982年的4年中，国家财政赤字累计为354亿元。在计算国家财政收支时，还把国外借款和发行国库券的债务收入列入了财政收入之中。而国外借款显然不属于当年国民经济中新创造的价值，还要偿付较高的利息；至于国库券收入，在国民收入的初次分配和再分配中，已经作为支出计算过了一次，到“七五”期间将要开始

[1] 刘景彤，云南巍山人。毕业于东北工学院（今东北大学）。曾为北京市第一轧钢厂技术员、工程师、副总工程师，北京冶金局工程设计负责人。1978年调任中国社会科学院工业经济研究所国内研究室副主任。1980年年底，他与乌家培、张磐、周天豹、黄范章等成为社科院第一批赴美访问学者，1983年回国。

归还。如果把国外借款和发行的国库券也算作赤字，那么 1979—1982 年国家财政累计赤字实际上已达 500 多亿元。

财政收支是整个社会再生产过程在价值形态上的表现，财政状况是国民经济状况的综合反映。4 年间财政上的大量赤字，说明我们在国民收入的分配和使用上，已经超出了国民收入的实际生产额，等于分配了实际上并不存在的物品。1982 年基建投资的猛增建立在这样的基础上，不能不说带有一定的危险性。

（二）由于基建规模过大，战线过长，已经出现了钢材、水泥、木材等建筑材料供应紧张的状况，在连续出现财政赤字的情况下扩大基本建设规模，必然造成物资供应的紧张。从历史上看，每当财政收支和信贷平衡的时候，社会购买力和物资供应之间总体来说也是平衡的，尽管在价值上的分配结构与实物结构可能会有不一致的地方，但通过进出口贸易、调节社会储备等办法，一般总可以调剂解决。而当出现财政赤字的时候，物资供应就难以平衡。1982 年基本建设施工项目 7.1 万个，比上年增加 1.1 万个。由于建设材料供应紧张，出现了计划外项目挤计划内项目，一般工程挤重点工程，基建挤生产、挤维修、挤市场的现象。

（三）在投资规模猛增的同时，居民消费水平也有大幅度提高，消费品市场情况良好，但出现了巨额剩余购买力的新问题。1982 年每个农民的平均纯收入，在连续三年平均每年增长 18.5% 的基础上，又比上年增长 15.2%，达到 270 元。城市职工每人每月可用于生活费的收入在连续三年平均增长 13.7% 的基础上，1982 年达到 500 元，比上年的 463 元增长 7.9%，扣除价格指数上升的因素，实际收入仍增长 5.8%。社会商品零售总额达到 2 570 亿元，比上年增长 9.4%。

为什么在出现财政赤字的情况下仍能保持消费品市场的稳定？为什么在基建投资大幅度增长的同时，居民消费水平又能有较大的提高？原因在于以下几点。首先，这几年的财政赤字是在分配结构和生产结构都朝着有利于提高人民消费水平的大规模调整中出现的。经济调整的一个主要内容是，降低过高的积累率，扩大消费基金在国民收入中所占的比重，使人民的收入水平有了较大幅度的提高；同时，围绕着发展消费品生产，调整产业结构和产品结构，使消费资料在社会总产品中所占的比重有了显著提高，市场商品可供量大大增加。因此，人民购买力增长的幅度远远超过了由于财政赤字所造成的物价上涨的幅度。加之我们对价格的严格控制，基本上消除了可能引起市场波动的各种不利因素，而且市场供应情况比过去还大有好转。正是由于这一特殊情况，才使得我们没有察觉财政赤字所带来的明显危害。但是，随着国民经济的主要比例关系基本趋于协调和大规模调整的结束，这种特殊条件已不复存在。今后消费基金的增长，不可能再依靠降低积累比重的办法，而将主要依靠生产的发展和劳动生产率的提高，转入正常的增长；消费品生产的发展，也不能再依靠压缩重工业的办法，没有重工业的较快发展，消费品工业要保持前几年10%以上的增长速度，将是不可能的。如果说前些年为了解决长期以来生产与生活比例失调的问题，不得不多花一些钱，财政上出现一些赤字是不可避免的，那么，在国民经济按正常比例发展的情况下，以继续保留下去的财政赤字来扩大基本建设规模，后果将是危险的。采用这种办法，不仅建设上不去，而且这几年人民提高了的生活水平还会有得而复失的危险。

其次，在1982年的基建投资中，用于住宅等非生产性建设投资252亿元，占比45.5%，为“五五”时期非生产性投资年平均水平103亿元的2.45倍。从社会再生产的角度看，这些非生产性建设投资不能提供任何扩大再生产所需要的生产资料，而是直接用于满足人民的物质、文化生活的需要，因此，理应属于消费基金的范畴。用于生产性积累的只有303亿元，比“五五”时期生产性建设投资年平均的347亿元还低12.7%，这个投资水平对于集中资金搞好重点建设，在前十年打好基础的要求是远远不够的。此外，统计口径不统一，许多地方把不属于基本建设的专项资金也列入基建统计；有些项目重复计算规模，如人防工程费、城市建设费、地方建材费、大型施工机具购置费等，在国家投资计划内已经计算过一次规模，在用这些投资搞工程时又计算一次；还有不少属于简单再生产的更新改造措施工程也列入基建统计。所有这些，使基建总规模的统计数字比实际偏大一些。

再次，城乡人民的储蓄额急剧上升，1982 年末存款余额达 675.4 亿元，比 1979 年的 281 亿元增长 1.4 倍，平均每年增长 34%。这个巨额的储蓄存款标志着人民生活水平的提高和对国家经济前景的充分信赖。今后，随着人民生活水平的进一步提高，由目前的购买性储蓄向防备性储蓄过渡，人民的储蓄额还会有大的提高。近年来，通过银行发放各种生产性贷款和财政透支，已经将储蓄的大部分转化为积累基金或生产资金。这种消费基金向积累基金的转化，对于稳定消费品市场，支援基本建设，无疑发挥了重要作用。

最后，由于农业连年丰收，提供给城市消费的农副产品增多。在城市新增购买力中，吃的比重增加较多，减轻了对穿、用方面工业品的压力。在农村新增购买力中，购买农业生产资料和盖房用材料的比重上升，促进了建筑材料工业和重工业的增长，而建材工业和重工业的增长，必然引起有关行业扩大投资规模的需求。

总之，当前我们面临着这样的选择，由于国民经济中可以提供的剩余产品有限，一种选择是将这些剩余产品的大部分用于消费，以进一步解决多年来生活上遗留的问题。这样用于发展生产的基金就会过少，几年以后，生产发展速度减慢，生活问题就会越积越多。另一种选择是适当地解决生活中最急需的问题，而集中一部分资金用于能源、交通建设，使生产有较快的发展，几年之后，人民生活会有更快的提高。显然，我们应当选择后一种。

（四）农业连续几年大丰收，日子好过，但并不能满足基本建设所需的全部条件，农业形势是非常喜人的。1982 年农业总产值比 1981 年增长 11%，主要农产品产量都创造了历史最高水平，这对扩大基本建设规模似乎是非常有利的条件。但应当看到，农业并不能满足基建所需要的全部条件。基本建设所需要的主要是建筑材料、机器设备。1958 年我国农业大丰收，1959 年就不顾其他条件大上工业基本建设，结果导致失败。还要看到，我国农业生产力的基础比较薄弱，农业收成的好坏，在很大程度上依赖气候条件，而且由于耕地面积少，在粮食播种面积不可能再减少的情况下，要增加为工业提供原料的经济作物的种植面积，受到了限制。今后要继续保持农业的较高增长速度，需要付出比过去更高的代价。因此，在考虑农业对基本建设的作用时，不能做太高的估计。

综合上述分析可以看出，1982 年基本建设投资猛增，虽然具有一定的客观原因，但是毕竟带有很大的盲目性。投资总额增长过猛，超过了财力物力的可能。而保持财政、信贷的平衡，是控制基本建设规模的关键。

基本建设投资规模必须和国家的财力物力相适应，这是从多年经济建设的成功与失败中得出的一条重要经验。为了防止投资规模超出国力的可能，陈云同志早在 1957 年各省、自治区、直辖市党委书记会议的讲话中就提出了从“财政收入和银行信贷都必须平衡，而且应该略有节余；在财力物力的供应上，生活必需品的生产必须先于基建，基建规模不决定于钞票有多少，而决定于原材料有多少；人民的购买力要有所提高，但提高的程度必须同能够供应的消费物资相适应；建设规模同财力物力的平衡，不单要看当年，而且必须瞻前顾后”五个方面制约建设规模的方法，这五个方面至今看来，仍然非常正确。

第二部分提出“控制基本建设投资的总规模，需要首先确定投资规模的合理数量界限，即最低限度和最高限度”。

所谓最低限度，就是社会扩大再生产的规模应至少能够保证新增劳动力的技术装备水平不低于现有社会劳动力的平均的技术装备水平，而且能逐步有所提高。如果社会生产所提供的生产资料，不能保证新增劳动力对技术装备的需要，社会劳动生产率就会降低，整个社会再生产就会出现萎缩。

所谓最高限度，就是社会扩大再生产的规模应能够使得包括新增人口在内的人民的平均消费水平不低于上一年，而且还要有所提高。如果积累规模过大，影响了当年的消费，使按人口平均的消费水平降低，就会影响劳动力的再生产，人民也不会接受。

在计划经济条件下，这种最低限度和最高限度(或称下限和上限)

是可以按计划年度或按五年的计划期进行计算的。这里，我们以1981年的统计资料和1990年以前关于人口、经济发展的计划目标为依据，来粗略计算1982年的工业基本建设投资、基本建设投资总额和积累总额的最低限度和最高限度。

关于投资的最低限度的计算：

一个新的建设项目，从开始投资到生产出产品，需要有一个建设周期。在计算某一年度基本建设投资的最低限度时，应以满足该投资开始正式发挥效益的那一年新增劳动力对技术装备的需求为前提。由于不同建设项目的建设周期有很大区别，各年度投产项目的多少也有不同，为简便计算，我们以五年为一个建设周期。

1981年底我国全民所有制工业企业平均每个职工占有固定资产净值(即固定资产装备率)为7 952元/人。1952—1981年，职工的固定资产(净值)装备率每年提高4.9%。按照这个增长速度，五年之后，固定资产装备率将达到10 099元/人。

预计到1989年以前，我国每年进入劳动年龄的人口都在2 000万~2 600万，其中每年需要在城镇安置就业的有580万人左右。除了在集体、个体经济和商业、服务业就业的人员之外，每年需要工业战线吸收的人员不能少于200万人，否则将不能保证正常的生产发展、就业结构和劳动力队伍更新等方面的要求。

若按照10 099元/人的固定资产装备水平，满足1987年新增劳动力的需要，则需新增固定资产202亿元。另据1952—1981年全民所有制单位平均固定资产交付使用率75%，工业基建投资占基本建设投资总额的56%，基本建设投资占积累总额的49%，可以推算出全民所有制工业在1982年所需基本建设投资的最低限度为269亿元，基本建设投资总额的最低限度为480亿元，积累总额的最低限度为979亿元。

上述最低限度的投资额，还没有把劳动力从劳动生产率低的部门向劳动生产率高的部门转移所需增加的投资计算在内。由于我国目前还处于工业化的初级阶段，农业人口仍占总人口的80%，因此，需要加快农业向工业的转移和生产资料生产的发展。而所需增加的投资，则主要应当依靠农业内部的集体积累。

关于投资的最高限度的计算：“六五”计划提出人口自然增长率要控制在 1.3% 以内，这样，每年净增人口将达到 1 300 万人。由于人口的增加，即使消费基金的总额不变，平均每人消费水平也将下降 2.5%。就是说，要保证平均的消费水平不下降这个最起码的要求，消费基金总额至少要增加 2.5%。党的十二大提出到 20 世纪末，工农业年总产值翻两番，要达到这个目标，年增长率必须达到 7.2% 以上。如果在大力提高经济效益的前提下，使国民收入的增长速度接近或相等于工农业总产值的增长速度，按年递增 7% 计算，那么，为了保证人民平均消费水平不致降低的最低要求，1982 年的消费基金不能少于 2 828 亿元，积累基金不能超过 1 290 亿元。进一步计算可以得出 1982 年的工业基建投资最高限度为 354 亿元，基本建设投资总额最高限度为 632 亿元。

把 1982 年工业基建投资、基建投资总额和积累总额的上限和下限，用三个不等式来表示：269 亿元＜工业基建投资＜ 354 亿元，480 亿元＜基建投资总额＜ 632 亿元，979 亿元＜积累总额＜ 1 290 亿元。

在这样的上、下限之内，再根据国民收入总额的大小，并考虑产品结构、农业的收成、储蓄额、利用外资、投资结构等因素对投资规模的影响，假定人民的消费水平和固定资产装备水平做不同程度的提高，进行反复的试算平衡，分析对比每一组数字的优劣，从中选取最优的投资规模。

提出基本建设投资规模的上限和下限，并逐年加以计算，其实际意义在于：找出基本建设投资规模的两条客观的警戒线，越过了它，就会给国民经济造成危害；在它们圈定的范围之内寻找最优的投资规模，可以大大减少盲目性，从而避免在主观意志决定下使投资规模大上大下，以保证人民生活和经济建设的稳步提高和健康发展。

第三部分论述了控制基本建设投资规模中“合理计划”在计划的执行过程中的管理措施问题。这一部分认为：用经济杠杆管理预算外投资，最有效的方法是按各个不同行业的平均资金利润率的高低，征收不同的投资税。凡是行业的平均资金利润率高于社会平均资金利润率的，都应征收投资税，超得越多，征收的税率应越高。

按照行业的平均资金利润率来征收投资税，是与社会主义公有制和计划经济的要求相一致的。因为无论是预算外资金，还是预算内资金，在性质上都属于国家的财政资金，所有权归全民。而目前由于价格体系不合理，造成不同行业的资金利润率相差悬殊。1981年全民所有制独立核算工业企业的资金（包括固定资产净值和流动资金）利税率平均为23.8%，其中低于社会平均的资金利税率的部门，如煤炭工业只有3.5%、机械工业10.8%、电力工业23.3%、建材工业15%；高于社会平均的资金利税率的部门，如化学工业26.1%、纺织工业63.6%、食品工业63.9%、卷烟工业高达340.6%。需要加以限制的长线产品生产部门的资金利税率往往比较高，需要大力发展比较薄弱的生产部门的资金利税率往往比较低。这种价值杠杆的作用力的方向与经济生活的实际需要相悖的情况，不可避免地造成投资上的盲目性。按照行业征收不同的投资税或给予相应的扶助，国家以征收的投资税来对那些资金利润率低的部门进行投资补贴，并不需要增加财政开支，而且可以通过调节各个投资者之间的利益达到调节各部门的投资的目的，保证各个生产部门按比例发展，这是非常合理的。

控制预算外投资和建设规模，目的在于保证重点建设。集中力量搞好重点建设，是国民经济全局的需要，我们要完成党的十二大提出的战略任务，为20世纪90年代的经济振兴创造条件，就必须下决心把能源、交通等薄弱环节搞上去。同时，集中力量搞好重点建设，也是社会主义计划经济优越性的重要体现。只有建立在公有制基础上的计划经济，才有可能广泛地动员全国的人力、物力、财力，集中办上几件对人民有利的大事。

附录

1983 年	中外政治、经济大事记
4 月 2 日至 6 月 4 日	第七次不结盟国家首脑会议通过《新德里文件》《政治宣言》《经济宣言》等文件
10 月 17 日至 18 日	中部非洲国家经济共同体成立
10 月 10 日	美国加州大学教授罗拉尔·德布鲁（1927—2004）因在一般均衡理论领域“概括了帕累托最优理论，创立了相关商品的经济与社会均衡的存在定理”而获得诺贝尔经济学奖
11 月 23 日至 30 日	胡耀邦主席访日，中日关系三原则扩大为四原则，即“和平友好、平等互利、长期稳定、相互信赖”

1984年（甲子）
四十岁

3月29日，《经济日报》发表《用系统工程的方法提高企业素质》一文。

4月，随国家经济委员会时任副主任张彦宁赴上海、无锡调研企业素质问题。

5月，第5期《经济科学》发表《总结过去、探索未来——王梦奎著〈我国社会主义建设道路的探索〉一书评介》一文。

7月31日，《解放军报》发表《社会主义社会要自觉地坚持改革》一文。

【按】本文是依据人民出版社1984年出版的《陈云文选》第二卷撰写的学习文章。郑新立认为：社会主义社会不是固定的、一成不变的。在整个社会主义历史时期，只有坚持不断改革，才能把社会主义社会推向前进。同时，必须看到，社会主义社会生产关系和上层建筑的改革，必须与生产力的状况相适应，才能促进生产力的发展，这是改革的成功之路。学习《陈云文选》第二卷，有助于深化我们对于社会主义时期改革的认识，提高改革的自觉性，增强搞好改革的信心。

8 月，遵梅行同志指示，赴吉林省调研“厂内银行”问题。

9 月，到中共中央党校培训部学习。

11 月，第 11 期《经济管理》发表与蔡晓峰合写的《完善工业企业经济核算工作的一个成功经验》一文。

附录

1984 年	中外政治、经济大事记
3 月 24 日	中日友好 21 世纪委员会成立
4 月 26 日至 5 月 1 日	美国总统里根访华
10 月 10 日	英国国民经济统计之父约翰·理查德·尼古拉斯·斯通（1913—1991）因在国民收入核算领域，“在国民账户体系的发展中做出了奠基性贡献，极大地改进了经济实证分析的基础”而获得诺贝尔经济学奖
10 月 20 日	中国共产党十二届三中全会发表《中共中央关于经济体制改革的决定》，标志着城市改革的开始，并在 1985 年全面展开
12 月 18 日至 20 日	英国首相撒切尔夫人访华并正式签署《中英关于香港问题的联合声明》

1985年（乙丑）
四十一岁

1月，带领中央党校部分学员赴广东佛山市调研改革开放问题。

5月27日，《经济日报》发表《厂长应该代表谁》一文。

10月4日，《经济日报》发表《中青年干部的一项迫切任务》一文。

11月2日，《经济日报》发表《第二次革命与理论开拓》一文。

【按】文章写道：邓小平同志在1985年3月提出“改革是中国的第二次革命”，干的是“中国几千年来从未干过的事”。如果说第一次革命推翻了压在中国人民头上的三座大山，把命运真正掌握在自己手中的话，那么第二次革命将改变几千年遗留下来的贫穷、落后面貌，把中国建设成为社会主义现代化强国。这次革命具有新的对象、任务和主客观条件，需要制定正确的战略、策略，一定要把理论准备工作做得充分一些。

第二次革命的理论问题，核心是怎样认识具有中国特色的社会主义。它具有哪些基本特征呢？在哪些地方坚持，又在哪些地方发展了马克思主义理论呢？

郑新立认为：一是公有制占绝对优势的多种经济形式。生产资料公有制是马克思所说的社会主义的最基本的特征，是社会主义同资本主义和其他剥削制度最根本的区别。但是，马克思所说的公有制，是单一的全社会所有制，是经过理论抽象的纯粹的经济形式，现实经济生活却复杂得多，特别是在我们这样一个落后的农业国建立起来的社会主义。实践证明，只有实行多种所有制形式，才能够调动多方面的积极性来发展生产力。从目前来看，它包括国有国营，国有集体经营，集体所有集体经营，集体所有个人经营，个人所有个人经营，国内的以及中外的合资经营、合作经营，外资独资经营，等等。有人担心这是不是放弃社会主义原则，其实只要我们坚持公有制经济的绝对优势，社会主义的性质就不会改变。这就既坚持了马克思主义关于社会主义公有制的理论，又发展了马克思主义。

二是多层次的按劳分配。按劳分配是马克思所说的社会主义的又一基本特征。但马克思设想的是社会对劳动者实行直接分配。这也是一种理论上的抽象。在实践中，还是要分成若干层次，在工业上就应分为国家、企业、车间、班组和个人，分层次地计算各个劳动者集体和个人所提供的劳动量，通过直接和间接的形式进行分配。这是对传统的按劳分配思想的突破。这里，把企业作为一个自主经营、自负盈亏的经济实体，具有独立的物质利益，对建立充满生机和活力的经济体制起着关键性作用。在农村，实行联产承包责任制，农民的收入既取决于直接投入的活劳动，又取决于自己的活劳动所转化的物化劳动，包括种子、化肥、工具等的投入，实质上仍然是按劳分配。这同按“资”分配的剥削制度有着本质的区别。

三是有计划的商品经济。社会主义社会实行计划经济，但马克思设想的计划经济，是在生产力高度发展的条件下的产品经济。但实践已经证明，社会主义制度下，尤其是在生产力落后的自然经济的基础上建立起来的社会主义国家，必须利用商品经济来发展生产力。国家主要运用经济手段、法律手段和必要的行政手段，来控制、调节经济的运行。因此，我们的计划经济同马克思所说的计划经济就有所不同。

但它仍属于社会主义计划经济的范畴，因为从根本上说，它是按照社会共同利益的需要，通过合理分配社会劳动，实现经济的有计划、按比例发展的。这也是它同资本主义商品经济的一个重要区别。此外，我们的公有制社会不允许把商品关系和商品交换原则扩大到精神、道德和文化等领域，不能把劳动力当作商品，对两种商品经济划出了明确的界限。

四是在建设物质文明的同时，重视精神文明建设。党的十二大报告指出："社会主义精神文明是社会主义的重要特征，是社会主义制度优越性的重要表现。"它的核心是共产主义的理想、信念和道德。过去讲社会主义的特征，只讲公有制、按劳分配、计划经济、工人阶级和劳动人民的政权等，这还不够完全，还应当包括精神文明。共产主义世界观、为人民事业献身的精神、高度的组织纪律性和爱国主义、国际主义等，是革命导师一再论述并身体力行的、社会成员应有的品质。在改革与开放的新形势下，重视精神文明建设，抵制资产阶级自由化和各种腐朽思想的渗透，具有特殊的重要性。

12月，郑新立主编《提高经济效益之路》一书由中国经济出版社出版。

【按】《提高经济效益之路》一书由郑新立统一修改定稿。书中由郑新立撰写的部分为：（一）进一步开创提高经济效益的新局面；（二）综合平衡与宏观经济效益；（三）发挥经济优势与提高经济效益；（四）工业企业怎样提高经济效益以及搜集整理的有关经济效益的一些统计资料。

附录

1985年	中外政治、经济大事记
9月30日	苏共中央总书记戈尔巴乔夫对法国观众发表电视讲话，首次

提出建立“欧洲共同大厦”的倡议

10 月 10 日　意大利经济学家、美国麻省理工学院教授弗兰科·莫迪利安尼（1918—2003）因在宏观经济学领域“第一个提出储蓄的生命周期假设，这一假设在研究家庭和企业储蓄中得到了广泛应用”而获得诺贝尔经济学奖

12 月 7 日　南亚区域合作联盟成立

1986年（丙寅）
四十二岁

5月，第5期《理论学刊》发表《第二次革命与理论问题》一文。

【按】本文共分三部分：（一）革命需要有充分的理论准备；（二）在解决新问题中发展理论；（三）干部的理论素养决定着我们事业的前途。

5月，第5期《北京师范大学学报》发表《经济体制改革要从中国实际出发》一文。

【按】本文是为人民出版社1983年出版的《邓小平文选》撰写的评论文章。郑新立认为：《邓小平文选》对于经济体制改革问题，从指导思想、目标、原则到改革的重点、需要防止的偏向等，做了全面深刻的论述。概括起来，就是要从中国的实际出发，把马克思主义的普遍真理同我国的具体实践相结合，克服原有经济体制中妨碍生产力发展的弊端和缺陷，逐步形成适合我国国情的新的经济体制，建设有中国特色的社会主义。

我们的经济管理体制应当是什么样的呢？我们认为，它至少应具备"计划性，多元化，市场性，民主性，严格的责任制，国家、集体、个人利益相结合"六个特点。

6月18日，《解放日报》发表《从中国实际出发进行改革的指导文献》一文。

【按】本文是为人民出版社1986年出版的《陈云文选》第三卷撰写的评论文章，共分三部分：（一）对社会主义经济体制的总体构想和改革的初次尝试；（二）围绕正确处理计划与市场的关系，指导改革的顺利进展；（三）正确的思想方法是改革成功的保证。

7月，中央党校结业，获研究生结业证书。

【按】下面是2015年8月18日下午，郑新立在北京万寿宾馆接受本书撰稿人采访的谈话内容。

郑新立：1984年9月份到1986年7月份这两年，我到中央党校脱产学习。当时蒋南翔在那里当常务副校长，搞正规化教育，培养第三梯队，进一步扩展党性教育、马克思主义基本理论教育、哲学教育。我在社科院读研究生时学经济比较多，这次系统学习马列主义理论。党校两年是我学研生涯中的最后两年，前后两次读了五年研究生，相当于经济学博士。当时校长是王震，结业证书是王震发的。

你看，我光上学接受教育就23年：小学6年，中学6年，大学6年，本来是5年，又晚毕业一年，三六一十八年；研究生又3年，再加上在中央党校学习2年，总共23年。从7岁上学到30岁毕业，从30岁干到60岁，还有7年懵懂的时候。从中央党校出来后，才真正把知识运用起来，我想多著书，不写出来太可惜了。

8月，《中共中央党校年鉴（1985）》一书收入《论厂长负责制》一文。

【按】《中共中央党校年鉴（1985）》由中共中央党校年鉴编委会编辑，中共中央党校出版社出版。本文共分四部分：（一）从企业领导制度的历史演变看厂长负责制；（二）建立一个以厂长为首的高智能的决策机构；（三）实行"层层组阁"、一级只管一级的干部管理制度；（四）厂长对国家负责和对职工负责的一致性。

9月，带队赴湖南沿洞庭湖周边调研粮食问题。

10月，任中央书记处研究室经济组副组长，除编辑《经济问题研究资料》外，对宏观经济政策和理论进行跟踪研究。

是年，第25期《经济研究参考资料》发表与拱桥合写的《实现小康水平的粮食问题》一文。

【按】本文共分四部分：（一）从粮食生产的波折得到的启示；（二）实现小康水平对粮食的需求；（三）粮食增产的可能与困难；（四）保证粮食持续稳定增产的对策。

是年，第102期《经济研究参考资料》发表《佛山市资金、技术、劳务市场考察》一文。

【按】本文共分五部分：（一）初步形成的资金市场，成为实现经济起飞的支柱；（二）灵活多样的技术贸易为经济发展提供了各方面不同层次的适用技术；（三）劳动力对流促进了经济、技术交流，推动了社会经济的发展；（四）资金、技术、劳务市场发展趋势明显；（五）新的矛盾与对策。

附录

1986年	中外政治、经济大事记
2月17日	欧洲共同体9国签署加强共同体一体化的《单一欧洲文件》

3 月	国家高技术研究发展计划（“863 计划”）开始实施
10 月 10 日	美国经济学家詹姆斯·麦吉尔·布坎南（1919—2013）因在公共选择研究中心的公共财政学领域“将政治决策的分析同经济理论结合起来，使经济分析扩大和应用到社会-政治法规的选择”而获得诺贝尔经济学奖

1987年（丁卯）
四十三岁

6月26日，《经济日报》发表《在发展中完善租赁经营》一文。

【按】郑新立认为：租赁经营作为商品经济中比较常见的一种经营方式，可以存在于不同的社会制度，既可以为资本主义服务，也可以为社会主义服务。当然，它与不同的生产关系相结合，主要是与不同的生产资料所有制相结合，就会具有不同的社会性质。

实行租赁经营，应当避免垄断，保持同一行业中的多家竞争。许多资本主义国家都有反垄断法，因为垄断利润必然造成企业不思进取。我们改革经济体制的一个重要目的，就是要给企业造成竞争的压力，使其成为相对独立的商品生产者。为了保护消费者的利益，也要避免垄断。这是企业主管部门应当考虑到的。

7月，第7期《对外经济贸易大学学报》发表与初志农合写的《社会主义商品经济运行的系统控制模型初探》一文。

【按】本文共分六部分：（一）社会主义商品经济系统的动态均衡目标；（二）社会主义商品经济的系统状态；（三）社会主义商品经济系统的目标差；（四）社会主义商品经济系统的操作机制；（五）社会主义商品经济系统的控制机制；（六）社会主义商品经济运行的系统控

制模型与几点说明，试图以马克思主义价值理论为基础，运用系统控制的方法来研究社会主义商品经济系统的宏观间接调控体系，进而探讨它的稳态运行机制。

9月，第9期《学习与研究》发表《加强党内生活民主化建设》一文。

附录

1987年	**中外政治、经济大事记**
4月13日	中葡签署《关于澳门问题的联合声明》
6月4日至21日	中共中央代理总书记赵紫阳访问波兰、民主德国、捷克斯洛伐克、匈牙利、保加利亚。这是20多年来，中国领导人首次访问上述五国
10月10日	美国麻省理工学院教授罗伯特·索洛（1924—）因在经济增长理论领域“提出长期的经济增长主要依靠技术进步，而不是依靠资本和劳动力的投入”而获得诺贝尔经济学奖

1988年（戊辰）
四十四岁

1月，中央书记处研究室被撤销，调国家信息中心工作，任副总经济师。

2月，与有林、拱桥合著的《马克思的劳动价值理论》一书，由经济科学出版社出版。

2月，第2期《经济预测与分析》发表《1987年经济情况初析》一文。

3月，第3期《计划经济研究》发表与刘希光、李红升合写的《顺义县土地适度规模经营中的新情况和新问题》一文。

【按】顺义县实行联产承包责任制，改变了过去长期单打一种粮食的局面，多种经营和乡村工业迅速发展，形成了粮食、副食品生产和工业相互依存、相互支持的三大产业。从1986年8月开始推行土地适度规模经营，到目前为止，全县已有94%的村、93%的粮田实行了不同程度的规模经营。

本文共分六部分：（一）实行规模经营是多种经营发达的农村深化改革的突破口；（二）从实际出发选择土地经营方式和规模；

（三）用经济政策和思想工作推动土地使用权的转移；（四）实现农业自我发展和良性循环的"第一推动力"；（五）提高经营管理水平是搞好规模经营的当务之急；（六）规模经营向农用工业提出了新要求。在"从实际出发选择土地经营方式和规模"一节里介绍了"合作农场、粮食生产专业队、双田制"三种经营模式。

9月，第9期《红旗》发表《技术商品与技术市场》一文。

是年，国家信息中心《专题研究报告》发表了与李红升、刘希光合写的《一个年产百万只北京鸭的养殖集团是怎样发展起来的》一文。

【按】本文是对顺义县前鲁鸭场的调查报告，共分三部分：（一）走农工商一体化道路；（二）掌握生产经营的主动权；（三）以联合求发展，提高市场占有率，赚了钱首先用于扩大生产。

附录

1988年	中外政治、经济大事记
6月25日	欧共体与经济互助委员会签署建立联合声明
10月10日	法国国立巴黎高等矿业学院工程师莫里斯·阿莱斯（1911—2010）因在局部均衡理论、一般均衡理论领域"在市场理论及资源有效利用方面做出了开创性贡献，对一般均衡理论重新做了系统阐述"而获得诺贝尔经济学奖
12月1日	苏联最高苏维埃通过宪法修正案，决定以苏联人民代表大会取代最高苏维埃为国家最高权力机关
12月2日	邓小平会见以樱内义雄为团长的访华团时倡议根据和平共处五项原则建立国际政治经济新秩序

12 月 6 日	联合国大会通过决议，同意中国加入联合国维持和平特别行动委员会
12 月 19 日至 23 日	印度总理拉吉夫·甘地访华，双方发表《中印联合公报》

1989年（己巳）
四十五岁

9月29日，《经济问题研究资料》发表《发展新型建筑材料势在必行》一文。

【按】文章认为：发展建筑材料工业，加速住宅建设，是人民群众极为关切的大问题。在建材工业中，以工厂化、机械化生产的石膏板、稻草板、加气混凝土板、石棉水泥板、保温隔热材料和混凝土轻板框架、轻钢骨架等新型建筑材料，代替砖、瓦、灰、沙、石等传统的建筑材料，实现建筑业的革命，是解决住房问题的有效途径。

11月，主编《发展中的信息事业》一书由中国计划出版社出版。

12月，受日本电报电话公司（NTT）邀请，赴日本考察电信业，参观富士通公司。

【按】郑新立在2013年9月11日《中国经济时报》发表的《我在国家计委的13年（1987—2000年）》一文中称，1989年12月至1993年3月这个时期的关键词是“下放权限”。

下面是《我在国家计委的13年（1987—2000年）》中相关一节的内容节选。

郑新立回忆说："那时的下放是真正的下放。在这之前，所有的扩大再生产都是由国家计委来管的，包括地方政府都没有投资权限，甚至工厂里盖厕所也要报上来批，机器设备的更新、车间的改造也需要报国家来审批。至于大的项目更是要国家来批，权力是高度集中的。"

从这一时期开始，一批又一批不断地下放行政审批权限。最初下放投资总额较小的项目，从几千万元以下下放到省级审批，后来提高到几亿元以下，最后，除关系国家经济命脉和国计民生的重大基础设施和骨干项目由国家审批外，其余项目的审批基本都下放到省和计划单列市。

郑新立说："下放投资权限对调动各级地方政府的积极性、调动企业投资的积极性起了非常重要的作用。"

"过去重要物资如钢材、煤炭等也是由国家统一分配的，20 世纪 90 年代开始逐步减少国家统一分配、计划管理的物资的数量，只留下少量用来发电的煤炭、石油等重要资源由国家来分配，其他重要的物资如钢铁等，基本上全都交给了市场。"

"新的计划体系包括中长期规划、年度宏观调控目标以及专项规划相结合的计划体系，这样我国计划体系逐渐完整了。"

这一时期的市场化改革还有一项，就是价格改革。此前，我国推行了价格双轨制。发轫于 1979 年的工业生产资料价格双轨制，开始了市场定价的改革探索。1981 年，国务院批准对超过基数生产的原油，按国际市场价格出口。1983 年，批准对石油、煤炭超产部分实行加价出售。1984 年扩大到绝大多数工业生产资料。1988 年，对主要工业生产资料规定了最高限价。双轨制包括国家定价和市场调节价，是有中国特色的、向市场经济过渡的价格管理制度，这一实验性改革促成了最终由市场配置资源的市场经济体制基本脉络，其后，价格改革指向由双轨制走向主要由市场决定价格。"这对于建立社会主义市场经济体制来讲，是最核心的一次改革。一直到后来，我们价格放开的程度甚至超过了一些发达的市场经济国家，做到 90%以上的商品价格都是由市场来决定的。"郑新立说。

价格改革，恰逢其时。郑新立回忆说："1993 年，中共召开了十四大，提出建立社会主义市场经济体制。在十四大召开之前，小平同志提出‘计划多一点还是市场多一点，不是社会主义与资本主义的本质区别。计划经济不等于社会主义，资本主义也有计划；市场经济不等于资本主义，社会主义也有市场。计划和市场都是经济手段’。在小平同志讲话精神的指引下，整个改革的大的氛围形成了。十四大做出建立社会主义市场经济体制的决定之后，紧接着召开了十四届三中全会，又做出了《中共中央关于建立社会主义市场经济体制若干问题的决定》，当时我参加了《决定》的起草工作[1]。十四届三中全会把建立社会主义市场经济体制的框架基本确立下来，在此框架的指引下进行改革，下放计划权限和投资权限就是改革的主要内容。”

其间，国家成立了六大投资公司——能源、交通、农业、林业、电力（火电、水电）、原材料（钢铁、化工），代行国家计委的投资责任。后来又合并成一个投资公司，就是现在的国家投资公司。

1994 年 3 月，成立了国家开发银行，是国务院直属的政策性金融机构。“成立开发银行的第一个改革草案是我在第一任国开行行长姚振炎[3]的指导下起草的。”郑新立介绍，国投公司和国开行的成立把过去完全由政府拨款、政府审批项目的投资体制转变为由市场决定的投资体制。国家的一些重大建设项目，如电力、煤炭都由国家投资公司来承担。

“下放投资管理权限对于增强市场活力起了很重要的作用。一直到现在，我们的一些审批项目还在进一步下放，但是真正的大批下放是在十四届三中全会做出《关于建立社会主义市场经济体制若干问题的决定》之后。”郑新立说。

在当时，下放投资管理权限可看作对计划体制的改革，即改革原

---

[1] 当时的工作班子里只有郑新立和张卓元[2]连续参与了三个重要的改革文件的起草工作，即十四届三中全会《中共中央关于建立社会主义市场经济体制若干问题的决定》、十六届三中全会《中共中央关于完善社会主义市场经济体制若干问题的决定》和十八届三中全会相关文件。

[2] 张卓元（1933—），广东梅州人，经济学家，曾任中国社会科学院经济研究所所长、国务院学位委员会委员，主要从事政治经济学、价格学、市场学领域研究，主要著作有《论社会主义经济中的生产价格》《社会主义经济中的价值、价格、成本与利润》等。

[3] 姚振炎（1932—），江苏常熟人，国家开发银行首任行长。

来的以直接计划为主的体制，建立新型的计划体系，包括宏观经济调控体系，这是一个重大变化。郑新立说，新的计划体系包括建立中长期规划、年度宏观调控目标，后来又增加了一个专项规划，形成了一个中长期规划、年度宏观调控目标（年度计划）以及专项规划相结合的计划体系，这样我国计划体系就逐渐完整了。中长期规划提出重大战略目标和战略举措，五年搞一次，五年规划同时展望十年；年度计划就是确定八大调控指标，包括经济增长速度、投资规模、财政收支、信贷总额、物价、就业、进出口和国际收支。这八大调控指标有些是互相矛盾的，通过综合平衡，确定一个各方都能接受的方案，最终形成共识。然后经过全国人大讨论、批准，由计划、财税、金融等职能部门围绕这八大调控目标来进行调控。这样，各个方面的调控杠杆形成了合力。以往，计划规定是钢产量多少、粮食产量多少、汽车产量多少，这样一改，就由过去指令性、数量性的计划变成宏观调控的计划。这使我们的经济体制能够有序地由计划经济体制转变成市场经济体制。

毫无疑问，改革将触动一部分人的权利，特别是对于国家计委这样的机构，会有怎样的反应？

郑新立没有回避这个棘手的提问："我参与了这个改革的过程。每次下放权限的时候，应当说，大家并没有因为失去权力而感到失落，普遍认为是大势所趋。我觉得国家计委的这些干部，包括一些在计委工作了几十年的干部，总体上来讲，都是识大局、能够与党中央保持一致的，认为这种改革势在必行。大家确实感到这么多项目集中到计委来批力不从心，也干不好，把它们放下去更好。"

"我们更多的是吸取了国外的经验，20世纪80年代学日本，90年代学德国、美国，另外还有一些小国家发展得也很好。"

20世纪80年代末、90年代初，我们刚刚确立了社会主义市场经济的改革方向，与完善的市场经济体系还有相当大的距离，甚至可以说，我们刚刚下水，刚刚开始"摸着石头过河"，我们的过河工具是什么？路径选择又是怎样？抵御狂风恶浪的办法在哪里？一切未知。

“在这期间，我们更多的是吸取了国外的经验。”郑新立说，20世纪80年代比较多的是吸收了一些日本的经验，向它们学习“收入倍增计划”“银行窗口指导”“财政投融资”等，学了很多东西。20世纪90年代以后，学习德国的东西比较多，国家计委与德国经济部每年有定期的交流。我们得知，德国央行独立于政府，行长由议会决定，央行对物价的稳定即币值稳定负责；德国的财政收支、转移支付有规范的法规法则；等等。从日本和德国学了很多东西，后来从美国也学了一些宏观调控的经验。当时我们的感受就是：哪个国家好，我们就学，不管是大国还是小国，兼收并蓄。因为我们一开始几十年搞计划经济，有些制度没有，我们就到全世界去找，听世界银行、联合国开发计划署（UNDP）的专家介绍哪个国家好，我们马上就去认认真真地考察，当学生。学好以后，回来结合中国的实际制定我们自己的管理体制和改革方案。

郑新立介绍，当时，不光是借鉴日本、德国和美国的一些宏观管理的经验，包括一些小国也有非常独到的地方，我们也需要向人家学习。比如韩国，20世纪六七十年代与我们国家的发展水平差不多，后来却发展很快，在短时间内实现了工业化，我们去看了以后感到很震撼。韩国在20世纪六七十年代从轻纺工业开始发展，后来到钢铁工业，再后来到机械工业。它向日本学习，搞了《钢铁法》《机械法》。韩国的企划院专职做发展规划，韩国经济基本上是按照多个五年计划的要求发展起来的。

再如荷兰，农业搞得很好；芬兰，那么小的一个国家有200多种产品技术在世界上领先；爱尔兰，属于欧洲的第三世界，到20世纪70年代它还是一个以农牧业为主的国家，后来实现跨越式发展，主要发展了两大产业——软件和生物制药，由农牧业为主的国家一下子进入以软件和生物制药为主的高技术国家，人均GDP（国内生产总值）达到3万多欧元，在欧洲跃居前列。

我们提出跨越式发展战略，实际上是受它们的启发。当年，我们提出跨越式发展，好多人不赞成。爱尔兰的诀窍就是通过办开发园区，吸引美国等国家的大企业到它那儿去投资。爱尔兰的香农开发园区是全世界第一个高技术开发区，办了五六十年了，发展稳定，非常好，我们搞园区建设，正是借鉴了它的经验。

建立新的体制没有法律支撑不行。郑新立特别谈道，当时起草《招标投标法》，他是起草组组长，由他带队的起草小组跑遍了发达国家，英国的法律制度比较完善，就去向英国学习。政府和人大都很支持。

“向国外学习，把人家好的东西借鉴过来，加快我们的发展。大家的认识比较一致，所以在这几年一些新的改革措施频频出台。”

附录

1989 年	中外政治、经济大事记
2 月 25 日至 26 日	美国总统乔治・赫伯特・沃克・布什访华
5 月 15 日至 18 日	苏共中央总书记、苏联最高苏维埃主席戈尔巴乔夫访华，中苏关系实现正常化
10 月 10 日	挪威科学、经济学家特里夫・哈维默（1911—）因在经济计量学领域“建立了现代经济计量学的基础性指导原则”而获得诺贝尔经济学奖
11 月 6 日至 7 日	首届亚太经济合作会议在澳大利亚堪培拉举行
11 月 9 日	民主德国开放“柏林墙”，允许公民自由出入过境
12 月 4 日	布什总统在北约首脑会议上提出美国对欧洲新政策，即“新大西洋主义”

1990年（庚午）
四十六岁

1月，第1期《改革》发表《抓紧建立财政、金融相互配合的宏观调控体系》一文。

【按】针对从目前治理整顿的实际出发，建立财政、金融杠杆相互配合、协调运作的宏观调控体系，本文认为应着重抓住以下几个问题：（一）针对市场疲软，以运用利率杠杆为主，建立能够有效调节现实需求和潜在需求比例的机制；（二）针对预算外资金过多、国家可支配财力有限的问题，应主要通过发行国债的形式，适当加以集中；（三）针对工业生产由过热转为下降的不均衡增长问题，以控制工业贷款规模为主，建立保持工业生产稳定增长的调控机制；（四）针对总需求膨胀和结构失衡的问题，建立财政与金融互相配合的调控体系，并加强对赤字和货币发行的法律监督。

1月，第1期《中国工业经济研究》发表《如何把握紧缩力度》一文。

【按】本文共分四部分：（一）工业贷款和银行贷款总额；（二）固

定资产投资总规模；（三）财政赤字和公债；（四）消费基金。

春天，参与起草中共十三届七中全会《中共中央关于制定国民经济和社会发展十年规划和“八五”计划的建议》。

5月，调国家计划委员会政策研究室任副主任。

5月，第5期国家信息中心《专题研究报告》发表《国民经济信息控制系统探讨》一文。

【按】本文共分五部分：（一）国民经济管理体系是一个巨型信息控制系统；（二）信息控制系统不健全是产生经济波动的重要原因之一；（三）建立宏观调控信息系统是治理整顿、深化改革的一项重要任务；（四）国民经济信息控制系统的性能特点；（五）国民经济信息控制系统发展目标设想。

5月，第5期《情报资料工作》发表《当代信息业的发展及带来的机遇》一文。

6月2日，出席某场形势报告会，并做题为“启动经济的着力点应放在市场”的演讲。

10月，第10期国家信息中心《专题研究报告》发表《论信息化同工业化、商品化、社会化、现代化的关系》一文。

【按】本文指出，随着科学技术的进步，决定一个国家和地区生产力发展水平的不再是自然资源、历史条件等，而主要是包括知识在内的信息。20世纪40年代以来，电子、激光和航天技术飞速发展，信息传输、处理、存储设备的能力不断扩大，它深刻地改变了生产和生活的面貌，使人类能够越来越多地分享到科技进步带来的恩惠；社会就业结构中，从事信息业的人数比重越来越多，而传统的物质生产部门的人数越来越少。在工业发达国家及新兴工业化国家和地区，信息社会化和社会信息化已成为共同追求的目标。

我国已建成比较完整的工业体系，主要能源、原材料产量，如钢铁、煤炭、石油、电力、水泥等已居世界前列。单从这两个方面看，我国的工业化水平已经不低，甚至超过了英国、法国等老牌资本主义国家。但是，从农业上来看，我国 80% 的人口居住在农村，农业基本上处于手工劳动，资本主义国家早在 100 多年甚至 200 年以前就已实现的农业工业化的任务，我们远没有完成。8 亿人口正处于由农业社会向工业社会的过渡期。就国民经济整体来看，只能说我们尚处在工业化的初期阶段。再从工业来看，我国的能源、物资总产量虽然已经居世界第三、第四位，但工业生产的国民生产总值却只居世界的第十二位，排在巴西之后。这说明，我们用同样的能源、原材料消耗，只能生产出相当于发达国家 1/6～1/2 的价值。原因就在于我们的工业产品信息含量低，即加工深度低。

在人类社会分工的发展史上，已经经历过三次大分工：第一次，农业同畜牧业分离；第二次，农业同商业、手工业分离；第三次，农业同工业分离。前三次大分工，都是以农业为母体，产生出新的产业。现在，人类社会正在经历第四次大分工，这次分工将是从物质生产部门中把信息业分离出来。

信息化同现代化不可分离，实现现代化必须实现信息化。信息化对于实现工业化、商品化、社会化和现代化如此重要，是否意味着我们应当像发达国家那样先拥有数量庞大、覆盖面广的计算机网络系统，先发展起先进的计算机工业，然后才能实现现代化呢？答案并非如此。我们所说的信息化，主要是指国内外先进技术、管理信息和市场信息能够迅速地传送到国内多个角落，使所有需要信息的地方都能及时获得信息，也是指全国人民具有较强的信息意识，并根据国家的经济实力，逐步加大对信息设备制造业的投入，建立运用多种传播媒体的信息网络，走出一条具有中国特色的信息化道路。

是年，第 74 期国家信息中心《专题研究报告》发表与沈荣[1]合写的《本世纪汽车工业应成为支柱产业》一文。

【按】其中第一部分“振兴汽车工业的时机已经成熟”认为：汽车工业上水平、大发展的基础条件已经具备，20 世纪 90 年代汽车工业应当发展为国民经济的支柱产业。这主要是基于以下几点认识。

首先，我国工业经济目前正处在一个结构转换时期。一方面，40 年来形成的以中低档产品为主的工业产品结构要向以中高档产品为主的结构过渡，通过产品的升级换代，实现结构的高级化。另一方面，我国在某些高科技领域所拥有的优势急需产业化，形成一些高技术产业，并用高技术和高技术产品，改造并武装传统产业，从而带动产业结构的升级。实现这两个转换，需要抓住一批市场容量大、有发展前景的合适产品，集中力量加以发展，汽车就是一种理想的产品。它既是一种传统工业产品，带有传统的生产技术特点，又容纳了现代技术成果。发展汽车工业，能够带动一大批中低档工业产品的升级，同时又为电子技术、新型材料技术和现代冶炼、化工、加工技术找到应用领域，进而带动整个工业结构的转换。

其次，发展汽车工业是解决运力不足问题的当务之急。随着商品经济的发展，客货运输任务急剧增长。1979—1989 年，尽管货物周转量增长了 16 倍，年均增长率达到 91%，仍远远满足不了经济发展的需要。实现 20 世纪 90 年代经济增长的目标，运力不足仍然是主要矛盾之一。由于铁路建设投资大、周期长，近期难以有大的发展，扩大水路和航空运输又受到诸多限制。相比之下，公路运输具有投资见效快、适应性强、快速直达、成本较低等特点。因此，加快发展公路运

[1] 沈荣（1964—），1987 年毕业于北京大学国民经济管理系，后在国家计委工作，1988 年开始从事汽车市场的分析研究和预测工作，现任中国汽车流通协会副秘书长。

输，是缓解运输紧张矛盾的主要途径。近几年一些落后地区经济开发的经验也证明，把公路修通是脱贫致富、发展生产力的首要条件。从国际上看，公路运输大有代替铁路运输的趋势。我国 1988 年旅客周转量和货物周转量构成中，公路运输分别占 43.6%和 13.5%，这个比重远低于发达国家，应当大大提高。而公路运输的发展，必须以汽车工业的发展为前提。

再次，汽车是附加价值高的社会最终产品，能够成为回笼货币能力强的商品和出口拳头产品，因此，汽车工业的发展能够促进国民经济的良性循环。汽车既是生产资料，又是消费资料。全世界每年生产 4 000 多万辆商品车，在世界贸易总额和许多发达国家的国内商品销售中，汽车都居第一位，是名副其实的世界第一商品。我国到 1988 年为止，私人汽车拥有量已达 60 万辆，占民用汽车拥有量的 13%。到 1989 年底，全国居民个人金融资产已达 7 600 多亿元，向居民提供何种商品以回笼货币，是需要认真研究的战略性问题。缺乏群众乐意购买的、回笼货币能力强的商品，市场就难以稳定，居民收入只能长期被压在较低的水平上，生产与消费之间的良性循环和相互促进作用将受到阻碍。汽车作为回笼货币能力极强的商品，成为个人生产和消费资料实属必然。利用我国劳动力成本低的优势，汽车还可以发展为出口拳头产品，从而提高我国出口产品的加工深度，改变中国出口商品的形象，实现外贸的扭亏增盈。

最后，我国钢铁、石油、化工、机械、电子工业已具有相当强大的生产能力，为汽车工业的振兴奠定了雄厚的基础。以每万吨钢产量所支撑的汽车产量相比，我国为 1∶94，即每 1 万吨钢产量只生产 94 辆汽车，而美国为 1∶1 232，日本为 1∶1 334，西德为 1∶1 250，法国为 1∶1 970。我国主要工业原材料和能源的产量已居世界前列，而工业产值却排在第 10 位以后，只及发达国家的 1/5～1/4，究其实质是缺乏技术含量高的产品，其中汽车工业落后就使我们比发达国家每年少 1 000 多亿美元的产值。与汽车工业的落后形成鲜明对比的是，我国金属切削机床年产量和拥有量均居世界首位，总加工能力已超过钢材和有色金属产量而大量闲置。如果能把生产这些中间产品的原材料和积极性用于发展汽车生产，其经济效益将大大提高。由于汽车工业波及效应大，吸收就业能力强，发达国家每6个就业人员中就有一个与汽车业有关，因此，发展汽车工业将能带动我国冶金、石油、化工、机械、电子、仪表、公路等相关产业的发展，有利于扩大社会就业，提高社会效率。汽车业将会成为一个有力的杠杆来推动社会的前进。

改革开放前的30年，我们曾把钢铁、煤炭、电力作为带头产业，改革开放后的10年实际上又把消费品工业作为带头产业，对我国经济的发展都产生了深远影响，做出了历史贡献。20世纪90年代，我们应当把汽车工业作为新的带头产业之一。当年法国、日本都是在战后最困难的时候发展汽车工业的。当前我们发展民族汽车工业，将能起到振奋民心的作用，有利于我们走出经济困境。

第四部分“加快汽车相关产业的发展”指出：汽车工业是大量消耗钢材的部门，而且主要消耗0.6～0.9mm的钢板，这正是目前国内的短缺品种。汽车工业的发展将促进钢材品种结构的调整和质量的提高，但近期内进口薄钢板的局面难以发生根本改变。与其进口汽车，不如进口钢板自己制造，这对促进国内工业的发展、扩大就业、提高宏观经济效益更有利。

发展塑料汽车，用玻璃钢或钢筋塑料代替钢板，能大大减轻汽车自重，降低燃料消耗；改变传统的生产工艺，省去冲压设备，大大节省建设投资；除发动机和底盘外，车体制造和总装可相对分散建厂，充分发挥我国劳动力资源丰富的优势，在短时间内把汽车产量搞上去。因此，这应当作为一项重要的技术政策和发展方向。近几年，国内外一些汽车厂家积极进行有关试验探索，国内技术已处于领先地位，国家应予以扶持。

汽车拥有量的增加，势必增大燃料供应的压力。国外产油的工业化国家汽车用油占石油产量的比重一般都在50%～60%，我国仅占

12%。日本、法国、德国、意大利等国家不产或很少产石油，主要靠出口汽车进口油。我国石油资源探明的储量并不很多，作为长远战略应通过汽车出口替换原油出口的收汇额，逐步减少石油出口。国内油料价格应提高到与国际市场相同的水平，以利于能源的节约。

我国公路的平均载车率低于发达国家，目前之所以拥挤，主要是管理上的原因。汽车工业的发展要求公路建设有一个大的发展。应当是先有车、后有路，修路的费用应主要来自汽车的燃料、轮胎税。如日本公路建设资金的74%靠汽油税和轮胎税。我国则把公路建设的部分费用打在汽车售价中。汽车的燃料、轮胎消耗多，占用公路的时间就长，应当为公路建设多投入资金。国外公路的大发展一般总是在汽车大发展的5年之后。我们也应采用国外通用的办法为公路建设集资。

汽车工业是高投入、高产出的行业，建厂的一次性资金投入要求很多。应采用合资、合作的办法，让出部分国内市场，以吸引外资。只要产品能出口一部分，外汇收支能自我平衡，对我有利的方面就是主要的。目前已形成的几家中外合资企业，在财政、金融双紧政策下都面临着一些困难，政府应积极协助解决，坚持办好。通过10年奋斗，争取到20世纪末，使汽车工业成为国民经济中的支柱产业。

是年，由房维中[1]主编、人民出版社出版的《学习〈中共中央关于制定国民经济和社会发展十年规划和“八五”计划的建议〉》一书收入《加速发展科技教育事业、促进经济振兴》一文。

是年，第73期国家信息中心《专题研究报告》发表《实现20世纪90年代经济稳定发展的若干对策》一文。

【按】本文共分五部分：（一）20世纪90年代经济持续稳定增长

[1] 房维中（1928—），吉林东丰人，1949年就读东北大学社会科学院、东北师范大学经济系。曾任中共中央办公厅研究员、国家计委副主任，1998年3月任第九届全国政协常委、全国政协经济委员会主任，主要著作有《房维中文集》等。

的起点和目标；（二）价税薪联动，理顺分配和交换关系，围绕适销的消费品和出口产品的生产调整产业结构、健全积累机制；（三）把预算外资金和居民剩余购买力引导到对瓶颈部门的投资上来；（四）大力推动沿海向内地、城市向乡村的产品扩散和技术转移；（五）控制总需求中现实需求与潜在需求的比例，保持适当的现实购买力。

其中第一部分“20世纪90年代经济持续稳定增长的起点和目标”提出以下内容。

进入20世纪90年代，我国经济面临着复杂的局势和困难的抉择：改革与发展的任务互相交织，有利条件中潜藏着不利因素，治理经济的对策在发挥正效应的同时也带来了强烈的负效应。概括起来，存在以下矛盾。

（1）一年来治理通货膨胀已取得显著成效，物价指数恢复正常，但通货膨胀的病灶尚未根除。在双紧政策下，市场销售疲软，工业产品积压和财政收支困难成为经济生活中新的焦点。

（2）钢铁、煤炭、石油、电力、水泥等重要能源原材料产量已居世界前列，为发展深加工工业提供了雄厚的基础。但是，由于价格扭曲，导致利益驱动机制与生产力发展规律相悖，一方面助长了能源原材料的浪费，刺激粗加工工业的膨胀，使相同的能源原材料消耗只能生产出相当于发达国家20%～30%的价值；另一方面制约了能源原材料工业投资的增长，以致基础工业部门的瓶颈制约越来越严重，整个经济陷入结构失衡、调整、再失衡的恶性循环。

（3）消费品工业在改革开放的11年来发展最快，特别是普通家电产品产量已居世界第一、第二位，成为家电生产大国；而目前受市场疲软的打击也最为严重。如何提高质量、降低成本，实现关键零部件的国产化，适应国内外市场需要开发新产品，把引进的成百上千条生产线开动起来，成为亟待解决的问题。

（4）部分沿海地区由于乡镇企业、中外合资企业、外商独资企业、私营企业和个体经济的发展，已提前跨入小康水平，对全国城乡发挥着极大的激励作用；同时，产生了收入悬殊的问题。城镇居民收入实物化和小工资、大福利趋向日益严重。全国职工平均实际工资已连续两年下降。

（5）11 年来利用外资 570 多亿美元，引进技术和设备几万项，已经和正在开始发挥作用。但是到 1992 年，外债还本付息进入高峰，“八五”期间债务将由 80 年代的净流入变为净流出。引进技术与设备的消化、吸收、创新，以及在全国同行业企业中的普及、推广，需要投入大量人力、物力和强有力的组织领导。

（6）我国人民已初步解决了温饱问题，1989 年粮食生产突破 4 年徘徊，出现新的良好开端。到 20 世纪末，随着人口增长、耕地减少，而人民收入增加后对农副产品供应会提出更高的要求，农业的压力将会越来越大。

以上所述可见，实现 20 世纪 90 年代经济持续稳定增长的基本条件是具备的，但同时面临着一系列困难。制定 20 世纪 90 年代发展规划应当把近期矛盾的解决和中长期发展结合起来。在时间上应分为三个阶段。

第一阶段，“八五”前两年，继续完成治理整顿的任务，集中调整价格、税收和工资，理顺分配和交换关系，调整产业结构，国民生产总值的增长速度可控制在 5% 左右。

第二阶段，“八五”后三年，基本完成结构调整任务，建立起新经济体制的框架，国民生产总值的增长速度可控制在 7% 左右。

第三阶段，“九五”时期，继续完善经济体制，国民经济在计划经济与市场调节相结合的轨道上协调发展，国民生产总值的增长速度可达到 8% 以上。

该文第二部分“价税薪联动，理顺分配和交换关系”中论述了调整价格体系，改革价格形成机制、改革财税制度、改革工资制度等问题。

附录

1990 年	中外政治、经济大事记
3 月 12 日至 15 日	第三次苏联人民代表大会通过法案，决定取消宪法中苏共领导地位的规定，大会选举戈尔巴乔夫为苏联总统
10 月 3 日	德国实现统一
10 月 10 日	美国经济学家马科维茨（1927— ）、顿·米勒（1923— ）和威廉·夏普（1934— ）三人因在“金融经济学方面做出了开创性工作”而获得诺贝尔经济学奖
11 月 19 至 21 日	欧洲安全与合作组织第二次首脑会议在巴黎举行，签署《新欧洲巴黎宪章》
11 月 26 日	上海证券交易所创立，12 月 19 日开始正式营业

1991年（辛未）
四十七岁

1月，第1期《经济与社会发展》发表《宏观经济走势与企业经营决策》一文。

【按】本文由四部分构成：（一）一年多来的治理整顿已取得了很大的成效；（二）目前工业生产已开始走出低谷；（三）市场仍处在结构性疲软之中；（四）对经济走势的预测、企业经营战略选择。

其中最后一部分指出：我国的企业家应研究这三个不同层次的居民需求，生产出他们乐意购买的、回笼货币能力强的商品，开拓和丰富市场。在经营战略上，当前尤其应注意在以下四个方面下功夫。

（1）根据市场需要不断开发新产品。目前的市场疲软是结构性疲软。滞销积压产品固然很多，但适销产品却供不应求。我国商品的品种、花色比起改革前有了很大变化，但与发达国家比，差距仍然很大。日本东京一个超级市场有30多万种商品，北京王府井百货大楼只有3万多种，相差10倍。那些商品无非就是吃、穿、用、玩、行方面的，绝大部分没有什么高技术，甚至2/3以上我们的乡镇企业也能生产。关键是我们的企业长期生活在卖方市场环境下，人的创造性没有很好地发挥出来。近几年广东的新产品很多，在北京市场上销售的日用家电小商品里，许多新品种、新花样都来自广东，而广东又来自港澳的市场信息。我们的企业家要走出去，考察外部市场，借助他山之石，更要依靠自己的力量积极开发。每种产品都有其市场寿命，只有不断开发新产品，才能使企业保持长盛不衰的生命力。

（2）努力提高技术和管理，扩大批量，降低成本，以价格、质量、服务促销。市场竞争主要是价格、质量和服务的竞争，其中价格是最有效的竞争手段，薄利多销应成为企业经营的一项重要战略。而价格的优势取决于成本，只有努力提高技术水平和管理水平，实行大批量生产，才能降低成本。要努力提高产品质量，搞好售后服务。那种用劣质产品损害消费者利益的行为会使企业自食其果，在市场机制越来越健全的情况下将没有生存的余地。要用消费者信得过的产品树立企业的形象。

（3）采取多种促销措施，建立自己的销售网络。在市场发育很不平衡的情况下，采取多种促销手段，将能改变产品的市场命运。有许多产品往往城市不好销，农村好销；沿海地区不好销，内地好销。要善于利用广告等宣传媒介，提高产品的知名度。有条件的企业集团，应建立自己的销售网络。国外一些有名的跨国公司都有自己独立的销售体系，这是它们成功的一个诀窍。如丰田汽车公司有5万生产职工，3万销售大军；有遍布世界各地的销售网点，每个推销员划定销售区域，几年、十几年不变，对自己销售区域的用户了如指掌。每个月的生产计划都由各地的推销员根据可能的销售量汇总而来，做到“不生产一辆滞销的汽车”，目前年产量达300多万辆。

（4）实行扩大出口的战略。我国目前已拥有相当强的工业生产能力，主要能源原材料产量居世界前列。电风扇、录音机、电视机、洗衣机、冰箱产量已居世界第一、第二位，成为家电生产大国。在某些高技术领域，我国也具有一定的优势。发展工业品出口，提高出口产品的加工档次和技术含量，能够充分发挥我国人力资源丰富、劳动力成本低的优势，增强换汇能力。如电风扇1989年全国产量4 700万台，出口1 071万台，占世界电风扇出口量的1/3，创汇125亿美元，占全国家用电器出口创汇总额的63%。1990年以来继续保持增长势头。在国内市场疲软的情况下，电风扇从国际市场找到了出路，这是一个成功的范例，其他机电产品也完全有可能走向国际市场。这就要求我们的企业家了解国际市场，按国外的消费习惯改进产品设计。继“四小龙”之后，中国成为日用工业品出口大国，继而发展高技术产品的出口是完全有可能的。我国工业将在发展出口中使自己的技术和管理水平走向现代化。

6 月，第 6 期《数量经济技术经济研究》发表与刘永强合写的《1991 年：市场回升加快但难以突变》一文。

8 月，赴日本考察经济政策和工业企业。

是年，主编《现代政策研究全书》，由中国经济出版社出版。

是年，进入国家计委政策研究室工作一直到 2000 年 6 月。

【按】其间先后担任副主任、主任，副秘书长，新闻发言人，机关学术委员会副主任等职；主要围绕经济文件的起草工作，对经济长期发展和近期运行中的重点问题进行研究；进行了现代政策研究方法论的研究，中国支柱产业振兴问题的研究，转变经济增长方式的研究，工业发展政策的国际比较；对国民经济信息化问题进行了研究，并参与宏观经济政策与形势的跟踪分析和预测。

附录

1991 年	中外政治、经济大事记
6 月 18 日至 19 日	发展中国家环境与发展部长级会议在北京举行
10 月 10 日	英国经济学家、美国芝加哥大学教授罗纳德·科斯（1910—2013）因在新制度经济学领域“揭示并澄清了经济制度结构和函数中交易费用和产权的重要性”

	而获得诺贝尔经济学奖
11月5日至10日	越共中央总书记杜梅、部长会议主席武文杰访华，中越关系实现正常化
12月9日至10日	欧共体在荷兰马斯特里赫特举行第46届首脑会议，签署《欧洲联盟条约》
12月11日至16日	李鹏总理对印度进行正式友好访问
12月15日	秦山核电站并网发电

1992 年（壬申）
四十八岁

1 月，编著《社会主义精神文明建设全书》一书，由经济日报出版社出版。

3 月 5 日，《人民日报》发表《动员各方力量发展第三产业》一文。

【按】该文认为：第三产业的发展水平是衡量一个国家经济社会发展程度的重要标志。新中国成立后的 20 多年，我国第三产业有所发展，但基本上处于被抑制的状态。加速发展第三产业，首先需要解决思想认识问题。长期以来，我们将现代化建设主要理解为多建工厂、多生产产品，而第三产业则被认为是不创造社会总产品和国民收入的部门，对第三产业发展经常采取“管、卡、压、清、整”等限制措施，以致第三产业长期得不到应有的发展。应当看到，第三产业劳动也是一般人类劳动，它同物质产品的生产过程一样，在消耗物化劳动和活劳动的同时，创造出使用价值和价值。所不同的是，第三产业以第一、第二产业所创造的产品为基本物质条件，主要通过服务的形式生产非物质形态的产品，满足生产和生活的多种需要。还应看到，随着科学技术进步成为第一生产力，生产过程中的智力因素越来越具有决定性作用。第三产业作为国民经济运转的“润滑剂”和“增效剂”，渗透到第一、第二产业，物化于各物质生产要素之中，成为推动第一、第二产业发展的强大动力。

放宽政策，是加快第三产业发展的首要条件。第三产业中大多数行业具有面广分散、流动性大、投资规模小和以劳务为主等特点，最适合集体、私营和个人投资兴办。除铁路、公路、重要港口、机场、邮电通信、科研、教育、城市公用设施等以国家投资经营为主，同时动员社会力量去办以外，对服务性、娱乐性、社会公益性行业，如商业、饮食服务、托幼、修理、搬运、出租车、社会咨询、家庭服务等，要广泛动员和依靠社会各个方面的力量，放手让各类国有企业单位、城乡集体经济组织和个人兴办。要坚持国家、集体、个人一起上，坚持谁投资、谁所有、谁受益的原则，充分调动各方面兴办第三产业的积极性。要简化开办第三产业企业的登记手续。要打破行业、地方对市场的垄断，保护公平竞争。同时，抓紧制定和完善有关第三产业，特别是有关市场管理的法律、法规，完善市场竞争规则，维护市场秩序，使第三产业的发展纳入健康的法制化轨道。

3月5日，《中国商报》发表《20世纪90年代市场日趋成熟》一文。

3月，第3期《宏观经济管理》发表《加快建立社会主义市场经济新体制》一文。

3月，第3期《经济管理》发表《按现代企业制度的要求规范国家与企业的分配关系》一文。

【按】该文共探讨了“国有企业利润分配制度的历史沿革、税利分流是实行现代企业制度的要求、实行新的利润分配制度需要克服的障碍”三个方面的问题。

7月，随外经贸部副部长陈新华赴法国、意大利介绍中国投资环境，招商引资。

8月，第8期《中国工业经济研究》发表《对改革全民所有制实现方式的探讨》一文。

【按】此文共探讨了“加快经济体制改革应以全民所有制实现方式为突破口、改革全民所有制实现方式的核心问题是所有权的具体化、在与所有权的互相制约中全面落实企业经营自主权、根据企业的不同类型实行不同形式的产权管理制度”四个方面的问题。

9月，第9期《国际贸易》发表《关于建立国家进出口银行的探讨》一文。

【按】此文共探讨了“建立国家进出口银行有利于支持和培育我国出口能力的增长、国家进出口银行的组织形式和步骤、国家进出口银行的管理和发展”三个方面的问题。

9月，第9期《党建》发表《扩大企业自主权不会造成“一放就乱”》一文。

【按】此文标题为收入《郑新立文集》（第二卷）时所加。

12月，随国家计委副主任盛树仁赴韩国考察，这是两国建交后第一个赴韩国的中国政府代表团，受到了热情接待。代表团考察了韩国企划院和现代、大宇、三星、金星等企业。回国后撰写了3万字报告，介绍韩国工业化的经验。

是年，主编《中华人民共和国大辞典》一书，由新华出版社出版。

【按】下面为《中华人民共和国大辞典》一书的前言。

中华人民共和国从成立到现在，已经走过了42年的光辉历程。

40年前的旧中国，帝国主义、封建势力和官僚买办横行，劳动人民备受压迫，在死亡线上挣扎。封建制度严重束缚着生产力的发展，曾经创造了灿烂的古代文明的中华民族，已经被世界近代工业文明远远抛在了后边。在弱肉强食、优胜劣汰的进化规律面前，中华民族连生存的权力几乎也要丧失掉了。然而，曾几何时，中国人民终于站立起来，掌握了自己的命运，开始洗刷耻辱，迅速追赶，创造出民族复兴的伟大业绩。

经过42年的艰苦努力，中国在世界上已不单单是人口总数最多的国家，我们的粮食、棉花、油料、肉类、煤炭、水泥、棉布、电视机等农业产品和工业品产量，也已跃居世界第一位，化肥产量居世界第三位，钢产量、发电量和化学纤维产量居世界第四位。我们已经建立起完整的工业体系和国民经济体系，在航天、原子、生物等尖端科技领域，达到了世界先进水平。我国11亿人口基本解决了温饱问题，市场商品丰富，人民安居乐业。我国的国际威望不断提高，在世界政治生活中发挥着举足轻重的作用。

中国在42年的时间里之所以能够发生如此巨大的变化，关键在于我们有马克思主义的指导；在于把马克思主义基本原理同中国的具体实际相结合，不断探索建设社会主义的道路，找到了适应社会主义初级阶段特点、建设具有中国特色社会主义的路线、方针和政策；在于我们有久经考验的中国共产党的坚强领导，团结全国各族人民，共同奋斗。

我国要赶上发达国家的水平，至少还需要半个世纪的努力。从现在起到20世纪末，我们将要达到小康水平的目标；到21世纪中期，将使人均国民生产总值达到中等发达国家的水平，从而把中国建设成为一个富强、民主、文明的社会主义现代化国家。

实现党中央提出的上述发展目标，不仅关系到中国人民的切身利益，关系到中华民族的兴衰，而且关系到社会主义的命运和前途。达到这些目标，必须借鉴前42年的经验教训，才能使我们更聪明一些，更成熟一些，尽可能减少失误，少走或不走弯路。

编写《中华人民共和国大辞典》，就是为了反映42年来中国人民所创造的辉煌成就，记述42年所走过的坎坷道路，介绍中华人民共和国各方面的基本情况，为人们认识和了解新中国的国情和历史提供一部比较系统、完整的工具书。希望人们能够从对新中国国情和历史的了解中，汲取丰富的思想营养，坚定社会主义的信念和必胜的信心，鼓舞继续前进的勇气，完成革命先辈未竟的事业。

《中华人民共和国大辞典》根据《中共中央关于建国以来党的若干历史问题的决议》和有关中央文献精神进行编写，力求全面、准确地反映历史事实，反映亿万人民伟大的社会主义实践。收入内容的时限，从1949年10月1日到1991年年底。词条内容包括新中国概况，新中国政治、经济、法律、军事、对外关系、科学技术、哲学社会科学、文化艺术、教育、卫生、体育、人物等大类，共12 000个词条。记述内容尽可能做到简明扼要、清楚准确、言之有据。

由于时间仓促，加之经验不足，辞典之中定有考虑不周和疏漏之处，敬希读者批评指正。

附录

1992年	中外政治、经济大事记
1月18日至2月21日	邓小平发表南方谈话
1月24日	中国和以色列建交
4月6日至10日	江泽民总书记访问日本
8月17日	南部非洲发展共同体成立
8月24日	中国与韩国建交
9月1日至6日	不结盟运动第十届首脑会议在雅加达举行，正式接纳中国为观察员国
10月23日至28日	日本明仁天皇访华

10 月 10 日	美国芝加哥大学教授盖瑞·贝克（1930—2014）因“将微观经济学的理论扩展到对于人类行为的分析上，包括非市场经济行为”而获得诺贝尔经济学奖
12 月 17 日至18 日	俄罗斯总统叶利钦访华，双方发表《中俄联合声明》
是年	中国政府再度对城市体制进行改革，并不断将各种政治决策公开化，设立听证会以便民众参与政治决策

1993年（癸酉）
四十九岁

1月，第1期《经济管理》发表《面对“复关”挑战的汽车工业》一文。

【按】该文由三部分内容构成：（一）国内汽车市场要由国产汽车占领；（二）汽车工业大发展的条件已经成熟；（三）振兴汽车工业的战略选择。

1月，有林、郑新立、王瑞璞[1]编著的《中华人民共和国国史通鉴》（全四卷）由红旗出版社出版。

【按】这是中华人民共和国建国53年来的一部历史缩影，收录记载每一代人心路历程的经典歌曲，香港、澳门、台湾三地的历史演进与变革及其权威评述，真实的历史影像，精美珍贵的文物图鉴等。

2月，第2期《行政法学研究》发表《社会主义市场经济需要强有力的宏观调控体系》一文。

---

[1] 王瑞璞（1937—），吉林扶余人，经济学家、教授、博士生导师，曾任中央党校副教育长、中央党校校委委员，现任发展中国论坛（CDF）执行主席、中国市场经济研究会常务副会长。主要著作有《中国农村十年 1978—1988》《社会主义初级阶段的基本理论与实践》《农村经济学》等。

【按】此文第一部分“实行政府主导下的市场经济是后发展国家实施赶超战略的成功经验”分析了以下内容。

迄今为止，由于主要市场经济国家根据本国的情况，实行不同的宏观调控制度，形成了各自不同的市场经济模式。大体来说，可以分为分散型市场经济和协调型市场经济两类。所谓协调型市场经济，以德国、日本、韩国为代表，其主要特征是：（1）国家制订统一的经济发展计划，包括中长期计划、年度计划和专项计划在内；（2）国家根据不同时期经济发展的任务制定产业政策，并在财政、金融政策上给予扶持；（3）企业资金的来源以间接融资为主，以直接融资为辅。

显然，两种经济模式的最大区别在于政府干预经济的程度有所不同。尽管目前经济学家对两种模式的优劣仍有争议，但有一个事实却是不可否认的，这就是从一个较长的时期来考察，协调型市场经济能够为本国经济的发展创造一个更为有利的宏观环境，从而使经济发展得更快一些。这从 1992 年美国大选中公众对政府的指责，以及克林顿上台后加强政府对经济的干预，可以得到证明。

在协调型市场经济国家，计划、财政、金融三大调控杠杆在宏观调控中所起的作用也是不同的。

在德国，金融调控居于中心地位，中央银行独立于政府，全权负责货币发行和市场物价的稳定。独立运行的银行体系是德国经济管理体制的最大特点。正是由于这种体制，才使德国在 20 世纪 50 年代后期始终保持物价稳定，为经济在较长时期内稳定增长提供了条件。

日本的宏观调控实际上是以财政为中心的，特别是在 20 世纪六七十年代高速增长时期，政府用财政手段集中了大批建设资金，包括被称作特别会计的财政预算资金、国债基金、邮政储蓄和保险基金等，用于政策性投资贷款，并通过政府的窗口指导，引导商业银行的贷款，从而支持产业政策的实施和国民经济发展计划的实现。日本在短时期内迅速实现重化工业化，出口大幅度增长，靠的是财政投融资的支持。可以说，财政投融资是日本宏观管理的最成功之处，是日本从 20 世纪 50 年代以来实现经济高速增长的重要原因之一。

韩国的宏观调控则是以计划为中心的。韩国从20世纪60年代初期成立的经济企划院，负有制订计划、政策协调、编制预算和维护市场四大职能。企划院是一个超级部，是政府主导下的市场经济体制的中枢。把财政预算支出计划和经济发展计划统一起来，用预算计划和信贷计划支撑经济发展计划，是韩国宏观经济管理体制上的一大特点。1962年韩国还是一个落后的农业国，人均国民生产总值只有87美元，如今已达到近7 000美元，成为新兴的工业化国家，钢铁、汽车、造船、石化、电子等主要工业产品产量已进入世界前10名。韩国从1962年编制第一个五年计划，迄今已完成6个五年计划，国民经济发展基本上是按照计划的路子走过来的。

虽然联邦德国、日本和韩国的宏观经济管理体制各有不同，但实践证明都是成功的。这是因为它们的体制符合本国的经济和技术发展水平、企业的国际竞争能力、文化和社会背景，同时适应了不同时期经济发展主要任务的要求。尽管目前日本和韩国的宏观经济体制同高速增长时期已经有了很大不同，但它们的历史经验以及其他新兴工业化国家和地区的经验都证明，后发展国家要实施赶超战略，在较短的时间内走完发达国家用两三百年走过的道路，必须发挥政府的主导作用，依靠国家的力量来弥补市场调节的不足，把资源集中配置到经济效益最好的地方。如果没有政府强有力的宏观调控，依靠市场的自发调节，则工业的发展必然要走一条漫长的道路，即先是大量低水平的重复建设，然后再通过竞争不断提高生产的技术水平和集中度。如此，后发展的优势就不可能得以发挥。

此文第二部分“我国现阶段市场经济宏观调控面临的任务”提及以下内容。

我国现阶段生产力发展水平比较低，处于二元结构状态。经济发展面临着工业化和现代化的双重任务。为了在21世纪中期使人均国民生产总值达到中等发达国家的水平，必须实行赶超战略。建立社会主义市场经济体制，将能使蕴藏的巨大经济潜力释放出来。与此同时，必须建立起宏观经济调控体系。宏观调控的任务主要应当是以下几点。

（1）保持经济总量的平衡，需要从需求和供给两个方面进行调节。需求的调节主要是合理控制投资和消费的增长速度。当前遇到的突出问题是，过去依靠下达投资规模计划的行政手段已经失效，而新的投资风险约束机制尚未建立起来，以间接手段为主的投资调控体系不能有效地发挥作用。1992 年以来投资膨胀的局面已经出现，由此引起投资价格急剧上涨，对进口的依赖增强，引起人民币市场汇率下跌。这种状况如果不能马上改变，将有引发通货膨胀的危险。问题的根源在于金融体制改革滞后，货币价格双轨制，造成大量货币在银行系统体外循环。各级地方政府和企业利用集资，发行股票、债券，由银行系统向非银行金融机构拆借资金，挪用流动资金贷款等方式，绕过信贷计划规模，扩大固定资产投资。经济形势的发展，充分说明了加强金融调控、抑制总需求膨胀的必要性。

（2）在市场经济下，市场机制对资源配置将起到基础性作用。但市场的作用并不是万能的，宏观调控的一个重要职能就是运用各种经济杠杆引导资金的流向，使之符合经济发展战略和结构调整的要求。在结构调整中，当前面临的主要任务有三：一是如何把资金吸引到基础设施和基础产业建设上来，尽快克服交通、通信和能源的瓶颈制约；二是如何克服投资规模结构不合理的状况，真正做到按经济规模的要求组织建设；三是如何解决大批资金由内地流向沿海、加剧地区经济发展不平衡的问题。显然，这些问题单靠市场不可能解决，需要政府强有力的调控。

（3）培育具有国际竞争能力的企业集团。当代工业生产的发展具有国际化、集中化、社会化的特点，大型跨国企业集团在生产、科研、贸易中具有非常重要的地位。国际化即一种产品的生产可以按照比较效益的原则，把零部件的生产分散在全球各地；集中化即一些行业的生产越来越向少数企业集中，越是大型企业，技术开发和竞争能力越强；社会化即生产的分工越来越细，一个企业在市场上的产品占有率越来越高。在这种情况下，只有使我国的工业生产融入世界生产体系，才能从中学到生产技术和管理经验。而没有大型企业集团，就很难同外国跨国公司对接。国外的大型企业集团是在长期的竞争中逐渐形成的。我国应当积极培育企业集团的成长，力争在较短的时间内，造就一批在国际上颇有名气的、具有较强的竞争能力的企业集团。

（4）在对外贸易和交流中，政府要代表本国的利益，运用法规、关税等手段，调整各种关系，同外国政府进行谈判。特别是恢复我国关贸总协定缔约国地位，要求我们按照国际惯例改革现有的外贸体制，这就意味着我国企业将直接面临着国际竞争。在这种情况下，更需要政府根据结构调整和升级的需要，灵活地运用关税政策，调节进出口结构，保护国内幼稚产业，扩大出口。

此文第三部分“宏观调控体系是互相配合、高效灵活的有机整体”指出以下内容。

建立一个高效灵活的宏观经济调控体系，是现代市场经济能够健康运行的前提条件。运用调控手段的各部分，应当互相密切配合，同时在权限上互相制衡。其中，最重要的是计划、财政、金融手段之间的协调和配合。

计划是宏观调控的基本依据，财政是宏观调控的重要手段。目前，由于财政收入占国民收入的比重和中央财政收入占整个财政收入的比重都偏低，国家财政主要是维持经常项目支出，用于建设的财力很小，几乎成了吃饭财政。因此，财政在宏观调控中的重要作用并没有很好地显现出来。今后，随着财政税收体制的改革、复式预算制度的实行，国家用于建设的财政资金将逐步增加。同时，通过发行国家财政建设债券，筹集用于经济建设的国债基金，财政在调整国民经济结构中的作用将会越来越重要。

目前在企业的全部资金供应中，来自银行的比重已达80%以上。无论是对经济总量的控制，还是对经济结构的调整，金融调控已经具有至关重要的影响。在以金融调控为中心的市场经济国家，一般都有一个权力相当大的货币调控委员会，全权负责货币发行的控制，以保持经济的稳定。在我国，建立一个在政府内部独立行使职能的中央银行和国家货币调控委员会，是非常必要的。同时，为了加强对银行的监督，应当建立相应的监督机构，如银行监督局。在银行系统内，应当建立风险约束机制，逐步实现货币价格由双轨制向单轨制的并轨，加强中央银行对商业银行和各类非银行金融机构的监督。

计划、财政、金融的协调配合，一般应通过年度计划的制定和执行来实现。在年初编制下一年度的计划时，应根据经济发展任务，经过反复协商讨论，提出财政、金融等调控政策，形成计划草案，报国务院审批，经全国人大批准后实施。

在计划的执行过程中，经常会遇到一些突发性问题，需要随时进行调控。究竟应采取哪些措施，调控的力度以多大为好，必须由各综合部门协商提出调控方案，由国务院进行决策。有关经济杠杆的协调运用和部门间的矛盾，一般应当由各综合部门自行协商解决。为此，应建立计划、经贸、财政、金融部门之间经常性的协调会议制度和组织制度。

此文在最后一部分“宏观调控必须以不妨碍微观经济活动的主动性和选择性为前提”中提出以下内容。

市场经济之所以具有动力和活力，关键在于它能通过物质利益和市场竞争，使每一个生产经营者都充分发挥出主动性和创造性，都能根据市场需求和效益原则来选择自己的经营方向和经营方式。各个生产要素能根据价格的高低，集中到最需要也是效益最好的地方。

宏观调控必须有利于这种主动性和选择性的发挥，必须有利于市场机制的正常运行。政府对市场的调控，是在遵从价值规律的基础上的行为，绝不能变成对市场的干扰。越过了这个界限，就会适得其反。长期以来，我们的计划和调控似乎是专门同价值规律作对，以致阻碍了生产力的发展。市场经济条件下的宏观调控，已经发生了根本的变化。

2月，第2期《改革开放论坛》发表《20世纪90年代支柱产业的培育和发展》一文。

【按】该文从“（一）经济成长的新阶段及主要任务；（二）20世纪90年代新的经济增长点；（三）发展支柱产业需要强有力的产业组

织政策；（四）建立高效、灵活的投融资机制”四个方面论述了支柱产业的培育和发展。

3月，时任国家经济体制改革委员会主任陈锦华上任国家计委主任。郑新立在2013年9月11日《中国经济时报》发表的《我在国家计委的13年（1987—2000年）》一文里称1993年3月至1998年3月这个时期的关键词是“治理通胀”。

【按】下面是《我在国家计委的13年（1987—2000年）》中相关一节的内容节选。

1992年邓小平南方谈话之后，中国经济开始活跃。继1988年严重通货膨胀之后，1993年上半年，通货膨胀压力又开始上升。彼时，沿海地区的房地产市场异常火爆，房地产业大量融资，使得货币超量投放，信贷规模一再突破计划，金融业陷入无序状态。

1993年，陈锦华同志接任国家计委主任。到任伊始，就开始着手制定“九五”计划。然而，当时面临一个最大的难题——通货膨胀。1994年我国的通货膨胀率上升到24.1%，是新中国成立以来的最高水平，是非常严重的通货膨胀。

“不要搞通货膨胀，通货膨胀是不得人心的，通货膨胀等于政府伸手到老百姓口袋里掏钱。”

担任国家计委主任的第一年，陈锦华同志在全国人大做报告，目标是要把通货膨胀率控制到7%。后来通胀率上升到百分之十几，经济形势十分严峻。通货膨胀最严重的时候，民众开始抢购商品。据有关资料称，老百姓把电风扇、不会转动的洗衣机都抢回家了，盐都一麻袋、一麻袋地买。“因为听说通货膨胀后价格要涨很多倍，大家都恐慌了。好多老头儿、老太太攒了一辈子的养老钱最后没了，心里非常紧张。”郑新立以亲历者的身份发出感慨。

引发通货膨胀的原因是什么？这不能不提到价格闯关。正是价格闯关造成了群众心理紧张，引发了全国范围内的“抢购潮”。当时理论界提出，价格改革这个关要过，但在过关方式上有分歧。有一些年轻学者主张价格闯关，鼓吹通货膨胀无害论。刘国光主张比较稳健的改革，不应该搞通货膨胀，马洪和薛暮桥[1]也建议不要搞通货膨胀，不要搞国民收入超分配，因为超分配以后通货膨胀是很严重的。

马洪是郑新立的老师，郑新立在社科院工经所读研究生二年级的时候就跟着马洪一块儿搞课题，马洪是国务院技术经济研究中心的创办人。郑新立毕业后，接受马洪的建议，本打算留在研究中心工作，当时中央书记处研究室需要人，他就去了书记处研究室。

郑新立回忆起一段往事。当年，马洪还在兼任中央财经领导小组办公室主任，他提议不能搞国民收入超分配。马洪说：“超分配是指价值上的超分配，超分配必然导致通货膨胀。不是实物上的超分配，实物上怎么能够超分配呢？生产多少钢就分配多少钢、生产多少粮食就分配多少粮食。”实际上，马洪讲的是商品的二重性。

当时，中央书记处研究室也在提：不要搞通货膨胀，通货膨胀是不得人心的，通货膨胀等于政府伸手到老百姓口袋里掏钱。

“M2[2]增长太快了就会导致通货膨胀；M2增长太慢了就会限制经济的增长，不适应经济增长的需要了。”

为了治理通货膨胀，国家计委专门派出考察组到美国去学习经验，国家计委副主任桂世镛带队到美国考察，郑新立、郭树清[3]都是考察团成员，见到了米尔顿·弗里德曼。之后，郑新立单独又去见了

---

[1] 薛暮桥（1904—2005），原名雨林，江苏无锡人，中国科学院哲学社会科学学部委员、经济学家，被誉为“市场经济拓荒者”。历任国家统计局局长、国家计委副主任，全国物价委员会主任，国务院经济研究中心总干事。主要著作有《政治经济学》《中国社会主义经济问题研究》《我国物价和货币问题研究》《按照客观经济规律管理经济》等。

[2] M2代表广义货币，是反映货币供应量的重要指标。——编者注

[3] 郭树清（1956—），研究员、博士生导师，曾任中国建设银行股份有限公司董事长、中国证券监督管理委员会主席、山东省省长，现任中国银监会主席，从事宏观经济学、比较经济体制研究。

一次弗里德曼。

在旧金山，弗里德曼对中国考察团侃侃而谈。米尔顿·弗理德曼是货币经济学的鼻祖。他说，蒋介石搞金圆券、搞通货膨胀，肯定倒台。他研究的结果是，全世界没有一个政府搞通货膨胀不倒台的。通货膨胀是惹众怒的，蒋介石搞那么严重的通货膨胀，最后自己垮台了。他还告诉郑新立一个很重要的规律，他在研究日本、韩国经济快速增长时期的规律时发现：在经济快速增长时期，若 M2 的增长速度大体上等于经济增长速度的两倍，就不会出问题。否则，M2 增长太快了就会导致通货膨胀；M2 增长太慢了就会限制经济的增长，不适应经济增长的需要了。

回国后，郑新立将弗里德曼口中取得的“真经”报告给国家计委领导。

郑新立说：“这一任期，国家计委干了一件事：抑制通货膨胀，做得很成功。如果说上一任期是下放投资和管理权限，那么这一任期就是抑制通货膨胀，通胀率从 24.1%最后降到正常水平，软着陆很成功。”

“我们围绕着怎么能够把通货膨胀率降下来想尽了一切办法。”

陈锦华从国家计委卸任后，郑新立协助他编了《实现软着陆的宏观调控》一书，详细介绍了这五年治理通胀的过程。

郑新立说：“我们围绕着怎样能够把通货膨胀率降下来想尽了一切办法。我们从货币发行总量上进行控制，但是更多的还是采取增加供给的办法。因为从总体来讲，当时大部分消费品还处在供给不足、短缺的状态，所以增加市场上短缺的农产品、工业品的供给对抑制通胀起了很重要的作用。”

“还有价格管理，有一些需要限制的价格。通货膨胀非常严重的时候，必要的行政手段还是要采取的。主要还是采取综合性的对策，经济办法、行政手段并用，最后一步一步地把通货膨胀率降了下来。1994 年通胀率是 24.1%，1995 年降到 17.1%。”

资料显示，中央从 1993 年夏天开始实施“软着陆”的宏观调控，在货币政策方面出台了 13 条压缩银行信贷规模的措施，使新增货币供应量 M0（流通中现金）从 1993 年的 1 528.7 亿元减少到 1994 年的 1 423.9 亿元和 1995 年的 596.8 亿元。由于吸取了以往货币紧缩过度造成经济过冷的教训，这次调控一直遵循“适度从紧”的原则，最终于 1996 年成功地实现了经济的“软着陆”。

5 月，应美国美中文化艺术交流协会邀请，随桂世镛赴美国考察宏观调控，时任中央政策研究室副主任滕文生[1]为考察团顾问。考察团在旧金山银行与诺贝尔经济学奖得主米尔顿·弗里德曼就通货膨胀理论进行了深入交流。

7 月，第 15 期《研究与建议》发表《当前我国房地产情况的调查报告》一文。

【按】该文共分“（一）基本情况；（二）存在的问题与原因；（三）关于房地产业发展政策与措施的若干建议”三部分。在最后一部分，对房地产业的发展提出了如下几个方面的建议：（1）加强宏观调控，保持综合平衡，实行源头控制；（2）加快房地产市场的发育，加强对房地产交易和房地产开发企业的管理，建立公平竞争的市场秩序；（3）加强协调，理顺关系，合理分工，明确职责，建立健全房地产业管理监督的机构。

8 月 10 日，出席在北京召开的“全国企业家座谈会”，并在会上做了《未来十几年我国企业家的历史使命》的发言。

【按】郑新立在发言中从“（一）占领国内市场，开辟国际市场；

[1] 滕文生（1940—），湖南常宁县人，曾任中共中央文献研究室主任。主要著作有《向历史和现实的实战学习：社会主义政治论集》《中国的人权状况百题解》等。

（二）使企业成为技术进步的主体；（三）建立一批技工贸一体化的跨国企业集团；（四）实现产业结构和产品结构的升级；（五）建立现代企业制度”五个方面论述了我国企业家未来的历史使命。

9月，第9期《中国工业经济研究》发表《对我国市场经济宏观调控体系的探讨》一文。

10月，第10期《研究与建议》发表与武爱民合写的《我国经济发展的新阶段及跨世纪展望》一文。

【按】该文的第一部分“我国经济进入新的发展阶段及特征”指出，进入90年代初，我国经济增长出现以下特点。（1）重工业的增长速度加快，并超过轻工业。1992年，重工业增长速度为23.3%，轻工业为20.1%，重工业增长速度快于轻工业3.2个百分点；1993年重工业增长速度为24.8%，轻工业为22.3%，重工业增长速度又快于轻工业2.5个百分点。轻重工业在工业总产值中的比重为47.3：52.7。（2）工业制成品在出口商品结构中的比重上升，其中高附加值的机电产品已上升到24%。（3）在强劲的投资品需求拉动下，投资品的进口猛增，生产资料的价格大幅度上涨。20世纪90年代工业增长的特点表明，我国经济发展已经进入了一个新的成长阶段，即第二次重化工业阶段，经济增长已从轻纺工业为主导转向重化工业为主导。新经济成长阶段的主要标志是：结束了沿袭40多年之久的“票证供应”时代，工业消费品全面转入买方市场。

第四部分“新经济成长阶段的主要任务及发展政策”认为，在新的经济成长阶段，我们面临的主要任务是：从人民解决温饱实现小康走向中等富裕的消费需求出发，重点解决农村发展的工业化、城市化和城镇消费结构的升级问题；要加快支柱产业的发展，带动产业结构的升级和国民经济的振兴。日本和亚洲“四小龙”在形成自己的支柱产业的过程中，政府通过产业政策在资金和关税等方面都予以扶持。在我国目前的经济条件下，支柱产业的发展单靠市场发挥作用形成国际竞争力，需要经过一个较长的时期；要提高产业的技术水平和竞争能力。竞争是市场经济的核心，是推动企业技术进步的动力，是人民生活水平提高和质量改善的保证；要大力充实基础结构，努力缓解基础工业和基础设施的瓶颈制约；要加快农村工业化、城市化发展，缓解二元经济矛盾。要大力发展第三产业，提高第三产业在国民经济中的比重。

10月，到日本、新加坡考察房地产。

11月15日，《工商时报》发表《建立固定资产投资的激励和风险约束机制》一文。

【按】该文从“（一）只有建立激励机制才能有效调整投资结构；（二）只有建立风险约束机制，才能避免投资膨胀，提高投资效益；（三）政府在投资及宏观管理中的责任；（四）建立中介机构和投资服务体系”四个方面论述了固定资产投资的激励和风险约束机制。文章提出以下内容。

适应市场经济和投资体制改革的要求，必须建立新的中介机构，做好为投资活动及其宏观管理服务的一系列基础性工作。政府进行资本金的投入和运用政策性贷款，需要有专门的机构来承担，这就是国家投资公司和国家政策性银行。它们应属于“半官半民”性质，既执行政府在投资方面的一些职能，又实行企业化管理。在日本，有200多个建设公司，专门承担道路、港口、机场、工业新区开发等社会基础设施建设，建设资金既有政府财政资金和发行债券、股票，又有银行政策性贷款和商业贷款。这种体制既有利于发挥政府在基础设施建设中的作用，同时也有利于发挥企业经营的活力。这种体制具有借鉴意义。

为了搞好对投资的宏观调控，必须准确、及时地掌握投资信息。应当尽快建立新建项目的登记备案制度，健全固定资产投资信息系统。为了提高对国家重大建设项目决策的准确性，应当抓紧建立国家重大建设项目备选项目库，并搞好项目的科学论证。与投资的法人风险责任相配套，需要建立为投资者服务的咨询、设计、审计、工程监理等市场中介机构，并要使这些机构实行企业化经营，独立开展业务，互相展开竞争，避免行政干预，以保证各项咨询、服务的公正性、客观性。政府要加强对这些机构的监督和引导，建立企业资信评级制度。各个行业都应建立行业自律性组织，制定有关规章，规范服务行为。应当全面推行招标投标制，形成完善的投资服务市场。要加快投资立法工作，抓紧制定《固定资产投资法》《招标投标法》等法规，努力把投资活动纳入规范化、法制化轨道。

12月，第23期《学习与研究》发表《适应社会主义市场经济要求加快固定资产投资体制改革》一文。

【按】该文从"（一）建立投资的激励机制和风险约束机制；（二）按照项目特点实行不同的投资方式；（三）健全投资的宏观调控体系；（四）建立投资咨询、服务体系"四个方面论述了固定资产投资体制改革的问题。

12月，第12期《研究与建议》发表《日本、新加坡房地产业考察报告》一文。

【按】该文第一部分"日本、新加坡房地产体制的经验与借鉴"讲了下面五个问题：（1）日本地价高涨与泡沫经济的关系；（2）日本、新加坡房地产市场的经营方式；（3）日本、新加坡的房地产业政策和法律；（4）新加坡居者有其屋计划的成功实施；（5）从日本、新加坡房地产业发展中得到的几点启示。

第二部分"抓住时机，吸引日本、新加坡等国家的剩余资金和生产能力，把瓶颈部门和支柱产业迅速搞上去"认为：日本当前经济比较困难，国内市场缺乏新的消费热点。1992年1 062.28亿美元的外贸盈余苦于没有出路，汽车、乙烯等生产能力剩余，2月下旬日产汽车集团宣布拆除一条装配线，美欧又压其货币升值、开放国内市场。加上自民党可能分裂，有的企业人士对日本的前途感到忧虑，甚至担心年底将会出现经济和政治大危机。在这种情况下，如果日本能将海外投资适当从美欧转向中国，将有助于日本经济走出困境。因为中国目前是最好的投资场所。对日本来说，这是拉它一把。但是，日本企业界由于过去只想卖商品给中国，真正了解中国投资环境的不多。为此，建议组织一些政府和民间的代表团到日本、新加坡、韩国进行游说，争取投资。

是年，参与起草中共十四届三中全会《中共中央关于建立社会主义市场经济体制若干问题的决定》。起草工作从 1993 年 3 月开始，到 11 月会议召开，前后历时 8 个多月。在起草工作开始第一天，江泽民总书记做了两个多小时关于建立现代企业制度的讲话。温家宝同志担任起草组组长。

附录

1993 年	中外政治、经济大事记
1 月 1 日	东盟自由贸易区计划开始实施
2 月 12 日	哥伦比亚、墨西哥、委内瑞拉三国集团和中美洲六国首脑就自由贸易签订《加拉加斯协议》
10 月 10 日	美国经济学家罗伯特·福格尔（1926—2013），以及美国经济学家、历史学家道格拉斯·诺斯（1920—2015）二人，因在经济史领域“前者用经济史的新理论及数理工具重新诠释了过去的经济发展过程，后者建立了包括产权理论、国家理论和意识形态理论在内的‘制度变迁理论’”而获得诺贝尔经济学奖
11 月 20 日	亚洲太平洋经济合作组织领导人非正式会议在西雅图举行，国家主席江泽民在会上就发展亚太经济合作提出 5 点建议
12 月 15 日	国务院做出关于实行分税制财政管理体制改革的决定

1994 年（甲戌）
五十岁

2 月，《中国计划体制改革》杂志发表《改革计划体制、转变计划职能》一文。

【按】从传统计划经济体制向社会主义市场经济体制转变，是我国经济体制的根本转变。此文用六部分探讨了如何进行计划职能的转变问题。

第一部分从“（1）生产计划管理方面的改革；（2）商业物资流通计划管理方面的改革；（3）价格计划管理方面的改革；（4）外贸外汇计划管理方面的改革；（5）劳动工资计划管理方面的改革”五个方面回顾了 15 年来计划体制改革的进展情况。

第二部分为“计划工作要突出宏观性、战略性、政策性”。

第三部分为“强化中长期计划、重视专项计划、改革年度计划”。

第四部分为“以研究制定国家产业政策为中心，搞好经济政策的协调”。

第五部分为“大力培育市场体系，引导和调控市场运行”。

在第六部分“继续改革传统的计划方法制度，建立新的计划工作依托体系”里，提出了改革传统计划中偏重于定指标、分解指标的计划管理方法。

2月，第2期《中国经济展望》发表《坚持改革、发展和稳定的相互促进、相互统一》一文。

【按】此文从“财税体制改革预计效应及需要注意解决的问题，金融体制改革预计效应及需要注意的问题，外贸外汇改革预计效应及需要进一步研究解决的问题，国有大中型企业在多项改革中既有机遇又面临困难，保证改革顺利进行和经济稳定发展的对策”五个方面探讨了财税、金融、外贸外汇等体制改革所面临的问题。

3月，王凤胜、张剑主编《建立社会主义市场经济体制的行动纲领》一书收入《建立适应市场经济要求的投资体制》一文，本书由山东教育出版社出版。

【按】《建立适应市场经济要求的投资体制》一文共分六部分。

第一部分是对“15年来投资体制改革的主要进展”的回顾。

第一节“投资计划管理方面的改革”讲了三个方面的问题：（1）制订综合基本建设计划和全社会固定资产投资计划；（2）缩小国家指令性计划范围；（3）下放投资审批权限，简化审批手续。

第二节是“投资资金管理方面的改革”。

第三节是“建立基本建设基金制和专业投资公司”。

第四节是“投资项目管理体制的改革”。

现行投资体制同建立社会主义市场经济体制和发展经济的要求很不适应，存在的主要问题如下。

一是缺乏投资风险机制，投资的责权利脱节。投资决策者和经营者都不承担风险责任，企业的投资自主权并未落实。投资的损失浪费现象比较严重。有些项目由于决策失误，投产后产品无销路，就把包袱甩给国家。这是造成投资膨胀和投资效益低下的根本性原因。从1992年开始实行项目业主责任制的试点，对解决投资责权利脱节的问题大大前进了一步，但是由于没有涉及全民所有制经济产权实现方式的改革，项目业主是国家的代表还是企业的代表，是所有者的代表还是经营者的代表，其地位并不明确，特别是当出现投资失误、业主缺乏偿债能力时，由谁承担偿债责任，这个要害问题并没有解决。实际上仍由国家对投资项目承担无限连带责任，投资上的大锅饭仍没有打破。

二是投资领域尚未形成规范化、法制化的市场体系。资本、物资、劳动力等生产要素市场和为投资服务的咨询、设计、监理等社会服务体系尚未建立起来。投资主要仍是由各级政府决策，社会资本不能打破地区、部门的限制，按照优化资源配置的原则自由流动，投资和建设难以做到公平竞争和双向选择。短线行业和符合经济规模要求、技术先进、经济效益好的建设项目投资不足，但又不能有效地吸引和集中资金。然而那些长线和热点行业的小型化、分散化和低水平重复建设却屡禁不止，浪费了大量资金。国家要组织地区、部门和企业之间的联合投资非常困难。改革以来，曾多次出现的某些领域的投资热，如电视机热、电冰箱热、铝材加工热、汽车热、乙烯热、房地产热等，都是这些领域的产品价高利厚，大家争相投资的结果。目前，按照国外汽车生产的经济规模，一个工厂的轿车年产量达到 30 万辆，在国际市场上才会有竞争能力；一个国家的汽车年产量达到200万辆，才符合经济规模要求。我国现有汽车总装厂 125 家，超过全世界除中国之外的汽车总装厂的总和。乙烯的经济规模国外已发展到年产 70 万吨，我国的台湾省规定，凡年产量 70 万吨以下的均不准再建。我国大陆早在20世纪70年代也已建立起4个年产30万吨的乙烯生产厂。然而时至 20 世纪 90 年代，11.5 万吨的乙烯厂却在各地纷纷要求上马。在“复关”之后，这些小乙烯厂是注定没有前途的。电子工业是一个高新技术行业，没有一定的技术力量和投资强度，采用遍地开花的方法是难以迅速发展起来的，特别是基础元器件的研制和新产品的开发，必须集中资金和技术力量。我国目前电子企业虽然很多，但大多属于装配型，缺乏独立进行技术研发和关键元器件的生产能力。如何统筹规划、集中力量，把电子工业发展上去，关键是要对现行的投资体制进行改革。

三是在下放投资决策权之后，新的间接调控体系没有相应建立起来。投资信息不灵，国家对投资总规模和投资结构难以进行有效的调控。

第二部分讲的是“通过市场竞争和产业政策引导形成投资激励机制”。

第三部分讲的是“推行项目法人责任制，建立投资风险约束机制”。

第四部分讲的是“对竞争性、基础性和公益性项目投资实行不同的管理方式”。按照全社会固定资产投资的使用方向和不同投资主体的主要活动范围，将投资大体划分为竞争性项目投资、基础性项目投资、公益性项目投资三大领域，参照国外经验，分别实行不同的管理方法。

第五部分讲的是“改进对投资总规模的调控”。

合理控制固定资产投资总规模，是保持经济总量平衡，实现经济持续、快速、健康发展的关键。历史上几次经济的大起大落，都同投资规模失控有关。为了有效地把投资规模控制在国力允许的范围内，根治投资“饥饿症”，除了依靠强化投资风险约束外，还要建立完善的投资调控体系，运用经济、法律手段和必要的行政手段调节投资规模。

第六部分讲的是“加快培育为投资主体服务的市场体系”。建立为投资主体服务的市场体系。

3月，魏礼群[1]、利广安主编《国外市场经济的宏观调控模式与借鉴》一书收入《韩国的宏观经济管理体制》一文，该书由中国计划出版社出版。

---

[1] 魏礼群（1944—），江苏睢宁人，经济学家，曾任国务院研究室主任、国家行政学院常务副院长，第十一届全国政协文史和学习委员会副主任；主要从事宏观经济与社会发展理论和政策的研究，主要著作有《走科学发展之路》《中国经济发展与改革》等。

5月，第5期《改革》发表《建立和完善社会主义市场经济体制》一文。

【按】该文的要点为："九五"期间的首要任务，是把过高的通货膨胀率降下来。

第一部分回顾了"八五"时期我国经济体制改革取得的重要进展。

从1994年1月1日起，实行汇率并轨，在贸易项下人民币可自由兑换。取消外汇收支的指令性计划，国家主要运用经济、法律手段实现对外汇收支的宏观调控。汇率并轨的改革取得了比预想要好的成绩。人民币汇率稳定在1美元兑8.2元人民币左右。在近两年国内出现通货膨胀的情况下，人民币的汇率实际是上升的。这项改革在国际上产生了良好的反应，改善了我国的对外经济环境，对进一步吸引外资、发展开放型经济，起到了重要作用。

1994年，价格体系改革迈出重大步伐。国家有计划地提高了电力、原油价格；调整了成品油价格，实行计划内外价格"并轨"；提高了天然气和化肥价格，对化肥实行浮动价格，国家只控制化肥调拨价和零售价的经营差率或利润率。粮食收购价格提高40%，同时按保本微利的原则，调整了粮食销售价格；提高了棉花收购价格。与价格调整相配套，改革了重要商品的流通体制，建立了关系国计民生的重要商品的风险基金和储备制度。国家发布了《关于商品和服务实行明码标价的规定》《国务院关于加强对居民基本生活必需品和服务价格监审的通知》《制止牟取暴利行为的规定》《反不正当竞争法》《消费者权益保护法》等，加强了对市场和价格的监督、管理，促进了市场的有序化。本年在财税、金融、外汇外贸、价格等重大改革一起出台，改革的力度和范围是过去从未有过的。

第二部分"以建立现代企业制度为目标加快国有企业改革"指出：根据十四届三中全会《中共中央关于建立社会主义市场经济体制若干问题的决定》和《公司法》的要求，在国务院的统一部署下，选择全国性总公司进行国家控股公司试点。中央集中抓好 1 000 家左右在国民经济中具有骨干作用的大型企业，通过改革、改组、改造，逐步发展为技、工、贸一体化的企业集团。选择一些商贸企业使之发展为综合商社。各省区市也应抓好自己的试点企业。对现有的股份制企业，应按照《公司法》及其配套法规进行规范。企业改革试点应与城市综合配套改革试点结合起来进行。对试点以外的企业应加强管理，做好各项基础性工作，做到点面结合、因地制宜、分类指导、配套进行，务求在重点难点上取得突破。

国有企业改革应着眼于搞好整个国有经济，通过存量资产的流动和重组，对国有企业进行战略性改组。要以市场和产业政策为导向，把优化国有资产分布结构、企业组织结构和资产负债结构有机结合起来，择优扶强，优胜劣汰，形成兼并破产、减员增效机制。要尽可能地多兼并、少破产，鼓励经营好的企业，采用各种形式兼并那些经营不好、扭亏无望的企业。政府对企业的兼并、联合应给予有效的引导和推动。对长期亏损、不能偿还到期债务的企业，或直接实行破产，或先停产整顿，再被兼并改组。对产品和技术装备落后、缺乏竞争能力的企业，可实行转产或转让。支持有条件的企业利用级差地租搬迁或转产改造。有的可以通过与外商合资、合作，组建新的企业。国有小企业的改革应当加快。要以资本为纽带，使大量的小企业联合在大企业集团的周围。应区别不同情况，采取股份合作制、租赁、承包经营和出售等形式，使国有小企业建立起现代企业制度。

第三部分“发展和完善统一开放、竞争有序的市场体系”指出：“九五”期间到2010年，应当把发展和完善商品市场，培育和规范要素市场，形成统一开放、竞争有序的市场体系，作为改革的一项重要任务。商品市场的发展和完善，首先要建立主要由市场形成商品价格的机制，进一步理顺价格体系。在目前的价格体系中，某些基础设施、基础产品和农产品的服务和商品价格仍然偏低，在保持市场价格基本稳定的条件下，应进一步调整或放开它们的价格，以刺激其发展，优化产业结构。对关系国计民生的重要商品，应加快建立储备制度和风险基金，形成商品价格调节机制，以稳定市场。其次应以批发市场为重点，积极发展现代流通组织形式，包括配送中心、产需直达供货、代理制、连锁经营等形式，发展规模经营。批发市场是我国流通领域中的一个突出的薄弱环节，也是近几年城镇食品价格上涨过猛的一个重要原因。据典型调查，在有的城市，蔬菜的生产、批发和零售价格竟达1∶2∶4，生产者和消费者都没有得到好处，大量的利润流到了中间流通环节。所以，发展批发市场，管好批发价格，放开零售价，通过竞争抑制零售价格，应当成为今后稳定市场的一个重要战略。最后，培育农工商、产供销一体化的大型商贸集团，使它们在保证供应、稳定物价方面发挥重要作用。国外有些综合商社，具有很强的经济实力和竞争能力。如日本的伊藤忠商社，就是一个以贸易、投资、房地产为主的综合商社。我国长期以来实行生产与贸易、内贸与外贸严格分开的体制，人为地割裂了经济活动的内在联系。今后，应当向多元化经营的方向发展。一些大型生产企业应逐步自营进出口，并建立自己的销售网络。一些乡镇企业应向农工商的方向发展。努力提高我国企业在国内外市场的竞争能力。

第四部分“转变政府职能，完善宏观经济调控体系”认为：“九五”期间要以抑制通货膨胀作为宏观调控的首要任务。把过高的通货膨胀率降下来，实行适度从紧的财政货币政策，保持国际收支的平衡。围绕经济社会发展目标和产业政策，引导和调整财政、信贷投向和分布结构，把增加的资金更多地投入国家战略重点方面。完善宏观调控体系的重点是，建立计划、金融、财政之间相互配合和制约，能够综合协调宏观经济政策和正确运用经济杠杆的机制。

计划体制改革的主要任务是，建立社会主义市场经济体制下计划管理的新职能，更新计划观念，改革计划内容和计划方法。国家计划要突出宏观性、战略性和政策性，计划总体上应该是预测性、指导性的。新的计划管理职能，一是根据客观经济规律，以及党和国家的路线、方针、任务，合理确定国民经济和社会发展的中长期战略、目标和任务，着重解决全局性、长远性和关键性的重大问题；二是提出宏观调控的短期目标和主要政策措施，搞好经济预测，保持经济总量的基本平衡和重大比例关系的协调，为市场经济的健康运行创造良好的宏观环境；三是制定国家不同时期的产业政策，规划重大经济结构、国土整治、生产力布局和重点建设，引导和促进资源的优化配置；四是综合协调宏观经济政策和经济杠杆的运用，增强国家宏观调控的整体性、系统性和有效性；五是指导全国市场体系的建立，研究制定规范市场行为的政策，维护公平竞争和市场秩序。

加快投资体制改革。按照全社会固定资产投资的使用方向和不同投资主体的主要活动范围，将投资划分为竞争性项目、基础性项目和公益性项目投资三大领域，分别实行不同的管理方法。

财税体制改革，应着眼于解决国家财力严重不足、宏观调控能力减弱的问题，调整国民收入分配格局，加强税收征管，提高财政收入占国民生产总值的比重和中央财政收入占全国财政收入的比重。

金融体制改革，应强化中央银行的地位和作用，依法维护金融秩序。

加快经济立法，建立和完善适应社会主义市场经济体制的法律体系。要用法律引导、推进和保障社会主义市场经济的发展。近几年来，立法工作有了较快的进展，但立法的任务仍然十分艰巨。应当抓紧制定规范市场主体和市场行为、维护市场秩序、改善和加强宏观调控、建立和健全社会保障制度、促进对外开放等方面的法律。同时，要学会用法律来促进战略性产业的发展，制定和实施振兴基础产业和支柱产业等方面的法律。

5月6日，《光明日报》发表《加快支柱产业发展，促进国民经济腾飞》一文。

【按】此文由“（一）加快发展支柱产业的必然性；（二）振兴支柱产业是新的经济发展阶段面临的主要任务；（三）加快支柱产业发展，实现国民经济高速增长的可能性”三部分内容构成。

6月20日，《北京青年报》发表《回顾：全面改革90天》一文。

7月5日，《人民日报》发表《抓住振兴支柱产业的关键环节》一文。

【按】此文由“（一）按照经济规模的要求组织专业化协作；（二）鼓励企业到资本市场筹集发展资金；（三）从引进、合资走向独立研制、自我发展；（四）薄利多销，开发国内外市场”四部分内容构成。

7月，第7期《中共中央党校报告选》发表《更新计划观念、转变计划职能》一文。

【按】此文由“（一）建立社会主义市场经济新型计划体制的根本要求；（二）树立社会主义市场经济的新计划观念；（三）加快计划部门职能转变；（四）加强计划部门自身建设”四部分内容构成。

7月，高尚全主编的《社会主义市场经济体制学习纲要》一书收入《完善宏观经济调控体系》一文。

【按】《社会主义市场经济体制学习纲要》一书由中共中央党校出版社出版。

9月，作为国家计委《招标投标法》起草组组长，带队到日内瓦、英国、法国、意大利考察招标法立法情况。

11月，《人民日报》“理论参政”第11期发表《中国经济的跨世纪展望》一文。

【按】此文共四部分。

第一部分论述的是“中国经济已经进入了一个新的发展阶段”。

第二部分论述的是“新的经济发展阶段面临的主要任务”。

(1)加快支柱产业振兴，带动国民经济腾飞。支柱产业的产业关联性强、技术含量高、市场前景广阔，对于促进产业结构的升级、提高国民经济的总体素质至关重要。所以，把大力培育和支持支柱产业作为国家产业政策的重要内容是完全必要的。日本和“亚洲四小龙”在形成自己的支柱产业时，政府都通过颁布产业政策在资金和关税等方面给予扶持。

(2)大力充实基础结构，缓解国民经济发展的“瓶颈制约”。基础设施和基础工业对整个经济增长支撑能力不足的问题已经困扰了我们多年。虽然政府一直十分重视解决这个问题，然而由于种种原因，这些产业至今仍然处于相当薄弱和滞后的状态。这些年来，随着经济和社会的发展，基础设施、基础工业供给短缺的状况进一步加剧，不仅推动了成本和物价的上升，而且妨碍了国民经济又快又好地发展。在今后新的经济成长阶段中，我国经济将保持8%～9%的高速增长，对基础设施和基础工业的需求将会越来越大。因此必须下大决心，集中必要的力量，加快交通、通信、能源、重要原材料的发展。否则，不仅难以保持经济的持续快速发展，而且会拖住整个国民经济工业化、现代化的后腿，也会妨碍对外开放、利用外资的进一步扩大。为了解决这一矛盾，应当采取以下政策措施。一是在全面加强基础设施和基础工业的同时，强调突出重点，解决主要环节的矛盾。交通运输应重点解决铁路的限制口问题；能源要大力增加煤炭、石油、天然气等的供给，逐步缓解电力不足的状况；通信要大力提高电话普及率，发展多种通信方式；交通、通信、能源等的发展，还要靠制定专项产业政策来调整和引导。二是要多方面筹集资金，大力增加投入。适当扩大利用国外贷款的规模，并努力吸引外商直接投资。三是要抓好时机，加快和深化改革，逐步按市场经济原则理顺价格体系，建立基础设施和基础工业新的运行机制和管理体制。四是要充分发挥中央、地方、企业等方面的积极性，鼓励多种经济成分采取联合投资、股份制等办法，促进基础设施和基础工业的发展。当然，发展基础设施和基础工业也要在国家的统筹规划下，合理布局，避免不必要的重复建设。

（3）加快农村工业化、城市化进程，缓解二元经济矛盾。改革之前的30年我国实行重工业超前发展战略，一方面因强制农业过度向工业提供积累，制约了农业的发展；另一方面又因为发展重工业吸纳劳动力有限，限制了农业剩余劳动力的转移。同时，为了配合重工业超前发展战略，国家实行了严格的城乡隔离制度，限制农民进城，结果使我国城市化发展大大落后于工业化的进程。这一独特的发展模式造成了相差悬殊的二元经济结构：一端是以大工业为主体的发展水平较高的城市工业经济，另一端是主要从事农业生产的落后的农村经济。1978年我国农业与非农产业间的比较劳动生产率相差608倍，是世界各国所没有过的。如何从二元经济向现代经济转换是工业化的核心内容。由于我国城乡经济结构差别过大，这一工业化任务就显得更为艰巨和重大。改革开放以来，二元结构的矛盾在沿海地区虽然有了某种程度的缓解，出现了珠江三角洲和苏南地区等基本实现农村工业化的地区，但从全国来看，并没有自觉地把解决这个重要问题提到议事日程，导致二元经济矛盾过大的政策性因素并没有改变。解决这一问题，根本出路在于大量转移农村剩余劳动力。原有的城乡隔离制度虽然在改革中有所松动，但基本上没有多大变化。农民进城受阻，迫使他们选择了就地转移、大力发展乡镇企业的道路。乡镇企业崛起是我国工业化在城乡隔离的特定历史条件下的一大创举。但乡镇企业发展继续与城市化发展脱节，则隐含着深层次的矛盾。一是以城市为依托的第三产业难以发展起来，大大降低了工业化发展对农业剩余劳动力的吸纳能力；二是失去城市依托的乡镇企业难以发挥工业化聚集效应，严重影响了自身的成熟与发展。今后17年，如果9亿人为2亿人搞饭吃的局面没有较大改变，中国农业就很难实现工业化和现代化，整个社会的现代化进程也会受到很大影响。为此，作为20世纪90年代我国经济、社会的发展战略，需要考虑以下两点。一是实行城乡工业协调发展，通过城市工业走向高级化，为农村工业让出传统领域，大大促进农村工业化的发展。二是加快城市化的步伐，提高对农业剩余劳动力的吸纳能力。城市化发展原则上应以中小城市为主，对不同地区要有所区别，人口密集、经济比较发达的地区，城市化应以中、大城市为主；人口稀疏、经济比较落后的地区，则只能走中小城市化的道路。为了推进城市化进程，必须尽快打破城乡隔离制度。

（4）大力发展第三产业，提高其在国民经济中的比重。第三产业的兴起和发展，既是社会生产力水平的尺度，又是社会生产力发展到一定阶段的客观必然。改革开放以来，我国第三产业发展较快。20 世纪 80 年代，第三产业平均增长 109%，超过同期国民生产总值年均增长 89%的速度。1992 年，第三产业增加值占国民生产总值的 276%。第三产业传统行业不断扩大，金融保险、交通通信、商业物资业占第三产业的 2/3；同时信息咨询业、旅游业等新兴行业发展也较快。第三产业已成为国民经济的一个重要产业。但从总体上看，我国第三产业仍然十分落后，在国民生产总值中的比重不仅大大低于经济发达国家，而且低于发展中国家的平均水平。

第三部分论述的是“今后 17 年实现高速增长的可能性”。

第四部分论述的是“20 世纪末和 21 世纪初经济发展预测”。

11 月 28 日，出席在上海召开的“《市场观察》杂志社上海记者站成立暨国有大中型企业改制并轨经验交流会”。

12 月 14 日至 17 日，因《邓小平的经济思想指明了计划体制改革的方向》一文，出席在北京人民大会堂召开的“学习《邓小平文选》和建设有中国特色社会主义理论研讨会”。

【按】“学习《邓小平文选》和建设有中国特色社会主义理论研讨会”是经中央批准，由中央宣传部、中央党校、中央文献研究室、中国社会科学院、国家教委、解放军总政治部联合召开的，此次研讨会有 10 位党和国家领导人出席并与全体代表合影，这次会议的特点是有 100 名代表以文与会。《邓小平的经济思想指明了计划体制改革的方向》为入选论文。

12月，带队赴美国考察信息咨询业。在旧金山银行，再次就货币政策和通货膨胀问题同米尔顿·弗里德曼进行了深入交谈。

是年，主编《宏观经济政策分析（1993—1994）》一书，由中国计划出版社出版。

【按一】这本书由郑新立与任珑[1]、赵世洪[2]、吴强、周喜安[3]、曹文炼[4]等合著。

【按二】下面是《宏观经济政策分析（1993—1994）》一书的前言。

1993年，是我国人民在邓小平重要谈话和党的十四大精神鼓舞下，继续保持改革开放和经济发展良好势头的重要一年。在经济生活中，有两件大事载入史册：一是党中央召开了十四届三中全会，通过了具有历史意义的《中共中央关于建立社会主义市场经济体制若干问题的决定》，提出了全面建立社会主义市场经济体制的实施纲领；二是1993年下半年以来，党中央、国务院针对经济运行中存在的突出矛盾和问题，采取了加强和改善宏观调控的措施，国民经济继续保持快速增长。现在，全世界都看好中国经济和中国市场，外商投资大幅度增加。我国改革开放和经济发展面临着前所未有的历史性机遇。

1993年之所以能够取得出色的成就，国家适时适度地运用宏观调控政策发挥了重要作用。在改革开放迅速推进、经济快速发展的大好形势下，党中央和国务院的领导同志始终保持清醒的头脑。在1992

[1] 任珑（1953—），女，天津市人，曾任国家发展和改革委员会副秘书长。

[2] 赵世洪（1962—），吉林长春人，满族。经济学博士，曾任中华全国总工会书记处书记、党组成员，网络工作部部长。

[3] 周喜安（1963—），河南新野人，经济学博士。曾任国家计委政策法规司助理巡视员、国家发展和改革委员会政策研究室副主任、国家能源领导小组办公室综合组组长、四川省资阳市委书记兼市人大常委会主任，现任安徽省副省长。

[4] 曹文炼（1960—），研究员、博士后导师，现任国家发展和改革委员会国际合作中心主任。

年年底召开的全国计划会议上，江泽民同志就提出了要防止经济过热的问题，为宏观经济调控提出了明确的任务。1993年4月11日，国务院颁发了《关于坚决制止乱集资和加强债券发行管理的通知》。接着，总理办公会决定，派出7个由现任部长带队的检查组，先后两次赴14个省、自治区、直辖市，摸清了经济生活中存在的乱集资、乱拆借、乱设金融机构和房地产热、开发区热等问题。在综合调查研究情况、问题和建议的基础上，提出了16条加强和改善宏观调控的措施，经中央政治局常委和中央政治局讨论通过，作为中共中央文件下发。7至8月，按照中央和国务院的统一部署，派出10个工作组赴全国各地检查中央文件的贯彻落实情况。为贯彻落实中央文件，国务院还颁发了关于整顿金融秩序、关于加强固定资产投资宏观调控、关于抑制物价总水平过快上涨、关于平抑粮油价格等通知。

党中央、国务院关于加强和改善宏观调控的决策和措施，及时有效地纠正了经济领域存在的某些过热和秩序混乱的问题，为国民经济的健康运行创造了良好的环境，并为1994年推出几项重大改革准备了条件。这是在建立社会主义市场经济体制过程中，综合协调运用各种手段，特别是注重运用间接手段进行宏观调控的一次成功的尝试。我们从中学到了许多东西，积累了新的经验。它表明，只要及时抓住影响经济运行的主要问题，正确发挥政府调节经济的职能，立足于改革，善于运用调控手段并合理掌握调控力度，就能把握经济走势，使国民经济沿着健康的轨道前进。正如诺贝尔经济学奖得主熊彼特所说，管理经济好比开汽车，必须有有效的刹车装置。总结1993年进行宏观调控的经验，对于提高宏观管理水平，保持经济的持续快速健康发展，具有十分重要的意义。

本部分力求运用实证分析的方法，记述1993年经济运行的轨迹，特别是中央关于加强和改善宏观调控的措施实施前后宏观经济形势的变化，分析宏观调控政策的出台背景、实施过程和各种效应，重点放在对金融、财政、投资、价格、农业、外资外贸和房地产业形势和政策的分析上。从某种意义上说，也是对1993年宏观调控政策的后评价，目的在于总结经验、分析得失，以提高政策制定的科学性。在此基础上，对1994年的宏观经济政策取向提出建议。

【按三】《宏观经济政策分析（1993—1994）》一书，获国家计委科研成果三等奖。

是年，担任国家计委新闻发言人。

【按】从1994年起担任国家计委新闻发言人，至2000年。

附录

1994年	中外政治、经济大事记
1月11日	国务院做出《关于进一步深化对外贸易体制改革的决定》
1月14日	中国政府正式向美方登记发行10亿美元全球债券
3月	中国国家开发银行成立
10月10日	匈牙利美籍经济学家约翰·海萨尼（1920—2000），美国普林斯顿大学教授、博弈论创始人约翰·福布斯·纳什（1928—2015），德国波恩大学教授、欧洲经济学会主席莱茵哈德·泽尔腾（1930—2016）三位数学家因在博弈论领域“非合作博弈的均衡分析理论方面做出了开创性的贡献，对博弈论和经济学产生了重大影响”而获得诺贝尔经济学奖
11月15日	第2届亚太经合组织领导人非正式会议在印尼茂物举行，同意2020年实现贸易和投资自由化目标
12月14日	三峡工程动工

1995年（乙亥）
五十一岁

1月，第1期《中国人口·资源与环境》发表与施子海[1]合写的《政府的发展战略与社会发展》一文。

1月，主编《中国支柱产业振兴方略》一书，由中国计划出版社出版。

【按一】这本书共分九章。

第一章是“振兴支柱产业是经济发展新阶段的战略任务”，共分五节：（1）工业化及工业化阶段的划分；（2）我国工业化阶段的基本判断；（3）我国工业化发展的特殊性；（4）新经济成长阶段的增长内容和方式；（5）振兴支柱产业是新的经济成长阶段的主要任务。

第二章是“确立四大支柱产业的客观依据”，共分三节：（1）支柱产业的选择和成为支柱产业的标志；（2）现阶段国民经济支柱产业的群体特征；（3）四大产业应当成为国民经济支柱产业。

第三章是“我国支柱产业的发展现状和存在的主要问题”，第一节论述了电子工业、机械工业、石油化学工业、汽车工业、建筑业等

[1] 施子海（1966—），浙江余姚人，博士。曾任国家发展和改革委员会政策研究室主任、国家发展和改革委员会价格司司长、副秘书长，主要从事宏观经济政策方面的研究。

五大支柱产业发展现状；第二节包含增加值占GNP（国民生产总值）的比重较低、发展速度缓慢，产业结构水平低、发展严重依赖外汇支持，进出口贸易存在较大逆差、尚未形成有效的经济规模、产品价格过高，缺乏竞争力、总体技术经济水平远远低于发达国家等小节，讲述了我国支柱产业目前的总体发展水平。

第四章是“振兴我国支柱产业的重点、目标与政策建议”。

从第五章到第九章，着重对汽车产业的现状与问题、特征和发展趋势、市场前景预测、发展战略抉择、振兴中国汽车工业的对策措施等做了全面展示与分析。

第五章“我国汽车工业的现状与问题”认为，当下我国汽车工业发展所存在的问题，概括起来就是分散化、小型化、结构扭曲和自给率低，而这又与传统的计划经济体制下的投融资方式紧密相关。

第六章“汽车工业的产业特征和发展趋势”分析道，由汽车工业的产业特征决定，工业发达国家和地区无不把汽车工业作为自己重要的支柱产业，集中力量加以发展，而且，近几十年来，许多国家经济的高速增长往往与汽车工业的迅速发展相联系。从20世纪初以来，美国的经济实力逐步增强，而它一直是世界第一汽车生产大国，在1965年以前相当长一段时期内，汽车产量占世界汽车总产量的70%左右。20世纪60年代以来，日本经济高速增长，汽车产量也高速增长，1955年日本汽车产量仅为2万辆，占世界总产量的2%，到1979年已达世界总产量的20.8%，成为仅次于美国的世界第二汽车生产大国。新兴的工业化国家和地区，如韩国、巴西、中国台湾，近几年来汽车出口有可观的增长，汽车工业也逐渐成为支柱产业。

第七章“中国汽车市场前景预测”，对中国家用轿车发展前景做了预测。

在发达国家，轿车早已进入普通居民家庭，成为人们的生活必需品，在中等收入水平的国家，轿车普及率也达到较高的水平。从现在起到2010年这段时期内，我国在跨越小康向中等收入水平迈进的过程中，轿车能否进入家庭是社会各界普遍关心的问题。通过各方面资料分析和调查研究，我们认为未来15年内，我国家用轿车具有如下几个方面的发展特征。

我国城乡居民对轿车已产生强烈的需求欲望。改革开放15年来，我国城乡居民收入平均水平在显著提高的同时，收入差距在不断拉大，一部分先富裕起来的家庭，其生活水平已超越小康而跨入富裕水准，并有极少数家庭已经购置了轿车。据我们对1 000个购买轿车的家庭的抽样调查，目前我国城乡居民家庭所拥有的4万~5万辆轿车中，有52%作为日常生活交通工具和业务活动交通工具用车，这说明家用轿车先驱消费族已经出现。据调查，这些家庭主要是一些特殊职业的高收入户，如著名演员、体育明星、律师、经纪人、股民、广告代理商、营销代理商、民营企业家、高收入个体户等，其中也包含少许高薪职员。

同时，据我们对9 000个高收入家庭的调查统计，有意向买车的家庭占调查户总数的比例（简称“意向购车比”）为62%，而且表现出收入水平越高，购车意向越强烈的特征。年收入2万~3万元的家庭意向购车比为54.5%，年收入为4万~5万元的家庭意向购车比为73%，而年收入10万以上的家庭意向购车比达89%。在有意向购车的家庭中，35%的家庭计划在近两年内购买，48%的家庭准备在2000年前购买，收入水平越高的家庭购车时间越早。随着收入水平的进一步提高和轿车价格的显著下降，轿车成为人们生活必需品的时代已指日可待。

家用轿车存在巨大的潜在市场。国际上衡量家庭对轿车的购买能力一般以R值（轿车价格与人均国民生产总值的比值）来判断，由于各国的消费结构及发展家用轿车的政策不尽相同，R值与轿车进入家庭的步伐之间的对应关系各有所异。

日本于20世纪60年代大力发展家用轿车，家用轿车的车型初期以微型轿车为主，以微型车价格为基准，按照日本的经验，R＝2~3时，轿车开始进入家庭。随着这一比值的下降，轿车进入家庭的数量逐渐增加，当R值下降到1.4以下时，轿车开始大量进入家庭，即轿车普及化时代开始。

韩国由于国家政策的限制，直到20世纪80年代中期轿车才开始大量进入家庭，这时韩国的人均GNP相当于日本20世纪60年代中期的两倍，消费者对轿车的承受能力较强，因此，韩国轿车大量进入家庭时的R值略大于2，高于日本的水平。

泰国1990年R值为4～5时，轿车已开始进入家庭（轿车普及率达每千人147辆），马来西亚1990年R值为2.5～3时，轿车已开始大量进入家庭（轿车普及率达每千人725辆）。据对我国六省八市1 000个拥有轿车的家庭的调查统计，我国现已拥有私人轿车的家庭，其购置价格与人均收入的比值为4.6～7.7。

居民收入是个非常敏感的问题，据抽查分析，这次调查所统计的“家庭年收入”一项，数据普遍偏低，所以这里计算出的轿车价格收入比略高于实际水平。

考虑我国公有住房和公费医疗制度的作用，同等的货币收入对其他商品的支付能力增强，因此可以初步判断，我国家用轿车价格相当于人均收入的3～5倍，即R值为2～3时，轿车将开始加速进入家庭。

强烈的需求欲望与巨大的需求潜力的有机结合，使得轿车进入家庭成为不可阻挡的历史大趋势。根据我们对轿车价格、收入水平及各种制约因素的综合分析，2000年以前的这段时期内，家用轿车市场进入起步阶段，轿车只能进入少数高收入家庭，家用轿车的需求处于较低的水平，在整个轿车市场中只占很少的份额。在这一时期内，适应家用轿车发展的社会环境、经济环境、政策环境都将逐步改善，家用轿车快速发展的基础将初步形成。随着条件的改善，到2005年轿车将开始批量进入家庭，2010年前后将成为我国家用轿车大发展的转折点。

目前，家用轿车在我国轿车市场中的地位是微不足道的，然而随着居民收入水平的提高和轿车价格的明显下降，轿车走入更多的居民家庭已是大势所趋，家用轿车需求在轿车市场中将占有日益重要的地位。初步预测，到2000年，家用轿车需求量占轿车需求总量的比重将提高到31%，家用轿车保有量占轿车总保有量的比重也相应提高到22%左右；2005年，我国家用轿车需求量占轿车总需求的一半以上，预计达55%，家用轿车保有量占轿车总保有量的比重相应提高到42%；2010年，家用轿车需求量占轿车总需求量的比重将达66%，家用轿车保有量占轿车总保有量的比重将提高到59%。因此，家用轿车需求将成为我国轿车工业及汽车工业发展的主要推动力。

第八章“我国汽车工业发展战略抉择”中认为，我国汽车工业大发展的条件已经成熟。20世纪90年代，我国经济结构正处于由劳动密集型产业向资金和技术密集型产业转换升级的时期。改革开放15年来，主要由于以劳动密集型产品为主的轻纺工业的迅猛发展，支撑了整个工业的高速增长。如今轻纺工业的国内市场大部分已经饱和。实现党的十四大提出的20世纪90年代国民生产总值年均增长8%～9%的目标，必须选择和培育新的经济成长点。汽车工业应当成为新的经济成长点之一。从现在起，汽车工业以超常速度增长是完全可能的。

首先，我国冶金、石油、化工、机械、电子、仪表等工业的发展已经为汽车工业的发展提供了重要的物质基础。1994年我国钢产量达到8 868万吨，居世界第二位。按照发达国家每1 000万吨钢产量可以支撑汽车产量的比例来看，美国为127万辆，日本为125万辆，德国为113万辆，法国为196万辆，而我国仅为14万辆，我国汽车年产量与钢年产量之比，仅为上述四个发达国家平均水平的1/8。再以石油产量可以支撑的汽车产量来看，我国石油产量已达1.44亿吨，居世界第六位。在世界前十名汽车生产大国中，除美国石油产量超过我国以外，其余均远远落后于我国。日本、德国、法国都是贫油国家，甚至根本不出产石油，它们依靠出口汽车换回石油，支撑了国内汽车工业和汽车市场。我国具有强大的机械制造工业，机床拥有量居世界第一位，然而金属加工能力远远超过了钢材生产能力，设备大量闲置，技术水平落后。不发展汽车工业，机械制造工业就无用武之地，技术水平也上不去。我国的化工、电子、仪表等与汽车相关的产业也已具备相当的生产能力和技术水平，通过发展汽车这个最终消费品，才能带动一大批相关产业的产品质量和技术升级。

其次，解决交通运输这一国民经济中的瓶颈环节，必须加快发展汽车工业。汽车运输具有方便、快捷、直达的特点。在发达国家，公路运输承担了全社会客货运输总量的60%~70%。日本的货物运输主要依靠大型集装箱汽车和高速公路，铁路则主要用于客运。美国在近几十年内，随着高速公路网的修建，公路运输的优势越来越显示出来，因而出现了拆除铁路并以公路取代的现象。公路运输的发展固然需要有发达的高速公路网，但更重要的是有发达的汽车工业。像我们这样的大国，公路运输的发展必须建立在民族汽车工业大发展的基础之上，靠买汽车来发展公路运输是不可想象的。交通运输对国民经济发展的瓶颈制约表现非常突出。1992 年，国内生产总值增长 12.8%，工业总产值增长 20.8%，而货物周转量仅增长 8.8%，其中铁路增长 5.9%，公路仅增长 2.0%。可见，公路运输增长缓慢，是制约交通运输增长的一个重要因素。造成公路运输增长缓慢的原因是多方面的，诸如运价不合理、路况不好、燃油供应不足、地方设卡封锁等，但最根本的原因是缺乏大型的、适于长途运输的集装箱卡车。说到底是汽车工业落后造成的。从长远来看，要解决我国的交通运输问题，必须大力发展汽车工业。

再次，汽车是附加价值高的社会最终产品，它能够成为回笼货币能力强的商品和出口拳头产品。到 1992 年，全国居民个人金融资产已达 1.7 万多亿元，向居民提供什么商品以回笼货币，是需要认真研究的战略性问题。市场上缺乏群众乐意购买的、回笼货币能力强的商品，剩余购买力急剧膨胀，物价就难以稳定，通货膨胀的压力将越来越大。与此同时，居民收入也只能长期被压在较低的水平上，生产与消费之间的良性循环和相互促进作用将受到阻碍。汽车作为“万元级”的商品进入市场，将成为市场物价的“稳定器”，对吸纳购买力必将发挥举足轻重的作用。汽车作为个人的生产资料和消费资料，特别是轿车进入家庭，实属必然。仅到 1992 年，全国私人汽车拥有量已达 1 182 万辆，占民用汽车拥有量的 17%。据有关部门对上海居民的消费意向抽样调查，有近 1/4 的家庭打算到 20 世纪末购买轿车。汽车是名副其实的世界第一商品。全世界每年生产汽车4 000多万辆，在世界贸易总额和许多发达国家的国内商品销售额中，都居第一位。利用我国劳动力成本低的优势，汽车可以发展为我国的出口拳头产品。汽车工业的高效益还将带来巨额的财政收入，成为积累资金的重要来源。

最后，我国汽车工业已经有了一定规模，形成了一支较强的技术队伍，这是汽车工业大发展最重要的条件。40多年来，我国汽车工业从无到有，形成了解放、东风两大汽车集团以中型卡车为主的生产体系。汽车战线的广大干部、群众，有着改变我国汽车工业落后面貌的强烈愿望，为振兴汽车工业进行了多次研讨和规划，提出了许多好的建议。随着改革开放的进展，汽车行业引进技术，兴办合资合作企业，生产能力和技术水平迅速发展。目前，汽车工业的地区布局基本拉开，短缺品种的车型大体选定，各类品种基本齐全。可以说，汽车工业大发展的条件已经基本成熟。

【按二】下面是《中国支柱产业振兴方略》前言部分的节选。

邓小平同志1992年初发表重要谈话，以及党的十四大召开以后，我国改革开放和现代化建设进入了一个新的发展阶段。今后九年，我们将在提前和全面实现第二步战略目标的基础上，向第三步战略目标迈进。近40年国外工业化经验表明，当人均国民生产总值达到300美元时，经济的发展将出现一个新的跳跃，这就是从以发展劳动密集型产业为主，转向以发展资金密集和技术密集型产业为主，使经济发展进入一个以重化工业为主导的加速工业化的阶段。这一阶段经济增长的显著特点是由投资需求拉动重工业和建筑业的增长，而投资需求的急剧扩张，则由居民消费结构升级和储蓄倾向提高所形成的大量储蓄存款来满足；重工业和建筑业投资的增长，又引发了活跃的物资市场，在一个较长时期内，支撑经济的快速增长。综合各方面的因素分析，我国目前已进入这样一个阶段。

为了准确把握产业结构变动的趋势，努力解决推进发展与现存产业结构不合理的矛盾，探讨我国产业结构转换和升级的途径和对策，促进国民经济持续快速健康发展，1992年上半年，国家计委政策研究室联系有关局、国务院有关专业部门（总公司）、国家信息中心以及一些骨干企业中具有丰富知识和经营管理经验的专家、学者，组成“振兴我国支柱产业的对策”课题组，国家计委政研室主任郑新立同志任课题组总负责人。在总体把握新的经济成长阶段的产业结构对策的前提下，各位专家、学者分别就各自负责研究的领域提出分报告。我们还多次邀请各个方面的权威人士就振兴我国支柱产业的战略问题进行座谈，得到许多有益的指导。

1992 年 10 月，党的十四大报告明确提出振兴支柱产业的任务后，这一课题的研究工作加快了进度。国家计委政研室与《人民日报》经济部在《人民日报》联合开展了《抓住机遇振兴支柱产业》的专栏讨论。国家计委和机械电子、石油化工、汽车制造、建筑业等部门的领导同志都热情地为专栏撰稿，分析了我国支柱产业发展的状况、任务和振兴的方略。在广泛吸收各分课题报告成果和社会上有益见解的基础上，国家计委政研室课题组结合自己的调查、研究，形成课题总报告。为了配合“九五”计划和到 2010 年长远规划的制定工作，推动和吸引更多的人加入这项具有重大意义的课题中来，促进我国四大支柱产业的振兴，我们把课题总报告、各分报告以及有关产业发展的资料编辑成册，并把领导同志和有关专家论述振兴我国支柱产业的文章作为绪论，以飨读者。

【按三】这本书获国家计委科研成果二等奖。

【按四】1995 年第 10 期《经济管理》发表赵英[1]《勾画我国支柱产业发展的蓝图——评〈中国支柱产业振兴方略〉》一文：自 20 世纪 80 年代中期开始，我国经济界、理论界已在研究探讨我国支柱产业的确定和发展问题，并围绕支柱产业发展的产业政策进行了种种探讨和尝试。经过长时间的讨论，大家在选择、确定支柱产业方面渐渐达成共识，那就是根据我国工业发展现阶段的状况，以机械电子、石油化

[1] 赵英（1952—），辽宁沈阳人，中国社会科学院工业经济研究所工业发展室主任、研究生院教授。

工、汽车制造、建筑业作为我国下一步推动经济增长的支柱产业，较为适宜。今后 15 年，我国将在提前和全面实现第二步战略目标的基础上，向第三步战略目标迈进。

1 月，主编《经济体制六大改革》一书，由中共中央党校出版社出版。

【按一】李蕴清[1]、李金早[2]、曹玉书[3]、吴强参与了这本书部分章节的撰写。

【按二】下面是这本书的绪论。

1994 年，将作为改革之年载入史册。在党的十四届三中全会通过的《中共中央关于建立社会主义市场经济体制若干问题的决定》精神的指引下，年初推出了财税、金融、对外经济、投资等重大改革措施，同时，积极进行了建立现代企业制度改革的试点，围绕加强和改善宏观调控，转变计划管理职能。这六项重大改革的任务完成后，我国社会主义市场经济体制的基本框架将确立起来。

从目前的情况看，财税、金融、对外经济体制改革已基本到位，运转大体正常。改革的正效应比预想的要大，而其负效应比预想的要小。财税改革在增收节支和规范中央与地方管理职能等方面的作用开始显现出来。金融体制改革同整顿金融秩序、控制信贷规模、调整信贷结构的工作结合起来进行，在避免经济过热，促进国民经济走上持续、快速、健康发展道路方面取得明显成效。汇率并轨是对外经济体制改革的核心内容，也是原来最担心出问题的，由于政策、策略都运

[1] 李蕴清，中国行政体制改革研究会副秘书长。

[2] 李金早（1958—），湖北人，经济学博士，曾任国家计委政策研究室经济体制综合处处长、商务部副部长，现任文化和旅游部副部长。

[3] 曹玉书（1948—），黑龙江双城人，经济学家、博士生导师，曾任国家发展和改革委员会副秘书长兼政策研究室主任和新闻发言人、国务院西部地区开发领导小组办公室副主任；现任中国宏观经济学会副会长、中国国际经济交流中心常务理事、中国西部发展研究院院长。主要从事宏观经济、产业经济学领域研究。

用适当，结果出乎意料的好。1994年以来出口大幅度增加，进口受到抑制，国家外汇结存增加，人民币汇率稳定在1美元兑8.7元人民币的水平上，近来人民币币值还略有上升。改革取得的初步成效，证明党的十四大提出建立社会主义市场经济体制的目标是符合社会主义经济发展客观规律的，顺应了生产力发展的客观要求，对致力于改革的全国广大干部、群众是一个巨大的鼓舞！

当前，深化改革的任务还十分艰巨。已经出台的宏观管理体制改革需要进一步完善，投资体制和计划体制改革需要加快步伐，尤其是建立现代企业制度的改革，亟待有所突破。与企业改革相配套，建立社会保障体系的改革必须同步进行。因此，深化改革的重点已经不容迟疑地落在建立现代企业制度和社会保障体系上。

国有企业体制的改革，是整个经济体制改革的中心环节。这项改革关系到社会主义的经济细胞是否有生命力，进而关系到整个经济的生机和活力。改革国有企业管理体制，要按照《决定》提出的建立产权明晰、权责明确、政企分开、管理科学的现代企业制度的要求，认真贯彻《公司法》，有步骤、分批分期地把现有企业制度转变为现代企业制度。国家应重点抓好一批关系经济全局和经济命脉的大企业，保持国家独股或控股，其余多数国有企业应逐步发展为真正独立经营的有限责任公司和股份有限公司。企业建立新的制度应同技术改造结合起来进行，政府有责任帮助企业解决社会负担过多、企业冗员分流和解脱过重的债务负担等问题，使之卸掉历史包袱。这样，才能顺利过渡到现代企业制度。

经过十五年的改革，特别是一年多来以建立社会主义市场经济体制为目标的改革，使我们积累了丰富的经验。实践证明，毫不动摇地坚持邓小平同志建设有中国特色社会主义的理论，坚持党的“一个中心、两个基本点”的基本路线，我们就能经受多种考验，顺利实现改革开放和现代化建设的宏伟目标。

在深入进行六项重大改革中，我们应当在党的基本理论和基本路线指引下，坚持以是否有利于发展社会主义社会的生产力，是否有利于增强社会主义国家的综合国力，是否有利于提高人民的生活水平，作为决定各项改革措施取舍和检验其得失的根本标准。要继续坚持解放思想、实事求是的思想路线，积极探讨改革的具体操作性方案。

在深化改革的进程中，应当始终牢牢把握深化改革、扩大开放、促进发展、保持稳定的全党全国工作大局，正确处理改革、发展和稳定的关系。要以改革作为发展的动力，把发展作为改革的目的和检验改革的标准，把保持稳定作为改革和发展的前提条件。

六大改革应当相互配套、相互协调、同步推进。企业制度改革同宏观体制改革必须互相适应。计划、财政、金融体制改革应互相衔接，以建立起高效、灵活的宏观调控体系。要在加强和改善宏观调控的实践中，适应市场经济的要求，完善宏观管理的各项制度。20世纪内，我们要实现国民经济发展的第二步战略目标，使全国人民达到小康水平，要初步建立起社会主义市场经济体制，实现国内经济同国际经济的互接互补。实现这一历史任务，需要我们扎扎实实地把各项改革推向前进。深入理解六大改革的内容和意义，积极稳妥地把六大改革引向深入，是当前面临的重大课题。

本书对六项重大改革的内容分别加以阐述，对如何推进这些领域里的改革，提出探讨性的意见。

2月，第2期《现代市场经济周刊》发表《抑制通胀、事关大局》一文。

2月，第2期《中国社会》发表《1995年中国市场走势展望》一文。

5月，随国家计委副主任参加在菲律宾马尼拉举行的联合国社会发展大会。

9月，主编《宏观经济政策分析（1994—1995）》一书，由中国计划出版社版出版。

【按一】这本书由郑新立与任珑、李蕴清、何伟、吴强、辛仁周、周喜安、胡跃龙[1]等合著。

【按二】下面是《宏观经济政策分析（1994—1995）》一书的前言。

1994年，将作为改革之年载入史册。

在党的十四大和十四届三中全会通过的《中共中央关于建立社会主义市场经济体制若干问题的决定》指引下，先后推出了财税、金融、外汇外贸、投资、物价和流通体制等重大改革。这是我们多年以来所期待的改革，直到1994年才具备了出台的条件。由于改革方案考虑比较周全，在实施中又注意做好各方面的衔接，使各项改革顺利进展，取得了比预料要好的效果。改革促进了经济的发展，国民经济在平稳回落中继续保持较高的增长速度，对外贸易和财政收入增长较快，人民生活继续改善。几项重大改革的成功，标志着我们在建立社会主义市场经济宏观调控体系方面迈出了决定性的步伐。它们对我国经济和社会发展的深刻影响，将随着时间的推移，越来越显现出来。

作为改革的代价，加上近几年固定资产投资增长过猛，部分地区放松粮食生产，城镇流动人口增加等因素，1994年出现了严重的通货膨胀，全年全国商品零售价格上涨幅度达到21.7%，居民消费价格上涨了24.1%，成为影响经济稳定的突出问题。

1994年年初，党中央提出了“抓住机遇、深化改革、扩大开放、促进发展、保持稳定”的全党全国工作大局。为了保证各项重大改革的实施，并继续保持较快的增长速度，实现年度计划确定的各项宏观调控目标，在宏观经济政策的运用上，做到了慎之又慎。1月份，国务院发出了《关于继续加强固定资产投资宏观调控的通知》，规定1994年原则上不再批准新开工项目，在严格控制固定资产投资总规模的同时，加大了结构调整的力度。同时召开了全国“菜篮子”和粮棉

[1] 胡跃龙，《中国经济导报》总编辑。

油工作会议，强调了“米袋子”省长负责制和“菜篮子”市长负责制。3 月份，国务院分别转发了财政部和国家计委《关于加强农业综合开发和建立高产优质高效农业》的文件，组织了全国物价大检查。二季度，对粮食、化肥、原油、成品油等价格和流通体制进行了改革，颁发了《国务院关于加强粮食市场管理、保持市场稳定的通知》，下半年，国务院在全国组织了消费基金检查，发出了《关于严格控制消费基金过快增长和加强现金管理的通知》。总体来看，1994 年在各方面矛盾比较尖锐的情况下，宏观经济政策是成功的。如果没有上述一系列的努力，通货膨胀将更加严重。保持改革、发展和稳定的相互协调和统一，需要继续做出坚持不懈的努力。

对 1994 年经济运行的轨迹和宏观经济政策进行分析评估，可以取得宝贵的经验教训。本书的作者力求抓住经济运行中的突出矛盾，对金融、财税、投资、价格、农业和农村经济、外贸外汇、社会发展诸方面政策出台的背景、实施过程及其正负效应，做出客观、全面的分析，并对 1995 年的有关政策取向提出了建议。

《宏观经济政策分析（1994—1995）》于 1994 年问世之后，受到了宏观经济部门、经济学界、企业界人士的欢迎，这对作者是一个莫大的鼓舞。正因为如此，我们决心把这项工作坚持下去，并力求比上年有所进步。衷心希望本书能够对关心宏观经济政策的同志提供有用的信息，并得到读者的批评与帮助。

【按三】《宏观经济政策分析（1994—1995）》一书获国家计委科研成果三等奖。

10 月，魏礼群、郑新立主编《新的征程、新的纲领——学习党的十四届五中全会文件》一书，由新华出版社出版。

【按】此书为论述中共十四届五中全会通过的《中共中央关于制定国民经济和社会发展“九五”计划和 2010 年远景目标的建议》的

评介文章；郑新立、任珑、赵世洪、周喜安、范必[1]等参与撰稿。

此书共分六个部分：（一）世纪之交的机遇与挑战；（二）今后15年的奋斗目标和指导方针；（三）认真实施科教兴国战略；（四）积极发展第三产业；（五）加快建立现代企业制度；（六）建立完善的市场体系。

10月，第10期《环球市场信息导报》发表《转变经济增长方式是实施新发展战略的核心》一文。

【按】此文论述了四个方面的问题：（一）发展社会主义市场经济要求转变经济增长方式；（二）解决经济生活中的诸多矛盾必须从转变经济增长方式入手；（三）转变经济增长方式的主要着力点；（四）围绕转换经济增长方式进行配套改革。

11月，11月号《人民论坛》发表《跨入新世纪的伟大纲领》一文。

【按】此文为论述中共十四届五中全会通过的《中共中央关于制定国民经济和社会发展“九五”计划和2010年远景目标的建议》的评介文章。

11月，第11期《中国工业经济》发表《论我国的大企业集团战略》一文。

【按】此文第一部分“确立大企业集团战略应是未来一段时期我国经济发展和体制转换的重要内容”认为：尽快形成我国经济更高层次竞争、更具集团化组织秩序、更具规模效益为特征的新型格局，是

[1] 范必，曾就职于国家发展和改革委员会政策研究室、投资研究所，现任国务院研究室综合经济司司长。

摆在我们面前的重大课题。我们认为，尽快形成一批技、工、贸一体化的企业集团，使它们充当国民经济的骨干和各行业技术进步排头兵，以带动整个经济结构的优化升级，是当务之急。

产业集中度低、规模效益差是我国经济中的一个突出矛盾，它直接制约着经济竞争的能力和经济效率。发达市场经济国家的一些关键产业的集中度都是非常高的。1972 年美国汽车、平板玻璃、汽轮机与汽轮发动机、家用冰箱与冷柜、电视显像管几个行业最大 4 家企业的集中率分别是 99%、92%、90%、85%和 83%，最大 8 家企业（集团）的集中率分别是 100%、96%、98%和 97%。可以说，西方国家几乎所有重要产业都是大企业唱主角。我国在 20 世纪 60 年代曾进行过组建工业托拉斯的试验，但不久即作为资本主义的产物加以批判。由于缺乏市场竞争和条块分割，形成企业组织的"小矮树"状态和分散化格局。目前在我国 431 家最大企业中，核心企业固定资产原值在 10 亿元以上的只有 27 家，在 1 亿元～10 亿元的有 144 家，在 5 000 万元～1 亿元的有 83 家，在 5 000 万元以下的有 177 家。在世界级的企业名录中，还找不到我国企业的名字。

我国未来的产业经济格局中，在诸如纺织、服装、鞋帽、玩具等领域，主要由市场调节。但在资本密集、批量生产、资产专业化程度高的那些部门，如汽车、钢铁、电信、玻璃、电子与电器、化工、航空、飞机制造等，必须通过培植大企业集团，有组织地开展竞争。

此文第三部分"西方市场经济国家促进经济集团化及推行大企业政策的经验值得我们借鉴"认为：在 19 世纪 70 年代，美国杜邦公司的成功就在于毕业于麻省理工学院的杜邦三兄弟进入杜氏企业进行重组，他们把所有杜氏企业及该行业其他一些主要企业进行合并，成立了统一的杜邦公司，使其生产能力控制了该行业的 60%。20 世纪初，当通用汽车公司濒临破产边缘时，也是杜邦兄弟之一的波埃尔·杜邦入主通用，收购包括别克汽车公司及一批汽车零售部件企业的控制权，并进行结构重组，从而起死回生。经济的集中必然引起制度的创新，波埃尔后来在通用与著名企业家斯隆合作创立了公司统一计划与事业部自主经营相结合的分权模式。

美国历史上经历过两次著名的企业兼并浪潮，一次是1897年至1903年以横向合并为主的兼并，诞生了像美国钢铁公司、杜邦公司这样的垄断组织。第二次是1925年至1930年以横向、纵向兼并为主的兼并，形成了一批集团化、跨国化的巨型组织。英、德、日、法等国也都在19世纪末20世纪初，通过企业联合相继出现大量托拉斯、康采恩等垄断组织，迅速实现了工业化和现代化。当然伴随着资本集中和企业集团化，也会出现过度的垄断，妨碍正常的竞争。现代资本主义经济正是在垄断与竞争的交替发展中运行的。适应规模经济要求的生产经营集中化、集团化、跨国化、一体化，与适应专业化分工要求的分散化、小型化、竞争性、多样性并存，日益成为当今世界经济的发展趋势。资本主义国家政府也在顺应这种趋势，并通过反垄断和促进竞争的政策调控产业秩序和市场结构。列宁称资产阶级政府为“百万富翁们的全国委员会”，其统治以大财团为基础，它们自觉不自觉地实施一系列扶持大财团的政策。它们所实施的大集团政策大体包含以下方面。

一是日本、韩国等十分注意通过产业政策引导大企业集团的发展，在政府支持的产业，政府十分重视培植大集团。二是第二次世界大战后西方国家推行的“经济计划化”，也是有利于大企业的。三是通过实施优惠的税收政策，进行既有利于国家垄断资本积累，又有利于私人垄断资本的再分配。四是运用信贷政策扶植大财团，国家控制的金融机构向大财团优先贷款或进行低息贷款。有的甚至通过财政拨款向垄断企业提供补贴，或进行财政贴息。五是运用国家公共开支和国家订货订单支持大企业集团，如美国在第二次世界大战中将70%的巨大军事订货主要交给100家大公司，大大促进了这些公司的发展。六是有的国家还向大企业的科研机构无偿支付大量科研费用，或将科研成果提供给垄断集团使用。七是通过推行结构调整促进大企业的发展。西方国家在实行国有企业私有化过程中，往往把一些有利可图的国有企业以大大低于资产价值的价格出售给私人垄断资本家，或委托一些私人财团去经营。俄罗斯及东欧国家在私有化过程中，普遍采取培植大企业集团的措施，组织工业企业之间的联合及产业企业与金融企业的联合。

此文第四部分“我国实施大集团战略要与调整国有资产存量结构和振兴支柱产业结合推进”认为：进行结构重组，首要的是打破地区、部门界限，组建和重点扶持一批以国有资产产权联结为主要纽带的大型企业集团。现有的国有企业都应纳入结构重组的范围，除特殊行业或领域，国家实行国有独资大企业的垄断控制外，绝大部分国有企业都应通过联合实行集团化或通过兼并合并实行大规模的企业集中化，对难以集团化或集中化的数量大、规模小及非必要行业的中小企业，一般可采取出售或长期租赁的改革方式逐步放弃国有模式。

结构重组要体现效率优先、重点突出的原则。在“九五”期间，我国将全面实施20世纪90年代产业政策，花大力气振兴支柱产业，扶植先导产业，逐步实现我国产业结构高度化的战略目标。为实现这一目标，建议将国有资产存量结构重组与大集团战略规划结合起来，在统一规划基础上，将国有资产的存量、国家投资及社会投资的增量，适度向电子、汽车、石化、机械和建筑等产业倾斜。这一过程主要应成为一个组建大型企业集团和扶植重点企业向集团化方面发展的过程。

此文第五部分提出“实施大企业集团战略关键在于建立政策保障体系”：（1）实施有利于大企业集团发展的产业政策及配套的投资政策；（2）实施有利于大企业集团的金融政策；（3）实施有利于大企业集团的国有资本利润分配政策；（4）形成有利于大企业集团的财税政策体系；（5）形成有利于大企业集团的国家订货制度，改进国家对企业的生产计划管理方式；（6）大力推进试点企业集团开展国际化经营，形成有利于集团发展的外贸政策体系；（7）进一步沟通国家与大企业集团的信息交流与对话渠道。

11月，带队赴美国波士顿参加工业发展政策培训班，并考察了福特汽车公司、波音飞机制造公司、惠普等美国企业。

是年，参与起草中共十四届五中全会《中共中央关于制定国民经济和社会发展“九五”计划和2010年远景目标的建议》。

【按】“九五”计划中国民经济和社会发展的主要奋斗目标是：全面完成现代化建设的第二步战略部署，2000年，在我国人口将比1980年增长3亿左右的情况下，实现人均国民生产总值比1980年翻两番；基本消除贫困现象，人民生活达到小康水平；加快现代企业制度建设，初步建立社会主义市场经济体制。为下世纪初开始实施第三步战略部署奠定更好的物质技术基础和经济体制基础。

附录

1995年	中外政治、经济大事记
1月1日	世界贸易组织成立并开始运行
2月26日	中美就知识产权问题达成协议
9月27日至29日	太平洋经济合作理事会第11届大会在北京召开，通过《北京宣言》
10月10月	美国经济学家小罗伯特·卢卡斯（1937—）因在宏观经济学领域“倡导和发展了理性预期与宏观经济学研究的运用理论，深化了人们对经济政策的理解，并对经济周期理论提出了独到的见解”而获得诺贝尔经济学奖
12月4日至6日	图们江地区开发项目管委会第6次会议在联合国总部举行，中、俄、韩、朝、蒙等国在会上签署了关于开发图们江地区三项国际规定
12月12日	关贸总协定128个缔约国在日内瓦举行最后一次会议，宣告该协定历史使命的完结。从1996年1月1日起，世界贸易组织将彻底取代该协定，成为全球最大的多边贸易机构

1996年（丙子）
五十二岁

1月25日，作《把国有企业改革推向前进——纪念蒋一苇[1]同志》一文。

【按】此文收入《郑新立文集》（第三卷），中国社会科学出版社，2016年6月版。

2月8日，《光明日报》发表《用法律维护市场竞争秩序》一文。

2月，第2期《中国工业经济》发表《转变经济增长方式的主要着力点》一文。

3月，第3期《中国工业经济》发表《1996年的经济走势与宏观对策》一文。

---

[1] 蒋一苇（1920—1993），原名蒋炜，福建福州人，经济学家。曾任重庆《科学生活》《徨》杂志主编，中共重庆市委《挺进报》编辑。曾任中国社会科学院工业经济研究所所长，兼任经济管理出版社社长、《中国经济年鉴》总编辑、国务院学位委员会经济学科评议组成员、中国工业经济协会副会长、经济管理刊授联合大学副校长、重庆市社会科学院院长、《改革》杂志主编、综合开发研究院常务副理事长、中国工业经济管理研修中心基金会会长，全国第七届人大代表、第七届人大法律委员会委员。

【按】此文由（一）1995 年宏观调控取得了明显成效；（二）1996 年的经济走势预测；（三）1996 年宏观调控主要对策三部分内容构成。

3月，主编《学习全国人大八届四次会议〈政府工作报告〉辅导》一书，由中共中央党校出版社出版。

【按】李蕴清、任珑、曹玉书、吴强、范必参与了这本书部分章节的撰写。

5月，第 5 期《经济改革与发展》发表《保持国民经济稳定增长是计划工作的首要职能》一文。

7月，随中国代表团参加联合国在丹麦首都哥本哈根举行的全球社会发展大会。

8月5日，《中国经济导报》发表《要坚持以市场换技术》一文。

9月4日，《中国经济导报》发表《让企业集团尽快成为主角》一文。

9月，第 9 期《中国化工》发表《积极推进经济增长方式的转变》一文。

【按】此由（一）转变经济增长方式的重大意义；（二）转变经济增长方式的主要方向；（三）实现经济增长方式转变的主要政策措施；（四）建立促进经济增长方式转变的经济体制和运行机制四部分内容构成。

9月，第 9 期《中国化工》发表《推进经济增长方式由粗放型向集约型的根本转变》一文。

【按】此文在第一部分“转变经济增长方式的主要目标和需要处理好的几个重要关系”中指出：转变经济增长方式的主要目标是改变我国经济发展中以粗放型发展为主的落后面貌，实现经济发展总体上的集约型化。其基本要求是通过强化科技、教育、管理投入和充分利用规模经济效益，大大提高劳动生产率和资金产出率，降低能源、原材料消耗，加大科技进步贡献率，减少污染和生态破坏，缓解资源、环境与人口、经济发展的尖锐矛盾，促进国民经济持续、稳定、快速、健康发展，走上良性循环。

根据国内国际有关经验和我国现阶段国情，在推进经济增长方式转变过程中，必须首先正确处理好以下几个基本关系。(1)要处理好集约型增长方式与粗放型增长方式的关系。(2)要处理好计划与市场的关系。(3)要处理好集中垄断与分散竞争的关系。集约化经营的主要基础是生产的集中、规模的扩大和市场占有份额的提高。这就使实行集约经营的企业极易以规模和成本的优势排挤中小竞争者，独自形成垄断或与其他大企业形成垄断同盟，反而限制和扼杀有益的市场竞争。因此，合理把握集约化经营所要求的生产经营集中和有效竞争所要求的分散的合理量度，是在推进集约化经营中必须正确处理的问题。一般而言，对于发展中国家，解决集中使用有限资源与鼓励市场竞争这一矛盾的基本办法，就是引入或参与国际竞争。在国内市场广阔的情况下，适当引进外国资本的竞争。在国内市场狭小的情况下，则积极瞄准国外市场，坚决参与国际竞争。(4)要处理好集约经营与扩大劳动就业的关系。集约化经营的一个重要特征就是提高资本与技术的投入强度，减少单位产品中的劳动消耗，提高劳动生产率。这意味着随着集约化程度的提高，新老企业对资本、技术投入的需求增大，对劳动力的需求数量将相对甚至绝对呈下降的趋势。这就与我国目前的资金短缺、劳动力数量过剩且素质不高的具体国情产生了明显的矛盾：一方面要集中有限资金，大力推进经济的集约化程度；另一方面要充分照顾到增大就业机会的需要，分散一定的资金为更多的劳动者提供工作岗位。解决这个矛盾，关键是要优化资金等稀缺资源在资金密集型产业与劳动密集型产业之间的配置。适当集中资金在适于大规模生产的行业实现集约化，同时大力发展劳动密集型产业。通过资金密集型产业的发展不断开辟和扩大劳动密集型产业的发展领域和就业门路，通过劳动密集型产业的发展，吸纳资金密集型产业在集约化过程中释放出的剩余劳动力，并为资金密集型产业的发展提供资金积累，从而实现资金和劳动密集型产业发展的良性循环。另外，在我国推进经济集约化过程中，一定要从资金短缺、劳动力相对富余的国情出发，合理确定资金密集型产业中的资本与劳动力配置比例，充分发挥劳动力成本低的优势，依照成本最低的原则，在可能的生产、经营环节大力实行以劳动力替代资本的策略。不可盲目地比照资金相对宽裕、劳动力成本高的发达国家的模式，不切实际地追求资本的过度密集。（5）要处理好资本增量形成与存量调整的关系。

第二部分“实现经济增长方式转变的主要途径和对策”中指出以下几点（1）充分发挥市场竞争作用，促进优胜劣汰和资源优化配置。（2）充分发挥现有基础潜力，提高投入产出效益。（3）加快科技进步和提高劳动者素质，增大科技进步对经济增长的贡献度。从粗放型到集约型的转变，科技进步、科技成果向现实生产力转化是先导和基础。要大力推进产业技术进步，强化科技进步对经济发展的促进作用。要以产业技术为重点，加快科技成果向现实生产力转化。加快高新技术的产业化，培育新的经济增长点。结合重点建设项目，组织重大成套技术装备的研制开发和引进技术的消化吸收。促进经济发展的集约化，培养具有集约化意识和必要的科技知识与技能的各类人才是关键。要广开学路，大力发展从扫盲到高等教育各个层次的人才培养和开发。大力发展职业教育、职工培训，加强管理，提高劳动者素质和技能。强化在职人员的培训，根据我国劳动就业的实际情况，把在职轮训与轮岗培训结合起来。教育的内容应全面，不仅教授科学知识和技能，十分重要的是要加强劳动态度与职业道德的教育。（4）狠抓资源节约，大幅度提高资源利用效率。（5）按照社会化大生产与合理经济规模的要求，优化企业组织结构和投资结构。打破地区、部门和行业界限，通过联合投资、联合生产以及专业化分工协作，发展规模经济。鼓励生产和经营的合理集中，把取得规模经济效益作为降低成本消耗的重要手段。利用规模经济提高技术水平、减少固定成本分摊是经济建设的一个普遍原则，在这方面我们有很多的经验教训。今后我们一定要发挥能集中有限力量办大事的制度优势，大力推进规模经济。无论新建还是现有企业，凡是规模经济效益较大的，都要按照国家制定的规模标准、技术标准，实现规模经营。突出抓好石化、汽车、钢铁、火电、机构、电子等产业存量资产的优化重组和投资结构调整。对不符合规模经济要求的新建项目不予立项，对现有企业，要通过联合协作、合资兼并等方式，逐步实现生产的集中。另外，还要规划和调整好乡镇企业和城镇的规模布局与结构，集约使用土地和基础设施，发挥城镇规模效益。（6）推进流通领域的改革，提高流通效率。（7）正确运用计划手段和产业政策，促进经济增长方式转变。

第三部分“建立促进经济增长方式转变的经济体制和运行机制”中指出：政府的合理干预可以加速经济增长方式的转变，保证经济发展的成功。要从宏观调控制度上保证和促进我国经济的集约化发展，关键是要进一步深化以下几个方面的宏观经济体制改革。

（1）要进一步改革金融管理体制，有效地调动和引导资金的合理流动。按照政策性金融和商业性金融分开的原则，进一步做好政策性和商业性业务的界定和分离。完善政策性银行的运行机制，稳定资金来源，提高调控能力。尽快对商业和专业银行实行资产负债管理，降低经营风险，提高投资能力。规范投资公司的行为，加强对非银行金融机构的监管和引导。国有金融机构要在金融市场中有效地吸收和调节社会资金。国家信贷应优先安排给那些集约化水平高、经济效益好的行业或企业。对根本无希望扭亏为盈的企业要坚决把紧资金的闸门，减少资金的低效或无效使用。优先安排和支持充分利用原有基础的技术改造和扩建，限制不必要的新建和重复建设。国家还要完善和加强对股票、债券等直接融资市场的引导，减少投机性投资，为集约化经营产业和企业的直接集资融资创造有利条件。

（2）改革价格形成机制，使价格正确地反映资源的稀缺程度和成本，促进各经济主体合理使用资源，强化短缺资源的使用和深度加工，并使相对富余的资源也得到充分利用。早日实现重要生产资料计划内外价格的完全并轨，现在特别要注意解决资金价格的实际上的双轨制问题，使国家制订的计划利率合理反映资金的供求关系，防止由于过低的利率导致忽视资金成本的盲目的粗放式投资和生产经营。

（3）要加快计划、投资体制改革，以产业政策为中心，推动集约化经营。要以产业政策为目标，对现有的实行集约化经营的大中型企业和企业集团给以鼓励。按照投融资体制改革的方向，进一步规范各类投资主体的投资方向和筹资方式。对不同的投资领域实行不同的投融资方式和管理办法，从投资资金源头和重大项目审批两个方面，加强和改进对资金投向的调控。建立和完善计划部门、政策性银行、商业银行和财税审计部门对投资管理的分工协作，使新增的固定资产投资投向集约化经营的项目和企业。

（4）改进考核指标体系，建立健全有关法律、规章制度。应围绕经济增长方式的转变，设计合理、全面的评价考核指标，以正确引导经济与社会的发展。努力运用法律手段进行宏观经济管理，尽快制定和颁布《计划法》《投资法》《能源节约法》《价格法》《招标投标法》等，研究制定重点产业的有关法规，进一步规定有关行业的经济规模标准、技术工艺标准、产品质量标准、能源原材料消耗标准、污染排放标准等，对不同行业建立不同折旧率，强制进行设备更新等法律规范。完善保护知识产权、促进新技术推广应用等法规。

10月5日，《中国经济导报》发表《在开放中重视产业安全》一文。

10月25日，《解放军报》发表《跨入新世纪的宏伟蓝图》一文。

10月，第10期《时事报告》发表《深化改革、促进经济体制转变》一文。

【按】此文由四个部分的内容构成：（一）“八五”时期我国经济体制改革取得的重要进展；（二）以建立现代企业制度为目标加快国有企业改革；（三）发展和完善统一开放、竞争有序的市场体系；（四）转变政府职能，完善宏观经济调控体系。

11月，第11期《人民日报》“内部参考”发表与吴强合写的《“中策现象”的几点启示》一文。

【按】“中策公司”指的是香港中国策略投资公司。这家公司在泉州、杭州、北京和烟台等地投资较为集中，此文是对这些地方的有关政府部门、企业进行的调查研究，由下面三部分构成：（一）中策现象启示之一：引进外资要正确处理局部与全局的关系，注意产业安全；（二）中策现象启示之二：加快立法，堵塞法律漏洞；（三）中策现象启示之三：要搞活国有企业资产经营。

11月，第11期《研究与建议》发表与辛仁周[1]合写的《要把养殖业作为未来15年我国农业和农村经济的增长点》一文。

12月23日，《新闻报》发表《加快存量调整、鼓励兼并联合——答〈新闻报〉记者问》一文。

【按】此次访谈涉及以下话题。

1996年，我国的经济改革在建立健全新的经济运行机制和经济秩序方面取得了新进展的情况下还存在哪些困难；

1997年在结构调整、建立现代企业制度方面的想法和做法；

1997年要加快存量资产流动和重组，必然涉及国有资产的保值和

[1] 辛仁周（1959—），河北平乡人，曾任国家工信部产业政策副司长，现任工业和信息化部产业政策司巡视员。

增值，在国有资产管理、监督和营运体系建设方面的设想；

在投资机制方面，“大而全、小而全”问题始终困扰国家，1997年在这方面是否会有所改善；

在社会保障制度改革方面如何进展；

在国企改革方面，碰到的难题是沉重的债务如何解决，企业负担如何减轻；

住房改革是人们关注的问题；

1997年房改重点在哪里，在市场体系建设方面有哪些设想。

是年，《学习贯彻〈国民经济和社会发展“九五”计划和2010年远景目标纲要〉》一书由广东人民出版社重印。

是年，主编《工业发展政策——比较与借鉴》一书定稿。

【按一】这本书为郑新立负责主持、在联合国计划开发署资助的“工业发展政策与科技进步”课题研究的基础上，根据制定“九五”计划的需要组织撰写而成。全书先由郑新立提出撰写提纲及主要观点，课题组成员分别撰稿，经反复讨论修改后定稿。

【按二】下面是《工业发展政策——比较与借鉴》一书前言。

以蒸汽机及其在生产中的运用为标志的工业革命拉开了人类社会工业化恢宏进程的序幕。工业化是人类社会迄今为止在生产方式上的最重大的变革，是推进人类文明进步的强大动力。因此，工业化一直作为发展经济学研究的重要课题，在发展中国家的经济理论中居于十分重要的地位，特别是在经济加速发展阶段，工业化以及相应的工业发展政策，成为理论和现实中需要认真对待和处理的重大问题。马克思主义的经典作家对工业化问题也都做了深刻的论述。正是由于工业化给人类社会带来的巨大影响，各个国家无不把实现工业化并逐步提高工业化的水平作为重要的战略任务。已经实现了工业化的西方发达国家，努力提高工业现代化的水平，向所谓“后工业化社会”过渡。

20世纪50年代以来，亚洲“四小龙”经过20多年的努力，跻进新兴工业化国家和地区的行列。亚洲新“四小虎”和巴西、墨西哥等，目前正在积极向工业化迈进。在工业化过程中，世界各国把工业发展政策作为推进工业化的重要手段，在制定和实施工业发展政策方面有着十分丰富的经验和教训，值得我们认真吸取。

工业化是实现现代化的必经阶段和准备，现代化必须以全面工业化作为坚实基础。新中国成立后，党和国家重要文献中对于工业化和现代化的任务做了重要论述，并结合各个发展时期的特点提出了重点任务。邓小平同志南方谈话和党的十四大之后，我国现代化建设和改革开放进入了一个新的历史时期。我国现阶段的历史任务，就是全面推进工业化的进程，包括农村工业化和工业的现代化。推进全面工业化是实现现代化的长期奋斗目标的有机组成部分，是实现现代化的必要步骤。在我国经济和社会发展的新阶段，必须在保持经济高速增长的同时，认真研究和正确处理全面实现工业化与加强农业、基础设施和基础工业建设与支柱产业发展，速度与效益，经济建设与人口、资源、环境，东部地区与中西部地区，扩大对外开放与坚持自力更生等重要关系，努力转变经济增长方式，大力促进产业结构的调整和升级，培育和发展新的经济增长点，以支撑今后较长时期内国民经济的持续快速健康发展。

为了探索全面实现工业化的道路，国家计委政策研究室与联合国计划开发署合作进行“工业发展政策与科技进步”课题研究，采取请国外专家来华讲授和赴国外考察相结合的办法，对世界上几种类型国家的工业发展政策制定和实施开展深入研究，撰写了一部分研究成果和考察报告。课题紧密结合研究制定“九五”计划和2010年远景目标，对跨世纪经济发展过程中和工业发展政策有关的重大问题，特别是与经济增长方式转变、推进产业技术进步、优化产业结构问题进行了比较细致的研究。在此基础上，根据中共十四届五中全会《建议》的精神，于1995年10月在桂林举办了中国工业发展政策国际研讨会，进一步丰富了前一阶段的成果。最后，我们组织有关专家，在分析、比较工业化国家（包括新兴工业化国家）工业发展政策制定和实施经验的基础上，提出了我国工业化所处的阶段，我国工业化的特殊性，全面实现工业化的关键问题和推进工业化的政策框架，并把以前的研究成果吸收进来，编辑成册。由于我们水平所限，时间仓促，书中的一些说法和观点可能是不准确的，敬请批评指正。

12月，带队赴德国、法国、意大利考察工业发展情况。

附录

1996 年	**中外政治、经济大事记**
3 月 20 日至21 日	中国加入世贸组织的非正式多边磋商在日内瓦举行
5 月 5 日至8 日	欧盟委员会副主席布里坦访华，中国政府与欧盟签署中国–欧盟知识产权合作项目协议等 4 项合作协议
6 月 13 日至17 日	中美关于知识产权的正式磋商在北京举行，并就有关问题达成一致，双方宣布取消贸易报复和反报复措施
7 月 20 日	东盟常委会会议决定中、印、俄三国为东盟全面对话伙伴国
7 月 22 日至25 日	国务院副总理兼外长钱其琛第一次以东盟对话国身份，参加在雅加达举行的第 3 届东盟地区论坛会议和东盟与对话伙伴国会议
10 月 10 日	在英国剑桥大学任教的苏格兰经济学家詹姆斯·莫里斯（1936—）、在美国哥伦比亚大学任教的加拿大教授威廉·维克里（1914—1996），因“前者在信息经济学理论领域做出了重大贡献，尤其是不对称信息条件下的经济激励理论；后者在信息经济学、激励理论、博弈论等方面都做出了重大贡献”而获得诺贝尔经济学奖
12 月 4 日	在雅加达举行的首次东盟首脑非正式会议闭幕，会议决定将吸收柬埔寨、老挝和缅甸以建立“大东盟十国集团”

1997年（丁丑）
五十三岁

3月，第3期《理论前沿》发表《振兴支柱产业是未来十几年国民经济发展的战略任务》一文。

【按】该文的关键词为支柱产业、国民经济发展、战略任务、转变经济增长方式、外国跨国公司、建筑业、汽车工业、国内生产总值、轿车价格、融资能力等。

4月，带队赴巴西、墨西哥考察经济发展情况。

5月18日，出席在宁波市召开的“加快发展宁波市第三产业研讨会”并发言。

6月10日，《中国经济导报》发表《城镇住宅业为何难成增长点》一文。

6月27日，《中国市场报》发表《“回归”后的香港为内地经济发展带来新机遇——答〈中国市场报〉记者郝泽华问》一文。

7月22日，《中国市场经济报》发表《开创长期持续健康发展的时期》一文。

7月，编著《迈向集约经营的战略转变》一书，由中国计划出版社出版。

8月，第8期《现代企业导刊》发表《改革投融资体制、促进经济长期稳定增长》一文。

【按】此文由（一）提高投资效益是避免经济大幅度波动的根本途径；（二）从深化投融资体制改革入手提高投资效益；（三）大力调整投资结构，促进经济增长方式的转变三部分内容构成。

9月19日，《光明日报》发表《历史性的伟大成就》一文。

【按】此文认为，以邓小平1992年南方谈话和党的十四大为标志，我国改革开放和经济建设进入了一个新阶段。五年来，我国经济建设又迈上了一个新台阶，生产力发展水平、人民生活和综合国力都出现了历史阶段性变化。概括起来，有五大成就：（一）粮食人均占有量突破800斤，农民收入有了较快增长；（二）工业消费品满足了社会需求，我国人民告别了短缺经济；（三）结构调整取得进展，基础工业、基础设施对国民经济的瓶颈制约缓解；（四）国家外汇储备超过1 000亿美元，运用两种资源、两种市场的能力大大增强；（五）国民经济成功实现“软着陆”，出现了高增长、低通胀的良好发展势头。

10月，由郑新立、J. C. 芬斯特托克主编的《美国技术市场与信息咨询市场》一书由中国大百科全书出版社出版。

【按】该书为郑新立于1996年率团赴美国考察信息咨询业发展情况后写的报告。其中第一部分“美国信息咨询业概况”由J. C. 芬斯特托克撰写，由“美国信息咨询业简史、美国信息咨询业的结构、美国咨询业与政府的关系、美国信息咨询业的作用、美国信息咨询业的现状、美国信息咨询公司的利润模型和财务指标”六节构成；其余第二部分“美国政策咨询市场”、第三部分“美国企业管理咨询市场”、第四部分“美国科技咨询市场”、第五部分“美国会计咨询市场”、第六部分“美国工程咨询市场”、第七部分“美国证券评级市场”、第八部分“美国知识产权与技术贸易”由郑新立与赵德昆、秦海[1]、何伟、刘景彤撰写。

10月，10期《宏观经济管理》发表《思想理论的重大突破》一文。

【按】此文为学习《高举邓小平理论伟大旗帜，把建设有中国特色社会主义事业全面推向二十一世纪——在中国共产党第十五次全国代表大会上的报告》的阐释文章，文中认为十五大报告最突出的是下面三个方面的理论贡献：

（一）提出邓小平理论的科学概念并确立为党的指导思想；

（二）指明社会主义初级阶段的性质、特点和基本路线、基本纲领；

（三）通过发展股份制和股份合作制完善公有制的实现形式。

11月，第11期《时事报告》发表《积极推进两个根本性转变、解决好改革发展两大课题》一文。

【按】此文共分两部分。

第一部分“积极推进经济体制改革”包括三个话题：（1）把股份制作为国有大中型企业改制的主要形式；（2）进一步发展和完善

[1] 秦海，曾任工业和信息化部信息化推进司副司长，现任中央网信办信息化发展局巡视员兼副局长。

股份合作制经济；（3）继续鼓励和引导个体、私营等非公有制经济发展。

第二部分“大力推进结构调整和增长方式转变”包括五个话题：（1）这次调整不是填平补齐式调整，而是升级换代式调整，重点是产业结构升级和产品更新换代；（2）这次调整要改粗放型经营为集约型经营，大力推进产业技术进步；（3）这次调整要重点对资产存量结构进行调整，把存量调整和增量调整结合起来进行；（4）这次调整要大力调整企业组织结构，对国有企业实施战略性改组；（5）这次调整是开放式调整，必须着眼于提高产业国际竞争力。

11月，带队赴印度尼西亚、新西兰、印度考察产业发展情况。

12月，第12期《理论前沿》发表《正确处理基础设施、基础工业建设与振兴支柱产业的关系》一文。

是年，上海《改革》专刊发表《中国产业结构的现状与变动趋势》一文。

是年，《中国经济展望》发表《1996—1997年经济体制改革形势分析》一文。

是年，为中国（海南）改革发展研究院举办的“市场经济条件下政府作用”国际研讨会撰写《经济转轨时期政府的主要职能与法制建设》一文。

是年，完成《学习邓小平思想、健全宏观管理体制》的研究报告。

【按一】此文为国家计委“邓小平行政管理思想研究”课题的研

究报告，参与起草者还有：林军[1]、龙新南[2]、孙鉴奇、李朴民、辛仁周、胡继申[3]、范必等。

【按二】本文共分五部分：（一）邓小平宏观经济管理思想的主要内容；（二）我国宏观经济管理体制改革取得的进展及存在的主要问题；（三）建立适应社会主义市场经济要求的宏观管理体制；（四）健全社会主义市场经济宏观调控运行机制；（五）健全和完善宏观经济管理机构。

是年，出席“企业工作座谈会”，并做题为“调整结构、开拓市场、培育新的经济增长点”的讲话。

【按】本文共分六部分。

第一部分，1997、1998 年经济发展的重点要放在调整结构、开拓市场上。

第二部分“加快城镇住宅建设，把住宅业培育成新的经济增长点”中，分析了把住宅业作为新的经济增长点的现实性和可行性，之后提出了把住宅业培育成新的经济增长点的政策措施。

一是要加快城镇住房制度改革，全面推进住宅商品化。

（1）停止福利性住房分配，公有住宅应逐步商品化。从 1997 年开始，原则上只对国家公务员和教师继续供应政策补贴的微利住房，停止其他人员的福利房待遇。

（2）加快出售公有住房，盘活存量。改变现行购买公房使用权的办法，取消住房产权转让中的各种行政性限制，实行出售旧房时一次性购产权的办法。

（3）提高租金，改变买房不如租房的状况。要加快公房提租的步

[1] 林军（1949—），福建安溪人，曾任国家计委办公厅主任、中国储备粮管理总公司总经理、中华全国归国华侨联合会主席，现任中国侨联顾问。
[2] 龙新南（1955—），江西永新县人，经济师，曾任国家发展和改革委员会人事司司长、新华通讯社副社长。
[3] 胡继申，现任国家发改委离退休干部局党委书记。

价，缩小租金与住房售价的比差，以提高居民买房的积极性。

（4）全面推行住房公积金制度，形成住宅业发展的良性循环。

（5）建立健全住宅市场，促进城镇现有住宅上市流通。对符合上市规定的住宅要方便业主上市交易。对企事业单位和个人转让、出租房屋，应予以积极鼓励。

二是要采取鼓励政策，加快普通住宅的建设。

（1）建立正常的住宅投资渠道。将用于住宅建设的贷款、住房公积金等捆在一起，统一使用。

（2）调整住宅投资结构。要注意调整住宅投资结构，特别要控制高档房地产的开发和花园别墅的建设规模，将房地产开发引导到普通住宅建设上来，并保持住宅、配套设施、城市基础设施的协调发展。建设普通住宅的房地产开发项目，可享受国家对安居工程的优惠政策。对建设普通住宅的用地实行行政划拨或优惠价的方式供应。

（3）鼓励多渠道住宅投资。鼓励个人投资建造住宅、购买住宅和集资合作建房。继续发展住宅合作社。

（4）经济手段和行政手段结合，调动普通住宅投资积极性。可参照新加坡、马来西亚、韩国等国家的做法，由有实力和能够保证质量的大公司来建设民用住宅。把普通住宅建设和营利性房地产开发捆在一起，即国家规定在银行贷款的房地产开发商必须将贷款的50%用于卖价在每平方米1 500元左右的住宅建设，否则不给贷款。哪个房地产开发商得到贷款没建普通住宅，要追究发放贷款银行的责任。国家要设立专门监督机构，确保这项政策的落实和住宅的工作质量。

三是要发展住房金融，拓展个人购房抵押贷款业务。

1998年要继续加大住房消费信贷的工作力度，住房工作从单纯支持投资转向支持住房消费与支持住房投资两者并重。要鼓励现有商业银行开展住宅储蓄业务，增强住房融资能力；要建立并完善个人购房抵押贷款制度，提高居民购房能力；要搞好住宅银行的试点工作；要适应我国居民目前收入水平和工资结构状况，将现行规定的个人购买商品房首期付款30%改为10%，按同期贷款利率分20年付清。

四是要住宅价格管理，切实降低住宅造价。

到1995年年底，我国普通住宅的累计空置面积已达3 100万平方米。1997年空置面积还在扩大。住房大面积空置的主要原因是房价过高。1990年全国商品房平均售价为每平方米703元，1995年已升至1 710元，房价上涨幅度很大。据调查，城镇商品房价中，土地费占20%，建筑安装费占40%，市政公用设施费占20%～30%，各种税费占10%～20%。

造成商品住房空置面积大还有些非价格原因，如住宅工程质量差、售后服务跟不上、住宅小区选址不当、配套设施不完善。一些安居工程建在了城市远郊，质量差，又没有相应的配套设施，价格即便低到每平方米1 000元，也未必能卖出去。要开拓住宅市场，带动经济增长，首先要采取措施，将过高住房价格降下来。降低住宅价可采取以下措施。

(1)加强住宅建设的成本管理，严格普通居民住宅的成本审核。必须按照国家制定的《商品住宅价格管理暂行办法》规定的成本构成项目和费用计算办法摊提成本。禁止乱摊、虚置成本。非住宅小区级的公共建筑的建设费用、住宅小区内的营业性用房和设施的建设费用，不得计入商品住宅建设成本。

(2)合理确定居民住宅地价政策，控制土地费用上涨。居民住宅用地价格要区别用地性质实行不同政策。

(3)加大治理建设项目乱收费的力度，切实解决对住宅建设和房地产开发企业乱收费、高收费问题。

(4)发挥税收的杠杆作用，鼓励居民的住宅消费。

(5)加强住宅建设的行业管理。在政府监督指导下，建立健全行业自我约束机制，特别是要规范商品房经营者的价格行为，鼓励公平交易，保护正当竞争，防止价格垄断和价格欺诈，严格执行国家规定的利润率控制或限价政策，履行成交价格申报，不得哄抬房价，牟取暴利。

五是要开拓住宅租赁市场，推进租售并举、租售互促。

买房并不是解决住房问题的唯一方式。国外居民在解决住房问题上一般也是先租后买。在美国这样的发达国家中，有30%以上的人是靠租房来解决住房问题的。大力发展住宅租赁市场，鼓励住宅出租，使那些暂时还没有条件买房的居民能通过住宅租赁市场解决住房问题。当前租赁市场的高价，与国有企业的大量空置住宅不能进入租赁市场有关。应采取有效措施，鼓励地产企业出租房屋。放开租赁市场，引导空置房屋入市。

第三部分是“扶持大型企业集团，实施‘名牌战略’，提高电子信息产品的国际竞争力”。

第四部分是“努力创造条件，大力开拓农村市场”。

第五部分是“努力扩大出口，进一步开拓国际市场”。

第六部分是“按照‘两个转变’的要求，开拓市场，培植新的经济增长点”。

是年，主编《新经济增长带——京九铁路沿线地区经济发展思路》一书，由中国计划出版社出版。

【按】此书是与辛仁周合写的《新经济增长带——京九铁路沿线地区经济发展思路》综合研究报告，共分五部分：(一)京九铁路沿线地区区位、资源状况及经济发展现状；(二)京九铁路沿线地区经济发展面临的环境和条件；(三)京九铁路沿线地区经济发展的总体构想和重点产业选择；(四)培育和发展京九铁路沿线地区各具特色的产业带；(五)加快京九沿线地区经济开发和发展的对策建议。

本文在第四部分“培育和发展京九铁路沿线地区各具特色的产业带”中指出：沿线各地经济发展要特别注意从实际出发，因地制宜，充分考虑国家的整体布局，发挥地区比较优势，开辟和培育各具特色的经济增长点和产业带。

(1)沧州产业带

利用农副产品丰富的优势，借助京、津两大城市的技术力量，大力发展农业、农副产品加工业，搞好淡水养殖业，提高农产品的商品率，促进粮食、水果、蔬菜、肉鱼的加工增值。立足现有基础，大力发展化工、皮毛制革、纺织业，扩大电线、电缆、汽车配件、保温建材生产规模。以霸州和任丘现有企业为依托，大力发展高附加值的石油化工业。轻纺工业要优化产业结构，完善配套，形成纺纱、织布、印染和服装生产体系。机械工业要加快设备和工艺改造，开发适销对路、经济效益好的优质产品。加大对白洋淀旅游资源的开发和利用，积极发展旅游业和第三产业。

（2）衡水产业带

大力发展农业，搞好粮食基地生产建设，积极发展水果、蔬菜和养殖业。发展以农副产品加工业、化学工业、建材工业、纺织工业、轻工业为主的工业，优化提高第二产业，加速建立一批高起点、高技术含量、高附加值的优势产业，农副产品加工业要发展以水果、蔬菜、大豆、花生、肉类为原料的食品工业和以玉米为主要原料的化工、医药工业，积极发展以农副产品资源为原料的生物化工、医药化工。本着“先易后难、重点开发”的原则，联合河间、辛集等地，搞好地热资源的开发利用。发挥化工产业的优势，提高产品质量，搞好新产品和系列产品的开发，组建大型化工企业集团，进行规模化生产经营。根据建材市场发展的需要，走普通建材与特种建材共同发展的路子，积极发展高标号和特种水泥，壮大和发展建材工业。棉纺工业要加快技术引进和改造，淘汰一批低档次设备，努力提高产品的质量和档次，不断增强产品的竞争力。振兴轻工业，积极发展高科技、高创汇、高效益的轻工产品，进一步向集团化、集约化经营发展，提高市场占有率。

（3）聊城产业带

重点搞好储运设施、商贸设施和各类专业批发市场建设。建成中原地区重要的商品集散地。发挥平原大农业优势，形成农副产品生产创汇基地。以现有骨干企业为依托，重点培植高科技产业，形成一条实力雄厚的工业走廊。以东昌湖、古运河、水浒旅游开发为重点，形成京九沿线的旅游胜地，从而成为一条京九铁路沿线集工业、商贸、旅游等于一体的综合经济带。要充分利用东部发达地市的综合优势和西部能源条件，借助水资源丰富和交通便利的有利条件，发展电力、支农化工、煤化工和建材工业。同时，搞好西部林果及畜牧基地建设，形成一条以沿济邯铁路沿线能源工业为重点的工业经济带。

（4）菏泽产业带

搞好以农产品基地建设为重点的农业综合开发。重点发展粮、棉、鲁西南大黄牛、青山羊、果品、小尾寒羊、蔬菜、水产品、牡丹、西瓜等农副产品，走龙头带基地、“公司加农户”的发展路子，实现农产品生产、储藏、保鲜、加工、运销“一条龙”，提高产品附加值和农业经济效益。

培植和发展优势产业。大力发展以农用运输车及零部件制造为主导的机械工业，以石油化工和精细化工为主体的化学工业，以棉纺织为基础的纺织工业，以食品、皮革、木制品为龙头的农副产品加工业，以印刷为骨干的造纸印刷业。围绕上述产业，加快生产要素的重组和结构调整，发展企业集团。搞好重点系列产品开发，主要是：农用运输及汽车零部件系列产品，以服装为龙头的棉、毛纺织系列产品，裘革及其深加工系列产品，油气深加工系列产品，以化工助剂为主导的精细化工系列产品，以饮料及方便食品为主导的食品系列产品，家具及条木加工系列产品，以及以制浆、机制导缆钳为基础的印刷包装系列产品。

多层次发展外向型经济，集中力量培植以粮、棉、油、果、蔬、花卉为主的创汇农业，培植以食品、裘革制品、地毯、桐木为主的劳动密集型产业和以化工产品、机械、电子产品为主的技术密集型产业群，创出一批名优特新“拳头”产品。搞好以曹州牡丹和孙膑旅游城为龙头的旅游业，带动商业、服务业和其他产业的发展。

（5）商丘产业带

切实加强农业，搞好粮棉生产基地建设，确保粮食产量稳定增长。开发能源工业，以煤为龙头，组建大型能源集团，搞好火力发电，开发二次能源，建立豫东能源基地。壮大食品工业，发展方便食品。促进饮料酒的升级换代，开发高科技食品添加剂。优化提高统计线团工业，以现有纺织企业为基础，组建棉纺企业集团，形成纺织、服装加工一条龙的棉纺系列。充分发挥能源优势，大力发展以平板玻璃、电解铝、异型钢材、高档装饰材料、卫生材料为主的冶金建材工业。提高制冷工业的科技含量和附加值，加快对先进技术的吸收、消化和创新，壮大集团规模，提高市场竞争力。以现有畜产品加工企业为基础，组建畜产品加工集团，把养殖、屠宰加工、制革以及革制品生产连成一体，形成辐射能力强的大型集团。

（6）阜阳产业带

依托京九铁路和本地农业资源优势，调整农业结构，发展“两高一优”农业。搞好黄牛系列开发、中药材系列开发、果蔬系列开发、优质米和小杂粮开发、特种水产养殖系列开发、名优特产品系列开发以及桑蚕茧系列开发和生产基地建设。加快区内资源开发和新兴产业的培育，积极发展电力，煤田开采及煤化工，铁路专用设备和相关配件、工具等产业。继续强化以食品、纺织、化工、机械、皮革、塑料、医药等行业为主，包括烟酒肉食、高档面料、化肥、农机具、铜版纸、汽车配件、革制品、柠檬酸、微型汽车、塑料制品等产品为骨干的优势产业。

加快企业技术进步，搞好新产品的研制和开发。在造纸工业方面，引进开发红麻全杆造纸技术，推广应用微机控制生产技术，开发市场需要的新产品。皮革工业要引进、消化、吸收新工艺新技术，研究推广皮革加脂剂技术，引进污水处理技术。塑料工业要开发有色、超薄、生物降解技术、开发塑料回收再利用技术。在纺织工业方面，以技术发行为主，更新设备和工艺技术，开发市场畅销的新产品。在食品工业方面，改进生产工艺、设备，提高卫生及保鲜水平。在化学工业方面，大力开发精细化工产品，改造小化肥厂，推广尿素生产技术，发展磷、钾、复合肥及专用肥生产。制药工业要发挥资源优势，发展中西药新产品。

（7）信阳产业带

在稳定粮食生产的前提下，大力营造以亚热带为特征的农业商品基地，巩固发展樱桃谷鸭基地、甲鱼养殖基地、茶叶基地、板栗基地、银杏基地、蚕桑基地、固始鸡基地、淮南猪及瘦肉型猪基地。按照“抓龙头、建基地、上规模、增效益”的要求，以农产品加工运销企业为龙头，形成市场牵龙头、龙头带基地、基地连农户、产供销、种养加、贸工农紧密结合的一条龙经营体制，提高农副产品的产出率和商品率。

工业发展要依托现有骨干企业，以名牌产品为龙头，建立基地、组建集团、扩大规模、提高效益，走科工贸、贸工农相结合，城乡一体化的路子，积极发展高新技术产业，培育新的经济增长点。立足于农副产品资源丰富的优势，完善以酿酒、粮油、茶叶、卷烟、罐头、肉类加工、饮料为主体的食品工业体系，发展火力发电，使电力工业向基地化方向迈进。冶金工业要大力调整产业结构，搞好现有企业技术改造，使其成为工业的支柱。发展以新型建筑材料、装饰材料、高标号水泥为主的建材工业。调整和优化机电产品结构，扩大生产规模，提高技术装备水平，开发新产品，逐步培育成技术效益型产业。加大对医药化工行业的投入，调整产品结构，重点开发市场需求较大的新特药、保健药和其他高附加值、功能性专用化学药品。以市场为导向，积极发展电子信息技术、生物工程技术、新材料技术等新兴产业和高新技术产业。加快旅游景点建设，搞好旅游资源总体开发，逐步发展成为集旅游、娱乐、疗养、避暑为一体的综合旅游区。

（8）鄂东产业带

建立商品粮棉油基地，保持粮棉油稳定增产。建立农副产品加工基地，发展城郊型农业，建设一批重要的农副、林特产品生产基地。充分利用京九铁路建成通车的契机及区域火电布局的有利条件，发展以火电为主的电力工业。发挥“鄂东冶金走廊”的资源和经济技术优势，积极发展以钢铁为主的冶金工业。依靠区域建材资源面广量大的优势和现有的建材工业基础，以水泥和新型建材为主的建材工业，大力发展以水泥和新型建材为重点，包括陶瓷和非金属矿及制品等行业在内的建材工业。轻纺工业以服装、农副产品加工为主，重点发展家电、服装、丝绸、中药材、食品等深加工、高附加值的轻纺工业。

发展以基础机械、汽车配件、机电一体化产品和专用电子产品等为主的机械电子工业。基础机械工业要突出老工业基地的作用，以加强技术改造为主，发挥现有的技术和生产优势，形成具有地方特色的行业结构和产品系列。要推广应用机电一体化技术，扩大锻压机床、纺织机械、水泥设备和通用设备的生产规模，提高技术水平和配套能力。抓紧抓好挖掘机、模具制造、环保机械和数控机床等行业的发展。以重点企业为主体，扶持与主机厂有较好配套协作关系的重点企业的发展，扩大汽车配件工业专业化生产，加快新产品开发和技术创新。机电一体化工业重点发展汽车电机和摩托车等产品，依托市场，注重质量，开发创汇节能、节材产品。重点开发轻、微型发动机，争创名牌，形成轻型发动机生产基地。大力发展专用电子产品。加快电子元器件、家用电子设备、工业应用、汽车电子等专用电子产品的开发和生产。大力培育和发展高新技术企业集团和应用高新技术改造传统产业，进一步增强精细化工、生物工程、新材料、新能源等高新技术产业的实力。积极接应武汉及其他地区高新技术产业的扩散，促进区域内形成以机电一体化、生物工程、微电子、精细化工、新材料、新能源等为主的高新技术产业，推动产业结构升级。立足现有基础，突出本地特色，大力发展商贸旅游业，以优势农副产品为重点，兴建一批富有地方特色和产品特色的批发市场，开发、建设一批旅游度假区和旅游热线、热点。

（9）赣北产业带

在狠抓粮食生产的同时，要逐步建成由多种“三高”农业商品生产基地组成的大型“三高”农业复合生产基地。以南昌、九江两市和各开发区为依托，以昌九工业走廊建设为重点，大力发展汽车制造业、建材、石油化学工业、纺织工业，加快发展高新技术产业，因地制宜地发展“三高”农业，积极发展第三产业，力争经过15年或更长一些时间，把这一地区建设成为江西省的工业密集带、高新技术产业和第三产业发展水平较高的先导示范区，在全省率先基本实现现代化。着力培植经济增长点，因地制宜配置产业，形成特色明显的发展模式。

（10）赣中产业带

着重在京九铁路和赣粤高速公路的中间地带及两侧配置产业。大力发展畜牧业、林果业，在井冈山区附近建成以多种优势林果农畜产品生产为主的“三高”农业复合生产基地。重点发展医药食品、盐化工和精细化工、造纸及竹木加工业、建材、消费类电子工业、电力工业。以现有建材产业为基础，开发新品种，提高产品档次，建成京九南段建材工业带。充分发挥岩盐资源优势，发展盐化工。配套建设一批中药材、大米、水果、蔬菜等大型专业批发市场。以井冈山等风景区为重点，加快旅游业发展步伐，形成第一、第二、第三产业协调发展的格局。

（11）赣南产业带

以赣州市为中心，重点发展农副产品生产和加工一条龙的创汇农业；以稀土深加工为主的高科技产业；以钨及其深加工产品为主的有色金属加工业；开发稀土在农业、冶金、石油化工、新材料、玻璃陶瓷和纺织业及其他轻工业等方面的应用新产品的研制。将赣州建成南方最大的有色金属和稀土产业基地；以高档家具、纤维板为主的木竹加工和综合利用的工业；以制糖、卷烟和地方特色食品为主的食品工业。并以大交通为依托，以拳头产品为龙头，形成成衣、家具、水果、土特产、灰鹅、家电等一批专业批发市场。

（12）粤北产业带

面向港澳和珠江三角洲市场，从服务京九铁路等交通沿线城镇居民生产生活需要出发，重点抓好“三高”农业的开发，发展“菜篮子”农业，建设规模型基地农业和优质高产高效农业。利用矿产资源丰富的优势，以矿产系列工业为主带动建材、医药、轻纺、机械工业的发展，着力培植和发展钢铁工业、玻璃工业、石化工业、棉纺工业以及其他高新技术和高附加值产业。以开发和发展旅游业为先导，带动批发零售业、仓储业、公用事业等第三产业的发展。形成支柱产业与基础产业发展相协调的新格局。

附录

1997 年	中外政治、经济大事记
1 月 13 日至 15 日	由 77 国集团和中国共同倡议南南贸易、投资金融大会在圣何塞召开，会议通过《圣何塞宣言》和《圣何塞行动计划》
2 月 26 日	中国–东盟联合合作委员会在北京成立并举行首次会议。会议公报强调逐步扩大在各个领域的合作
5 月 31 日	东盟七国外长特别会议在吉隆坡举行，会议决定在本年 7 月正式接纳缅甸、老挝和柬埔寨为其成员国
6 月 6 日	孟加拉、印度、斯里兰卡和泰国四国代表签署宣言，宣布成立孟、印、斯、泰四国经济合作组织。东南亚和南亚第一个区域性经济合作组织由此诞生
6 月 30 日午夜至 7 月 1 日凌晨	中英两国政府在香港隆重举行香港政权交接仪式
10 月 10 日	美国哈佛大学教授罗伯特・C. 默顿（1944— ）、美国经济学家迈伦・斯科尔斯（1941— ）因在信息经济学领域，“前者对布莱克 – 斯科尔斯公式所依赖的假设条件做了进一步减弱，在许多方面对其做了推广；后者给出了著名的布莱克 – 斯科尔斯期权定价公式，该法则已成为金融机构涉及金融新产品的思想方法”而获得诺贝尔经济学奖
12 月 17 日	欧盟委员会建立在反倾销政策方面，不再将中国和俄罗斯列入“非市场经济名单”，并将修改有关政策

1998年（戊寅）
五十四岁

1月，第1期《经济改革与发展》发表《把高增长、低通胀的良好发展势头保持下去》一文。

【按】此文共分三部分：（一）保持合理的经济增长速度是宏观调控面临的重要课题；（二）围绕产业升级加大结构调整力度；（三）积极培育新的经济增长点。

此文在最后一部分指出以下内容。

在1997年12月召开的全国计划会议上，时任国家计委主任在报告中提出，应当把电子信息业、城镇住宅、农用机械、城乡基础设施、技术装备工业和海洋产业作为新的经济增长点。

电子信息等高技术产业，代表着技术进步和经济发展的方向，市场前景广阔，对整个经济的带动能力强。我们要尽快赶上发达国家的水平，就要努力在高新技术领域占领阵地，实行跨越式发展。发展电子信息业，不仅要注意硬件，更要注意软件和服务。

要大力发展城镇住宅行业，采取提高租金、增加工资补贴、提供住房购买信贷和保险等办法，鼓励和引导广大城镇居民购买住宅，激活住宅二级市场，形成住宅生产、流通、消费的良性循环机制，使城镇住宅业真正成为带动经济增长的新兴产业。

2月5日，《人民日报》发表《继续贯彻稳中求进的方针》一文。

2月11日，《中国经济导报》发表《以满足住行需求带动经济增长——答〈中国经济导报〉记者胡跃龙问》一文。

【按】访谈涉及（一）尽快启动两大“发动机”；（二）发展住宅关键抓房改；（三）发展交通关键在筹资机制；（四）计划部门要做好需求管理这篇大文章等四个方面的话题。

3月，曾培炎同志出任国家计委主任。郑新立在2013年9月11日《中国经济时报》发表的《我在国家计委的13年（1987—2000年）》一文里称1998年3月至2003年3月这一时期，国家计委的使命就是扩大内需，提振经济。

【按】下面是《我在国家计委的13年（1987—2000年）》里相关一节的内容节选。

1997年以后，“软着陆”实现了，物价降下来了，但经济增长速度也降下来了。据国家统计局的数据显示，1997年经济增长8.8%，1998年增长7.8%，1999年增长7.1%，2000年增长8.0%，2001年增长7.3%，2002年增长8%。经济趋冷带来一系列问题：企业开工不足，工业经济下滑，投资减速，消费乏力，失业增加。这给决策层带来新的挑战。

“在国家计委工作，一定要从实际出发，拿旧的经验来对待和解决新问题，肯定是南辕北辙。”

郑新立说：“那几年是最困难的时候，消费上不去，投资也上不去。投资的增长速度一年只有百分之七点几。统计数据都没法看。那几年能源的弹性系数是负的，煤炭都是负增长，但经济增长速度一年还有百分之七点几。有外国专家质疑：‘你的能源是负增长，经济一年怎么会有百分之七点几的增长？’大家就开始怀疑那时候的数字。实际上那几年是非常困难的。为了抑制通胀，我们付出了巨大的代价。”

扩大内需是让国家计委的同志“焦头烂额的事”。研究后，他们上报国务院的主要办法是发行国债，长期建设国债共发了 1 500 亿元。国债主要用于六个领域：第一，农村电网改造；第二，高速公路建设；第三，城市基础设施建设；第四，扩大大学招生；第五，国家粮库建设；第六，长江干堤加固。

郑新立回忆说，国家计委政策研究室将发行 1 500 亿元国债的建议写成一份 1 000 多字的材料往上递交。当时计委好多富有长期工作经验的权威同志都表示反对，他们提出：“不能靠发赤字来搞建设，这样干是不懂经济！”反对之声非常强烈。但是，最终批示结果还是下来了：发国债。国家计委马上召集了六个部门和各地方计委的同志，在宾馆里闭关十来天，根据六个投资方向把资金分下去。半个月之内，决策也快，行动也快，钱就都下去了，项目轰轰烈烈地干起来了。当时有好多人怀疑这种做法，可实践证明这样做是正确的。

这件事后，郑新立得出一个结论：在国家计委工作，一定要从实际出发，拿旧的经验来对待和解决新问题，肯定是南辕北辙。经济运行过程中有什么矛盾就解决什么矛盾，不要有任何框框。这样才能够把经济不断地引向平稳、健康发展。

“过十年以后，经济的规模大了，整个财政收入的盘子大了，这点债务就不算什么了，大家不要担心。”

扩大内需的六大措施很快见到成效，这也使应对亚洲金融危机的挑战变成了机遇。例如，扩大大学招生圆了几千万青年的大学梦，改变了他们一生的命运。然而，当年国家计委内部却是一片反对声。这项决定是怎样做出的呢？郑新立给出一段回忆。

1998 年 4 月，时任国家计委常务副主任王春正就经济形势向总理做汇报，说到扩大大学招生计划时，被问道：“扩大招生多少呢？”

我们斗胆提出能不能扩大大学招生50万。会上就问了参加会议的教育部同志的意见。教育部的同志心里也没底，因为已经是4月份，再有两个月就开始招生工作了。会议结束后，教育部开始摸底调查。时任教育部办公厅主任张宝庆向各高校发出紧急通知，让各个学校汇总现有宿舍、食堂能容纳多少学生。结果显示，最大的容量是30万。最后，扩大招生数量定为40万。那一年实际扩大招生有40多万。这之后，各高校开始改造学校的教学设施、宿舍、食堂，利用贷款扩大学校规模，以保证高校每年扩大招生几百万，一直到现在。

同样，加固长江干堤，拉动了水泥、钢筋等建材的生产，提高了抗洪能力；高速公路建设形成了四通八达的运输网络，突破了交通瓶颈；粮库建设工程，完成了多年想办没办成的事；农村电网改造改善了农业的生产条件、农民的生活环境。这些都得益于扩大内需。

当时很多人担心财政赤字，时任财政部部长项怀诚[1]解释："现在一年发1 000多亿债券，过十年以后，经济的规模大了，整个财政收入的盘子大了，这点债务就不算什么了，大家不要担心。"

郑新立说："事实证明，那点债务根本算不了啥。第一年发行了1 500亿，以后每年都发一些债务。实际上我们的债务率不算很高，但是利用这些积极的财政政策，既扩大了内需，保证了经济的稳定增长，又改善了民生，加强了基础设施建设。"

在应对亚洲金融危机中扩大内需，可以说直接为2000年之后中国经济出现一个历史上发展最好的、长达十年的黄金增长期奠定了基础。

"浙江不单单民营经济搞得好，国有经济照样搞得好，集体经济也搞得很好，是多种所有制共同发展的结果。"

"经济偏冷的时候，我们向基层问计，向群众寻找对策。"郑新立

[1] 项怀诚（1939—），江苏吴江人，财经专家，曾任财政部部长。所倡导的"分税制"与"工商税制"改革是中国宏观经济、体制改革中成功的两项。主要著作有《中国市场经济与宏观调控》《财政管理学》等。

说，调查研究是做好经济决策的重要环节。

当时全国投资的增长速度只有 7%，但浙江省的投资增长速度有百分之三十几，尤其是台州市温岭县更高。1999 年，郑新立应邀去温岭开了一个会，发现温岭的投资都是民间投资，搞的都是制造业——微型轴承，大部分供出口。

回北京后，他提议到浙江去调研。2000 年年初，时任国家发展计划委员会主任带着投资司司长、规划司司长、综合司司长、政研室主任，到浙江省挨个地区调研，去了温州、台州、宁波……回来以后，搞了一个鼓励民间投资的 13 条，第一次提出对民间投资要同国有投资一视同仁；要在税收政策、信贷支持、项目审批等方面与国有企业一视同仁。

好事多磨。“13 条”提出后报国务院未被批准，一直到 5 月份也没消息。直到后来，“13 条”才以国家计委的红头文件下发出去。

虽然有的部门不认这个文件，但是它的作用已经产生了，通过鼓励民间投资启动经济。浙江在经济回升、激活民间投资过程中起到了很好的作用。

对于浙江经济蓬勃发展的现实，有学者提出浙江是得益于私有制搞得好。郑新立一行调研之后发现，浙江不单单民营经济搞得好，国有经济照样搞得好，集体经济也搞得很好，是多种所有制共同发展的结果。不仅有民营经济，还有混合经济。

2001 年，在建党 80 周年大会的讲话上，民营企业主第一次被定位为“有中国特色的社会主义事业建设者”。从此，对民营经济的政策开始进一步放宽。

“我体会到，我们国家经济真正的活力来自民间，经济发展的活力来源于民营经济。包括国有企业的改革，如果没有民营经济的发展，就没有动力，也没有压力。另外，国有企业退下来的几千万职工没有去处，改革也搞不成。1997 年开始的国企‘三年脱困’，国有企业有七千万人被精简下来，一部分退休了，绝大部分都进入了民营企业，是民营企业吸纳了国有企业辞退的员工。在民营企业竞争的压力下，国有企业才有了改革的动力，如果不改革，就要被市场淘汰，市场的压力就来自民营经济的发展。实践证明，哪个领域能够比较多地吸引民间投资、鼓励民间投资，那么这个领域的发展就有活力；哪个领域拒绝民间资本的进入，这个领域的发展就是一潭死水。”郑新立说。

“六项投资关系到每个老百姓的利益，是党中央国务院的决策，要通过中央电视台讲出去。”

郑新立任国家计委政策研究室主任，同时兼任计委新闻发言人。其间，一个月就有一两次对外新闻发布。在这之前，计委也在执行新闻发布制度，但是老百姓不大买账，因为老百姓说，明明物价在涨，发言人却说没涨。有市民就打电话到计委值班室和调度室痛斥计委不讲实话。

郑新立做了多年的新闻发言人，他体会出“两个不能说”：与中央政策不一致的话、不一致的主张不能说；凡是触犯到老百姓的利益的话不能说。

怎样向老百姓介绍经济发展面临的困难？怎样让老百姓理解扩大内需的含义？郑新立找到中央电视台台长，对他说：“现在是困难的时候，扩大内需是中央的一个重大政策，利国利民，要取得老百姓的支持。六项投资关系到每个老百姓的利益，是党中央国务院的决策，要通过中央电视台讲出去。”

当时中央电视台《焦点访谈》栏目刚刚开播，有点名气。郑新立与台领导沟通后决定，在《焦点访谈》连续做三期节目，介绍六大投资重点，每期讲两个。中央电视台新闻中心主任亲自到国家计委主任的办公室商量、讨论制作这三期节目的具体细节。

郑新立说：“节目推出后，社会效果很好，解除了老百姓心中的某些顾虑，也得到百姓的支持。特别是大学扩招，涉及百万家庭的切身利益。城市基础设施建设、道路、住宅、供水供气这些工程，给城市面貌带来很大改观。”

“作为公务员，不要把自己弄得很神秘。要把党中央国务院的决策与群众的利益结合起来，本来这些政策也是为老百姓的利益考虑的。要把这些东西宣传出去，善于利用我们的媒体，来创造一个好的施政环境。看看那些高速公路、西南大山里的那些山洞和桥梁，那些工程如果没有借助六项投资这个机会，根本干不成。”

青藏铁路也是在那时立项的。“这些工程既扩大了内需，又拉动了经济增长，还造福了后代，多好的事啊！”郑新立说。

“集中力量把高铁网络搞起来，可能是当前我们扩大内需、实现经济可持续发展的一个机遇。”

“如果说上一次我们在应对亚洲金融危机时能够成功地把挑战变成机遇，一个标志性的事情就是开始了高速公路的建设。这次应对全球金融危机，标志性的事情就是高铁的建设。我们要借助这个机会把城际高铁建起来，把城市的地铁建起来。200 万以上人口的城市都应该有地铁，可现在有地铁的城市并不多。这样能拉动钢铁、水泥提高开工率。”

当记者问及“投资拉动增长，避免经济下滑”的问题时，郑新立做出上述表示。他以 20 世纪 90 年代末在国家计委搞宏观调控的实践证明：大项目、大工程是拉动经济增长的有效方式。他特别推崇城际高铁建设。

郑新立说，现在世界城市化的发展已经进入第六个阶段：以高铁引领城市布局和经济发展，简称 TOD。高速铁路可在 300 公里为半径的范围内形成 1 小时商务圈；城际高铁把城市群连接起来，可以在城市群的范围内优化资源配置。像北京、天津、唐山如果都由高铁连接起来的话，就可以实现半小时生活圈，实现同城化。但现在只有北京到天津有高铁，北京到唐山没有，唐山到天津也没有。如果北京到唐山、唐山到天津的高铁也能建起来，京津唐就能够形成一个拉动环渤海地区发展的核心区域，在此范围内可以优化资源配置。

现在有人提出长江中游城市圈：高铁将武汉、长沙、南昌连接起来；以郑州为核心形成中原城市圈；珠三角已经建了广州到深圳、珠海的高铁。下一步，如果广州到惠州、湛江、清远、肇庆也用高铁连接起来，那么珠三角就可以形成一个高铁的网络，可以使珠江口东岸过度密集的人口、产业向整个珠三角扩展，带动粤东、粤西、粤北的发展。

"我觉得，集中力量把高铁网络搞起来，可能是当前我们扩大内需、实现经济可持续发展的一个机遇。高铁是我们国人的骄傲，我们有这个技术、产品。"郑新立说。

记者问："建高铁，铁道部欠了很多债。银监会的领导曾批评过各大商业银行的行长，'铁道部要把建高铁的贷款还完，从现在算起，需要还 460 年，你们这个钱也敢贷？不担心建高铁还不起贷款吗'？"

郑新立答："这是媒体炒作，说什么高铁有 2 万多亿元债务，资不抵债了。如果把铁路的资产重新评估一下，可能有几十万亿资产。现在许多城市的高铁火车站周围有好多土地都是铁路部门的，都是很值钱的。2 万多亿元债务在它们的资产总额里根本就不算什么。"

"而且我们还可以通过搞股权的多元化，把社会资金引进来，参与高铁建设；还可以发行中长期债券；还可以搞铁路贷款的证券化。通过这些途径为铁路建设筹集资金。"

"铁路在快速建设阶段出现一些债务是正常的，十年八年以后，高铁的网络形成了，投资就开始进入回收阶段，效益会越来越好。我认为，高铁项目不应停下来。"

"通过财政投融资，四两拨千斤，把银行贷款和民间投资都吸引过来"

郑新立认为，现阶段可以投资的领域仍然很多。比如城市的公共服务领域中，敬老院、幼儿园、停车场、供气供水等工程都可以通过 BOT（建设—经营—转让）的方式，把社会资金吸引进来，增加投资，加快建设。

还有新农村建设、农村社区建设。把农民吸引到新型社区里面居住，用宅基地置换一下，农民可以到工业园区、农业园区去就业。这样可以增加建设用地，盘活农村的建设用地市场，改善农村的生活环境。

大量需要顶替进口的产品生产也需要投资。其一是石油，石油一年的进口量占我们国内消费量的52%。我们有大量的煤炭资源，有成熟的煤制油技术，包括直接液化、间接液化技术。直接液化，一吨煤制油（柴油）只要五吨水就够了。按成本核算，如果进口石油一桶60美元以上的话，我们就有钱可赚，有竞争力。通过煤制油、煤制气来降低对进口石油、天然气的依赖。

其二是PX（对二甲苯）项目。PX是化工产品中一个非常重要的中间产品，现在我们进口已占到国内市场需要量的60%。日本、韩国PX的80%是向中国出口的，控制中国市场以后开始提价。我们应该借机在一些荒无人烟的岛上集中规模搞大型的PX项目，争取一举摆脱对进口的依赖。

其三是大豆。现在我们每年进口大豆5 000多万吨。但是国内有很多地方可以生产大豆，比如北疆，有水资源和1 000万亩的耕地资源，让新疆生产建设兵团扩大大豆的种植，顶替进口，是可行的。

其四是集成电路。集成电路进口用汇已经超过石油进口用汇，我们可以围绕集成电路的生产、研发，组织一个产业联盟，把生产单位、研发（研究）单位、使用单位组织起来，联合研发，研制成果大家共同使用。现在英特尔、IBM（国际商业机器公司）的核心技术的研发骨干都有华人、华裔，还有改革开放后出国留学的中国学生。相信通过自主创新，我们一定能搞出集成电路。

“可以投资、建设的领域很多，通过财政投融资，四两拨千斤，把银行贷款和民间投资都吸引过来，吸引到转变发展方式、产业优化升级所需要的方面来，就可以把挑战变成机遇了。”

“现在我们的政府还是应当有所作为。政府不应当受干扰，要力排众议。美国、日本政府都在干预经济，而且已经出现效果了。今年，美国、日本的经济都出现明显复苏，股市也开始反弹。我们搞社会主义市场经济，政府怎么能够捆住自己的手脚呢？认为应该怎么做就怎么做嘛。”

“近期在消费不可能有大幅度增长的情况下，只能通过投资拉动经济增长。通过民生工程、大的基础设施的改善，可使40%的投资转化成居民个人消费。因为用工增加了，就业增加了，他拿到钱就用于消费了。没有投资哪有工资？搞大项目需要购买原材料，那么生产原材料的企业就业就增加了，生产增加了，工资也增加了。经济整个都搞活了。”

“等待经济的内生增长是一个长期、缓慢的过程，要通过政府的推动、政策的引导来促进增长。高铁可以带动相关制造业的发展，不只是拉动原材料。对农村的投资可以拉动农村条件的改善，直接缩小城乡差距，对我们全面实现小康是很有利的。我们不能老缩手缩脚、害怕舆论。”

“我们有中国特色的社会主义市场经济体制已经明确了政府的职责：第一，宏观调控；第二，市场监管；第三，公共服务；第四，社会管理。北京共识和华盛顿共识的区别就在于我们的政府可以发挥积极的作用。”

“当经济出现偏热的时候，我们就适当地抑制需求，减少货币的发行；当经济出现偏冷的时候，我们就适当地增加货币的发行，增加投资规模。”

在国家计委工作的13年，让郑新立对宏观经济管理有了全新的认识。他说：“我们吸取了通货膨胀的经验教训，又通过扩大内需，加快电力、交通、通信的建设，经济上了一个大台阶。所以2000年之后，我国经济出现了长达十年的两位数的增长。从此，我们摆脱了经济大起大落的困扰。

“在2000年之前的20多年的时间里，隔几年经济增长速度上去了，隔几年又下来，基本上是周期性的大起大落。当通货膨胀来的时候，就实行紧缩的政策，大量在建项目下马，大批施工人员回家，工程停在那儿。然后国家计委派人下去检查，看是不是真停工了，不停工就对相关责任人处分、撤职。过几年经济冷了，就再增加投资，过几年又通货膨胀……”

“在改革开放初期到2000年近20年的时间，宏观经济运行基本上就是在周期性的大起大落、周期性的通货膨胀中过来的。2000年之后，我们摆脱了经济大起大落的困扰，出现了平稳、快速增长的新阶段。这与我们吸取了历史上的经验教训有很大关系。特别是我们注意改善宏观调控：当经济出现偏热的时候，我们就适当地抑制需求，减少货币的发行；当经济出现偏冷的时候，我们就适当地增加货币的发行，增加投资规模。这样有意识地做一些超前的微调，避免大的调整、大的起落。2000年之后的这10年，可以说是改革开放30多年来、也是新中国成立以来经济发展最辉煌的时期。这一成果，来之不易。”

4月，郑新立撰写了《确保今年8%增长速度存在的问题和建议》一文，提出通过发行国债扩大内需的建议。

【按一】1997年7月以后，从泰铢大幅度贬值开始，东南亚一些国家和地区货币币值相继狂跌，美国股市、香港股市跌破历史纪录。为了应对亚洲金融危机对国内经济的冲击，1998年4月郑新立撰写了《确保今年8%增长速度存在的问题和建议》，提出通过发行国债扩大内需的建议。报告经时任国家计划委员会主任上报国务院。4月，国务院决定增发1 000亿元10年期建设债券，在实际执行中按1 250亿元掌握，同时银行配套贷款1 000亿元，集中用于交通通信、农田水利、城市基础设施和环保、城乡电网改造、经济适用住宅等领域建设。国债连续发行了5年。这项政策有力地扭转了通货紧缩趋势，支持了当期经济增长，为扩大内需、保持经济平稳较快发展起了重要作用，同时形成了一批优良资产，为之后10年经济的高速增长奠定了坚实基础，增强了经济发展后劲，成功地把亚洲金融危机的挑战变成了发展机遇。

【按二】下面是《确保今年8%增长速度存在的问题和建议》一

文的正文。

分析今年支撑经济增长的三大因素，国内消费需求将保持平稳增长，预计全年社会消费品零售总额增长10%左右，消费需求在经济增长8%中约占3个百分点。固定资产投资及出口对经济增长的推动作用，还存在不确定因素。

从固定资产投资来看。为确保今年8%的增长速度，中共中央、国务院《关于转发〈国家计划委员会关于应对东南亚金融危机，保持国民经济持续快速健康发展的意见〉的通知》明确扩大内需，加快基础设施建设，在原固定资产投资规模上增加2 050亿元。在落实过程中，各方面反映存在以下问题。一是商业银行“惜贷”“惧贷”的情况比较普遍，特别是对农田水利、生态建设以及资本金率低的项目，银行明确表示不愿承贷。为落实新增投资，国家计委已向银行推荐1 400亿元的项目贷款，希望落实980亿元贷款，目前银行只承诺175亿元，待评估361亿元，共536亿元，尚有444亿元没有承贷。如果承贷评估进度不能跟上，将影响今年完成的投资额。二是原确定的27850亿元固定资产投资调控目标中，有外商直接投资400亿美元，但据外经贸部预计，全年外商直接投资只能达到350亿美元，比计划减少50亿美元，这意味着将有400亿元的外商直接投资需要通过增加国内投资来弥补。三是技改完成任务的难度比较大。去年计划4 300亿元，实际只完成3 870亿元。今年原计划4 700亿元。在新增的2 050亿元投资中，又增加技改投资200亿元，全年技改任务达到4 900亿元。由于市场约束增强、企业自有资金不足、缺乏技术储备，选择有市场、有效益的项目难度较大。一些银行对技改投资实行“还旧贷新”“以新还旧”的办法，使更新改造贷款难以足额到位。

从出口来看，由于受东南亚金融危机的影响，增长的势头减弱。按外经贸部提出的目标，今年全年出口、进口均增长10%，出口额2 010亿美元，进口额1 566亿美元，顺差444亿美元，比去年增加40亿美元，净出口可以拉动经济增长0.3～0.4个百分点，这是比较乐观的估计。

在这种情况下，全年总投资在经济增长8%中要拉动4.7个百分点，固定资产投资达到29 800亿元，增长17.8%左右。这样，使固定资产投资新增2 050亿元，就能基本保证8%的增长目标。但是从3月份华东、天津交易会等出口订货以及近期调查的情况看，全年实现出口增长10%的难度较大，出口增长按5%，进口增长仍按10%，外贸顺差320亿美元，比上年减少83亿美元，净出口对今年经济增长的作用将转为−0.7个百分点左右，与顺差444亿美元的情况相比较，有1～1.1个百分点需要由境内投资来弥补，总投资要拉动经济增长5.7个百分点，固定资产投资要达到30 800亿元，增长21.8%左右。因此，需要在已经增加2 050亿元的基础上，再增加1 000亿元固定资产投资。

综上所述，如果其他因素不考虑，仅外商直接投资和净出口的减少，全年国内投资需要再增加1 400亿元，才能确保8%的增长目标，如果1 400亿元投资加不上去，将影响今年经济增长速度1.5个百分点左右，全年的增长速度可能只有6.5%。

为使今年8%的增长速度建立在稳妥、可靠的基础上，我们建议再启动一批地方的基础设施建设项目，可选择若干地方财力比较好、有条件的城市，新开一批供水、供热、供电、污水处理、轨道交通等工程。有的项目地方都已做了大量的准备工作，不少已报批过，加快建设的条件比较成熟。还可选择一批中小型农田水利、生态建设项目。

为满足增加投资对资金的需要，允许地方以后的财力适当提前使用，由地方国投发行债券250亿元，今后由预算内和非预算内资金来归还。建议增发国债250亿元，期限可为8～10年，发行对象可增加机构投资者的比例。目前我国国债余额占国内生产总值的比重只有4.93%，远远低于发达国家40%～50%的水平；国债规模占居民储蓄存款的比重只有6.73%，同国外相比也处于较低水平。增发国债还有相当大的空间。此外，已确定增拨的50亿元中央财政资金，应尽快到位。

【按三】下面是2015年8月18日下午，郑新立在北京万寿宾馆接受本书撰稿人采访的谈话内容。

郑新立：1998年，计委干了一件最有意义的事。当时亚洲金融危机之后，经济下来了，投资也下来了，2月底、3月初的政府工作报告上讲经济增长速度保证8%，到4月份了，我们觉得这个8%差几千亿的投资，这几千亿不到位，年底8%保不了，明年就不好讲。压通货膨胀实行双紧货币政策，从紧财政、从紧货币政策，紧缩政策把通货膨胀压下来，经济也压下去了，怎么办？发债，当时要干六件事：一搞农村电网改造，二搞城市基础设施建设，三搞高速公路建设，四搞长江干堤加固，五搞粮库建设，六搞扩大大学招生所需要的设施建设。原来高速公路连1公里都没有，截至2007年7月底，我国高速公路通车里程为4.9万公里，世界第一，超过美国了。大学招生一年扩招70多万，现在一年招收大学生700多万，改变了几千万年轻人的命运。这些人不上大学就是农民工，一上大学素质就不一样。这是计委在1998年干得最漂亮的事。当然也有阻力。当时我们有一位同志说："不懂经济，不能发债搞建设。"以前是计划经济，现在搞市场经济，情况不一样了；以前是投资膨胀，现在是投资短缺、扩大内需的时候。国债利息4%，比银行存款稍高一点，在民间可以买卖，可以流通。我们最大的职能就是提建议，不提建议就失职，这件事确实能在中国经济建设的历史上留下重重的一笔。

5月7日，《人民日报》发表与任珑、辛仁周合写的《关键是抓落实》一文。

5月，受德国住宅储蓄银行邀请，由时任建设部副部长带队，赴德国、斯洛伐克、捷克考察住宅储蓄银行模式。

5月，第5期《学习研究参考》发表《"软着陆"成功后的新形势和新任务》一文。

【按】此文由四部分内容构成：（一）能不能保持8%以上的增长

速度，已成为国内外各方面关注的焦点；（二）扩大内需，培育新的增长点，是保持经济快速增长的关键之举；（三）在优化结构、转变增长方式的基础上，实现经济的快速增长；（四）完善投融资体制，把居民储蓄引导到投资重点上来。

10月23日，出席在北京举办的"住宅建设与经济增长"专家恳谈会。

11月11日，《国内动态清样》发表《启动四个消费"发动机"、拉动经济增长——答新华社记者李安定问》一文。

【按】在访谈中郑新立提出：近10年来，我国居民消费已积蓄起结构升级的一定势能，在消费领域全面开动吃穿用、住房、汽车、旅游四个"发动机"，将能使我国经济在世纪之交保持高速、持续增长。

郑新立说，在目前发达国家居民消费结构中，一般用于吃穿用的消费和用于住房、汽车、旅游的消费各占1/4。这四个消费领域可以比作拉动经济增长的四个"发动机"。改革开放以来，仅率先开启"吃穿用"一个"发动机"，就支撑了我国经济持续20年的高速增长。如果再启动住、行和旅游三个"发动机"，开足马力，四个"发动机"完全可以在更长的时间内拉动经济快速增长。

11月，第11期《中国投资与建设》发表《扩大内需：我国新经济政策详解》一文。

【按】此文共分四部分。

第一部分"扩大内需是一项必须长期坚持的基本政策"指出以下内容。

1998年扩大内需主要选择水利、交通、通信、粮库、电网、环保和城市基础设施建设等领域，是一个最佳的选择。因为，这些领域长期以来欠债较多，不适应国民经济现代化和人民生活水平提高的需要。加快这些领域的发展，是调整经济结构的重要内容。在项目的选择上，这次按照全国统一规划、地方和企业申报、国务院有关部门和银行联合审批的办法，有效地避免了盲目重复建设。大部分投资项目对生产的拉动能力强，有利于扩大消费。预计这批投资对1998年和1999年的经济增长都会产生明显的拉动作用，并将取得良好的投资效益。

综观国民经济的全局和发展趋势，扩大内需绝不仅仅是解决短期内经济增长速度的权宜之计，而且是一项促进经济长期持续快速健康发展的基本政策。其原因在于以下几点。

（一）从1993年实施以抑制通货膨胀为主要任务的宏观调控以来，我国经济经过连续5年实行适度从紧的财政货币政策，全社会固定资产投资实际增长速度从1993年的22.0%下降到1997年的8.3%，平均每年下降3个百分点以上。社会消费品零售总额的增长也逐年下降，市场清淡。商品大量积压，生产能力大量闲置，钢材、水泥等主要原材料供过于求，就连长期以来供不应求的电力、运力也出现了部分闲置的状况。在需求不足的情况下，中央决定采取扩大内需的政策，是适时的、必要的。

（二）经过20年的改革开放和快速发展，我国已经告别了短缺经济，出现了全面的买方市场。保持经济持续快速增长的主要制约因素，已经由供给制约为主转变为需求制约为主。只有根据总供求的状况，不断调节需求总量，既避免出现新的需求膨胀，又保持需求对经济的必要的拉动力，才能为经济增长创造良好的条件。扩大内需的政策正是适应生产力发展的这一阶段性要求而提出来的。

（三）面对亚洲金融危机的影响，我国的出口增长速度明显下降。原计划1998年出口增长10%，预计只能达到3%左右。展望今后几年的国际环境，我们都将面临严峻的局面。我国出口很难保持像前些年那样的两位数的增长。只有扩大内需，才能弥补出口增幅下降对经济增长拉力减弱的影响。

（四）我国作为一个发展中的大国，人均国民生产总值只有700多美元，仍处于低收入国家的行列，扩大内需才能使潜在需求变为现实需求，才能使经济增长同人民生活水平的提高紧密结合起来。特别是我国8亿多人口仍在农村，城乡收入差距在经历了20世纪80年代中期的缩小之后，目前又扩大到改革开放初期的水平，每8~10个农村人口的商品购买力只相当于1个城镇人口的购买力。只有加快农村的工业化和农业的现代化，才能迅速增加农民收入，扩大农村市场。

第二部分“扩大内需应当同产业结构优化升级结合起来”指出以下内容。

加强基础设施建设，有利于进一步缓解基础设施对经济发展的制约，改善人们的出行条件，创造更好的投资环境，为国民经济的长期发展奠定基础。同时从整个国民经济发展的全局来看，一定要正确把握加强基础设施、基础工业与支柱产业、加工工业的关系，积极推进产业结构的优化升级。

努力振兴装备工业。我国产业结构正处于由能源、原材料产业为主转向高加工度、高附加值产业为主的阶段。装备工业具有需求弹性大、产业关联度高、带动作用强、科技含量多等特点，是现阶段我国经济的支柱产业。加快发展装备工业，对提高国民经济整体素质，增强我国经济的国际竞争力，保障经济安全，转变经济增长方式，具有重要意义。目前我国装备工业还比较落后，主要行业技术水平与世界先进水平相差10年以上，一些产业的主体设备和技术主要依赖进口，主要工业设备市场国外产品占有率超过一半，其中数控机床市场份额的75%、几乎全部移动通信设备和电视发射设备被国外产品占领；半数产品的生产能力利用率在60%以下。国内对设备的需求泄露到国外，不能有效拉动国内产品的供给。要在加强基础设施建设的同时，积极发展装备工业。依托国家固定资产投资重点项目，通过优先安排审批立项、可研报告、扩初设计和开工报告，国家投入一定比例资本金，对有关科研开发项目给予适当资助，优先安排政策性贷款等措施，加快设备自主制造的进程，不断提高装备制造水平。

积极发展新兴产业和高技术产业。高技术是新形势下国际竞争的核心和制高点，决定着一个国家将来的经济实力和产业竞争力。在跨世纪的发展过程中，如果我们不能抓住新的历史机遇，把新兴产业和高技术产业搞上去，今后在国际竞争中将处于被动地位。目前，我国高新技术产业增加值在工业增加值中所占比例只有12.7%，而美、日等国一般为30%左右。20世纪90年代以来，我国高技术产品贸易一直保持高额逆差，最高时曾达到1 426亿美元。要把握世界高技术发展的趋势，重点开发电子信息、生物、新材料、新能源、航空、航天、海洋等方面的高技术，在一些重要领域接近或达到国际先进水平。加强国家对高技术产业发展的指导和协调，在财税、金融、投资、价格、利率、折旧和进出口等政策上给予必要的支持，在国家重点建设项目上优先使用国产高技术产品，加速高技术的产业化。加大财政对高技术产业的投入，加快建立以财政资金为主的高技术产业发展风险投资机制，鼓励和支持建立高技术项目中间试验基地。政策性信贷资金应向高技术产业倾斜，扩大用于高技术产业化的贷款规模。拓宽高技术产业融资渠道，增强企业的自我积累、自我发展能力。鼓励高技术企业以租赁、兼并、股份制等方式，吸纳、利用现有生产能力和技术力量，促进资产优化配置。

用先进技术改造和提高传统产业。我国还处在工业化中期阶段，与美国、日本等发达国家传统产业呈现衰退的情况不同，我国人口多，底子薄，生产力水平还比较低，地区之间发展也不平衡，提高城乡居民消费水平的任务还很艰巨，传统产业仍然具有广阔的发展空间。我国现有传统产业大而不强，技术设备落后，产品质量差，物质消耗高，缺乏竞争力。我国吨钢综合能耗比日本高出40%，水泥采用先进技术的生产能力仅占6%，精细化工在化学工业中的比重只有35%，而发达国家一般在60%左右。我们要利用现有基础，积极采用高技术成果，加快对传统产业进行改造，加快产品的更新换代，增强国际竞争能力。要运用生物工程技术改造传统农业，发展优质、高效、高产农业，推进农业产业化经营。促进集成电路技术、光纤通信技术、计算机技术、先进制造技术等的推广和应用，以节能降耗、综合利用和提高环保效益的新工艺和新技术为重点，加快改造能源、原材料、一般加工工业等传统产业以及机械、电子、汽车、石油化工和建筑业等支柱产业。坚决淘汰技术落后、超过市场容量的过剩生产能力。新建项目都要尽可能提高技术起点，采用新技术、新材料，按照规模经济的要求组织建设。下大力气抓好企业的设备更新和新产品开发，使传统产业在生产技术、物质消耗水平、劳动生产率、产品品种和质量等方面缩小与发达国家的差距。

鼓励和引导第三产业加快发展。发展第三产业是促进市场发育，提高经济效益，缓解资金、资源供求矛盾，扩大就业的重要途径。20世纪90年代以来，我国第三产业增加值在国内生产总值中的比重继续提高。1998年上半年，第三产业增加值占国内生产总值的比重达到33.9%，比上年同期上升了1.4个百分点，对经济增长的贡献率达到34.9%，上升了4.9个百分点。随着社会主义市场经济的进一步发展，第三产业在推动经济增长方面的作用越来越重要。就业结构也呈现出向第三产业倾斜的趋势。第三产业的发展不但为绝大部分新成长劳动力提供了就业岗位，还吸纳了第二产业中城镇国有、集体经济的部分富余劳动力和众多的农业劳动力，已经成为我国劳动力就业的主要领域。当前在我国，发展第三产业是符合产业结构升级要求的，也是很有潜力的。要把发展第三产业作为经济结构调整和解决就业问题的战略任务，以第一、第二产业的发展为基础，形成合理的规模和结构。要把发展技术密集型产业和劳动密集型产业结合起来，继续发展传统的劳动密集型第三产业，积极推进知识密集型第三产业的发展。传统第三产业要重点发展商业和生活服务业，扩大服务领域，提高服务质量。搞好生产社会化服务体系建设，加强产品开发和市场的销售服务。积极发展旅游业以及信息、咨询等中介服务业，规范和发展金融、保险业，积极促进服务社会化和经济信息化，开拓第三产业新的发展领域。继续放宽发展第三产业的政策，扶持城镇下岗职工经营第三产业。鼓励政府机构改革中分流出来的人员从事第三产业，特别是充实到会计、审计、统计、律师和工商咨询、税务咨询等为市场服务的行业。推动有条件的第三产业单位逐步实现由事业型、福利型向企业型、经营型的转变。促进机关团体、事业单位内部服务机构向社会开放。对一些垄断经营的第三产业，也要创造条件，打破垄断，不断提高第三产业的社会化、专业化和市场化水平。

第三部分“扩大内需应当着重于增加消费”指出以下内容。

目前，我国城乡市场平淡，消费需求不旺，成为影响实现1998年经济增长目标的重要因素。其原因主要是：城乡居民收入增长缓慢，特别是城镇一部分职工下岗，低收入群体逐渐扩大，收入结构不合理的矛盾突出；消费结构正在转型，新的消费热点的形成需要有一个积蓄期；在扩大住行消费方面还存在着一些体制和政策上的障碍，一些产品的消费政策还不利于扩大消费；商品结构不适应居民需求变化的要求；消费领域比较狭窄；城乡消费环境需要改善等。要针对这些制约因素，采取有效措施，引导和刺激消费较快增长，活跃市场，充分发挥消费对经济增长的拉动作用。

（一）完善收入分配结构和分配方式，努力提高城乡居民购买力。要坚持按劳分配为主体、多种分配方式并存的制度，在发展经济的基础上，努力提高居民特别是广大中低收入居民的收入水平，增强居民的支付能力。要实施好再就业工程，提高城镇最低生活保障水平，补齐拖欠的职工工资、养老金、医疗费和其他各种应发的欠款。加大投资力度，增加新的就业岗位，让更多的城镇下岗职工、失业人员和富余的农村劳动力通过就业提高收入水平。要稳定党在农村的各项政策，尤其是土地承包、减轻农民负担和用保护价收购粮食的政策，搞好“以工代赈”，大力推进农业产业化经营，支持乡镇企业调整结构，帮助农民解决农副产品的销售问题。

（二）清除消费领域的体制障碍，制定鼓励合理消费的政策。方向是逐步建立以个人消费为主体的消费制度，大幅度减少福利型、供给型、实物型分配，通过分配货币化、工资化，为扩大个人消费创造条件。要研究制定切合实际的消费政策，注重发挥市场机制的作用，使供给规模和结构能够同消费需求达到平衡。要重视研究和推行信用消费，拓宽消费领域。在总结前一阶段商业银行住房抵押贷款经验的基础上，进一步扩大高价值商品消费信贷规模，增加品种和形式，创新消费信贷的金融工具。抓紧研究制定有关消费信贷的法律法规，使信用消费规范健康地发展。

（三）适应居民不同层次的消费需求，加快调整产品结构。要适应城镇居民收入水平逐步拉开档次，不同层次的居民消费水平、消费内容和消费行为的变化，开发生产不同档次的消费品，不断培育和创造新的消费热点。一方面，要适应中高收入阶层消费个性特征增强的需要，通过丰富产品种类，提高质量和档次，完善设计，增加款式，刺激这部分人的消费需求。另一方面，针对城市中低收入阶层、下岗职工和农村居民满足基本生活的需要，生产价格低廉的大众性、适用性商品，满足这部分人的消费需求。要进一步整顿和规范市场秩序。特别是要通过制定相关的法规，加强和改善管理，建立自律性的行业组织，强化行业自律，抑制过度竞争。大力改善售后服务，提高服务质量，创造信誉良好、服务周到、老百姓满意的消费环境。

（四）积极创造条件，尽快把城镇住宅培育成新的消费热点。关键要解决体制和政策上的问题，尽快使住宅真正成为新的消费热点。要积极推进城镇住房制度改革，各地要按照中央的部署，制订适合当地实际情况的方案，并真正组织实施。落实国家已确定的住房信贷，保证资金来源，推进住房信贷业务。通过取消和降低税费的办法，降低住房售价。改善售后服务，开放二级市场，刺激住房需求。

（五）改善消费环境，有效开拓农村市场。要大力发展农村水、电、路等基础设施建设，改善农村消费环境，为彩电、冰箱、洗衣机等家电进入农村创造条件。开发和生产灌溉、田间作业、农副产品加工等质优价廉、方便耐用的农机产品。

（六）大力推进旅游、体育、非义务教育、医疗保健和社区服务的产业化，深度开发服务消费市场。外出旅游等闲暇需求是正在迅速成长的现实需求，旅游业已经成为我国国民经济中发展最快的行业。

要积极迎合这种需求，大力发展旅游业，发挥其对经济增长的带动作用。要通过改革，逐步减少体育、非义务教育、医疗保健的福利型消费。提高市场化、货币化比重，不断引导和调整消费结构，促进体育、非义务教育、医疗保健的健康发展。要适应家庭结构小型化、人口老龄化、居民消费结构多元化，群众对养老、托幼、保健、娱乐、家政服务等方面需求的急剧增长，不断拓展新的消费领域，使社区服务市场有更大的发展。要突破传统的福利型的局限，逐步实现由福利型向福利经营型的转变，加速产业化、实体化进程，建立适应市场经济体制的社区服务运行机制。促进社区服务的快速发展，创造更多的就业机会，提高居民的消费水平和质量。

第四部分“把调节需求作为新时期宏观管理的重要内容”指出以下内容。

以买方市场的形成为标志，我国经济进入一个新的发展阶段，经济运行的国内环境发生了重大变化，出现了新的特点。绝大部分商品供求平衡或供过于求，许多产品生产能力闲置。据 1998 年年初有关部门对 601 种主要商品市场供求情况的排队分析，供求平衡的占 74.2%，供过于求的占 25.8%，已经没有供不应求的品种。无论是消费资料还是生产资料，无论是工业品还是农产品，都可以随时在市场上买到。

适应我国经济发展新阶段的特点，宏观管理要从以前的供给为主转向需求为主，主动运用财政货币手段，合理调节社会总需求，不断扩大有效消费，鼓励和诱导社会投资，以保持需求对经济增长的必要拉动，促进经济持续快速健康发展。重视发挥财政杠杆的作用。一些国家的经验表明，在有效需求不足、经济增长乏力的情况下，运用财政政策进行宏观调控成效比较明显。美国 20 世纪 30 年代的罗斯福“新政”就是运用财政政策、使经济从大萧条中摆脱出来的成功范例。财政政策具有易操作、见效快的特征，不需要中间传导过程，对拉动经济增长作用明显。灵活运用货币政策促进经济增长。在市场经济条件下，金融是经济活动的中枢，货币政策对经济运行具有广泛的影响。前些年，针对经济过热、物价大幅度上涨，我们在宏观调控中实行了从紧的货币政策，取得了明显成效。由于我国处在“两个转变”阶段，通货膨胀的压力将长期存在，特别是国际金融不稳定，风险很大，因此，中央确定要在一个较长的时间里坚持适度从紧的货币政策。

11月，第21期《研究与建议》发表《重视发展知识经济、加快实现国民经济现代化》一文。

【按】此文与任珑、辛仁周、李云林[1]合写，共分四部分：(一)知识经济是人类社会发展的必然选择；(二)我国需要从中国国情出发重视知识经济的发展；(三)认真做好各项基础工作，为发展知识经济创造条件；(四)充分发挥大企业在技术创新及产业化中的骨干作用。

12月1日，出席在国家信息中心举办的国家计委信息上因特网的新闻发布会。

12月5日，《人民日报》发表《根治重复建设从何入手》一文。

12月22日，《信息系统工程》发表《信息产业应成为新的经济增长点》一文。

12月25日，《上海证券报》发表《重视消费需求的拉动作用》一文。

12月28日，《人民日报》发表《质量责任重如泰山》一文。

[1] 李云林，后任职国家发展和改革委员会政策研究室巡视员。

是年，主编《腾飞：经济建设的重大抉择与实践》一书，由广西人民出版社出版。

是年，随国家计委荷兰考察小组赴荷兰考察，并就荷兰进行住房抵押贷款与保险相结合的情况，做《荷兰住房抵押贷款与保险相结合的办法及可借鉴的经验》专项考察报告。

【按】应ING（荷兰国际集团）的邀请，国家计委组成考察小组赴荷兰进行了专项考察，考察的主要内容是关于荷兰房地产业中住宅的建设、融资、抵押以及与人寿保险相结合的政策。在荷兰考察期间，访问了荷兰政府部门（经济部、建设部等），社会团体（住房协会、土地登记办公室等）和ING旗下的保险、银行和房地产部门，同许多政府官员、社会工作者和ING的专家进行了认真的研讨。

本文在最后一部分“可供借鉴的经验”中指出：

荷兰作为一个欧洲小国，面积约4万平方公里（相当于两个半北京），人口有1 500多万，人口密度是很高的。荷兰围海造田，人均耕地面积与中国差不多，但其高效农业举世闻名。在国土面积小、人口密度大的情况下，其城市居民住房的价格比北京还低，街上也见不到无家可归者，这一切都说明荷兰的住房政策确有独到之处。欧洲的其他国家也实行了类似荷兰的这种住房抵押贷款与寿险相结合的办法，但这一办法在荷兰运用得最为成功，主要得力于荷兰政府在金融、保险和房地产政策上的支持。因为再好的住房抵押办法，如果没有规范的房地产市场和政策的支持也是行不通的。

（1）荷兰的住房市场十分规范，其土地登记制度起了很大的作用。每一块土地都有详细的登记，土地测量师代表了登记办公室的形象，登记费和查询费也很便宜（分别为113荷兰盾和8荷兰盾[1]左

[1] 荷兰盾对人民币汇率是3.413 6，以最新汇率折算，113荷兰盾兑换人民币约386元，8荷兰盾兑换人民币约27元。

右），在进行建房和交易时，土地和房屋的情况是完全透明的。据说160多年来，只发生过两起重复抵押的违法事件，都被及时制止，因此在荷兰基本不存在房地产投机。

（2）在住房建设中，市政工程、配套设施的费用都是政府负责，而政府向所有的土地和房屋占有者征税，把负担分散，相应就压低了房价。专家认为，住房售价相当于一个家庭年收入的五倍左右，这样比较合适。而我国的这笔费用则是向开发商一次收取，搞“一锤子”买卖，开发商则把费用转移到买房人身上。

（3）银行与保险公司密切合作，特别是像ING这样的银行、保险、证券、房地产业务都涉及的综合集团，操作起来就更为方便（当然外部银行和保险公司也可以互做这类业务）。

（4）银行业务非常发达，抵押贷款业务也很规范，银行间共用一个内部信息系统，可以随时联网查询申请贷款人的资信情况。住房抵押贷款是银行的一项重要业务，各家银行都非常重视。较低的贷款利息和长时间的抵押期限是“荷兰办法”成功的关键（在荷兰，住房抵押贷款期限可长达30年，贷款率可达100%），同时又抑制了房价的过快增长。

（5）私有住房是城市居民最主要的私有财产，质量是百年大计。在荷兰，到处都可以看到维护得很好、有上百年历史的房屋，居民也非常爱护自己的住房。同时还有一套收费合理的物业管理制度，收费也比北京便宜很多。

（6）在荷兰，还有一个强大的社会保障系统（在欧洲许多国家，住房制度是纳入社会保障体系的），因为并不是每个人都有能力购买私有住房，许多中低收入的人还要靠租房子住，因此在荷兰有许多类似合作社的住房协会，阿姆斯特丹的住房协会已有90多年的历史，这些社会组织提供出租的房子，并得到政府的资助。

附录

1998 年	中外政治、经济大事记
3 月 14 日	美国白宫发言人宣布，美国政府已决定不再在今年联合国人权会议上提出针对中国的人权议案
3 月 25 日	欧盟委员会发布《与中国建立全面伙伴关系》报告，建议欧盟将对华关系提高到一个新的水平
4 月 19 日	第二届美洲国家首脑会议在圣地亚哥闭幕，与会的国家元首或政府首脑签署了《圣地亚哥宣言》和《行动计划》，宣布正式启动关于建立美洲自由贸易区的谈判
7 月 22 日	克林顿总统签署有关税收制度的改革法案，其中将“最惠国待遇”的提法改为“正常贸易关系”
10 月 10 日	在剑桥大学三一学院任教的印度经济学家阿马蒂亚·森（1933—）因在福利经济学领域“对福利经济学几个重大问题做出了贡献，包括社会选择理论、对福利和贫穷标准的定义、对匮乏的研究等”而获得诺贝尔经济学奖
11 月 17 日至18 日	亚太经合组织第 6 次领导人非正式会议在吉隆坡举行，会议通过《走向 21 世纪的亚太经合组织科技产业合作议程》

1999年（己卯）
五十五岁

1月12日，《人民日报》发表《扩大内需：一项重要的战略方针》一文。

【按】此文共分三部分。

第一部分“扩大内需对保持经济快速增长具有决定性作用”指出以下内容。

1998年经济运行中遇到的突出问题是，亚洲金融危机使我国出口的增长速度大幅度下降。年初预计出口增长10%，但到5月份却出现了负增长，出口对经济增长的拉动作用明显减弱；严重的洪涝灾害使灾区人民的生命财产遭受重大损失，运输和生产都受到影响；我国经济已经连续5年增长速度缓慢回落，为遏制下降的惯性，实现经济增长速度的止跌回升，需要付出很大的努力；随着全面买方市场的出现，活跃市场、促进经济发展的难度进一步加大。面对重重困难，中央提出了一系列扩大内需的政策措施，并根据经济运行的实际情况不断完善和加大了力度。一是调整投资计划，扩大投资规模。全社会固定资产投资增长幅度由原来的10%调整到15%以上。集中力量加快农林水利、铁路、公路、通信、环保、城市基础设施建设。二是拓宽投资领域，加大投资力度。6月份，国务院决定在加强上述领域建设的同时，增加国家直属储备粮库、城乡电网、城市经济适用住房及生态环境建设的投资。三是实施积极的财政货币政策，落实建设资金。中央财政发行1 000亿元10年期的长期国债，补充和增加基础设施建设项目资本金，同时吸引商业银行贷款1 000亿元。四是进行抗洪抢险和灾后重建。大力开展生态环境建设，在长江、黄河上中游封山植树，停止砍伐，进行“坡改梯”，建设干支流控制性工程。对长江中下游实行分类规划，退田还湖，平垸行洪，提高行洪蓄洪能力，建设高标准堤防。

1998年，我们之所以能够战胜意想不到的困难，保持经济的快速增长，扩大内需政策的实施起到了决定性作用。新增1 000亿元国债投资，加上由其带动的银行贷款等各项投入，按当年完成60%的工作量计算，可以拉动经济增长两个百分点左右。

扩大内需虽然取得了预期目标，但也应看到：1998年扩大内需是以扩大投资为主，消费的增长仍比较缓慢；在投资的增长中，国有单位投资增长很快，而非国有单位投资增长预计为零，甚至可能为负增长；新增投资的重点是基础设施建设，这是一个最佳的选择，但产业结构升级的进展迟缓；投资资金的增加主要靠财政手段的拉动，这作为短期对策是必要的，但继续扩大投资需要货币政策的配合。当然，这些问题需要今后在继续扩大内需中研究解决。

第二部分“把扩大内需作为我国经济发展的基本立足点”指出以下内容。

只有坚持扩大内需，才能把我国经济增长的巨大潜力不断挖掘出来。我国作为一个发展中大国，目前人均国内生产总值只有800多美元，刚刚进入世界中低收入国家的行列。我国同发达国家的差距很大，这种差距就是发展的潜力。外商来中国投资，正是看中了这种巨大的潜力，问题在于如何把这种潜力挖掘出来。在目前的低水平下，我国经济发展就开始受到市场需求的制约，完全是消费体制和消费政策不合理带来的，应通过对需求的调节，使之对经济增长保持必要的拉动力。应当看到，在传统计划经济体制下，由于需求缺乏市场约束，所以防止需求膨胀的问题困扰了我们几十年。而在市场经济体制下，对投资和消费的约束机制已初步建立起来，根据供给能力的增长，适时扩大需求，开拓需求领域，已成为宏观调控和需求管理面临的新课题。

我国的高储蓄率为扩大国内需求提供了条件。我国人民有节俭的传统，始终保持着较高的储蓄率。特别是1992年以来，城乡居民储蓄存款余额以年均8 000亿元的速度增加，由1.15万亿元增加到5万多亿元，加上各类金融证券，居民个人金融资产已超过8万亿元。把这笔巨额资金引导好，合理地使用于投资和消费，就可以将潜在需求转化为现实需求，将长远需求转化为即期需求，从而对当前的经济增长起到有力的拉动作用。关键是要采取有效措施，把居民储蓄运用好，使之加快运转，提高资金使用效益。同时，积极利用外资，也是增加国内投资需求的重要途径。

只有坚持扩大内需，才能使人民生活水平不断提高。扩大出口、增加国外需求的最终目的是增加国内需求，提高国内生产能力，满足国内消费水平提高的需要。扩大国内需求，特别是扩大国内消费需求，将直接使广大人民受益。而人民消费水平的提高，有利于实现生产、消费的良性循环，有利于提高人民的劳动积极性，从而形成推动经济增长的强大动力。目前我国人均消费仍处在较低水平，应集中力量把“蛋糕”做大，改善人民生活。全国有9亿人口在农村，如能把他们的消费水平提高到目前城镇人口的水平，就可以支撑我国的经济总量增长2~3倍。

只有坚持扩大内需，才能在国际环境变化的情况下保持经济的稳定增长。目前，世界经济的发展出现了许多新的变化和特点。亚洲金融危机的影响继续存在，全球经济特别是贸易增长速度减慢。国际经济结构加速重组，知识经济迅速发展，传统产品生产能力普遍过剩。贸易保护主义抬头，贸易壁垒明显增加。随着国际资本流动的加快，世界经济发展的不确定性增多，我们宁可把事态估计得更严重一些，特别是亚洲各国因货币贬值使出口竞争力增强，会给我国出口带来更大的压力。我们应立足于扩大国内需求，以弥补出口增长受阻所造成的不利影响，把经济发展的主动权掌握在自己手中。

第三部分“1999年扩大内需的重点和主要任务”指出以下内容。

基础设施建设的注意力应集中到加强项目管理，确保工程质量上来。通过强化行政领导、严格项目法人责任制、推行规范的招标制和监理制，以及利用社会舆论监督等多种措施，保证工程质量。

加快结构调整力度，积极培育新的经济增长点。结构调整作为当前经济工作的一项紧迫任务，必须进一步加大工作力度，以推进产业结构升级，提高经济增长的质量和效益。一是积极利用先进技术改造和提高传统产业。淘汰落后的工业技术和生产设备，压缩剩余的生产能力。二是大力振兴装备制造业。结合加快基础设施建设，依托国家重大建设项目，抓好国外先进技术的引进、合作设计、合作制造，提高自主开发能力，推进关键设备的自主化生产，提高装备工业的技术水平。三是发展新兴产业和高技术产业，提高技术密集型产业在国民经济中的比重。探索高技术创业投资机制，试行高技术产业项目融资，支持高技术产业示范工程建设，加快电子信息产业发展。

把促进消费作为扩大内需的重要措施，使投资和消费双向启动。投资作为中间需求，只有同扩大最终消费结合起来，促进消费需求的不断增长，才能使投资取得预期效益，实现社会再生产的良性循环。增加消费需求，必须进一步完善收入分配结构和分配制度，提高城乡居民特别是中低收入者的购买力。合理引导居民心理预期，鼓励不同收入水平的居民增加消费，活跃市场。

改善居民住行条件，应当统筹考虑解决。目前城镇居民吃穿用的需求已基本得到满足。按吃穿用结构升级的一般规律，消费热点从千元级的家电向万元级的住房和汽车等高价值商品转移，住和行的消费需求将不断扩大，围绕满足住行需求的相关产业将出现一个高速增长时期，从而成为新的经济增长点。

大力开拓农村市场。要以加快农村电网改造为契机，扩大家电产品在农村的普及率。加强水、路、通信等基础设施建设，改善农村消费环境。积极开发和生产适销对路的农业机械和各类生产资料，如节水灌溉、粮食烘干、田间作业、农产品加工、运输等设备。稳步发展小城镇，带动农村第二、第三产业的发展和农业产业化，促进农村经济结构的调整。进一步拓宽消费领域，推进非义务教育、医疗保健和社区服务的产业化。在保持贷款能够按时回收的前提下，根据扩大内需的要求，适当增加货币供应，切实做到防范金融风险与扩大信贷投入的有机统一，兼顾安全性、效益性和流动性。改进金融服务，拓宽信贷渠道，提高项目评估质量，制定具体办法，增加对中小企业的贷款。

1月，第1期《政策与管理》发表记者李安定关于《启动四个消费"发动机"、拉动经济增长——访国家计委副秘书长郑新立》的专访文章。

【按】郑新立说：近10年来，我国居民消费已积蓄起结构升级的一定势能，在消费领域全面开动吃穿用、住房、汽车、旅游4个"发动机"，将能使我国经济在世纪之交保持高速、持续增长。

该专访的关键词为"发动机"、拉动经济增长、汽车工业、相关产业、消费结构升级、城镇居民、高速增长等。

1月，第1期《经济与信息》发表《未来20年中国经济增长的支撑点》一文。

【按】此文的关键词为支撑点、中国经济增长、非国有经济增长、非国有单位、发展中小企业、市场需求、零增长负增长等。

3月15日，《人民日报》发表《扩大内需：今年做什么——答〈人民日报〉记者费伟伟问》一文。

4月5日，《经济日报》发表《产业升级与投资结构调整》一文。

【按】此文共分三部分。第一部分"产业升级是新阶段的主要任务”。第二部分“影响我国产业升级的主要原因”。第三部分“加大投资结构调整力度是关键”中指出：一是要正确处理基础设施建设与产业升级的关系，加大对产业升级的投入力度；二是要积极运用财政杠杆，支持产业升级；三是要加大金融系统对产业升级的支持作用；四是要加大科研开发的投入，使企业成为技术开发的主体。

4月20日，出席由国务院新闻办举行的中外记者招待会，并就当前经济生活中的一些热点问题，回答了中外记者的提问。

【按】下面是郑新立回答中外记者的一些提问。

德国《国会》杂志记者：中国如能在不久的将来顺利加入世贸组织，会对中国经济目前的回升势头产生怎样的影响？

郑新立：加入世贸组织，是中国十几年来一直不断努力的目标。从近期看，加入世贸组织后，将有更多的外国企业和产品进入中国市场，会加大中国国内企业的竞争压力。但从长远看，这将使中国经济更好地融入世界经济，出口和利用外资的环境可以进一步改善。这将有利于中国进一步开放市场，有利于中国的企业进一步走向国际市场，从而有利于中国的经济增长。

新加坡《联合早报》记者：有人认为，东南亚地区的外资正在回流。这对中国的经济增长会带来什么影响？

郑新立：我们高兴地看到，亚洲一些国家已经逐步从金融危机的打击中恢复过来，出现了复苏的迹象。1998年，由于东南亚国家进口减少，中国对这一地区的出口有较大幅度的下降。这些国家经济复苏，对中国增加出口是有利的。中国坚持人民币不贬值，就是为了帮助亚洲国家尽早摆脱困境。

香港《文汇报》记者：中央政府实行积极的财政政策，将会给香港地区带来哪些商机？

郑新立：中央政府实行积极的财政政策，努力扩大内需，将会形成巨大的投资市场需求。这给香港增加向内地的投资，提供了很好的机遇。1999年我们将加大对高技术产业化的支持力度，包括对城市轨道交通、环保设备和技术装备业等的支持力度。这将增加内地一些企业对资金的需求，它们将进一步通过香港的金融市场进行融资。由于内地正在努力扩大消费需求，也给香港企业带来了新的商业机会。中央政府进一步加大扩大内需的力度，对香港企业来说，当然是个好消息。

中央电视台记者：国家计委是主管价格的政府部门。对于近日长虹彩电大幅度降价给彩电市场带来的影响，您有什么评价？

郑新立：价格竞争是企业竞争的一个重要手段。我们建立社会主义市场经济体制的一个重要原则，就是要建立公开、公平、公正的竞争机制。企业用价格手段参与竞争，是被允许的。但是，为了避免出现恶性竞争的局面，不允许企业以低于个别生产成本的价格进行竞争。1998年，国家计委、国家经贸委等部门已经联合发出关于企业降价倾销方面的政策规定。国家有关部门将对有关企业的个别生产成本进行评价、鉴定，然后对其降价行为做出判断。

4月25日，出席在北京举行的世界经济论坛北京企业峰会，并做题为“制约消费增长的原因及对策”的发言。

【按】发言共分五个话题：（一）改革福利型、供给型消费体制，培育新的消费热点；（二）调整消费政策，由抑制消费向鼓励消费转变；（三）调整分配结构，增加中低收入者的购买力；（四）调节心理预期，提高即期消费欲望；（五）下大力气增加农民收入，着力开拓农村市场。

5月14日，《光明日报》发表《当前扩大内需的重点》一文。

5月，第5期《中国市场》发表《充分发挥香港自由港的作用》一文。

5月，第5期《经济与管理研究》发表《打破需求制约、促进经济增长》一文。

【按】此文摘要：我国国民经济进入了一个新的发展阶段的最突出的特征就是告别了短缺经济，需求不足已成为制约经济增长的主要矛盾。实质上，许多需求不足现象是结构上的问题，即供给水平低造成的。因此，打破需求制约，促进经济增长的有效途径是：进一步扩大投资规模，调整投资结构；努力扩大消费需求，促进消费结构转变；千方百计扩大出口，积极有效利用外资；积极的财政政策和灵活的货币政策相结合。

在新的消费热点尚未形成、出口增长减缓的情况下，扩大内需的有效途径是扩大投资规模。1999年新增600亿元国债，主要用于以下几个方面。

（1）加快1998年已开工的基础设施建设项目的进度，在西部地区适当开工一些新项目。包括农林水利、铁路、公路、机场、城乡电网改造、城市基础设施和环境保护等。

（2）加大对科技进步和产业升级的投资力度。包括对现有企业的技术改造，高新技术产业化和轨道交通、环保设备等装备的国产化。国家将拿出90亿元国债资金用于企业技术改造的贴息，可拉动技术改造贷款1 800亿元。集中力量投向重点行业、重点企业和重点产品的改造，以达到节能降耗、替代进口的目的。优先选择主导产品国内市场占有率属同行业前列、银行资信好的优势企业，优先考虑512户重点企业和120家试点企业集团。适当向东北老工业基地和中西部地区倾斜。重点改造冶金、纺织、石化、有色、机械、信息产业和造纸工业。

（3）农林水利投资。围绕改善生产条件、减少水土流失，恢复生态环境，重点在长江、黄河上中游水土流失严重地区进行退耕还林、还草。建设动植物防疫体系。发展节水农业，加强灾害性天气预报，继续加强和提高农业综合生产能力所需要的基础设施建设。

（4）加强环保和生态建设。集中安排“三河”“三湖”[1]水污染防治所需投资，包括新建污水处理厂119个，可新增污水处理能力1 140万吨/日。

（5）教育文化设施建设。支持1999年扩大招生的高等学校解决生活设施和教学设施的突出困难，对学生公寓建设给以政策性补贴。支持“村村通广播电视工程”。

5月，第5期《中国市场》发表《伟大的成就、灿烂的前景——新中国50年回顾与新世纪展望》一文。

5月，赴加拿大考察经济发展情况。

6月17日，《人民日报》发表《积极启动消费市场》一文。

【按】此文分三部分：（一）改革福利型、供给型消费体制，培育新的消费热点；（二）调整消费政策，由抑制消费向鼓励消费转变；（三）调整分配结构，增加中低收入者的购买力。

6月，第6期《中国投资与建设》发表《采取积极措施、鼓励社会投资》一文。

【按】此文指出，政府投资只是“药引子”，保持投资对经济增长的拉动力还需要调动各方面的积极性，增加社会资金的投入。要采取切实有效的措施，努力为增加社会投资创造条件。

公平税赋。在制定税收优惠政策时，要以产业导向为标准，对非国有经济一视同仁，逐步取消所有制差别待遇。土地管理部门应按国有、集体土地的使用权出让、转让、租赁等有关规定，解决好非国有

[1]“三河”指淮河、辽河、海河，“三湖”指太湖、滇池、巢湖。

经济投资所需用地，涉及土地的各项费用也应与国有经济同等对待。

放宽市场准入条件，拓宽非国有经济的投资领域。按照产业规划、结构调整的政策要求，积极引导、推动非国有经济对基础产业、支柱产业和高新技术产业领域进行投资。鼓励非国有经济投资和经营城市服务业、城市基础设施、公用事业及大中型企业生产配套等项目。可适当开放道路、桥梁、供水、电站等有稳定收益的公用设施投资领域，通过采用合作、联营、入股、BOT等多种灵活的方式，吸引非国有投资。鼓励非国有经济参与投资高新技术产业。对已认定的高新技术产业项目要及时向非国有经济提供信息，在获得科技贷款和技术改造项目贷款、通过资本市场直接融资、取得财税支持、开展进出口业务、引进人才，以及承担科研项目、申请科研成果鉴定、参与政府评奖、认定高新技术企业资格等方面，非国有经济应享受平等待遇，以促进其投资高新技术领域，加快高科技成果转化。

7月30日，出席在太原举行的山西省委宣传部经济形势报告会，并做题为"坚持扩大内需的基本政策、促进经济持续快速健康发展"的讲话。

【按】此次讲话共涉及五个方面的话题：（一）扩大内需是一项必须长期坚持的基本政策；（二）进一步扩大投资规模，调整投资结构；（三）启动消费市场，提高消费率；（四）千方百计扩大出口，积极利用外资；（五）加快中西部地区的发展。

7月，第7期《中国投资》发表《坚持扩大内需的发展政策》一文。

7月，第7期《宏观经济管理》发表《继续扩大内需、促进经济持续快速增长》一文。

8月10日，《人民日报》发表《利用外资促进行业调整的新探索——我国感光材料行业企业与柯达公司合资合作情况调查报告》一文。

8月，第8期《经济与信息》发表《中华民族伟大复兴的两个支柱》一文。

【按】此文指出："科技"和"教育"是中华民族伟大复兴的两个支柱。

中国的主要工农业产品产量已经居世界第一位，但由于技术落后，能源、原材料消耗高，产品附加值低，产品在国际市场上缺乏竞争力，我们以占全球第一位的物质消耗，仅创造了相当于美国的1/8或日本1/4的商品价值量。GDP总量仅居世界第七位，人均产值则落在全球100位之后。这就告诉我们，如果我们加快产业技术进步，降低单位产值的能源、原材料消耗，在技术水平、管理水平和产业结构上达到日本或美国的水平，我们以现有的能源、原材料产量即可使GDP总量翻两到三番。

实现这一目标，关键在于科技和教育。

8月，第8期《经济与信息》发表《未来20年中国经济增长的支撑点》一文。

【按】此文指出：1998年，面对亚洲金融危机的影响，我们主要靠扩大内需，加快基础设施建设，实现了经济的快速增长。从今后一个较长时期来看，要把经济快速增长的势头保持下去，必须研究和寻求经济增长的支撑点，并从体制和政策上为新的支撑点的形成和发展创造条件。

从产业结构来看，能够成为新的增长点的产业主要有以下四个方面：一是围绕改善居民住、行条件的相关产业，包括房地产业、交通、通信、生态环境等基础设施，汽车、航运、航空等运输设备制造业；二是用电子技术武装的技术装备工业；三是新兴产业和高技术产业；四是现代流通业和服务业。

9月9日，出席在北京举行的国家发展计划委员会实施《招标投标法》新闻发布会。

【按】作为国家计委新闻发言人和招标法起草组组长，郑新立在新闻发布会上介绍了《中华人民共和国招标投标法》将于2000年1月1日开始实施的消息，并确认国家计委正在起草《招标投标法》的实施细则。

9月，王梦奎主编的《中国经济转轨二十年》一书收入郑新立《中国宏观经济管理体制的改革》一文。

【按】此文包含内容如下。

第一部分“宏观经济管理体制改革的基本方向”指出，实行分税制的主要目标是建立中央与地方规范的分配关系，从制度上保证各级政府的财权与事权的统一，实现责权利有机结合，消除政府间财力分配的随意性；逐步提高财政收入占国民生产总值的比重，适当提高中央财政收入比重，增强中央宏观调控的实力。

第二部分是计划体制改革；第三部分是财税体制改革；第四部分是金融体制改革。

9月，第9期《宏观经济管理》发表《进一步增强扩大内需力度》一文。

【按】此文指出，把增加农民收入与减轻农民负担工作结合起来，改善消费基础设施环境，开拓和繁荣农村市场，必须坚持实施按保护价敞开收购余粮的政策。加大科技扶农的力度，引导农民调整种植业结构，鼓励和支持乡镇企业发展，继续做好减轻农民负担工作，专项治理农民反映强烈的“三费”（教育费、水利费、电费）过重的问题。认真落实合理负担定项限额，一定三年不变的政策，狠杀巧立名目、擅自开口子以及向农民乱收费、乱集资、乱罚款、乱摊派之风。加快农村电网改造，加强农村水、路、通信和广播电视等基础设施建设。积极生产和开发农民需要的、物美价廉的农业生产资料和农村生活资料。加快小城镇建设，积极推进城市化进程。

10月5日，《经济日报》发表《“三步走”战略构想与我国现代化进程》一文。

【按】此文共两部分。在第一部分“三步走”战略构想及其重大意义中指出：邓小平同志关于我国现代化建设分“三步走”的战略构想内容丰富，既包括战略目标、战略步骤，又包含战略重点和实现目标的途径，是一个完整的经济社会发展思路，也描绘了美好的现代化前景。

为了完成实现现代化的艰巨而又伟大的任务，邓小平“三步走”战略设计的总体战略目标是，从1981年到21世纪中期，实现人均国民生产总值翻四番，大体上是人均4 000美元，达到中等发达国家水平。为实现这一宏伟的战略目标，经济发展的战略步骤是：1981年至1990年为第一步，实现人均国民生产总值翻一番，达到人均500美元，同时，解决人民的温饱问题；从1991年到2000年为第二步，实现国民生产总值的再次翻番，达到人均国民生产总值1 000美元，使人民过上小康生活；第三步，到21世纪中期，实现人均国民生产总值4 000美元，达到中等发达国家水平，基本实现现代化，建成富强、民主、文明的社会主义国家。然后，在这个基础上继续前进。

此文在第二部分中指出“实现第三步战略需解决的几个重大问题”是：（1）积极推进产业结构升级；（2）加快农村工业化和城镇化

进程；（3）实施可持续发展战略；（4）促进区域经济协调发展；（5）控制人口规模，提高人口素质，解决就业问题。

10月10日，参加国家计委“十五”规划西部地区座谈会。

【按】会议在西宁召开。会后郑新立到格尔木考察，了解到青藏铁路一期西宁到格尔木段已经建成通车，二期格尔木到拉萨段迟迟未能决策，影响整体效益的发挥，遂建议青海省计委联合西藏自治区计委，由两省（区）政府提出二期尽早开工的意见。回京后在国家计委扩大内需重点项目讨论会上，再次提议青藏铁路二期上马，并用到格尔木调研的数据说服主管投资的同志。

10月，第10期《经济与信息》发表《中国经济发展的两个50年》[1]一文。

【按】以下为该文内容节选。

第一个50年：20世纪后半叶，“中国发展50年”。

（1）求发展之路。50年来中国发生的最大变化，就是从一个半封建半殖民地国家走上了社会主义道路，经过50年坚持不懈的探索，终于认清了我们仍处于社会主义初级阶段，这是一个相当长的历史时期。以此为基础，找到了建设有中国特色的社会主义理论，逐步形成了一系列有利于发展社会主义市场经济的路线、方针、政策和管理体制，将广大人民群众发展经济的积极性调动起来，形成推动经济增长和社会进步的强大动力。

（2）建立完整的国民经济体系。50年来，主要工农业产品产量跃居世界前列。粮食、肉类、水果、棉花、油料、钢、水泥、化肥、家用电器、纺织品等产量居世界第一位，发电量、电话网规模居世界第

［1］ 两个50年分别指的是20世纪后半叶和21世纪前半叶。

二位。1998年，第一、第二、第三产业结构为18.0∶49.2∶32.8。第一产业比重大幅度下降，第二、第三产业比重迅速上升，标志着我国工业化、现代化取得了重大进展。特别是改革开放以来，农村经济结构发生了深刻变化。乡镇企业异军突起，创造的增加值已占全国工业增加值的39.4%，国内生产总值的24.1%，吸纳了1.3亿人就业。在农业内部，农、林、养殖业在农业总产值中的比重，由1978年80.0∶3.4∶16.6转变为1998年56.2∶3.4∶40.4。养殖业的迅速发展，改变了人民的饮食结构，增加了农民的收入。50年的快速发展，使我国的综合国力显著增强，短缺现象基本消失。以公有制为主体、多种形式所有制经济共同发展的格局基本形成。1978年，国民生产总值中公有制经济占99%，非公有制经济只占1%，而目前非公有制经济的比重已经达到24%，成为推动经济增长的重要力量。

（3）形成开放型经济。新中国成立初期，由于西方的封锁，我国的对外开放只能面向苏联和东欧一些国家。直到20世纪70年代末，我国实行改革开放政策，对外开放才迅速扩大。从建立经济特区、开放沿海城市，到开辟沿海经济开发区，带动了全国的对外开放。1998年，我国外贸进出口总额达到3 239亿美元，在世界贸易中占第10位。我国出口额占世界贸易出口额的比重由1978年的0.75%，上升到目前的3%。出口商品结构继实现由初级产品为主向加工产品为主转变之后，又实现了从一般加工产品为主向机电产品为主的转变。有41家国有大中型企业成功地在海外上市，在境外设立企业共5 000多家。吸收外商直接投资累计2 300亿美元，批准外商投资项目30多万个，从业人员1 750万人。累计利用外资4 000多亿美元，连续6年成为世界上吸引外资最多的发展中国家。

（4）生活质量提高。人均粮食占有量400公斤，达到世界平均水平。肉、蛋、水产品人均占有量分别达到43.3公斤、17.5公斤和28.8公斤，超过世界平均水平。我国人民温饱问题基本解决，城镇和沿海地区等大部分人口已经实现了小康水平。洗衣机、电冰箱、电视机等家用电器户均占有量，在城镇已达到发达国家水平，农村的普及率也逐步提高。科技教育事业迅速发展，成效显著。在校生数量达到3.1亿人，青壮年文盲率下降到6%。在航天、核能、光纤通信等高技术领域，达到和接近国际先进水平。广播电视覆盖率迅速提高，全国已建成广播电台1 244座，电视台880座。出版规模和出版品种已跃居世界前列。人民健康水平不断提高，主要健康指标居发展中国家前列，平均预期寿命达到70.8岁。人口自然增长率降为10.06‰。城市化水平达到29.92%。全国有8 770万城镇企业职工参加了基本养老保险，约占全部城镇企业职工的84%，有1 300万职工参加了大病医疗费用社会统筹。在注重物质文明的同时，社会主义精神文明建设也不断取得新成就。

第二个50年：21世纪前半叶，“中国未来50年”。

中国人民已经提前实现了现代化建设第一、二步战略目标。第三步战略目标，即到2050年，人均国内生产总值达到中等发达国家水平，也一定能够实现。在21世纪的一个较长时期内，中国经济继续保持前20年的增长速度，是完全有条件的。一是前20年经济的快速增长，特别是20世纪90年代以来交通、能源、通信和水利等基础设施建设突飞猛进，打破了对经济增长的“瓶颈”制约，近两年扩大内需，加快基础设施建设，为今后的发展奠定了比较坚实的基础。二是目前中国人均国内生产总值只有780美元，与发达国家相比差距很大，拥有巨大的潜在需求。随着经济发展和城乡居民收入水平的提高，这些潜在需求必将逐步转变为现实需求。目前，城镇居民消费正从以“吃”“穿”“用”为主向“住”“行”为主转变，大多数农村居民“吃”和“住”的问题已基本解决，朝着改变“穿”和普及家用电器的方向发展。这种城乡消费结构的升级，将对经济增长产生持久和强劲的拉动作用。三是我国的储蓄率比较高，20世纪90年代以来一直保持在38%左右，可以支持30%以上的资本形成水平，具备支持经济快速增长的资金来源。四是市场经济体制不断完善，各种所有制企业公平竞争机制正在形成，政府宏观调控能力不断提高，将为经济增长增添新的活力，并避免出现大的波动。五是对外开放不断扩大。加入 WTO（世界贸易组织），将为中国扩大对外贸易带来新的机遇。投资环境进一步改善，可以充分利用国内外两种资源、两个市场，为经济增长提供更大的回旋余地。六是我国劳动力资源丰富、成本低，即使周边国家和地区货币贬值后，劳动力成本依然高于我国。沿海地区工资成本提高后，中西部地区仍然较低。所以，这个比较优势将保持一个较长时期。七是政治和社会稳定。所有这些因素将对 21 世纪中国经济的发展产生决定性影响。

11 月 4 日，出席在贵阳举行的全国人大中西部地区环境与资源保护工作座谈会并做题为“我国国民经济和社会发展计划与可持续发展”的主题发言。

【按】根据会议的安排，郑新立受刘江[1]委托，代表国家计委，就计划与可持续发展问题做主题发言，涉及以下话题。

第一部分是我国实施可持续发展战略取得的成绩。

第二部分“我国进一步实施可持续发展战略面临的形势”指出，我国经济和社会发展在人口、资源、环境等方面仍将面临严峻的形势。

（1）人口压力仍将长期存在：20 世纪 90 年代以来，虽然我国人口出生率和自然增长率由 1990 年的 21.06‰和 14.39‰下降到 1998 年的 16.03‰和 9.53‰，但由于人口基数大，又逢我国进入第三次生育高峰期，到 2000 年人口可能达到 13 亿，到 2005 年将达到 13.45 亿，今后一段时期，我国新增国民收入的很大部分将被新增人口消耗掉。同时，人口老龄化和劳动力供大于求的问题，将越来越成为我国社会经济发展面临的难题。

（2）环境污染形势仍然严峻：水污染已成为经济与社会可持续发

[1] 刘江（1940—），北京市人，曾任农业部部长、国家发展和改革委员会副主任、第十届全国政协民族和宗教委员会副主任；中共第十五届中央委员、第十六届中纪委委员；第十届全国政协委员、第十一届全国政协常委。

展的制约因素。不仅是“三河”“三湖”，我国七大水系、湖泊、水库、部分地区地下水和近岸海域均受到不同程度的污染，除个别水系支流外，总体上呈加重趋势，尤其是工业较发达的城镇附近，水污染问题已相当严重。根据1981—1995年资料统计，由于城市化的加快和消费水平的提高，全国城市生活污水排放量年递增率达到7%左右。按照这种趋势预计，到2010年，城市生活污水总量将超过工业废水总量。如不尽早采取措施，我国的水环境污染问题将越来越突出。

大气污染问题将更为突出。1998年，全国二氧化硫排放量达到了2 087万吨，烟尘排放量1 335万吨，工业粉尘排放量1 344万吨，二氧化硫和烟尘污染严重。华中、西南酸雨污染严重（出现频率大于70%），华南酸雨污染有上升趋势，北方的图们、青岛局部地区的酸雨污染也成为一个突出问题。进入21世纪，能源消费与环境保护的矛盾将更加尖锐。在相当长一段时期内，我国以煤为主的能源格局不会发生根本变化，随着经济、社会发展对煤炭消费量的持续增加，若不采取有效措施，造成酸雨的主要污染物SO_2（二氧化硫）、NO_X（氮氧化物）和烟尘的排放量将继续增加。

固体废物污染已成为影响环境质量的另一个严重问题。截至1998年年底，全国工业固体废物历年累计堆存量已达到近70亿吨，占地约75万亩。固体废物的大量堆积还污染地下水及水源地，释放大量有毒有害气体。如不从现在开始全面推行清洁生产工艺和技术，从源头上减少固体废物的产生和排放，切实提高废弃物的综合利用水平，固体废物仍将对环境造成威胁。

城市环境污染仍很严重。据报道，全球10座污染最重的城市中，有5座城市在中国。约60%的城市二氧化硫、40%的城市氮氧化物、70%的城市总悬浮颗粒物超过国家二级标准，70%的南方城市出现过酸雨。随着机动车数量的迅速增加，大城市汽车尾气污染明显加重。绝大多数城市河段受到不同程度的污染超V类水质的占32%，污染型缺水城市增多；城市噪音的影响范围在扩大，各类功能区噪音普遍超标；垃圾粪便年产生量，1997年已达1.4亿吨，垃圾围城现象越来越严重。如不采取有效措施，进入21世纪以后，城市环境问题将更加突出。

（3）生态环境破坏严重，恢复任务艰巨，农业生态环境破坏还在继续。据全国农业环境质量状况调查估算：我国因污水灌溉引起的耕地污染面积为3 250万亩，占耕地总面积的2.3%；重金属污染农田面积1 230万亩；农药污染农田面积1.36亿亩。化肥年均单位用量高于世界平均水平，但肥料利用率低（氮肥利用率为30%～50%，磷肥10%～20%，钾肥35%～50%），因化肥过量施用而造成的水体富营养化问题已相当严重。气候灾害和虫害加剧，农产品污染情况严重，对321种农产品采样检验表明，有18%的农产品超标，已经对农产品出口带来不利影响。

水土流失、土地沙化和土壤退化继续发展。我国现有水土流失面积360万平方公里，每年流失表土超过50亿吨；沙化面积达262万平方公里，每年新增沙化土地2 400多平方公里；土壤退化情况严重，其中营养性退化面积贫氮4.96亿亩、贫磷10.09亿亩、贫钾2.72亿亩、贫硼4.92亿亩、贫钼6.68亿亩、贫锌7.29亿亩。我国广大草原地带生态环境质量普遍下降，载畜量大幅度降低。

我国近海海域污染的问题越来越突出。近年来，渤海、黄海、东海和南海的石油污染都出现不同程度的上升。由于城市生活污水和富含有机物的工业废水大量排入近海以及海水养殖的迅猛发展，我国近海海域海水富营养化程度明显加重，赤潮发生的次数逐年增多。污染最严重的是渤海，污染面积占渤海面积的60%，加之渤海水域自净能力差，污染后果十分严重，不仅造成海洋渔业资源枯竭，而且还给沿海水产养殖业造成巨大经济损失。1998年，仅山东省就损失了3.7亿元。

矿产资源开发和基础设施建设可能形成新的生态破坏。21世纪我国经济发展的规模与特点决定了对自然资源的需求量将不断增加，矿产资源的开发规模和强度也将不断增大。矿产资源的开发将对生态环境造成重大影响。若不采取有力的生态保护和恢复措施，大规模的开发建设必然破坏地表结构和生态，形成大量的矿渣、坑口和断面，导致水土流失和沙漠化，甚至诱发各种地质灾害，如泥石流、滑坡等。

（4）资源相对紧缺，难以支撑国民经济和社会以现有模式发展。目前，我国主要农产品、能源和重要原材料产品产量已居世界首位，但由于技术水平落后，资源消耗高，GDP总量仅居世界第七位。也就是说，我们用世界各国中最多的物质消耗，生产的价值总量仅及日本的1/4和美国的1/8。大力节约资源消耗，走集约型的发展道路，是唯一正确的战略选择。从人均角度看，我国一些主要资源相对贫乏，资源利用又不够合理，浪费和破坏现象严重，综合利用水平不高，资源保护的力度也不够，致使21世纪我国面临越来越严峻的资源形势。耕地面积继续减少，粮食生产压力加大。据国家统计局的资料，“八五”期间全国净减少耕地1 053万亩，年均减少211万亩，由于统计口径等原因，实际减少的耕地远大于统计数。1997年以来，虽然采取了冻结非农业建设占用耕地等措施，但每年仍减少耕地面积200多万亩；由于人口持续增长，在实现耕地总量动态平衡的情况下，到2000年，人均耕地也将降到1.5亩左右；而当2005年人口为13.45亿时，人均耕地将降为1.45亩。一些矿产资源保证程度进一步下降，几种重要大宗矿产将长期短缺。20世纪至21世纪初，我国矿产品需求总量还将持续增长，到2010年，45种主要矿产中可以满足经济社会发展需要的仅有21种，一些关系国计民生的大宗矿产除煤炭外，大部分矿种都难以满足需要。石油、富铁矿、铜矿、锌矿、钾盐、锰矿等的供需缺口将进一步扩大，特别是优质能源短缺将成为今后能源供需平衡的主要矛盾。

北方地区和城市缺水问题更加突出。全国668个城市中有300多个城市缺水，其中严重缺水的有108个，年缺水总量达60亿立方米。同时，污染型缺水城市的数量越来越多。缺水与水污染问题交织的现象将成为21世纪北方地区和一些城市发展的重大制约因素。

海洋生物资源过度开发，近海污染严重。由于海洋捕捞业的盲目发展，我国近海捕捞强度增长失控，酷渔滥捕，致使近海重要渔业资源严重衰竭。

（5）全球环境问题的压力不断增加：进入21世纪，水资源紧缺、生物多样性减少、臭氧层破坏、气候变化等全球环境问题将日趋突出。解决全球环境问题的任何方案，都将不可避免地涉及各个国家的政治、经济利益，因此各国都十分重视对全球环境问题的研究，并力图在全球环境事务中发挥主导作用，保护自身利益。我国是人口大国，正处在经济快速发展过程中，对能源等自然资源有较大的需求，未来将面临来自国际的巨大环境压力。

目前，发达国家提出的“环境标准”“生态标准”等机制，含有非关税贸易壁垒性质，值得发展中国家警觉。另外，从现实的角度来说，在进行国际论坛斗争的同时，必须尽快提高我国出口产品在环境标准方面的竞争力，避免在国际贸易中处于不利地位。

第三部分是“贯彻可持续发展战略，逐步完善国民经济和社会发展计划”。

第四部分是“中西部地区经济发展必须贯彻可持续发展战略”。

11月，第11期《研究与建议》发表与欧阳进[1]合写的《物价水平持续下降的货币本质》一文。

12月24日，《中国经济导报》发表《体制阻碍消费的正常升级》一文。

12月25日，接受中央电视台记者张泉灵的访谈。访谈的主题为“2000年宏观调控的目标和任务”。

12月，撰写《需求不足是当前经济生活中的主要矛盾》的研究报告。

[1] 欧阳进，曾任国家发改委政策研究室副主任，现任国务院研究室综合司副司长。

12月，第12期《经济管理》发表《制定“十五”计划需要研究的几个问题》一文。

【按】文章共分六个话题：（一）准确把握经济社会发展所处的阶段及其任务；（二）必须着力解决需求不足的矛盾；（三）积极推进产业升级；（四）加快农村的工业化、城市化；（五）加快中西部地区经济发展；（六）搞好国有企业的改革和发展。

是年，随行国家领导人参加达沃斯“世界经济论坛”，之后访问瑞士、英国、比利时、欧盟。

是年，《中国市场》特刊发表《新中国50年回顾与2050年前瞻》一文。

是年，主编《发展计划学》一书，由中国计划出版社出版。

【按一】《发展计划学》一书由郑新立提出思路和框架，经起草组同志反复讨论形成主要观点。初稿完成后由戴桂英[1]、利广安、李朴民分别修改，由郑新立统一修改定稿。参加写作的同志还有王少平、方向东、尹艳林、吕汝良、刘成、江勇、宋群、李云林、吴微、吴越涛、张立群、张光远、张奋勤、范必、袁炳玉、黄振奇、欧阳进。

【按二】下面为《发展计划学》一书的导论节选。

中国制定和实施国民经济与社会发展计划已经有了近五十年的历史。从1953年开始实施第一个五年计划到即将结束的第九个五年计划，从高度集中的计划经济体制下的计划到社会主义市场经济条件下的计划，从百废待兴、“一穷二白”到实现小康水平，一部新中国的

[1] 戴桂英（1948—），辽宁庄河人，曾任国家计委政策研究室副主任，现任中国西部人才开发基金会常务副理事长兼秘书长。

计划史，记录着中国经济发展的足迹，铭刻着成功的经验和失败的教训，凝聚着多少人的智慧和心血。

改革开放使中国的经济发展真正进入了腾飞时期。在确立了建立社会主义市场经济体制的目标之后，计划还要不要？这一度成为国内外关注的问题和争论的焦点。在实践的探索中，人们对计划的认识不断深化。总结历史经验，特别是改革开放以来新的经验，并吸取国外一些成功的做法，我们做出了一个非常理智的选择：市场经济条件下仍然需要制订国家的发展计划，只是计划的内容、功能、性质与计划经济条件下相比，有着截然不同的变化。计划不再是社会主义经济区别于资本主义经济的基本特征，而是同市场一样，都是经济调节的手段。在社会主义市场经济调节下，计划不是要或不要的问题，而是如何适应发展社会主义市场经济的要求，更好地发挥计划的作用的问题。

为了寻求适应市场经济的新的计划形式，全国计划战线的实际工作者和研究人员，解放思想、大胆试验、勇于探索，冲破了传统观念的束缚，“摸着石头过河”，不断地对传统计划体制进行一系列重大改革。通过改革促进经济发展，并用经济发展的成效来检验改革。特别是在从计划经济体制向市场经济体制转轨的过程中，攻克了诸如物价改革、分配制度改革等一道道难关，促进了经济发展，保持了社会稳定，实现了改革、发展和稳定的相互协调和统一。目前在计划管理体制方面形成的一些行之有效的新的做法，是计划战线的同志以邓小平建设有中国特色社会主义理论为指导，在党中央和国务院的领导下，坚持不懈探求富民强国之道的结果。因此，《发展计划学》这本书，应当是计划战线全体工作人员共同的作品。

附录

1999 年	中外政治、经济大事记
1 月 1 日	欧元正式启动

3 月 29 日	第二届亚欧外长会议在柏林举行，会议通过了《主席声明》，重申各国进一步加强亚欧合作、致力于建立亚欧新型伙伴关系的决心
4 月 6日至14 日	国务院总理朱镕基访问美国，与美国总统克林顿就中国加入世贸组织发表联合声明，中美双方签署《中美农业合作协议》等文件
5 月 7 日	北约导弹袭击了中国驻南联盟大使馆，造成 3 名记者死亡，20 多人受伤
6 月 16 日	国家计划发展委员会和教育部联合发出紧急通知，决定 1999 年中国高等教育在年初扩招 23 万人的基础上，再扩大招生 33.7 万人，使普通高等院校招生总人数达到 153 万
10 月 10 日	美国经济学家罗伯特·蒙代尔（1932— ）因在国际宏观经济学领域“对不同汇率体制下货币与财政政策以及最适宜的货币流通区域所做的分析”而获得诺贝尔经济学奖
11 月 28 日	东盟 10 国和中、日、韩三国领导人举行第三次非正式会晤，并发表《东亚合作联合声明》
12 月 20 日	中葡两国政府关于澳门政权交接仪式在澳门隆重举行
12 月 31 日	俄罗斯总统叶利钦宣布辞职，普京被任命为代总统

第三编

2000年至2008年

2000年（庚辰）
五十六岁

1月，第1期《政策与管理》发表《中国宏观经济展望》一文。

1月，第一期《财经界》发表《政府投资安排新计划》一文。

【按】此文指出，2000年政府投资重点主要是：（1）加大基础设施建设力度，特别是加快铁路、公路、通信干线等重点项目建设；（2）以促进产业升级和技术进步为目标，增加企业技术改造的投入；（3）结合实施西部开发战略和全国生态环境规划，加大对西部地区生态建设和环境整治的投入力度；（4）继续支持科教等社会事业项目，增加粮食主产区粮库建设，加快经济适用房建设。

2月17日，《人民日报》发表《扩大内需：宏观调控的首要任务》一文。

2月23日，出席在京召开的新千年经济形势和房地产业走势报告会。

【按】此次报告会由中国房地产业协会主办，国务院发展研究中心党组书记陈清泰、北大教授肖灼基、建设部住宅产业化促进中心主任聂梅生、中国人民银行货币政策司副司长易纲、天鸿集团董事长、总经理李发增、万科集团董事长王石等出席，与会代表达500余人。

3月，受德国戴姆勒公司邀请，赴德国考察汽车工业。

4月，关于经济全球化问题向全国政协做题为“抓住机遇、迎接挑战、积极应对全球化趋势”的汇报。

4月25日，向中财办做《高储蓄、高投资，低收入、低消费是需求不足的根本原因》研究报告。

5月17日，《人民日报》发表《扩大假日经济效应》一文。

5月18日，出席在北京举行的主题为“实施西部大开发、加快中西部地区发展”的中外记者招待会。

6月，第6期《中国投资》发表《发展高新技术、带动产业升级》一文。

6月，出任中共中央政策研究室副主任。

【按】从2000年6月至2009年3月，先后任中共中央政策研究室副主任、第十一届全国政协经济委员会副主任，中国人民大学、中央财经大学、中国社科院研究生院兼职教授、博士生导师。

7月，出席在北京举行的“新形势下政府体制改革的任务专题研讨会”。

【按】此次研讨会由国家信息中心主办，出席会议的有吴敬琏、刘鹤、樊纲[1]、张维迎[2]、李扬[3]等20多位专家学者。

7月，第7期《宏观经济研究》发表《巩固扩大内需的政策效应、把经济回升的良好势头保持下去》一文。

7月，第13期《中外房地产报》发表《“十五”期间房地产发展面临的问题》一文。

8月，第8期《施工企业管理》发表《买方市场全面出现后的新形势、新任务》一文。

10月28日，出席在深圳市银湖国际会议中心召开的中国生产力学会第11届年会并致辞。

10月，带队赴湖北省考察粮食生产和安全问题，丁声俊随行调研。

10月，第19期《求是》发表《西部大开发要尊重自然规律和经济规律》一文。

是年，参与起草“十二五”规划。

[1] 樊纲（1953—），祖籍上海崇明，生于北京，研究员、博士生导师，中国经济体制改革研究会副会长、中国改革研究基金会国民经济研究所所长、央行货币政策委员会委员，主要研究领域为宏观经济学和转轨经济学。

[2] 张维迎（1959—），陕西吴堡人，博士生导师，北京大学国家发展研究院教授，国内最早提出并系统论证双轨制价格改革思路的学者。

[3] 李扬（1951—），安徽怀远人，中国社会科学院金融研究所所长，国家金融与发展实验室理事长；主要从事货币、银行、金融市场、财税等领域的研究；主要著作有《财政补贴经济分析》《国际资本流动与宏观经济管理》等。

附录

2000 年	中外政治、经济大事记
1 月 22 日至23 日	环印度洋地区合作联盟部长理事会特别会议在安曼举行，中国被接纳为该组织的对话伙伴国
5 月 19 日	中国与欧盟就中国加入世贸组织达成协议
7 月 26 日至29 日	首届东盟与中日韩外长会议、第 7 届东盟地区论坛会议、东盟与对话国会议先后在曼谷举行
10 月 10 日	美国芝加哥大学学者詹姆斯·赫克曼（1944— ）、美国计量经济学实验室主任丹尼尔·麦克法登（1937— ）二人因“在微观计量经济学领域发展了广泛应用于个体和家庭行为实证分析的理论和方法”而获诺贝尔经济学奖
10 月 10 日至12 日	“中非合作论坛——北京 2000 年部长级会议”通过《中非合作论坛北京宣言》
11 月 24 日至25 日	第 4 次东盟与中日韩（10+3）领导人会晤、东盟与中国（10+1）领导人会晤在新加坡举行

2001年（辛巳）
五十七岁

1月5日，出席在北京举行的中日两国经济学家第七次相聚活动。

【按】参与此次活动的有中国社会科学院常务副院长王洛林[1]，国务院发展研究中心名誉主任马洪，全国政协常委、经济委员会主任房维中，国务院研究室主任桂世镛，国务院发展研究中心研究员吴敬琏，工业经济研究所所长吕政[2]，研究员吴家骏等，与会专家就经济改革与发展中的重大问题进行了广泛的讨论。

1月20日，《中国经济导报》发表《行以车便、城以车兴》一文。

1月，第1期《党建》发表《迈上新征程、再创新辉煌——学习十五届五中全会关于"十五"计划的〈建议〉》一文。

---

[1] 王洛林（1938—），湖北武汉人，著名经济学家和教育家王亚南之子。曾任厦门大学副校长、中国社会科学院常务副院长、第十届全国政协经济委员会副主任、商务部经贸政策咨询委员会主任；现任浙江大学经济学院名誉院长、华东交通大学经管学院名誉院长。主要从事国际贸易、国际投资、世界经济、宏观经济和金融等领域的研究，著有《关于国有外贸企业转换经营机制的几个问题》等。

[2] 吕政（1945—），安徽金寨人，曾任中国社会科学院工业经济研究所所长、学术委员会主任，《中国工业经济》和《经济管理》杂志主编，主要从事工业发展理论与政策领域的研究，主要著作有《对计划与市场机制相结合的再认识》《需求约束下的工业增长》《工业经济学》《走向21世纪的中国经济》等。

【按】此文为学习《中共中央关于制定国民经济和社会发展第十个五年计划的建议》的评述文章，共分四部分：（一）坚持用发展的办法解决前进中的问题；（二）加快经济结构的战略性调整；（三）依靠体制、科技创新推动经济发展和结构调整；（四）把提高人民生活水平作为根本出发点。

1月，第1期《中国社会科学院研究生院学报》发表《抓住历史机遇、加快中华复兴》一文。

1月，第1期《政策》发表《湖北将进入一个加速发展新时期》一文。

1月，参加时任湖北省委书记俞正声在武汉召开的湖北经济发展座谈会并发言。

2月10日，出席在北京主办的新世纪经济形势与房地产走势大型报告会，并做主题报告。

3月16日，《市场报》发表《名牌战略是企业兴旺之道》一文。

4月，第4期《学习与研究》发表《今后五年经济社会发展的主要目标》一文。

4月，组织关于自主开发、制造商用大飞机（后称C919）的课题研究，在西山杏林宾馆召开了两天的论证会。时任科技部部长徐冠华和郑新立为课题组组长，梅永红等人协助组织了课题研究。研究报告送中央政治局各领导。

5月，《论抑制通胀和扩大内需》（《郑新立经济文集》（卷一））、

《论新经济增长点》(《郑新立经济文集》(卷二))、《论改革是中国的第二次革命》(《郑新立经济文集》(卷三))由中国物价出版社出版。

5月，出席在南宁召开的中共广西区委调查研究工作会议，并做题为“围绕制定和落实经济政策、搞好调查研究”的讲话。

【按】讲话共分五部分：(一)坚持把发展作为主题，围绕加快发展开展调查研究；(二)加快结构调整，围绕经济结构调整进行调查研究；(三)扩大内需，围绕扩大消费进行调查研究；(四)加快农业产业化，围绕增加农民收入问题进行调查研究；(五)加快工业化、城市化，围绕“两化”进行调查研究。

5月，第5期《学习·研究·参考》发表《“十五”计划纲要的指导方针和特点》一文。

5月，第5期《党建研究》发表《坚持以发展为主题》一文。

6月19日，出席在重庆召开的西部开发与资本市场国际研讨会，并做题为“大力吸引资金、加快西部开发”的发言。

【按】郑新立在发言中强调，筹集西部开发所需要的资金，应从以下几方面入手：(1)扶持一批有竞争力的企业集团，形成资金自我积累机制；(2)健全信用担保体系，争取更多的银行贷款；(3)积极推动企业上市，发展各类投资基金；(4)大力发展横向经济联合，吸引东部资金；(5)扩大外商投资领域，拓宽利用外资渠道。

6月，率30多名央企领导人赴美国纽约IBM培训中心，对企业股权结构和治理结构特别是董事会的作用，进行了详细深入的学习。

6月，出席企业“质量万里行”年会，并做题为“发展名牌、增强国际竞争力”的发言。

8月，第8期《求是》发表《实现跨越式发展的机遇和挑战》一文。

【按】此文共分三部分：（一）新世纪初的国际形势给中国带来的机遇和挑战；（二）经济发展新阶段面临的问题和加快发展的有利条件；（三）抓住机遇，直面挑战，奋力实现跨越式发展。

9月5日，出席“中国西部论坛”，并帮题为“提高投资回报率、增强西部对资金的吸引力”的发言。

【按】郑新立在发言中论及三个方面的话题：（一）西部地区能够找到比在东部投资回报率更高的项目；（二）抓住机遇，加大吸引外资力度；（三）大力发展横向经济联合，吸引东部资金。

9月27日，出席“十六次全国农村固定观察点工作会议”，并做题为“当前中国农村经济发展中需要研究的几个问题”的讲话。

【按】讲话原文载2001年第12期《农村工作通讯》。

讲话涉及下面几个话题。

（一）“关于农民收入问题”。农民收入问题是当前中国农业和农村经济发展中最为突出的问题，是关系全局的问题，是“三农”问题的核心。农民收入问题集中表现在水平偏低、增速下滑、城乡差距拉大，特别是粮食主产区农民收入已连续两年负增长。在1997—2000年4年间，中国农民收入增长速度分别为4.6%、4.3%、3.8%、2.1%。收入增速连续4年下降，为改革开放以来的首次。不仅如此，1998年以来，农民来自农业的收入甚至出现了连续3年的负增长。1998年农民从农业中获得的收入比上年减少 28 元，1999 年比 1998 年又减少 53 元，2000 年比 1999 年再减少 48 元。农民来自农业的收入连续 3 年绝对额减少，这也是改革开放以来从没有过的。在农民收入总体性下滑的态势中，粮食主产区及纯农户农民的收入形势尤为严峻，增速更慢甚至减收。1999 年以来，全国纯农户和以农业为主的兼业户人均纯收入连续两年绝对额减少。1999 年后全国农户人均增收 48 元，纯农户和以农业为主的兼业户人均则减收 13 元；2000 年全国农户人均增收 21%，纯农户和以农业为主的兼业户人均则减收 1%，减幅超过了 20 元；两年合计，纯农户和以农业为主的兼业户人均共减收 33 元。今年上半年农民收入增长势头虽然较好，但增长点主要集中在沿海地区，广大的中西部地区尤其是粮食主产区农民收入增长仍然不快，全年的增收形势仍很不乐观。

农民收入增速下滑，使一度曾有所缩小的城乡居民收入和消费差距呈现再度扩大之势。农民收入增速下滑，城乡收入差距拉大，不仅降低了农民的生产经营积极性尤其是务农积极性，一些地方甚至出现了撂荒现象，这直接危及农业的基础地位，对农业的健康发展十分不利。

（二）“关于农业产业化问题”。农业产业化经营是实现中国农业现代化的重要途径。大力推进农业产业化经营，引导农民按照市场需求组织生产并参与农产品加工和流通，提高农业的整体素质和竞争能力，增加农民收入，是今后一个时期中国农业和农村经济发展的重要内容。

从世界农业发展的进程看，自工业革命后，随着科学技术的进步和市场关系的完善，农业由自给自足的状态逐渐转变为高度商业化的状态，农业与工商业的关系日益密切。20 世纪 50 年代初，美国经济学家戴维斯等人提出了“农工商综合企业”和“农业一体化”的概念，从而在理论上确立了农工商一体化产业的地位。20 世纪 60 年代以来，农业一体化经营在西方国家发展很快，经营领域不断扩大，发展水平不断提高，如在美国、荷兰、丹麦等农业发达国家，农业一体化经营的产值在农业总产值中所占的比重已经超过了20%。农业产业一体化经营已成长为世界农业发展的一种重要模式。在中国，农业产业化经营是农民群众在实践中的伟大创造。尽管这种经营方式在农村出现的时间还不长，但由于其组织形式的有效性和运行机制的灵活性，从一开始就受到了广大农民的热烈欢迎和积极参与，表现出了强劲的发展势头和旺盛的生命力，成为中国农业和农村经济的一种重要的经营方式。从发展实践看，产业化经营对中国农村经济发展具有强大的带动作用。首先，产业化能够有效地带动农业的商品化和市场化。其次，产业化能够有效地推动农业的规模化、区域化和社会化。

（三）“关于农村工业化问题”。

（四）“关于农村城镇化问题”。农村城镇化是中国经济和社会发展的一个重大战略。在农村工业化的基础上推进农村城镇化，转移农村人口，提高城镇化水平，可以为中国经济发展提供广阔的市场和持久的动力，是优化城乡经济结构，缩小以致消除城乡差别，促进国民经济良性循环和社会协调发展的重大措施。

（五）“关于农业国际化问题”。中国加入世界贸易组织的各种谈判已经圆满结束，加入世界贸易组织在即。加入世界贸易组织后，中国农业的发展将置于国际化的环境之中。我们可以充分利用国内和国际两种资源、两个市场，增加更多的增长机会，同时也会面临更加激烈的国际竞争。面对即将到来的新环境，我们要做好各种准备，把握WTO的基本规则，采取审慎的对策，抓住机遇，扬长避短，兴利除弊，迎接挑战，保证我国农业与世界接轨的同时能够健康顺利发展，适应农业国际化发展的要求，农村固定观察点工作一定要把观察和研究加入WTO后中国农业的发展问题作为一个重点。

首先，要观察和研究我国农业的比较优势。加入WTO后，中国的农产品能否抵御国外农产品的冲击，能否在国际市场上获得竞争力，关键取决于能否充分发挥中国农业的比较优势，能否按照比较优势原则配置农业资源和组织农业生产。农业的比较优势是由农业资源的相对结构决定的，不同国家和地区农业资源的相对结构不同，农业的比较优势也就不同。中国农业资源结构的总体特征是，人多地少，土地及其他自然资源十分短缺，劳动力资源比较丰富。所以，中国农业的比较优势领域是劳动密集型和土地集约型产品的生产，而不是土地密集型产品的生产。如粮、棉、油、糖等土地密集型产品就不具有竞争优势，而蔬菜、花卉、绿色盆景植物、水果、水产品、畜产品等劳动密集型和土地集约型产品则具有竞争优势。农业结构调整应以土地集约型产品的生产和经营为基本方向，多发展劳动密集型产品和土地集约型产品。通过增加投入，发展设施农业，提高土地的产出率，并通过增加科技投入，提高产品的科技含量和品质，使劳动密集型产品提高为技术密集型产品，进而扩大出口，通过国际贸易换回我们所不具有比较优势的土地密集型产品。在中国的资源格局下，出口劳动密集型产品就等于出口劳动，而进口土地密集型产品就等于进口土地，这样的结构安排有利于提高中国农业的整体素质和水平，也有利于中国农业参与国际竞争和从国际市场获得利益。另外，发展劳动密集型产品和土地集约型产品，还有助于增加农民收入。一项研究表明，在生产结构方面，农户劳动密集型产品和土地集约型产品的生产比重每提高 1 个百分点，收入即可增加 22 元。发展劳动密集型产品和土地集约型产品对增加农民收入的效果十分明显。我们要抓住加入 WTO 的难得机遇，扩大优势产品出口，成为世界上的水果、蔬菜、花卉、水产品、畜产品等出口大国。在农业比较优势方面，农村固定观察点工作要充分利用自身的有利条件，具体分析不同地区农业的比较优势，具体观察和分析不同农产品的优势或劣势程度，为农业结构调整和优化提供科学依据。

其次，要观察和研究开发中国农业比较优势的有效措施。中国传统农业在集约利用土地方面积累了丰富经验，中国农民有着生产和经营劳动密集型和土地集约型产品的优良传统，这些都是我们发展现代劳动密集型和土地集约型产品生产的宝贵财富。如何在传统农业经验的基础上，利用现代科学技术和经营管理，充分开发中国农业的比较优势，使优势产品扩大出口，占领国际市场，是一个需要认真研究的重要问题。

9月，参加国家节能考察团赴埃及、南非，在南非萨索公司，详细考察了煤炭间接液化技术。

10月，第10期《中国市场》发表《从“江阴板块”看苏南乡镇企业的巨变》一文。

【按】文中的“江阴板块”讲的是江苏江阴，江阴地处长江三角洲腹心地带，苏、锡、常经济带的北部，新建成的江阴长江公路大桥使这里成为水陆交通枢纽。早在20世纪80年代初，江阴的乡镇企业就开始发展，成为乡镇企业的发源地。改革开放二十多年来，江阴乡镇企业由小到大、由乡村集体经济组织发展为现代公司制企业，涌现出像法尔胜、双良、阳光、澄星、三毛、精亚、电工合金、蝙蝠、申达等一批明星企业。目前全市股票上市的企业已有10家，其中除一家是市属国有企业外，其余9家均为原来的乡镇企业。作为一个县级市，有这么多企业上市，而且业绩良好，在全国是仅有的，被称为股市上的“江阴板块”现象。江阴乡镇企业的发展变化是苏南乡镇企业的缩影，展示了中国农民的无穷创造力，代表着中国乡镇企业的发展方向。

11月9日，出席在北京举行的第十二届世界生产力大会，并做题为“全球化条件下中国产业升级的趋势和途径”的发言。

12月，第24期《宏观经济论坛》发表《抓住机遇、积极应对全球化趋势》一文。

【按】此文分三部分。

第一部分讲的是经济全球化的基本特征和趋势。

第二部分讲的是经济全球化对中国经济的影响。

经济全球化和加入世界贸易组织有利于中国扩大出口和利用外资，但也会加剧国际市场的竞争，中国出口和利用外资的形势仍很严峻。

（一）经济全球化对中国对外贸易的影响

首先，经济全球化为中国对外贸易创造了新的发展契机。全球化发展趋势扩大了各国市场的对外开放，增强了各国经济之间的相互往来，为中国对外贸易发展创造了更多的机会。对美贸易：美国经济仍将呈现持续增长势头，市场规模在继续扩展。美国的消费和投资将继续保持一定的增长，并创造更多的贸易机会。结构调整主要是转向信息产品和生物技术产品、微电机系统、网络技术推出的新产品和电子商务交易的商品，以及传统的生产和消费部门以创新为基础的产品。预计进口需求可能趋于增长，这将为中国机电产品和非传统贸易品出口创造新的发展机遇。对欧贸易：中国对欧贸易和出口的总额均低于对美贸易和出口总额，对欧出口和贸易的潜力还很大。21 世纪初，欧盟各国的消费和投资增长预期将出现上升的态势。但需求上升最快的产品仍是高收入和需求弹性大以及高附加值的产品和服务，需求趋于萎缩的将是传统的生产品和消费品市场。因此，2001—2005 年中国对欧贸易如能更好地适应欧洲市场需求的变化，则可以取得突破性进展。日本和发生金融危机的亚洲国家经济正在逐步复苏，中国对这一地区的贸易将出现恢复性增长。虽然近期经济终于实现了正增长，但是否真正走出低迷变数较大。新兴市场国家将被迫加大对外开放的力度，使中国质量高、售后服务好的适销对路产品仍有很大的市场开拓空间。

其次，经济全球化也对中国对外贸易提出了挑战。一是高新技术产业的对外拓展面对更强劲的全球竞争挑战。发达国家依托新科技革命成果建立起来新技术产业，谋求新一轮的国际竞争优势。同时建立起以技术进步为动力的全球化创新、生产和销售体系，使之成为国际贸易领域增长最快、争夺最激烈的部分。在这种情况下，中国高新技术产业的发展和国际化经营战略面临强劲的挑战。二是机电等制造业的对外发展面对跨国公司全球化战略的挑战。在经济全球化进程中，跨国公司利用其技术和市场竞争优势，加快了全球市场扩张速度。尤其是日本及东亚国家和地区加大了机电产品出口和全球化扩张速度，中国机电部门的出口增长将面临越来越严峻的形势。三是传统出口产业面对全球需求萎缩和新竞争者进入的挑战。全球传统的配额和反倾销贸易壁垒依旧存在，技术壁垒和环保标准等新限制也更趋于严厉，成为中国传统工艺和技术的纺织品、服装产品出口进一步发展的主要制约因素。

（二）经济全球化对中国吸引外资的影响

经济全球化的发展，使中国利用外资更易受国际经济环境变化的影响，这种影响将通过国际商品市场和国际资本市场迅速传递到国内经济中，发达国家及主要经济伙伴国的经济状况与中国经济发展息息相关。利用外国直接投资的有利条件，一是发达国家经济状况趋好带动全球投资增加。发达国家在国际直接投资资本流出额中居绝对主导地位。发达国家经济发展快，跨国投资活动就活跃，反之亦然。因此，发达国家经济的繁荣与衰退将直接影响国际直接投资资本的多少，同时影响中国利用外资的规模和国别结构。今后 5 年，世界经济将呈现持续增长的势头，国际直接资本投资也将有较大幅度的增加，尤其是跨国公司投资将有新的发展。这将非常有利于中国进一步吸引外商直接投资，特别是国际著名跨国公司来华投资办厂，提高利用外资的质量和档次。二是信息技术革命促进了跨国公司的全球扩张。信息高速公路和多媒体技术降低了跨国公司的内部管理成本，通过因特网开展电子商务，可以显著降低由于时间和地域障碍而产生的交易成本。这些技术进步有利于克服欧美跨国公司对中国由于地域隔阂带来的投资管理困难。三是多边贸易谈判从国际制度环境方面促进跨国公司的投资。《与贸易有关的投资措施协议》和电信贸易自由化协议、金融服务贸易自由化协议，降低了跨国公司投资的市场准入壁垒。按照 WTO 协议的要求，中国将扩大向外商开放投资领域，提高政策一致性、透明性和稳定性，这将成为吸引外资的推动力量。对中国吸引外资的不利因素，一是外部冲击可能导致的经济动荡将影响外商投资信心。经济开放程度的提高，使中国经济面临出口冲击、进口冲击、汇率冲击、利率冲击、国际债务冲击等。这些冲击都有可能导致经济秩序混乱，使外国投资者对经济发展前景失去信心，新增外商投资减少，利润再投资减少，资本外逃增加，利用外资可能会出现严重倒退。二是不合理的金融自由化不利于中国吸引外商直接投资。国际短期资本大量流入，短期内房地产、证券等高风险领域出现泡沫；一旦主要宏观经济指标恶化，短期资本迅速抽逃，使金融危机发生的可能性增大，同时导致外国直接投资者的驻足观望，出卖股份、抽回利润，造成直接投资存量和增量的减少，从而严重损害利用外资发展经济的长期战略。

（三）加入 WTO 对中国国民经济的影响

在全球范围内按照最佳效率原则，优化资源配置、加快各国经济融合为主要特征的经济全球化，已成为不以人的意志为转移的世界潮流。为此，不少国家都在积极调整政策，争取最大限度地分享经济全球化的好处。加入世界贸易组织的政策框架是“双刃剑”，既会给我们带来前所未有的发展机遇，又会使我们面临严峻的挑战。综合分析加入 WTO 对中国经济的有利方面和不利影响，总的来看，是利大于弊，机遇大于挑战。能不能抓住机遇加快发展自己，把可能带来的消极影响降到最低限度，关键取决于我们能否对未来的机遇和挑战有清醒的认识，能否采取有效的应对措施。

一方面，加入 WTO 会给中国发展带来机遇与利益。尽早加入 WTO，可使中国更好地融入世界经济主流，在重组的世界经济格局中占据较有利的地位。从近期看，可为经济发展带来历史性机遇。从长期看，将会有助于中国实施赶超战略，缩短中国追赶发达国家水平的时间。第一，极大地改善对外贸易条件，加大国外需求对经济增长的拉动作用。中国是发展中国家，尽管有巨大的发展潜力，但由于发展水平低，购买力有限，要保持经济的快速增长，必须在相当长一段时期内尽可能多地利用国际市场。加入世界贸易组织后，可以进一步为我们扩大国际市场份额提供有利条件，对拉动经济增长的积极意义是明显的。第二，有利于规范和改善国内投资环境，吸引更多的外商投资。加入 WTO 后，中国将进一步开放外商投资领域，对外资企业实行国民待遇，与贸易有关的经济政策的透明度将进一步提高。这些都意味着投资环境的重大改善，会有更多的外商投资中国。第三，有利于推进中国产业结构调整和优化，提高中国企业的竞争力。加入 WTO 后，竞争带来的生存压力会促使国内企业增强提高技术创新能力的紧迫感，加快产业结构调整，促进企业重组，淘汰落后设备和工艺，降低成本。第四，可以更多地利用国际资源。国内市场的进一步放开，有利于我们提高对国际资源的利用率。WTO 的投资互惠原则也有利于国内企业发挥自身优势，拓展海外市场、扩大对国际市场的利用。第五，有利于加速中国社会主义市场经济体制和运行机制的形成。WTO 的政策框架是完全按照市场经济的运行机制设立的。加入 WTO 后，意味着我们要遵守 WTO 的基本原则，增强决策的透明度，建立公平的市场竞争环境，减少政府对经济的行政干预，健全法律、法规体系，加强法制化管理等。这些都有助于加快完善中国社会主义市场经济体制。

另一方面，加入 WTO 也会给中国经济带来挑战与冲击。第一，部分产业发展一定时期内将受到一定程度的影响。由于中国经济科技发展水平还较低，产业的国际竞争力还比较差，市场经济体制和运行机制不健全，要在短时间内引入新的政策框架体系，一些发展还不成熟的产业将面对激烈的国际竞争，的确会使我们面临一些严峻的挑战甚至冲击。加入 WTO 后受冲击大的主要是那些国家长期保护、垄断经营的行业，如农业、汽车行业、石化行业、通信业、金融业、流通业、音像业和旅游业等，其中的部分企业将会倒闭或被收购。第二，中国利用外资规模的增长有可能出现新的变化。利用外资规模的增长有可能放慢。由于中国对市场保护的措施削弱，国外产品直接向中国出口的障碍减少，外商有可能由到中国投资生产，转为直接输入商品。一些对外资的超国民待遇逐步取消后，看中这些优惠的中小企业，包括港澳台的企业来华投资积极性也会受到影响。由于放宽了外资企业在国内融资的限制，外商会将原来在境外融资改为在境内融资，外资的流入会相应减少。根据《与贸易有关的投资措施协议》的有关规定，以往我们要求外商转让技术的手段和方式也不能再简单沿用，通过吸收外商投资获得所需技术的难度加大。第三，国内现行管理体制要作较大调整。由于中国政府制定的各类公共政策多是为保护国内产业，加入WTO后，这些传统的政府手段和实施方式将不再适用，需要进行系统的检查和分析，并要替代以新的政策手段和实施办法。这些方面的政策对国内经济的影响是非常广泛的，如果短期内集中调整，有可能引起各方面的不稳定。

第三部分讲的是抓住机遇，迎接挑战，提高对外开放水平。

是年，为《中国电子商务蓝皮书（2001）》一书撰写题为“积极推动电子商务的发展”的序言。

【按】《中国电子商务蓝皮书（2001）》一书由曾强、王潼主编，经济出版社出版，全面反映了2000年中国电子商务发展的现状，介绍了中国有关电子商务的行政法规，对解决网上结算、电子商务配送、电子认证体系、电子商务税收等问题进行了探讨。这是中国第一本反映电子商务发展的蓝皮书。

附录

2001年	**中外政治、经济大事记**
6月15日	上海合作组织成立
10月10日	美国加州大学教授乔治·阿克洛夫（1940—）、美国斯坦福大学教授迈克尔·斯宾塞（1943—）、美国哥伦比亚大学教授约瑟夫·斯蒂格利茨（1943—）三人因在信息经济学领域

“为不对称信息市场的一般理论奠定了基石，他们的理论迅速得到了应用——从传统的农业市场到现代的金融市场，他们的贡献来自现代信息经济学的核心部分”而获得诺贝尔经济学奖

11 月 10 日　中国加入世界贸易组织

12 月 27 日　美国正式宣布给予中国“永久性正常贸易关系”地位

2002年（壬午）
五十八岁

1月22日，接受《农民日报》记者以“北京周边地区如何融入首都经济圈”为话题的采访。

2月，第2期《学习与研究》发表与肖万钧[1]合写的《加快中国农业发展和实现农业产业化的必由之路》一文。

【按】文章共分三部分。

（一）农业产业化经营是将千家万户生产与千变万化市场衔接起来的有效形式，是中国农村发展社会主义市场经济的成功之路。

农业产业化经营最本质的特征是“贸”字当头，产加销一体化。如何把生产加工的产品销售出去，决定产业化经营的成败。这种机制促使龙头企业及时了解市场需求，预测市场变化。龙头企业一头连着市场，一头连着农户，按照市场需求组织加工，按照加工需求安排生产，在农户与市场之间架起了桥梁。农户生产的产品，经过龙头企业加工销售，源源不断地流向国内外市场。我们在山东诸城市考察的肉鸡饲养、加工、销售一条龙，就是一个突出的典型。这条“龙”由

[1] 肖万钧（1934—），河北昌黎人。高级经济师，曾任中共中央政策研究室副主任。现任中国合作经济学会副会长，中国供销合作经济学会副会长。

市外贸公司为龙头，先后建立了良种鸡繁殖场、饲料加工厂、屠宰冷冻厂、熟食加工厂，从良种繁育、饲料生产、肉鸡饲养，到屠宰、加工、销售，形成了比较完整的产业链条。龙头企业对养鸡户实行“四到户、三赊销”。鸡雏送到户，饲料送到户，防疫到户，收购到户。赊销鸡雏、饲料、药品，售鸡后统一结算。龙头企业带动附近8个县（市）、68个乡镇、23万个养鸡户，饲养规模达到8 000万只。每年加工肉鸡15万吨，出口肉鸡35万吨，占全国出口总量的1/10以上。通过这种经营形式，农民饲养的肉鸡不但销往国内上百个大中城市，而且销往日本、韩国、新加坡、南非等16个国家和地区。诸城推广养鸡一条龙的经验，先后办起了950家农产品加工企业，相继发展了粮油、畜禽、棉麻、蔬菜、果品、蚕桑、烤烟等10项主导产业，与全市80%的农户建立了稳定的产销关系，75%的农副产品就地加工转化。全市实行产业化经营以来，农产品商品量增加一倍多，不但没有出现卖难问题，而且增值15倍，农民人均纯收入由950元增加到3 560元。我们在调查中欣喜地看到，在农业产业化发展快的地方，不仅涌现出一批市场驰名的产品，而且形成一批具有市场竞争力的支柱产业。有的大型龙头企业建立了农产品电子商务网络，与国内外农产品批发市场联网。只要一点鼠标，便可了解全国乃至全世界主要农产品市场供求状况、交易价格及变化趋势。同时，向全国乃至世界发布所覆盖地区农产品上市和预上市信息。求购方可根据需要，提前在网上订货，产品在异地交割。这样，有形市场与无形市场结合，网上交易与网下交割结合，有效地提高了农产品的交易效率，降低了交易成本。这些情况说明，推进农业产业化经营的过程，就是农户小规模生产与国内外大市场对接的过程，也是按照市场需求，调整农村产业结构，促进产业优化升级的过程。

（二）“农业产业化经营可以有效地扩大经营规模，采用现代技术设备，是中国实现农业现代化的必由之路。”中国农户经营规模狭小，每户耕种三五亩地，五谷杂粮都种一点，鸡、鸭、鹅、兔都养几只。这种小而全的经营方式，使土地产出率、劳动生产率、产品商品率都比较低，这是扩大市场占有率的重要制约因素。怎样改变这种情况，实现农业现代化，是长期困扰我们的难题。农业产业化经营为破解这个难题开辟了有效的路子。

农业产业化经营，是围绕某种主导产品形成的，是专业化的生产，而不是小而全的生产。在实行产业化经营的过程中，龙头企业为了获得稳定的货源，要求原料基地相对集中，形成批量生产；农户借助龙头企业的配套服务，不断扩大生产能力，获得规模效益。这两方面的动因，形成扩大农产品经营规模的合力。不少龙头企业的经营区域，不仅跨村、跨乡，而且跨县、跨省，形成较大规模的产业群体。河南春都集团把生猪饲养、屠宰、加工、销售连接起来，带动4个省、50个县（市）、500多万农户，生猪饲养规模达到2 000万头。江西赣南果业股份有限公司，从事赣南名果脐橙的冷藏、加工、运销，带动附近9个县（市）、101个乡镇、上百万户果农，形成200万亩的脐橙生产基地。我们在调查中看到，在农业产业化经营发达的地方，到处都有几万亩、十几万亩、几十万亩的产业带，几百户、几千户、上万户组成的产业群。在这些产业带和产业群的聚集区，每个农户都围绕当地主导产品，从事专业生产，涌现大批专业户、专业村、专业乡，形成较大规模区域性的专业生产。有的蔬菜、瓜果、花卉种植区，实行工厂化种植、集约化管理的温室大棚，成方连片，绵延几十里，汇成一片“白色海洋”。其规模之大、效益之高，令人惊叹。对实现农业经营规模问题，我们长期以来把希望寄托在扩大土地经营规模上。中国农村有3亿多劳动力，几十年后即使转移出一半，每个农户经营的土地扩大一倍，仍难以改变小规模经营的状况。实行农业产业化经营，按不同的产品，由龙头企业把从事同类生产的农户连接起来，既不改变家庭承包经营形式，又可以大范围地扩展经营规模。因此，中国农业实行规模经营，不应只着眼于扩大土地的经营规模，而应着力于扩大产品的经营规模。按照不同产品形成各有特色和优势的产业带、产业群，将成为中国农村实行规模经营的主要形式。

农业产业化经营，不仅能够获取规模效益，而且能够促进现代技术设备的运用，加快现代要素进入再生产的过程。农业产业化经营以最终产品占领国内外市场，提高经济效益为目的。为适应日益激烈的市场竞争，龙头企业从种养管理到产品储藏加工各个环节，配套地引用处于国内外前沿的高新技术和现代设备。我们考察的大型龙头企业，在种植上采用种苗脱毒、无土栽培、自动控制光温等先进技术；在养殖上引进最优良的品种，采用最科学的饲料配方，实行工厂化饲养；在加工储藏上引进国内外最先进的屠宰、分割、分级、包装、制冷设备，形成现代化的生产流水线，用计算机控制生产全过程。有些龙头企业按照国际公认的质量标准，对产前的环境质量、产中的农资投入和栽培饲养、产后的加工储藏各道工序，执行统一的规格标准，并实行严格的监测检验制度。有些产品不仅通过了ISO9000国际质量认证体系，而且通过了ISO14000国际环保认证和国际有机食品标志认证。有的龙头企业生产加工的产品，不仅创出国内知名品牌，在国外市场也有一定的知名度，有的被国外客户指定为定点生产厂家，被国外超级市场确定为A1级产品，从而扩大了市场占有率和出口创汇率。看来，通过推进产业化经营，按照不同的专业生产，一条龙地采用现代设备和先进技术，是中国农业实现现代化的重要途径。

（三）“农业产业化经营，可以有效地促进农村第二、第三产业的发展，大幅度提高农村经济的效益。”长期以来，在计划经济体制的桎梏下，农产品生产、加工、销售互相分割，农业、工业、商业互相分离，农民只从事原料生产，这是中国农业效益低的主要原因，也是开拓农产品市场的制约因素。目前，发达国家农产品加工业产值，相当于农业产值的3～5倍。美国农业产值不到1 000亿美元，食品工业产值达到5 000亿美元，农产品变成食品增值5倍，中国只增值0.5倍。农业产业化经营为改变历史形成的这种状况，开辟了广阔的道路。这种经营体制，使各种生产要素突破地域界限、行业界限、城乡界限，使城镇的技术、人才、资金、物资、信息与农村的土地、劳力、原料等资源有机地结合起来，广泛发展以农副产品加工为主体的乡镇工业以及相应的储藏业、运输业、销售业。第二、第三产业的蓬勃发展，使农村出现更多的龙头企业，实现农产品多次加工转化，多次增值增效。我们在考察中看到，不仅畜禽、蔬菜、果品、水产品的精深加工有着巨大的增值潜力，粮食加工也可大幅度提高效益。吉林省大成实业集团，年加工玉米60万吨，先后开发了变性淀粉、淀粉纤维、淀粉糖、氨基酸、酒精、生化食品等8个系列的产品。一吨玉米价值不过1 000元。加工成淀粉，价值1 800元，增值近一倍。淀粉加工成糖，价值4 000元，增值两倍多。糖加工成氨基酸，价值12万元，增值三倍多。再加工成生化药品，增值十几倍。这个企业集团，1998年实现产值3亿元，1999年增到7亿元，2000年增到23亿元。有些地方随着农业产业化的发展和农业效益的提高，城镇工商企业拿出大量资金投入农产品开发、加工、销售领域。仅浙江省工商企业即向农业投资一百多亿元，开发名优特新产品，建立种植、养殖、加工出口基地。这些工商企业不仅把资金投向农业，而且把现代经营理念、管理方式引入农业，实行公司制运作、工厂化生产、企业化管理，成为新型的农业企业。中国农业人口比重大，国家财力底子薄，不可能像有些发达国家那样由政府拿出巨额资金补贴农业。通过推进农业产业化经营，提高农业自身的经济效益，吸引工商企业向农业投资，开辟了利用社会资金促进农村第一、第二、第三产业协调发展的新路子。中国农村发展第二、第三产业，特别是农产品加工业，有着巨大的潜力和广阔的前景。从食品消费结构的变化看，直接谷物消费减少，加工食品增加，将是一个必然趋势。在发达国家居民的餐桌上，70%～80%的食品已经不是直接消费的谷物，而是经过多层次加工的产品。中国是一个12亿人口的大国，在人民生活由温饱向小康迈进中，对成品半成品食品的消费需求越来越大，食品工业完全可能成为国民经济的重要支柱产业。中国的农产品加工成各种高档次的食品，不要说像发达国家那样增值五倍，就是增值一倍，何愁农民不富，何愁农区经济实力不强！推进农业产业化经营，不仅是富裕农民的根本之计，而且对加快中国农村城镇化、城乡一体化的进程有着深远的意义。

3月，第3期《学习与研究》发表与肖万钧合写的《学习国外先进经验、推进农业产业化经营》一文。

【按】此文共分两部分。

第一部分讲的是“发达国家发展农业的共同经验”。世界农业发达国家从20世纪50年代开始，均先后走上农业产业化经营的道路。当时，第二次世界大战刚刚结束，发达国家的殖民体系相继瓦解，农产品不能再靠殖民地供给，必须大力发展本国的农业。在市场需求的拉动下，不断调整农业结构，畜牧业成为发展的重点，食品工业成为重要的产业。畜牧业产前、产中、产后的关联度相当强，生产、加工、销售需要连成一体。于是，产业化经营应运而生，西方国家称为“农业一体化”。农业一体化，最初出现在养鸡业。肉鸡加工厂与养鸡户签订产销合同，加工厂负责供应鸡雏、饲料、收购、加工、销售，养鸡户负责饲养。加工厂根据市场需求，调控饲养规模。在养鸡业一体化的带动下，养牛、养猪、蔬菜、水果、谷物种植业相继实行了一体化经营。通过一体化经营，农场主生产的农产品有了稳定的销售渠道，并实现了加工增值。由农场主联办的合作社性质的加工销售企业，税后利润大部分返回给农场主。因此，发达国家的农场主大多数都参与农业一体化经营。从世界各国看，哪个国家农业产业化程度高，农产品竞争力就强，在国际市场占有份额就大。尤其是人多地少的国家，农产品要在国际市场上占有一席之地，更要走产业化经营的道路。美国、加拿大、澳大利亚等人少地多的国家，农产品在国际市场上竞争，可发挥经营规模大、成本低的优势。人多地少的国家缺乏上述条件，农业的发展则要从实行产业化经营找出路，荷兰、丹麦就是突出的典型。荷兰、丹麦都是很小的国家，耕地面积只相当于中国的2%，却成为世界上的农业强国和出口大国。荷兰农产品出口量仅次于美国、法国，占世界第三位。丹麦猪肉出口量占世界第一位。两国农业的共同特点是产业化程度高，都有自己的主导产业，种养业产品全部经过加工进入市场。荷兰农业围绕三个主导产业，形成三个产业带。西部沿海是花卉园艺产业带，中部是奶类产业带，东部和南部是猪、鸡产业带。每个产业带都有配套的信息收集、产品开发、生产加工、市场营销体系。以花卉产业为例，在世界各地建立了信息网络，能够及时掌握各国花卉市场的最新动向。研发中心根据各地的最新需求，培育最新的品种。这些新品种，利用温室设施进行工厂化生产。这些温室设施已高度现代化，室内的温度、光照、二氧化碳浓度、植物所需的各种营养成分，都由电脑自动控制。温室生产出来的各种鲜花，由7个批发市场向世界各地拍卖。成交后，在24小时内运送到客户手中。花卉产业每年出口创汇四百多亿美元。丹麦的主导产业是肉猪的饲养加工。全国4个猪肉加工厂，把所有的养猪户连接起来。不仅收购养猪户的成猪，而且提供良种、饲料、防疫、技术指导等服务。其中最大的加工厂是属于5 000个养猪大户所有的大型联合企业，年屠宰量270万头，加工成数百种分割肉和肉制品，75%的产品销往国外，加工增值的大部分返还给养猪户。荷兰、丹麦通过推进农业产业化经营，成为当今世界农业高度发达的国家，为人多地少的国家开辟了发展农业的成功之路。

中国作为人多地少的国家，农业的发展更应走产业化经营的道路。由于历史、经济、社会等多种原因，中国农业产业化经营比发达国家滞后几十年，农产品商品率、加工增值率、出口创汇率比发达国家低得多。巨大的差距，正蕴藏着巨大的潜力。我国蔬菜畜禽加工出口，都有一定的价格优势。我们在山东调查，当地猪、牛、羊肉价格仅为国际市场价格的1/20，畜禽产品加工属于劳动密集型产业，肉鸡、肉鸭的去毛分割，都需要手工操作。中国的劳动力成本比发达国家低得多，这是在国际市场竞争中的重要优势。近年来，欧洲有些国家发生疯牛病、口蹄疫，需要进口禽类产品，这为我们扩大禽类出口提供了重要商机。花卉出口前景更加广阔。世界花卉市场年交易额约2 000亿美元，中国花卉出口额26亿美元，仅占千分之一左右。中国花卉资源丰富，品种繁多，又有适宜的自然条件。荷兰由于纬度较高，气候寒冷，光照不足，种植花卉要投入巨资建造现代化温室。中国多数地方可实行露天栽培，成本低得多。中国花卉通过产业化经营，形成一项大的产业，占领世界花卉市场 10%，就可创汇 200 亿美元，这是相当可观的数字。就是目前高于国际市场价格的粮食，通过精深加工进入国际市场，也是可以有所作为的。我们考察的诸城仁木食品有限公司，是由日商投资的面食加工企业，产品通过了国际质量认证，在东京国际食品博览会参展后，订单接连不断，产品供不应求，年出口面制品 8 000 吨，产值 16 亿元，创汇 2 000 万美元，成为中国最大的面食品出口基地。这些情况说明，通过推进农业产业化经营，中国许多种养业的产品，都可以打入国际市场，农业可以成为重要的出口创汇产业。

第二部分“大力推进中国农业的产业化经营”分三个小节。

（1）农业产业化经营将成为中国农村重要的经营形式。

中国农村经营体制改革，是从实行家庭承包经营突破的。这项改革使亿万农户成为市场的主体，焕发出巨大的生机和活力，有效地解放和发展了农村生产力。随着改革的深化、社会主义市场经济体制的逐步确立，分散经营的农户如何与日益发育的大市场衔接起来，如何实现商品化、专业化、现代化大生产，成为势必解决的问题。于是，农业产业化经营应运而生。家庭承包经营与农业产业化经营，是有内在联系的统一整体。前者是后者的必要准备，后者是前者的必然发展。在这个发展过程中，中国农村经营体制必须坚持以家庭承包经营为基础。在此基础上，继续以社区为单位完善统分结合的双层经营体制。同时，围绕不同的专业生产，积极发展产业化的经营体制。实行产业化经营体制，家庭承包经营的功能不但没有削弱，而且由于龙头企业的配套服务和专业化分工的加强，使家庭经营的内容更加多姿多彩并不断提高经营水平。从某种意义上说，这是一种更广泛和更高层次的统分结合的经营体制。分，仍然保持家庭分户经营；统，则由龙头企业承担了某些社区的服务功能。这种经营体制，是一种更加适应社会主义市场经济的生产经营方式和产业组织形式，它一出现就显示了旺盛的生命力和广泛的适应性。发展的地域越来越广，涉及的行业越来越多，覆盖的范围越来越大。据 2000 年统计，已涌现农业产业化经营组织66 700个，带动农户5 900多万户，占全国农户总数的25%。在中西部地区，农业产业化经营也取得可喜的进展。从全国来看，正呈现着方兴未艾的发展势头。可以预见，随着专业性商品生产的发展，中国农村将出现更多的不同内容、不同规模的“龙型”经济。这种“龙型”经济将成为农村重要的经营形式。一条龙联合一批专业农户，一条龙形成一项主导产业。一条龙地实现规模经营和集约经营，一条龙地实现农业的专业化、社会化、现代化。经过几年、十几年、几十年的发展历程，大大小小的成千上万的“龙”逐渐覆盖农村大地，呈现群龙腾飞的局面，中国农业现代化、农村工业化、城乡一体化将进入新的发展阶段，农村经济社会将呈现新的面貌。

（2）要把推进农业产业化经营，作为解决我国农业、农民、农村问题的重大战略举措。

（3）总结各地的实践经验，推进农业产业化经营，应着力抓好三个关键环节。一是办好龙头企业。龙头企业具有开拓市场、引导生产、深化加工、强化服务的综合功能，其经济实力的强弱、科技含量的高低、带动能力的大小，决定着产业化经营的规模和成效。从某种意义上说，农产品市场竞争实际上是龙头企业的竞争。因此，应把龙头企业建设作为推进产业化经营的重中之重，努力建成一批经济实力强、科技含量高、辐射范围广的龙头企业，形成一批能够与国外农产品加工流通企业相抗衡的“联合舰队”。二是建好生产基地，成为龙头企业的依托、连接农户的载体。基地建设应努力做到布局区域化、生产标准化、服务系列化。每片基地都要突出特色，争创名品，培育精品，扩大优品，打出独特的品牌，形成大批量生产。产前、产中、产后各个环节和各道工序，都要努力达到国际公认的质量标准，以取得进入国际市场的通行证。三是发展中介组织，作为联系龙头企业和农户的纽带。因地制宜地发展各种农民联办的专业合作社、专业协会。通过中介组织，龙头企业与农户结成利益共享、风险共担的共同体，形成互惠互利的关系。同时，国家在资金、税收等方面应加大对龙头企业的扶持力度。还可考虑从每年发行的国债中切出一块，由财政贴息，用于扶持龙头企业。对农产品加工企业增值税进行合理的调整，对具备条件的龙头企业申请进出口权和在境外办加工企业简化审批手续。

3月，第3期《宏观经济研究》发表《当前宏观调控中亟待研究解决的几个问题》一文。

【按】本文共分五部分：(一)关于提高消费率问题；(二)关于增加农民收入问题；(三)关于加快战略性产业发展问题；(四)关于加大对小企业扶持力度问题；(五)关于发挥货币政策在扩大内需中的作用问题。

3月，3期《生产力研究》发表《郑新立先生学术档案》一文。

4月1日，《人民日报》发表《正确认识税收功能》一文。

4月13日，在河南巩义市信息办与市委宣传部联合举办的“新巩义讲坛：信息化建设”讲坛上做题为“信息化发展趋势”的演讲。

4月26日至5月6日，随国家副主席访问马来西亚、新加坡和美国，提出关于商用大飞机项目应尽早决策的建议。

6月，出席在陕西宝鸡市举行的WTO和农业座谈会，并做题为“实施以劳力换土地战略积极发展农产品对外贸易”的发言。

【按】本文共分五部分，以下为本文节选。

第一部分讲的是，实施以劳力换土地战略是应对WTO挑战的唯一选择。

当前我国农业进入了一个爬坡阶段，一个非常困难的阶段。突出的是农民收入增长幅度下降。这种下降主要是指中西部地区，特别是粮食主产区。在我们这儿，粮食还是农民收入的主要来源。在这样一个农村产业结构和就业结构条件下，要实现农民收入的持续增长是很难的。特别是面对加入世贸组织的挑战！国外廉价的粮食将会扩大对中国的出口。现在我们的粮食价格已经略高于国际市场价格，甚至略高于到岸价格，国内粮价不可能再往上涨。面对这样一个经济背景和价格走势，农民增收靠什么办法？应该确定一个什么样的战略？值得我们认真思考。

加入世贸组织以后，我们同国际市场的交换肯定要增加，外国农产品在中国市场的占有率必将提高。尽管我们会按 WTO 规则采取一些控制进口的措施，包括配额、专营、技术壁垒等，但增加粮食进口是大势所趋，封闭我们的农产品市场是不可能的，也是不可取的。在粮食出现售卖难、粮食主产区农民收入增长困难的情况下，还要增加粮食进口，这不是火上浇油吗？怎么办呢？经过这些年许多研究单位和专家的反复探讨，加入世贸组织后，我们应采取的一个最基本的战略，就是通过扩大劳动密集型农产品出口来换取土地密集型产品的进口，简单地说，就是以劳力换土地，通过扩大农产品对外贸易，在国际农产品市场上发挥我们的优势，弥补我们的不足。因为中国农村的基本特点是人多地少，8 亿多农村人口，有 48 亿农村劳动力，有 195 亿亩耕地，平均每个农村劳动力只有 4 亩地，这是一个最基本的条件。同国外比，人多地少的矛盾十分突出。我们走出国门一看，那边大片大片的土地还没有开垦，像巴西，可耕地面积是我们的 3 倍，利用率还不到 30%。美国一个农户可以种几千亩地，欧洲一个农户可以种几百亩地，我们一个农户只能种十来亩地。这样小的耕作规模，种粮食永远没法跟美国和欧洲的一些国家比。它们的经营规模是你的几十倍、几百倍，你的粮食成本、价格跟它们根本没法比。所以用粮食跟国外竞争，是以劣势对优势，永远也竞争不过。如果我们换个思路，就是你打你的，我打我的，粮食竞争不过你，就利用有限的耕地生产劳动密集型产品，发挥劳动力多的优势，扩大劳动密集型产品的出口。像水果、蔬菜、花卉、畜产品、水产品等都属于劳动密集型产品。同时，适当扩大粮食、饲料等土地密集型产品的进口。你占领我的市场，我也占领你的市场，在全球范围内参与分工，找到我们的位置，这样才能使我们的农业逐步走出目前的困境。不管面临的困难有多大，我看迟早也要朝这个路子上走，这是唯一的战略选择。如果我们的农业不能按照扬长补短的原则进行结构调整，我们的农产品走不出去，用封闭市场的办法来保护农民的利益，那将越来越被动。加入世贸组织，我们有进口的承诺，美国驻华大使馆搞农产品出口的就有十几个人，盯着你，看你是否履行承诺。我们最近到美国去，到处提的问题是，你们能不能履行承诺开放农产品市场？如果我们实施以劳力换土地战略，进口一些粮食和饲料，一部分弥补国内市场缺口，一部分经过转化、加工增值再出口，而且进口的数量与出口的数量相适应，保持农产品贸易的顺差，使农业成为出口创汇型的、具有国际竞争力的产业，在这样一个前提下，增加进口就不在话下了，我们答应的粮食进口配额就不是一种负担，而是一种市场需求。经过艰苦谈判，我们承诺的粮食进口配额最多也就500亿斤，占目前全国粮食总产量的5%左右，配额全部用完，一年总共花20多亿美元就够了，再加上饲料的进口，每年50亿美元的进口额，外国人也就没有啥话说了。如果我们能够把几亿农民的出口生产潜力发掘出来，把花卉、畜产品、蔬菜、鱼类、药材等农产品出口搞上去，一年创汇达100亿、200亿美元，应当说是可以做到的。出口增加之后，对粮食、饲料的进口还会进一步扩大。所以加入世贸组织以后，从中国的基本国情出发，应当树立这样一个用劳力换土地的战略，在有限的土地上搞设施农业，通过增加劳动投入，生产高附加值产品，提高土地产出率。去年我到山东潍坊去，老百姓有句话叫“一亩菜顶十亩粮、一亩花顶十亩菜”。实际上一亩花不仅仅顶十亩菜。从宝鸡再往西走，甘肃有一个临洮县，是出了名的贫困县，现在向世界出口一种百合花，质量超过荷兰，一年一亩地搞到20多万元。种小麦，亩产600斤，5毛钱一斤，才300多元。扣除成本，一亩地纯收入才100多元；种玉米，亩产1 000斤，每斤 4 毛钱，才 400 元，扣除成本纯收入 200 元；每年一茬小麦加一茬玉米，正常年景纯收入只有 300 多元。一个劳动力种十亩地，一年到头辛辛苦苦，创造的价值只有 3 000 元。这样低的劳动生产率搞下去是没有出路的。所以必须搞高附加值的东西，扩大农产品出口。如果高附加值的农产品出口规模扩大了，那么每年花几十亿甚至上百亿美元进口粮食和饲料，都能够承受。这就要求我们主动出击，走向世界，打开国外农产品市场。国外市场上需要什么东西，我们就生产什么东西。也可以到国外租种土地，生产的农产品部分就地销售，部分运回国内。只有这样，才能发挥我们劳动力丰富的优势，弥补土地资源不足的劣势，我们才能在世界农产品贸易中获得比较效益，路子才能越走越宽，走出目前的困境。

第二部分讲的是“国外实行以劳力换土地战略的成功范例”，最成功的一个是荷兰。荷兰有 1 600 万人口，人均耕地 0.8 亩，大部分耕地低于海平面，农业劳动力只有 25 万人，农业条件不算好。但是荷兰农产品出口数量排在世界第三，仅次于美国和法国，农产品进出口顺差世界第一。美国农产品出口量虽然很大，但效益不如荷兰，荷兰农产品进出口效益超过了美国和法国。荷兰农业成功的秘诀是什么呢？荷兰专家讲，他们进口一些粮食和饲料，然后把这些粮食和饲料变成肉类、奶制品出口，另外利用有限的耕地搞设施农业，生产花卉，搞优质牧场。荷兰花卉出口世界第一。全球花卉市场年销售额达 2 000 亿美元，荷兰占到国际市场的 60%。中国花卉目前在国际市场的占有率不到 1%。荷兰牛肉、奶制品的出口在国际市场也居于前列。荷兰这么小的一个国家，人口不到陕西的 1/2，面积不到陕西的 1/3，一年农产品进出口额达到 600 亿～700 亿美元，其中进口占 200 多亿美元，出口占 300 亿～400 亿美元，农产品外贸顺差达到 100 亿～200 亿美元。这种大进大出的战略，使荷兰克服了耕地资源不足的矛盾，成为以劳力换土地的成功典范。与荷兰相比，我们农村劳动力为荷兰的 1 900 倍，农产品进出口额只有 200 亿美元，只要引导农民走荷兰的路子，把农产品出口的机器开动起来，出口额超过荷兰应该是能做到的。由于我们的劳动力成本大大低于荷兰，农产品进出口的比较效益也应当高于荷兰。

另外一个成功的例子是以色列。以色列干旱缺水，耕地资源短缺。以色列农业专家到中国西部一看，非常感慨，说上帝对你们太照顾。中国西部的农业条件尽管不如东、中部，但比以色列要好很多。以色列每年农产品净出口达到几十亿美元，它的战略与荷兰有点相似，就是用有限的耕地和水资源，种植附加值高的产品，虽然也种一些粮食，但不能自给，主要是靠出口花卉、水果、蔬菜，再买进一些粮食。以色列人对农业的投入是很高的。主要是靠科学技术的投入，包括用滴灌技术，大大提高了水的利用率。他们在农田消灭害虫，不用撒药，而是用一种电子装置，发射电磁波，其频率和害虫发出的波一样，使雄性害虫失去交配能力。他们注重培育优良品种，使产量大幅度提高，品质不断改善。他们实施的也是以劳力换土地的战略，而且主要是加大智力投入，运用生物工程技术，使农业成为世界上少有的不要补贴而且可以大量创汇的高盈利的行业。搞农业比搞工业还赚钱，这个在以色列就做到了。

第三个成功的例子，我想说一下丹麦。丹麦的农业条件就更差了，它位于北欧，靠近北极圈，光照时间短，冬季一天只有几个小时能见到太阳。但是丹麦猪肉的出口量占世界第一。那么小的一个国家，那么差的农业条件，猪肉出口量占到世界第一，真是难以置信。养猪是中国的优势，中国农民擅长养猪，但我们的出口量并不大。丹麦是怎么搞到世界第一的呢？主要是工厂化饲养，一个养猪场几千头甚至上万头的规模。全国一共只有 4 个屠宰厂。从饲养到加工，都能确保质量。其检验、检疫标准都达到国际标准要求，非常干净，建立起了信誉，大家都觉得吃了丹麦的猪肉放心，所以丹麦的猪肉才能行销全球。我们中国有这么多农民，养猪又适宜家庭经营，只要我们认真按国际标准去做，积极开拓国际市场，我坚信中国的猪肉出口一定能超过丹麦。

这三个国家各有长处和特点，但总体来讲，它们从本国国情出发，实行了不同于美国、不同于欧洲其他国家、不同于日本的战略，因而都取得了成功。美国搞大规模的土地经营，农民收入的50%来自财政补贴。欧盟多数国家也是高补贴，其预算支出的40%左右都是补贴给农业。日本农业属于家庭式的小规模经营，财政对农业的补贴也很高。由于它们的第二、第三产业发达，农业人口少，因此有条件补贴农业。但是我们的财政补不起。即使财政拿出一些钱，平均补到八亿多人身上，每个人也补不了多少。所以中国不能走美国、欧洲、日本的路子，要向荷兰、以色列、丹麦学习，实行以劳力换土地的战略。要下决心经过十年、二十年的努力，使猪肉、牛肉、奶制品、花卉、水果等农产品出口超过荷兰和丹麦。现在荷兰也感到花卉、牛肉出口向中国转移是大势所趋。事实证明，不管是哪种农产品，只要中国农民学会生产，很快就能做到产量最多、成本最低，质量也能不断提高。我们的产品就会以不可阻挡之势，占领国际市场，不断提高市场占有率。我们农业战线的各级领导同志，搞农业科技工作的同志，要虚心学习各国的经验，瞄准国际市场，把国外最好的优良品种、种植技术、管理经验引进来，逐步培养，逐步扩大。我相信这些劳动密集型农产品的生产基地必然向中国转移，中国不仅会成为世界劳动密集型工业产品的生产基地和出口中心，而且也将会成为世界劳动密集型农产品的生产基地和出口中心。

第三部分讲的是实施以劳力换土地战略的前提条件，实施以劳力换土地战略，不是轻而易举的事情，需要有几个条件。

第一，根据各地的自然条件，选择优势产品，组织产业化经营。一个地方不要选择太多，有一两个或两三个就足够了。如果什么都想干，什么都有，那就什么也做不好。过去我们喜欢夸耀一个地区结构齐全，物产丰富。搞市场经济不在于你什么都有，而在于你有没有竞争力强的产品，这类产品的生产规模有多大，市场占有率有多高。“一招鲜，吃遍天”。一种产品，市场占有率很高，能创造可观的利润，农民收入就可以大幅度提高。荷兰的花农，一家几代人只种一种花卉产品，如种郁金香的，只种一种颜色的品种，种植技术越搞越精。像宝鸡这个地方，气候条件非常好，物产丰富，但真正有竞争力的又不多。各地应从本地实际出发，选准优势产品，围绕优势产品组织生产经营，从科研开发、良种选育、种植、加工、贮藏、保鲜、运输、销售、服务等，发展产业化经营，不断扩大规模。山东潍坊的农民有一句话：东西少了不好卖，东西多了不愁卖，东西越多越好卖。这就说出了小生产与社会化大生产的两种命运和前途。一家一户零敲碎打注定没有前途，但是你搞的规模大了，外地知道你这儿东西多又便宜，人家就用汽车来拉，用火车来拉，远的地方用飞机来运，东西一下子就可以卖出去了。在山东寿光，蔬菜一年销售额 20 亿～30 亿元，成为全国的一个蔬菜集散中心。仅海南岛每天就有 200～300 车蔬菜运到寿光，然后配菜，再运往全国。

第二，建立符合国际标准的质量标准体系。现在国内农产品质量标准体系还没有建立起来，有些产品虽然建立了质量标准，但是国内标准低于国际标准，这样怎么能够走向国际市场呢？国内农产品的质量标准应等于或高于国际标准。现在发达国家的消费水平很高，用于食品的支出仅占消费支出的 10% 左右，所以，在食物的卫生标准上是非常严格的。若生产的食品里面含有害元素、农药、化肥残留，有一点人家都不要。荷兰和丹麦的农产品打向国际市场的时候，它们请美国、欧洲管质量标准的专家，帮助它们建立起农产品的质量标准体系，然后请客户、推销商到它们那里实地考察，看整个生产过程、生产环境、产品质量控制手段，让你吃东西放心。这才打开国际市场。丹麦的猪肉不仅质量好，而且适应不同国家、地区的消费习惯。我们要把建立质量标准体系、检验检疫体系作为扩大农产品出口的当务之急。

第三，建立全球营销体系和各类合作组织。销售是实施以劳力换土地战略的关键环节。要帮助农民推销产品。在荷兰有几个大的花卉拍卖市场，每天清晨把花卉集中起来拍卖。当天的花卉下午就可以进入欧洲市场，第二天就可以进入亚洲市场，香港现在卖的郁金香都是荷兰生产的。拍卖不出去的就地销毁。你没有这样一个现代销售体系，靠一家一户种那么一点，挑到街上卖，太原始了，根本不可能进入国际市场。所以我们各级政府应把组织这种营销体系摆在重要位置，培育一些营销大户，引导农民自己去搞，不是要政府包办代替。浙江这些年农村经济为什么发展这么快？一个重要的诀窍，就是它有四千多个专业市场，通过这些专业市场把本地的产品销售到全国和世界各地。

第四，建立科技推广和农民培训体系。陕西杨凌有一个西北农业科技大学和农业技术开发区，这里有很多科技成果，怎么样才能把这些科技成果变成农民能够掌握的技术，需要做大量艰苦细致的工作。现在我们科技成果推广面占适用面的比例还很低，不超过30%。就是说应该推广的农业技术只有不足三分之一的农民学会应用，还有三分之二以上的农民没有掌握。这就要求我们各级政府、农业部门要真正把这件事当作大事来抓。通过建立科研院校、职业学校，举办技术培训班，把生产优势产品的技术教给农民。特别是每年没有升上学的初高中毕业生，全国共有一千多万人。当他们就业的时候，缺乏专业技能，没有谋生的本领，更没有创业的能力。他们所学的知识只是为升学用的。市县政府应围绕本地优势产业的发展，组织短期的职业培训班，比如说养牛培训班、花卉培训班，请农业院校、科研院所的专业技术人员上课，搞上半年，等到掌握这种技术，他们出去就可以创业了，谋生了，就可以为你本地经济发展出大力了。如果搞上一年或者两年，他们自己更有本事，回去可以自己选育优良品种，可以搞科研了。现在好多地方办农业中学，还是普通中学的教师，缺乏实用技术，学生们不愿意上，职业中学招不到学生。建议地方政府在这方面下点功夫，把培训体系、科技推广体系建立起来。荷兰的农业科技推广体系就是通过教育体系搞起来的。一般的农民，初中毕业，要接受一定的农业基础教育。再高一点进专业学校，与高中阶段相对应，接受专业技术教育。再高一点，进农业大学，培养农艺师，搞科研和管理。荷兰的教育体系就是完善的农业技术推广体系。没有这样一套体系，并经过几十年的努力，荷兰的花卉、肉类产品不可能站在世界前列。

6月29日，出席在江西省井冈山市召开的全国深化农村改革座谈会并讲话。

7月5日，《中国乡镇企业报》发表《抓住机遇、走向世界、把乡镇企业做大做强》一文。

7月，出席中国社会科学院2002年上半年经济形势分析会，并做题为“2002年上半年经济形势分析和宏观调控对策建议”的发言。

7月，第7期《产品可靠性报告》发表《抓食品质量安全是当前的头等大事》一文。

7月，出席第二届中韩经济论坛东亚经济一体化与结构调整研讨会，做作题为“2020年中国经济前瞻”的发言。

【按】讲话涉及五个方面的话题：（一）把扩大内需作为长期坚持的战略方针，主要依靠内需支持经济增长；（二）解决农民收入增长缓慢、城乡收入差距拉大的问题，加快农村工业化、城市化步伐；（三）加快产业结构优化升级，转变经济增长方式；（四）在扶持大型企业集团的同时，大力支持小企业的发展，缓解就业矛盾；（五）加快金融体制改革，防范金融风险，加大金融对经济增长的支持力度。

7月，出席在辽宁召开的老工业基地振兴座谈会，并做题为“在加快发展战略性产业中重振辽宁雄风”的发言。

7月，出席农村土地承包法座谈会，并做题为“‘农村土地承包法’为社会稳定和农村发展提供了法律保障”的发言。

9月8日，出席北京师范大学建校一百周年学术研讨会，并作题为“经济理论不能长期滞后于实践”的发言。

9月9日，出席在北京国宏大厦举行的第三期国宏论坛，并做题为“浙江经济崛起的原因”的演讲。

9月10日，出席由农业部在京召开的《农村土地承包法》座谈会。

10月26日，出席在云南昆明举办的中国—东盟宏观经济论坛，并做题为“中国宏观经济形势及展望”的发言。

【按】本次“中国—东盟宏观经济论坛”为中国首次举办，旨在使双方了解对方的宏观经济现状及未来的发展走势，最终使双方的合作得到进一步拓展和深化。在为期三天的讨论中，100多位来自东盟10国和中国的经济专家、学者将从多个角度介绍自己的观点。但从提交给论坛的十多份演讲报告看，与会人员就如何加强中国与东盟各国的经济合作以应对共同面临的机遇和挑战已达成共识。

11月，带队赴印度、爱尔兰考察软件产业。

是年，为浙江省2003年创刊的《政策瞭望》做题为“政策和策略是党的生命”的创刊词。

是年，撰写《公有制实现形式的重大突破——浙江省公有制经济实现形式和发展状况的调查》报告。

【按】这次赴浙江调查同行的还有赵涛[1]、李连仲[2]、潘盛洲[3]。

附录

2002年	中外政治、经济大事记
7月9日	非洲联盟经过一年的过渡期后正式成立，取代了历时39年的非洲统一组织
10月10日	美国普林斯顿大学教授、心理学家丹尼尔·卡尼曼（1934—），美国乔治·梅森大学教授弗农·史密斯（1927—）二人，前者因"把心理学分析法与经济学研究结合在一起，为创立一个新的经济学研究领域奠定了基础"，后者因"开创了一系列实验法，为通过实验室实验进行可靠的经济学研究确定了标准"而一同获得诺贝尔经济学奖
10月28日	中国国际航空公司成立
11月21日	北约19国首脑在布拉格决定，邀请罗马尼亚、保加利亚、斯洛伐克、斯洛文尼亚、爱沙尼亚、拉脱维亚和立陶宛7个中东欧国家加入北约，2004年正式成为北约成员

---

[1] 赵涛（1951—），女，安徽省寿县人，经济学博士，研究员。曾任中共中央政策研究室秘书长，长期从事经济领域政策研究。

[2] 李连仲（1949—），黑龙江省齐齐哈尔人，原籍山东海阳。博士生导师，曾任中共中央政策研究室经济局局长。

[3] 潘盛洲，山东青岛人，曾任中共中央政策研究室农村经济研究局局长、中央政策研究室副主任，现任中央纪委驻国务院港澳事务办公室纪检组组长。主要著作《中国农业保护问题研究》《农业经济问题》等。

2003年（癸未）
五十九岁

1月，第1期《求是》发表《发展要有新思路》一文。

【按】此文为学习十六大报告的心得体会，认为围绕十六大提出的发展战略，要从以下几个方面开拓新思路。（1）坚持扩大内需的方针，必须逐步提高消费在国内生产总值中的比重。扩大内需是亚洲金融危机以来我们实施的最成功的方针，在新的发展阶段，仍然要继续坚持下去。（2）走新型工业化道路，形成以高新技术产业为先导，基础产业和制造业为支撑、服务业全面发展的产业格局。目前中国农业和能源、原材料工业的产量已居于世界前列，但竞争力还不强；制造业中劳动密集型产品已具有了较强的国际竞争力，成为出口的拳头产品，但技术和资本密集型产品仍然比较落后，满足不了国内市场的需要，不得不大量依赖进口。因此，增强基础产业的竞争力，克服技术、资本密集型产业这个产业结构中突出的薄弱环节，就成为今后一个时期的重要任务。回顾改革以来二十多年的发展史，在“六五”“七五”时期，我们依靠政策和投入，集中力量把农业和轻纺工业搞了上去，解决了农产品和工业消费品长期短缺的问题。在“八五”“九五”时期，我们又集中资金，加大了对能源、交通、通信业的投入，改变了这些产业供不应求的局面。在“十五”和“十一五”时期，集中力量把电子信息、汽车、船舶、飞机、技术装备、精细化工等具有战略性意义的制造业搞上去，以替代进口并进一步增加出口。只有结束了这些技术、资本密集型产品大量依赖进口的局面，中国才能真正成为制造业大国，才能维护经济和国防安全。报告提出，要用高新技术和先进适用技术改造传统产业，大力振兴装备制造业，对现代制造业的发展提出了明确的要求。(3)实施科教兴国和可持续发展战略，提高经济增长的质量和效益。(4)围绕增加农民收入调整农业和农村经济结构，加快城镇化进程。全面建设小康社会，关键在农村。如何使八亿多农村人口实现小康的目标，是寻求新的发展思路的重点和难点。适应加入世贸组织的新形势，报告突出强调要增强农业的竞争力。我理解，就是要扬长补短，扩大农产品国际贸易，要在适当进口一些中国不具有优势的土地密集型产品如粮食、饲料的同时，千方百计扩大劳动密集型农产品如畜禽产品、水产品、花卉、水果、蔬菜、中药材等的出口，实施以劳力换土地的战略。报告提出要加快城镇化进程，推动农村富余劳动力向非农产业和城镇转移，抓住了当前制约经济发展的深层次矛盾。报告提出要坚持大中小城市和小城镇协调发展，走中国特色的城镇化道路，要以县城和有条件的建制镇为基础，科学规划，合理布局，消除不利于城镇化发展的体制和政策障碍，引导农村劳动力合理有序流动，为城镇化发展指明了方向和必须遵循的规律。(5)坚持以改革开放促发展，不断为经济发展注入新的活力。报告提出要放宽国内民间资本的市场准入领域，在投融资、税收、土地使用和对外贸易等方面采取措施，实现公平竞争；健全产权、土地、劳动力和技术市场，创造各类市场主体平等使用生产要素的环境，将有力地促进非国有经济的发展。股份制经济是最具活力、发展最快的经济形式。在浙江省，股份制经济已占全部经济的60%左右，预计到2005年将达到70%以上。报告提出要积极推行股份制，发展混合所有制经济，对股份制经济的发展将产生巨大的激励效应。报告还提出要坚持“引进来”与“走出去”相结合，全面提高对外开放水平。这是适应经济全球化和加入世贸组织的新形势，在对外开放方面提出的重要方针。

2月至11月，参加十六届三中全会《中共中央关于完善社会主义市场经济体制若干问题的决定》起草工作。

3月29日，组织并主持在河南省长垣县举行的粮食主产区加快经济发展暨长垣经验研讨会，并做题为“增加粮食主产区农民收入是解决“三农”问题的突破口”的讲话。时任河南省委副书记、新乡市委书记以及农业经济专家共上百人出席会议。会议使长垣经验在全省乃至全国得到肯定和推广。

【按】郑新立在发言中指出：“三农”问题突出的是粮食主产区的问题。加快粮食主产区经济的发展，增加粮食主产区农民的收入，又是解决“三农”问题的重中之重。长垣的经验归根到底是推动农村工业化进程。但长垣毕竟是一个粮食主产区，有八十多万亩的耕地，农业条件非常好，现在已成为优质小麦基地。但是，不能就此满足了。应根据市场需要，发展一些能够出口的劳动密集型农产品。因为小麦毕竟是一个土地密集型农产品，种小麦一亩地一年收入400~600元。如果改成种菜，一亩地年产值就会有1万~2万元。如果种花卉，一亩地年产值可达几十万元。甘肃定西地区临洮县，原来是“苦”甲天下的穷地方，交通不便，信息闭塞，现在搞花卉生产，从荷兰引进百合花，搞自动控制温室生产，一年收三季，一亩百合花年收入300万元，扣除成本100万元，一年一亩净赚200万元，投资当年即可收回。调整种植业结构，就要搞这些高附加值的农产品。要是种小麦，我们永远也竞争不过美国、加拿大。美国一个农户种几千亩地，加拿大的规模更大。即使欧洲一户也要种几百亩地。咱们一户就十来亩地，你怎么和他们竞争？所以要发展效益高的劳动密集型产品。胡锦涛同志在2003年中央农村工作会议上的讲话中指出，要扩大农产品出口，出口劳动密集型产品，适当进口一些土地密集型产品，这符合我们的国情。我们的粮食、畜产品、水产品、花卉、水果产量都是世界第一位，但是出口量低，与产量很不相称。最近，我们做了比较研究。荷兰只有25万农业劳动力，相当于河南省的一个县；有1 400万亩耕地，相当于河南省的14%；一年农产品出口达到300亿美元，是我们全国的2倍。它们从人多地少的特点出发，选择了以劳力换土地的战略，就是进口粮食、饲料等土地密集型农产品，出口花卉、牛肉、奶制品等劳动密集型农产品，一进一出，农业一年净赚150亿美元。它们的农产品出口量居世界第三（美国第一、法国第二），但是农产品出口效益是世界第一。中国有3.65亿农业劳动力，去年出口150亿美元，进口将近120亿美元。加入世贸组织以后，我们要利用好机遇，实施以劳力换土地战略，把我们的劳动密集型农产品出口搞上去。扩大农产品出口的关键是产品质量和销售网络。要请国际上的质量专家来，特别是进口国质量专家来，你定个标准，我就按你的标准生产。我们搞绿色产品，不上化肥，也不上农药，一点有害物质也没有，要让他挑不出毛病。

7月18日，出席在河南延津召开的延津小麦经济发展论坛，并做题为“把小麦经济做大做强”的发言。

7月，郑新立、周喜安编著《中国：21世纪的工业化》一书，由经济科学出版社出版。

【按】国家社科基金资助的研究课题“经济增长方式从粗放型向集约型转变的综合研究”为这本书的撰写提供了理论和资料准备。参加该课题研究的有周喜安、辛仁周、李欣欣、李云林、武小欣、张亚斌、徐佳斌，郑新立为组长。本书是对20世纪80年代末研究制订“八五”计划时遇到的“转变经济增长方式”与“工业化”两个问题的研究报告，在报告中对经济增长方式进行了历史的综合的考察，界定了经济增长方式的科学内涵，结合我国实际，分析了转变经济增长方式涉及的有关方面，包括科技、教育、规模经济、经营管理、可持续发展、知识经济、经济体制、对外开放、政策环境、指标体系等，对农业、能源、电子信息、石油化工、钢铁、汽车、船舶、机床、交通运输、建筑、流通等行业的现状以及转变增长方式的任务进行了探讨，通过比较分析主要发达国家、新兴工业化国家和地区、发展中国家的经济增长方式，包括像爱尔兰这样由一个以牧业为主的国家变成以高新技术产业为主的国家的跨越式发展经验，找出其值得学习借鉴之处。全书力求以丰富的资料、数据说明问题，在总结经验、规范概念的基础上，探讨转变经济增长方式的理论、政策、途径和措施，为推动转变经济增长方式这一战略任务的完成做出应有的贡献。

8月6日，出席在山西太原召开的农村改革与发展座谈会，并做题为"'农业问题'的'浙江答案'"的发言。

8月14日，出席山西省煤炭运销总公司改革与发展战略研讨会，并做题为"关于山西煤炭运销总公司改革的建议"的发言。

9月15日，出席在北京举行的中国特色城镇化论坛。

【按】该论坛由《经济日报》和国务院发展研究中心联合主办、国家发改委宏观经济研究院协办，郑新立在发言时指出：中国的城市化长期滞后于中国的工业化，城乡二元结构是造成这种状况的主要原因。

9月16日，《经济日报》发表《城市化不能长期滞后于工业化》一文。

9月19日，出席在深圳举行的"深圳国际化城市发展战略论坛"，并做题为"营造迈向国际化城市的投资发展环境"的发言。

10月23日，出席在北京举办的国际金融论坛，并做题为"发展资本市场是完善市场体系的当务之急”的发言。

【按】国际金融论坛（IFF）由中国、美国、欧盟、联合国等20多个国家、地区及相关国际组织的领袖在2003年10月共同发起成立，总部设在北京，是非营利、非官方独立国际组织，是全球金融领域高级别常设对话、交流和研究机构。

10月，出席中国社科院举行的经济形势分析会，并做题为“加快改革、调整结构、扩大消费、协调发展——2003年经济走势分析和2004年对策建议”的发言。

10月，出席在云南昆明市举行的中国生产力学会第12届年会暨会员代表大会，再次当选为中国生产力学会副会长。

【按】全国人大常委会副委员长出席会议，国家统计局原局长、中国生产力学会名誉会长张塞[1]，中国生产力学会会长、全国人大法律委员会副主任王茂林[2]，国务院发展研究中心主任王梦奎，《经济日报》总编辑冯并[3]，国资委国有大企业监事会主席翟立功[4]，以及来自中央有关机关、部委和全国各地专家学者等150余人参加会议。

10月，参加国家开发银行组织的代表团，赴芬兰、美国考察科技进步和宏观调控。

---

[1] 张塞（1931—），祖籍山东莱阳，出生于黑龙江哈尔滨，统计学家。曾任国家统计局局长、中国国情研究会会长，著有《中国统计发展新探索》等。

[2] 王茂林（1934—），江苏启东人，曾任山西省委书记，湖南省委书记、省人大常委会主任。2004年9月被世界生产力科学院授予院士称号，2005年11月当选中国生产力学会会长。

[3] 冯并（1945—），原名冯竝，笔名塞原，河北阳原人，中国作协会员。曾任《经济日报》总编辑，现任中国企业联合会、中国企业家协会执行副会长，中国经济报刊协会会长。曾获邹韬奋奖，出版文集《不落的琴声》《即铭随笔》等。

[4] 翟立功（1946—），陕西永寿人，中国生产力学会常务副会长。

11月9日，出席在武汉举行的“推进武汉城市圈建设研讨会”，并做题为“增强武汉经济圈发展活力”的发言。

11月18日，《学习时报》发表《〈决定〉是推进改革的纲领性文献——答〈学习时报〉记者问》一文。

【按】《决定》是指十六届三中全会《中共中央关于完善社会主义市场经济体制若干问题的决定》。

11月，第22期《求是》发表《深化劳动就业体制改革》一文。

11月，第11期《党建研究》发表《混合所有的股份制是公有制的主要实现形式》一文。

【按】混合所有制经济是指财产权分属于不同性质所有者的经济形式。从宏观层次来讲，混合所有制经济是指一个国家或地区所有制结构的非单一性，即在所有制结构中，既有国有、集体等公有制经济，也有个体、私营、外资等非公有制经济，还包括拥有国有和集体成分的合资、合作经济；而作为微观层次的混合所有制经济，是指不同所有制性质的投资主体共同出资组建的企业。

我国存在的混合所有制主要有三大类型。

（一）公有制和私有制联合组成的混合所有制企业：可以进一步细分为两种形式，一是国有经济或集体经济与外资联合而成的企业，如中外合作经营、合资经营等；二是国有经济或集体经济同国内私营经济联合组成的企业。

（二）公有制与个人所有制联合组成的混合所有制企业：这包括国有企业股份制改造中吸收本企业职工持有部分股权的企业，以及集体经济实行股份合作制的企业中集体所有与个人所有相结合的混合所有制企业。

（三）公有制内部国有企业与集体企业联合组成的混合所有制企业，如城市国有企业与农村乡镇企业或城市集体企业组成的联合体。这是公有制企业之间的联合。混合所有制经济的形式随着经济的发展会进一步呈现多样化的趋势。

12月21日，出席在上海举办的第三届中国上市公司百强高峰论坛，并做题为“中国上市公司百强的历史使命”的发言。

12月，第12期《红旗文稿》发表《完善社会主义市场经济体制的纲领——学习党的十六届三中全会〈决定〉》一文。

【按】此文为十六届三中全会《中共中央关于完善社会主义市场经济体制若干问题的决定》解读文章。

12月，第12期《经济研究》发表《十六届三中全会〈决定〉在改革理论上的两大创新》一文。

【按】此文认为，十六届三中全会通过了《中共中央关于完善社会主义市场经济体制若干问题的决定》，总结了十四大和十四届三中全会以来改革的经验，针对当前影响经济社会发展的体制弊端，提出了新世纪、新阶段改革的目标、任务、指导思想，在一些近期需要推进改革的领域，做出了具体部署。特别提出：（1）“混合所有的股份制是公有制的主要实现形式”；（2）“建立现代产权制度”是改革理论的两大创新。

12月，第12期《经济研究》发表《深化改革、完善社会主义市场经济体制——学习十六届三中全会精神笔谈》一文。

【按】同期参与笔谈的作者还有张卓元、陈锡文、江小涓[1]、范恒山[2]。

是年，张春生、郑新立主编的《中华人民共和国行政许可法实施手册》（第一卷）由吉林人民出版社出版。

附录

2003年	中外政治、经济大事记
10月10日	美国经济学家罗伯特·恩格尔（1942—）与在美国加州大学任教的英国经济学家克莱夫·格兰杰（1934—）二人因在计量经济学领域"用'随着时间变化的易变性'和'共同趋势'两种新方法分析经济时间数列，从而给经济学研究和经济发展带来巨大影响"而获得诺贝尔经济学奖
10月15日	中国首次成功发射载人宇宙飞船神舟五号

[1] 江小涓（1957—），陕西西安人，研究员、博士生导师，主要从事宏观经济、国际经济、产业经济等领域研究。主要著作有《中国工业发展与对外经济贸易关系的研究》《中国的外资经济：对增长、结构升级和竞争力贡献》等。曾任国务院副秘书长。

[2] 范恒山（1957—），湖北天门人，现任国家发展和改革委员会副秘书长。学术研究领域广泛，尤其是在经济改革与发展理论领域的研究。主要著作有《社会主义理想经济模式》《所有制改革：理论与方案》等。

2004年（甲申）
六十岁

1月11日，出席在哈尔滨召开的开创新东北时代高层论坛，并做题为“加快国有企业改革是振兴东北的关键”的发言。

【按】郑新立在发言中共讲了四个方面的话题：（一）尽快将绝大部分国有独资和国有股一股独大的企业改制为混合所有的股份制企业；（二）按照《公司法》的要求，建立科学的公司治理结构；（三）要采取新的思路和多种途径，卸掉国有企业的三大包袱；（四）加大对引进技术的消化、创新，努力形成具有自主知识产权的产品和核心竞争力。

2月2日，《经济日报》发表《关键时期宏观调控应把握四个重点》一文。

【按】此文提出的四个重点分别为：一要进一步把握好经济总量的大体平衡；二要按照全面、协调、可持续发展的要求着力调整投资结构；三要集中力量解决经济生活中的突出矛盾；四要调整投资与消费的比例，提高消费率。

3月15日，出席“中国3·15论坛”，并做题为“开发具有自主知识产权的产品增强企业核心竞争力”的发言。

3月，第3期《宏观经济管理》发表《加快推进国有企业改革》一文。

【按】此文是对党的十六届三中全会通过的《中共中央关于完善社会主义市场经济体制若干问题的决定》的评介文章，共分五部分。

（一）混合所有的股份制是公有制的主要实现形式。

（二）建立健全现代产权制度。产权是所有制的核心和主要内容，又称为财产权或财产权利，是以财产所有权为主的一系列财产权利的总和。具体来说，包括所有权及其衍生的占有权、使用权、经营权、收益权、处置权、转让权等权力。随着经济社会的不断进步，财产的内涵也在不断丰富和发展，现代意义上的财产，包括土地、房屋、设备等不动产和存款、现金等动产，还包括股票、债券等证券资产，也包括专利、商标等无形资产。因此，现代意义上的产权，是指自然人、法人对各类财产的所有权及占有权、收益权和处置权等，包括物权、债权、股权和知识产权等各类财产权。现代产权制度是关于产权的界定、运营和保护等一系列经济体制和法规的总称。《决定》提出，要建立“归属清晰、权责明确、保护严格、流转顺畅”的现代产权制度，这就为国有企业建立现代企业制度提供了前提条件，为发展混合所有的股份制经济奠定了产权基础。

（三）建立健全国有资产管理和监督体制。

（四）完善公司法人治理结构。

（五）加快推进和完善垄断行业改革。

《决定》提出，对垄断行业要放宽市场准入，引入竞争机制，有条件的企业要积极推行投资主体多元化。垄断一般可分为三种情况。一是自然垄断，即关系公共利益的有限资源的独占和国有独资经营形成的垄断。例如，供电系统、自来水供应系统等。二是市场垄断或经济垄断，主要指少数市场主体通过合谋行为，或市场兼并控制行为形成的垄断。如若干企业以合同、协议等方式，确定、维持或变更商品的价格，搞价格同盟，限制商品的市场供应量，阻止新的竞争者进入市场，或排挤其他竞争对手。三是行政性垄断，即政府及其所属部门利用行政权力直接从事基础设施建设和经营形成的垄断，如铁路、通讯的建设经营等。这些垄断在发展初期有其必要性和必然性，但发展到一定阶段，就会形成对经济发展的阻碍。

3月23日，出席在北京举办的“公共服务部门改革国际经验与中国事业单位改革国际研讨会”，并做题为“加快推进社会领域的各项改革”的致辞。

3月，第3期《财经界》发表《中部崛起何处借力》一文。

【按】文中指出，中部地区具有承东启西、纵贯南北的区位优势和综合资源优势，一要发展混合所有的股份制经济；二要营造全民创业环境，浙江的今天就是中部的明天；三要改善投资环境，着力承接外来特别是沿海地区的资金。

4月4日，出席在北京举办的“中国宏观经济形势研讨会”，并做题为“结构问题比‘过热’更严重”的发言。

4月11日，出席在大连举办的“振兴东北经济峰会——把大连建成东北亚航运中心”的开幕式。

4月24日，出席在京举办的“中国税收高层论坛”。

4月，第4期《宏观经济观察》发表《对苏北富民工程与工业发展的几点意见》一文。

4月，第4期《中国质量与品牌》发表专访《增强核心竞争力创自主品牌——访中共中央政策研究室副主任郑新立》。

【按】专访的关键词为：增强核心竞争力、自主品牌、中央政策、引进技术消化、销售收入、技术开发机构、研究开发活动、国外企业等。郑新立指出，目前，我国大中型企业中开展研究开发活动的仅占30%，有技术开发机构的企业仅占25%，用于产品和技术研发的投入占销售收入的比重仅为0.75%，而国外企业用于研发的投入一般不应低于销售收入的3%。日、韩用于引进的资金和用于引进技术消化、创新的投入之比为1∶5左右，而我国的这一比例仅为1∶0.07。

5月6日，与李京文[1]等专家学者组成评审委员会，出席并主持在常熟对《宝钢企业法人治理结构研究》课题进行的评审。

5月7日，与李京文等专家学者组成课题评审委员会，出席并主持在常熟对《宝钢集团上海梅山有限公司辅业改制研究课题》进行的评审。

【按】该课题研究是针对国有企业改革与发展中的重大难题，在大量调查研究的基础上完成的，具有创新性，不仅对宝钢集团上海梅山有限公司的辅业改制有重要指导意义，而且对全国国有企业改制和贯彻落实国经贸企改〔2002〕859号文件具有深远的战略意义和借鉴作用。

5月17日，出席“首届中国能源战略国际高层论坛”，并做题为“能源安全五大战略”的发言。

---

[1] 李京文（1932—），广西陆川人，技术经济学家及数量经济学家、中国工程院院士，曾任北京工业大学经管学院院长，主要著作有《技术经济理论与方法》《生产率与中美日经济增长》。

5月23日，出席“中国经济50人论坛”，并做题为“‘十一五’要改变几个严重扭曲的经济关系”的发言。

【按】郑新立在发言中指出，尽快开设石油期货市场。

我国能源安全面临着四大挑战：一是如何让能源生产总量和结构满足迅速增长的需求，为国民经济的发展提供强有力的支撑；二是如何保持价格的稳定，为轿车进入家庭提供保障条件；三是如何全面推广洁净煤技术，在煤炭消耗持续增长的情况下，减少污染的排放；四是如何调整能源结构，增加可再生能源和清洁能源的比重。

应对上述挑战，需要按照全面协调可持续发展的要求，借鉴国外解决能源问题的成功经验，通过有效的宏观政策指导，建立有利于优化能源结构、节约能源消耗的机制，加快能源技术进步，加强能源管理，妥善解决能源供给所面临的一系列问题。

当前，我国应该尽快开设石油期货市场，规避国际石油价格风险。郑新立提出四个想法：一要抓紧建立和完善中国的期货市场，以远期合同交易方式降低近期价格风险；二要建立国际采购的协调机制，通过国内企业联手采购，争取合理的价格；三要加速形成统一、开放、通畅、有序的能源、原材料市场，尽快将隶属各政府部门的石油专项用户的油品供应系统剥离出来，组建独立的石油销售机构，同时鼓励社会资金进入石油等流通领域；四要建立能源安全保障体系。中国政府建立国家级的重要能源、原材料安全保障和风险监控机构，以应对随时可能出现的各类风险。

6月10日，出席在北京钓鱼台国宾馆举行的“工业与环境协调发展高峰论坛”，并做题为“按照新型工业化要求调整投资结构”的发言。

6月20日，《当代思潮》发表《经济运行又到重要关口》一文。

6月，第6期《中国储运》发表《宏观调控为物流业发展带来机遇》一文。

【按】此文关键词为：物流业、宏观调控、政策研究、发展带、工业化道路、转变增长方式、调整结构等。

6月，第6期《当代思潮》发表《积极推行公有制的多种有效实现形式》一文。

【按】此文共分三部分：(一)推行国有制的多种实现形式，发挥国有经济的主导作用；(二)发展多种形式的集体经济，重视培育各类合作经济组织；(三)建立混合所有的股份制经济，促进各类所有制经济共同发展。

7月22日，出席在新疆乌鲁木齐市举办的“全国农村改革与发展座谈会”。

8月15日，出席在沈阳举行的“第二届中国区域房地产创新与发展国际论坛暨振兴东北房地产外商投融资高峰洽谈会”。

8月，第8期《农村工作通讯》发表《加快推进农村改革、保持农民收入快速增长》一文。

9月2日，在“中国经济50人论坛”发表《深化劳动就业体制改革》一文。

【按】从本日起，开始在“中国经济50人论坛”发表文章，为“中国经济50人论坛”中50人成员之一。

“中国经济50人论坛”是由我国著名经济学家于1998年6月在

北京共同发起成立的非官方、公益性学术组织。论坛聚集了中国具有一流学术水准、享有较高社会声誉并致力于中国经济研究的著名经济学家，被国内外公认为中国高层经济决策的“智库”。

9 月 15 日，为《无悔人生——张修基与丛林集团》一书撰写题为“创造中国机械工业辉煌历史的企业家——张修基”的序言。

【按】《无悔人生——张修基[1]与丛林集团》一书由中国人民政治协商会议山东省龙口市委员会编，中国文史出版社 2008 年出版。

9 月 20 日，与李京文等专家学者组成课题评审委员会，对《山西新型能源重化工基地发展研究》课题进行评审。

9 月，第 18 期《求是》发表《宏观调控：重在调整结构转变增长方式》一文。

【按】此文共分三部分，第一部分讲的是“一年来的宏观调控已经取得明显成效”。

第二部分讲的是“当前经济运行中仍然存在的突出矛盾”。必须清醒地看到，宏观调控取得的成效还只是阶段性的，调控的任务并没有完成。当前经济运行中仍然存在的突出矛盾有以下几点。

一是投资增长速度仍然偏高，投资规模过大。上半年全社会固定资产投资增幅比 1981—2003 年的平均增长速度 20.7% 仍然高 7.9 个百分点，在建项目投资总规模达 18.4 万亿元，为 2003 年全社会固定资产投资的 3.3 倍。经验证明，这样的规模已明显偏大，超过了生产资

[1] 张修基（1934—2013），山东龙口人，高级经济师。曾任山东丛林集团有限公司党委书记、董事长。先后被授予省优秀农民企业家、全国乡镇企业家、全国五一劳动奖章等荣誉称号。丛林集团作为国家级企业集团，是中国最大经营规模、最高利税总额、行业最大规模乡镇企业和中国 500 家最大工业企业之一。

料供应的能力，即使考虑到利用国外资源，也支撑不了这样大的建设规模，必然导致建筑材料的紧张和价格上扬。

二是粮食生产和农民收入增长的基础脆弱，很难持续下去。夏粮增产的主要原因，来自2003年下半年粮价上涨给农民带来的市场信号以及国家对粮食和良种等的补贴，调动了农民种粮的积极性，加上2004年夏季气候较好等。今后几年，不可能每年都像2004年这样大幅度增加财政对农村的支持，今后实现农民收入较快增长主要靠什么，还需要积极寻求有效办法。

三是煤电油运紧张状况尚未得到缓解。煤炭产量持续较快增长难度较大。浪费资源、事故频发的小煤窑被关闭之后，大的现代化煤矿的建设需要大量投入，还要有一个建设周期。发电设备长期满负荷运转，事故隐患增多。石油供需缺口加大，进口成本升高，将加重国内用户的负担。铁路主要干线运输能力一直处于饱和状态。公路治理汽车超载，使一部分运量分流到铁路，加大了铁路运输的压力。从根本上缓解煤电油运紧张状况，需要做出很大的努力。当前经济运行中的矛盾和问题，归根到底是结构问题、增长方式问题和体制问题。特别是造成投资盲目扩张和结构不合理问题的深层次矛盾尚未得到根本解决。历史上，中国多次出现投资膨胀，引发通货膨胀和经济的大起大落，究其根源在于传统体制助长的粗放型增长模式，以高投入、高消耗、高污染为代价支撑经济的快速增长。

2003年以来，投资结构严重偏离了发展战略的要求。在高消耗、高污染、低水平的行业和项目投资大幅增长的同时，符合新型工业化和科学发展观要求的投资却增长缓慢。如电子信息产业作为新型工业化的主导产业，投资的80%来自外资，国有企业、国有控股企业与民营经济投资仅各占10%。软件产业作为信息产业中的一个重要行业，在印度，其产值已占GDP的16.7%，在中国尚不足1%。国内市场巨大的软件需求，绝大部分依赖进口。发展软件业不会增加多少资源消耗，也没有污染，有利于发挥中国人力资源的优势。然而，投资增长一直上不去。一些能够带动产业结构升级的战略性产业，如大型设备制造业、飞机制造业、船舶制造业、精细化工产业、中医药产业、新型能源产业等，投资增长也非常难。中国2003年进口各类电子机械设备两千多亿美元，如能在国内制造，既可以节约一半以上的成本，又不会带来多少消耗和污染。

第三部分讲的是“按照新型工业化的要求调整投资结构”。

（一）大力发展电子信息产业。电子信息产业已成为中国经济的第一大产业。但是，与发达国家比，中国信息产业大而不强，产品自主创新能力不足，核心技术落后，软硬件比例失衡，涉及关键技术的软硬件完全依赖进口；产品的技术含量和附加值低。加快中国信息产业发展，必须增加投入。要以扩大应用为主导，以基础设施和网络体系建设为支撑，以核心技术创新为动力，进一步深化体制改革，增强企业整体素质，提高自主开发能力，实现跨越式发展。

（二）加快大型装备制造业的发展。重大装备制造是装备制造业的核心，是机械科学、制造技术、信息处理与控制技术、系统集成、材料技术等工业和技术门类的综合、交叉与提升。加快重大技术装备业的发展，对于促进中国产业结构升级和技术进步、满足现代化建设一系列工程的需要、增强国际整体竞争力和维护国家安全都具有重大意义。要依托重大工程建设项目，加快设备自主制造的进程，力求在大型高效发电、高效输变电、高速轨道交通、数控机床以及石化、冶金、采掘、轻工、纺织等重要行业和领域的关键技术设备上取得突破，实现和基本实现国产化。

（三）加快发展运输装备制造业。随着中国交通基础设施的不断改善，为运输设备制造业的发展提供了难得机遇，包括汽车制造业、船舶制造业、飞机制造业、高速铁路设备制造业，都应当有一个较快的发展。目前在这些方面我们都具备了一定的制造能力，并有一批具有相当水平的技术队伍，要通过运输装备制造业的发展提高中国机械制造业的水平，改变主要产品依赖进口的局面。

（四）大力发展生物技术和中医药产业。生物技术产业是当今世界发展最快、潜力最大和影响最深远的先导性高技术产业，也是中国与发达国家差距较小，有可能在较短时间内赶超的领域。加快生物技术产业的发展，对于转变经济增长方式，提高人民生活质量有极其重要而深远的战略意义。未来一段时间中国应不断加大对生物技术产业的支持力度，重点研究开发生物芯片、功能基因组、遗传改良动植物、基因工程药物及疫苗、环保生物、生物新材料、生物育种、生物化肥、生物农药、生物医药等产业。中医药是中国传统的民族产业，凝聚着中华民族的智慧。随着全球回归自然热潮的兴起，中医药正在被越来越多的人认识，市场前景十分广阔。但是，目前中国中医药的发展落后，全世界每年中医药的国际贸易量约200亿元美元，而中国的市场占有率仅为1%左右，甚至出现进口洋中药超过中药出口的局面。必须加快中医药发展，把传统中药制作和现代科学技术结合起来，走中药现代化的道路。要制定完善国产中药标准和规范，开发一批疗效确切的重要产品，突破一批中药研究开发和产业化关键技术，扶持一批拥有自主知识产权和国际竞争力的企业集团，保持中国中医药科技的优势，实现传统中医药产业向现代中医药产业的跨越，为人类健康做出新的贡献。

（五）大力发展新材料工业。新材料工业技术含量高，产品附加值大，涉及技术范围广，是推进技术进步和结构调整的基础性、先导性产业。新材料相对于传统材料性能高、成本低、资源消耗少、环境污染小，具有广阔的市场前景。加快发展新材料工业将为中国重化工业产业升级和实现装备制造业由大到强的转变，提供重要的原材料支撑。要把发展稀土材料、高温材料、超导材料、陶瓷材料、激光材料、生物材料等高性能的新型材料作为战略重点，加快发展。

（六）加快发展新能源产业。新能源产业包括除化石能源和大型水力发电之外的风能、太阳能、核能、水能、地热能、生物能、海洋能、氢能、燃料电池、生物液体燃料等可持续使用的能源资源。中国新能源资源极其丰富，几乎用之不竭，对环境损害小，大力开发利用新能源，有利于生态环境良性循环和可持续发展，对于缓解中国经济发展的能源约束，保证能源安全具有重要的战略意义。要加大对新能源发展的扶持，不断提高新能源在能源消耗中的比重，优化能源结构。

10月10日，出席在南宁举行的由中国生产力学会和广西生产力学会联合主办的“广西发展生产力和东盟经济合作的前景分析与对策研究研讨会”。

10月，第19期《半月谈》发表《促进农民增收要从提高农民劳动生产率入手》一文。

10月，赴匈牙利、以色列、巴西考察华为公司开拓国际市场的情况。

10月，第20期《绿色中国》发表《总结经验、加大投入、巩固成果》一文。

11月20日，《河南日报》发表《关于中部崛起几个问题的思考》一文。

11月，第11期《发展》发表记者殷耀、任会斌的专访文章《农民增收从何入手？访中央政策研究室副主任郑新立》。

【按】在接受记者专访时郑新立指出：关键要建立农民增收的长效机制，从提高农民劳动生产率入手促进农民增收。专访关键词为：农民增收、中央政策、粮食主产区、劳动生产率、农民收入、人均可支配收入、龙头企业、猕猴桃等。

12月，第24期《中国金融》发表《中国当前经济走势与金融调控》一文。

是年，作《抓住开放机遇、加快广西发展》一文。

是年，为《让农村内生发展力——龙门村的调查》一书作序，《探索新途径、促进新发展——〈让农村内生发展力——龙门村的调查〉序》。

附录

2004 年	**中外政治、经济大事记**
1 月 6 日	国务院决定对中国银行和中国建设银行两家银行实行股份制改革试点，建立股东大会、董事会、监事会制度，国务院筹备动用 450 亿美元国家外汇储备为其补充资本金
3 月 14 日	全国人大通过宪法修正案，保护私产入宪
5 月 1 日	波兰、匈牙利、捷克、斯洛伐克、斯洛文尼亚、塞浦路斯、马耳他、爱沙尼亚、拉脱维亚和立陶宛 10 国成为欧盟正式成员，使欧盟正式成员增至 25 个。欧盟东扩后成为全世界最大的区域经济体和全球最大的自由贸易区
8 月 1 日	世贸组织各方贸易代表在日内瓦经过两周的密集磋商和 30 日起连续 40 个小时的昼夜谈判，终于就“多哈回合”的主要议题达成框架协议，内容涉及农业、非农产品市场准入、服务贸易、贸易便利化和发展等领域
10 月 10 日	在美国卡内基·梅隆大学任教的挪威学者芬恩·基德兰德（1943—）与美国加州大学的经济学家爱德华·普雷斯科特（1940—）因在宏观经济学领域“有关宏观经济政策的‘时间一致性难题’和商业周期的影响因素”一同获得诺贝尔经济学奖

2005年（乙酉）
六十一岁

1月7日，《经济日报》发表《以新型工业化取代重化工业化》一文。

2月，第2期《中国金融》发表《经济结构调整的四大任务》一文。

【按】此文共分五部分。

第一部分讲的是“当前经济结构存在四个严重失衡”。经过12年的持续平稳快速增长，特别是去年以来经济运行进入新的上升期，经济结构积累的矛盾日益突出，成为影响国民经济继续平稳快速增长的主要障碍。当前经济结构失衡主要表现在四个方面：(1)城乡差距拉大，“三农”问题成为影响全局的突出矛盾；(2)工业技术进步缓慢，粗放型增长超出了一些重要资源的供给能力；(3)服务业发展严重滞后，制约着就业规模的扩大和经济效率的提高；(4)消费率过低，经济增长主要靠投资拉动的局面难以长期维持。

第二部分讲的是“经济结构失衡的原因及其影响”。经济结构上的矛盾往往是多年积累的结果。一般来说，经济发展总是非均衡的，不可能齐头并进，四平八稳。在不同时期，某些产业、某个地区、某些社会群体可能会由于这样那样的原因发展得快一些，这就必然引发新的矛盾和问题。国家宏观调控的作用，正是要通过制定新的调控政策，纠正结构失衡的问题，从而保持经济的长期平稳快速增长。为了制定正确的对策，必须对经济结构失衡的原因做出正确的分析：（1）农村发展滞后主要是由基本国情决定的；（2）缺乏技术进步的机制是导致产业结构升级缓慢的根本原因；（3）促进结构优化的政策法规体系尚未建立起来；（4）投资与消费比例严重失衡的原因及影响。

第三部分讲的是“加快结构调整应采取的政策措施”。（1）进一步加大解决“三农”问题的力度；（2）把提高自主创新能力作为结构调整的中心环节；（3）抓紧建立促进结构调整的政策法规体系；（4）努力扩大消费需求；（5）积极稳妥地推进城市化。

3月11日，《西部时报》发表《战略新格局下的西部大开发》一文。

5月21日，出席在青岛举行的由《招商周刊》举办的主题为“科学发展观与当前中国经济形势”的研讨，并做以“自主创新与转变经济增长方式”为题的主题演讲。

5月，出席并主持由中国政策科学研究会、建设部信息中心、今日中国论坛等20余家单位联合主办的“中国房地产与金融发展论坛”。

5月，带领由中央政策研究室、中央财经领导小组、财政部、建设部、央行等单位参与组成的8人小组赴韩国考察新农村建设。

【按】8人小组回国后，形成了两份报告上报给中央，一份关于韩国“新村运动”的感悟，另一份关于社会主义新农村的建议。他们提出，目前的中国更有条件、更有能力搞好农村建设发展。这两份报告成为“十一五”规划建议中制定“建设社会主义新农村”内容的重要参考依据。

6月，第6期《宏观经济管理》发表《构建和谐社会：实现国家安定、人民富裕的长远大计》一文。

7月，《21世纪初的中国经济》一书由社会科学文献出版社出版。

【按】此书是“中国经济50人论坛丛书”中的一种，主要由三个主题构成：深入调查浙江经济崛起的原因，提出混合所有的股份制是最具活力的经济形式；跟踪分析部分行业投资增长过猛的情况，提出要以新型工业化取代重化工业化；研究破解“三农”难题的政策措施，提出以劳力换土地的农产品对外贸易战略，是在社会调研的基础上对21世纪上半叶中国的发展前景进行的展望，坚信21世纪将是中国重铸辉煌的世纪。

7月，魏杰[1]、郑新立等合著的《中国经济奇迹：发展与活力》一书由社会科学文献出版社出版。

8月，第8期《求是》发表《自主创新：增长方式转变的关键》一文。

【按】此文共分四部分。

第一部分是“自主创新是转变经济增长方式的关键环节”。

2004年我国的国内生产总值约占全球的4%，但消耗的一次性能源约占全球的12%，淡水占15%，氧化铝占25%，钢材占28%，水

[1] 魏杰（1952—），陕西西安人，清华大学经济管理学院教授、博士生导师。主要从事企业制度创新及企业技术创新的制度保证、企业产权制度与资本市场的内在结合及互动性、企业中货币资本与人力资本内在结合的产权制度体现、宏观经济对企业经营战略的约束性的体制表现等方面的研究。著有《新经济与企业裂变》《资本经营论纲》《中国企业的二次创业》《现代产权制度辨析》等。

泥占50%。这种增长结构对一些重要资源特别是铁矿石、氧化铝的需求，超过了国内市场的供给能力，而大量依赖进口也受到了国际市场供给与运输能力的限制。因此，这种粗放型增长是不可持续的，它已成为当前经济运行中最为突出的问题。

1995年在制定“九五”计划时，中央就明确提出要使增长方式由粗放型向集约型转变。多少年过去了，我们在转变增长方式上也确实取得了一些成效，但总体来看没有突破性进展，特别是近两年来粗放型增长方式明显回潮。究其原因，主要是在技术上缺乏自主创新能力。由于缺乏技术，对那些技术密集型的产品和产业，我们虽然有市场、有资金、有劳动力，但眼看着效益很好的投资项目却干不了，只能长期依赖进口；而那些国内技术比较成熟，但处于产业链低端的项目，却成为吸引投资的热点，出现大量低水平重复建设。因此，缺乏具有自主知识产权的技术和产品是转变增长方式与结构调整的主要制约因素。为了消除经济增长中的不健康、不稳定因素，实现经济的长期平稳较快发展，就必须在增长方式转变上迈出实质性步伐。只有提高自主创新能力，利用自己的技术成果调整投资结构，加大对信息产业等技术含量高、经济效益好、物质消耗少、环境污染低，能充分发挥劳动力资源优势的产业的投资，真正走新型工业化道路，才能彻底告别粗放型增长方式。归根到底，要把提高自主创新能力作为实现经济平稳较快增长、避免大起大落的关键之举。

第二部分是“实现自主创新的条件已经具备”。

实施自主创新的战略，加大技术研发的投入，较大幅度地提高技术进步对经济增长的贡献率，目前在我国的条件已经具备。首先，经过20多年的改革开放，我国的经济实力明显增强，国内生产总值总额已居世界第七位，进出口总额居世界第三位；去年国家财政收入已达2.6万亿元，全社会固定资产投资突破7万亿元，有能力增加技术开发的投入。其次，20多年来，我国已引进大批先进技术和设备，大大缩小了同国际先进水平的差距，目前在每个行业都有一些企业的技术装备处于国际先进水平。再次，多年来我们培养了大批人才。仅国有企事业单位的专业技术人员就达 2 170 万人，科学家和工程师 226 万人，形成了专业门类齐全的科研队伍。每年科技经费总额达 3 500 亿元。最后，我国已涌现出一批依靠自主创新迅速发展起来的企业典型，证明中国人有能力进行技术创新。它们的成功经验，增强了我国企业以自主创新求发展的信心。例如以下几家企业。

海尔集团公司 1983 年至今的产品销售额年均递增 70%，已由一个街道集体小厂成长为一个销售额上千亿元的跨国家电企业。重视技术开发，是海尔成功的重要原因之一。海尔技术开发投入占销售收入的 5%，有一支强大的科技开发队伍，拥有专利 3 000 多项，现在平均每天都有两个以上的专利产生。

华为公司在通信行业能够站在全球技术发展的前沿，关键是重视技术创新。今年公司销售额将超 700 亿元大关，其中出口 50 亿美元。全公司 23 万名职工中，从事技术开发的达 13 万人，去年技术开发投入为 45 亿元，占销售额的 10%。

奇瑞公司在汽车行业是一个后来者。它投放市场的第一台轿车就是自主开发的产品，现在不仅在竞争激烈的国内市场站稳了脚跟，而且在国外建立了两个总装厂。奇瑞技术开发投入占销售收入的 10% 以上，从事技术开发的人数占全国汽车行业的 60%。像这样的典型还有很多。凡是经营成功的企业和有远见的企业家，都高度重视技术开发，舍得在这方面增加投入。如果像这样的公司中国有 1 000 家，那么就不会出现资源的瓶颈制约，中国经济的平稳较快增长就有了可靠的基础。

第三部分是“抓紧建立以企业为主体、产学研结合的创新体系”。

技术资源短缺是当前经济发展的最大瓶颈。打破技术的瓶颈制约，必须增加技术开发的投入。但据国家统计局统计，全国大中型企业中，至今有 71% 的企业没有技术开发机构，2/3 的企业没有技术开发活动。2003 年企业科技经费支出占产品销售收入的比重仅为 1.52%，其中用于新产品开发的支出仅占 0.66%。根据国际经验，企业技术研发投入不应低于销售收入的3%，否则将失去竞争力。在高新技术企业，技术研发投入要占10%以上。消化吸收创新引进的外来技术，是技术进步的捷径，当年日本、韩国引进欧美技术，用在引进和对引进技术消化创新的投入比例为1∶5，而我国的这一比例为100∶7。结果是引进再引进，长期无法形成拥有自主知识产权的技术和产品。

为什么我国企业普遍缺乏技术开发的积极性？这要从体制机制上找原因。目前企业技术开发投入已占全社会技术开发投入的50%以上，但还远远不够。根据国外经验，企业技术开发投入和企业从事技术开发的人数都应占全社会的70%以上。所有的大中型企业都要建立自己的技术开发机构，企业的产品要做到正在生产的一批、等待投放市场的一批、处在研发阶段的一批，真正把科技作为关系企业兴衰的第一位大事。要形成以企业为主体、产学研结合的科研力量的合理配置。科学院的研究机构和大学主要从事基础与应用研究，企业主要从事新产品、新工艺、新技术的开发。技术开发和应用研究要以市场为导向，尽可能缩短技术成果工程化、产业化的时间，从根本上解决科技与经济“两张皮”的问题。

大企业要成为行业技术进步的基地，同时也要发挥中小企业在技术创新中的作用。要鼓励应用型科研院所进入大型企业内部，这样既有利于加强大型企业的科研能力，又有利于科研院所自身的发展。目前独立的应用型科研院所虽然在为企业提供技术服务中做出了一些成绩，但对行业性重大技术课题的研发则有所减弱，久而久之，当企业自身的研究力量壮大之后，这些独立的研究机构将面临被市场淘汰的危险。应继续推进原部属科研院所的改革，把进入大型企业作为一个较好的选择。要发挥中小企业市场应变快的特点，采取优惠政策，鼓励科技型中小企业的发展，特别是在软件、零部件生产等领域，大批高度专业化的中小企业的存在是技术进步的客观需要，而且许多大企业也都是由小企业成长起来的。

第四部分是“健全鼓励自主创新的体制、政策和法规”。

(1)增强自主创新意识，建立创新型国家，需要政府与企业的密切配合。要加快建立健全鼓励技术开发投入和自主创新的体制、政策与法规，引导企业自觉地走上依靠技术进步的发展道路。(2)完善鼓励企业增加技术开发投入的税收政策。(3)建立健全创业基金、风险投资和创业板市场。(4)通过政府采购，鼓励使用新产品、新设备。由自主开发生产的新产品新设备，在投入市场的初始阶段，需要政府的扶持，帮助其在使用中逐步完善设计，提高质量。政府采购是支持新产品新设备的重要政策，这在美国被普遍采用。美国有一部《购买美国产品法》，规定凡是用纳税人的钱采购的商品，必须优先采购纳税人所办企业生产的产品，只有当国内企业不能满足要求时才允许进口。我们应学习借鉴美国的这一经验，依托重大项目实施以市场换技术。我国巨大的市场需求是一项重要资源。要利用市场资源吸引国外公司与国内企业联合设计和生产，并对国内企业转让技术。二滩电站和三峡电站发电设备的国际招标，就是采用这种办法。前来投标的国外公司必须与国内设备制造公司结为伙伴联合投标，并向国内企业转让设备制造技术。(5)充分发挥重点实验室、工程中心等技术孵化器的作用。科研机构和大学科研人员的研究成果迅速转化为市场所需要的产品，要有一系列的中间环节。中央和地方都应建立一些实验室和工程中心，通过提供免费或优惠服务，吸引拥有科研成果的人才，利用这里的设备，完成其工程化、产业化的转化工作。我国目前有大量的科技成果尚未开发利用，专利的利用率比较低，技术成果的转化环节亟须加强。特别是一些老工业基地，正处于产业转型过程中，做好这项工作对建立新的产业十分必要。德国鲁尔地区成功地由煤铁工业为主转为以电子、生物产业为主，工程中心发挥了重要作用。

9月6日，“中国网”发表《中国经济增长的可持续性》一文。

【按】此文共分三部分：(一)中国经济具有长期持续增长的巨大潜力；(二)粗放型增长的不可持续是当前经济运行中的主要问题；(三)贯彻落实科学发展观是实现可持续发展的根本途径。

9月，第9期《发明与创新》发表《当前技术创新的重点》一文。

9月，第9期《前线》发表《提高自主创新能力：转变经济增长方式的关键》一文。

【按】此文共分四部分。

第一部分讲的是“保持经济平稳快速增长迫切要求转变增长方式”。

第二部分讲的是“转变经济增长方式的关键在于提高自主创新能力”。

提高自主创新能力是我国新的发展阶段转变增长方式的必然要求。我国新的发展阶段就是从人均GDP1 000美元达到3 000美元，到2020年实现全面小康目标。这个阶段是一个爬坡阶段，既可能成为一个快速增长期，也可能成为一个矛盾多发期。

日本、韩国、东南亚一些国家和地区，在这个阶段发展非常快，是一个高速增长期。经济规模迅速扩张，再加上本国货币升值，所以GDP膨胀速度很快。拉美一些国家，这个阶段是一个社会矛盾不断爆发、通货膨胀不断发生的波动加剧时期。像巴西，早在20世纪60年代末、70年代初就实现了人均GDP1 000美元，比韩国还早，那时韩国人均才几百美元。但是去年韩国人均GDP已经达到1.4万美元，而巴西、秘鲁、智利、阿根廷等国家，40年时间之内人均GDP只在1 000~2 000美元徘徊。

出现这两种不同的情况，有各种各样的原因，但最重要的原因就是日本、韩国、东南亚等国家和地区，在1 000~3 000美元这个阶段通过技术的自主创新形成了一批具有自主知识产权的产品和技术，这些产品不仅占领了自己国内的市场，而且成为出口的拳头产品。

像韩国，1962年人均GDP只有82美元，低于我国当时的水平。但30多年后韩国人均GDP达到10 000多美元，我国才1 000多美元。原因是什么？韩国拥有一大批具有自主知识产权的产品，像电子、核电、船舶、汽车、机械等。

拉美地区一些国家经济增长方式没有转变，长期无法形成有自主知识产权的产品，本国企业只能占领纺织等一些低端产品市场。相比之下，跨国公司占领高端产品的市场，甚至垄断了这些国家的银行，使其失去宏观调控的主动权。

我国现在正在进入人均GDP1 000～3 000美元这个阶段，今后15年都会处在这样一个阶段。要使这个阶段成为一个快速增长期，而不是矛盾多发期或经济徘徊期，就应该下决心转变经济增长方式，实现产业结构优化升级，增大技术开发的投入，形成一批具有自主知识产权的产品和品牌。党中央、国务院已经下决心，今后一个时期要在技术开发上增加投入，通过自主创新来带动产业结构的优化升级。

第三部分讲的是“我国已经具备提高自主创新能力的条件”。

第四部分讲的是“提高自主创新能力的途径”。

第一，提高消化吸收创新的投入比例。技术创新的方式有三种，一是原始创新，二是系统集成，三是引进技术消化、吸收、创新，就最后这一方式来说，要提高我国消化吸收创新的投入比例。日本、韩国当年都引进欧美技术。它们提出只引进一台，不引进第二台，引进技术的资金和对引进技术消化吸收创新的投入比例是1∶5，所以很快形成一大批具有自主知识产权的产品。改革开放20多年来，我国引进技术的投入与消化吸收创新投入的比例是多少？根据今年上半年国家统计局的一个统计数字是100∶7，花一块钱引进用七分钱来消化吸收创新，其结果只能是引进再引进，长期无法形成有自主知识产权的产品和自己的核心竞争力。当前我国技术创新应集中在以下几个重点领域：一是电子信息产业，特别是软件业；二是生物技术和制药；三是技术装备；四是交通设备，包括飞机、船舶、汽车、高速铁路设备等；五是新能源，包括核能、生物质能、风能等；六是新材料，包括各种合成材料。

第二，以企业为主体，形成产、学、研结合的技术创新体系，企业要成为技术创新的主体。根据国际经验，企业技术开发投入占销售收入的比例要达到3%以上。低于3%意味着这个企业没有竞争力，低于2%意味着这个企业将被淘汰。高技术企业技术开发投入占销售收入比例应该达到10%以上。而我国企业的这个比例很低，2003年只有0.75%。全国四分之三的大中型企业没有技术开发机构，三分之二没有技术开发活动。企业在这种状况下怎么能具备竞争力？所以一定要使企业成为技术开发主体。我国的体制是研究院、设计院与企业两张皮。企业引进国外技术，但缺乏技术开发力量，而且引进以后对研究院、设计院保密。真正能够引进技术消化创新的技术力量在研究院、设计院，它们人才济济，却只能靠通过搞国家下达的课题养活自己，研究不能变成产业成果。

第三，通过国际并购提高技术水平。国外有一些技术水平比我们高的企业，现在经营很困难，主要是因为没有市场。我国外汇储备很多，如果通过并购、控股或完全购买，使它的技术成果、技术人才全部为我所有，这样就可以在技术水平上上一个新台阶。

第四，以项目为依托，通过国际招标来提高自己的制造能力。这方面搞得最成功的就是水力发电设备制造。最早的范例是四川二滩电站，它把国际上一些生产水电设备的跨国公司请来进行国际招标，要求国外投标者必须与我国一个设备制造企业作为合作伙伴，而且根据水电机组制造、交付使用的时间逐步提高我国国内制造的比重。第一台机组交付使用时国内制造占20%，第二台国内制造占40%，最后一台机组交付使用的时候产品的100%要在国内制造，而且技术要全部对国内企业转让。所以二滩电站建成之日，中国水力发电设备制造能力已经达到国际水平。现在我们建设三峡电站的时候又运用这个模式，所以到三峡水库建成之日我们国内水力发电设备的制造水平就会跃居世界前列。这就是以市场换技术的两个成功范例。

第五，通过建立风险投资机制来加速技术成果产业化。

10月15日，出席在南昌举行的“‘全球通’建设和谐社会与企业社会责任国际论坛”，并做题为“企业必须履行好自己的社会责任”的发言。

10 月 30 日，出席在镇江举行的“中国镇江·执政能力与和谐社会高层论坛”暨“第五届长三角洲城市党委政研室主任会议”并做专题演讲。

10 月，第 10 期《今日中国论坛》发表《不断探索经济规律、保持长期发展势头》一文。

10 月，第 10 期《理论与当代》发表《当前经济形势和 2005 年主要任务》一文。

11 月 18 日，《人民日报》发表《科学发展观是我们党关于社会主义建设指导思想的继承和发展》一文。

11 月 19 日，出席在重庆举行的“中国农村经济学会年会”，并做题为“加快县域经济发展、建设社会主义新农村”的发言。

11 月，第 11 期《小城镇建设》发表《借鉴韩国“新村运动”经验、加快我国新农村建设》一文。

【按】为了制定好“十一五”规划，在解决“三农”问题和促进农村经济社会发展方面切实迈出步伐，根据国务院领导的指示，由中研室、中农办、财政部、建设部、人民银行和贵州省的有关同志的韩国“新村运动”考察团，郑新立出任团长，此文是这次考察的感受，共分四部分。

第一部分是“韩国‘新村运动’的主要做法和成效”。

20 世纪 60 年代，韩国仍然是一个落后的农业国。1962 年人均 GDP 仅为 82 美元，农业增加值占 GDP 的 43%，农业劳动力占就业人口的63%。全国250万农户中80%住茅草房，只有20%的农户通电，5万个自然村只有60%通汽车。“住草房、点油灯、吃两餐”是当时韩国农民生活的真实写照。经过四十多年的发展，到2004年，韩国人均GDP已跃升至1.4万美元，城乡居民收入为10 840美元，在工业化、城市化快速推进过程中，实现了城乡经济协调发展和城乡居民收入的同步提高。

韩国的“新村运动”开始于1970年，第一阶段主要是农村基础设施建设，国家提出包括草屋顶改造、道路硬化、改造卫生间、供水设施建设，如集中建水池或给水井加盖、架桥、盖村活动室等20种工程项目，由村民民主讨论、自主选择。政府免费分给每个村335袋水泥，平均每户约4袋，每袋50斤。第一年下来，50%的村干得不错，政府加拨500袋水泥、1吨钢筋。干得不好的村如果第二年干得好，还可以在第三年追加1 000袋水泥。政府把全国的村按好中差分为自立村、自助村、基础村三等，在村口立上牌子，以激发大家的积极性。

第二阶段是1974—1976年，“新村运动”进入以增加收入为主的全面发展阶段。政府推出增加农、渔民收入计划，支持农村调整农业结构，推广良种和先进技术。普及高产水稻新品种“统一稻”，1974年达到大米自给，1975—1978年实现自给有余。畜牧业、渔业、林业也都有了较快发展。

“新村运动”的第三阶段是1977—1979年，主要是发展农产品加工为主要内容的农村工业。1977年为韩国第四个五年计划的第一年，政府推出了“建设新村运动增加收入综合开发事业”规划。1978年韩国农村企业达到384个，1980年增加到790个。

1970—1980年的十年间，韩国政府财政累计向新村运动投入28万亿韩元，相当于财政支出的1%。参加新村运动人数累计达11亿人次，效果十分明显。突出变化是农民生产生活条件显著改善。到1977年，作为农村贫穷标志的草房顶全部更换为彩钢或瓦顶。1978年，全国98%的农户用上了电。1971—1975年，全国共架设桥梁65 000座，每村都修了15米宽、长2～4公里的进村公路。新建自来水管4 440

公里，新建会馆36 000座。此外，农民收入迅速增加。1967—1976年，农民家庭收入增长约8倍，城市工人收入增长约5倍。在70年代中期农民人均收入超过城市居民。

第二部分是“韩国‘新村运动’的主要特点”。

第三部分是“韩国‘新村运动’给我们的几点启示”。

韩国国家虽小，许多做法不可简单照搬，但我们两国同属人多地少的国家，又具有相似的文化背景，它的有关经验值得我们借鉴。（1）农村现代化与工业化、城市化可以做到同步推进：在工业化和城市化快速推进过程中，是否意味着必然出现一个农村发展滞后、城乡居民收入差距拉大的阶段？是否要等到工业化水平达到一定程度后，才能有足够的力量支持农村的发展，解决城乡收入差距过大的问题？韩国的经验证明，只要采取有效的政策措施，城乡收入差距拉大的现象是可以避免的。而且农村的发展不仅不会延缓工业化进程，反而能为工业化提供更大的市场和人力物力支持，进而加快工业化、城市化进程。（2）韩国在本国国情和体制背景下能够动员全社会，对农民和国民进行“艰苦奋斗”“自强不息”的教育，集中必要的物力和财力，办成一些大事，相比之下我们更应该做到并做得更好。一是我们现在已基本统一思想，提出了“统筹城乡”“重中之重”“两个趋向”“多予少取”等一系列重大的方针和方略；二是我们的人均GDP已超过1 000美元，比20世纪60年代末、70年代初韩国新村运动起步时的综合实力要强；三是我们的乡镇企业和农业产业化龙头企业比较发达，这对带动农业和农村发展具有重要的支撑作用；四是我们有传统的政治优势，只要不搞包办代替，我们统一思想、统一步调、调动资源，办成大事的能力更强。（3）要形成改变农村落后面貌的体制机制：借鉴韩国的经验，加快农村基础设施建设，实现城乡协调发展和城乡居民收入同步提高，必须形成一套有效的机制，要把在政府的支持下，动员全社会力量支持农村发展，同提高农民的积极性结合起来，把八亿农村人口的活力激发出来。韩国政府实行的奖勤罚懒政策，对新村建设指导者和基层干部的激励政策，强化公务员对新村建设的责任制，实施从提高农民生活质量入手、先易后难的操作程序等等，都值得我们在建设社会主义新农村中借鉴，以改进我们过去实行的各项扶贫和支农政策。(4)统一规划、突出重点、以城带乡、提高实效：要像组织农村电网改造工程那样，近期重点抓好解决饮水困难和饮水安全、乡村道路、沼气、卫生间改造、垃圾和污水处理、标准节能住宅、信息网络等工程。通过国家给予一定的建材和技术支持，引导农民投工投劳。要整合各个渠道的财政支农资金，使之发挥更大的效益。同时，通过发行社会主义新农村建设国债、彩券，完善农村金融体系等方式，加大对农村的支持力度。应当看到，韩国在农村城市化进程中，由于地价升值，不少农民从出售土地中获得高额收入，带资进城落户。我国土地批租的收入绝大部分为各级地方政府所有，改革开放以来，在土地出让中约有2万亿元以上的资金为城市建设做出贡献。所以，我们更应当发挥城市对农村、工业对农业的支持带动作用，较大幅度地调整财政支出结构，各项政策向农村倾斜，下大决心、下大力气遏制城乡差距拉大的趋势。

第四部分是“未来5～15年社会主义新农村建设的目标和政策选择”。

加强社会主义新农村建设是全面建设小康社会、统筹城乡发展的迫切要求。目前，我国总体上已进入工业反哺农业、城市支持农村的新阶段，初步具备了加大对农业、农村支持的条件和能力。近几年搞农村“六小工程”建设，已有了很好的工作基础。考察团对我国新农村建设提出以下建议。

新农村建设的基本要求应当是村容村貌整洁优美，有符合规划的硬化路面，有达到饮用水标准的生活用水，有符合卫生要求的厕所，有集中的排水沟渠和水塘，有集中的垃圾收集转运场所，有安全卫生的住房，农村面源污染得到有效控制，农民素质明显提高，医疗文化教育等得到基本保障，节水、节能、节地、节材，符合国家相关标准。

新农村建设应达到的目标是，到2020年，解决80%左右饮水不安全人口的饮水安全问题；85%以上的村庄和95%以上的建制镇道路达到国标规定的通达、硬化水平；60%以上村庄的面源污染、工业污染治理程度基本达到国家标准；60%以上的村庄实现信息化、网络化；80%的村庄和95%以上的建制镇实现太阳光电能源、风能、沼气等多种形式的生活能源基本自给；60%以上的村庄住宅和80%以上的建制镇有上下水设施，需要进行污水处理的30%达到国家三级排放标准。

当前和今后一个时期，新农村建设的重点内容包括以下三类。

一是农村区域性的基础设施和公共服务设施项目。该类项目覆盖乡镇和有一定规模的中心村，与城市基础设施共同构成比较完整的国家基础设施和公共服务设施网络。主要包括县域新农村建设布局规划、人畜安全饮水、农村面源污染治理、农村垃圾收集与处理设施、教育医疗卫生设施等。此类项目以现有工作部门和投入渠道为主。这些项目的资金到达地方后，应以县为单位集中整合，打捆使用，形成新农村建设的合力。

二是直接面向村庄的公益类（或准公益类）建设项目。该类项目覆盖城乡规划保留的全部行政村和有一定规模的农村居民点，主要包括：（1）村庄整治规划；（2）村庄至中心村（建制镇）的连通道路，平原地区、浅山丘陵地区的距离多在1~15公里，硬化路面宽度多在4~5米，每延米约需水泥400公斤；（3）村庄内部的主要道路硬化（每平方米约需水泥100公斤）；（4）村庄供水设施建设；（5）村庄内部的排水沟渠建设；（6）村庄公用水塘建设；（7）村庄公共厕所建设；（8）村容村貌的整治；（9）村庄垃圾集中堆放点建设；（10）村庄集中场院建设；（11）村民活动室建设。该类项目宜采取整村整治的方式实施。改变以国家直接投资为主的支持方式，实行以工代赈，国家补助建设物资为主、资金为辅，通过民办公助、“以奖代补”等，切实发挥国家投入的引导作用。

三是农户自主参与、农民直接受益的项目。此类项目覆盖广大农户，主要包括安全民居建设、人畜分居建设、传统民居保护、太阳能利用、风能利用、雨水收集、信息化工程等。这些项目应通过政府资金引导、示范和市场化运作的方式予以实施，并与国家扶贫开发、

"六小工程"等扶持资金相结合，吸引农民投入自有资金参与建设。农民既可以自主选择建设项目，也可以联户选择，还可以由农民自治组织集体选择。

加快社会主义新农村建设应坚持以下原则。(1)规划先行，因地制宜。在国家、省（市）新农村建设专项规划指导下，以县为单位科学编制新农村布局规划和村庄整治规划，经县人民代表大会审议通过后，严格按规划推进新农村建设。新农村建设绝不能搞"一刀切"，应区分发展阶段和地域不同情况，按轻重缓急循序推进。(2)突出重点，示范引路。以改善农村最迫切的基本生活条件为重点，以中心村为单位，完善各类基础设施。根据城市郊区、沿海、平原、丘陵、山区、草原等不同特点，引导散居农户适当集中，突出地方特色，体现新农村风貌。(3)政府支持，农民为主。中央和各级财政都要加大对新农村建设的支持力度，引导农民投工投劳，激发农民自力更生、艰苦奋斗、互助合作建设家园的积极性。应把基础设施建设与发展经济结合起来，把改善物质生活条件与精神文化建设结合起来，培育农民良好的生活习惯，树立先进的道德风尚。(4)创新机制，形成合力。根据农村建设项目的不同类别、性质和特点，拓宽资金来源渠道，广泛吸收社会资金投入新农村建设。凡是能够市场化运作的，都要积极引进市场机制。

11月，第11期《中国党政干部论坛》发表专访文章《将科学发展观贯穿于现代化建设全过程——访中共中央政策研究室副主任郑新立》。

【按】此专访关键词为：科学发展观、政策研究、社会主义现代化建设、经济建设、经济发展、指导思想、建设社会主义新中国、客观规律等。

11月，受邀赴柬埔寨向人民党高级干部介绍中国改革发展情况。

12月3日，出席在广西贺州联合举办的“坚持执政为民宗旨，构建农村和谐社会理论研讨会”并讲话。

12月，第12期《今日中国论坛》发表《切实转入科学发展轨道的行动纲领——学习党的十六届五中全会〈建议〉》一文。

是年，参与起草十六届五中全会《中共中央关于制定国民经济和社会发展第十一个五年规划的建议》。

附录

2005年	**中外政治、经济大事记**
5月18日	第一批台湾零关税直达大陆的农产品在“海交会”亮相
5月30日	中国停止征收81项纺织品出口关税，以回应欧盟将可能对中国两类纺织品设限的表态
6月4日	上海合作组织承认印度、伊朗、巴基斯坦三国为准成员国
7月21日	中国开始实行以市场供求为基础、参考“一篮子货币”进行调节、有管理的浮动汇率制度
7月21日	人民币升值2%，由原来1美元兑8.28元人民币，升值至8.11元人民币
9月23日	中国人民银行允许非美元货币对人民币交易价浮动幅度扩大至3%
10月10日	美国和以色列双重国籍的经济学家罗伯特·约翰·奥曼（1930—）、美国经济学家托马斯·克罗姆比·谢林（1921—2016）因“通过博弈论分析促进了对冲突与合作的理解”而获得诺贝尔经济学奖
10月12日	中国自主研制的神舟六号载人飞船飞行圆满成功
10月15日	世界上海拔最高的铁路青藏铁路全线完工
10月27日	中国建设银行在香港交易所上市

2006年（丙戌）
六十二岁

1月，在江西赣州市做题为“借鉴韩国经验、推进我国城乡协调发展”的讲话。

1月，第1期《农业经济问题》发表《关于建设社会主义新农村的几个问题》一文。

【按】文章分为三个部分。

第一部分是“建设社会主义新农村具有重大深远意义”，主要体现在三个方面：（1）加快社会主义新农村建设是遏制城乡差距拉大趋势、实现全面小康的战略举措；（2）建设新农村是扩大农村市场需求、消化剩余工业生产能力的需要；（3）建设新农村是我们党执政为民和代表最大多数人利益的集中体现。

第二部分是“正确把握新农村建设的要求和重点”：社会主义新农村建设是对“三农”工作的总体要求。新农村建设的重点在近期内应当放在农村的基础设施建设和公共服务的发展上。要通过加快农村基础设施建设和公共服务的发展，改变目前这方面城乡差距过大的状况。现在的城乡差距集中表现在城乡基础设施和公共服务上的差距。所以，要把基础设施建设的重点由城市转向农村，这是一个战略性的转变。在基础设施建设上，大体可以分成这三类。

第一类情况是广大中西部农村，根据现有的收入水平和经济发展条件，重点应放在四个方面：一是乡村道路；二是饮水安全；三是清洁能源，最重要的是沼气；四是环境卫生。赣州的经验就是四清：清淤泥、清垃圾、清污水、清路障。我们要把村子的环境整治一下，使农村变成一个比城市更吸引人居住的地方。至少在有条件的广大农村，“十一五”要把这四件事办好。

第二类情况是在发达地区农村，像浙江、苏南、珠三角现在都盖起小楼来了，它们正在搞乡村整治和城乡一体化的规划。宁波搞了一个到2020年的城乡一体化的规划，第一步先把城乡基础设施统一，第二步教育、医疗、社会保障逐步城乡一体化，到2020年，城乡的基础设施和享受的社会福利基本上都一样了。

第三类情况就是城市郊区，应当是比发达地区农村更具备条件。像上海市，它准备以2010年的“世博会”为契机，从城市人口密集的地方疏散300万人到郊区去居住，它提的口号叫作“城市郊区化、郊区城市化、城乡一体化”。在郊区和市区之间建设大容量的快速轨道交通和高速公路，把全市连为一体，然后沿着交通干线周围建设统一规划的居住区、旅游区、休闲区、工业区、商贸区、生态区等，特别是改善郊区的教育条件，吸引市区的人到郊区去居住。

要加快发展农村公共服务。首先是合作医疗。国务院决定加快农村新型合作医疗制度推广的步伐，要求在“十一五”期间尽快全面推开。合作医疗能不能够推广不完全在于收入水平的高低。因为在试点的单位里边有很多西部县，农民收入水平并不高，关键在于能够从本地的收入水平出发，设计一个比较好的制度，对农民有吸引力，合作医疗制度就可以推广。国务院决定中央财政和地方财政再各拿出10元钱，使财政投入增加到40元/人，农民自己负担10元钱，在政策设计上，要让农民将自己拿的10元钱当年能够消费掉，不让他吃亏，财政投入的40元钱用来做大病统筹。如果你不拿10元钱，你就享受不到40元钱的大病统筹，这个对农民是有很大吸引力的。希望合作医疗尽快展开。其次是基础教育。基础教育是2006年农村政策的一个亮点。2006 年西部农村的学杂费要免掉。2007 年中部地区也免，基本上实现农民种地不缴税，上学不缴费。所以义务教育要加快普及。

第三部分是“建立能调动各方面新农村建设积极性的投入机制”。

首先，中央和各级政府都要增加新农村建设的投入，而且应该像韩国那样以实物投入为主。搞得好的就继续补贴，搞得不好的就不再投入，实行奖勤罚懒的机制。还要整合各渠道的资金办大事。现在政府各个口的支农资金不少，放在一起有 3 000 多亿元，但是太分散，需要整合。如果中央这个层次整合有困难，地方可以整合。如湖北恩施州把上边下达的各类支农资金统一整合，搞“一建三改”，建沼气池、改厨改厕改圈，一年办一两件实事，经过几年的时间就可以把农村的几件大事办完。如果全国农村都改造一遍并达到要求，可能需要 4 万亿元投入。沿海地区自己解决，中西部大概需要 3 万亿元，平均每年 1 500 亿~2 000 亿元，连续投入 15 年就可以解决。其次，最重要的是要调动农民自己投工、投劳的积极性，要动员农民自力更生，艰苦奋斗，改善自己的生活条件。

1 月，陈炎兵[1]、魏礼群、郑新立编著的《新时期调查研究工作全书》一书，由人民出版社出版。

1 月，陈炎兵、魏礼群、郑新立编著的《做自己想做的人》一书，由人民出版社出版。

2 月，第 2 期《人民论坛》发表《韩国“新村运动”启示》一文。

3 月 9 日，在“中国经济 50 人论坛”发表《“十一五”开局之

[1] 陈炎兵（1962—），曾任国家经贸委经济研究中心咨询中心主任、国家行政学院出版社社长。

谱主近照

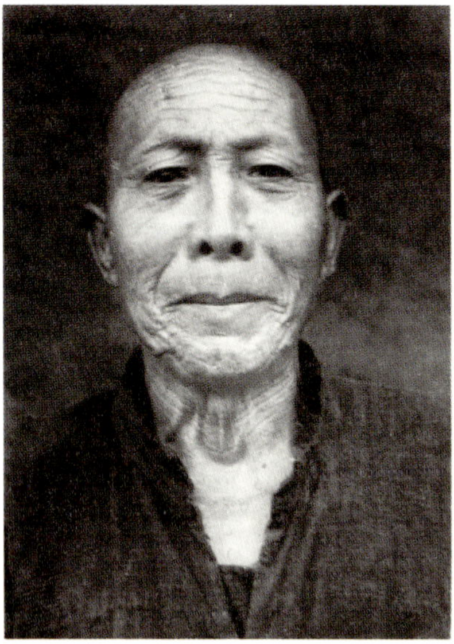

1945 年 2 月 12 日郑新立出生后，由祖父、祖母、母亲、小叔抚养长大。图为祖父郑明岑（1900—1976）
（照片拍摄于 1973 年）

1958 / 小学毕业，住在湖北二叔家（照片拍摄于 1985 年）

1961 / 初中毕业班团支部合影（最后一排右三为郑新立）

1961 / 在唐河县城唐河一中就读高中（照片拍摄于 1985 年，回校探望唐河一中的校长和老师）

1964 / 高中时期的郑新立

1964 / 高中毕业班全班合影（第一排右一为郑新立）

1970 / 大学毕业班全班合影。“文革”时期晚分配一年，从劳动锻炼地安徽铜陵狮子山铜矿分配到河北邯郸冶金矿山公司（第二排左三为郑新立）

1981 / 中国社会科学院研究生院毕业班全班合影（第二排中间为郑新立）

1981 / 从社科院研究生院毕业时与老师们合影（第一排右起依次为薛葆鼎、马洪、陆斐文、桂世镛、张宣三；第二排右一为郑新立、左二为吴家骏）

1986 / 随唐河县原县长樊治业看望哲学家冯友兰先生

1986 / 中央党校培训班第七支部第一党小组的同志们

1986 / 随中共中央书记处研究室副主任王玉清到深圳调研

1987 / 中共中央书记处研究室撤销前，原副主任梅行、王玉清与经济组同志们合影

1988 / 与桂世镛老师合影

1990 / 在玉泉山参与起草《中共中央关于制定国民经济和社会发展十年规划和“八五”计划的建议》

1991 / 考察日本丰田汽车公司（右五为郑新立）

1992 / 随中韩建交后第一个政府代表团赴韩考察工业化；原国家计委副主任盛树仁带队，在现代集团受到热情接待

1993 / 在旧金山与诺贝尔经济学奖得主米尔顿·弗里德曼合影

1994 / 在波士顿塔夫茨大学参加工业培训班时与斯丹凝教授合影

1994 / 在美国底特律市福特公司总部

1996 / 在德国考察工业发展政策

1996 / 在法国法玛通核电集团考察

1996 / 在桂林参加工业发展政策国际研讨会

1997 / 随马洪同志在日本京都参加中日经济政策交流

1997 / 国家计委政研室在青岛与中船总公司联合召开加快船舶工业发展研讨会

1997 / 与国家计委政研室的同志一起在武夷山参加转变经济增长方式座谈会

1997 / 在加班时为任珑（中）庆祝生日

1997 / 在无锡参加招标投标法国际研讨会

1997 / 与乌家培同志一起参加信息经济年会

1998 / 随外经贸部赴意大利招商时会见当地企业家

1999 / 迎接美国著名未来学家阿尔文·托夫勒参加“2020 年的中国 ”论坛

1999 / 参加招标投标法研讨会，中间发言人为全国人大财经委原副主任陆燕荪

1999 / 参加国务院新闻发布会

1999 / 出席中国发展研究基金会第一届理事会会议

2000 / 与周喜安在法国考察

2000 / 在德国戴姆勒-克莱斯勒公司参加汽车工业发展国际论坛时与陈清泰合影

2000 / 到德国柏林考察，在马克思、恩格斯雕像前留影

2000 / 考察小浪底水库，洛阳市原市委书记连维良（左二）陪同

2000 / 访问俄罗斯赤塔市，与一位“二战”时参加中国东北对日作战的苏联老红军合影

2001 / 研究生同宿舍的同学聚会，左起依次为吕政、戴俭明、张吉庆、郑新立、郑海航

2001 / 和同事一起与美国经济学家、诺贝尔经济学奖得主、“欧元之父”罗伯特·蒙代尔合影

2002 / 到河南巩义市授课，参观竹林镇办企业，原市委书记穆为民陪同讲解

2002 / 考察以色列科学院

2002 / 率团到印度考察软件产业，考察团在班加罗尔华为软件产业园合影

2003 / 参加河南南阳籍在京老同志春节团拜会

2003 / 在北京经济学界春节团拜会上与于光远先生亲切交谈

2003 / 北京钢铁学院建校 50 周年时矿 69-1 班同学欢聚

2003 / 与夫人在中央党校留影

2005 / 在河北廊坊参观农业生态科技园

2006 / 带领政协海洋产业专家团赴澳大利亚、新西兰考察，在新西兰北岛合影（右三郑新立、右四葛东升、右五许善达）

2006 / 在内蒙古考察京津风沙源治理情况，在太仆寺旗所在地合影

2006 / 在杭州萧山区万向集团与鲁冠球董事长交谈

2009 / 出席全国政协经济委员会海洋经济课题组在海南省召开的座谈会

2013 / 春节全家福，中间为郑母张聚芳（1924—2016），右一为儿媳孟轶嘉

2013 / 中国国际经济交流中心博士后科研工作站成立

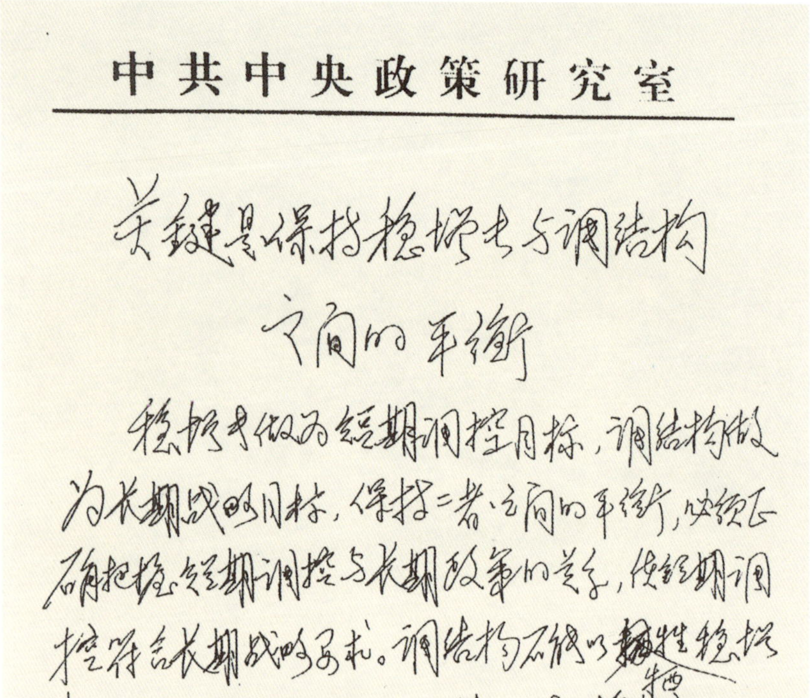
中共中央政策研究室

关键是保持稳增长与调结构之间的平衡

稳增长作为短期调控目标，调结构作为长期战略目标，保持二者之间的平衡，必须正确把握短期调控与长期改革的关系，使短期调控符合长期战略要求。调结构不能以牺牲稳增长为代价，稳增长必须以结构转换来实现。

一、稳增长是当前经济工作第一位的任务

二、调结构是经济发展新阶段必须实现的重大战略

三、把稳增长与调结构有机结合关键在改革

四、需要认真解决的认识问题

2015 / 郑新立手稿

2015 / 淮河考察，右三聂振邦、右四郑新立、右五信阳原市委书记郭瑞民、右六张大伟

2016 / 出席中瑞生态环境论坛时，与瑞典副首相兼气候与环境大臣奥萨·罗姆森合影

2016 / 71 岁生日时与龙凤胎孙子郑天和、孙女郑天美留影

2018 / 全家福

年如何起好步》一文。

3月27日，《农民日报》发表《尽快改变农村基础设施和公共服务落后状况》一文。

3月30日，出席在天津举办的“第十二届中法经济研讨会”，并做题为“未来15年中国能源供求态势与对策”的发言。

【按一】研讨会由中国国际贸易促进委员会、天津市人民政府和法国法中委员会共同主办，法国法中委员会和天津开发区管委会承办。研讨会的议题是“能源与可持续发展”。法国前总统、前欧盟制宪筹备委员会主席、法兰西学院院士吉斯卡尔·德斯坦，法国前驻华大使菲利普·高毅，时任中国国际贸易促进委员会会长万季飞，时任中共天津市委副书记、市长戴相龙等出席了研讨会。法国阿海珐集团、阿尔斯通公司等法国著名能源、环境和飞机制造企业高层代表也参加了研讨会。

【按二】此次演讲内容发表在2006年第11期《经济前沿》、2006年第12期《煤炭企业管理》上。

4月1日，出席在京召开的“中国高等教育学会第五次会员代表大会”开幕式与“建设创新型国家与中国高等教育的改革与发展”学术报告会。

4月3日，《经济日报》发表《我国财政政策研究的一部力作》一文。

4月22日，出席在青岛市城阳区举行的“加快推进农村全面小康建设进程暨城阳经验座谈会”。

【按】座谈会由中央政策研究室主办，郑新立在发言时指出：这次会议之所以选择在城阳，是因为城阳的全面小康建设走在了全国前列，创造了富有特色的城阳经验，在全国具有推广意义。

4月29日，出席在北京举行的“建设社会主义新农村高层论坛”。

【按】此次论坛由首都经济贸易大学和国务院发展研究中心农村部主办，光明日报理论部协办，其特点是官、产、学结合；理论探讨、政策建议、实践经验总结结合；经济社会科学、自然技术科学结合；参加论坛的有郑新立、李京文、何祚庥[1]、包克辛、高铁生[2]、刘福垣[3]、吕政、张晓山[4]、韩俊[5]、温铁军[6]、申建军、文魁[7]、郑海航[8]、谢扬、张红等，多是研究“三农”问题的经济学家、两院院士、各级政府官员、企业家、高校和研究机构的专家学者。

4月，第4期《经济与管理研究》发表《加快农村发展的战略选择》一文。

---

[1] 何祚庥（1927—），原籍安徽望江，生于上海，粒子物理、理论物理学家，中国科学院院士。早期从事粒子理论、原子弹和氢弹理论的研究，是氢弹理论的开拓者之一。代表著作有《量子复合场论的哲学思考》《从元气说到粒子物理》等。

[2] 高铁生（1940—），曾任国家粮食储备局局长、中国储备粮管理总公司总经理，现任中国粮食经济研究会名誉会长，著有《苏东国家经济改革今昔》《苏联经济中的计划与市场》等。

[3] 刘福垣（1944—），辽宁金县人，曾任国家发展和改革委员会宏观经济研究院副院长，现任中国人力资源开发研究会会长。主要从事农业宏观经济管理研究，著有《工农业收入差异》《农村改革新方略》等。

[4] 张晓山（1947—），籍贯湖北蕲春，中国社会科学院学部委员，曾任中国社会科学院农村发展研究所所长，现任中国农经学会副理事长，从事农业经济、合作经济理论与实践、农村组织与制度领域的研究，著有《走向市场：农村的制度变迁和组织创新》等。

[5] 韩俊（1963—），山东高青人，博士生导师，曾任国务院发展研究中心农村经济研究部部长，现任中央农村工作领导小组办公室副主任。长期从事农业政策和农村发展问题的研究，两次获孙冶方经济科学奖。

[6] 温铁军（1951—），祖籍河北昌黎，生于北京，博士生导师、“三农”问题专家。现任中国人民大学学术委员会副主任，著有《三农问题：世纪末的反思》《中国农村基本经济制度研究》《八次危机》等。

[7] 文魁（1949—），曾任首都经济贸易大学校长。从事经济学的基本理论、中国经济改革的理论和实践等领域的研究，著有《市场经济的工资运行》《现代企业制度与组织机构设计》等。

[8] 郑海航（1945—），山东安丘人、博士生导师，曾任首都经济贸易大学副校长。从事企业组织与治理、国有企业管理与改革等领域的研究，著有《企业组织学导论》等。

【按】文章共分四部分:(一)建设社会主义新农村是党中央的重大战略决策;(二)新农村建设要把发展农村经济、提高农民收入作为中心环节;(三)新农村建设要把改变农村基础设施和公共服务落后状况摆在突出位置;(四)深化农村改革,建立促进新农村建设的体制机制。

4月,第4期《求是》发表《社会要和谐、首先要发展》一文。

【按】文章指出:党的十六届六中全会通过的《关于构建社会主义和谐社会若干重大问题的决定》提出“社会要和谐,首先要发展”这个重要论断,明确了构建社会主义和谐社会与经济发展的关系。按照历史唯物主义关于生产力决定生产关系的基本原理,要建立人与人、人与社会之间平等、和谐的关系,归根到底取决于生产力的发展水平,取决于发展的协调性。当前我国社会领域存在的诸多矛盾,如看病难、上学难、就业难等,都应当用发展的办法来解决。

5月17日,出席在北京举办的“政府行政管理体制改革国际研讨会”,并做题为“提高公共服务能力是政府首要职责”的演讲。

【按】研讨会由国家发改委联合世界银行主办,国务院有关部门和部分地方政府有关负责同志、国内有关专家以及来自俄罗斯等七个国家的官员和学者共100多人参加了会议。与会代表不仅分析了行政管理体制改革的重要性和紧迫性,也介绍了有关国家改革的经验,还对中国行政管理体制改革的目标、任务、重点和推进原则等提出了宝贵建议,为确定我国行政管理体制改革的总体思路提供了有益参考。

5月17日,出席在北京召开的“全面建设小康社会理论与实践(昆山经验)研讨会”,并做题为“我国农村全面小康实现程度分析”的演讲。

【按一】研讨会由中央党校、人民日报社、中共江苏省委及省人民政府共同举办；本次演讲摘要《昆山率先全面建设小康社会的经验值得总结推广》一文发表在2006年第6期《群众》上。

【按二】在研讨会上，郑新立做题为“大力推进社会主义新农村建设、加快农村全面小康建设步伐”的总结发言，总结共分五部分。(一)要进一步增强对全面小康社会建设重要性和紧迫性的认识。(二)加快农村全面小康社会建设，要把发展农村经济、增加农民收入作为中心环节，一是发展高效益农业，提高土地产出率；二是加快农村劳动力向非农产业转移；三是扩大农产品出口，占领国际农产品市场。(三)加强农村全面小康建设，要把改变农村基础设施和公共服务落后状况摆在突出位置。(四)深化改革，努力形成全面小康建设的有效机制。(五)要把全面小康社会建设与工业化、城市化结合起来。

5月20日，出席在海口举行的“社会主义新农村建设与文明生态村建设研讨会”，并做题为“以生态文明为突破口、加快社会主义新农村建设”的发言。

【按】研讨会由中国政策研究会、中国软科学研究会、中共海南省委宣传部主办，共80余人出席了会议。本次演讲发表在2006年第7期《今日中国论坛》。

6月1日，主编《加快推进农村全面小康进程：城阳经验及其启示》一书，由研究出版社出版。

【按一】此书是对“加快农村全面小康建设进程暨城阳经验座谈会”的成果报告集。一方面是对青岛市城阳区推进全面小康建设经验的肯定，另一方面对所面临的问题及应采取的对策和措施等进行了探讨。

【按二】《加快推进农村全面小康进程：城阳经验及其启示》一

书的序言如下。

2006年4月下旬，我们在青岛市城阳区召开了“加快农村全面小康建设进程暨城阳经验座谈会”。座谈会有13个中央和国家部委、18个省（自治区、直辖市）党委政研室的同志参加，大家对全面小康社会建设取得的成就和经验、面临的问题和难点、加快推进的对策和措施等，进行了深入探讨和交流，对城阳区推进全面小康建设的经验给予了充分肯定。这本文集就是此次座谈会成果的集中反映。

党的十六大提出，要在21世纪头二十年，集中力量全面建设惠及十几亿人口的更高水平的小康社会。实现这一目标，需要推进经济、政治、文化、社会的全面发展，需要加快推进现代化建设步伐，需要在实践中大胆探索、创新进取。全面建设小康社会，最艰巨、最繁重的任务在农村。召开这次座谈会的目的是认真总结发达地区推进全面小康社会建设，尤其是推进农村全面小康建设的经验，准确把握全面小康建设的重点和难点，积极探索新的思路和方法，加快全面小康建设进程，把党中央提出的全面建设小康社会的任务真正落到实处。

城阳区是青岛市的一个远郊区。1994年建区时，农村人口占全区人口的比例高达95%以上，是一个典型的农业区。建区后，全区上下拧成一股绳，聚精会神搞建设，一心一意谋发展。经过10多年的奋斗，全区经济总量增长了十多倍，财税收入增长了二十多倍，人均GDP接近一万美元，获得了国家可持续发展试验区、全国科技进步示范区、中国人居范例奖、全国城市园林绿化先进区等多项荣誉称号。过去基础差、底子薄、设施落后的典型农业区面貌已经彻底改变，一个新型工业区、现代文明区、和谐繁荣区已经展现在人们面前。用全面小康评价指标衡量，城阳区2005年全面小康实现程度已达95%以上，2007年可实现全面小康。城阳区用自己的实践，创造了加快推进全面小康建设的经验，为其他地区做出了示范。在新型工业化的道路上，当地坚持工业项目向园区集中、向主导行业集聚，培育了一批在全市、全省乃至全国榜上有名的骨干企业，既壮大了规模，更提高了质量和效益；在对外开放上，坚持“亲商、爱商、安商、富商”与

“亲民、爱民、安民、富民”的有机统一，在扩大开放中强区富民，增强了各个层面的开放意识，树立了“人人都是投资环境、处处展现开放形象”的开放理念，构筑了全方位、多层次、宽领域、立体化开放格局；在城镇化建设上，坚持统一城乡规划布局，统一城乡基础设施配套，实行农村社区组团式开发，加快推进旧村改造，壮大了农村集体经济，促进了农民就业增收，实现了城乡统筹和协调发展；在科技创新上，坚持不断提高自主创新能力，培育一批科技创新型企业和名牌产品，高新技术产业产值占规模以上工业总产值的50%以上，推进了可持续发展；在环境保护上，坚持不懈地打造“绿色城阳”，努力建设良好的生态环境，促进了人与自然的和谐；在社会事业发展上，坚持不懈地实施“民心工程”，坚持不懈地加强素质建设，坚持不懈地加强各级领导班子和党员干部队伍建设，构建了比较完善的培训就业、养老保险、医疗保险、最低生活保障和社会救助体系，打造了“开放、创新、诚信、和谐、文明、向上”的城阳人精神，把中央的富民、惠民政策真正落到了实处。城阳所走过的路，是中西部多数县区未来十几年、二十年要走的路；城阳在建设全面小康社会中遇到的问题，是中西部地区未来可能遇到的问题。因此，总结城阳的经验，学习城阳的经验，推广城阳的经验，对加快全面小康社会建设，尤其是加快落后地区全面小康社会建设具有重要意义。

当前，我国全面小康社会建设进入了一个关键时期。加快全面小康社会建设，要以科学发展观为统领，坚定不移地执行好中央的各项方针政策，紧密地结合各地实际，广泛地调动广大干部群众的积极性、主动性和创造性，进一步解放思想，加快发展，让改革开放的成果惠及广大的人民群众。加快农村全面小康社会建设是加快全面小康社会建设的重要方面。要把增加农民收入作为农村全面小康建设的中心环节，大力发展高效益农业，加快农村劳动力向非农产业转移，改变农村基础设施和公共服务落后状况，推进农村教育、文化、医疗卫生和社会保障事业的发展，加大财政支农力度，进一步深化农村改革，形成促进农村全面小康社会建设的有效体制和机制。

本次座谈会的成果，集中体现在中央和国家有关部委同志的发言上，体现在与会同志的交流上，体现在城阳经验上。将这些成果进行汇总，结集成书，必会为各地加快全面小康建设提供很好的借鉴和参考。希望各地的全面小康社会建设在不断探索的道路上不断前进。希望城阳在建成全面小康社会的基础上提前基本实现现代化，继续大胆探索，大胆实践，创造出更多更好的经验。

7月22日，出席在钓鱼台国宾馆举行的“中国首届产业安全论坛”，并做题为“高度重视产业安全的监测预警和对策研究”的主题演讲。

【按】郑新立在演讲中说：任何一个国家，为了扶持本国经济的发展，使本国人民在经济发展中获得最大利益，都非常重视产业安全问题。我国作为一个发展中的大国，同世界经济的联系日益密切，为了在激烈的国际竞争中趋利避害，增强竞争能力，尤其要重视产业安全问题。纵观世界各国发展的历史，有的国家能抓住机遇，迅速步入现代化行列；有的国家经济危机频繁发生，发展缓慢，无不与能否有效维护产业安全密切相关。当前重视和研究产业安全问题，绝不是空穴来风、杞人忧天，而是摆在我们面前非常现实的突出问题，必须给予高度重视。

7月，第7期《人民论坛》发表《经济社会发展的动力支持》一文。

【按】此文认为：只有使干部群众树立起为祖国、为人民甘于奉献的精神，掌握科学知识和技能，养成勤劳刻苦的习惯，我国的经济社会发展才会有源源不断的强大动力。

7月，第7期《中国企业家》发表《扭转农产品贸易逆差的“荷兰道路”》一文。

【按】此文认为，中国应实施“以劳力换土地”战略。

中国有四亿多农村劳动力，既是负担也是资源。如果合理引导与利用，可以转变为现实生产力，这是发达国家无法比拟的，但要把他们的潜力发挥出来，成为推动农产品出口的力量，还需要国家、社会和企业做很多工作。从农产品国际贸易战略上看，我们应实施以劳力换土地的战略。

因为中国土地资源短缺，劳动力资源丰富，在国际贸易中出口劳动密集型的农产品，适当进口一些土地密集型产品，这样才能为农民增加收入提供一个重要渠道；适当进口一些国内短缺的农产品，像大米、饲料等，从长远来看是难以避免的。问题不在于我们进口多少，而在于我们的优势农产品出口能不能搞上去。如果我们出口得多，那么进口一些农产品就没什么问题。我们出口潜力大的优势产品，即劳动密集型产品：第一是园艺产品，包括花卉、水果、蔬菜、茶叶、药材等；第二是水产品；第三是畜禽产品，包括肉类、奶制品。这三类产品应成为中国出口的拳头产品。中国服装、玩具等劳动密集型工业品已经大量出口，劳动密集型的农产品也应该走向全世界，发挥我们的竞争优势。

在这方面，要走荷兰、以色列的路子。荷兰农产品净出口额也是全球最高的。荷兰的气候不好，地处北欧，阴冷、潮湿，缺少耕地，在这样的条件下进口一些粮食、饲料，再把饲料转换为畜产品；此外，花卉出口占欧盟出口额的80%以上。荷兰的战略就是“以劳力换土地”。春节前我去以色列考察，以色列的农业条件跟中国没法比，大部分地方是荒漠。但是就是因为以色列人几十年不懈的努力，在荒漠上建起了绿洲，搞起了高效益农业。每年的农产品净出口额30多亿美元，出口花卉、水果、蔬菜，进口一些粮食。他们出口的都是高附加值的农产品，如西红柿种子，一公斤一万欧元。在以色列，农业是比工业还要赚钱的行业，利润率比工业还要高。中国的国情也是人多地少缺水，应该学习这些国家的经验。

8月8日，《中国证券报》发表《注意外资并购出现的新动向》一文。

9月19日，在“中国经济50人论坛”发表《2020年的中国经济》一文。

9月，第9期《求是》发表《增强消费对经济的拉动作用》一文。

【按】此文的关键词是：经济增长速度、拉动作用、投资率、投资与消费、消费结构、生产能力过剩、消费信贷、生产与消费、消费率、经济运行等。

9月，第9期《农村工作通讯》发表《全面深化农村改革、促进社会主义新农村建设》一文。

【按】此文认为，当前农村发展面临着异常艰巨的任务，靠什么来推动？我觉得要抓改革。当前和今后一个时期，农村改革至少应抓好以下五个部分。

第一部分是“继续完善农村基本经营制度”：农村基本经营制度就是以土地家庭承包经营为基础，统分结合的双层经营体制，这是一个完整的表述，写入了宪法。这一体制已经实行了二十多年，取得了巨大成就。

在新形势下这个体制要不要继续巩固和完善，怎样巩固完善？我想应当从两个方面来改革和完善。一个是土地家庭承包。现在农民和农村干部都了解了土地使用权30年不变的政策，尽管也出现了一些侵犯农民土地经营权、使用权的事，但这不是主流，农民对土地的长期使用权应当得到保障，不能随意被侵犯，大家认识比较一致。现在需要完善的是，随着农村劳动力大批向非农产业转移，农村土地的使用权必然产生流转的要求。如何建立一种完善的机制，推动这种流转，保证这种流转的有效性，使农民在这种流转过程中利益不会损失，并促进农村土地的规模经营，发展高效农业，以便与采用大型机械、统一耕作、规范化栽培相适应。这些年，人们对农村土地使用权的有偿性达成了共识，而且流转的价格因各地经济发展水平不一而不同。沿海一些地方，每年一亩使用费 800 元左右，中部地区 500 元左右，西部地区 300 元左右。前些年由于种地收益低，那种把土地无偿转让，甚至倒贴钱转让的现象已经基本消失了。这种有偿转让机制应当进一步规范化、法制化，使转让更加顺利。事实证明，这种转让有助于提高农民的劳动生产率和土地产出率。根据现在农业机械化条件，我国南方水田，一个劳动力能种 30 亩，北方旱地一个人能种 40 亩，甚至可以更多。各地应该根据自己的实际情况制定政策来推动它。土地问题，除了有偿转让之外，还应当允许农民以土地使用权入股，兴办企业，使农民获得长期收益。2005 年，我们去韩国考察新村建设的经验，发现农民致富的一个重要途径，是在工业化、城市化过程中，通过出售土地、带资进城，买个铺面搞第三产业，再买一套住宅，收入比城里人还高，住得比城里人还好。这样，韩国一部分农民通过出售土地，一下子进入了富裕阶层。我国农民转让土地，收益流到城市，支援城市建设，一年的规模至少几千亿。有人算了一下，改革开放以来，光靠农民出让土地转移到城市的收益就有 2 万多亿元。沿海一些城市，一年批租土地的收入超过其财政收入，被称为第二财政。这就是说，长期以来农民支付了相当大一部分城市建设费用。现在应当考虑把这些钱拿出一部分用于新农村建设，要留给农民，成为农民增加收入的一个重要渠道。我觉得这是完善农村基本经营制度、从统分结合“分”的层次上深化改革需要考虑的内容。

第二部分是“建立促进新农村建设的体制机制”。

首先是建立新农村建设的资金筹集机制。各级政府都要加大对新农村建设的投入。今年中央财政投入将达 3 400 多亿元，资金数量不小，但使用比较分散。如何在地县级把资金整合起来，集中力量办一些大事，提高资金的使用效益，这一点值得研究。一是从土地的批租收益拿出一定的比例，如30%～50%，用来搞新农村建设。因为城市现在已经相当漂亮了。二是建议发行新农村建设长期债券，甚至再具体一点，发行沼气建设债券，乡村道路硬化债券，以及农村普及自来水的债券。发行这样的债券，在全国人大容易得到支持。前十年，我们搞基础设施特别是城市基础设施建设，主要靠发行国债。现在，轮到搞农村基础设施建设了，为什么不能也用这个办法。三是鼓励工商企业等社会力量参与新农村建设。目前有许多乡镇企业发展起来了，希望回报家乡，办点善事，出点钱支援农村基础设施建设。这就需要有税收优惠政策，把支援农村建设资金视同慈善捐款，在税前列支，以鼓励工商企业和社会力量在这方面增加投入。

其次是民主决策机制。韩国搞新村建设时，村里要上什么项目由全体村民投票决定。我们也要建立这种民主决策机制。

再次就是项目监管机制。包括项目预评估、后评估以及项目跟踪管理。过去我们搞农村建设项目，往往疏于管理，缺乏跟踪和评估。这次要建立新农村建设资金使用和项目的监管机制。韩国请市场中介组织如咨询公司等进行评估，对国家补助资金的使用效果做出客观评价。我们现在搞农村研究的人不少，也有一些项目咨询公司、评估公司，对每年3 000多亿元财政资金的使用情况，要进行全过程跟踪管理和后评估。评估的结果要公之于众，以防止支农资金流失，提高使用效益。

最后，要建立奖勤罚懒机制。凡是搞得好的地方和村子，第二年要追加财政补贴；搞得不好的，第二年就不再给补助，直到内部整改好了，再给补助。要通过建立奖勤罚懒机制，激发农民自己动手改变生产生活条件的积极性。

第三部分是“改革农村金融体制”。

加快农村金融体制改革，第一是搞好农村信用社改革。上一届政府允许江苏省作试点，以解决农民贷款难为主旨，改革非常成功。根据江苏的经验，以下几条值得借鉴和推广。一是县联社作为独立的法人单位，统一核算，自负盈亏。二是省联社作为全省农村信用社的管理、指导、协调、服务机构，主要管经营方向、班子建设、规章制度、稽核检查、风险防范。三是明晰产权，实行股权结构多元化，面向社区农民和农村经济组织增资扩股，股本损益与信用社经营状况挂钩。四是建立现代企业制度，信用社有股东会、董事会、经营层、监事会，四者之间相互制衡，保证资金的良性循环。五是建立风险防范和处置机制。省政府建立了农村信用社风险调控专项资金，对县联社给予贴息、减税和注入资本金等优惠政策。

第二是在保证资本金充足的前提下，允许社会资金兴办区域性股份制金融机构。这类金融机构不能跨地区存贷款，由地方政府的专门机构监管，并建立有效的退出机制，满足农民和小企业的贷款需要。

第三是国有银行在县和县以下的分支机构吸收的存款，要拿出一定的比例，用于当地贷款。国有商业银行在县和县下的分支机构不能再成为抽水机，把农村资金都抽走。美国就有一部《社区再投资法》，规定在经济比较落后的地方吸收的存款必须拿出一定的比例用于当地的贷款。我们今年一号文件也有了这样一个政策性规定，但还没有落实。要在农村建立相应的信用评级和担保机构，为各类金融机构扩大农村贷款提供良好的环境和条件。

第四是发展农村保险，我国农村保险在20世纪80年代有了一定发展，到90年代出现滑坡。主要原因，一是保险的赔付率太高，使保险公司出现亏损；二是投保的费率太高，有的高达10%，使得投保的人越来越少，投保人越少，费率就越高；三是高风险，保险公司常常受到农民道德风险的困扰，不属于保险范围的也要理赔。针对这些问题，吸取国外经验，应鼓励各省在农业保险上进行试点。要增加财政对保险的支持。美国、欧洲、日本都对农业保险给予财政大力支持。因为这比发生灾害后再进行救济的开销要少得多。要建立巨灾风险分散机制。国家要建立巨灾风险基金和农业再保险体系，以分散农业风险。要研究建立对农业保险的信贷支持制度，当农业保险和再保险经营主体出现临时性流动资金不足时，给予一定的无息或低息贷款。要加快研究制定《农业保险法》。

第四部分是“完善农业产业化组织体系和运行机制”。

一要继续深化农村流通体制改革。现在农业生产资料价格上升，农产品难卖的问题仍然存在。应按照江苏苏果的模式，改革农村供销社。苏果即江苏供销社前身，已在全省每个村建立了连锁店，搞物流配送，使农业生产资料的价格既稳定又便宜，同时又帮助农民推销农产品。要通过发展现代物流体系、连锁经营，来降低农村流通费用。这件事既可以由供销社来做，也可以由大的商贸公司来做。

二要建立农产品出口组织体系。这个问题具有极大的紧迫性。去年和今年农产品进出口出现逆差，这是个危险的信号，必须高度重视，墨西哥在加入北美自由贸易区后，国外农产品大量涌入，农民收入受到影响，引发了严重的社会问题。我们现在的问题并不在于进口了多少农产品，而在于出口能不能超过进口，能不能把我们的优势农产品推销到国际市场上去。应该学习推广山东农产品出口组织体系的经验，山东农产品出口最近几年也遇到许多贸易壁垒，但出口还是大幅度增长。山东一个省的农产品出口占全国的30%，今年上半年达70多亿美元。特别是潍坊市形成了一整套有效的出口组织体系，包括农产品出口的龙头企业，各级政府建立的农产品质量检测体系以及运输、包装、信息网络等。实践证明，扩大劳动密集型农产品出口，换回一些土地密集型农产品，实施以劳力换土地的农产品进出口战略，潜力巨大。各地农业、商贸、质量检验检疫、海关、银行等有关部门应密切配合，形成一个有效的农产品出口促进体系，把我国劳动密集型农产品，如花卉、水果、药材、茶叶、畜禽产品等，尽可能多地出口到国外市场，为农民增收开辟新的途径。

三要完善对农产品加工，销售龙头企业的扶持政策，建立农户与龙头企业的利益联结机制，通过龙头企业带动农民增收。

第五部分是“加快建立农村新型合作医疗制度”。

9月，第17期《决策咨询》发表《保持经济平稳较快增长》一文。

【按】文章重点包含四部分：（一）我国经济长期保持快速增长的潜力很大；（二）转变增长方式是实现可持续发展的关键之举；（三）工业化和城市化是支撑经济长期快速发展的潜力所在；（四）构建和谐社会是实现经济快速发展的根本保障。

9月，第18期《人民论坛》发表《新农村道路：韩国经验与中国选择——韩国“新村运动”启示录》一文。

10月9日，出席北京市委讲师团“宣讲家”网站开播仪式，并做题为“用主流声音引导网上舆论”的讲话。

10月10日，在“中国经济50人论坛”发表《我国经济快速增长的潜力较大》一文。

10月23日，《文汇报》发表《构建和谐社会必须坚持全面协调发展——学习党的十六届六中全会〈决定〉》一文。

【按】文章为学习党的十六届六中全会通过的《中共中央关于构建社会主义和谐社会若干重大问题的决定》的心得。

10月28日，出席以“全面小康与新农村建设”为主题的“2006年第二届中国全面小康论坛”并发言。

10月，第10期《财经界》发表《深化改革、转变职能、提高政府公共服务能力》一文。

【按】专访关键词为：服务能力、行政管理体制改革、市场监管、公共服务、转变政府职能、宏观经济调控体系、社会管理转变职能、调控手段、社会保障等。

10月，第20期《当代广西》发表《工业化、城镇化战略带动广西发展》一文。

11月，21期《今日中国论坛》发表《建设新农村需要制度设计》一文。

【按】文章的关键词为：新农村建设、农民意愿、形式主义、因地制宜、城乡居民收入差距、江西赣州、制度设计等。

11月，第11期《今日中国论坛》发表《确保国家长治久安、人民共同富裕的伟大战略决策——学习党的十六届六中全会〈决定〉》一文。

【按】文章为学习党的十六届六中全会通过的《中共中央关于构建社会主义和谐社会若干重大问题的决定》的心得，共分六部分：(一)实现社会和谐是建设中国特色社会主义的根本要求；(二)促进城乡、区域、经济与社会的协调发展；(三)建立健全保障社会公平正义的各项制度；(四)积极建设和谐文化和社会主义核心价值体系；(五)建立政府与社会组织相结合的新型社会管理体制；(六)增强全社会的创造活力和团结和睦。

11月，第11期《党建研究》发表《推动各地区共同发展》一文。

【按】文章为学习党的十六届六中全会通过的《中共中央关于构建社会主义和谐社会若干重大问题的决定》的心得，共分四部分：(一)区域协调发展是构建社会主义和谐社会的必要条件；(二)努力形成分工合理、特色明显、优势互补的区域产业结构；（三）国家继续加大对中西部地区的支持；（四）完善区域协调发展互动机制。

12月，第23期《中国金融》发表《中国金融市场的对外开放与风险防范》一文。

【按】文章共分四部分。

第一部分是“改革开放是建立完善高效的金融市场体系的根本途径”。

第二部分是“一些国家盲目过度开放金融市场带来的沉痛教训”。

纵观世界各国发展的历史，有的国家能够抓住机遇迅速步入现代化行列，有的国家经济危机频繁发生、发展缓慢，这些无不与能否有效维护本国经济安全密切相关，而维护金融安全又成为维护经济安全的核心。最近20多年，拉美地区成为世界上银行危机发生最为频繁和最严重的地区，35%以上的拉美国家曾经历过数次危机，发生危机的次数是世界其他地区的3倍以上。拉美国家频繁出现银行危机的主要原因，其一，大都与外部因素有关。外资银行的大量进入曾经对这些国家的经济发展发挥过重要作用，一些拉美国家曾把外国独资银行的进入视为对外开放的成就而引以为豪，但是，经济一旦出现波动，国外资金流入突然中止，即弥补经常账户赤字的资金流入量突然减少，同时，资金流出量增加，造成资金链断裂，引起乃至加剧了这些国家的经济危机。如1998年拉美7个地区大国的资金流入突然中断，造成信贷规模急剧减少，债务链条断裂，经济危机使GDP的增长率由7%下降到–2%。其二，资本账户自由化的错误安排，在缺乏对银行有效监管的情况下，贷款规模迅速膨胀，导致大量不良资产，而贷款的需求又使得银行无限制地通过国外资本融资，银行系统对国外客户的负债迅速扩大，增加了这些国家面对外部资金流动的风险。其三，公共债务占贷款总额的比重增加。在1998—2003年的拉美经济衰退时期，政府通过国内银行获得大量贷款，数量庞大的公共债务，成为银行有价证券不稳定的根源。其四，银行债务过度集中到某一种国际货币上。一旦该种货币出现问题，就会牵动负债国的金融市场。在银行负债高度集中到一种国际货币的国家中，资本流动突然中断导致金融危机的概率是75%。负债币种的高度集中导致了风险的增加。

拉美国家的国情和经济发展的情况与我国有着很大的不同，其发生金融危机的许多原因目前在我国也不存在。但是有两个教训很值得我们吸取。一是在国内尚缺乏健全的金融监管体系和本国金融企业尚缺乏竞争力的情况下，盲目地、过度地开放本国金融市场，不但不能起到促进本国经济发展的有益作用，反而会有害于本国经济的健康发展，成为导致经济波动和长期停滞不前的根源。二是“鸡蛋不能放在一个篮子内”。外汇储备币种不能过于单一。对他国的教训，我们应当深入地、认真地加以研究，有序地、稳步地实施金融的对外开放，优化外汇储备币种结构，这不仅是对本国经济和本国人民负责，也是对外国投资者负责。因为经济的波动，不仅使本国人民遭受巨大损失，除少数国际金融投机者之外的外国投资者也将蒙受巨大损失。

第三部分是“经济发达国家如何防范金融风险”。

第四部分是“防范金融风险需要研究的几个问题”。

12月，中国科技网发表《以自主创新推动汽车产业发展》一文。

是年，出席“中国企业500强年会”，并做题为“提高自主创新能力、增强企业竞争力”的讲话。

是年，《湖南建设社会主义新农村论坛大会交流论文集（2006）》一书收入《未来五年中国农村走向》一文。

是年，出席在南京举行的“2006长江经济带生产力发展（南京）论坛”，并做“加快生产要素流动、促进长江经济带崛起”的讲话。

【按】此文收入中国统计出版社2007年出版的《中国生产力发展研究报告（2006）》一书，共分三部分：（一）长江经济带的崛起对二十一世纪中国现代化进程具有重大战略意义；（二）促进长江上中下游协调发展，逐步降低经济落差；（三）加大科研开发投入，通过自主创新走新型工业化道路。

是年，参与起草十六届六中全会《中共中央关于构建社会主义和谐社会若干重大问题的决定》。

附录

2006年	中外政治、经济大事记
1月1日	农业税退出历史舞台
5月25日	中国大陆证券市场暂停一年多的首次公开幕股（IPO）重新启动
6月23日	中国人民银行发布的国际金融市场报告称，截至2005年年末，中国持有的美国国债达到3 109亿美元，仅次于日本，居世界第二位
10月10日	美国哥伦比亚大学的经济学家埃德蒙·费尔普斯（1933—）因在宏观经济学领域“在宏观经济跨期决策权衡领域所取得的研究成就”而获得诺贝尔经济学奖
10月27日	中国工商银行在上交所和港交所同步上市，此次工行上市成为全球有史以来最大的IPO

2007年（丁亥）
六十三岁

1月，第1期《农村工作通讯》发表《我国农村全面小康实现程度分析》一文。

【按】文章指出，我国农村全面小康建设虽然取得了显著成效，但也存在着一些不容忽视的困难和问题。

一是农民收入增长慢，并且进一步增收的难度加大。这是农村全面小康建设面临的最大难点，根据测算结果，到2005年年底，农民人均可支配收入的全面小康实现程度只有17.5%，比农村全面小康总体实现程度低10.7个百分点，在全部18项指标中处于倒数第三的位置，年平均只有3.5个百分点。按照这样的平均速度，到2020年农民人均收入全面小康目标只能实现70%。按目前已经实现的程度，农民收入要实现全面小康目标，还有82.5%的路程要走，每年提升幅度需达到5.5个百分点，绝对增加额要达到200元左右，按现价计算需达到250元以上，难度相当大。近两年农民收入增速较快，但持续稳定增长的基础还很不稳固。2005年农民收入增速就比2004年回落0.6个百分点，今年第一季度农民人均现金收入增速又比去年同期回落0.4个百分点，上半年增速比去年同期回落0.6个百分点。从长期看，农民增收仍然面临着经营规模狭小、剩余劳动力过多、农产品价格下跌、农资价格上扬、外出务工渠道不畅等制约，促进农民增收的长效机制还没有完全建立起来。如果没有更有效的措施，农民收入很有可能像影响2000年小康目标实现那样，再次成为影响2020年全面小康目标实现的拖腿因素。

二是农村社会事业发展滞后，突出表现在农村教育和社会保障薄弱等方面。2005年，农村人口平均受教育年限为7.7年，仅相当于初中二年级水平，与去年相比没有新的进展，全面小康实现程度明显低于在时间上已过去1/4的25%的时序进度水平。农村教育发展滞后，对全面小康目标的实现造成了很大制约。农村养老覆盖率只有8.2%，与全面小康目标相差50多个百分点，全面小康实现程度滞后于时序进度水平14个百分点，即实际进度还不及时序进度的1/2。按照这样的发展速度，到2020年实现养老保险全面小康目标难度非常大。

三是农村资源环境压力加重，集中表现在耕地保护难度加大、农村环境污染趋重等方面。2005年全国耕地面积减少幅度比上年下降，但仍然达到543万亩，减少幅度为0.3%，耕地减少影响农村全面小康总体实现程度达1.5个百分点。目前我国正处在工业化、城镇化加快推进阶段，基础设施建设占用耕地不可避免，保证常用耕地面积不再减少的难度相当大。如何有效保护耕地，是农村全面小康建设面临的一个重要难点。另外，近年来农村环境污染呈加重趋势，在农村地区的工业企业尤其是规模不大的个体私营企业，大都不能达标排放，生产过程所产生的废水、废气、废渣等污染物，直接排入周边生态系统，对农村环境造成大量污染。环境污染已成为引发农民上访和农村群体性事件的重要因素，直接影响农村社会稳定与和谐。

四是区域差距拉大，主要表现在西部地区发展水平低、推进速度慢。2005年全国农村全面小康实现程度为负值的4个省区全都分布在西部。实现程度为负值，意味着这些省区目前还没有达到2000年的小康目标。总体来看，西部地区在农村经济发展和农村人口素质方面的欠账较多，农村人口素质类指标的全面小康实现程度为–49%，农村经济发展类指标的全面小康实现程度为–9.3%，与全面小康目标的差距相当大。这表明，农村全面小康建设最大的难点在西部，最艰巨的任务在西部。如何缩小区域差距，实现东中西部协调发展，成为农村全面小康建设的重要难点。

1月，第1期《财经界》发表《未来十五年中国宏观经济分析与预测》一文。

【按】文章提出以下观点。(1)我国前20多年经济的快速增长，在很大程度上是由于我国的生产力水平同发达国家相比差距过大，对外开放之后产生的“瀑布效应”带来的。从目前我国生产力水平与发达国家的相对落差来看，这种“瀑布效应”远未结束，在一个较长的时期内保持经济快速增长的潜力仍然很大。(2)转变经济增长方式、步入科学发展轨道，是实现可持续发展的关键之举。(3)加快农村工业化、城市化，是支撑经济长期快速发展的潜力所在。(4)构建社会主义和谐社会是实现未来15年经济快速发展的根本保障。

1月，第1期《经济与管理研究》发表《将经济平稳快速增长的良好势头保持下去》一文。

【按】文章共分五部分：(一)我国经济进入了一个平稳快速增长的新阶段；(二)自主创新是转变增长方式、实现可持续发展的中心环节；(三)增强消费对经济增长的拉动作用，是实现经济持续增长的动力源泉；(四)积极推进社会主义新农村建设，是支撑经济长期快速发展的潜力所在；(五)大力发展社会事业，是实现经济长期持续快速发展的根本保障。

1月，第1期《中国改革》发表《展望篇：2007，以质为目标的道路——宏观调控的政策取向》一文。

1月，郑新立、潘盛洲、冯海发合著《我国农产品对外贸易问题研究》一书由中国计划出版社出版。

【按】此书是“中国经济学术基金丛书（2006年）”中的一种，也是由香港工商界人士捐助、在香港设立的“中国学术基金”资助项目“我国农产品对外贸易问题研究”的最终研究结果。课题的研究工作是在中央政策研究室郑新立主任的主持和指导下进行的，由时任中央政策研究室副秘书长潘盛洲担任课题组组长，组织多位国内专家学者共同完成。

此书以近年来我国农产品对外贸易的发展演变为线索，概括归纳了农产品进出口出现的新特点和新变化，深入分析了导致这些新特点和新变化背后的直接原因和深层次原因。此书立足我国和国际农业发展实际，创新性地提出了“以劳力换土地”战略，在分析我国农产品贸易面临的贸易环境的基础上，提出要尽快建立起符合我国国情的农产品贸易促进体系，为推动农产品贸易创造良好的外部条件。

“中国学术基金”是公益性学术基金，旨在资助有关机构进行宏观经济方面的对策性研究和学术活动。基金从1999年设立以来，已连续六年资助了一批有关我国经济和社会发展重大课题的研究。

2月，第2期《中国制造业信息化》发表《经济全球化条件下中国制造业的发展趋势》一文。

1月，第2期《企业党建》发表《提高自主创新能力的多种途径》一文。

【按】文章指出，国内企业自主创新可归纳为九种途径：（1）引进消化吸收再创新；（2）通过系统集成方式创新；（3）原始创新；（4）通过技贸结合、国际招标实现创新；（5）通过国际兼并拥有知识产权；（6）委托国外机构研发拥有自主知识产权的技术；（7）与国外合作进行研究开发，共享成果；（8）由国内设计、国外制造，或者进口关键的零部件在国内制造；（9）产学研结合，企业与大学、研究所结合。

1月13日，出席在中国人民大学举办的“第十一届中国资本市场论坛”，并做题为“壮大金融产业：现阶段我国经济发展的重大任务”的发言。

【按】论坛由中国人民大学金融与证券研究所、《中国证券报》报社、申银万国证券、山西证券主办，主题是“中国资本市场：从制度变革到战略转型”。论坛围绕这一主题，将就中国蓝筹如何构建、市场资金从何而来、股市神话能否延续等中国资本市场的战略定位和战略转型的若干重要问题展开讨论。

2月12日，出席在北京举办的“经济形势与宏观调控高层论坛”，并做题为“经济增长格局变化与战略选择”的演讲。

3月，第3期《经济导刊》发表《与跨国公司合作的新理念、新机遇》一文。

3月18日，出席在北京人民大会堂举办的“2006年全国市场主导品牌企业高层论坛”开幕式，并做题为“如何创建中国自己的品牌”的讲话。

3月31日，出席在北京举行的“2007中国金融形势分析、预测与展望专家年会暨第三届中国金融专家年会”，并做题为“深化金融体制改革、加快发展金融产业”的发言。

【按】年会由中国金融网主办。郑新立说：“我认为金融产业的发展同整个经济发展，有四个明显的不适应或者是四个明显的滞后：第一是直接融资滞后于间接融资的发展；第二是在直接融资中，债券市场严重滞后于股票市场的发展；第三是在间接融资中中小银行的发展严重滞后于大银行的发展；第四是保险业的发展滞后于资本市场和货币市场的发展。现在金融业的发展和改革要针对当前存在的四个严重滞后的问题，有针对性地制定改革措施，促进金融产业健康发展。我们的GDP现在是全世界第四，但是我们资本市场的发展、保险业的发展与GDP的总量，与进出口贸易额在全球的比重严重不相称，所以，要加快金融产业发展。解决了滞后问题，当前的流动性过剩、金融风险可能在改革中得到解决。”

4月，第4期《党政干部文摘》发表《社会和谐是中国特色社会主义的根本要求》一文。

5月18日，《中国矿业报》发表《集中各方力量振兴装备制造业》一文。

5月，第5期《中国国情国力》发表《深化金融体制改革、促进金融产业安全》一文。

6月，第6期《社科新视野》发表《十七大后的中国经济发展趋势》一文。

6月，第6期《数量经济技术研究》发表《提高居民消费率是当前宏观调控的重大任务》一文。

7月，第7期《人民论坛》发表《坚定不移地把改革引向深入》一文。

【按】文章共分六部分：（一）深化金融体制改革，为金融产业壮大提供良好的体制环境；（二）完善农村基本经营制度，发展新型的合作组织；（三）坚持公共医疗卫生的公益性质，建立覆盖城乡居民的基本卫生保健制度；（四）加快建立覆盖城乡居民的社会保障体系；（五）

加快垄断行业改革，避免部门利益法制化；（六）建立更加公平、科学的税收体系。

6月，第12期《人民论坛》发表《科学发展观是发展中国特色社会主义的重大战略思想》一文。

【按】此文为学习党的十七大报告的评介文章。

8月3日，《中国证券报》发表《尽快推出创业板市场、大力支持技术创新和创业》一文。

【按】文章共分五部分。

第一部分是“自主创新是转变增长方式、实现国民经济长期平稳快速增长的关键环节”。

第二部分是“建设创新型国家，迫切需要建立以创业板市场为支撑的风险投资机制”。美国的高技术产业能够在全球居于领先地位，非常关键的措施在于它有以纳斯达克市场为主体的风险投资体系。美国发展高技术产业有两大诀窍：一是以财政支持的军事科研带动民用科技的进步；二是有一个完善的创业板市场（即纳斯达克市场），通过优选民间科技创新成果加以扶植，使其成长为高技术产业的骨干企业。有没有以资本市场为主体的风险投资机制，是我们国家能不能建立起自主创新激励机制和支持体系的关键。连美国人都看到了中国科技发展的潜力，要吸引中国高技术企业在那里上市。目前在纳斯达克市场上市的中国企业已达44家。我们自己一定要加快创业板市场的筹划，使其能够尽快推出，来支撑中国创新事业的发展。

第三部分是“中国目前推出创业板市场的时机已经成熟”。第一，中国目前正处在产业结构升级的阶段，只有实现产业升级，由劳动密集型产品为主向资本密集、知识技术密集型产业升级，才能够为中国经济的持续平稳发展开辟新的空间。第二，中国目前的经济实力已经居于世界前列，今年有可能接近或超过德国而成为世界第三大经济体，经济实力的增长使我们有能力来建立创业板市场。第三，有一大批企业正在成为技术创新和创业的主体，除了少数企业规模较大外，多数企业正处在弱小的、快速增长的阶段，现在发展中国的创业板市场正当其时，能够支持这些企业迅速做大、做强。第四，中国拥有巨额居民储蓄存款，使投资风险过度集中于银行。去年我国直接融资和间接融资的比例是 18∶82，而发达国家直接融资和间接融资的比例是 7∶3。第五，中国的主板市场，特别是深圳的中小企业板市场已经积累了相当的经验。在这样的条件下，我认为推出中国创业板市场的时机已经成熟，条件非常好。

第四部分是“创业板市场要按照规范化的资本市场规则进行运作”。

第五部分是“因势利导，发展和完善中国的资本市场”。

8月2日，出席在乌鲁木齐市举行的“资本市场与自主创新国家战略研讨会”并讲话。

【按】会议指出：为创新型国家战略服务，资本市场责无旁贷。尽快推出适应市场需要、符合中国国情的创业板，是资本市场为建设创新型国家战略服务所面临的一项重要任务。

9月，第 9 期《宏观经济管理》发表《提高居民消费率是宏观调控的重大任务》一文。

9月，第 18 期《招商周刊》发表《金融体制改革要找准突破口》一文。

【按】文章指出：美国有 2 万多家小型金融机构，德国平均每 70 人一家金融机构。我国现有银行中，全国性的大型银行过多，地方性的小型金融企业太少，应当在加强监管的前提下，积极鼓励中小金融企业的发展，以此作为深化金融体制改革的突破口。

11月6日，出席在上海举行的“装备制造业与品牌国际论坛”。

【按】论坛由国家发展和改革委员会、商务部、科学技术部、信息产业部、教育部、国防科学技术工业委员会、中国科学院、中国工程院、中国国际贸易促进委员会和上海市人民政府共同主办。中国装备制造业的跨越式发展离不开政策扶持，但怎样的政策环境才能真正顺应国产重大技术装备业发展的需要？对此，郑新立表示，振兴国产装备业需要以下三大政策扶持：（1）采购制度，应优先采购国产；（2）风险分担，建议引入保险机制；（3）资本支持，推出装备产业基金。

11月9日上午，以中央宣讲团成员的身份出席在太原工人文化宫举行的“中央宣讲团党的十七大精神山西首场报告会”并做报告。

11月12日，《文汇报》发表《自主创新是国家发展战略的核心》一文。

11月27日，《解放日报》发表《注重改善民生、谱写美好生活》一文。

11月，第11期《宏观经济管理》发表《建立体现社会公平的收入分配制度——学习党的十七大报告》一文。

11月，第11期《前线》发表《关注民生、直面矛盾、破解难题——〈中共中央关于构建社会主义和谐社会若干重大问题的决定〉解读》。

【按】文章指出：从群众最需要解决的问题切入。《决定》提出了2020年构建社会主义和谐社会的目标和主要任务，包括民主法制、协调发展、收入分配、公共服务、思想道德、科学文化、社会管理、创造活力和生态环境九个方面，在党的重要文献中第一次全面系统地提出关于社会发展的目标体系。

11月，第11期《时代汽车》发表王裕平、陈光林的《放大“鲁冠球效应”——中共中央政策研究室副主任郑新立谈汽车零部件产业发展》一文。

【按】文章的关键词为零部件产业、汽车零部件企业、政策研究、万向、中国汽车产业、效应汽车产量、发展壮大等。

11月，为郭万超[1]著《当代中国经济发展战略》一书撰写题为“中国经济发展战略研究的一部力作”的序言。

12月1日，出席在深圳召开的第六届“中小企业融资论坛”，并发表题为“以创业板市场推动创新型国家建设”的讲话。

【按】论坛由国家发展和改革委员会、科学技术部、深圳市人民政府、深圳证券交易所联合主办。本届论坛以“创业板市场与自主创新国家战略”为主题，旨在探讨创业板市场建设在落实自主创新国家核心战略中的积极作用，研究创业板市场的定位与功能，借鉴境外创业板市场建设的经验教训，为我国创业板市场的启动做好扎扎实实的准备工作。

[1] 郭万超（1972—），山东滕州人，经济学博士，曾任中共北京市委宣传部理论处副处长、国家教育行政学院经济研究中心特约研究员、北京决策学学会理事。曾参加国家自然科学基金课题1项、美国福特基金课题1项、省部级课题4项，致力于中国宏观经济、国际经济、公司战略与治理等领域的研究。

12月15日，出席在北京举行的“第二届中国企业发展自主创新论坛暨和谐社会建设高峰会”论坛，并做题为“推进企业成为自主创新主体的四点建议”的演讲。

【按】论坛由中国市场经济研究会、中国民营企业家协会主办，盛世和谐（北京）企业管理中心承办。论坛以提高自主创新能力的关键在于使企业自主创新为主题，郑新立提出四点建议。第一，有条件的企业都要建立自己的研发中心。只有建立研发中心，才能吸引人才，才能实现促进创新要素向企业倾斜，企业才能创造自己的品牌，自己的专利。第二，一定要实行产学研结合，善于利用研究机构和大学的人才资源，借助外力提高自己的创新能力。第三，善于利用技术市场上的科技资源。目前国内专利的利用率很低，企业应进一步利用好技术市场上的科技资源，以形成具有自主知识产权的品牌。第四，善于利用国际市场的科技资源，在节省大量的时间、资金与人力的同时，培养、提高国内企业的自主创新能力。利用国际市场的科技资源有多种途径，如技贸结合（如三峡电站）、委托研究（如神华模式）、国际并购（如沈阳机床厂并购德国一个集团）、合作研发、在国外设立研发机构借助外国的技术人才、引进人才等方式。

12月26日，在“中国经济50人论坛”发表《从制度上更好发挥市场在资源配置中的基础性作用》一文。

12月，第12期《中国国情国力》发表《完善现代金融体系、防范化解金融风险》一文。

【按一】文章认为，金融安全是产业安全的核心，在改革开放中加快完善现代金融体系，在发展壮大金融产业中防范和化解金融风险，是一项关系经济全局紧迫而重大的任务。文章指出，完善现代金融体系是从制度上更好地发挥市场在资源配置中基础性作用的需要，完善现代金融体系是扩大就业特别是鼓励创业的需要，完善现代金融体系是提高自主创新能力、建设创新型国家的需要，完善现代金融体系是增加群众财产性收入的重要途径，完善金融体系是促进国际收支平衡的需要，完善现代金融体系是防范和化解金融风险的需要。文章强调，通过金融产业的迅速发展，一方面为实体经济的发展提供有力支撑，另一方面为防范化解金融风险提供保证。文章对如何加快金融产业改革和发展，提出了政策建议：一是要加强和改善金融调控，二是要制定一个金融产业发展的中长期整体规划，三是要尽快把我国资本市场做大做强，四是要调整银行组织结构，五是要重视发展保险业，六是要加强和改进金融监管。

【按二】本文同时发表在 2008 年第 1 期《财经界》。

是年，《中国改革论坛文集（2007 年）》收入《实现国民经济又好又快发展——学习党的十七大报告》一文。

【按】文章共分五部分：（一）从转变增长方式到转变发展方式反映了我党对经济发展规律认识的深化；（二）经济增长要由主要依靠投资、出口拉动向依靠消费、投资、出口协调拉动转变；（三）经济增长要由主要依靠第二产业带动向依靠第一、第二、第三产业协同带动转变；（四）经济增长要由主要依靠增加物质资源消耗向主要依靠科技进步、劳动者素质提高、管理创新转变；（五）完善社会主义市场经济体制是实现国民经济又好又快发展的体制保障。

是年，参与起草十七大报告。

附录

2007 年　　中外政治、经济大事记

2 月 27 日　　全球证券市场出现多米诺骨牌效应，股市普遍暴跌

2 月 27 日　中国上证所和深交所两市股票放量暴跌，上证综指下跌 8.84%，深证成指下跌 9.29%，创下 1997 年以来单日最大跌幅，两市共有超过 900 只股票跌停，成交总量首次突破 2000 亿元

3 月 16 日　十届全国人大五次会议通过《物权法》《企业所得税法》与其他法律文件

3 月 20 日　中国银监会批准汇丰银行（中国）有限公司、渣打银行（中国）有限公司、东亚银行（中国）有限公司、花旗银行（中国）有限公司开业

8 月 9 日　为应对次级住房抵押贷款市场引发的信贷市场危机，美联储向金融市场注入 240 亿美元资金，以增加市场的流动性，防止信贷市场危机恶化

10 月 10 日　美国明尼苏达大学经济学名誉教授里奥尼德·赫维茨（1917—）、美国教育家和经济学教授埃里克·马斯金（1950—）、美国经济学家罗杰·迈尔森（1951—）因在微观经济学领域“为机制设计理论奠定了基础”而获得诺贝尔经济学奖

12 月 1 日　首次中日经济高层对话在北京举行

12 月 21 日　中国首架自主知识产权的喷气支线客机 ARJ21 飞机在上海下线

2008 年（戊子）
六十四岁

1 月 12 日，出席在北京举行的“第十届特华金融论坛”。

1 月 22 日，在“中国经济 50 人论坛”发表《探索实行职能有机统一的大部门体制》一文。

1 月，第 1 期《机械工程师》发表《振兴国产装备业需要“三大政策”扶持》一文。

1 月，第 1 期《企业世界》发表《未来五年经济快速增长要做好三件事》一文。

1 月，第 1 期《农村工作通讯》发表《加强农业基础建设促进农村全面小康》一文。

2 月 26 日，出席在北京召开的“医药分开论坛”，并做主题为“部分公立医院将在医改中转向股份制改革”的报告。

【按】论坛由中国企业管理研究会和社科院主办，郑新立在报告中表示：新医改中部分公立医院将实行股份制改革，今后将形成公立医院为主体、社会资本参与的相互促进和共同发展的医疗卫生服务体制。医疗服务价格上将实行政府调控和市场相结合，体现市场供求关系，非营利性机构实行政府指导价，其余的实行自主定价。报告的关键词为：公立医院、股份制改革、医疗服务价格、共同发展、医疗卫生体制、医药分开、政策研究、医改、社会资本相结合等。

2月，第2期《求是》发表《推动我国经济社会发展必须坚持的正确方向》一文。

【按】文章共分五部分。

第一部分是“从转变增长方式到转变发展方式反映了我们党对经济发展规律认识的深化”。

1995年党的十四届五中全会提出了转变经济增长方式的要求，强调要改变粗放型增长模式，走集约型发展道路。12年过去了，我们在转变增长方式上取得了很大成就，以电子机械、石油化工、汽车制造和建筑业四大支柱产业的崛起为标志，我国经济增长已经由20世纪80年代到90年代中期主要靠轻纺工业等劳动密集型产业拉动，逐步转变到主要靠资本、技术密集型产业拉动，重工业在工业增加值中的比重已经由12年前的50%左右上升到2006年的70%。伴随着重工业的高速发展，能源、原材料消耗大幅度上升，资源、环境压力日益加大；经济增长过度依赖投资和出口，消费的拉动作用不断下降；农业生产方式落后，第三产业发展依然滞后。针对经济发展新阶段面临的突出问题，十七大提出了转变经济发展方式的新的战略要求。从转变增长方式到转变发展方式，虽然只是两个字的改变，其含义却十分深远，两者间既相互联系又有区别。

所谓经济增长方式，一般是指通过改善生产要素质量及其组合结构来实现经济增长的模式，通常把主要依靠物质要素投入、追求产品数量扩张的增长方式称为粗放型增长模式，把注重依靠技术进步、改善管理、提高劳动者素质等途径不断提高经济效益实现经济增长的方式称为集约型增长模式。经济发展方式的内涵则更加丰富、全面，除了涵盖前者的含义之外，还对发展的理念、促进经济增长的需求结构和产业结构提出了要求。概括地说，转变经济发展方式，就是要形成与科学发展观的要求相一致的发展方式，要求我们在继续转变经济增长方式的同时，尽可能地扩大国内消费，增强消费对经济增长的拉动作用。同时，加快农业的现代化，大力发展第三产业。要从调整需求结构、改善供给结构和提高生产要素质量、优化生产要素结构三个方面采取综合性措施，实现经济又好又快发展。因此，提出转变经济发展方式，具有重大的现实意义。

第二部分是"经济增长要由主要依靠投资、出口拉动向依靠消费、投资、出口协调拉动转变"。

投资与消费、内需与外需比例失衡，是当前国民经济运行中的突出问题。2003 年到 2006 年，我国投资率年均达到 42.4%，成为历史上最高的时期。同期最终消费率降为 50%，为历史上最低的时期，其中居民消费率 2006 年降为 36%的历史最低点。居民消费率低又主要在于收入分配结构的不合理。2006 年我国居民收入占 GDP 的比重已经由改革以来最高时的 56%下降到 45%，其中工资总额占 GDP 的比重由最高时的 17%下降为 10.6%，而国家财政收入和企业利润以远远高于经济和居民收入增长的速度连年大幅增长，说明在初次分配中资本所得偏多，劳动所得偏少；再分配中国家和企业所得偏多，居民所得偏少。国民收入分配的这一倾斜，是造成广大居民的消费水平不能随着经济的快速增长而同步提高的根本原因。过高的投资率还必然带来生产能力的过剩，如不能及时消化，就会引发银行呆账坏账的增加以致通货膨胀，经济增长就会回到过去几十年周期性大起大落的老路，这是必须加以避免的。针对当前投资增长过快、信贷投放过多、外贸顺差过大、价格上涨压力加大等经济运行中的不稳定因素，中央决定，2008 年要把防止经济增长由偏快转为过热，防止价格由结构性上涨演变为明显通货膨胀作为宏观调控的首要任务。为此，要实施稳健的财政政策和从紧的货币政策，优化财政支出结构，严格控制货币信贷总量，采取有力措施，控制价格总水平过快上涨，要提高城乡居民收入在国民收入中的比重，通过增加中低收入者收入，扩大中等收入者比重，增强居民消费能力，适度提高居民消费率。继续严把信贷、土地两个闸门，提高投资项目进入的环保、资源消耗两个门槛，提高限制发展行业的项目资本金比例，以抑制高消耗、高污染行业和项目的投资增长。鼓励企业增加技术研发投入和节能降耗设备更新投资，鼓励资金投向那些能够带动产业结构升级的行业和项目。要调整优化进出口结构，鼓励技术、知识密集型产品出口，控制能源、资源密集型产品出口；鼓励技术引进和进口国内不能制造的设备以及短缺的能源、资源。从严控制短期投机资金流入，鼓励海外投资，建立稳定的海外资源供应渠道，鼓励藏汇于民，促进国际收支平衡。

第三部分是“经济增长要由主要依靠第二产业带动，向依靠第一、第二、第三产业协同带动转变”。

改革以来，我国第一、第二、第三产业都有了很大发展，但第一产业基础脆弱、第二产业素质不高、第三产业发展滞后的问题长期未能改变，经济增长主要靠包括工业和建筑业在内的第二产业带动。2006 年，第二产业对经济增长的贡献率达到 55.5%，占 GDP 的比重达 48.7%。这是我国正处于工业化加速阶段的重要特征，也是国外产业转移的结果。但是，这种以扩大工业规模为主的增长模式，已经越来越多地受到资源、环境约束。目前我国经济对钢材、铝材、水泥、能源、淡水的年消耗量已分别占全球的 40%、25%、45%、16%、15%以上，各类污染物排放的增加已威胁到人的生存环境。要努力建设现代产业体系，尽快提高第二产业的层次和水平，发展高新技术产业群，振兴装备制造业。抓住产能过剩行业结构调整的有利时机，加快淘汰钢铁、有色化工、建材、电力等高耗能行业的落后产能，促进工业由大变强。要加快发展服务业，特别是重点发展为生产服务的新兴服务业，包括研发、金融、物流、电子商务、法律、咨询、会计、服务外包等，发展医疗卫生、社区服务、教育培训、文化休闲等公共服务和消费性服务业，分离企业、事业单位和政府的服务性业务，提高服务业的社会化、市场化水平。加快建设现代综合运输体系，铁路、水运相对于公路运输能耗低、占地少、效率高，应重点予以发展。大力发展现代农业，巩固、完善、加强各项支农惠农政策，提高农业水利化、机械化和信息化水平。加大统筹城乡发展力度，推动城乡之间在发展规划、产业发展、基础设施、公共服务、就业市场和社会管理等方面形成一体化新格局。建立和规范土地承包经营权流转市场，促进土地经营权依法自愿有偿转让，发展适度规模经营，把种田能手吸引和留在农村，使更多的劳动力从土地上解放出来，加快向第二、第三产业转移。要积极探索农村集体经济有效实现形式，抓紧落实和完善优惠政策，扶持发展农民专业合作社。

第四部分是“经济增长要由主要依靠增加物质资源消耗向主要依靠科技进步、劳动者素质提高、管理创新转变”。

提高自主创新能力，建设创新型国家，是国家发展战略的核心，是提高综合国力的关键，也是转变经济发展方式的关键。近几年来我国经济增长速度加快，在一定程度上是以物质资源消耗的大幅增长为支撑的，付出了较大代价。这样的增长格局是难以长期保持下去的。走新型工业化道路，最大的制约因素就是缺乏具有自主知识产权的技术。一些技术含量高、资源消耗少、污染低的建设项目，如电子信息、生物工程、核电、精密设备、精细化工、新型材料等方面的项目，虽然为经济发展所急需，我们也有充足的资金，但是由于缺乏技术而干不了，大量资金只能涌向那些技术相对成熟的低水平重复建设上。因此，只有加大技术研发投入，尽快拿出一批具有自主知识产权的技术和产品，以此为依托，形成一批新的投资热点和经济增长点，才能摆脱主要依靠物质资源消耗实现经济增长的老路。

第五部分是“通过完善社会主义市场经济体制推动经济发展方式转变”。

实现经济发展方式的转变，必须完善社会主义市场经济体制，建立健全能够有效促进经济发展方式转变的体制机制。调整需求结构，必须完善宏观调控体系，综合运用计划、财政、金融等手段。要完善计划的政策导向功能，围绕提高居民消费率等目标，通过中长期发展规划与年度计划，制定国民收入分配政策、投资与消费政策、国际收支平衡政策等。要加强税收和预算在初次分配和再分配中的调节功能，合理调整信贷结构，鼓励增加消费信贷，运用关税等手段调节进出口贸易，引导外资投向。要更多地采用经济手段和法律手段，辅之以必要的行政手段，各类调控杠杆要围绕宏观调控目标协同运作，适时适度，不断提高调控的预见性、针对性和有效性。调整产业结构，必须把产业政策与行业规划、财税、金融、环保、土地、价格等手段结合起来，以提高政策效果。发展第三产业，很大程度上要靠放宽政策，鼓励群众创业。通过创业者的创造性劳动，满足各方面对服务的需求，并创造新的需求。这就需要制定各种鼓励全社会创业的政策。提高生产要素质量，优化要素结构，需要通过市场竞争机制，充分发挥市场在配置资源中的基础性作用。为此，要完善技术、资本、劳动力、土地等全要素市场，建立健全统一开放竞争有序的市场体系，进一步整顿和规范市场秩序。

3月22日，出席在北京召开的“中国农村改革与发展研讨会”，并做题为“继续完善农村基本经营制度”的讲话。

3月，被选为第十一届全国政协委员，担任政协经济委员会副主任。2008—2013年的5年间，共提出了“三网合一”、把居民收入占国民总收入的比重和最终消费率分别提高15和10个百分点的建议，把技术研发成果的价值列入国有企业资产保值增值考核范围、提高小微企业税收起征点等议案，均得到政府的重视和采纳，并已取得成效。2008—2012年的4年，连续作为课题组组长对海洋经济进行调查研究，曾分别到西沙群岛和南沙群岛考察，所提出的重视海洋经济战略和维护南海权益的十条建议全部被采纳并产生重大效益。

3月，第3期《中国改革》发表《全面深化改革的三个着力点》

一文。

【按】文章指出，继续深化改革开放，要继续推进市场取向的经济改革、民主取向的政治改革和民生取向的社会改革。党的十七大报告高举中国特色社会主义伟大旗帜，饱含激情地回顾总结了改革开放近30年的伟大历史进程，部署了今后一个时期全面深化改革的各项任务，要求我们继续深化改革开放，把改革创新精神贯彻到治国理政的各个环节。

6月21日，出席在广东省召开的“全国农村改革与发展座谈会”，并做题为“在工业化、城市化、信息化、全球化进程中实现农业现代化”的演讲。

【按】由中国农村杂志社和广东省委农办共同主办。郑新立的演讲共分四部分的内容：（一）工业化、城市化发展战略的提出是基于农村人口占多数这一基本国情；（二）农业现代化必须以工业化、城市化为前提；（三）以工业化、信息化为支撑，提高劳动生产率是农业现代化的核心；（四）提高农业国际竞争力是经济全球化的必然要求。

7月，第7期《人民论坛》发表《深化行政体制改革新契机》一文。

【按】2008年3月15日，十一届全国人大一次会议第五次全体会议表决批准了《国务院机构改革方案》。随着环境保护部等新部委的成立，本次大部制改革取得了阶段性成果。然而，在深入推进“大部制”时，需要深入研究哪些问题如何以实行“大部制”为契机深化行政体制改革，推动新阶段的政府改革、西方国家的机构改革实践对中国大部制改革有何借鉴意义，我国历史上的大部制改革又能带给我们哪些借鉴和启示？此文做出了回答。

7月，出席“中国社会科学院2008年上半年经济形势分析会”，并做题为“现在还看不到经济明显下滑的风险”的发言。

8月10日，出席在大连举办的“辽宁沿海经济带发展战略研讨会”，并做题为“辽宁沿海经济带上升为国家战略时机已经成熟”的发言。

8月，第8期《经济与管理研究》发表《抑制通货膨胀的近期和长期对策》一文。

【按】文章指出，防止物价结构性上涨转变为明显的通货膨胀，是今年宏观调控的重要任务之一。新一轮物价上涨主要是由部分农产品供给波动引起的。当前抑制通胀的对策是在坚持从紧的货币政策的同时更多地运用财政政策。长远来看，我国有几种短缺资源对进口的依赖程度较高，是引起国内市场价格上涨的重要潜在因素，对此应有长远的战略措施。

9月3日，出席在北京人民大会堂举行的“中国重汽推进企业改革创新”研讨会，并做题为“加快国有企业发展转型升级”的发言。

9月，第9期《中国工业经济》发表《物价、结构、速度》一文。

【按】本文指出，我国经济两位数的增长速度保持了5年。2007年下半年以来居民消费价格迅速上涨，只有采取有效措施抑制通货膨胀，才能把经济平稳较快增长的局面继续保持下去。要针对这次通货膨胀主要由部分农产品供给波动引起的原因，把财政政策与货币政策结合起来，特别是要发挥财政政策的作用；要把近期调控措施与长期结构对策结合起来，减少以至消除由短缺资源进口价格上升带来的通货膨胀压力。财政政策运用应以鼓励短缺产品生产、增加生活补贴、降低通货膨胀预期为主。货币政策应以优化信贷结构为主，不宜继续加大银根收紧力度。对石油、食用油、大米、饲料、生猪、城镇住房等，要制定长期供给保障专项规划。对美国次贷危机的影响，要善于变挑战为机遇。要把转变发展方式作为破解发展难题的根本途径。

9月，第18期《求是》发表《在抑制通胀中实现平稳较快发展》一文。

【按】文章共分四部分：（一）今年以来国民经济继续保持平稳较快增长态势；（二）新一轮物价上涨的成因与宏观调控政策选择；（三）保持市场价格大体稳定的治本之策；（四）在国际经济波动中要善于趋利避害、抓住机遇。

10月，第10期《中国政协》发表《以六项制度建设推进农村改革》一文。

10月，受邀赴老挝介绍中国改革发展情况，对湄公河沿岸经济进行了考察。

11月2日，出席在宜昌举行的“建设三峡物流枢纽论坛”，并做题为“建设三峡物流中心服务区域协调发展”的总结发言。

11月，第21期《求是》发表《稳定和完善农村基本经营制度——认真贯彻落实党的十七届三中全会〈决定〉》一文。

【按】文章共分四部分。

（一）农村基本经营制度必须毫不动摇地坚持。

（二）家庭经营要着力提高集约化水平。

（三）统一经营要着力提高组织化程度。

（四）合作社要成为引领农民参与国内外市场竞争的现代农业经营组织。

去年开始实施的《农民专业合作社法》，对合作社的组织原则、产权关系、经营形式等做出了科学的法律规范。《决定》进一步明确，要“按照服务农民、进退自由、权利平等、管理民主的要求，扶持农民专业合作社加快发展，使之成为引领农民参与国内外市场竞争的现代农业经营组织”。这是对合作社的管理体制和运行机制做出的新概括，是对合作社的发展政策和目标提出的新要求。只有发展农民的专业化合作，才能在农户承包经营的基础上，采用先进的技术装备，推广种植的区域化、良种化和栽培技术的规范化，才能使农民不仅拥有农产品种养环节的利润，而且能够分享农产品加工、流通环节的增值利润，农民收入才能有较快的增长；只有发展专业化合作，农民才能在跨国公司大举进入的情况下，由一盘散沙变为组织起来的整体，才能抗御经营风险，进而扩大优势农产品出口，增强我国农业的国际竞争力。有的国家人力和耕地资源不到我国的1%，而农产品进出口规模却超过我国。农业成为一个高赢利行业，其关键在于组织化程度的优势。我国合作事业发展滞后，严重制约了农业的现代化、国际化进程。

合作社是在家庭承包经营基础上的农户之间的合作。按照《农民专业合作社法》来组建合作社，既可以避免回到“穷过渡”的传统集体经济的老路上去，又同公司制划清了界限。农民专业合作社作为一种新型集体经济组织形式，应当大力予以发展。当前，通过合作社来弥补统一经营的缺失，应当把重点放在统一品牌、统一技术标准、统一加工、统一销售上，通过合作社来完成依靠一家一户干不了的事情。提高我国农产品质量，必须从发展合作社入手。只有每个合作社及其成员都能从自身利益上关心、维护自己的品牌，才能从根上杜绝不断发生的食品安全事故。在经营机制比较健全的合作社，还应当发展社员之间的信用合作，这是消除高利贷的根本之策。如果农户能够从合作社或其他渠道获得低利率的优惠贷款，高利贷就没有生存的土壤了。

合作社要积极参与国际经营，要拥有出口经营自主权，直接把自己生产的农产品及其制成品销往国外。有的合作社可以聘任一些专业管理人员，帮助合作社进行经营。

由于合作社是农民自己的组织，扶持合作社的政策对农民的增收作用最直接，可以说，扶持合作社就是扶持农民。因此，《决定》要求对农民专业合作社实行扶持政策。《农民专业合作社法》也规定，对合作社的营销活动给予政策鼓励。各级政府和有关部门应加快制定扶持合作社发展的优惠政策，特别是在税收减免上的政策。如能把合作社作为政策扶持的重点，使合作社在我国农村有一个广泛而迅速的发展，将对缩小城乡收入差距、实现全面小康目标新要求发挥重要的历史性作用。

12月26日，出席在江苏江阴举行的“首届金一文化创意产业高峰论坛”，并做题为“发展文化创意产业是重要的课题”的发言。

【按】论坛由经济日报社和江苏省江阴市人民政府共同举办，论坛主题是“保增长、扩内需、调结构与文化创意产业发展”，意在为深入贯彻落实科学发展观，充分发挥文化创意产业对保持经济平稳较快发展的促进作用。

12月30日，《人民日报》发表《科学发展观是中国特色社会主义理论体系的最新成果——评〈科学发展观学习读本〉》一文。

【按】此文收入中共中央宣传部理论局组织编写《科学发展观学习读本》一书，2006年6月由学习出版社出版。

12月31日，《光明日报》发表《把保持经济平稳较快发展作为首要任务》一文。

12月，第12期《农村工作通讯》发表《把农村改革推向制度化建设新阶段》一文。

12月，第12期《宏观经济管理》发表《建立促进城乡经济社会发展一体化制度》一文。

是年，参与起草十七届三中全会《中共中央关于推进农村改革发展若干重大问题的决定》。

附录

2008年	**中外政治、经济大事记**
1月16日	全球最大的化工企业巴斯夫公司正式宣布在上海成立护理化学品开发中心，目前投资已超过100万欧元
3月11日	全球最大的安全系统软件供应商赛门铁克宣布在成都成立新研发中心
4月30日	瑞士先正达公司宣布在北京成立生物技术研究中心
7月28日	世界贸易组织小型部长级会议未能就多哈回合农业和非农产品市场准入等争议问题取得突破，历时9天的谈判最终破裂
10月10日	美国普林斯顿大学的经济学家保罗·克鲁格曼（1953—）因在国际经济学、区域经济学领域“对经济活动的贸易模式和区域的分析”而获得诺贝尔经济学奖
10月21日	东盟十个成员国全部通过了《东盟宪章》并于2008年年底生效
11月4日	贝拉克·奥巴马当选美国第44任总统，成为美国历史上首位非洲裔总统

第四编

2009 年至 2017 年

2009年（己丑）
六十五岁

2月10日，《人民日报》发表《一部有特色的产业经济学教材——〈产业经济学〉（第三版）简评》一文。

【按】《产业经济学》（第三版），李悦[1]等编著，中国人民大学出版社，2008年7月版；此文是为该书写的评介文章。

2月，第2期《上海经济》发表《努力扭转经济增速下滑趋势》一文。

3月30日，《经济日报》发表《增强消费对经济发展的拉动作用》一文。

【按】此文共分两部分：（一）提高居民消费率是当前宏观调控面临的一项重大任务；（二）把促进房市、车市、股市联动发展作为扩大消费的战略重点。

[1] 李悦（1932—），天津市宝坻人，经济学家，现任中国人民大学工商管理学院教授、博士生导师。主要著作有《中国工业部门结构》《工业经济》《现代组织学》《管理心理学》等。

3月，第3期《城乡建设》发表《排除体制障碍，释放城乡融合发展的能量》一文。

3月，第3期《前线》发表《经济体制的“五破五立”极大地解放了生产力》一文。

【按】文章指出：改革开放以来，我们党以经济理论上的突破为基础，破除了许多不适应生产力发展的旧体制，创立了一套适应生产力发展的新体制。概括地说，就是“五破五立”：一是“废除了人民公社制度，创立了以家庭联产承包为基础、统分结合的双层经营体制”；二是“破除了单一公有制，建立了以公有制为主体、多种所有制共同发展的基本经济制度”；三是“破除了平均主义和‘大锅饭’的分配制度，建立了以按劳分配为主体、多种分配方式并存的分配制度”；四是“破除高度集中的计划体制，建立在国家宏观调控下使市场机制在资源配置中发挥基础性作用的管理体制”；五是“破除了封闭、半封闭经济，建立了开放型经济体系”。经济体制上的大破大立，极大地解放了我国的生产力。

3月，协助创办新型智库中国国际经济交流中心，任常务副理事长、党委书记、法人代表。这家智库自收自支，不要财政供养，主要服务于中央决策和国际交流。

4月27日，《人民日报》发表与许珠武合写的《华为：专利申请全球金牌的背后》一文。

【按】日前，世界知识产权组织公布的数据显示，华为公司2008年专利合作条约申请数达到1 737件，首次成为全球第一大国际专利申请公司。至此，华为公司已连续6年夺得中国企业专利申请数量第一，连续3年占据中国发明专利申请数量第一。截至2008年12月底，华为公司累计申请国内外专利 35 773 件。在当前国际金融危机的大背景下，在沃达丰、爱立信等世界电信巨头业绩纷纷滑坡的情况下，华为公司 2008 年合同销售额高达 233 亿美元，同比增长 46%。仅用 21 年的时间，华为从没有自己的产品和技术的小公司，迅速成为世界电信巨头，动力何在？正是自主创新提供的持续不断的“源头活水”，养育出华为公司这棵电信世界的“参天大树”，并将专利申请的全球金牌揽入怀中！

本文共分五部分：（一）市场导向——技术创新的基本原则；（二）高额投入——获得企业活下去的权利；（三）激励机制——培育研发人才的肥沃土壤；（四）集体奋斗——重大技术攻关制胜的秘诀；（五）全球资源——赶超前沿技术的保障。

5 月 30 日，出席在山东济南举行的“济南粮食流通产业改革和发展高层论坛”并致辞，对济南粮食流通产业的改革发展做了充分肯定，同时提出了指导意见。

【按】论坛由中国市场学会、中国政策研究会和山东省粮食局共同主办，济南市粮食局承办，以“创新、创业、保民生、保安全”为主题。原商业部部长胡平、原国家粮食储备局局长高铁生以及来自国务院研究室、农业部、国务院发展研究中心、国家粮食局等有关部门和研究机构的 20 多位专家学者，与时任济南市副市长赵文朝、时任济南市粮食局局长李会宝等相关领导，充分肯定了粮食流通产业的“济南模式”。

6 月 6 日，以全国政协经济委员会副主任的身份出席在北京召开的“中国市场学会 2009 年年会暨新中国成立 60 周年学术研讨会”。

【按】研讨会由中国市场学会主办，来自全国各地学术界、企业界和政府部门 300 多位代表出席大会。第九届全国政协副主席、时任商务部副部长、中国市场学会会长俞晓松，理事长高铁生，市场学会副会长丁俊发、裴长洪、荆林波、赵凤梧、吴克明、王方华、张重庆等出席会议。

6月15日，《人民日报》发表《转变发展方式是应对危机的根本途径》一文。

【按】文章共分四部分。

第一部分是“调整需求结构，增强消费对经济发展的拉动作用”。

提高居民消费率，降低投资率，增强消费对经济增长的拉动作用，是当前宏观调控的一项重大任务。一是调控国民收入分配结构，着力提高中低收入者特别是农民的收入。二是扩大消费领域，促进消费由生存型向发展型、享受型转变。积极培育新的消费热点，满足多层次的消费需求。三是扩大消费信贷，完善社会保障体系。建立和完善个人消费信贷征信体系，优化消费信贷市场环境。加快推进教育和医疗卫生体制改革，减轻居民教育、医疗负担。扩大养老保险、工伤保险、失业保险的覆盖面，尽快解决农民工保险账户转移接续问题。四是围绕消费结构升级的要求调整投资结构，改善消费环境。加快建设以铁路为重点的现代综合运输体系，加强文化、旅游基础设施建设，加快新一代互联网建设，促进互联网、通信网、广播电视网三网融合。大力提高农村自来水普及率，完善农村电网，加快乡村道路建设，扩大“家电下乡”财政补贴品种。五是把促进房市、车市、股市联动发展作为扩大消费的战略重点。房市、车市在一定程度上受股市影响。为保持股市稳定健康发展，应在加强基础性制度建设的同时，改善对股市供求总量的调控，避免大起大落。

第二部分是“调整产业结构，大力发展第三产业”。

发展方式的第二个转变，就是改变经济增长过度依赖第二产业的状况，加快第三产业发展，使第一、第二、第三产业结构相协调。第三产业发展滞后，造成就业矛盾突出，制约经济发展。在第三产业中，严重落后的有三个方面。一是研发、物流等生产性服务业发展滞后。在发达国家，围绕科技研发形成了包括知识产权市场、人才市场、信息市场、风险投资市场、技术培训市场的技术进步服务体系，为企业技术研发提供全方位服务。我国技术市场尽管发展较快，但远远满足不了企业需要，与建设创新型国家的要求相距甚远。同时，物流业发展落后，专业化、社会化水平低，造成物流成本较高，发达国家的流通成本一般占GDP10%以下，我国则高达18%。把相同的货物从成都运到上海，比从德国汉堡运到上海的成本还要高。扶持、壮大物流业，建立跨国、跨地域的现代物流体系，建立一批物流中心，发展一批物流企业，已成为当务之急。二是现代服务业发展滞后。在发达国家，会计、审计、法律、咨询、监理、征信、认证、价格评估、招标投标等市场中介服务组织比较完善，从业人员众多，在许多方面代替了政府的一些职能，对规范市场秩序、促进公平竞争发挥着重要作用。作为加剧美国金融危机的重大事件，信用等级被评为A+的雷曼兄弟公司瞬间倒闭，正是监管缺失、信用评级机构丧失职业道德的结果。我们应以此为反面教材，打破对国外市场中介机构的迷信，加快建立现代市场中介服务体系，为国内外客户提供高质量服务。三是社区服务业发展滞后。在发达国家，社区服务是吸纳劳动力就业的重要领域。社区服务的内容很广，包括教育、医疗、家政、体育、健身、心理咨询等。我国社区服务业刚刚起步，居民的许多服务需求得不到满足，而大量劳动力就业困难，这个矛盾可以通过发展社区服务业来解决。目前，不少城市已有一些办得很好的社区，并涌现出一批优秀社区工作者，在构建和谐社会、解决就业矛盾中发挥了重要作用。

第三部分是“优化要素结构，以自主创新带动产业升级”。

发展方式的第三个转变，就是实现经济增长从主要依靠增加物质资源消耗向主要依靠科技进步、劳动者素质提高、管理创新转变。面对国际金融危机的冲击，一些地区和企业却能逆势而上，奥秘就在于它们注重技术研发投入，开发出拥有自主知识产权和自主品牌的商品，提高了在国内外市场上的竞争力和市场占有率。比如，深圳市在全国经济增速下降的情况下发展势头强劲，主要原因就在于通过多年来的努力，形成了鼓励技术研发的政策环境，培育起一批高技术企业，成功实现了由外资企业为主向内资高技术企业为主、由加工贸易为主向一般贸易为主的转变，走出了一条以自主创新带动产业升级的道路。

第四部分是“创造出口需求，千方百计遏制出口下滑”。

在发达国家经济衰退、进口需求减少的情况下，我们应采取有效措施，通过多种途径稳定和扩大出口需求，尽快扭转出口下降趋势，缓解经济增长和就业压力。当前，应利用我国外汇储备充足、生产能力过剩的有利条件，通过资本输出创造出口需求。一是通过扩大海外能源、资源投资，带动设备和劳务出口。鼓励大型企业和中小型企业“走出去”，到海外取得较多的能源、资源勘探权与开发权。通过增加海外投资，带动地质勘探设备、资源开发设备和技术劳务出口。这也有利于满足我国经济发展对能源、资源日益增长的需求。二是通过扩大政府对外援助贷款，带动相关物资和劳务出口。发展中国家特别是亚洲、非洲、拉美一些国家基础设施落后、能源供给不足，如能适当增加对这些国家的贷款援助，扩大货币互换规模，对扩大出口将起到重要的拉动作用。三是通过鼓励企业到海外发展加工贸易，带动国内零部件和原材料出口。我国制造业特别是轻纺工业、汽车工业等领域，已经具备在海外投资设厂的能力。通过海外投资，像当年外商在我国发展“三来一补”那样发展加工贸易，将能有效地拉动出口。四是通过提供人民币贷款，扩大海外经销商对我国商品的进口。国际金融危机使国外金融机构受到沉重打击，许多经营中国商品的经销商因缺乏流动资金而减少了进口。鼓励我国银行在控制风险的前提下对海外中国商品进口商提供人民币贷款，可对我国商品出口起到支持作用。五是通过增加买方信贷，扩大电力设备、工程机械、机床、船舶、轻纺设备等机电产品出口。我国机电产品具有较强的国际竞争力和明显的比较优势，机电工业在一定程度上存在产能过剩压力，企业有扩大出口的动力。通过买方信贷支持机电产品扩大出口，有助于缓解出口下滑趋势。

6月18日,《人民日报》发表《六问“中国最高智库”》一文。

【按】此文是郑新立就“中国最高智库”答记者问，郑新立说，智库是软实力的重要组成部分。从全球趋势看，智库的地位越来越重要，对一国的政治、经济、外交等决策的渗透也越来越深。近30年，中国经济社会发展可圈可点，但智库发展受到忽视，是个短板。这次国际金融危机更提醒了我们智库建设的重要性。中国国际经济交流中心（以下简称“国经中心”）正是在此背景下应运而生，目标就是办成民间智库，融汇高层、权威资源，进行前瞻性、战略性、全局性研究，为公共政策提供智力支撑，为企业跨国经营提供咨询服务。

在问到国内智库与国外智库差距在哪里时，郑新立说，全球智库约有6 000家，其中近1 800家在美国，而“旋转门”机制是美国智库的一大特色。所谓“旋转门”，即智库成员的身份在政要与研究者之间变换，有人甚至“旋转”两三次，使政府保持活力，使智库成为给政府培植、储备人才的地方。正因如此，发达国家智库的社会能量相当大，游刃于政界、商界和学界，对政府决策、公共舆论有直接影响力。在美国，每逢重大政策的决断，一般是智库先提建议，然后是媒体讨论、国会听证，最后政府采纳，智库的参与度、公信力都很高。智库在对外交往中也有特殊作用，美国布鲁金斯学会的研究员就有多位担任过驻外大使，积累了深厚人脉，在世界舞台往往左右逢源。智库的声音有时更具说服力，而中国多年来缺少政府以外的智库与国际智库沟通，亟须建立这一全新的公关渠道，塑造中国软实力，掌握国际话语权。

7月1日,《中国社会科学报》发表《增强改革开放自主性、提高科学发展自觉性》一文。

7月2日至4日，组织并主持了在北京召开的“首届全球智库峰会”。

【按一】7月3日，出席在北京举行的“全球智库峰会”论坛，并主持主题为“全球金融危机与世界经济展望”的第二单元讨论。“全球智库峰会”共分“全球金融危机与世界经济展望”（第一、第二单元）、“全球金融危机发展趋势及预测”和“全球金融危机对经济全球化和区域化的影响”四个单元。

第一单元由徐匡迪[1]主持，总共有8位嘉宾发言：时任中国国际经济交流中心理事长；时任中国人民银行行长；世界知识产权组织总干事高锐；联合国贸易和发展会议组织秘书长素帕猜·巴尼巴滴；国际货币基金组织副总裁加藤隆俊；美国前劳工部部长赵小兰；国际行动理事会秘书长、日本经济企划厅前长官宫崎勇；世界银行行长代表、世行东亚及太平洋战略与业务局局长萨拉·克利夫。

中国国际经济交流中心常务副理事长郑新立主持论坛第二单元的讨论

【按二】在安哥拉共和国石油部长、石油输出国组织轮值主席若泽·德瓦斯康塞洛斯发言后，郑新立说：“德瓦斯康塞洛斯先生在发言中给我们提出了很重要的任务，就是怎样避免石油市场的过度投机，保持石油生产和消费的稳定。”

在中国国际经济交流中心执行副理事长、香港中文大学校长刘遵义[2]先生发言后，郑新立说：“刘教授的发言一下子就抓住了问题要害，就是信用违约掉期，把这种债务包装起来成为一种金融衍生产品进行销售，产生巨大的泡沫，而且没有监管。他的发言对于寻找这次危机的诱因一针见血，同时他也讲到各国经济连成一体，不可能脱钩，而加强监管危机是可以避免的。”

在联合国国际货币基金组织、世界银行联邦储备委员会、美国财

[1] 徐匡迪（1937—），浙江桐乡人；中国工程院院士、钢铁冶金专家。曾任中国工程院院长、上海市市长，现任中国–美国人民友好协会会长。长期从事电炉炼钢、喷射冶金、钢液二次精炼及熔融还原的研究。著有《电弧炉水冷挂渣炉壁》《不锈钢精炼》等。

[2] 刘遵义（1944—），祖籍广东潮州，生于贵州遵义。经济学家、世界计量经济学会院士。从事计量经济学、经济发展和经济政策、东亚经济等领域的研究，主要著作有《21世纪的中国经济：计量经济方法》等。

政部等组织的顾问蒙代尔发言后，郑新立说：“蒙代尔教授作为国际货币方面的诺贝尔经济学奖获得者，以他渊博的知识回顾了近30年来全球不断出现的金融危机，以及去年以来美国的金融危机与美元汇率变化之间的关系。我想从他的论述中可以得出一个结论，我们30年来不断出问题的根源在什么地方，这就是国际金融体系本身出了问题。如果国际金融体系建立在一种主权货币作为主要的储备货币的基础上，而且货币的发行、运行又不受监管，那就必然会带来问题。这个问题不解决，可能还会遇到下一次金融危机，这就是蒙代尔教授给我们的结论。”

在俄罗斯科学院美国加拿大研究所副所长帕维尔发言后，郑新立说：“帕维尔先生在发言中指出了一个很重要的问题，就是这次金融危机产生的一个重要原因是虚拟经济与实体经济的脱节，金融经济过度膨胀。这给我们提出了一个问题，就是怎样防止金融经济的过度膨胀以及由此产生的泡沫。”

在澳大利亚全球基金会主席史密斯发言后，郑新立说：“史密斯先生的发言给我们提出了一个两难的问题。一个是我们都来指责美国以过度的消费和低储蓄带来了危机。另外，因为美国最近提高了储蓄率，降低了消费率，又影响了我们的出口。怎样解决这个两难的问题，把这种两难的选择变为一个双赢的局面。我想需要与会的专家，用自己的智慧给出一个满意的答案。澳大利亚是中国重要的原料进口国，中国有很多外汇储备。我们的外汇储备想到海外寻找投资机会，但是一出国门就遇到很多困难。如果能够提供一个公平的投资环境，中国的外汇能够走出去，到各个国家去投资，我想能够带来一种双赢的局面。”

在中国国际经济交流中心执行副理事长、北京大学教授厉以宁[1]

[1] 厉以宁（1930—），江苏仪征人，著名经济学家。曾获中国经济年度人物终身成就奖、吴玉章人文社会科学终身成就奖。主持《证券法》和《证券投资基金法》的起草，是我国最早提出股份制改革理论的学者之一。他提出了中国经济发展的非均衡理论，并对“转型”进行理论探讨，对中国经济的改革与发展产生了深远影响。

发言后，郑新立说：“厉教授的发言提出了一个新的视角，就是从制度调整的角度来看待这次金融危机的应对。”

在巴西市场与战略计划研究中心主任内维斯先生发言后，郑新立说：“内维斯先生的发言给我们带来了解决能源危机、粮食危机的希望，带来了令人振奋的信息。他特别讲到一个数字，令我感到吃惊。他说巴西用1%的可耕地解决了目前巴西能源需要的52%，也就是通过发展生物质能源满足巴西能源供给的52%。特别是他谈到巴西还有大量的闲置土地，我们知道巴西的可耕地面积达3亿多公顷，是中国的可耕地面积的3倍。刚才内维斯先生提出了一个呼吁，希望中国能到那里投资，搞粮食生产，搞生物质能源的生产，他提出的设想实际是怎样在全球优化资源配置的问题。”

【按三】7月3日，在“第一届全球智库峰会”上做主题为“办法总比困难多”的总结演讲。演讲共分五部分：（一）走出危机的影响需要把政府和市场的作用很好地结合起来；（二）越是在需求萎缩的情况下，越是要促进投资贸易的自由化、便利化；（三）加强监督，稳步推进国际金融体系改革；（四）发达国家的技术与发展中国家的工业化、城市化进程相结合，可能是走出危机影响的根本途径；（五）中国经济能否率先复苏。

【按四】在4日下午的闭幕式上致闭幕词，宣读了全球智库峰会《北京倡议》。以下为全文。

我们在北京参加了由中国国际经济交流中心举办的全球智库峰会。本着共享人类智慧，共谋全球发展的精神，通过广泛而深入的探讨，围绕智库交流与合作，我们参会者以个人名义提出如下倡议。

为了降低当前全球金融危机对各国经济的不利影响，早日实现复苏，我们提议智库应当发挥积极作用，为决策机构提供科学及公正的公共政策分析及建议，为公众提供科学、易懂的政策分析及信息，并提供客观的政策实施评估及新政策效果预演。

我们提议，智库应针对影响全球经济和金融的重大问题开展跨国界的、为促进人类共同及长远利益为宗旨的战略研究，提供更多切实有效的全球危机预防及解决方案。

我们提议，为提升智库对公共政策的影响力，智库应在促进各经济体间的政策协调、引导对经济形势的合理预期等方面，发挥更好的作用。我们提议，全球智库之间应展开更有效的交流与合作，通过跨国项目合作、人员信息交流、研讨会，逐步建立起全球智库之间更紧密的跨国合作机制。

我们希望，在应对全球金融危机、安全问题、健康问题、气候变化及极端贫困等挑战的过程中，全球智库之间的合作可以带动人类为追求共同利益合作与行动，为实现明天更好的人类目标做出贡献。

倡议发起人：

中国国际经济交流中心常务副理事长、法人代表郑新立

布鲁斯金学会（美）主席约翰·桑顿

布雷顿森林再造委员会（法）总裁兼发起人马克·乌赞

【按五】2009 年第 8 期《决策与信息》发表《首届全球智库峰会：〈北京倡议〉》一文。

7 月 3 日，《粮油市场报》发表《诠释中国粮食市场的一部力作——〈2009 中国粮食市场发展报告〉简评》一文。

【按】《2009 中国粮食市场发展报告》，李经谋[1]著，中国财政经济出版社出版 2009 年 6 月版。此书讲述了世界粮食危机、石油危机和金融危机的爆发，尽管原因复杂多样，但从根本上讲，是市场经济制度周期发展和政治博弈的必然结果。它不仅对世界金融体系和经济发展模式产生深远的影响，而且也对人们的价值观念造成巨大冲击。

[1] 李经谋（1942—），山东济宁人，高级经济师、国家粮食局顾问，现任中国粮食行业协会粮食批发市场分会理事长、中华粮网高级顾问。李经谋在长期的市场实践中，形成了自己关于粮食批发市场、期货市场、电子商务、市场体系、价格形成和粮食安全等方面的理论观点，是我国粮食批发市场、期货市场创始人之一。主要著作有《期货交易必读》《中国期货市场理论问题研究》《期货市场教程》等。

因此，提高粮食行业对此次互为推动、相互叠加的多重危机的认识，才能从容应对各种挑战。

7月6日，《学习时报》发表《青岛港有国外企业学不到的传统和优势》一文。

7月16日，出席中国国际经济交流中心首期“经济每月谈”，在主题为“中国经济能否率先复苏”的会议上做《坚定不移地实施扩大内需政策》的主题发言，并以“扩大内需是弥补出口下降的根本之策”为题答记者问。

7月20日，撰写《第一届“全球智库峰会”取得的主要成果》一文。

【按】文章共分八个部分：（一）对金融危机形成原因和经济复苏进程形成基本一致的判断；（二）应改革国际金融体系，探索建立新的货币体系；（三）加强政府监管，避免危机重演；（四）发达国家的资金技术与发展中国家工业化、城市化相结合，是走出危机的根本途径；（五）加快技术进步和技术转让，才能实现世界经济绿色复苏；（六）越是困难的时候，越要促进贸易投资自由化、便利化，反对贸易投资保护主义；（七）在各国的密切配合下调整储蓄与消费的关系，同时注意防范政策调整带来的负面影响；（八）充分发挥跨国公司在应对金融危机中的作用，在应对金融危机的过程中，各国智库应加强研究与交流合作。

7月27日，《人民政协报》发表《采取措施提高居民收入占GDP的比重》一文。

7月，为韩俊主编的《县域城乡一体化的诸城实践》（人民出版社2009年版）一书撰写题为“积极探索城乡一体化发展道路”的序言。

8月28日，出席在黑龙江伊春举行的“东北亚生态（伊春）论坛”并讲话。

8月，第8期《决策与信息》转发中国国际经济交流中心会刊记者董凌汐、石东、赵妍的专访文章《国经中心的历史使命是什么？访中国国际经济交流中心常务副理事长郑新立》。

【按】专访关键词为：智库的作用、使命、组织结构、沟通渠道、历史使命、国际经济、政策建议、研究成果等。

9月1日，访谈录《亲历改革开放和经济转轨的过程》收入华夏出版社出版的《共和国一代访谈录》一书。

【按】《共和国一代访谈录》一书共收录了由《经济观察报》记者马国川采访的项怀诚、郑新立、许善达[1]、秦晓[2]、宋晓梧[3]、周其仁[4]、樊纲、郭树清、范恒山10位在中华人民共和国成立前后出生，有深厚学术修养的经济学家的访谈录。

郑新立在《亲历改革开放和经济转轨的过程》中的关注点是转变经济发展方式，需求结构、产业结构和要素结构的三个转变。他说，中国的经济体制和经济运行变化都很快，如果用老办法来解决新问题，肯定是南辕北辙，要出错。

---

[1] 许善达（1946—），山西广灵人，现任中国注册税务师协会顾问、北京联办财经研究院院长。长期从事宏观经济、财政、税收、金融理论的研究，著有《马克思主义和报酬递减律》《中国税收法制论》《中国税收负担研究》等。

[2] 秦晓（1947—），山西人，企业家，英国剑桥大学经济学博士，招商局集团董事长和招商银行董事长，著有《制度变迁中的实践与思考》等。

[3] 宋晓梧（1947—），河北邢台人，研究员、博士生导师，曾任中国经济体制改革研究会会长，现任中国经济体制改革研究会顾问，长期从事经济理论研究与改革的实践。

[4] 周其仁（1950—），上海人，博士生导师，曾任北京大学国家发展研究院院长。主要从事改革与发展问题、产权与合约、人力资本与企业理论、垄断、管制与管制改革、医疗体制改革与货币问题等方面的研究。主要著作有《农村变革与中国发展1978—1989》《产权与制度变迁》《货币的教训》《城乡中国》《改革的逻辑》等。

我国的宏观调控体系既不同于以美、英为代表的分散型市场经济的国家，也不同于以德、日、韩为代表的协调型市场经济的国家，主要体现在计划、财税、金融三大调控杠杆的应用上……计划是宏观调控的基本依据，财政是结构调整的重要手段，金融调控的作用主要是在总量平衡上。

上一轮扩大内需，也就是20世纪90年代后半期，我们面临通货紧缩时实行扩大内需的战略……对我们整个经济结构的调整起到了非常重要的作用。但是在那一轮之后，尤其是在2003年之后，经济增长进入了新一轮上升期，这一轮上升期是以重化工业的快速发展为特征的……在经济工作的指导思想上过于注重GDP的增长，而重工业对GDP的拉动作用很大……这么多重化工产品并没有变成老百姓直接可以消费的东西，而是用于出口和投资了。

中国实现现代化要有三个转变：第一，调整需求结构，由投资和出口需求为主转变为由投资、消费和出口协调拉动，并更多地发挥消费的作用；第二，调整供给结构，产业结构上由主要依靠第二产业拉动，向第一、第二、第三产业协调发展，特别是要加快发展第三产业；第三，调整要素结构，由过去那种过分依靠物质资源的消耗来实现经济增长，转变为依靠技术进步、改善管理和提高劳动者素质来实现经济增长。

从五个方面来创造出口需求：第一，扩大对外经济援助，带动商品和劳务输出；第二，扩大对海外加工贸易投资以带动零部件的出口；第三，扩大对海外的能源资源投资以带动勘探设备、开发设备的出口；第四，通过扩大买方信贷以带动机电产品的出口；第五，扩大对海外中国产品进口经销商的人民币贷款，鼓励多买中国产品。

现在我们有两个优势：一个是外汇储备多，另一个是工业生产能力过剩。这两个优势加在一起，通过资本输出带动商品输出，就可以把过剩的生产力发挥出来。

一等企业卖标准，二等企业卖专利，三等企业卖产品，四等企业卖苦力。（第三产业）始终没有突破，原因在什么地方？可能症结是在金融体系上，是信贷。中国的银行经营是高度集中的，贷款额度一般是几个亿、几十个亿，它只服务于大中型企业，而第三产业需要的流动资金贷款是几万、几十万，它得不到信贷支持……要建立面向小型、微型经济的金融服务体系，不是依靠原有的大型专业银行，而是要重建一套新的金融服务体系。

转变需求结构及调整投资和消费的比例，难中之难在于调整收入分配结构。

即使外界很难注意到（五年计划）措辞的变化，我都很清楚它是怎么演变过来的。

我们一年生产 300 000 亿的 GDP，让老百姓消费的只有三分之一多一点。那么多东西都是拿出去出口和拿来搞投资了，结果造成生产能力过剩；工业生产严重过剩，再过几年基础设施也要过剩了。

9 月 21 日，出席在北京举行的“2009‘幸福江阴’（北京）高层论坛”，并做题为“转型升级、建设环境优美的宜居城市”的发言。

9 月，第 26 期《观察》发表《现代化中国要有三个转变》一文。

【按】文章认为：中国经济要走上集约化发展的轨道，这是最要紧、最关键的。一等企业卖标准，二等企业卖专利，三等企业卖产品，四等企业卖苦力。中国经济真要实现现代化，必须要从教育、创业、创新方面下大力气，重视技术进步。现代化中国要有三个转变：（一）中国至少还有 20 年到 30 年的快速增长；（二）集约化发展最为关键；（三）现有金融体系束缚第三产业发展。

9 月，第 9 期《财经界》发表《着力扩大消费对经济增长的拉动作用》一文。

【按】文章认为：在当前受全球经济危机影响，我国的出口增长受阻的情况下，实施扩大内需的方针，特别是扩大居民消费，对于化危机为机遇、把经济平稳较快增长的势头保持下去，有着特别重大的意义。

9月，第18期《农村工作通讯》发表《促进农村劳动力充分就业是缩小城乡差距的根本途径》一文。

【按】文章共分三部分：（一）工业化、城市化的快速推进，为农民充分就业提供了历史机遇；（二）要从统筹城乡发展出发，努力促进农村劳动力充分就业；（三）大力提高农业的集约化水平和农业劳动生产率。

10月29日，出席在东京举行的“东亚市场统合之路研讨会”，并做题为“以中日韩市场一体化促进东亚和谐”的发言。

10月，第38期《中国经济周刊》发表《新中国60年的经济奇迹》一文。

【按】文章回顾了新中国60年的经济奇迹发展所走过的道路。

前30年的发展历程，大体可划分为三个阶段。

第一个阶段是从三年恢复到“一五”时期的八年，即正确起步和初战告捷的阶段。三年恢复时期实现了稳定物价、统一财政，为“一五”计划的实施奠定了基础。从1953年到1957年的五年，以苏联援建的156个工业项目为重点，社会主义工业化建设全面展开，“一五”计划胜利完成，旗开得胜。

第二个阶段是从“大跃进”开始到三年困难和经济调整时期，即从1958年到1965年的8年，经历了曲折又回到正确发展道路，走了一个马鞍形。

第三个阶段是从1966年到1976年，这一时期的经济虽有发展，但最终濒临崩溃的边缘。1976年到1978年，是对前28年的发展道路进行冷静思考和深刻总结的两年，为1978年底召开的党的十一届三中全会、开启改革开放新的历程做了充分的思想准备。

后30年的发展历程也大体分为三个阶段，其中前两个阶段即邓小平同志提出的现代化建设“三步走”战略部署的前两步。

第一个阶段，20世纪80年代实现国内生产总值翻一番。这一阶段是消费品生产高速发展时期，即农业和轻纺工业大发展时期，在农产品供给连年大幅度增长的同时，伴随着乡镇企业的崛起。

第二个阶段，20世纪90年代，中国人民解决了温饱问题，初步实现了小康目标。这一阶段发生了总供求关系的重大变化，我们告别了长期困扰的商品匮乏，需求膨胀转变为需求不足，宏观调控的主要任务也由抑制通胀转变为扩大内需。“九五”计划提出振兴电子机械、石油化工、汽车制造和建筑业四大支柱产业，标志着我国工业化进程由发展轻纺工业为主转向以重化工业为主的新阶段。

第三个阶段，从2000年至今，随着总供求关系大体趋于平衡，国民经济进入新一轮上升期，出现了持续、平稳、较快增长的局面，高增长、低通胀、高效益，成为这一时期经济发展的主要特点。直到2008年下半年受到全球金融危机影响，出口大幅度下降，经济增长速度才有所下降。

由于中央及时采取了扩大内需的政策，2009年上半年经济已出现回升势头。《新中国60年的经济奇迹》一书提供了如下的宝贵经验：一是以经济建设为中心；二是经济建设决不能急于求成，必须按客观经济规律办事；三是经济发展一定要从改善人民生活出发；四是技术进步对经济发展的推动作用；五是促进城乡和地区之间协调发展；六是注重经济与社会的协调发展；七是在经济发展中重视保护生态环境。

10月，由《中国日报》组织，赴日本参加东京—北京论坛。

10月，10期《南风窗》发表记者徐瑗的专访文章《金融危机是转变发展方式的良机——专访中国国际经济交流中心常务副理事长郑新立》。

11月19日，出席在北京举行的“中国生产力学会第15届年会暨世界生产力科学院（中国籍）院士研讨会”，并做题为“当前经济走势与2010年宏观调控政策取向”的主旨演讲。

【按】文章共分五部分：（一）坚持扩大内需的政策不动摇，继续实施积极的财政政策和适度宽松的货币政策；（二）着力在转变发展方式上取得实质性进展；（三）积极稳妥地推进城市化；（四）大力创造出口需求；（五）保持房市、车市和股市联动稳定发展，积极推进各项改革。

11月，第11期《党建研究》发表《新时期党的经济发展方略》一文。

11月，第11期《求是》发表《应对危机需把握好政府与市场的关系》一文。

【按】席卷全球的金融危机给世界经济带来沉重打击。金融危机考验着各国政府的经济管理能力，考验着人类的智慧。此文首先对危机产生的根源进行反思，通过重新审视政府与市场的关系，提出化解危机的对策。

12月28日，在《人民日报》发表《通过改善民生拉动经济发展》一文。

2009 年	中外政治、经济大事记
4 月 1 日	阿尔巴尼亚和克罗地亚加入北大西洋公约组织，从而使北约的势力扩大到巴尔干地区，成员国增至 28 个
4 月 2 日	二十国集团领导人聚首伦敦，共同商讨应对全球金融危机的政策措施
6 月 9 日	全球领先的互联网巨头雅虎公司宣布成立雅虎北京全球研发中心
10 月 10 日	美国政治经济学家埃莉诺·奥斯特罗姆（1933—2012）与美国经济学家奥利弗·威廉姆森（1932— ）二人因在经济治理领域“对普通民众做出的贡献和经济治理分析，尤其是企业边际领域方面的贡献”而获得诺贝尔经济学奖

2010年（庚寅）
六十六岁

1月5日，《中国社会科学报》发表《改革和创新社会管理体制是今年经济工作重中之重》一文。

1月15日，出席以“把握经济走势，提升创新能力，引领科学发展，促进‘两个健康’”为主题的“温商论坛”开讲仪式，并做主题为“计划和投资体制改革、宏观经济调控”的演讲。

1月26日，《光明日报》发表《2009年中国经济分析与2010年展望》一文。

1月，第1期《企业改革与管理》发表记者冯立新、孙勇的专访文章《今年宏观调控的政策取向——访中共中央政策研究室副主任郑新立》。

1月，第1期《产经评论》发表《应对世界金融危机的回顾与展望——2009年我国经济运行与宏观调控政策分析》一文。

【按】文章认为：过去的2009年，是我国全面应对世界金融危机的一年。2009年我国经济呈现出前低后高的回升态势，在应对危机所带来的种种挑战中走出了一个V型的复苏之路。整个经济企稳向好的局面基本形成，实现了保增长、保民生、保稳定的任务；但同时我们也付出了经济结构进一步恶化的代价。当前我们的经济回升存在着脆弱性，存在不巩固、不稳定、不协调等问题。为了保证经济平稳持续增长，新的一年应坚持扩大内需不动摇，继续维持积极财政政策，配合实施适度宽松的货币政策；同时需要重视转变经济发展方式、推进工业化与城镇化、创造出口需求、维持房市、车市和股市同步协调发展。

1月，主编《中国经济分析与展望（2009—2010）》一书，由社会科学文献出版社出版。

【按】此书为“CCIEE智库报告丛书”的一种，是中国国际经济交流中心（CCIEE）自2009年3月成立以来，对我国经济分析与展望研究的成果之一，由专题报告、七个专题（宏观经济、扩大内需、深化改革、外资外贸、财政金融、区域发展与城市化、应对气候变化与能源发展）和政策分析三部分构成；马建堂[1]、李德水[2]、厉以宁、汪同三[3]等经济学专家围绕2009年我国经济运行情况和2010年经济走势提供了一系列研究成果，并提出我国对做好2010年经济工作的一些建议。

1月，郑新立主编《国际经济分析与展望（2009—2010）》一书由社会科学文献出版社出版。

---

[1] 马建堂（1958—），山东滨州人，研究员、博导，曾任国家统计局局长，现任国家行政学院党委副书记、常务副院长。著有《中国产业结构研究》《世纪之交的国有企业改革研究》《中国国有企业改革的回顾与展望》等。

[2] 李德水（1944—），江西玉山人，曾任国家统计局局长，第十一届全国政协经济委员会副主任。

[3] 汪同三（1948—），江苏南京人。研究员、博士生导师，曾任中国社会科学院数量经济与技术经济研究所所长，现任中国社会科学院学部委员。长期从事经济模型理论、方法论及其在经济预测和政策分析方面的研究，著有《宏观经济模型论述》等。

【按】本书为“CCIEE 智库报告丛书”的一种，由中国国际经济交流中心研究人员、国内著名智库的专家学者张蕴岭[1]、张永军、徐伟、马庆斌、张洋、刘向东、张金杰、梁云凤[2]、徐长春、秦海菁、王天龙、逯新红[3]、关雪凌[4]、李向阳、黄志龙共同撰写，是对世界经济2009年运行状况和2010年走势进行分析与展望的研究成果。本书的创新之处在于，研制开发了分析与评价世界经济运行与发展的三个重要指数：CCIEE 世界经济景气指数、CCIEE 国际大宗商品价格指数和 CCIEE 上海交大全球航运景气指数，并运用这些指数跟踪分析和评价世界经济运行状况。这三个指数应当说都是大胆的尝试，反映了 CCIEE 成立近一年来的重要研究成果。

2月22日，《北京日报》发表《我看房价》一文。

【按】文章认为：目前，许多城市的房价都达到历史最高水平。房价牵动着居民的心。2009年的房价快速上涨，有多方面的原因并且相互影响，其中有些因素还需要继续观察分析，有些是能够看清楚的。第一，房价呈现的V字形走势和我国整体经济的V字形走势一致。第二，适时的产业宏观调控，带动房地产市场较快回暖。第三，市场供需态势转换，重新推高房价，而且，投资性的住房需求明显升温，推动大城市和特大城市的房价迅速攀高。市场经验认为，投资性购房比例在15%以下是较为健康的，当这一比例超过30%，就应引起警惕。在国际上由房地产泡沫破裂引发社会震荡和经济衰退的先例不少，

[1] 张蕴岭（1945—），中国社会科学院学部委员、国际研究学部主任，从事国际经济和国际关系领域的研究，著有《中国的崛起与世界秩序》等。

[2] 梁云凤，经济学博士，中国国际经济交流中心宏观经济处处长，从事财税理论与政策、绿色经济政策的研究。

[3] 逯新红，中国国际经济交流中心副研究员，从事金融时间序列计量分析、国际经济金融、货币政策理论与实践等领域的研究。

[4] 关雪凌（1962—），博士生导师，现任中国人民大学经济学院副院长，中国人民大学—圣彼得堡国立大学俄罗斯研究中心执行主任。从事国际经济关系、欧洲经济一体化、俄罗斯经济等领域的研究。著有《叶利钦传》《艰难的历程——俄罗斯经济转轨八年》《苏联和东欧国家演变的原因和历史教训》《俄罗斯社会转型期的经济危机》《俄罗斯经济转型》等。

足以引为警诫。

2月，第2期《求是》发表《自主创新是实现产业升级的中心环节》一文。

【按一】文章共分四部分：（一）后危机时代突显自主创新的紧迫性；（二）企业要把自主创新作为发展的核心战略；（三）完善鼓励自主创新的政策和社会环境；（四）充分利用国际市场的科技资源提升自主创新能力。

【按二】此文另发2010年第2期《上海集体经济》。

3月3日，在“中国经济50人论坛”发表《2010年中国经济八大建议》一文。

3月12日，《证券日报》发表《为何土地出让金收入上万亿？》一文。

【按】文章认为：高收入的人完全可以从市场上以市场价格来购买自己的住房，中低收入的人就需要借助政策的支持来获得他们的住房，现在我们试行经济适用房和廉租房的制度，正是满足了广大中低收入者住房需求提高来的。在实行过程中可能会出现这样那样的问题。比如经济适用房，它的试行必须明确三个政策界限和制度：第一，严格收入的标准；第二，要有一个退出的机制；第三，要规定合理的面积。这三项制度没有建立和完善之前，我们的经济适用房制度肯定会出问题。

所以，住房的政策应当细化，要适应各个城市不同收入人群的需要来增加对住宅的供给，使房地产业能够获得一个健康的、快速的发展。

现在，土地财政的问题是一个相当突出的问题，许多地方政府把土地出让金的收入作为城市建设的重要资金来源。根据有关统计，2009年全国土地出让金收入上万亿元，有的政府为了获得更多土地出让金的收入，助长土地价格的上升，因而抬高了这些地方住宅的价格，实际上，住宅的建筑成本每平方米只有1 000～2 000元，其余的都是土地的价格和配套设施的成本。

国务院最近发出的《关于促进房地产业健康发展的意见》中明确要强化地方政府在稳定城市住房价格方面的责任，可以说是抓住了问题的要害。

3月15日，《经济日报》发表《运用科技力量推动发展方式转变》一文。

3月，第3期《中国乡村发现》发表《让粮食主产区的农民尽快富裕起来》一文。

4月21日，出席在中华世纪坛大屏幕厅举行的第九期“经济每月谈”并做题为“房地产调控挤出资金可助力资本市场发展”的演讲。

4月，第4期《国际融资》发表记者李路阳、张迎的专访文章《当前中国经济发展焦点话题》。

【按】在专访中，郑新立就如何扩大海外投资、中国经济发展的制约瓶颈与解决办法、政府在稳定房价中的责任、低碳路径的技术突破、转变经济发展方式的改革关键等热点问题，进行了解读。专访的关键词为：海外投资、中国经济发展、民营企业、地方政府、中国企业、国有企业、小企业、长远发展、经济发展方式等。

4月，第4期《上海党史与党建》发表《以“住有所居”为目标引导我国房地产业健康发展》一文。

5月5日，针对日前发生的中国独立评级机构——大公国际资信评估有限公司进入美国市场受阻事件，《经济参考报》发表本报记者的采访文章《应把争取国际评级话语权列入国家战略》。

【按】在接受采访时郑新立说："在债权债务关系日益全球化的时代，评级话语权对国家核心利益的影响前所未有。中国应支持中国自主评级机构'走出去'。"他同时表示，中国还要支持自主评级机构发布对其他国家的评级结果，特别要发布对美国主权债务评级结果，以揭示美国的债务风险，捍卫作为美最大债权国的中国国家核心利益。

"独立评级机构"不独立，美国评级机构代表美国利益。数据显示，2009年，美国中央政府对内债务达8.6万亿美元，对外债务为3.7万亿美元，是其同年国民生产总值的0.864倍、财政收入的5.5倍；同年经济增长率为–2.4%，财政收入增长率为–10.0%。自2000年以来，美国政府债务增长率平均为7.9%，经济增长率平均为3.7%，财政收入增长率平均为0.8%。

郑新立说："显然，美国已陷入资不抵债的严重危机中，其通过新创造价值偿还国家债务的可能性已不复存在，只有依赖借新债还旧债才能维持国家的正常运转。"

据了解，长期以来，美国的信用评级机构依然给美国定为AAA的最高等级。即使金融危机突显美国国力衰竭，偿债能力大幅下降，美国的信用评级机构仍不肯下调其信用等级。2009年穆迪、标准普尔、惠誉三大评级机构给予美国的长期主权债务评级依然是"AAA"。分析其原因，郑新立告诉记者："因为债务收入关系到美国的兴衰，美国信用等级关系国家债务收入的安全。"

他说："首先，高信用等级可以最大限度地吸引全球资本，保证美国债务融资通道畅通。其次，高信用等级还可以低成本融资，实现债权国利益向美国转移。以十年期国债利率匡算，近十年来，因名义与实际信用等级之差使美国总共节约债务发行成本约2.12万亿美元，而这正是应该付给债权国的资金利息。最后，高信用等级掩盖了美国利用货币贬值转移国家债务。此外，评级话语权还是实现美国全球战略的有力武器，它运用评级话语权给予西方发达国家阵营高信用等级，使这些债务累累的经济体占有90%以上的国际信用资源；而对其他国家则视与美国的利益关系进行信用等级调整，制造和加剧这些国家的信用危机。”

“信用等级被评为AAA的雷曼兄弟公司轰然倒闭，证明美国的一些所谓权威信用评级机构与被评级公司已形成利益共同体，缺乏了应有的公正性。”郑新立一针见血地指出，“这些由美国垄断的具有国际评级话语权的信用评级机构，虽然标榜‘独立’‘客观’‘公正’，可实际上它们却代表着美国的根本利益。”

“债权人与债务人的信用关系已成为当今社会的基本经济关系，日益复杂的债务人风险需要通过评级向债权人提供可靠的偿债信息，以维护信用关系的稳定。”郑新立说，“这次金融危机正是评级错误破坏信用关系的结果，再次突显信用评级的战略意义。”

郑新立认为，信用评级首先关系国家金融体系安全。他说，信用愈是社会化，金融体系运行对评级信息的依赖就愈强，评级的市场定价功能会影响债券、信贷、股票、外汇和所有金融交易价格。近年来，全球发生的多次国际金融危机都与评级揭示风险不够有关，特别是美国评级机构的“道德风险”与“评级标准”几乎摧毁了相关国家的金融体系，由此一再证明信用评级直接攸关国家金融安全。

“信用评级关系国家债权安全。”郑新立告诉记者，近十五年来，国际债权债务格局发生了重大逆转，多数发达国家变成净债务国，新兴经济成为债权国。然而，美国评级机构不顾这一客观事实，给予偿债风险较大的国家高信用评级，使这些国家侵占债权国巨额利益。美国的评级标准不反映国际储备货币贬值对债权国利益的侵害，掩盖了这些国家通过货币贬值向其他国家进行债务转移。1971年至2009年美元对黄金贬值约97%，给以美元为储备货币的债权国造成巨额损失。

信用评级还关系到国际信用资源分配和世界经济均衡发展。据郑新立介绍，2008 年年底，世界外债总量为 59.5 万亿美元，其中发达国家为 55.9 万亿美元，占 94%。外债总量排名前十五位的均为发达国家，净外债排名前十五位国家中有十个是发达国家。“尽管金融危机充分暴露出这些高债务国家的信用风险，可美国控制的评级机构依然给予这些国家特别是美国自己高信用等级，使其保持了持续、便利与廉价利用国际资金的能力。”郑新立说，“国际评级机构如此做法，掩盖了最大债务经济体的债务风险，而主权债务风险正在积聚爆发下一场全球金融危机的巨大能量。”

据了解，目前中国把钱借给谁都要依据美国的评级来判断，借款利率也要根据美国对债务国的评级决定，由此导致的国家经济利益损失难以估量；而且，人民币国际化的市场价格也要凭借美国对中国的不公正评级确定，美国评级机构对中国的信用评级为 A+，这样的等级对于外汇储备充足的中国实际偿债能力而言，明显是被严重低估，信用等级之差将大大增加人民币债券的发行成本。

“国际评级话语权与国家利益息息相关。”郑新立强调指出，“中国虽然是美国最大的债权国，却因为没有国际评级话语权而缺乏保护作为债权国利益的能力；中国经济虽然快速发展，国力不断提高，却因为没有国际评级话语权而没有人民币的国际市场定价权，无法保护人民币国际化进程中的国家利益。”

针对日前发生的中国独立评级机构——大公国际资信评估有限公司进入美国市场受阻事件，郑新立表示：“我国必须把支持自主评级机构争取国际评级话语权作为国家战略，支持我国自主评级机构进入美国评级市场。”

5 月 7 日，出席在北京国家会议中心举行的“绿色经济与应对气候变化国际合作会议”，并为会刊撰写中心介绍文章《国经中心的成立是对智库体制的探索》。

【按】文章在“中国国际经济交流中心的组织结构、主要功能和职业理念”中，介绍了国经中心所设的理事会和董事会两个并列的系统。

理事会负责中心重大决策，审议通过中心每年的工作计划。理事会领导成员分为理事长、执行副理事长、常务副理事长、副理事长、常务理事和理事几个层次。理事会由王春正、厉以宁、刘遵义、张晓强、陈元、蒋洁敏、钱颖一[1]、魏礼群等国内外知名人士和曾经以及正在国家重要经济机构任职的负责人员组成。副理事长均在经济领导机关、经济研究机构担任领导工作，他们有的刚刚退出经济领导岗位，有的仍在重要岗位上任职，具有丰富的经济工作经验和渊博的学识。常务理事大多由各类经济研究所的所长、著名企业家担任，几乎覆盖了在京的绝大部分经济研究机构，形成了密集的人才网。

中国国际经济交流基金董事会由中心研究交流基金捐助单位的负责人组成，由理事长担任董事会主席，商务部原副部长魏建国任常务副主席，陈元、楼继伟[2]、姜建清[3]等任副主席，基金的增值收益用于支持公益性课题研究。每年的课题研究计划由董事会审议通过，研究成果向董事会报告，基金的收支预算由董事会审议通过。在董事会的监督下，确保基金用于重大课题研究并不断提高使用效益。

国经中心下设六个部门，分别为研究部、交流部、咨询部、合作部、信息部和办公室。

研究部主要负责重大国际经济问题和与国际经济联系密切的国内重大经济问题研究。现已汇集了具有博士学位以上的经济研究人员 30 多名，他们都接受过系统的、良好的教育，通晓一两门外语，经过笔试、面试，在几千人中脱颖而出被选聘到中心来工作。这是一支才华

[1] 钱颖一（1956—），北京人，教授、博士生导师，现任清华大学经济管理学院院长，从事比较经济学、制度经济学、转轨经济学、中国经济等领域研究。

[2] 楼继伟（1950—），浙江义乌人，教授、博士生导师。曾任中华人民共和国财政部部长，现任全国社保基金理事会理事长。著有《摆脱我国当前通胀困扰的思路选择》《中国经济发展中亟待解决的改革问题》《经济体制改革中财政的重要性》《让市场起作用》等。

[3] 姜建清（1953—），上海人，曾任中国工商银行行长、董事长，现任中欧金融学兼职教授。从事金融领域的研究，著有《金融高科技的发展及深层次影响研究》等。

横溢的、年轻的研究队伍。尽管目前经验不足，但是我相信他们很快将成为出色的专业研究人才，对国内外重大经济问题将能提出独立的真知灼见。

交流部集聚了一批具有丰富外交工作经验的国际交流人才，有较强的国际沟通能力，初步建立了与国外智库的广泛联系。

咨询部正在组建中国经济咨询公司，其宗旨就是要通过咨询业率先走出去，带领中国企业走出去，开展国内外咨询业务。中心的研究人员将成为既能做经济研究又能做咨询项目经理，既会写经济论文又能解决实际问题的复合型人才。

合作部的主要力量是国家发改委国际合作中心。国际合作中心在开展国际合作咨询服务方面是一支非常活跃的队伍。利用中国国际经济交流中心这个新的更大的平台，其作用和潜力将会进一步得到发挥。

信息部主要负责编辑中心的刊物，包括《要情》《研究报告》《智库言论》《信息反映》《会员通讯》，分别送给相关部门和人士阅读。中心正在积极筹办的公开刊物《全球化》即将问世。中心还办有自己的网站。通过这些媒体，以中英文充分反映中心研究成果，并同外界进行沟通、交流。

办公室是中心工作运转的枢纽。由精干高效的队伍负责处理中心有关财务、人事、文秘等事务。

根据曾培炎理事长的提议，国经中心把“创新、求实、睿智、兼容”作为组织的核心文化和员工的执业理念。一年来，这八个字已经深深扎根国经中心。

5月8日，出席在中央财经大学举行的“全球金融危机对策研讨会”，并做题为“世界经济调整为中国发展带来的机遇和挑战”的演讲。

【按】文章共分四部分：（一）当前全球经济形势和经济治理面临

的任务；（二）紧紧抓住全球经济调整的机遇，实现“十二五”期间中国经济发展方式的转变；（三）应对世界经济调整对我国带来的挑战；（四）维护和延长我国战略机遇期，为“十二五”转变经济发展方式赢得良好的国际环境。

5月16日，《光明日报》发表《中国汽车业应站在巨人肩膀上》一文。

5月17日，出席在京举行的“国有林权制度改革暨伊春林改试点四周年高层研讨会”，并做题为“伊春国有林权“远封近分”改革模式符合实际要求”的发言。

5月，第5期《宏观经济管理》发表《经济回升势头强劲、结构调整亟待加强》一文。

5月，第5期《决策与信息》发表《建立亚洲内生型增长机制》一文。

5月，受河南省委宣传部委托，作专题调研报告《关于河南省“十二五”发展规划的几点建议》。

【按】调研报告共分八部分：（一）围绕“一极两圈三层”，加快工业化和城市化进程；（二）完善鼓励创新、创业的政策，增强经济发展活力；（三）加大招商引资力度，继续承接沿海和国外产业转移；（四）推动企业上市，建立产权多元化的现代企业制度；（五）发展产业集群，壮大整体竞争力；（六）以农民增收为目标，提高农业现代化水平；（七）抓好教育、培训，提高劳动者素质；（八）需要提请中央支持的几个政策。

其“一极两圈三层”开发中原经济区为以下几方面。

一极：以郑州为中心；两圈：“半小时经济圈”“一小时交通圈”；三层：以郑汴一体化为核心层、以“半小时经济圈”城市为紧密层、以“一小时交通圈”城市为辐射层。

5月，第5期《海内与海外》发表记者路阳、张迎发的专访文章《郑新立谈当前中国经济发展焦点问题》。

【按】郑新立认为，制约中国经济长远发展的瓶颈问题主要有两个，一个是能源和部分矿产资源，另一个就是技术。我们可以通过扩大海外投资，建立稳定的海外能源资源供应渠道。例如，中国的能源禀赋是煤多、油缺、气少。我们可以通过海外投资，拿到更多的石油和天然气勘探权、开发权，建立稳定的获得渠道。又比如，中国的铁矿、铜矿、铝矿等矿藏资源贫乏，而国外分布较广。近年来，中国与澳大利亚的铁矿石交易规模比较大，但是澳大利亚年年提高价格，今年又要提高80%，使中国钢铁企业不堪重负。通过增加海外投资，比如到玻利维亚、巴西、委内瑞拉等南美洲国家投资铁矿等，则能弥补这个需求。就技术瓶颈而言，一方面，中国企业可以到海外并购那些因受金融危机影响濒临倒闭但有较好技术资源的企业，把这作为提高企业自主创新能力的一个捷径。另一方面，可以通过引智创新来解决技术难题，提高我们的自主创新能力。比如聘请一些海外高级工程师来中国，和我们的技术队伍一起开发，成果是我们的。我觉得，把中国的外汇储备用在这两个刀刃上，比买美国国债要好得多。买美国国债不仅要承担利率的风险，收益也不高，而扩大海外投资则可以起到一箭三雕的效果。

6月1日，主编《建立和完善深圳开放型经济体系》一书，由研究出版社出版。

【按】《建立和完善深圳开放型经济体系》在深圳特区成立30周

年之际付梓，是件很有意义的事情。深圳是我国第一个经济特区。改革开放30年来，深圳依靠独特的地缘优势，抓住经济特区开放、发展的先机，以大规模引进外资带动国际经济合作，以发展高新技术支撑产业结构优化升级，以推进自主创新提升产业竞争力，以不断扩大开放促进体制机制创新，从一个贫穷落后的边陲小镇，发展成为我国南部综合经济实力、技术创新能力、国际竞争力最强和开放程度最高的现代化大都市。开放是深圳的发展之源。深圳所走的道路就是以开放促改革、促发展之路，就是在开放中不断调整优化经济结构、创新体制机制、推进经济发展方式转变之路。

6月，第6期《海内与海外》发表记者路阳、张迎的专访文章《郑新立再谈当前中国经济发展焦点问题》。

【按】摘录专访中“强化地方政府在稳定房地产价格上的责任”一节的内容。

记者：自去年第四季度以来，房价增长过快，三亚房价的疯长已经到了极不理智的程度，一旦这轮房地产泡沫破裂，最终吃亏的还是老百姓。您怎么看这个问题？政府应该如何作为？

郑新立：房地产问题引起了老百姓强烈的反应。最近，国务院出台了一份关于稳定房地产价格的文件，强调地方政府在稳定房地产价格方面的责任，通过增加经济适用房和廉租房的供给抑制房价增长过快的势头。

中国的房地产业要学习德国、新加坡的经验，吸取日本、中国香港房地产高泡沫的教训，还要吸取美国次级贷款的教训。日本和中国香港的住房泡沫主要是大量资金涌入房地产行业，然后再以房地产为抵押吸收银行贷款，形成一种恶性循环。当时有人测算，整个东京的房地产价值总量已经相当于美国的整个资产总额，泡沫大得不能再大了。当时东京市中心一平方米的地价是7 000万日元。在泡沫形成过程中，资金流转快，各行业都有钱赚，日子也很好过，一旦泡沫破裂，经济出现了十年徘徊，现在出现的情况被叫作“失去的20年”，就是20年爬不出来。受害最严重的是中低收入阶层，高收入人群资产缩水不会影响他们的生活，但中低收入的人由于陷进房地产的债务窟窿无法自拔，生活很惨。去年我去日本访问时，一个中等收入的导游告诉我，他在房价高的时候买了一套房子，价格为4 000万日元，现在价值缩水到2 800万日元，他今年40多岁，还贷要还到60多岁，这一生他就陷到债务窟窿里去了。

所以，中国千万不能搞房地产泡沫，一旦泡沫破裂，受害最大的就是老百姓。现在最愿意搞泡沫的是一些房地产开发商，因为有钱赚。还有一些糊涂的地方政府，认为提高房地产价格可增加政府收入。实际上，这是饮鸩止渴，高房价损害的是地方经济的竞争力。

记者：您刚才谈到中国的房地产业要学习德国、新加坡的经验，能否具体说说？

郑新立：德国的经验是实行了住房储蓄制度，通过政府提供奖励，吸引居民从小就在住宅储蓄银行存款，到了购房的年龄，银行除了将存款返还，还提供与存款数额相同的一笔贷款。实际上相当于住房互助银行。由于稳定了住房价格，也就稳定了整个市场价格，从而实现了经济的稳定。我们可以看到这样的事实，战后几十年来，德国的住房价格和商品价格基本没有什么改变，经济发展很平稳。新加坡的经验是通过公积金来稳定其价格，实现居者有其屋。不管有钱的还是没钱的新加坡居民，70%都住在政府提供的住宅里，价格比较便宜。少数有钱人会去购买高档公寓、别墅。房地产业的健康发展带动了新加坡其他产业的发展，避免了房地产泡沫对经济的破坏性影响。所以，中国的房地产业一定要走健康发展的道路。

6月，第6期《中国党政干部论坛》发表记者赵端的专访文章《进一步坚定自主创新的决心和信心——访全国政协经济委员会副主任郑新立》。

【按】转变经济发展方式、调整经济结构，是当前我国经济发展面临的重大战略任务，要完成这一任务，自主创新至关重要。我国所处的发展阶段，决定了自主创新是一个绕不过去的难关。自主创新战略实施以来，成效如何、不足何在，都需要我们好好总结，以推动自主创新水平的进一步提高。为此记者赵端对郑新立进行了专访，其关键词为：自主创新能力、技术创新、国有企业、科技资源、自主知识产权、企业研发投入、技术进步、科技人才、风险投资公司、发达国家等。

7月13日，出席“中国共产党中国国际经济交流中心党委成立大会”，并发表题为“朝着世界一流智库的目标奋力前进”的讲话。

7月，随国家开发银行代表团赴巴西、阿根廷、古巴考察经济发展情况。

7月，第7期《中国金融》发表记者魏革军的专访文章《转变经济发展方式是破解诸多矛盾的关键——访中国国际经济交流中心常务副理事长郑新立》。

7月，第7期《时事报告》发表《转变经济发展方式是刻不容缓的战略任务》一文。

【按】此文为《高举中国特色社会主义伟大旗帜，为夺取全面建设小康社会新胜利而奋斗——在中国共产党第十七次全国代表大会上的报告》的解读文章。本文收入2011年由社会科学文献出版社出版的《加快转变经济发展方式研究（2010—2011）》一书。

8月1日，主编《中国与世界年中经济分析与展望（2010）》一书，由社会科学文献出版社出版，并撰写题为“加快发展方式转变、促进经济平稳较快增长——2010 年上半年经济形势分析与下半年展望”的序言。

【按】此书是中国国际经济交流中心研究人员的最新研究成果，对 2010 年上半年中国和世界经济发展中的热点问题进行了比较全面和深入的分析，对国内通胀压力能否减轻、外贸出口能否保持高增长、新一轮经济刺激政策能否出台、房地产调控政策能否延续进行了展望。对完善 G20（20 国集团）机制的途径、欧洲主权债务演变的趋势、美国“两房”退市和美国金融监管改革的影响都进行了分析与评估，突显了 CCIEE“创新、求实、睿智、兼容”的理念。

8 月 12 日，出席在广西南宁举行的“第五届泛北部湾经济合作论坛”，并做题为“转变经济发展方式为泛北合作带来机遇”的演讲。

【按】郑新立在演讲中提出以下几点。

第一，中国经济增长改变过度依赖投资和出口的局面，将使国内市场规模迅速扩大，对泛北部湾国家的进口需求将会有一个较快增加。泛北部湾国家应利用毗邻中国市场优势，扩大对中国出口，把市场作为宝贵资源，在扩大对中国市场占有率中加快本国经济的发展。

第二，中国经济增长改变过度依赖第二产业的局面，加快发展第三产业。第三产业的投资将面临许多难得的机遇，特别是生产性服务业，如金融、交通、物流、营销、教育、医疗、旅游、信息、资讯、法律、信用评级、价值评估、中介服务等行业，将尤其欢迎外资进入。泛北部湾国家应扩大在第三产业领域内的合作，通过第三产业的迅速发展，带动第一、第二产业的发展，从而加快区域各国经济发展。

第三，中国经济增长改变过度依赖物资资源消耗的状况，主要依靠技术进步，改善管理和提高劳动者素质，推动经济增长，将对科学技术、管理经验和各类人才创造巨大需求，有利于推动泛北部湾地区生产要素的优化组合。泛北各国应采取最新技术，引进战略投资者，发展当地资源的深加工和高新技术产业，努力培育具有自主知识产权和品牌的民族企业，增强国际竞争力。

第四，中国实现城乡经济社会发展的一体化，将保证工业化的强劲势头，改变乡村发展落后的趋势，对泛北部湾的现代化产生重要拉动作用。城乡一体化使今后十年、二十年乃至更长的时间内，中国经济保持旺盛的活力，中国经济不仅成为拉动泛北部湾经济发展的强大引擎，而且成为拉动全球经济增长的强大引擎。

第五，中国建设开放型的经济体系将进一步扩大国际交换和投资能力。泛北部湾国家与中国扩大双边货币互换规模，开展以人民币作为外贸的结算工具，允许外国政府到中国的银行间市场来发行人民币债券，接受中国金融机构所提供的人民币贷款等，将为扩大泛北部湾各国双边和多边的经济合作提供便利，并规避金融风险。这还能扩大与世界其他国家的贸易和投资，从而带动亚洲经济的发展，并为世界经济的复苏和发展做出贡献。

8月22日，《瞭望》新闻周刊发表记者张辉、孙生的专访文章《未来三十年的深圳使命》。

【按】在接受专访时郑新立认为：在今后的30年里，中国的改革发展将面临新的形势，遇到的困难和问题不会比前30年少。在新的时期，作为“中国改革试验田”的深圳已“不差钱”，政策层面应允许深圳继续扮演“先行先试”的角色，允许深圳用改革的办法来解决发展中的一些矛盾和问题，“甚至可以允许深圳出错”。今后20～30年，你们这一代人所面临的问题，是深圳的几代开拓者们没有面临的新问题，就是要带领中国冲出中等收入的陷阱。一般来说，人均收入在3 000～10 000美元，总的来讲叫中等收入。这样的问题，中国未来20～30年就将遇到，直接关系着中国的人均GDP能否冲到10 000美元以上。今年，中国人均GDP可能要达到4 000美元，将来，如果翻一番就是 8 000 美元，再翻一番就是 16 000 美元。我们要争取实现人均 GDP 翻两番，一鼓作气冲破人均 GDP10 000 美元。如果能冲过去，一人 10 000 美元，总量就是 13 万亿，和美国就差不多了。

《瞭望》：为冲出“中等收入陷阱”，中国应采取什么发展模式？

郑新立说：现在看来，无论是拉美，还是“东南亚四小虎”，能否冲破“中等收入陷阱”，其核心问题就是，能否形成以自主知识产权和自主品牌为依托的技术密集、知识密集型产业，从而形成国际竞争力，能够支撑本国货币的升值，支撑就业的扩大，支撑出口的持续增长。如果仍靠以往的劳动密集型产业，仍靠加工贸易，仍靠出口资源，那么注定不可能冲出 10 000 美元关口。

《瞭望》：未来深圳会是什么样子？有哪些新的任务？

郑新立：珠江口东岸现在形成了一个城市群，包括香港、深圳、东莞、广州、佛山。这个狭长地带南北仅 200 公里，东西仅 50 公里，但是却聚集了 5 000 万人，GDP 总量 5 000 万美元。这里是世界上最有活力的一块地方。

根据广东省的安排，我们调研组正在做关于扩大粤港澳经济合作、形成粤港澳一体化经济体系的研究。现在，从香港到广州要建城铁，这意味着珠江口东岸的五个城市将可以做到生活上同城化、经济上一体化。而且，五个城市之间可以实现生产要素的优化配置，形成一个整体的竞争优势。

我算了一下，到 2030 年，珠江口东岸五城市 GDP 总量可以在 2 万亿美元以上。这相当于甚至超过现在的纽约经济圈和东京经济圈的规模。而在这五个城市之中，从增长速度上讲，深圳的增长速度是最快的，发展是最好的。要不了几年，深圳在这五个城市里将起到核心作用。

到时候，深圳将承担着很独特的任务。因为它紧靠着香港，又连接着东莞、广州和佛山。实际上是通过深圳和香港的经济融合，实现深圳和香港的要素的优化配置，把香港在信息、管理、贸易、法律等方面的软件的优势和深圳的实体经济的创新、高新技术产业方面的优势结合起来，有利于把香港的优势进一步扩大化。

近期，深圳通过填海的方式，在蛇口造了一个有十几平方公里面积的前海区，紧靠香港。深圳市想把前海区打造为深港经济融合的实验区，要在那块空地上做文章。依靠那十几平方公里，打造世界第三经济增长极。

《瞭望》：如何发挥深圳领跑者的作用？

郑新立：带领中国经济冲出中等收入陷阱，我想这是深圳在未来要担负的最大作用。深圳要发挥领跑者的作用，要成为中国的硅谷，要成为新技术产业的培育、孵化基地。

下一步，深圳的一些劳动密集型产业还要进一步转移，腾出空间来发展知识密集和技术密集型产业。深圳现在已有四个在全世界都很有名的高新技术企业：华为、腾讯、中兴、比亚迪。其中，2009年比亚迪还被评为全世界科技型企业的第一名。以后，深圳要继续培养出一批类似企业出来，要形成一种机制，并把这种机制移植到全国其他地方，要摸索出一套可以复制的经验和制度来。

《瞭望》：对此，中国应怎样应对？作为试验田的深圳，又该如何把握住经济快速增长的战略机遇期？

郑新立：外贸顺差就等于总储蓄减去总投资。面对欧美国家针对中国发起的贸易争端，我们可以通过提高劳动者工资，特别是加工贸易企业提高工资，增加消费。这样，不仅有利于减少总储蓄，缩小外贸顺差，更有利于实现经济发展方式的第一个转变，即通过扩大消费来减少经济增长对投资和出口的依赖。

希望深圳能够就此进行探索。比如，逐步提高劳动者工资水平，可以每年提5%，给企业一定的消化工资成本上升的空间。同时，通过改善企业管理、开发新产品，实现产业升级。

而且，凡有条件的中国企业，都应搞国际化经营，特别是要开拓多样化的国际市场，同新兴经济体搞贸易，改变出口过度依赖美欧日的状况。

另外，要通过海外并购，特别是并购有一定技术资源的企业来提升自主创新能力。通过海外并购更多的国内短缺的资源，像石油、天然气、铁矿、铝矿、铜矿等，来解决经济发展的资源瓶颈。

与此同时，要培养一批类似波音、IBM、微软、英特尔之类的“百年老店”。这些都需要深圳有所探索。一旦这些力量成为中国经济的支柱，我们就不怕少数发达国家“使绊子”，不怕人民币升值。特别是实现高新技术产品出口比重的大幅上升，开拓多样化的市场，为人民币国际化创造条件。

《瞭望》：总体来看，在今后 30 年里，深圳这块“试验田”要试验什么？

郑新立：要打造四个“都”。

第一，深圳要继续成为创新之都。前 30 年深圳最大的特点就是通过自主创新形成了一套体制机制，建立了一大批内资高技术企业。今后，还要围绕怎样优化自主创新环境下功夫。深圳要借助创业板加大风险投资，鼓励创业等政策环境、社会环境的优化和完善，在全国带个头。

第二，要成为服务之都。转变发展方式的第二个转变就是要发展服务业，改变服务业发展相对滞后的局面。有人认为，转变发展方式，搞集约发展会减少就业，这个矛盾如何解决？事实上，中央已经考虑到这个问题，发展服务业就是要扩大就业。美国 80% 的劳动力在服务业，伦敦人口 1 200 多万，有 4/5 的人从事服务业，纽约、东京也差不多，因为服务业比重很大，这些城市充满活力。而我国服务业从业人员仅占全社会从业人员的 33%。深圳应把生产性服务和现代服务业作为发展重点，大力发展金融服务、科技服务、设计服务、创意服务、物流服务、法律服务等，为全国做出表率。

第三，深圳要成为和谐之都，实现社会发展与经济发展同步，实现社会和谐。

第四，要成为开放之都。现在，中国经济规模扩大了，拥有大量的外汇储备，同国际经济联系越来越密切。十七大提出建立开放型经济体系，今后30年我国的对外开放将面临与此前完全不同的情况。

深圳要在全国的对外开放中探索新的经验。比如，如何让企业走出去，如何进行海外投资和并购，如何获得更多的资源勘探权、开发权，如何到国外开展加工贸易等。深圳要在探索中提供好的经验，通过帮助企业走出去，形成更多的跨国经营的业务，培育中国的跨国公司。

另外，深圳应成为一个更加开放的国际性城市，吸引更多的人才。与美国相比，我国的差距主要体现在创新和服务业滞后上。美国吸引了全世界的科技人才，所以在科技上处于领先水平。深圳应借鉴这一做法，吸引更多的人才。

9月1日，《人民日报·海外版》发表《北部湾经济合作的新机遇》一文。

9月18日，出席在北京举行的“建设中原经济区高层研讨会”。

10月9日，做客人民网经济频道报道“强国论坛”，以“转变经济发展方式与扩大消费需求”为题与网友进行在线交流。

【按】郑新立在回答网友提问时说，扩大需求关键在于人民收入与经济发展的增速要协调。扩大需求，特别是扩大消费需求，关键是老百姓口袋的钱要比较多，有钱来消费才行。他说，从改革开放这30多年来看，人民的收入有了较快的增长，但是总体来看，收入增长还是低于经济发展的增长速度，居民收入占国民收入的比重是逐步下降的。因此，我们党的十七大在提出转变经济发展方式的同时要调整收入分配结构，就是要改变在初次分配中劳动所得偏少、资本所得偏多的局面。

郑新立指出，在再分配中，要改变政府和企业所得偏多、居民所得偏少的局面，也就是说国民收入这个大的蛋糕在分配的时候，要给老百姓多切一点，让老百姓口袋里的钱能够多一些，收入增长快了，就有钱消费了。特别是还要注意收入分配的结构，尽可能使那些中低收入的群众多增加收入，特别是能够让农民的收入增长得快一些，因为全国还有7亿人口居住在农村，他们现在的消费水平和城里人比差距比较大，大概是每五个多农村人口购买的商品才相当于一个城市人口购买的商品。要让农民富起来，把农民的需求潜力发挥出来，这样才能够扩大消费需求。

10月，第10期《今日中国论坛》发表《在共同发展中防范金融风险》一文。

10月，第10期《求是》发表《切实增强转变经济发展方式的自觉性、主动性和创造性——读〈转变经济发展方式研究〉》一文。

10月，第20期《求是》发表《化危为机、破浪前进的“十一五”》一文。

12月3日，出席在北京柏悦酒店举行的“第十届中国年度管理大会”，做主题为“中国企业面临的四大历史任务”的演讲。

【按】大会由《英才》杂志发起，联合新浪网、北京青年报等主流媒体共同举办。郑新立在演讲中说，国内的企业特别是国有企业面临四大历史任务。

（一）以自主创新带动产业升级。这些年，各级政府和企业研发投入的积极性不断提高，2009年全国研发投入已经达到5 000多亿元，仅次于美、德、日之后，居世界第四位。但是，在自主创新方面，我们还有很大差距，特别是在如何通过大量创造具有自主知识产权和自主品牌的产品，打破经济发展的困境等方面。可以肯定，自主创新是未来五年中国企业要面对的首要任务。所以我建议，企业宁可在别的地方少花点钱，但在研发上一定要舍得花钱。IBM之所以一百多年来引领着全球IT（信息技术）行业的发展，很重要的原因就是研发。IBM有七位诺贝尔奖的获得者。像这样的企业，美国还有一批，如波音、通用电气、微软、苹果……它们之所以在世界上有名，首先是由于它们在研发上有大量投入。

（二）要积极开展国际化经营，进一步用好国外的资源与市场。我建议，凡是有条件的企业都要走出去，特别是金融危机之后，发达国家很多企业经营比较困难，但有好的技术资源。比如吉利并购沃尔沃轿车后，其在中高档轿车的生产技术水平、研发能力上，一下子就超过了一汽、二汽和上汽，实现了跨越式发展。国有企业要学会利用国际市场的科技资源提高自身的创新能力，要通过拿到更多海外资源的勘探权和开发权，解决中国经济长期发展所面临的瓶颈。

（三）努力提高企业价值。现在国有企业绝大多数都上市了。作为一个企业，要对投资者负责，要为投资者增加收入，要通过提升企业价值使股民的口袋鼓起来。企业要把努力提升自身价值、为股民增加收入，作为经营的重要目标。IBM经营的最高目标，就是通过增加企业的价值为买IBM股票的股民增加收入。我们的国有企业上市之后，目标也应该这样——为增加企业价值、为给投资者增加收入而努力奋斗。

（四）完善公司治理结构，建立健全股东会、董事会和经营层三者之间既相互协调又相互制衡的科学治理结构。其中，董事会是决策中心，经营层是执行中心，股东会是最高权力机构。美国的一些公司就是依靠这一结构成了百年老店，每每出了问题，其自身就可以纠正自己的错误。我们的企业也要建立这样的机制，通过企业的自主决策把那些最能干的人推上领导岗位，使我们的企业真正能够成为与国外跨国公司一样的现代企业。

12月18日，出席在四川广安举行的“企业家力行感恩富民论坛”。

12月，主编《文化建设与国家软实力》一书出版，并撰写序言。

附录

2010 年	中外政治、经济大事记
4 月 9 日	博鳌亚洲论坛在海南博鳌举行
5 月 1 日	第 41 届世博会在上海开幕
6 月 26 日至 27 日	在加拿大多伦多举行的第 4 次二十国集团峰会发表了《二十国集团多伦多峰会宣言》，强调采取下一步行动，推动世界经济强劲、可持续、平衡增长
10 月 10 日	美国经济学家彼得·戴蒙德（1940— ）、美国西北大学教授戴尔·莫滕森（1939—2014）、美国西北大学教授克里斯托弗·皮萨里德斯（1948— ）三人因“在‘市场搜寻理论’中具有卓越贡献”而获得诺贝尔经济学奖

2011年（辛卯）
六十七岁

1月，主编《中国经济分析与展望（2010—2011）》一书，由社会科学文献出版社出版。

【按】此书为“CCIEE智库报告丛书”的一种，由综合报告与宏观经济、结构调整、财政金融、改革开放四个专题构成。此书收入了厉以宁、李德水、韩文秀[1]、梁云凤、徐洪才[2]、刘向东、张晓强、黄海、徐伟[3]、徐占忱[4]、陈妍、徐长春、景春梅[5]、马庆斌、戴相龙、贾

[1] 韩文秀（1963—），河北省赞皇人，金融学博士，现任国务院研究室副主任。著有《人民币迈向国际货币》等。
[2] 徐洪才（1964—），安徽人，现任中国国际经济交流中心副总经济师、中国光大银行股份有限公司独立董事。主编有《投资基金运作全书》《投资银行学》，著有《全球化背景下的中国经济》《中国多层次资本市场体系与监管研究》《投资基金与金融发展》等。
[3] 徐伟，经济学博士，日本财务省综合政策研究所访问学者，现为中国国际经济交流中心副研究员。主要从事宏观经济、消费与储蓄、服务业等领域的研究，主要著作有《中国开放型经济需求管理》等。
[4] 徐占忱，现任中国国际经济交流中心副研究员，主要从事产业经济、区域经济领域的研究。
[5] 景春梅，内蒙古阿拉善人，经济学博士，现任国经中心信息部副部长、研究员。从事能源政策和能源改革领域的研究，著有《能源革命与能源供给侧改革》《城市化、动力机制及其制度创新：基于政府行为的视角》等。

康[1]、颜少君[2]、陈永杰[3]等知名经济学家的文章，对当前我国经济发展面临的形势，以及应采取的对策进行了分析，有很强的理论意义和实践意义。

1月，主编《国际经济分析与展望（2010—2011）》一书，由社会科学文献出版社出版。

1月，主编《"CCIEE经济每月谈"专家视点（2009—2010）》一书，由社会科学文献出版社出版。

1月，主编《加快转变经济发展方式研究（2010—2011）》一书，由社会科学文献出版社出版，并收入《转变经济发展方式是贯穿"十二五"的主线》与《转变经济发展方式是刻不容缓的战略任务》两篇文章。

【按一】郑新立在《转变经济发展方式是贯穿"十二五"的主线》一文中指出："十二五"规划要以科学发展为主题，以转变经济发展方式为主线。"十二五"期间要在转变经济发展方式上取得重大突破，需要在调整需求结构上，大幅度提高居民消费率；在调整产业结构上，重点加快第三产业发展；在调整要素结构上，大力推进自主创新；在城乡结构调整上，加快转变农业发展方式；在调整区域结构上，加快中西部经济发展；在对外经济方面，要坚持"引进来"与

[1] 贾康（1954—），湖北武汉人，现任财政部财政科学研究所所长，发起成立"华夏新供给经济学研究院"和"新供给经济学50人论坛"，并积极推动"PPP研究院"等交流活动，致力于建设有中国特色的智库和跨界、跨部门学术交流平台，从事宏观经济及财经理论、政策研究，著有《财政本质与财政调控》等。

[2] 颜少君（1979—），湖南娄底人，管理学博士，现为中国劳动关系学院公共管理系讲师。主要从事经济管理、社会保障等领域的教学与研究，著有《我国失信惩戒机制构建研究》等。

[3] 陈永杰，重庆人。曾任国务院研究室工交贸易司副司长、全国工商联研究室主任、中国国际经济研究中心副秘书长。主要研究领域为企业改革与管理、工业经济、交通经济、贸易经济、非公有制经济等方面的政策问题。

“走出去”并重，建设开放型经济体系。

【按二】《转变经济发展方式是刻不容缓的战略任务》一文共分七部分:（一）从转变经济增长方式到转变经济发展方式，反映了我们党对经济发展规律认识的深化;（二）经济增长由主要依靠投资、出口拉动向依靠消费、投资、出口协调拉动转变;（三）经济增长由主要依靠第二产业带动向依靠第一、第二、第三产业协同带动转变;（四）经济增长由主要依靠增加物质资源消耗向主要依靠科技进步、劳动者素质提高和管理创新转变;（五）加快农业发展方式转变;（六）以开放促进发展方式转变;（七）建立促进发展方式转变的体制机制。

2月23日，《人民日报》发表《化通胀压力为产业升级动力》一文。

3月8日上午，出席全国政协十一届四次会议在人民大会堂举行的记者会，就“推进基本公共服务体系建设，保障和改善民生”回答记者的提问。

3月23日，出席在中国国际经济交流中心举办的“经济每月谈”，并分别做题为“发挥新兴经济体在拉动全球经济复苏中的重要作用”与“金砖国家面临的困难、合作及诉求”的发言。

3月25日，出席在北京国际饭店召开的“‘转型的智慧’2011年IBM论坛”，并做主题演讲。

3月31日，出席在南京东郊风景区举行的“G20国际货币体系改革高级别研讨会”，并做题为“中国金融体制改革及其对国际货币体系的影响”的发言。

4月6日，出席在河南郑州国际会展中心举行的“首届中原经济区论坛”，并做题为“转变发展方式、加快中原崛起”的发言。

【按】郑新立的发言共分九部分：（一）清醒认识中原地区经济发展目前所处的阶段；（二）把工业化、城镇化作为中原崛起的核心战略；（三）完善鼓励创新、创业的政策，增强经济发展活力；（四）加大招商引资力度，继续承接沿海和国外产业转移；（五）推动企业上市，建立产权多元化的现代企业制度；（六）发展产业集群，壮大整体竞争力；（七）以农民增收为目标，提高农业现代化水平；（八）抓好教育、培训，提高劳动者素质；（九）以社会管理体制创新扩大公共服务。

4月，第4期《国家电网》发表《国有企业如何带动经济发展方式转变》一文。

【按】文章共分三部分：（一）建立国有企业技术进步的激励机制，使国有企业成为自主创新的主力军；（二）把提高企业市场价值作为企业发展的最高目标，为增加居民收入做出贡献；（三）国有企业要与民营企业联合起来，扩大海外投资经营规模。

5月7日，出席在北京举行的中国上市公司董事会金圆桌论坛暨第七届“金圆桌奖”颁奖会，并作题为“考核国企也应关注无形资产”的演讲。

5月16日，出席在北京开幕的“第二届中欧政党高层论坛”，并做题为“中国“十二五”经济发展方式的战略转变”的发言。

5月18日，《四川日报》发表《灾后重建、凸显城乡一体化强大生命力》一文。

5月，率团赴美国、英国考察港口建设情况。

6月17日，《人民政协报》发表《民企转变发展方式面临三道坎》一文。

【按】文章认为，民企转变发展方式面临三道坎。

一是要以自主创新带动产业升级。自主创新是转变发展方式的重要要求，通过自主创新带动产业升级，是结构调整的一个重要任务。民营企业在技术创新中已经发挥了重要作用，现在民营企业申请的专利占到60%、70%，特别是涌现了一些申请国际专利能够进入世界前列的企业。大部分民营企业是在20世纪80年代、90年代短缺时期建立起来的，以劳动密集型、资源密集型产品为主，随着经济的发展，要逐步地向技术密集型、知识密集型、资本密集型产品和产业升级。同时，原来大部分企业没有自己的自主知识产权，没有自主的品牌，我们出口的产品里面大部分是贴牌生产，特别是加工贸易里面绝大部分是贴牌生产。要改变这种局面，通过自主创新能够扩大具有自主知识产权和自主品牌的产品的比重。如果企业暂时没有技术力量自主创新，有些企业还力不能及，我也劝这些企业能够利用好国际市场和国内市场上的科技资源，通过购买技术，或者是企业并购，或者是跟国外、国内大学研究机构合作研发，争取能够拥有自己的技术，用这个技术来改造自己的产品，改造自己的生产线，这样能够形成自主品牌和自主知识产权的产品，来提高对市场的占有率。所以民营企业要在自主创新带动产业升级上，发挥出带头的作用，这是第一大历史任务。

二是民营企业要加快建立现代企业制度。民营企业要做大做强，没有这样一个现代企业制度，没有股份制为基础的产权结构是很难的。30多年的发展实践证明，凡是发展比较好，能够发展得比较快的企业都是借助于现代企业制度。如果企业还是停留在落后的经营方式上，还在自我陶醉，这个企业就很难做大做强。所以民营企业应按照党的十四届三中全会、十五届四中全会关于建立现代企业制度的要求，通过自己产权的多元化，来建立规范的现代企业制度。

三是民营企业要推进国际化经营。凡是有条件的企业都要走出去，到海外去投资，去办厂，到海外去寻求资源，进口到国内，建立稳定的能源资源供应渠道。民营企业有“走出去”的独特优势。举个简单的例子，浙江有几家民营企业在美国拿到了石油的开采权，美国议员没有说什么，相反中海油在美国的海外公司就被议员们否定了。

6月25日，出席在北京召开的“第二届全球智库峰会”，并做题为“在研究、交流、咨询中创建世界一流智库”的演讲。

6月，第6期《经济》发表记者沈刚、邢章萍的专访文章《始于钢铁、成于经济——访中国国际经济交流中心常务副理事长郑新立》。

7月1日，《郑新立经济文选》由社会科学文献出版社出版。

【按】此书收录了作者1990年至2010年期间发表在《人民日报》《求是》《经济日报》等报刊上的文章和内部研究报告，共计49篇，包括宏观调控、转变经济发展方式、扩大消费、自主创新、产业振兴、改革开放等方面的内容，涵盖了作者在此期间提出的代表性观点，清晰地再现了20年中国经济发展和宏观经济政策变化的轨迹。

7月7日，《世华财讯》发表《美元危机是中国主要金融风险》一文，转述了中国国际经济交流中心副理事长郑新立（微博专栏）近日在《求是》杂志撰文提出的观点。

【按】郑新立在文中警告：鉴于美元在国际储备货币中的绝对控制地位，美元出现问题必然是全球性的，必须对以美元贬值为主要特征的金融危机第二轮冲击波何时到来、如何应对，提前警惕，认真研究，预做对策。

郑新立表示，美元目前在国际储备货币中虽然仍占60%左右，在国际贸易、投资结算中仍占70%左右，这种状况短期内不会有大的改变；但美元作为国际主要储备货币地位的下降和贬值，已经成为不可逆转的历史趋势。剩下的问题就是在什么时间、以什么形式表现出来。

为此，他建议，扩大海外投资，把部分外汇储备和美国国债储备转变为能源资源矿藏等物质储备，以避免美元贬值风险。建议把央行部分外汇转存于商业银行，再贷给用汇企业，借此将银行系统和企业用汇的积极性调动起来。同时还应实施外汇储备多元化，根据各国经济和货币走势，适度分散储备，避免把鸡蛋放在一个篮子里。

文章分析称，从根本上说，规避外汇储备和金融风险，要靠人民币的国际化，使人民币成为国际储备货币。"如果我们的财富能够以人民币的形式储存，我们就能真正掌握应对国际金融风险的主动权。"郑新立称。

具体而言，目前应继续扩大货币双边互换规模，推动在国际贸易和国际投资中使用人民币结算；加快人民币利率市场化和资本项目可兑换步伐；进一步完善资本市场，为国内外投资者提供多样化的人民币金融产品，使人民币成为兑换方便、投资回报高、吸引力强的硬通货，特别要利用好人民币的升值预期来推动人民币的国际化。

此外，郑新立认为，在参与国际金融体制改革时，中国应积极畅言建立多元竞争的国际货币体系、国际储备货币的监测预警制度、国际金融安全合作救助机制。

7月8日，做客人民网强国论坛，以"上半年国民经济运行分析及下半年的经济走向"为题与网友在线交流。

【按】在交流中郑新立表示：现在城乡居民收入差距不断拉大，

农产品价格高一点，站在农民的立场上来讲是好事，是增加收入。他认为农民的收入增长比较慢，农产品价格适当涨一点，让农民的收入增长快一点。今年 1 至 4 月份农民人均纯收入增长 18%，但是没有扣除物价因素，增长是比较快的，这对于缩小城乡收入差距是一个好事。我国能够成为世界出口第一的国家，世界贸易组织这个平台功不可没。

7月，第 7 期《宏观观察》（上）发表《改革开放是中国共产党人的伟大觉醒》一文。

7月，第13期《求是》发表《成功应对国际金融危机的中流砥柱》一文。

【按】文章共分四个部分。第一部分讲的是“美国利用国家信用制造金融泡沫是危机产生的根源”。从 2008 年下半年开始的国际金融危机给世界经济造成重创，各国经济界都从不同角度对其成因进行反思。概括起来，比较流行的观点有三：一是发展中国家出口过多导致的世界经济失衡说，二是金融衍生产品泛滥导致的经济过度杠杆化说，三是政府债务膨胀导致的主权债务说。这些貌似正确的观点，经过国际主流媒体的反复传播，使不少人误以为这就是危机产生的根源。

诚然，如果站在某些国家和利益集团的立场上，或从某一侧面来看，这些结论似乎有一定道理，但绝非这次危机产生的根本原因。

发展中国家利用劳动力和资源等优势，吸引资金、技术，加快了经济发展，出口有了较快增长，这是生产要素在全球优化配置的结果。在出口增加的同时，发展中国家也扩大了进口，为发达国家增加就业、促进经济增长提供了源源不断的活力。而发达国家跨国集团则利用发展中国家廉价劳动力，不断扩大对发展中国家的投资，又直接为其提供了利润增长点。这种互利共赢的经济活动是经济全球化的必然要求，是各个国家共同进步的历史趋势。综观世界发展史，发展的不平衡是绝对的，均衡则是相对的。近代以来，英国、美国都曾作为主要出口国，长期保持贸易顺差。时至今日，美国仍是服务贸易主要输出国，日本、德国等发达国家仍是技术密集型、知识密集型产品的主要出口国。把发展中国家主要以劳动密集型、资源密集型产品的出口说成是导致世界经济不均衡以致引发全球金融危机的原因，完全是本末倒置。

金融衍生产品泛滥导致经济过度杠杆化，是引发金融危机的直接原因之一，但造成金融衍生产品泛滥的原因又是什么？为什么对风险极大的金融产品，包括信用违约掉期产品，各国投资者会竞相购买？为什么金融衍生产品泛滥发生在美国而不是别的国家？20世纪30年代大危机之后，美国曾吸取教训，通过了加强金融监管的一系列法律，而到了80年代，这些法律则被认为妨碍金融业的发展而予以废除。在金融衍生产品泛滥时期，美国经济学界和政府的有识之士也曾提出过加强金融监管立法，但这些法律一提交到国会即遭否决。为什么自称代表选民利益的国会议员们会放任金融衍生产品泛滥？他们又受到哪些利益驱使？总之，金融过度杠杆化只是一种表象，其背后还有更深层次的原因。

政府债务过度膨胀导致主权债务危机，也是产生金融危机的原因之一，但仍然不是根本原因。财政赤字和政府债务对货币发行具有倒逼机制，货币发行必须保持在财政收入和国内生产总值所确定的合理范围之内，超过一定比例就意味着超发货币，必然导致通货膨胀。事实上，美国长期依靠财政赤字和政府发债来满足开支需要。金融危机发生后，美国政府财政赤字和债务规模持续上升，2010年年底，联邦政府财政赤字达1.4万亿美元，为国内生产总值的9.4%；公共债务9.02万亿美元，占当年国内生产总值的62.1%，在发达国家中处于很高的水平。然而，美国的高赤字率和高债务率并没有引发通货膨胀，利率水平较低，这完全得益于其世界主要储备货币发行国的地位，吸引了外国资金和廉价商品的大量流入。可见，无论是危机之前或之后，美国政府大量举债只是对金融海啸能量的积聚起到助推的作用。

爆发金融海啸的根本原因，是美国长期滥用国家信用，利用其全球主要储备货币发行国的地位，推行经常项目和财政预算双赤字政策，维持国内居民的过度消费和政府的超额支出，不断积聚了金融海啸的巨大能量。美国信用评级机构利用全球垄断地位，掩盖国家信用风险，颠倒债务债权国的风险关系，把大量国际资本引入风险高度集中的地区，使金融危机的防范失去了最后一道屏障。

市场经济是信用经济，经济全球化使国家信用成为国家竞争力和经济实力的重要组成部分。良好的国家信用可以降低一个国家政府和企业的融资成本，增强对外资的吸引力，成为经济发展的重要动力。相反，滥用国家信用，特别是作为世界主要储备货币发行国滥用国家信用，侵吞其他国家的财富，积累和传播金融风险，最终必然给本国经济和全球经济带来灭顶之灾。

美国成为这次全球金融危机的策源地，又明白无误地告诉我们，依托国家信用制造的金融产品，必须与其实体经济规模相适应。虚拟经济过度膨胀，使美国经济犹如一个建立在沙滩上的倒金字塔。金融危机前，作为底部的次贷大约有 2 万亿美元；普通房贷约 12 万亿美元；包括资产抵押债券和信用违约掉期合同在内的企业债约 62 万亿美元；据国际清算银行的数据，美国各大金融机构持有的金融衍生品达 300 万亿美元左右。这样一个头重脚轻的金融大厦，只要其中一个环节出了问题，就必然会在顷刻之间崩塌。如果说历史上资本主义的经济危机主要是由物质产品生产能力过剩带来的，那么在金融业高度发达的今天，依靠国家信用形成的毫无节制的金融产品供给能力，则是新的历史条件下全球经济危机产生的根源。

第二部分讲的是“中国经济已成为全球经济的稳定器和发动机”。

第三部分讲的是“采取多种有效措施规避国际金融风险”。从根本上说，规避外汇储备和金融风险，要靠人民币的国际化，使人民币成为国际储备货币。当然，这要有一个过程，我们应当朝着这个目标积极前进。当前，应继续扩大货币双边互换规模，推动在国际贸易和国际投资中使用人民币结算。加快人民币利率市场化和资本项目可兑换步伐。进一步完善资本市场，为国内外投资者提供多样化的人民币金融产品，使人民币成为兑换方便、投资回报高、吸引力强的硬通货。特别要利用好人民币的升值预期来推动人民币的国际化。如果我们的财富能够以人民币的形式储存，我们就能真正掌握应对国际金融风险的主动权。

第四部分讲的是“在积极参与国际金融体制改革中维护我国正当权益”。针对这次危机产生的根源，要找到避免危机再次发生的治本之策，构建高效安全的全球金融体系。我认为，当务之急是建立保障国际金融安全的三道防护门。

第一，建立多元竞争的国际货币体系。建立相互竞争的多元化国际储备货币体系，是保持国际金融体系稳定的根本途径。展望未来全球储备货币体系，可能是由美元、欧元、人民币、日元、英镑等组成的多元体系。各种货币之间相互竞争、相互制衡、相互融通，哪种货币出现贬值风险，人们会争相抛售之；哪种货币比较稳定或有升值空间，人们会争购之。以竞争和优选机制促使国际储备货币发行国政府及其央行采取稳健的货币政策，保持本国货币币值稳定，维护国家信用。只有建立起这样的国际储备货币体系，才能改变目前国际储备货币过分倚重一种主权货币的现象，才能避免国际金融风险过度集中于某一种货币。在国际储备货币金本位取消之后，以竞争机制来代替金本位，形成国际储备货币的稳定机制，是经济全球化条件下的正确选择。

第二，建立国际储备货币的监测预警制度。20 世纪 70 年代布雷顿森林体系崩溃，国际货币价值与黄金脱钩，美元成为依托美国国家信用的全球主要储备货币。这就使美国可以通过货币贬值向国外转移债务。从 1971 年到 2010 年，美元对黄金贬值约 97.2%，给以美元作为储备货币的国家带来巨大损失。如果说美元贬值使美元资产拥有者的财富缩水是一个缓慢过程，那么，这次金融危机使一些美元证券资产瞬间化为乌有，说明作为世界主要储备货币发行国，其金融安全的影响已超出国界，关系着所有拥有美元资产的居民、企业和外国政府的切身利益。因此，对国际主要储备货币的发行和流通实施监测预警和国际监管十分必要。目前，由国际金融组织履行这些职能，是完全可行的。

第三，建立国际金融安全合作救助机制。在各国经济联系日益紧密的情况下，一个国家的金融出了问题，往往会出现连锁反应。为了维护国际金融安全，各个国家应当联合起来，抓紧建立国际金融安全合作救助机制。亚洲金融危机后形成的“清迈协议”，就是这种行动。当前，国际货币基金组织应扩大特别提款权（SDR）的规模，并根据各国经济和贸易在全球中的比重变化，调整各国在特别提款权中的比重，增加新兴经济体投票权。

当某个国家发生金融危机时，由国际货币基金组织给予及时救助，防止危机蔓延，并帮助其找到摆脱危机的办法，以维护全球货币体系的稳定。

7月，第7期《西部大开发》发表《发展方式的三个转变都需要由改革来推动》一文。

【按】文章共分三部分：（一）实现经济发展方式的第一个转变，需要加快垄断行业改革、社会体制改革和建立城乡一体化发展制度的改革；（二）实现发展方式第二个转变，需要加快财税体制、金融体制和工商管理体制的改革；（三）实现发展方式的第三个转变，需要深化科技体制、教育体制和国有企业管理体制改革。

8月20日，出席在呼和浩特市召开的“全国农村改革与发展座谈会”并讲话。

8月，第8期《宏观经济管理》发表《转变发展方式是解决当前和长远经济社会发展问题的关键》一文。

8月，第8期《经济》发表记者沈刚、崔玲的专访文章《如何实现"十二五"的幸福之约——访中国国际经济交流中心常务副理事长郑新立》。

9月16日，《人民日报》发表《努力实现抑制通胀和稳定增长双重目标》一文。

【按】文章共分四部分：（一）继续稳定物价总水平；（二）发挥财政、货币政策促进结构调整的作用；（三）通过扩大海外投资把部分外汇储备变为物质储备；（四）在调整经济结构上取得更大进展。

9月17日，以中小城市论坛组委会主席、东北亚开发研究院理事长的身份出席在四川省双流县召开的"中国中小城市科学发展评价体系研究成果发布暨第八届中国中小城市科学发展高峰论坛"，并发表题为"坚持工业化、城市化和农业现代化同步推进"的演讲。

【按】论坛由中国中小城市科学发展高峰论坛组委会、东北亚开发研究院联合主办，以"统筹城乡、转型升级、协调发展"为主题，就中小城市深化城乡统筹、转变经济发展方式、推动经济社会协调发展等热点问题进行了深入研讨。

郑新立在演讲中说：围绕这个问题，我想讲三个观点。

第一就是工业化、城市化和农业现代化是未来二十年我国经济持续、较快增长的根本动力。现在我们城市人口跟农村人口相比，五个农村人一年买的商品才相当于一个城市人买的商品，每5.3个农业劳动力一年创造的价值才相当于一个第二、第三产业的劳动力所创造的价值。所以，农民收入水平低，城乡的消费水平差距比较大，城乡的发展差距比较大，关键是农业的劳动生产率低。所以，工业化、城市化要同农业现代化结合起来。我们现在农业劳动力还有 4 亿人，全国有 18 亿亩耕地，以 18 亿为分子，4 亿劳动力为分母，一个劳动力才能种四亩半地，如果是山地，可能耕地规模会受到限制，如果是平原地区，搞旱作农业，大田耕作，全靠机械化，一个劳动力至少可以种几百亩地、上千亩地，但是给你的只有四亩多地，劳动力的潜能就发挥不出来。潜能发挥不出来，农业劳动生产率就比较低，创造的价值就少，你想去消费就没有钱。如果说我们全国的消费主要靠城市来拉动，农村的 7 亿人口消费的发动机不发动起来，我们要实现现代化，要转变经济发展方式，增强消费对经济增长的拉动作用，那就缺乏基础了。所以，必须把工业化、城市化和农业现代化同步推进，三化同步推进就会形成未来二十年到三十年中国经济持续发展的强大动力。工业化创造供给，城市化创造需求，农业现代化创造或者叫作激发人的潜能，作为劳动者的潜能和作为消费者的潜能。通过农业现代化，大批的农业劳动力转移到第二、第三产业，而转移到第二、第三产业，转移出去一个就等于你的劳动生产率提高了 5.3 倍，你就可以分享第二、第三产业创造的利润，你购买的商品量一年就可以增长四五倍。所以，农业现代化能够创造新的人，新型的劳动者，新的消费者，把巨大的劳动潜能激发出来，把消费的潜能激发出来。所以，光讲城市化、工业化，不讲农业现代化不行，三化要同时推进，牢牢抓住这三化，我们未来二十年就可以保持前三十年的增长速度。

第二个观点，三化同步推进，关键是要建立城乡一体化发展的新制度。党的十七大报告和十七届三中全会都提出了要建立城乡发展一体化的新制度，而且提出了六项制度。包括城乡发展规划一体化，城乡基础设施一体化，城乡公共服务一体化，还有城乡市场一体化，城乡社会管理一体化。这些一体化是实现三化同步推进的一个重大举措，是一个根本途径，这些年我们各地，特别是中小城市，按照六个一体化来推进我们的发展。现在要培育新的农业投资经营主体，第一就是家庭农场，第二是农业合作社，第三是农业公司。用现代的农业机械把它们装备起来，提高农业的集约化水平。农民干什么呢？农民从土地上解放出来。我到河南新乡，一亩土地的转包费是一千斤小麦的市场价，现在一斤小麦卖到 1.1 元，一年一亩地 1 100 元，一户 10 亩地，一年收入 11 000，你啥也不干，让人家去种，种得可能比你还好，一年拿到一万多地租，自己出去打工，搞多种经营。根据现在农民工的收入水平，一年收入两万，如果两口子都出去打工，一年收入四万，加上土地出租的收入，一年一户可以搞到五万块钱。一户四口或者三口之家，四口之家搞到五万，人均收入就一万多了。现在农民的人均收入才几千块钱，统计局公布的中等收入的标准是家庭年收入 6 万 ~ 20 万，稍微加把劲，出去打工多挣点钱，就可以成为中等收入家庭，搞到 6 万块钱，这个账很简单。所以，我们要通过农业的现代化，通过土地适当的集中，搞规模化、集约化经营，把一部分农村劳动力再解放出来，投入第二、三产业，人口向城市集中，这也是增加农民收入的一个根本途径，是解放农村生产力、缩小城乡差距的根本途径。

我想讲第三个观点，成都市城乡一体化发展的实践是继家庭联产承包后，我国农村改革的又一次重大突破。成都市已经连续十年坚持不懈地搞城乡一体化，统筹城乡发展。城乡一体化发展写入中央的文件，写入党的十七大报告和十七届三中全会，这离不开成都的探索和实践经验。所以，对这个经验高度评价，我认为它的意义不下于 1978 年搞家庭联产承包制，特别是成都市在六个一体化方面，实施了要素市场一体化和社会管理一体化，最后两个一体化做出了自己的创造性贡献。要素市场一体化包括资本、技术、劳动力、房地产等，是整个要素的一体化。农户对承包地和宅基地的物权成为农民的财产性收入的来源，这是一个重大的突破，具有重大的理论意义和实践意义。

9 月，第 9 期《求是》发表《加强经济增长、结构调整与物价稳定的统一协调》一文。

9 月，《中国中小城市发展报告（2011）》一书出版，郑新立为此书撰写了题为“加快建立城乡一体化发展新制度”的序言。

【按】《中国中小城市发展报告（2011）》一书由中国城市经济学会中小城市经济发展委员会编著，社会科学文献出版社出版。郑新立在序言中说：

《中国中小城市发展报告（2011）》绿皮书站在国家宏观政策的高度，总揽经济社会发展全局，高屋建瓴、全面系统地对中小城市统筹城乡发展情况进行了总结回顾，深入剖析了中小城市统筹城乡发展所面临的形势、存在的问题，在基本思路和方法上对中小城市加快转变发展方式，推进城乡一体化发展进行了理念和实践探讨，提出了相应对策。

绿皮书总报告从中小城市工业化、城镇化和农业现代化的内涵与关系，统筹推进工业化、城镇化和农村现代化对中小城市发展的重要意义，统筹推进工业化、城镇化和农村现代化的宏观背景与历史机遇，我国中小城市经济发展过程中存在的矛盾和挑战，国外成功发展经验对我国中小城市统筹推进“三化”的借鉴，中小城市统筹推进“三化”的基本思路和措施等七个方面，深入阐述了中小城市统筹城乡发展的地位、作用和任务，指出中小城市统筹城乡发展应实施“八个坚持”，即坚持工业化、城镇化和农业现代化“三轮驱动”，以城镇发展促进农村发展，实现城镇繁荣带动农村繁荣；坚持正确处理经济发展与环境保护的关系，以各种要素合理流动为动力，实现经济社会的和谐发展；坚持政府推动和市场主导相结合，以实施适度的宏观调控为手段，实现多元动力统筹推进“三化”发展；坚持以人为本，建立健全城乡社会保障机制，以创业带动就业为抓手，实现城乡公共服务均等化目标；坚持发挥中小城市发展规划的龙头作用，以现实国情和国外经验为依据，实现规划相互衔接与资源共享；坚持立足自身禀赋和资源谋发展，以区域协同合作共赢为平台，实现城市比较优势和潜力提升；坚持分类指导，加强城市基础设施建设，以提高中小城市承载力为依托，实现完善城市服务功能的目标；坚持营造多元包容、和谐稳定的人文环境，以特色城市文化建设为品牌，实现中小城市软实力的提升。绿皮书的专项报告分别从产业发展、户籍改革、土地流转、城乡建设和公共服务入手，对中小城市统筹城乡发展的关键领域和重要环节的突出问题进行了专题研究和论述，有针对性地提出了对应措施，具有较强的现实指导意义。

9月，第17期《农林工作通讯》发表《农业现代化必须与工业化、城镇化同步推进》一文。

【按】文章认为："三化同步推进"是"十二五"时期我国经济发展的一个关键问题。"十二五"发展是以科学发展观为主题，以转变经济发展方式为主线。农业发展方式的转变既是整个经济发展方式转变的一个重要内容，同时也是实行一系列战略转变的前提条件。比如，我国经济增长要走消费驱动的路子，没有农民收入水平的提高，扩大消费拉动经济增长的目标就难以实现。要加快第三产业的发展，其中就包括农业服务体系的发展。要通过技术创新带动产业升级，要提高劳动者素质，改善管理，也离不开农业科技水平和农业劳动力素质的提高。所以，整个经济发展方式的转变，必须包含农业发展方式的转变。

10月15日，出席在北京物资学院举行的"第五届中国北京流通现代化论坛暨加快现代流通体系建设高层峰会"。

10月，第10期《中国经贸》发表《中国拉动全球经济方兴未艾》一文。

【按】文章共分三部分：（一）中国经济向内需驱动型转变为进口增长提供了巨大潜力；（二）优化进口结构，发挥进口对转变经济发展方式的促进作用；（三）以应对输入性通胀扩大海外投资，建立稳定的大宗商品进口渠道。

11月28日，出席在北京大学经济学院召开的"中国经济学家年度论坛暨中国经济理论创新奖（2011）颁奖典礼"并发言。

【按】郑新立发言时认为，中国快速增长期至少可以再保持20年。在郑新立看来，当前最重要的要从五个方面进行调整和改革：一是对消费和投资的比例进行大幅度的调整，释放消费对经济增长的强大拉动力量；二是要通过改革税制，降低服务业的税负，使服务业有一个超长的增长；三是金融体制改革作为下一步体制改革的突破口，通过激发资本的活力支持创新和创业活动；四是城乡全要素市场一体化的改革；五是完善和落实鼓励技术创新的各项政策。

11月，第11期《中国流通经济》发表《加快发展物流业是转变经济发展方式的战略重点》一文。

【按】文章认为，加快发展物流业是转变经济发展方式的战略重点。目前物流业发展明显滞后，专业化、社会化程度低，物流要素配置缺乏统筹协调，缺少实力强大的跨国企业。“十二五”时期物流业发展面临新的机遇：我国基础设施建设快速推进，国内统一的大市场形成，融入全球化步伐加快，多种所有制、多种运输方式互相竞争的格局形成，为现代物流业发展奠定了基础。当前，要以贯彻落实《国务院办公厅关于促进物流业健康发展政策措施的意见》为契机，加快现代物流业发展。加强体制机制创新，积极进行全球布局，“走出去”到海外谋发展。同时要加快培养现代物流业管理人才，努力培养一批世界一流的物流企业家，发展世界一流的物流企业。

12月1日，出席在北京召开的“2011中国信息产业经济年会”，并做题为“抓住无线网络时代契机、大力提升信息生产力”的讲话。

12月8日，为《工资、汇率与顺差：中国经济再平衡路径选择》一书撰写题为“全球经济再平衡的三个相关问题”的序言。

【按】此书是中国国际经济交流中心的集体研究成果，所有撰稿人都是国经中心的研究人员，国经中心的一些其他同志参加了讨论。在这项课题研究过程中，郑新立任学术顾问并提出基本研究思路和框架之后，由徐洪才同志具体组织落实，并对全部稿件总纂和统稿。

《工资、汇率与顺差：中国经济再平衡路径选择》通过对工资、汇率与顺差的分析，探讨了中美贸易不平衡及人民币面临升值压力的原因，对美国长期纠缠的人民币汇率升值问题给予了有力回应，明确提出人民币汇率升值要反映中国经济发展的实际情况，过大过快升值只会给中国或世界经济带来灾难。

《工资、汇率与顺差：中国经济再平衡路径选择》在介绍中外有关人民币升值问题争论的基础上，提出了中国经济再平衡的三条路径：增加劳动者工资、人民币汇率升值和“渐进式增加工资＋渐进式汇率升值”。并通过对三条路径的分析，提出了六大对冲机制：加快自主创新步伐、加快加工贸易模式转型、加快劳动密集型模式转型、加快资源密集型模式转型、要素价格市场化、加快人民币国际化。

郑新立在序言中说：这个科研项目的起因，是2010年以来美国纠缠于人民币汇率问题，对中国施加压力，特别是美国彼得森国际经济研究所提出的人民币均衡汇率模型，产生了极坏的国际影响。中国国际经济交流中心作为中国民间智库，本着科学负责的精神，组织了相关科研人员开展科学研究，部分阶段性成果引起了彼得森研究所的重视，先后两次派人来北京与我们探讨这个问题。美国国会顾问代表团也专程来访，与我们交换看法。

12月18日，出席在深圳举行的“郑和舰队富民感恩华佗论箭”活动开幕式，并发表题为“中国经济至少再快速增长20年”的演讲。

【按】活动由“华佗论箭”组委会、郑和舰队资本国际集团、《中国商界领袖》杂志社等共同主办。郑新立表示，他赞成将12月18日定为中国的感恩节。

附录

2011 年	中外政治、经济大事记
2 月 15 日	纽约证券交易所与德国证券交易所正式宣布合并，组建世界最大的证券交易所集团
10 月 19 日	7 家美国光伏企业向美国商务部和美国国际贸易委员会提出申诉，称“中国光伏企业向美国市场非法倾销多晶硅光伏电池，中国政府向国内生产企业提供包括供应链补贴、设置贸易壁垒等非法补贴”，要求“联邦政府对来自中国的光伏产品征收超过 10 亿美元的关税”
10 月 10 日	美国经济学家托马斯·萨金特（1943— ），美国计量经济学家、宏观经济学家克里斯托弗·西姆斯（1942— ）二人因“在宏观经济学中对成因及其影响的实证研究”而获得诺贝尔经济学奖
10 月	发改委针对五个试点城市云计算应用示范工程的首批资金支持得到批复，扶持资金规模达到 15 亿元
11 月 29 日	英利、无锡尚德、常州天合、阿特斯等业界重量级企业齐聚一堂，召开中国光伏业应对美国太阳能产品“双反”调查新闻发布会，中国机电产品进出口商会代表中国光伏业发布了“应对美国反倾销、反补贴调查的声明”
12 月 22 日	国务院发展研究中心产业经济研究部部长冯飞表示，战略性新兴产业有两类发展目标：第一类是培育成支柱产业，包括节能环保、新一代信息产业、生物产业、高端装备制造产业；第二类是成为先导产业，如新能源、新材料、新能源汽车。冯飞提出了我国未来七大重点领域的 24 个重点方向，包括高效节能、下一代信息网络、电子核心基础产业、生物医药、航空装备、海洋工程装备、太阳能、生物质能、新型功能材料、高性能复合材料、纯电动汽车

2012年（壬辰）
六十八岁

1月11日，出席在中国国际经济交流中心举办的第31期“经济每月谈”，并发表主题为“金融体制改革”的演讲。

【按】郑新立在演讲中指出：我国下一阶段金融体制改革有五大关键点：（1）放宽金融准入；（2）加强和改善金融监管；（3）建立存款保险制度；（4）推进利率市场化；（5）改革外汇管理体制。

1月13日，《人民日报》发表《物价拐点巩固》一文。

1月，第1期《中国金融》发表记者赵雪芳的专访文章《以转方式促进稳增长——访中国国际经济交流中心常务副理事长郑新立》。

【按】专访关键词为：宏观调控、经济发展方式、货币政策、财政政策、经济增长、经济稳定增长、增长速度、结构调整、不确定性等。

1月，第1期（上）《改革与开放》发表《坚持推进改革是中国道路的关键》一文。

1月，第1期《当代财经》发表《经济学家如何为延长快速增长期做出贡献》一文。

【按】郑新立认为：当前来看，要从五个方面进行调整和改革。

（一）对消费和投资的比例进行大幅度调整，释放消费对经济增长的强大拉动力量。

（二）要通过改革税制，降低服务业的税负，使服务业有一个快速的增长。

（三）金融体制改革作为下一步体制改革的突破口，要通过激发资本的活力支持创新和创业活动。金融体制的滞后现在已经成为制约经济持续增长主要的阻碍，金融体制改革应在多个方面采取措施，配套推进多项改革。（1）放宽市场准入，允许民间资金设立各类小型的金融机构；（2）实行利率的市场化；（3）健全地方的金融监管，将对中小银行、小型金融机构进行监管的责任放在地方；（4）发展贷款担保公司和存款保险公司；（5）进行中长期贷款的证券化试点；（6）发展多层次的资本市场体系；（7）用好用活外汇储备，将外汇储备的一部分变成资源储备和物质储备。通过多项改革同步推进，将资本的活力激发出来，足以支持国民经济发展对资金的需求。目前我国M2达到60多万亿，金融资产总规模达到100万亿，流动性很差，通过金融改革将流动性提高，将活力激发出来，把民营经济进入金融领域的限制打破，激发金融巨大的活力，使之成为经济持续发展新的引擎。

（四）通过城乡全要素市场一体化的改革，把部分农业劳动力从土地上解放出来，这样可以达到“一箭四雕”的效果。（1）有利于农民增收。农民可以把土地有偿转让出去，到城市打工，土地有偿转让的收入是一笔财产性收入，另外还可以有打工的收入。这样，一户农民很快就可以进入中等收入家庭。（2）可以支持工业化、城市化对劳动力的需求。（3）可以抑制农产品价格的波动，通过发展农业现代化搞集约化经营，实现生产和消费之间的衔接，可以减少波动。（4）可以把高素质的劳动力留在农村。一个劳动力可以种一百亩地、两百亩地，安心种一辈子地，农业生产劳动率达到全社会平均劳动生产率。

（五）建立国有企业自主创新的体制机制，完善和落实鼓励技术创新的各项政策，以自主创新带动产业升级。国有企业创新机制的形成能够使创新能力得到增强。

2月2日，出席在北京友谊宾馆召开的“我国黄金资源开发、利用和管理研究”课题评审会。

2月14日，新华网发表记者温源、邱玥的访谈文章《中国经济再保持20年平稳较快增长靠什么》。

【按】去年以来，我国经济增速呈现逐级缓慢下降态势。这一原本经济发展中的平常之事，却引起国内外经济界的广泛议论。有外国专家声称：“中国经济到2013年就要硬着陆了。”也有国内的学者表示：“中国快速增长期即将结束，中速增长期将要到来。”对此论调，郑新立教授表示坚决反对。他还大胆提出：“中国的快速增长期至少还可以再保持20年。”中国经济未来20年有五大潜力：（一）需求的潜力，“工业化、城市化和农业现代化的任务远未完成”；（二）资本的潜力，“利用好、发挥好人民币资产和外汇储备的潜力，满足经济快速增长对资金的需求”；（三）劳动力潜力，“通过农业现代化再转移2亿劳动力，足以支持未来工业化、城市化对劳动力的需求”；（四）技术的潜力，“我国整体产业创新能力将有可能赶上或超过美国”；（五）土地的潜力，这足以支持国民经济保持一个平稳较快的增长速度。

3月5日，《新快报》发表《开发商的感受国家会考虑，但更多是购房者利益》一文。

3月18日，出席在北京召开的以“转变发展方式，加快推进工业转型升级”为主题的第八届中国工业论坛。

3月24日，出席在贵阳召开的“贵州建设国家（南方）能源基地研究专家座谈会”，并做题为“坚持科技创新、建设绿色能源基地”的发言。

3月，第3期《宏观经济管理》发表《金融改革面临的新任务》一文。

4月1日，出席在海南博鳌举行的“博鳌亚洲论坛2012年年会”，并在“2012年中国房地产大变革”论坛上发言。

【按】郑新立发言中表示：对于今年的房地产发展，我想讲这样几个观点。一是房地产本身是一个商品，但又不是一个纯粹意义的商品，是带有某种公众产品性质的商品。因此房地产发展第一目标要实现我们党的十七大提出的“住有其居”。在这个前提下，通过商品的运作，使得房地产成为拉动经济增长一个持久不衰的支柱产业。二是房价要保持合理的水平，根据国际经验，房价收入比，也就是说一套标准的住房售价相当于该地区户均年收入的6倍才可能是比较合理的。现在房价如果高于这个价格，应当通过调控降低它的价格，通过薄利多销来增加供给，鼓励人民购买，扩大房地产供给的规模和市场销售的规模来实现这个产业的健康可持续发展。三是调控房地产的手段是在地方政府，因此房地产价格稳定的主要责任也在地方政府，因为土地供给掌握在地方政府手里，土地供应的价格也掌握在地方政府手里。我从供给的住房的土地价格里面少拿一点，这样价格就可以低一些，来满足群众购房的需求。所以要强化地方政府在稳定城镇居民住房价格方面的责任，要实行问责制。四是保障性住房制度要完善三个制度：一是保障性住房的收入标准；二是保障性住房的面积标准；三是保障性住房退出机制。这三个制度要建立起来，保障性住房才能形成一个良性循环。

4月24日，出席在北京召开的“第二届中日韩自由贸易区民间高层论坛——市场开放与产业合作会议”，并在开幕式上致辞。

5月29日，出席在南京举行的“第三届新江南新经济新文化华佗论箭暨《商痕》开机仪式”并发言。

【按】郑新立在会上指出：针对当前三大需求增速全面放缓的情况，要综合应用计划、财税、金融三大杠杆。“三大调控手段要紧密配合，形成合力。”郑新立说，“当前我们要改变经济增速往下滑的情况，保持稳步发展势头。速度不要再往下滑，要与经济杠杆结合起来，不能单打一。”

全国人大财政经济委员会副主任尹中卿[1]，中央电视台原副台长高峰，财政部财政科学研究所原所长贾康，中央新影集团总裁助理、《商痕》总导演张力，河南大学教授、知名文化学者王立群等，一同出席了本次活动。

5月，第5期《求是》发表《我国经济增长的五大潜力》一文。

5月，第5期《中国流通经济》发表《加强金砖国家的经济合作》一文。

【按】文章共分五个部分。

第一部分讲的是“金砖国家经济发展现状”：金砖国家是指巴西、俄罗斯、印度、中国和南非五个新兴经济体国家，其经济以快速发展为主要特点。金砖国家总人口28亿多，占全球人口的42%：国土面积占全世界的近30%。目前，金砖五国经济总量占全球的近

[1] 尹中卿（1959—），河南桐柏人。现任全国人大财经委副主任，著有《“四五”普法简明读本》《中国政治制度（当代卷）》等。

18%，外贸总额占全球的 15%，吸引的外资占全球的 17.5%。金砖国家的城市化率平均只有 44%，这是五个国家的最大增长潜力所在。其中，巴西和俄罗斯已经实现了城市化，巴西的城市化率达到了 87%，俄罗斯为 73%。印度和中国是典型的二元结构国家，两国城市化率都比较低，印度为 30.5%，中国为 47%。就金砖国家人均国内生产总值（GDP）水平而言，巴西是领先的，2010 年已经达到人均 10 540 美元，2011 年为 12 917 美元。按照世界银行的统计，人均国民收入达到 11 905 美元是中等收入国家和高收入国家的分界线，巴西 2010 年距离高收入国家只差 1 300 多美元。过去有人讲"拉美陷阱"，巴西即将跳出"中等收入陷阱"，再有几年的努力，有可能跨入高收入国家行列。2010 年俄罗斯人均 GDP 为 10 404 美元，紧追巴西之后。俄罗斯具有巨大的增长潜力，经过几年的努力，也可能进入高收入国家行列。南非人均 GDP 已经达到 8 000 美元。中国和印度还需要将人均 GDP 翻两番或者更多，才能进入高收入国家行列，可以说任务仍然非常艰巨。

第二部分讲的是"金砖国家未来经济发展展望"。

第三部分讲的是"金砖国家面临的主要问题"。目前，金砖国家面临的主要问题有以下五个方面。一是收入分配差距比较大。这是金砖国家经济发展面临的最大风险，需要通过一系列社会政策来缩小收入差距，使所有人口都能够分享经济发展成果。二是产业层次低。金砖国家以资源密集型和劳动密集型产业为主。要使金砖国家人均 GDP 达到高收入国家水平，摆脱"中等收入陷阱"，关键在于实现产业升级，通过技术进步实现向以技术密集型和知识密集型产业为主的转型。三是社会保障体系不够完善。这是由金砖国家所处历史发展阶段决定的。目前金砖国家都在努力完善社会保障体系，提高公共服务水平。四是受通货膨胀的困扰。金砖国家都面临一定程度的通货膨胀困扰。过去 10 年巴西的宏观调控经验值得借鉴。卢拉政府上台后，通过财政、金融、国际贸易等多种措施抑制了通货膨胀，尽管最近这几年受到国外流动性过剩的冲击，但是恶性通货膨胀已经结束。其他几个国家近几年也受到输入性通货膨胀的影响，特别是进口铁矿石和石油价格的上涨，影响到国内商品价格。成本上升是通货膨胀的诱因。管理好通货膨胀预期，在保持物价大体稳定的前提下实现经济平稳较快发展，是金砖国家面临的共同课题。五是遭受国际短期资本的冲击。金砖国家有大量的投资机会，投资回报率较高，因此，国际游资青睐金砖国家市场，这会给市场带来短期冲击。另外，金砖国家应积极吸引长期资金流入，对短期资金的进出要加强监控，想办法把这些外资留下来为自己所用，避免造成短期冲击。

第四部分讲的是“金砖国家参与国际经济合作具有广阔的前景”。一是要处理好金砖国家与发达国家的关系；二是要处理好金砖国家与其他发展中国家的关系；三是金砖国家在国际经济中有很多共同语言：反对贸易保护主义，推动国际金融体系改革，应对全球气候变化。

第五部分讲的是“金砖国家在国际事务中应加强政策协调”。

6月29日，《经济日报》发表记者马志刚、欧阳优的专访文章《把握世界经济格局调整的趋势性变化》。

【按】本期《经济日报》的阅读提示：当前，世界经济不稳定、不确定因素依然突出，导致国际金融危机的深层次矛盾尚未消除，新的风险又在形成和积聚。面对世界经济格局调整的趋势性变化，中国国际经济交流中心常务副理事长郑新立对未来几年国内外经济形势做出了深入分析，详细阐述了中国经济未来的发展走向。他认为，中国有信心保持经济良好发展势头，为世界经济复苏和发展做出贡献。2008年爆发的国际金融危机，在给各国经济带来沉重打击的同时，也引发了全球经济格局的深刻调整。如何看待当前和未来世界经济格局调整的主要趋势？如何趋利避害，抓住机遇，寻求正确的战略对策，因势利导促进我国经济健康发展？针对未来5年的世界经济格局调整，郑新立分析认为，将呈现以下趋势性变化。

一是由美元贬值引发的全球性通货膨胀将会延续下去，所造成的输入性通胀和外汇储备安全，将构成未来5年我国发展面临的最大挑战。郑新立认为，美联储连续实施量化宽松货币政策，造成美元大幅度贬值和全球性通胀，意在向国外转嫁危机损失。因为美元的70%在国外流通，全球货币储备的60%是美元资产，而我国外汇储备的70%是美元资产。美元每贬值一个百分点，就意味着我国上百亿美元的外汇储备蒸发掉。近两年，我国进口的石油、铁矿石、大豆、棉花等大宗物资价格每年上涨30%至60%，给企业造成较大压力。随着美元的持续贬值，未来几年全球性通胀趋势将难以改变。如果说2009年世界贸易的大幅度下降是这次国际金融危机的第一轮冲击波，那么，美元贬值带来的全球性通胀和美元资产缩水，将是国际金融危机的第二轮冲击波，这一轮冲击与上一轮相比，其影响的深度和破坏性要大得多。郑新立强调，我国在应对第一轮冲击波中取得了成功，如何应对好第二轮冲击波，降低全球性通胀对国内物价的影响，维护我国金融资产安全，亟待研究和提出正确对策。

二是发达经济体受困于高福利、高负债、高失业率，短期内经济增长和进口需求难以恢复到危机之前的水平，给我国出口增长带来较大挑战。美欧日等国是我国的主要出口市场。郑新立分析说，美国长期利用世界主要储备货币发行国地位，滥用国家信用，大量超发美元，放任金融衍生产品泛滥，是导致这次国际金融危机的根源；危机之后，又以刺激经济增长为名，继续向美元大量注水，政府债务居高不下。这种靠超发货币、大量举债维持居民过度消费和政府巨额开支的局面是不可能持续下去的，也是短期内难以改变的。欧洲债务负担沉重，而各国财政政策分散决策与金融政策统一决策的矛盾，制约着宏观调控的作用。加之欧元相对美元的升值，削弱了其产品的出口竞争力，短期内欧盟的经济难以恢复到危机前的水平。日本震后重建可能成为其摆脱长达20年经济低迷的契机，但经济复苏前景并不乐观。鉴于我国传统出口市场需求前景堪忧，在继续深耕美欧日市场的同时，必须开拓新的出口市场。

三是最终摆脱危机影响要靠技术的突破，美国新能源计划的实施和新一代互联网等技术的突破，将成为未来5年国际竞争的制高点，加大对我国竞争压力。从历史上看，每一次大的经济危机都刺激了技术的进步，并通过技术创新带动新兴产业发展，最终走出危机影响。我们必须以自主创新带动战略性新兴产业发展，才能跟上新一轮世界科技发展的步伐。

四是新兴经济体将保持快速发展态势，其工业化、城市化进程将产生巨大需求，成为拉动经济复苏的强大动力，扩大与新兴经济体和发展中国家合作潜力。中国、俄罗斯、印度、巴西、南非五国，人口占全球的42%，经济总量仅占全球的18%，外贸总额仅占全球的15%，城市化率平均只有44%。五国加快工业化、城市化进程，将产生巨大的消费需求和基础设施建设需求。开拓新兴经济体市场和发展中国家市场，以资本输出带动商品和劳务输出，应成为未来我国扩大出口的战略重点。面对世界经济调整的大势，我们必须加快促进经济增长向依靠消费、投资、出口协调拉动转变，向依靠第一、第二、第三产业协同带动转变，向主要依靠科技进步、劳动者素质提高、管理创新转变。郑新立强调，"十二五"时期，我们要围绕转变经济发展方式，奋力推进经济结构在以下几个方面的重大转变。

（1）在需求结构上，努力推动由投资和出口驱动型向内需特别是消费驱动型转变，增强居民消费对经济增长的带动作用。长期以来，我国经济存在重投资、轻消费的现象。调整国民收入分配结构、提高居民消费率等还任重道远。"十二五"时期，必须从增加就业、税制改革、打破垄断、城乡一体化和扩大公共服务消费等几个方面入手，使投资与消费的比例有一个大的改变，充分发挥内需特别是消费对经济增长的拉动作用。

（2）在产业结构上，要推动经济增长由主要靠第二产业带动向第一、第二、第三产业协调发展转变，大力发展第三产业。

（3）在要素结构上，要推动经济增长由主要依靠物质资源消耗向主要依靠技术进步、改善管理和提高劳动者素质转变，着力提高自主创新能力。此外，还要充分利用国际市场的科技资源，通过国际并购和引进人才，提高自主创新能力，通过自主创新，带动新一代互联网、新能源、节能减排、生物技术、先进制造、电动汽车等战略性新兴产业发展。

（4）在城乡结构上，要改变城乡差距逐步拉大的趋势，建立城乡一体化发展制度，大力推进农业现代化，加快社会主义新农村建设。郑新立分析指出，当前，推进农业现代化面临着难得的历史机遇。一是大量资金富余，亟待寻找投资出路；二是不少地方招工难，农村劳动力转移有出路；三是市场对优质、绿色农产品需求旺盛。应吸引社会资金投入农业现代化建设，积极培育家庭农场、农业合作社、农业公司等新型农业投资经营主体，鼓励土地承包经营权有偿转让，提高农业集约化水平；通过把部分农业劳动力转移到第二、第三产业，提高农业劳动生产率，尽快使农民富裕起来。

（5）在国内外经济结构上，要把以"引进来"为主改变为"引进来与走出"去并重，加大"走出去"的力度，通过扩大海外投资，创造出口需求，利用好国际市场的科技资源，建立稳定的海外能源资源供应渠道。目前我国外汇储备较多，而且仍不断增长，亟待提高海外投资能力。扩大海外投资，具有四个方面的好处：一是通过海外投资，可带动零部件、原材料、机器设备和劳务出口；二是通过到海外拿到更多的能源资源勘探权、开发权，可解决我国长远发展所面临的瓶颈约束；三是通过扩大国际并购，获取国外企业的科技资源和营销网络，以提高自主创新能力和国际经营能力；四是把外汇货币储备转变为物资资源储备，可有效规避美元贬值风险。为满足企业走出去对外汇的需求，并控制外汇信贷风险，郑新立指出，最好的办法就是调动商业银行开展外汇贷款的积极性。同时，还要加强投资咨询工作，搞好投资环境和效益分析，有关机构应当为我国企业海外投资提供信息等服务，把风险和失误降低到最低程度。

6月，第6期（上）《改革与开放》发表《改善民生是转变经济发展方式的根本目的》一文。

【按】此文认为，当前应重点抓好以下四件事：（一）坚持民生优先，必须大幅度提高居民消费率；（二）坚持民生优先，要加快调整国民收入分配结构；（三）坚持民生优先，重点应放在增加农民收入上；（四）坚持民生优先，要把扩大公共服务放在突出地位。

7月2日，《中国经营报》发表《“以产带城”是出路》一文。

7月16日，出席全国政协经济委员会“2012年上半年经济形势座谈会”，并做题为“增强需求对经济增长的拉动力”的发言。

7月，第13期《农村工作通讯》发表《落实执政为民理念的一项重要改革》一文。

8月7日，《人民日报》发表《把稳增长放在更加重要的位置》一文。

【按】文章共分两部分：（一）计划、财税、金融三大杠杆密切配合，力求事半功倍的效果；（二）消费、投资、出口三大需求同时给力，形成止跌回升的强大拉力；着重鼓励民间投资，增强经济稳定增长的内生动力。

8月24日，《中国社会科学报》发表《中国经济理论创新成果显著》一文。

8月，第8期《理论学习》发表《把握世界经济格局调整的趋势性变化》一文。

8月，第8期《装备制造》发表《自主创新促进两化融合》一文。

【按】文章认为："从时间、空间、产品三维度理解两化融合"，它的内涵包括三个层次。(一)时间，工业化和信息化融合要求我们工业和信息化要同步推进，从开始起步就要实现工业化和信息化的融合，这样才能够实现弯道超车。先搞工业化，等工业化差不多再搞信息化，那么你同当代科技发展的潮流和经济发展的现状距离会越拉越大，所以在实践上保持工业化和信息化同步推进，是实现弯道超车的重要途径。(二)空间、信息化和我们经济社会产品—装备高度融合在一起，提高经济社会和各类产品的智能化水平。(三)信息产品，它本身的硬件和软件要高度融合。

8月，第8期《求是》发表《牢牢把握加快改革创新这一强大动力》一文。

8月，《中国智库经济观察（2011—2012）》一书收入《在稳定物价中保持经济较快发展》一文。

8月，第16期《求是》发表《中国经济实现可持续发展的制度保障》一文。

【按】文章共分五部分：(一)公有制为主体、多种所有制经济共同发展的基本经济制度，是实现可持续发展的坚实基础；(二)按劳分配与按要素分配相结合的收入分配制度，是实现可持续发展的动力保障；(三)优胜劣汰的市场竞争机制不断激发人们的创造精神，是实现可持续发展的活力源泉；(四)不断完善的宏观经济调控体系，是实现可持续发展的平衡机制；(五)开放型经济体系有利于吸收一切人类文明成果和充分利用国际市场资源，是实现可持续发展的重要保证。

9月15日，出席在北京举行的“中国中小城市科学发展评价体系研究成果发布暨第九届中国中小城市科学发展高峰论坛”，并做题为“努力打造各具特色的明星城市”的演讲。

【按】郑新立在演讲中说，中国的中小城市发展面临难得的三大历史机遇。

一是大城市“城市病”是中小城市发展的第一个机遇，这突显了中小城市的比较优势。近几年，中国大城市的发展出现了交通拥堵、房价高涨、空气污染等“城市病”，汽车限购的城市不断增加，北京、上海、广州等大城市生活成本过高，已经出现了“逃离北上广”的趋势。大城市的这些问题中小城市都没有，这是中小城市的优势。

二是当前稳增长、扩内需的宏观调控要求，为中小城市发展提供了难得的机遇。扩大中小城市的基础设施建设，增加中小城市的就业机会，通过中小城市的发展来扩大消费、扩大投资，从而实现经济增长速度的止跌回升，为“十二五”乃至今后20年国民经济的平稳较快发展提供强有力的支撑。

三是中国能不能够走出“中等收入陷阱”，进入高收入国家行列，关键在于中小城市的发展。

郑新立指出，发展中小城市意义重大，当前面临的难得机遇，从现在开始到2030年，中小城市发展将迎来20年的黄金期。

9月20日，出席在中国国际经济交流中心举办的第27期“经济每月谈”，并做题为“国有企业在自主创新中要发挥骨干带头作用”的主持发言。

【按】本期“经济每月谈”的题目为“建立创新型国家：国有企业地位、作用及激励机制”。

9月23日，出席在人民大会堂举行的“国土资源节约集约利用论坛”，并做题为“两手并用提高土地利用的集约化水平”的主题演讲。

9月25日，出席在中国国际经济交流中心举办的第39期“经济每月谈”，并做题为“把稳增长放在更加突出的位置”的演讲。

【按】郑新立在演讲时说，当前经济面临的挑战能够转化为转方式、调结构、稳增长的机遇，关键是要尽快确定扩大内需的重点，加快发展第三产业，抓住基础设施建设不放松，培育新兴经济增长点。

9月26日，出席在北京举行的“中国开发性金融人讲堂的首期讲坛”并致辞。

【按】讲坛由国家开发银行和国家信息中心共同主办，国家开发银行原董事长、中国开发性金融促进会原会长陈元，国务院国有重点大型企业监事会原主席潘良等出席首期讲坛并分别致辞。

9月，第9期《国家社科基金成果要报》发表《应对重大自然灾害与构建我国粮食安全保障体系对策研究》一文。

【按】文章共分三部分。

（一）持续增产遭遇“瓶颈”，粮食安全存在隐患。

（二）我国粮食中长期供求呈紧平衡的原因分析。

（三）加快构建国家粮食安全保障体系的对策建议。

当前中央首次将“确保产能”作为实现国家粮食安全的途径，并写入年度经济工作安排中。这意味着，未来不仅应着眼于当前的“口粮安全”，更应注重“可持续发展”。本课题结合我国粮食安全存在的隐患，以“确保产能”为核心，提出五个方面的建议。

（1）采取多种手段提高粮食安全生产能力。我国确保粮食产能的关键是要妥善处理好工业化、城镇化与粮食安全保障的关系。采取工业化、城镇化和农业现代化、信息化相互支撑的发展战略。建立国家粮食安全责任分担制，推行“粮食产业县”政策，加大对粮食生产区的扶持力度，完善粮食产销区利益联动机制。改善粮食品种结构、优化粮食区域布局，重视作为口粮的稻米和小麦的供给，优化粮食区域布局，促进优势粮食品种产业带建设。加大科技投入，改造中低产田，提高复种指数，加强水利设施投入，完善良种繁育。培育种粮大户，从深层次提高农民种粮积极性，发展现代农业，拓宽农民增收渠道。

（2）增强粮食生产防灾、抗灾能力。推进全社会减灾服务体系，明晰中央和地方减灾防灾的权责，依法建立全社会的减灾责任机制。建立农业保险制度，完善财税救助体系。在国家年度财政预算中设立专门粮食生产防灾减灾资金项目，建立“地方负责、中央支援、分级承担”的粮食生产防灾减灾资金投入体系。同时开展预算支出绩效评价、构建防灾减灾预算绩效管理体系。此外，完善农业灾害预警机制，因灾制宜，开发抗灾品种等。

（3）完善粮食市场体系。增强南北方粮食调运能力，加强铁路运量设施建设，保障产销区域间粮食的合理流动，充分发挥粮食市场在组织粮食流通、保障市场供应、稳定市场粮价、确保粮食安全方面的重要作用，加快建设统一开放、竞争有序的粮食市场体系。健全以粮食生产稳定发展为基础，中央和地方相协调的粮食储备为依托，国有粮食企业为主渠道、多元市场共同发展，粮食应急供应系统为保障的粮食调控体系。加强粮食领域的国际合作，充分利用“两种资源”“两个市场”，加快粮食流通制度改革，培育国有大型粮食集团，提升国内企业竞争力。此外加强粮食期货市场建设，防范外资扰乱粮食价格。

（4）建立规模合理、灵活高效粮食储备体系。建立以中央储备为主体，省级储备为辅助的粮食储备体系，取消县级地方储备粮。大力鼓励和发展民间储备和企业投资海外土地，建立稳定可靠的进口粮保障体系，逐步由“藏粮于库”向“藏粮于地”“藏粮于产业”“藏粮于海外”与“藏粮于库”有机结合的方向转变。

（5）建立粮食安全评价与预警体系。为方便宏观调控，从粮食安全的实际要求出发，进一步完善多部门协调的粮食安全预警指标体系，建立并完善预警管理系统。此外，积极发挥期货市场的预警功能，探索和推动其他符合条件的农产品上线交易。

10月，第19期《农村工作通讯》发表《积极吸引社会资金投入农业现代化》一文。

【按】文章共分三个部分：（一）实现农业现代化是避免落入中等收入陷阱的关键；（二）吸引社会资金投入是实现农业现代化的根本途径；（三）实现农业现代化必须培育新型农业生产经营主体。

11月20日，出席在北京召开的“2012年国际贸易与合作学术论坛”并讲话。

【按】此论坛由对外经贸大学和新布雷顿森林体系委员会联合主办，北京道信律师事务所协办，对外经济贸易大学法学院、国际经贸学院和金融学院承办。论坛以“分割的世纪：布雷顿森林时代的终结？”为主题，诺贝尔奖得主罗伯特·蒙代尔、新布雷顿森林体系委员会主席马克-让等经济学家莅临会议，并做了精彩的演说。

郑新立介绍，2011年中国人均GDP已达5 400美元，再增长1.22倍才能进入高收入国家行列（12 000美元）。中国能否实现居民收入翻番目标、跨入高收入国家行列，取决于能否解决四大障碍。

第一，取决于中国能否实现城乡一体化发展，缩小城乡差距。第二，取决于中国能否将现在以劳动密集型、资源密集型产品为主的产业结构提升到以技术密集型、知识密集型产业为主的结构。第三，取决于中国投资、消费比例扭曲能否转变。第四，取决于第三产业发展能否获得大幅度提高。

11月，21期《前线》杂志发表记者杜梅萍以“金融体制改革要把握的关键环节”为题的专访文章。

12月24日，《人民日报》发表《抓住促进经济发展方式转变的新机遇》一文。

【按】文章共分四个部分：（一）千方百计增加居民收入，着力扩大消费需求；（二）推动城乡发展一体化，加快发展现代农业；（三）实施创新驱动战略，发展战略性新兴产业；（四）加快“营改增”等税制改革，促进现代服务业发展。

12月，受中宣部委派，赴印度、澳大利亚宣讲中共十八大会议精神。

12月，《中国报道》发表《居民收入翻番的四大挑战》一文。

【按一】此文认为必须跨越“中等收入陷阱”。2011年中国人均GDP已达5 400美元，需要再增长2.22倍才能进入高收入国家行列（人均GDP达12 000美元）。中国能否实现居民收入翻番目标，能否走出“中等收入陷阱”跨入高收入国家行列，取决于能否跨越四大障碍。

（一）中国能否实现城乡一体化发展、缩小城乡差距。根据国际经验，高收入国家有三个重要条件，即城市化率达到70%以上，农业劳动生产率与第二、第三产业劳动生产率相当甚至超过，以及农民人均收入达到或超过城镇居民人均收入。当前，中国还有7亿农村人口，城乡居民收入差距是3.2∶1，并且呈逐步扩大趋势，农业的劳动生产率只有第二、第三产业的28%，在这种状况下很难跨入高收入国家行列。

（二）中国能否将现在以劳动密集型、资源密集型产品为主的产业结构提升到以技术密集型、知识密集型产业为主的结构。中国需要通过自主创新、产品创新带动产业升级，仅靠引进技术、外资不可能实现产业升级。

（三）中国投资与消费比例严重扭曲的状况能否改变。2010年和2011年中国投资率分别高达48.6%和48%，而2011年居民消费率下降至34%。中国如果不能通过收入分配结构调整提高居民购买力，而仍靠投资拉动经济增长，这注定不可持续，人均GDP要达到12 000美元难度将越来越大。

（四）第三产业比重能否获得大幅度提高。数据显示，中国第三产业占GDP的比重只有43%，第三产业从业人员占全社会从业人员比重为34%，分别低于世界平均水平10和20个百分点。中国第三产业发展慢的原因主要是税负过重。目前，中国第三产业实行营业税，营业税比第二产业增值税重三分之一。此外，中国对小微型企业和个体户营业税起征点过低，不利于服务业发展。通过“营改增”等财税方面改革，将为服务业发展创造良好的政策环境。据个人测算，如果中国通过税制改革，服务业从业人员比重达到世界平均水平的50%，即服务业从业比重提高16个百分点，可创造1.1亿多个就业岗位。服务业产值增加、就业比重扩大，民众收入也就能够增加。

【按二】下面是2015年8月18日下午，郑新立在北京万寿宾馆接受本书撰稿人采访的谈话内容。

郑新立：我从1981年调到书记处研究室，到2000年调去中央政策研究室，先后一共为五任总书记服务过。

这期间我参加过党的十四届三中全会、十六届三中全会、十七届三中全会、十八届三中全会有关改革文件的起草工作，连贯下来这四份文件的起草工作，我都亲历过。十四大提出建立社会主义市场经济体制，十四届三中全会《中共中央关于建立社会主义市场经济体制若干问题的决定》把市场经济框架搭起来，包括市场主体、市场体系、宏观调控体系和法律体系；十六届三中全会提出完善社会主义市场经济体制；十七届三中全会研究推动农村改革发展；十八届三中全会由习近平总书记主持，研究全面深化改革。我党历史上这四份关于改革的重要文件，连贯性参加的起草组成员就我一个。我还参加了"八五"计划、"九五"计划、"十五"计划、"十一五"规划、"十二五"规划五个五年计划的起草工作，参加了十七大和十八大两届报告的起草工作。我参与的都是经济方面的文件和有关内容，近几年退休后写了不少关于经济的文章，大多发表在《求是》杂志和《人民日报》上。

附录

2012 年	中外政治、经济大事记
3 月 28 日至 29 日	金砖五国领导人在印度首都新德里举行第四次会晤，并发表了《德里宣言》和行动计划
6 月 7 日	中国人民银行宣布从 6 月 8 日起，将金融机构存款利率浮动区间的上限调整为基准利率的 1.1 倍；将金融机构贷款利率浮动区间的下限调整为基准利率的 0.8 倍；从 7 月 6 日起将金融机构贷款利率浮动区间的下限调整为基准利率的 0.7 倍
5 月 26 日	中国银监会发布了《关于鼓励和引导民间资本进入银行业的实施意见》
10 月 10 日	美国经济学家埃尔文·罗斯（1951—）、美国科学家罗伊德·沙普利（1923—）二人因在博弈论领域"创建'稳定分配'的理论，并进行'市场设计'的实践"而获得诺贝尔经济学奖

2013年（癸巳）
六十九岁

1月11日，《经济日报》发表《我国经济发展面临五大机遇》一文。

【按】此文又载于2013年第3期《求是》。此文提出的五大机遇是：（一）扩大内需的机遇；（二）改善民生的机遇；（三）产业升级的机遇；（四）国际并购的机遇；（五）人民币国际化的机遇。

1月14日，出席并主持在北京梅地亚中心二楼多功能厅举办的主题为“2013年世界与中国经济展望”论坛。

【按】国务院研究室综合司司长陈文玲就2013年的世界经济形势做分析讲解，中国国际经济交流中心张永军就国内的形势分析和预测做发言。

1月18日，出席在北京友谊宾馆举行的“2013年中国生产力学会新年常务理事会暨2012年世界生产力科学院（中国籍）院士研讨会”，并做题为“实现全面小康目标需要攻克四道难关”的演讲。

【按一】中国生产力学会名誉会长、十届全国人大党委员副委员长蒋正华出席并发表了重要讲话；王茂林会长、张塞名誉会长、翟立功常务副会长、刘振华、郑新立、冯并、阳宝华、柯茂盛、李泊溪、桂国杰、苗复春、郑昌泓等副会长和来自全国各地的常务理事、世界生产力科学院（中国籍）院士及学会工作人员共计120余人参加了本次会议。

【按二】《实现全面小康目标需要攻克四道难关》一文载2013年28期《经济研究参考》，内容如下。

我想就中国2030年生产力发展做个发言，题目为“抓住转变经济发展方式新机遇”。在20世纪60年代的时候，中韩两国水平接近，但是经过四五十年的努力，韩国人均GDP已经达到20 000美元，我们再经过18年的努力，接近韩国现在这个水平，也不简单了。中国13亿人进入高收入国家行列，中国的总量超过美国，将会对全世界的经济格局产生深远的影响，对人类的历史产生深远的影响。

这段时间我一直在研究，我们能够顺利实现2020年和2030年的目标，需要攻克四道难关，否则就有可能掉入中等收入陷阱，我们不能盲目乐观。能不能顺利进入高收入国家的行列，我认为要看下面四个难关的解决情况。

第一个难关，就是能不能改变投资和消费比例失衡的局面，理顺需求结构，使消费对经济增长发挥更大的作用。党的十七大提出转变经济发展方式，第一个转变就是要调整需求结构，扩大消费对经济增长的作用。但是五年过去了，在这方面我们不但没有前进，反而倒退了。两个最主要的指标即投资率不断上升，到2011年上升到49.2%，达到了历史最高点，也是全世界最高的；居民消费率下降到33.8%，下降到历史的最低点。这两个指标说明什么呢？就是我们一年创造的接近50万亿元GDP用近一半进行扩大再生产，用1/3多一点让我们老百姓消费。这样的比例关系，必然导致生产能力过剩。依靠高投资、高消耗来实现高增长，注定是不可持续的。现在出口又遇到高收入国家经济危机，拉动力减弱。我们之所以出现这样一种局面，也有认识上的原因。合理的投资率是25%，现在上升到49%，也就是说这个问题我们没有深刻的认识，这源于我们长期在计划体制下生活，对供给短缺、需求过剩认识比较深刻，对市场经济条件下的供给过剩、需求不足这个矛盾我们缺乏深刻的体会。马克思在《资本论》里分析资本主义的基本矛盾是生产能力的无限扩大和劳动人民有支付能力（需求）相对缩小之间的矛盾。这个矛盾必然导致周期性的生产过剩的危机。调整投资和消费的比例，特别是通过收入分配结构的调整让中低收入者有更多的收入来消费，去买汽车、买房，扩大文化旅游消费，老百姓的消费水平上来了，才能拉动经济增长。所以我认为需要攻克的第一个难关就是调整需求结构，改善投资和消费的关系。

第二个难关就是改善城乡发展差距逐渐拉大的趋势，通过建设城乡一体化的发展制度，释放农村发展潜力，加快农村发展。凡是进入高收入行列的国家有三个共同特点：一是城市化率70%左右；二是城乡居民收入水平大体相同，即农村居民收入接近或者超过城市居民收入；三是农业劳动生产率接近或者超过第二、第三产业的生产率。我们现在近七亿农村人口，他们的劳动生产率很低，光靠城市的六亿多人收入水平的提高来进入高收入国家行列是不可能的。当下农业现代化面临着千载难逢的机遇，提高农民的劳动生产率，就要加快农业的规模化、集约化、现代化，加快土地经营权向新型经营主体集中，发展农业合作社、农业公司、家庭农场。为此，要加快土地经营权流转，把劳动力从土地上转移出来，使城乡之间生产要素自由流动。关键在于解放思想，放宽政策，才能进入高收入国家。

第三个难关就是要攻克科学技术的难关，真正运用自主创新的技术带动产业升级，实现由劳动密集型、资源密集型产业为主向知识密集型、技术密集型产业为主的转变。值得高兴的是，这几年党中央号召增加科研投入，我国研发投入占GDP的比例已经达到1.8%以上，接近2%了。专利的申请总量超过美国，但是质量比较差。当前鼓励创新的重点有二。一是把国有企业创新的潜力激发出来，使之成为创新的主力军，发挥在自主创新中的骨干和带动作用。二是大学，2012年全世界按申请专利的数量给大学排了队，在前50名中，中国剩了个光头，美国有30所大学进入前50名。美国考核大学办得怎么样，有一个重要的标准是看这个大学对产业发展的影响，就是你在多大程度上能够带动相关产业的发展。我们现在的大学老师都是跑到企业里面去总结企业的技术成果，然后把企业的技术成果编到教科书里边，再给学生讲课，这是跟在技术的屁股后边跑，和美国的大学在办学理念上差得太远。我们不是不能办成创新型大学，关键是改革，如果我们的大学不改革，没有创新型的老师，是不可能培养有创新能力的学生的。

第四个难关就是第三产业发展，要有一个突破性的进步。第三产业从20世纪90年代的时候就提出来要加快发展，但始终没有突破性进展。直到2011年第三产业的从业人员占全社会从业人员的比例只有34%，比全世界50%的平均水平值低了十几个百分点，比发达国家低30多个百分点。如果第三产业政策理顺，就会出现一个爆发性增长。第三产业为什么发展慢呢？主要因为第三产业的税负过重。现在我们到印度、到中国香港看看，小商店一个挨着一个，香港有70%的企业是不纳税的。但是北京、上海、天津这些大城市，小商店几乎一扫光，都被外国这些大的连锁店垄断了。出现了一个5公里效应，就是指开一家沃尔玛分店，5公里范围内的小商店都得关门。我们的财政税收部门也理解这一点，因此提高了税收的起征点，起征点由月收入5 000元提高到20 000元，每个月税收就减少了9亿元，但是使2 000万个小商户和个体户受益，税负减轻了40%。如果鼓励政策到位，第三产业一定会出现一个快速发展，未来5年到10年之间，使第三产业从业人员的比例达到全世界的平均水平的50%，我们的第三产业将会新增1.1亿多个就业岗位。所以未来十几年到2030年以前能不能实现双倍增加，我看关键就是以上四大难题的突破。

1月19日上午，出席在北京国际饭店举行的“2013年特华金融论坛”。

1月28日，《人民日报》发表《在创新上要舍得投入》一文。

1月，第1期《前线》发表《金融体制改革要把握关键环节》一文。

【按】此文为答《前线》记者问。

记者：在新形势下进一步深化金融体制改革，要把握哪些关键环节？

郑新立：我认为，在新形势下进一步深化金融体制改革，要把握五大关键环节，即放宽市场准入、加强和改善监管、推进利率市场化、建立存款保险制度和改革外汇管理体制。

记者：进一步放宽市场准入后，势必在监管上带来更大难度，对民间资金发起设立各类股份制的小型金融机构，应该如何加强监管？

郑新立：区域性小型金融机构监管的责任要交给地方政府，要建立起地方性的金融监管机构，在业务上可以归银监会指导，但责任在地方政府。如果出了问题，有了大量的坏账，就要向地方政府问责，以此强化地方政府在监管上的责任。因此，要把加强和改善监管作为下一步金融体制改革的关键环节之一。

记者：“推进利率市场化”势必会带来一些金融风险，这是否是您把“建立存款保险制度”作为下一步金融体制改革的关键环节的起因？

郑新立：建立存款保险制度可以有效化解金融风险。目前，我国建立存款保险制度的时机已经成熟，要通过兴办各类存款保险公司，用市场机制来化解金融风险。同时还要建立贷款的担保机制，特别是区域性的监管机构，监管责任由地方政府、地方的金融监管机构承担。除了用行政手段通过监管来化解风险以外，还要通过市场建立保险机制来化解金融风险。

记者：当前我国外汇储备大部分购买了美国的国债和企业的债券，目前，美元资产的外汇储备已相应贬值缩水。您把“改革外汇管理体制”作为下一步金融体制改革的关键环节，是否出于改变这一局面的考虑？

郑新立：是的。在目前我国持有大量外汇的情况下，规避外汇储备和金融风险，就要通过改革外汇管理体制来实现。要通过改革外汇管理体制，使外汇管理由过去的以结汇为主改变为以用汇为主，提高外汇的使用效率。如果我国的财富能够以人民币的形式储存，就能真正掌握应对国际金融风险的主动权。

中国现在已经到了资本输出的阶段，必须鼓励有条件的企业“走出去”。一是用于拿到更多能源资源的勘探权和开发权，解决中国经济长远发展和面临的瓶颈约束；二是通过企业并购，提高我国自主创新能力，有效利用海外科技资源；三是发展加工贸易，带动零部件和原材料出口；四是发展工程承包，带动劳务出口，用资本输出带动商品劳务输出。通过到海外投资，我国可以把大部分的外汇储备由现在的货币储备或者是美元资产的储备变成物质储备、能源资源储备、技术储备，从而为我国经济今后较长时期的持续快速发展提供支撑。

中国现在有两个待突破难题，一个是工业产品类过剩，另一个是外汇储备过多。单独地看，这两个问题是包袱，但把这两个问题合在一起就成了优势。通过扩大海外投资来带动商品输出，就能把包袱变成优势。扩大海外投资可以“一箭四雕”：解决能源瓶颈、消化过剩产能、把外汇储备变成资源储备、有利于人民币成为国际货币。

2月1日，《经济参考报》发表记者张飞、吴攀龙的《寻找十八大后转型与改革突破口——中改院改革形势分析座谈会专家观点综述》一文。

【按】分析会上，郑新立认为，党的十八大提出的核心是处理好政府与市场的关系。政府方面重点是理顺重大比例关系：一是围绕投资率过高、居民消费率过低进行改革，首要的是收入分配制度改革；二是尽快解决公共服务供给不足的问题。市场方面重点是发挥市场配置资源的机制性作用：一是以金融体制改革释放金融潜力；二是加快建立城乡一体化发展制度的改革；三是科技体制改革；四是税制改革，为第三产业发展创造良好的政策环境。

2月14日上午，出席中国国际交流中心在北京召开的主题为“如何实现稳增长”的“经济每月谈”并发言。

【按】郑新立在发言时强调，当前国民经济运行又到了关键时刻，我国经济前景不容乐观。在欧债危机持续发酵的背景下，稳增长仍是当前经济政策的优先任务。

2月21日，《经济参考报》发表《把改革目标定位于推动发展方式转变》一文。

2月21日，出席在中国国际经济交流中心举办的第44期主题为“如何避免和跨越中等收入陷阱”的“经济每月谈”并发言。

2月22日下午，出席在杭州举行的《浙江舟山群岛新区发展规划》情况通报会，并介绍舟山群岛新区规划主要内容。

2月，第2期《求是》发表《政府和市场的关系：经济体制改革的核心问题》一文。

【按】文章共分四部分：(一)简政放权、增强企业活力，是中国改革的成功经验；(二)更大程度、更广范围发挥市场配置资源的基础性作用；(三)深化行政体制改革，建设职能科学的服务型政府；(四)处理好政府和市场关系应把握好的几个原则。

2月，第2期《中国产业》发表《提高县域城镇对产业和人口的承载力》一文。

【按】文章指出，国家一定要重视农业现代化，通过土地承包经营权有偿转让，在不改变土地用途的前提下，使土地向家庭农场、农业公司、农业合作社集中，搞规模化经营，搞现代化大农业。

3月7日，《南方日报》发表《机构改革和调整是手段，目标是挖掘经济增长潜力》一文。

【按】此文为答《南方日报》记者问。

《南方日报》：此轮大部制改革的步子能迈多大？机构改革的整体方向如何？

郑新立：党的十七大报告提出大部制改革，十八大报告也进一步提出这个要求。所谓大部制，就是强调职能的有机统一，把一些分工过细的部门加以合并，便于统筹管理，这就是我们进一步改革的方向。政府部门机构的设置是一个形式，本质上它是要处理好政府和市场的关系，转变政府职能，真正把管理职能集中到宏观调控、市场监管、提供公共产品和服务上来，这是改革的本质。

《南方日报》：30多年来，改革总是在推动和阻碍两种力量的较量下不断向前推进。今天是否需要一个像“体改委”这样的机构进行顶层设计？

郑新立：把改革放到各个部门，让各个部门改自己的事，实践证明是不可能的，要有一个综合的部门来协调。现在经济学家们的呼声比较高，认为应当成立一个综合性的部门来推动这项改革，并不是把部门都撤了就好了，需要有破有立。

《南方日报》：对经济改革总体规划的讨论，大体上涉及三大领域：第一是私用品领域，即“竞争性领域”；第二是公共领域，包括财政改革等；第三是公民社会建设，即“第三领域”，包括民间组织的发展等，如智库。在您看来，“第三领域”在中国目前处于什么样的发展阶段？

郑新立：还需要大力培育，实际上在党的十六届六中全会《中共中央关于构建社会主义和谐社会若干重大问题的决定》里面就提出了这个任务——要加快社会机构的建设，把政府大量的管理职能交由这些社会组织来管理，包括市场中介组织、行业组织、行业协会，这些都是行业的企业市场自律性组织。通过制定行业规则进行约束，统一考虑行业的技术进步等，会帮助政府解决很多问题。现在我们的社会组织还不发达，或者说建立起来了但不起作用，或者说有些机构化、政府化的倾向比较严重。

所以说，创新社会需要创新的政府，同样需要创新的社会组织，缺一不可。如果没有社会组织的发展，社会问题就不能得到圆满的解决，政府总是冲在第一线，冲在最前面，效果不一定都好。从国际发展趋势来看，从数量、质量、涉及的范围、解决问题的影响等来看，国家都需要社会组织大发展。

3月12日，接受《瞭望》杂志记者以“改革又一次成为中国政治经济生活中的热门话题”为题的采访。

【按】郑新立表示：简政放权乃改革要务。

新一轮改革，总的指导思想还是按照社会主义市场经济体制的方向简政放权，从更大程度、更广范围内发挥市场配置资源的作用，增强市场经济的活力。因此，有必要着力加强以下五个方面的改革。（一）转变发展方式，扩大消费，调整收入分配方式，形成“橄榄型”的收入分配结构，扩大中等收入群体比重。（二）围绕促进第三产业发展，实现第一、第二、第三产业协调发展。改革阻碍第三产业发展的体制，创造有利于第三产业发展的政策环境。（三）围绕提高自主创新能力，深化科技、教育体制改革，重点要在国有企业形成技术进步的激励机制，同时让大学成为科研基地，以科研带动创新，培养创新型人才。（四）改革城乡管理体制，从实行城乡一体化入手，通过发展现代农业释放农村劳动力潜力。（五）改革金融体制，释放资本潜力。

3月，第3期《全球化》发表《围绕发展方式转变、凝聚改革共识》一文。

【按】此文认为，未来十年我国要跨入高收入国家行列，必须实现经济发展方式的转变。目前应从收入分配制度改革、“营改增”税制改革、科技和教育管理体制改革、加快建立城乡一体化发展制度、深化金融体制改革这几个方面凝聚改革共识：（一）围绕经济增长从投资、出口驱动型向消费驱动型转变改革收入分配制度；（二）围绕加快第三产业发展，推进“营改增”的税制改革；（三）围绕加快产业升级，改革科技、教育管理体制；（四）围绕缩小城乡差距，加快建立城乡一体化发展制度；（五）围绕发挥市场配置资源基础性作用，深化金融体制改革；（六）围绕释放土地潜力，改革土地管理制度。

4月，第13期《经济研究参考》发表与綦鲁明[1]合写的《加快农业现代化是我国跨入高收入国家行列的必由之路》一文。

【按】此文认为，未来十年是我国跨入高收入国家行列的关键时期。实现农业现代化是避免落入中等收入陷阱的最大课题。加快农业现代化步伐，关键是要积极引导社会资金投入其中。

4月23日，《东方早报》发表《我们应该向德国学习些什么？》一文。

【按】此文为经济学家李稻葵[2]与郑新立的对谈。

［1］綦鲁明，山东平度人，中国国际经济交流中心副研究员，经济学博士。主要从事宏观经济、政府与社会资本合作（PPP）、小企业发展、社保等方面的研究。

［2］李稻葵（1963—），北京人，美国哈佛大学经济学博士、博士生导师，清华大学金融系主任、中国与世界经济研究中心（CCWE）主任。长期从事中国宏观经济运行、经济发展模式及制度变迁的跨国比较以及大国发展战略等研究。2011年5月初，李稻葵发表文章指责“个税体制设计极其简陋，甚至‘弱智’”，他建议实施平税制。此观点甫一发布，立即引发强烈反响。

李稻葵：我先问一下郑新立先生，您在中央领导身边工作很多年，很多的政策由你建议提出。根据您的了解，我们国家的高层决策者对德国模式的看法是怎样的？

郑新立：建设社会主义市场经济学习了各个国家的经验，其中包括德国的经验，国家计委在20世纪90年代每年与德国经济部交流一次。我在国家计委工作的时候，曾经准备学习德国《国民经济稳定增长法》(以下简称《稳定增长法》)，将其引进到中国，这个愿望没有实现。

德国的宏观调控、财政制度、金融体制、房地产管理、教育制度等都非常有特点，而且效果显著。

德国人跟中国人有一个共同点，就是喜欢从哲学层面思考问题。我们学习借鉴德国经验的时候，感到能够找到共同语言，特别是到德国特里尔，马克思诞生的地方（中国游客去得比较多），在德国现代管理模式中很多地方可以看到马克思主义的影响、马克思主义的影子。

德国的模式叫社会市场经济，我们是社会主义市场经济，差两个字，没有主义。在改革开放已走过30年的情况下，要继续前进，关键在改革。这个时候清华大学经管学院研究德国的模式，对于我们推进下一步改革，夺取新的胜利具有重要的意义。

根据我多年的考察和了解，德国至少有这样几个地方值得我们经管中心继续研究，尤其操作层面需要深入研究。

第一，是它的财政转移系数支付。我们现在有一般转移支付和专项转移支付，“跑部钱进”。德国人很聪明，把地方的许多指标算成一个系数，哪个地方需要转移多少，一算就行了，不用吵架，不用“跑部钱进”。

第二，德国中央银行由议会任命，政府管不了，银行就是对保持货币稳定负责。这点值得研究。

第三，德国有一个宏观调控《稳定增长法》。我研究了很长时间，想把它引进到中国来，费了很大劲。我觉得德国的《稳定增长法》值得研究。

第四，德国三分之二的青少年接受职业教育。在德国，接受职业教育的人与接受学历教育的人相比，并不觉得低人一等，许多蓝领娶的媳妇是大学教授，但是到中国行不通。

第五，德国住房互助银行。它像我们住宅互助基金一样，不买房的时候把钱存在那，让别人用，当你用的时候用别人的钱，互助银行带有社会合作性质。德国没有把住房当成投资投机的对象，所以德国也没有房地产泡沫，这一点我们应特别向德国人学习，也要研究一下。

第六，德国的城市化。德国的城市化非常成熟。德国的城市化率已达 90% 以上，但 67% 的德国人住在小城镇里，上班生活都很方便，不需要住在大城市里。我们现在搞城市化，搞不好会走偏，德国城市化的模式值得我们借鉴。

第七，德国的出口已经占到 GDP 的 40% 多，我们占到 20% 多，现在我们要转型，要从出口驱动型向消费驱动型转变。我们比重比德国少 20%，出口多了到底是好事还是坏事？

第八，在接受外国投资方面，感谢德国，它跟美国和别的欧洲国家不一样。最近中国在海外投资成功的案例都是在德国，不像美国人那么小气，议员出面干预，德国人很聪明，很大度。这是中国跟德国发展合作非常好的基础，以后还会继续合作。

至于中国人跟德国人最大的区别是什么？要从思维方式上向德国人学习。比如一个东西掉在地上，大家都去找。中国人怎么找？中国人找一遍，找不着再找一遍。德国人是在这个地上用粉笔画成方格，一个方格、一个方格找，找完一个方格用粉笔打一个叉，看起来这种方式慢一点，但是它不搞无用功，最节省时间。在思维方式上、行为方式上，中国人要向德国人学习很多东西。

4 月，第 4 期《全球化》发表《将舟山建设成为我国环太平洋经济圈的桥头堡》一文。

【按】2013年，受舟山市委托，郑新立担任课题组组长，研究舟山新区规划。此文对《浙江舟山群岛新区发展规划》做了重点介绍与深入剖析。文章论述了建设舟山群岛新区的战略意义，介绍了《规划》的发展战略、发展目标、基本原则和空间布局，着重剖析了建设舟山自由贸易园区等规划亮点以及要赋予新区的一系列先行先试的特殊政策。规划稿经修改后报国务院批复。其中有三个亮点：一是在舟山分三步最后设立自由港区，在中央文件中第一次出现自由港区概念；二是建设环杭州湾第二大道，即从上海经洋山、岱山、舟山、宁波公铁两用大桥；三是在大小余山建设大型绿色石化基地，由浙江民营企业投资。

4月，第4期《中国井冈山干部学院学报》发表《论金融体制改革的路线图》一文。

【按】文章共分六部分：（一）把放宽准入摆在金融体制改革的首要地位；（二）建立地方性金融监管机构以强化地方政府监管责任；（三）建立存款保险和贷款担保制度并以市场机制化解风险；（四）推进利率市场化是深化金融体制改革的中心环节；（五）发展多层次的资本市场体系；（六）有序推进人民币国际化。

5月1日，《中国智库经济观察（2012—2013）》一书收入《全球金融危机为我国经济发展带来的机遇》一文。

【按】讨论的主题包括：金融体制改革、欧洲债务危机前景与解决方案、证券市场改革与发展、美国经济形势与政策、大宗商品价格形势与影响、推进绿色发展循环发展和低碳发展、美国“财政悬崖”的前景与影响等。

5月12日，出席在北京钓鱼台国宾馆举行的“‘创意城乡中国行启动仪式暨美丽中国论坛’发布会”。

5月，由人民出版社出版的《中国经济改革警示录》一书收入《建立社会主义市场经济体制目标不能动摇》一文。

【按】此书由厉以宁、迟福林[1]、郑新立、艾丰[2]、蔡继明[3]、石军等经济学家、企业家和专家型官员联合撰写。

6月5日，《人民日报》发表《围绕转变发展方式深化改革》一文。

【按】文章共分五部分：（一）围绕推动经济增长从投资、出口驱动型向消费驱动型转变，深化收入分配制度改革；（二）围绕加快发展第三产业，深化"营改增"税制改革；（三）围绕加快产业升级和经济转型，深化科技、教育体制改革；（四）围绕缩小城乡差距，加快建立城乡发展一体化制度；（五）围绕更好地发挥市场配置资源的基础性作用，深化金融体制改革。

6月14日，出席在中国国际经济交流中心举办的第48期主题为"打造中国经济升级版"的"经济每月谈"，并做题为"努力打造中国经济升级版——中国经济升级怎么看、怎么办"的演讲。

【按】此次演讲发表在2013年第9期《紫光阁》。郑新立在演讲中认为，中国经济升级版内涵丰富，打造中国经济升级版需要长期不懈的努力。具体措施包括：（1）激活民间投资；（2）增加住房供给；

[1] 迟福林（1951—），海南人，现任海南省社科联名誉主席。从事经济体制改革领域研究，著有《第二次改革》等。

[2] 艾丰（1938—2019），河北玉田人。曾任《经济日报》总编辑，中国名牌战略最早倡导者之一，著有《新闻采访方法论》等。

[3] 蔡继明（1956—），河北唐山人，清华大学教授、博士生导师，清华大学人文社会科学学院经济学研究所副所长，主要著作有《垄断足够价格论》《广义价值论》《微观经济学》《宏观经济学》等。

（3）调整消费政策；（4）加大环保投入；（5）全面推进“营改增”改革；（6）有序推进金融体制改革。

其中“全面推进‘营改增’改革”一节的内容如下。在全国各个地区推行营业税改增值税的改革。2013 年 8 月，这项改革有望在全国各个地区和第三产业的所有行业推开，这是一个巨大的利好消息。推行之后，第三产业的税负将降低 1/3 左右，对鼓励创业将起到重要的作用，第三产业将会出现爆发式的增长。笔者算了一笔账，如果用五年时间使中国第三产业的从业人员比重由现在的 35%提高到发展中国家平均水平的 50%，也就是再提高 15 个百分点，可以新增 1.1 亿个就业岗位，这么大的好事等着政府来做。这对增加就业、促进经济增长将发挥重要作用。

7 月 1 日，在“中国经济 50 人论坛”发表《中国经济面临“升级版”考验》一文。

7 月 23 日，出席由《经济日报》集团主办的《经济大讲堂》，并做题为“实现双倍增的目标与转变发展方式”的主题演讲。

7 月 30 日，《人民政协报》发表《打造经济升级版应成为稳增长的主要举措》一文。

7 月，出席全国政协举办的“国际合作论坛”，并做题为“新兴经济体要增强抗御金融风险能力”的发言。

7 月，第 7 期《全球化》发表《新兴经济体面临的挑战与合作前景》一文。

【按】此文认为，新兴经济体面临着产能过剩、收入分配不公、创新不足、金融体制改革等一系列挑战，并在发展前景的认识上被误解。中国与俄国、印度、缅甸等国存在着广阔的经济合作前景，但需要克服缺乏信任与了解等障碍。

7 月，郑新立撰写了《关于设立由我主导的亚洲基础设施投融资机构的建议》一文，得到高度肯定。亚州基础设施投资银行的设立，是人民币走向国际化的关键一步，改变了中国在世界经济中的地位，是中国国际地位提升的一次重要成果，是改变全球治理格局务实的一步。

【按一】《关于设立由我主导的亚洲基础设施投融资机构的建议》是郑新立于 2013 年 7 月写的关于设立亚洲基础设施投资银行的建议，经中国国际经济交流中心理事长曾培炎报送习近平总书记和李克强总理。2013 年 10 月，国家主席习近平在雅加达同印度尼西亚总统苏西洛举行会谈时，宣布中方倡议筹建亚洲基础设施投资银行。建立亚投行的主要目的是援助亚太地区国家的基础设施建设，促进亚太地区互联互通建设和经济一体化进程。2014 年 10 月 24 日，中国、印度、新加坡等 21 个首批意向创始成员国的财长和授权代表在北京签约，共同决定成立亚洲基础设施投资银行。2015 年 6 月 29 日，亚投行的 57 个意向创始成员国代表在北京出席了《亚洲基础设施投资银行协定》签署仪式。中国以 2 978.04 亿美元的认缴股本和 26.06% 的投票权，居现阶段亚投行第一大股东和投票权占比最高的国家。亚投行的设立，是人民币走向国际化的关键一步，改变了中国在世界经济中的地位，是中国国际地位提升的一次重要成果，是改变全球治理格局务实的一步。有评论认为亚投行的建立，是中国做出的最富有智慧的举动。著名经济学家斯蒂格利茨对亚投行的建立给予积极评价，认为 2015 年将开启中国金融时代元年。

【按二】下面为《关于设立由我主导的亚洲基础设施投融资机构的建议》一文节选。

党的十八大报告提出，推动同周边国家互联互通。国家主席习近平在博鳌亚洲论坛2013年年会上指出，我国将加快同周边国家的互联互通建设，积极探讨搭建地区性融资平台，促进区域内经济融合，提高地区竞争力。针对此问题，中国国际经济交流中心进行了专题研究，并邀请外交部、发改委、银监会、外汇管理局、社保基金理事会、国家开发银行、中投公司等有关单位和专家座谈，形成了较为一致的意见。我们认为，基础设施建设和互联互通是亚洲经济新的增长点，也是亚洲经济一体化的重要基础。推动设立由我主导的地区性投融资机构，加快同亚洲国家的基础设施合作，有利于我国增强对周边国家的影响力，在亚洲经济一体化进程和构建以我为中心的区域经济体系中居于主动地位。在当前国际国内形势下，设立该机构十分必要且现实可行，条件基本具备，应予积极推进。

一、设立由我主导的亚洲基础设施投融资机构符合我战略利益（节选）

（一）亚洲基础设施投资需求强劲，互联互通面临重大机遇，是今后我与周边国家深化经济合作的重要领域和内容

亚洲多数国家处于工业化、城镇化初级阶段，发展一直受到基础设施的“瓶颈”制约。近年来受国际金融危机影响，亚洲各国普遍希望将基础设施投资作为促进增长和结构调整的契合点和抓手，大都推出了各自的规划。譬如，泰国政府计划以港口、轨道系统和公路网络等建设为重点，改变物流基础设施的“短板”现象；菲律宾政府计划把2013年的基础设施建设投入提高19%；东盟也提出了“互联互通总体规划”。据亚洲开发银行统计，2010年至2020年，亚洲各国国内基础设施投资合计约需8万亿美元，另需近3 000亿美元用于区域性基础设施建设。

一段时期以来，日本、韩国等国家积极投身到亚洲基础设施互联互通建设。日本通过亚洲开发银行、官方发展援助（ODA）等渠道不断加大对亚洲国家基础设施的投资，试图以此开拓国际市场，缓解国内经济长期低迷带来的压力，并在亚洲基建联通建设上掌握主导权，

提升其区域影响力。亚洲基建联通是一个巨大的市场，需求十分强劲，合作发展的潜力很大。我国位于亚洲中心位置，地缘优势明显，亚洲联通在很大程度上是与我联通。我更应有所作为，积极深化对亚洲基建投资的参与度。应该说，这项工作是继中国–东盟自贸区建设之后，我加强与亚洲各国经贸合作的又一重要举措，从而形成贸易、投资“双轮”驱动模式，推动我与周边国家建设更加全面、稳固的经济关系。

（二）以金融合作带动产业“走出去”，有助于发挥我资金优势，消化国内富余产能，拓展我经济发展空间

近年来我国外汇储备余额持续增长，大部分用于购买美国等发达国家国债，收益率较低。近期西方国家普遍实施量化宽松，使我外汇储备进一步缩水。如果能拿出一部分资金，用于建立地区性投融资机构，投向回报较为稳定的基础设施项目，可以为外汇储备寻找更佳的使用途径，增强资金安全性。同时，通过该机构也有助于推动人民币地区化、国际化，在区域金融合作架构上强化我大国地位。

我国正处于结构调整阶段，部分行业产能过剩严重。据统计，2012 年我国钢铁产能 10 亿吨，过剩超过 2 亿吨；水泥产能 30 亿吨，过剩 8 亿吨。建立由我主导的投融资机构，扩大亚洲基础设施建设投资，有利于带动原材料出口和相关产业对外投资，可以为消化和转移国内过剩产能提供新的出路。

近年来，我国企业对外投资并购屡屡遭遇不同国家投资壁垒，特别是一些国家以国家安全为由否决我企业投资合作的案例越来越多。而通过我国主导的多边商业性融资平台，促进我国企业参与亚洲互联互通项目建设，有助于减少周边国家和国际社会对我疑虑，避开双边合作中的敏感问题和分歧矛盾，为国内企业“走出去”创造较好条件。

二、设立由我主导的亚洲基础设施投融资机构具有现实可能

第一，我国已具备相当的人财物等条件。我国经济实力不断增长，经济总量位居世界第二。财政状况健康，居民储蓄率较高，外汇

储备达到3.4万亿美元。在国内经济建设中，积累了大量有关规划制定、项目建设与管理等方面的经验和做法。拥有一批在世行、亚行等国际金融机构和跨国公司工作过的熟悉国际事务的高级管理人才。在建筑、公路、铁路、电力、电信、水利等领域有不少有实力的大企业，工程技术、施工队伍与机械装备性价比高，在国际上具有竞争优势，“走出去”愿望强烈。

第二，亚洲发展中国家因实力不足有求于我国。基础设施建设投入大、周期长，亚洲发展中国家政府财力有限，世界银行、亚洲开发银行侧重扶贫，私人资本对基建投资较为谨慎。总体来看，现行区域融资渠道难以满足需求，许多项目迟迟落实不了。这些国家对加强与中国的合作有所期待。

2012年8月在柬埔寨举行的第44届东盟经济部长系列会议上，东盟国家提出，2013年就互联互通问题到中国进行宣介，希望吸引更多中国企业参与建设。

第三，亚洲地区尤其是东南亚、南亚、西亚地区，是欧美国家重要的资源能源来源地，历史上受美欧等国长期的影响和渗透，对其依附较深，基础设施建设上吸收其投资也比较多。但当前美欧面临债务困境，相对财力下降，政府、金融机构和企业都处于财务收紧状态。美欧国内自身基础设施陈旧，面临大量改造，忙于自顾，无暇及此。同时，在基础设施领域，西方企业建设成本高，缺乏竞争力。

第四，该机构与亚行等其他机构并行不悖。该机构与现有的亚洲开发银行并不矛盾。亚行的主要任务是社会事业、扶贫开发，其可用资金相对有限。而该投融资机构主要投向基础设施，通过筹措建设方面资金，可以弥补亚行区域内投资重点局限和资金不足的缺陷。此外，该机构与金砖国家开发银行和上海合作组织开发银行在区域涵盖、地缘和经济互联性等方面具有较大不同，不构成竞争和交叉，是互补与合作的关系。

当然，设立这样一家投融资机构也会遇到一些不利因素：美日近年对我在周边活动存在防范心态，在亚洲基建投融资问题上可能对我形成牵制；近期本地区领土、海洋权益等问题升温，可能影响周边国家的认同；各国政治局势、经济周期、法律体系、政府政策、利益协调等诸多风险因素可能对该机构国际化经营运作形成干扰等。

今年博鳌亚洲论坛提出“亚洲基础设施合作倡议”，建议扩大地区各国基础设施规划的交流合作，并成立专门的多边金融机构或基金。各方对此反应积极，达成了一定共识。新加坡内阁资政、论坛理事吴作栋，印度企业事务部长皮洛特等表示亚洲地区有实际需求，愿积极促进和推动。亚行副行长斯蒂芬·格罗夫也表示，该倡议很有必要，可以为亚洲“短板”的基础设施建设提供资金。总的来看，设立新的亚洲基础设施投融资机构符合亚洲大多数国家的意愿和利益，符合我对外工作大局，当前我国应抓住机遇，顺势而为，有必要、有能力发起设立该机构。

三、设立由我主导的亚洲基础设施投融资机构的几点考虑（节选）

建立亚洲基础设施投融资机构是未来我国对外工作中的一项重大举措，意义深远，但也较为敏感。在操作形式上要符合国际惯例，让国际社会和有关国家欣然接受。

第一，开放透明、国际色彩。该机构应坚持开放性，允许包括各国政府、国际机构、社会资本和私人投资参与，向美欧日等地区开放。强调其国际机构的性质，充分借鉴世行、亚行的经验，与国际市场规则接轨，按国际惯例办事，接受国际社会的监督。

第二，商业运行、兼顾公益。该机构定位于商业性质，投资必须考虑资金利益回报。这既是吸引各方投资的需要，也是回避政治目的的好办法，同时有助于与亚行、世行相区别。实际上，从中长期看，基础设施项目还是具有较好回报的，至少会高于美国国债收益。在商业运作的同时，适当兼顾一些对目的国有重要意义的公益性项目。

四、设立由我主导的亚洲基础设施投融资机构的具体建议（节选）

（一）定位和名称。该机构定位于银行类商业金融机构，主要功能是为亚洲国家基础设施提供中长期融资服务，包括交通、电信、能源、市政以及水利、农业、生态环保等领域。名称可考虑为“亚洲基础设施建设合作银行”（或“亚洲实业银行”“亚洲建设银行”“亚洲交通银行”等）。

（二）总部选址。鉴于该机构的国际化性质，可考虑设在政治经济较为稳定的国家，如泰国、马来西亚、印度尼西亚等，也可考虑设在中国香港，这有利于加强中国香港作为国际金融中心的地位，促进中国香港的长期繁荣稳定。

（三）资本金规模和来源。该机构应采取股份制形式，目标资本金可考虑为 1 000 亿美元左右，随业务开展逐步到位，资本充足率略高于一般商业银行。考虑到基础设施项目的长期性和一定的公益性，机构贷款利率应略低于市场利率。中方主要出资人可由一家银行承担，从现有财政援外资金中划出一部分，作为对出资人的贴息，同时鼓励其他国内机构和企业共同出资。

【按三】下面是 2015 年 8 月 18 日下午，郑新立在北京万寿宾馆接受本书撰稿人采访的谈话内容。

郑新立：我一辈子干智库，退了就再弄个智库吧。有这个想法，名字也想好了：中国国际经济交流中心。后来，由曾理事长、我、宁吉喆、张晓强几人联合署名上报。我们的目的是办一家民间智库，不吃财政饭，自收自支，主要为中央决策服务。

设立亚投行的设想，是 2009 年我在博鳌论坛讲的，因为当时国家外汇储备两万多亿美元，等待好的投资出路。当时建议建立亚洲基础设施投资银行和亚洲农业投资银行。2013 年 9 月，习近平主席在访问哈萨克斯坦时提出建设丝绸之路经济带的倡议。10 月在访问印尼和参加亚太首脑会议时正式宣布成立亚投行的建议。现在外国人说这是中国最聪明的决定，有 57 个国家参加。亚投行行长金立群[1]，曾经是

[1] 金立群（1949—），江苏常熟人，曾任财政部副部长、中金公司董事长，现任亚洲基础设施投资银行行长。翻译有《摩根财团》《英国诗歌选集》等。

亚洲开发银行副行长，足以胜任。

我是2008年67岁时退休的。2009年成立智库。智库有年龄要求，70岁之后就不让干了，后来理事长向上请示，说都是经济部门退下来的老同志，有经验，如果身体好可以继续干。

8月1日，《光明日报》发表《在转变发展方式中实现稳增长》一文。

8月，第8期《农村工作通讯》发表《城乡一体化发展的四个探索及其启示》一文。

【按】近年来，我国农村在加快城乡一体化、促进农业现代化及农村土地制度改革等方面，出现了一些新的典型，创造了新鲜经验，比较突出的有四个典型，值得关注：四川成都城乡一体化的探索，重庆地票市场的探索，河南新乡市工业小区、农业园区和新型农村社区结合发展的探索，以及浙江嘉兴市对土地确权颁证、促进农村耕地流转和村庄布局调整的探索。这四个探索，至少有四点启示。

第一个启示，当前，我们农村改革的理论、制度、政策已经明显落后于基层的实践。中国35年农村改革的成功主要是尊重农民的首创精神，从小岗经验到乡镇企业的崛起，到目前新型城镇化，这都是农民、基层干部从实践创造的。我们要尊重他们的首创精神，满腔热情地支持改革。

第二个启示，土地制度的改革已成为农村改革的核心问题。要把握好两个问题。第一，农民对承包地的经营权，党的十七届三中全会提出"赋予农民更加充分而有保障的土地承包经营权，现有土地承包关系要保持稳定并长久不变"，长久是多长时间呢？我理解长久就是社会主义初级阶段，初级阶段有多长呢？那可能是几十年，甚至是上百年。农户对土地的经营权、承包权长久不变，有利于鼓励农民对土地的投入，即使将来发展了，这个承包经营权也可以变成财产性收入的来源。第二，把握两权分离，长久不变不是私有化，所有权还是归村集体，所有权和经营权分离，这已经是国有企业改革的成功经验。

第三个启示，县域范围内，已经走出了一条就地城市化的路子，这种新型城镇化的路子符合中国实际，是有中国特色的城市化的路子。欧美一些国家在这方面已积累了经验，比如德国，居民67%住在小城镇里，交通很发达，开着车到别的地方上班，或者在小城镇上班，过上现代化生活。德国没有很多大城市，除了柏林是几百万人，还有汉堡、慕尼黑等，上百万的城市很少，都是小城镇。

第四个启示，要抓住千载难逢的机遇，加快推进农业现代化。现在农业劳动力转移有出路，市场的农产品需求旺盛，社会资金大量富余，这些条件是几千年没有的，我们要抓住这个机遇，加快劳动力转移，通过减少农民来富裕农民，通过减少农民来提高农民的素质，提高土地的产出率和农业的劳动生产率。目前我国农民从事第一产业的劳动生产率只有第二、第三产业劳动生产率的28%，所以城乡收入差距拉大，本身是由于农业劳动生产率低所带来和决定的。解决这个问题根本的出路在于提高农业劳动生产率，加快农业劳动力转移。现在劳动密集型产业、加工贸易企业开始向东南亚转移，如果不抓住这个机遇，通过政策推动农业劳动力向非农产业转移，等到产业都到东南亚去了，富余劳动力就窝在农村，到时候只能给他们发救济了。我们应当学欧美的路子，荷兰、以色列、法国、丹麦这四个国家的农业，农民年人均创造的价值是3万～4万欧元，在这四个国家，农业的劳动生产率高于第二、第三产业，只有大学生才能干农村的活。这就是规模化、现代化的农业。双汇收购了美国全世界最大的养猪公司，公司一年的出栏量3 000多万头，相当于我们中部几个省养猪量的总和，猪肉的到岸价格比我们市场零售价格还便宜，现在双汇买了，以后进口更容易了。如果双汇从美国公司进口猪肉，我们一家一户的养猪户都要面临危机。出路在哪里？还是在于我们通过农业现代化、规模化经营，提高农业的国际竞争力。另外要鼓励社会资金投资农业现代化，在家庭经营的基础上鼓励合作社经营，鼓励公司化经营。

9月6日，出席在天津滨海新区召开的“中国汽车产业发展（泰达）国际论坛领袖峰会”，并做题为“中国汽车产业未来十年的责任”的演讲。

【按】此次演讲发表在2013年第10期《汽车与安全》，郑新立在演讲中指出，2013年中国汽车发展国际论坛领袖峰会盛大开幕，本次论坛对“新环境下中国汽车产业的责任和未来”的主题进行了探讨。主要有两方面内容。

（一）未来十年的中国汽车产业仍将是消费热点和经济增长点。以下四个宏观政策，将对中国汽车产业的发展产生深刻的影响。（1）党的十八大报告提出了“双倍增”的目标，这为汽车产业发展提供了有利的外部环境。（2）扩大居民消费的经济转型，将为汽车进入家庭创造良好的条件。十八大提出未来的发展要以转变发展方式为主线，以科学发展观为主题。（3）国家鼓励自主创新，将为企业发展自主品牌汽车提供政策支持。（4）国家环保政策将引导汽车产业朝着绿色产业方向发展。

（二）未来十年汽车企业应当根据国家宏观政策和市场趋势，做出正确的抉择，以下是针对此问题的几项建议：（1）把发展新能源汽车作为主攻方向；（2）要向研发和营销两端延伸产业链；（3）内资企业要大力实施外向型战略；（4）合资企业要走合作研发之路。

9月11日，《中国经济时报》发表《我在国家计委的13年（1987—2000年）》一文。

【按】以下是此文的引言。

1987年年底，郑新立从中央书记处研究室分配到国家计委工作，先到国家计委下属的国家信息中心干了两年，1989年12月，到国家计委政策研究室，先后任副主任、主任，兼副秘书长、新闻发言人，直到2000年6月调到中共中央政策研究室。算下来，郑新立在国家计委整整工作了13个春秋，而这13年正是我国改革开放进程中最为激荡起伏的年代。

郑新立十分幸运地见证了这一历史过程。

国家计委是国务院的一个综合性经济部门，研究的都是国民经济运行中一些重大、紧迫的问题。政策研究室在国家计委又是一个综合部门，其职能就是要把国家计委各个部门对重大问题的意见归纳起来，形成国家计委上报国务院的报告和对国务院下级部门的一些文件。

郑新立就是这些报告和文件的主要起草人之一。

在国家计委工作的13年间，郑新立前后经历了三任计委主任。他的主要职责就是起草文件，用他自己的话说，即“给计委主任写讲话稿和计委的一些重要文件”，包括起草“八五”计划、“九五”计划、“十一五”规划的文件。

“这13年，我在认识中国宏观经济运行的规律、一些重大矛盾应当怎样分析和处理上，开阔了眼界、增长了见识。”郑新立说。

俗话讲：“计委办公会上研究的问题都是国民经济中焦头烂额的问题。”不是很急的问题拿不到计委办公会上研究。郑新立在三位国家计委主任身边工作的13年，究竟解决了怎样“焦头烂额的问题”？

《我在国家计委的13年（1987—2000年）》一文共由“（一）邹家华时期（1989.12—1993.03）：下放权限；（二）陈锦华时期（1993.03—1998.03）：治理通胀；（三）曾培炎时期（1998.03—2003.03）：扩大内需”三部分构成。

9月24日，出席在北京举行的“大势·大事·大市——中国经济形势分析会”，并做主题演讲。

【按】郑新立在演讲时指出，2013年上半年中国经济运行整体平稳，“四季度有望结束第二次经济增速下降的局面”。官方强调扩大消费对GDP增长的拉动作用，中国迎来改善居住条件、轿车进入家庭的黄金时期。“需要把住房、汽车这两个几十万元级的消费品疏导好，老百姓购买这些商品对经济增长的拉动是难以替代的。”

10月9日，《人民日报》发表《以扩内需调结构实现稳增长》一文。

【按】文章共分六部分：（一）加快城际高铁和城市轨道交通建设；（二）扩大新型农村社区建设；（三）加强城市公共服务设施建设；（四）把环保产业作为新的投资热点和经济增长点；（五）针对大宗进口物资实行以产顶进；（六）把淮河经济带建成新的增长极。淮河流域地处我国腹心地带，有27万多平方公里、1.8亿人口，土地肥沃，资源丰富，发展现代农业条件较好。但是，由于降雨集中在7、8月份，雨季常常发生洪涝灾害；雨季一过，又无水可用，常常出现干旱，至今仍为豫、皖、苏三省经济发展的洼地。淮河流域是鄂豫皖根据地和新四军根据地所在地，战争年代为革命做出了重大贡献。让淮河流域的人民尽快富裕起来，是先烈们的夙愿和老区人民的殷切期盼。应抓住扩大内需的机遇，制定淮河流域发展总体规划，把加快淮河经济带建设作为当前和今后一个时期扩大内需的战略支点。可以把淮河打造成为我国又一条出海黄金通道，使淮河流域成为继珠三角、长三角、环渤海之后新的经济增长极。

10月23日，出席中国国际经济交流中心举办的第52期“经济每月谈”，并撰写报告《第三季度经济形势分析》。

【按】郑新立在报告中指出，应抓住当前扩大内需的机遇，制定根治淮河和发展流域经济的总体规划，努力把淮河打造为我国第三条出海黄金通道，把淮河流域打造为继珠三角、长三角、环渤海地区之后的第四增长极，把加快淮河生态经济带建设作为扩大内需的重要战略支点。

10月，《人民论坛》（下）发表《打造中国经济升级版待过四道坎》一文。

【按】文章指出，打造升级版，我觉得最重要的要过四道坎，要实现四个硬指标：第一道坎，农业的劳动生产率要赶上第二、第三产业的劳动生产率；第二道坎，发展战略性新型产业，培育新兴投资热点和经济增长点；第三道坎，单位GDP的能源消耗要继续大幅度下降，环境污染的状况得到明显改善；第四道坎，提高服务业从业比重。

10月，第10期《全球化》发表《转方式、扩内需实现稳增长》一文。

【按】文章共分三部分。

第一部分讲的是“用党的十八大精神分析和把握当前经济形势”。

（1）十八大提出，当前和未来一个时期，我国仍然处于可以大有作为的战略机遇期；（2）十八大提出，发展仍然是解决所有问题的关键；（3）十八大提出，要以转变经济发展方式为主线，以提高经济增长的质量和效益为基点；（4）十八大提出了“双倍增”的目标，即到2020年，国内生产总值、城乡居民人均收入比2010年翻一番。

第二部分讲的是“通过全面深化改革释放经济增长潜力”。

（1）释放消费需求的巨大潜力，亟待改革收入分配制度，调整收入分配结构；（2）释放就业需求的巨大潜力，亟待全面推开“营改增”的税制改革，为第三产业发展创造良好的政策环境；（3）释放劳动力供给的巨大潜力，亟待改革城乡管理体制，推动农业劳动力向非农产业转移；（4）释放自主创新的巨大潜力，亟待深化科技、教育体制改革，建立创新激励机制和成果转化机制；（5）释放资本的巨大潜力，亟待改革金融体制，提高资本的配置效率和投入产出率；（6）释放土地利用的巨大潜力，亟待推进农村土地制度改革，使农户对土地的用益物权成为财产性收入的重要来源。

第三部分讲的是“近期应以扩大内需、调整结构实现稳增长”。（1）加快城际高铁和城市轨道交通建设；（2）扩大新型农村社区建设；（3）加强城市公共服务设施建设；（4）把环保产业作为新的投资热点和经济增长点；（5）针对大宗进口物资实行以产顶进；（6）把淮河经济带建成我国第四增长极。

10月，参加在印尼巴厘岛举行的亚太首脑会议经济合作论坛。

11月2日，以中国工业经济学会会长的身份出席在浙江财经大学举行的“中国工业经济学会2013年学术年会暨深化经济体制改革与转变经济发展方式研讨会”。

11月8日，《人民政协报》发表《事实证明政协的建议很重要》一文。

11月8日，《经济日报》发表《探索新型城镇化的多元模式》一文。

【按】此文指出：由于我国人口多，经济发展不平衡，城镇化的模式必将是多元化的。以京、沪、穗为中心的三大都市群，以省会城市为中心的次级区域性城市群，以县城为中心的就地城镇化，三种模式同步推进、相互协调，将成为中国城镇化的主要特色。

（一）城市群的发展是城镇化的一个重要趋势。

（二）城市群迅速发展的主要原因。以功能分工为基础的城市群的发展，主要是基于两大推动因素：一是产业集群发展的需要，二是现代交通工具的出现为城市群的发展提供了条件。

（三）以省会城市为中心发展次级区域性城市群。

在中西部的广大地区，省会城市多数已成为省域范围内的经济中心，在全省经济发展中发挥着重要作用。以省会城市为中心，与邻近的地级市用城际高铁联系起来，可形成区域性的城市群。与全国三大都市群相比，这是第二个层次的城市群，是带动省域经济发展的发动机。目前，这类城市群的雏形已现，规划思路明确，发展活力正旺，在带领中西部地区追赶沿海地区发展中发挥着越来越重要的作用。

（1）以郑州为中心的中原城市群，包括洛阳、开封、许昌、漯河、新乡、安阳等城市在内，被京广、陇海高铁连接起来，已构成半小时生活圈，可实行同城化、一体化发展，有力地带动着中原经济区的崛起。郑州国际航空港的建成，进一步强化了郑州作为全国物流枢纽的地位。

（2）武汉城市圈包括宜昌、黄石、鄂州、孝感、黄冈、襄阳在内，以京广高铁和长江水运为纽带，正加快经济追赶步伐。这一地区以武钢、二汽、武汉光谷为代表，工业基础雄厚，是中部的制造业中心。武汉城市圈的发展将为中部崛起提供重要支撑。

（3）长株潭城市群是湖南的经济中心，目前已形成工程装备、机车车辆、动漫文化等支柱产业。湖南人才济济、资源丰富、区位优越，长株潭作为核心区加快发展，必将带动湖南经济的腾飞。

（4）以成都为中心，包括德阳、绵阳、乐山、宜宾、南充、自贡等城市在内的城市群，地处天府之国的成都平原，科技资源雄厚、制造能力强大、农业生产发达。近十几年来，在国家西部大开发战略指引下，积极承接沿海和国外产业转移，电子、汽车、飞机、制药、发电设备等工业水平迅速提高。特别是成都市积极进行统筹城乡发展的体制探索，在推进城乡要素市场一体化和社会管理一体化等方面大胆创新，有可能在西部地区率先走出一条城乡一体化发展和同步实现现代化的道路。

上述四个区域性城市群的出现和迅速发展，为省域范围内以工业化、城镇化带动农业现代化创造了经验，展现了中西部发展的巨大潜力以及释放发展潜力的正确途径。中西部的传统农业大省人口密集、交通发达、文化深厚，一个省的面积和人口相当于欧洲的一个大国。如果说35年来沿海地区已经走上了现代化道路，那么未来20年，中西部的农业大省通过加快工业化、城市化步伐，能够赶上沿海的发展水平，就奠定了中国现代化的基础。

城市群的发展是城镇化的一个重要趋势。无论是第一层次的三大都市群还是第二层次的区域城市群，都代表着这种发展趋势。城市群之所以成为城镇化的发展趋势，原因在于中心城市与卫星城市之间可以形成功能互补关系，有利于实现城市功能的专业化分工，从而提高城市运行的整体效率。在城市群中出现以港口运输、加工制造、商务市场、科研开发、教育培训、休闲旅游、生活居住等功能为主的特色城市，就是城市功能专业化分工趋势的具体体现。

（四）以县城为中心实现就地城镇化。

中国特色城镇化的第三个层次，就是在经济发达地区，以县城为中心，包括县城关镇、若干小城镇和新型农村社区在内，形成就地城镇化的模式。在县城、小城镇和新型社区居住的人口，主要从事第二、第三产业，能够享受城市的公共服务，过上现代化生活。其前提条件是县域经济比较发达，有足够多的第二、第三产业的就业机会，在全县范围内建成发达的交通网络，形成半小时生活圈。

我国县的平均人口数量在80万左右，如果县城能吸纳20万~40万人，两个小城镇吸纳20万人左右，新型农村社区再吸纳20万人，全县就基本上实现了城市化。在工商业、旅游业发达的县，应当走这种就地城镇化的道路。

11月20日，《经济日报》发表《坚持社会主义市场经济改革方向》一文。

【按】文章共分四部分：（1）发挥市场对资源配置的决定性作用是我们党对市场经济规律认识的新飞跃；（2）深化公有制实现方式的

改革将使其更有效地与市场经济融合；（3）分配制度的改革将进一步形成经济发展的强大动力机制；（4）健全宏观调控体系是发挥社会主义市场经济体制优势的内在要求。

11月30日，以中央宣讲团成员的身份出席在南宁举行的“中央宣讲团党的十八届三中全会精神报告会”并做宣讲报告。

11月，第21期《求是》发表《全面认识与把握我国经济发展走势》一文。

12月12日，在“东亚大气污染治理与环保产业国际合作峰会”期间接受《证券日报》记者专访时指出：做好2014年的经济工作，必须继续实施积极的财政政策和稳健的货币政策。

12月15日，《经济日报》发表《努力释放有效需求》一文。

12月，第12期《全球化》发表《坚持走中国特色新型城镇化道路》一文。

12月，第12期《宏观经济管理》发表《农村土地公有制实现形式的三大突破》一文。

【按】此文指出：党的十八届三中全会做出《中共中央关于全面深化改革若干重大问题的决定》，在农村土地制度改革上有三大突破。

（一）允许农民对土地的承包经营权抵押、担保、流转；（二）慎重稳妥推进农民住房财产权抵押、担保、转让；（三）农村集体经营性建设用地可与国有土地同权同价。

农村土地制度的三大突破性改革，将使土地公有制的实现形式发生重大变化，通过所有权与经营权的分离，使之与市场经济有效融合。过去，我们在国有企业改革中曾成功地通过两权分离，实现了国有经济与市场经济的融合。现在是把这一成功经验在农村土地制度上加以复制，从理论和实践上来说，都是可行的，不应该存在太大障碍。略有区别的是，农村土地有一个用途管制问题，即耕地的流转必须在不改变用途的情况下进行。如果需要将耕地变为建设用地，必须符合建设规划，并依法办理征地手续。《决定》还明确，土地的占补平衡可以在省域范围内进行。这就可以把农村零星、分散的建设用地资源加以复垦，通过规划部门的调节，满足投资者对建设用地的需求。重庆市通过地票市场，挖掘农村分散的建设用地资源，既满足了工业化、城市化对建设用地的需求，又扩大了耕地面积，增加了农民收入，起到了一箭三雕的效果。

12月，第12期《人民论坛》发表《党的十八届三中全会〈决定〉与未来中国》一文。

【按】此文为学习十八届三中全会通过的《中共中央关于全面深化改革若干重大问题的决定》的评介文章。

是年，为《企业社会责任30谈》一书撰写题为“企业社会责任是一个非常重要的课题”的序言。

是年，为王晓红[1]、刘德军[2]主编《服务外包蓝皮书：中国服务外包产业发展报告（2013—2014）》一书撰写题为“发展服务外包是解决大学生就业的重要途径”的序言。

[1] 王晓红，中国国际经济交流中心信息部副部长、《全球化》副总编，兼任上海交通大学教授、北京航空航天大学教授。
[2] 刘德军，管理学博士，山东省宏观经济研究院社会发展研究所所长、研究员。

是年，参加十八届三中全会《中共中央关于全面深化改革若干重大问题的决定》起草工作。

附录

2013 年中	**外政治、经济大事记**
1 月 23 日	国务院印发我国首部《循环经济发展战略及近期行动计划》
2 月 17 日	中国政府网公布《国务院关于推进物联网有序健康发展的指导意见》，提出到 2015 年初步形成物联网产业体系
9 月 6 日	在关闭国债期货 18 年后，国债期货以全新的面貌出现在投资者面前
9 月 29 日	（上海）自由贸易试验区经国务院正式批准正式挂牌
10 月 10 日	美国经济学家尤金・法玛（1939—）、美国芝加哥大学教授拉尔斯・彼得・汉森（1952—）、美国畅销书作家罗伯特・希勒（1946—）三人因在金融经济学领域"对资产价格的实证分析"而获得诺贝尔经济学奖
11 月 12 日	在北京举行的中共十八届三中全会通过了《中共中央关于全面深化改革若干重大问题的决定》

2014年（甲午）
七十岁

1月2日，与杨朝飞、吴昌华、孙继荣、丛明等出席“北京市环保局新闻发布会”，纵论环境治理。有人说，2013年对于中国人的呼吸系统来说就是一场灾难。

【按】2013年是北京执行环境空气质量新国标的第一年，也是北京发布实施《北京市2013—2017年清洁空气行动计划》的第一年。这一年，北京正式开始了对PM2.5（细颗粒物）的监测。在1月2日市环保局召开的新闻发布会上，时任北京市环保监测中心主任张大伟披露，根据新标准划分，2013年北京空气质量达五六级的重污染天数累计为58天，占全年总天数的15.9%。“这相当于去年北京每六七天就会出现一次重污染天气。”不可否认，2012年拉低北京空气质量的“罪魁祸首”之一就是民众最为关注的PM2.5。“2013年1月北京遭遇了非常严重的雾霾污染，当月PM2.5平均浓度为全年最高，达到了160微克/立方米，是新国家标准的近4.6倍。”时任北京市环保局大气处处长于建华告诉《北京商报》记者，虽然北京近几年空气质量在逐渐改善，但整体污染物排放量基数较大的北京，污染治理难度无疑较高。监测结果显示，以往北京持续监测多年的“老三项”二氧化硫、二氧化氮和PM10三类污染物的指标较1998年分别下降78%、24%和43%，但因去年北京开始执行更严格的新国标，所以这三项污染物与国标规定的达标标准仍存在一定差距。

1月7日，就“中央调控房地产现新思路”的话题接受和讯网独家访谈。

【按】2013年依然是房地产调控年。根据国家统计局公布的2013年11月全国70个大中城市住宅销售价格变动情况，一线城市新建住宅价格已连续3个月同比涨幅在20%以上；厦门、南京、西安、武汉等26个城市新建商品住宅价格同比涨幅达到或超过10%。而根据相关机构统计显示，2013年前11个月，全国商品房销售面积同比上升20.8%，同比增速创下近5年新高，全年商品房成交面积将有望突破12亿平方米，而商品住宅成交总量亦将突破10亿平方米。

郑新立：跟上一届政府的最大区别是，本届政府不再从抑制需求的角度来控制房价，而是从增加供给的角度来控制房价。还有一个措施就是引导城市化健康发展，引导农村转移劳动力和转移人口，向小城镇和中小城市集中，不要过度涌向特大型城市，这两个举措都有利于解决当前城市房价上涨过快的问题。满足城市建设用地的需求，要在集约、节约利用土地资源的基础上，通过省域范围内耕地占补平衡来调剂解决。新增加的城市建设用地面积，必须与农村宅基地面积的减少挂钩。通过宅基地整理和新农村建设，特别是进城农民退出农村宅基地，不仅可以满足城市新增建设用地的需要，而且可以增加耕地。住房供给增加了，不仅可以抑制房价，而且可以把建材工业、建筑产业带动起来，整个市场就活跃了。新房子多了，家用电器、装饰市场就活跃起来。房地产业是个龙头，如果把这个打压下去，整个经济就失去了活力，这是很危险的。所以增加供给是一个新思路，跟原来抑制需求的思路是完全不同的。

郑新立同时还认为，现在进城的农民工有两亿多人，如果允许他们把农村的宅基地和房产卖掉，在城里买房或租房就有了可能，几千万留守儿童就可以与父母团聚，这是一件大善事，亟待各级政府来做。

1月9日，《解放日报》发表《关于深化经济体制改革的几个问题》一文。

1月，接受《中国经济周刊》记者王红茹专访，发表专访文章《专访中国国际经济交流中心常务副理事长郑新立：设立保山—中印缅孟国际经济合作示范区具有国家战略意义》。

【按】2013年5月，李克强总理出访印度，明确提出建立中印缅孟经济走廊，探索互联互通新方式，将我国与印度、缅甸和孟加拉的经贸合作提升到了一个前所未有的高度。而要建立中印缅孟经济走廊，就需要具体的规划方案和政策措施。据《中国经济周刊》独家获悉，目前，关于“设立保山—中印缅孟国际经济合作示范区”的课题已经由中国国际经济交流中心完成并上报中央。设立示范区对建立中印缅孟经济走廊的意义何在？示范区的战略定位和发展思路是什么？该课题组组长、中国国际经济交流中心常务副理事长郑新立日前接受《中国经济周刊》独家专访，详解上述疑问。采访的关键词为：中印缅孟、示范区、经济走廊、中国经济、国际经济合作、战略意义、经贸合作、保山、发展思路等。

1月，1期《红旗文稿》发表《说说稳增长》一文。

【按】以下是此文的摘要。

只要各方能够凝聚改革共识，打破生产力发展的体制性障碍，改革促进发展方式的转变，释放消费、第三产业、创新、劳动力、资本等方面的潜力，就能保证我国经济在未来20年继续平稳较快增长。随着我国经济结构调整的深入推进，经济增速放缓也随之出现。今年下半年实现经济增速的止跌回升从而保持健康的发展势头，已成为宏观调控的首要任务。我们要以转变经济发展方式为重点部署新阶段改革，通过改革释放增长潜力。

1月，荣获中国著名经济学家“2013·经济学人”荣誉称号。

【按】据2014年5期《企业文明》报道：由《经济学家周报》组织、举办的中国“2013·经济学人”评选已于日前揭晓，获得中国著名经济学家“2013·经济学人”荣誉称号的经济学家是：巴曙松[1]、杜润生[2]、程恩富[3]、贾康、林毅夫[4]、宋养琰[5]、肖林、杨培芳[6]、张卓元、郑新立（排名不分先后）共10人。获得入围资格的还有保育钧、程路、蔡继明、葛守昆、李江帆、刘福垣、刘茂松、马晓河、牛凤瑞、任玉岭、周天勇、张汉亚、张军（排名不分先后）13人。

2月21日，出席在中国国际经济交流中心举办的主题为“全面深化改革、经济转型与稳中求进的相互关系”第56期“经济每月谈”，并发表题为“宏观调控要从总量调控为主转向结构调整为主”的演讲。

---

[1] 巴曙松（1969—），湖北武汉人，北京大学汇丰商学院金融学教授，博士生导师。主要从事金融机构风险管理与金融市场监管等领域的研究，著有《巴塞尔新资本协议研究》等。

[2] 杜润生（1913—2015），原名杜德，山西太谷人，20世纪80年代中国农村改革政策核心人物，先后任国家农业委员会副主任，中共中央书记处农村政策研究室主任，国务院农村发展研究中心主任。主要著作有《中国农村经济改革》《中国的土地改革》《当代中国的农业合作制》《中国农村制度变迁》《杜润生改革论集》等。

[3] 程恩富（1950—），上海人，上海财经大学马克思主义研究院院长，从事理论经济学与中国经济领域的研究，主要著作有《海派经济学季刊》《高校理论战线》《经济学家茶座》等。

[4] 林毅夫（1952—），原名林正义，台湾宜兰人，第三世界科学院院士。曾担任世界银行副行长，现任全国政协常委、全国政协经济委员会副主任。从事发展经济学、农业经济学、制度经济学领域的研究。著有《制度、技术和中国农业发展》《充分信息与国有企业改革》《再论制度、技术与中国农业发展》等。

[5] 宋养琰（1925—），江苏泗洪人，曾任中国社会科学院研究生院副院长。现为中国社会科学院经济研究所研究员，著有《社会主义制度的理论与实践》《当代中国经济问题探索》《我的经济观·改革观·发展观》等。

[6] 杨培芳，曾任信息产业部电信经济专家委员会秘书长，现任中国信息经济学会理事长。从事信息通信经济与政策等领域的研究，代表论著有《网络协同经济学》《新电信经济论谈》等。

【按】此文发表在2014年第30期《经济研究参考》，郑新立在演讲中指出，现阶段宏观调控的重点要从总量调控为主转向结构调整为主，通过加快转变经济发展方式来实现稳增长。实行以结构调整为主的宏观调控，需要计划、财税、金融这三大调控杠杆形成合力。结构性调整的政策要从选择性的产业政策转向功能性的产业政策。

2月22日，出席在北京举行的“第四届中国县域经济发展高层论坛”并发言。

【按】郑新立表示，农村土地制度三大突破带来三大机遇。

第一个突破是三中全会明确提出的，允许农户对土地承包经营权进行抵押、担保、转让，就是农户凭借土地的承包权可以拿到地租。按照一亩地平均700元转包费，从理论上讲，18亿亩耕地一年转包收入可以达到一万亿元，农民凭承包权就可以拿到这么多纯收入。第二个突破是允许农户对宅基地的使用权抵押、担保、转让。中国全国农村宅基地有17万平方公里，即2.55亿亩，按照一亩地平均转让价格20万元，全国宅基地转让价格可以达到51万亿元，比现在银行城乡居民存款总额50万亿元还要多。“农村宅基地转让价值达50多万亿元，分量巨大，含金量巨大，农民拿得到还是拿不到要看改革。”郑新立称，拿“红包”要有序，不转让、不抵押，不改革拿不到，乱来拿不到。把17万平方公里宅基地搞活了，农民收入水平和城市居民收入水平的差距将大大缩小。第三个突破是建立城乡统一的土地市场，郑新立表示，农村集体经营性建设用地可以与城市的国有土地同权同价，这是一个含金量很大的红包，也是土地制度改革的一个重大突破，将有利于加快推进农业现代化，有利于实现农民工的市民化，推动新型城镇化发展。

2月，第2期《经济导刊》发表《选准推进经济转型升级的突破口》一文。

3月4日，就“受金融危机等内外因素影响，2013年中国经济活动数据呈现放缓的迹象”接受中国新闻网记者阮煜琳专访。

【按】郑新立在接受采访时说，在金融危机爆发之前，中国连续十年保持平均两位数的增长速度，未来一段时间，中国经济增长速度有所下降，但在世界范围内，中国经济增长速度仍然较快。此前，多位中国经济专家表示，中国经济以7%~8%的速度增长，也能实现2020年中国经济总量比2010年翻番的目标，并且更有利于结构调整。2013年中国经济增长7.7%，但对全球经济增长的贡献率仍然接近30%，大大高于中国占全球经济规模的比重，发挥了超过中国经济规模的带动力。

3月初，赴美国、加拿大宣讲十八届三中全会《中共中央关于全面深化改革若干重大问题的决定》。

3月5日上午，在华盛顿就十八届三中全会《中共中央关于全面深化改革若干重大问题的决定》在经济、教育、环境等方面的改革，接受了美国《侨报》的专访。

【按一】采访共分五部分。（一）改革思路：政治、民主法治社会、公平服务；（二）改革举措：政府、行业、基层共同治理国家；（三）教育：取消重点学校和择校制废除一考定终身；（四）经济：改革最大突破在于市场起决定性作用；（五）土地改革：农村土地商品化送给农民三个“大红包”。

【按二】采访内容以“破除中间梗阻、改革治国体系”为题，于2014年3月6日发表在美国《侨报》上。

3月13日，《中国经营报》发表《新型城镇化难点在县域，突破在产城融合》一文。

3月，第3期《经济研究参考》发表《把加快淮河生态经济带建设作为我国扩大内需的重要战略支点》一文。

【按】此文认为：把淮河经济带建设作为扩大内需的一个战略重点，加大投入，兴利除害，使千年水患得以根治，可以使淮河成为我国第三条出海黄金水道，使淮河流域成为继珠三角、长三角、环渤海地区之后的第四个增长极，为国民经济持续发展提供强有力的支撑。身为淮河生态经济带研究课题组组长，组织江苏、安徽、河南三省发展和改革委员会同志，用9天时间从淮河源头到出海口，进行实地调研。报告报送国务院审批，由发改委研究落实。目前，发改委规划文件即将下发。

第一部分是“淮河流域基本情况”。

淮河流域地处我国东中部、南北气候过渡带。它土壤肥沃，雨量充沛，是传统农业生产基地。它矿产资源丰富，人口密度大，市场潜力大，发展现代农业条件得天独厚。它文化传承悠久、历史人文荟萃，是中华文明的重要发源地。它位居中原腹地，沟通南北、连接东西，是国家重要的交通走廊。

尽管历史上国家对淮河治理投资巨大，但是理念仍以治理水患为主而不是以发展为主，导致相应投资未发挥出应有的效益。流域经济发展缓慢。城镇化水平低，基础设施薄弱，互联互通落后，区域发展总体竞争力不强，水资源不均衡。大雨大灾、小雨小灾、无雨旱灾。流域水资源严重短缺，人均水资源量不足500立方米，皖北地区缺水状况尤其严重，水污染形势严峻。目前污染物入河排放量仍超过水功能区纳污能力，过半河流的水质尚未达到功能区水质目标要求，水生态系统受损严重，部分地区甚至存在“癌症村”；流域防洪能力相对不足。淮河是我国大江大河中唯一没有有效控制性工程的河流。上游拦蓄能力不足，中游行洪滞缓，下游出路不畅。洪涝、干旱交替影响，流域已成为豫、皖、苏三省经济发展的洼地。2012年，除盐城、淮安外，淮干地区主要城市人均国内生产总值均低于全国平均水平，阜阳、六安甚至不到全国平均水平的50%。除淮南、淮安、盐城外，淮干地区城镇化水平均远远低于全国平均水平。

第二部分是“把防洪、灌溉、航运结合起来，使淮河成为造福人民的第三条出海黄金水道”。

恢复淮河直接入海的历史，建设第三条出海黄金水道。历史上，淮河是直接流入大海的。由于黄河夺淮，使出海口逐渐堵塞，淮河主流改由洪泽湖、高邮湖、邵伯湖入长江，少量河水仍由滨海县入海。至今1 000吨级的船仍能行至河南周口、淮滨，与运河形成沟通南北东西的低成本运输通道。在淮河上新建或扩建一些工程，包括建设若干船闸，分段蓄水，形成一个千公里河川式水库；将洪泽湖北面的一段淮河航道改在湖内，航道裁弯取直；将滨海至蚌埠段的五级航道改造提升为一级航道，在出海口修建大坝和转载设施；疏通沙颍河等支流河道，拓展水运网络，形成干支联运；在淮安与运河交汇处建立水运立交船闸等，可使万吨级船从滨海行至淮安，万吨级船队行至河南息县和周口。在滨海兴建30万吨级码头，形成一个新兴的国际物流枢纽。淮河流域有了一个便捷的出海通道，对于降低运输成本，扩大对外贸易将起到重要牵引作用。

第三部分是“沿河建设公、铁、空、管等现代综合运输体系，促进沿岸地区经济一体化发展”。

长期以来，由于缺乏全流域发展的综合规划，在交通运输上三省自成体系，人为分割了淮河经济带的内在联系。规划淮河经济带发展，应当把打通上中下游的运输网络作为重点。

要规划建设沿淮铁路，与京广、京九、京沪线联通，形成新的陇海线。在淮河大堤上建设高速公路，打造沿岸城市四小时商务圈。研究建设沿淮盐卤、成品油、LNG（液化天然气）、碱液管道运输网络，把桐柏碱矿、淮安盐矿、滨海油气码头的资源输送到加工地和用户。利用上下游地势落差，东向管道输送液体，西向管道输送气体，充分发挥管道运输成本低、安全、运量大、不占农田的优势。建设淮安、盐城、蚌埠、信阳等航空港，开辟更多国内外航线。依托区位优势、产业基础和综合运输网络，健全公铁水空管无缝衔接的集疏运体系，重点将信阳、蚌埠、淮南、淮安、滨海打造成物流集散中心。

第四部分是“发展优势特色产业，将淮河流域打造成为我国经济第四增长极”。

(1)发挥巨大的农业潜力，建设绿色食品基地。(2)利用丰富的矿产资源，建设现代能源原材料基地。淮河流域煤炭资源丰富，对保障华东、华南地区能源供给意义重大。应合理控制开采量，加强煤炭清洁利用，发挥水资源优势，发展新型绿色煤制油、煤制气、煤制塑料化纤和新兴建材等煤化工产业，提高煤炭利用效益，实现节能减排。同时发展太阳能、风能、生物质能和天然气利用，建设绿色能源示范区。利用丰富的天然碱、盐卤、凹土等矿产，发展盐化工、碱化工产业。在淮安、桐柏、淮滨、淮南打造我国首个非石油路线烯烃产业集群，在霍邱、淮安建设金属新材料产业集群，在淮南、淮安建设化工新材料集群，在盱眙、明光建设凹土新材料产业集群，在凤阳建设硅基新材料产业集群，可形成若干个千亿元级产业基地。依托能源、原材料产业，发展先进制造业，提高产品的技术含量和附加值。(3)依托现有基础和资源优势发展先进制造业。盐城汽车工业已初具规模，应鼓励研发有自主知识产权和核心技术的汽车工业，形成沿淮汽车零部件配套和服务体系。淮安钢管业已有一定基础，未来应重点发展技术和知识密集型产业。蚌埠是全流域大学和科研机构最为集中的城市，应成为人才培养基地和高技术产业发展基地。颍上的纺织、淮滨的造船、霍邱的钢铁、淮南及信阳的电子信息业等，均具有一定基础，应积极扶持，加快升级，形成有竞争力的产业集群。(4)利用自然和人文资源，建设黄金旅游线。绿化沿淮大堤。利用铁路、公路、水路、航空等交通方式，将沿岸历史文化名城桐柏、固始、淮滨、颍上、寿县、凤阳、盱眙、淮安、响水等连接起来，与全国各地联系起来，形成自然风光、人文历史、水陆兼济的千公里黄金旅游线。

第五部分是“科学规划淮河经济带空间布局”。

以千里淮河黄金航道和陆路交通为纽带，促进淮河流域上中下游生产要素合理配置和集聚，将形成“一带、三核、两枢纽、多节点”的空间开发格局，有利于带动流域内工业化、城市化和农村现代化进程。

“一带”：发挥全流域资源禀赋与产业优势，完善沿淮河重大基础设施，积极建设现代高效农业和特色产业基地，加快沿淮经济带一体化发展，使淮河流域成为富庶、美丽、繁荣、发达的经济区。

“三核”：实施大城市带动战略，加强淮河干流淮安、蚌淮（蚌埠–淮南）、信阳三个区域性中心城市建设力度，扩大城市规模，完善城市功能，增强“三核”引领淮河干线流域经济社会发展的“龙头”作用，使淮河上中下游联动发展，带动淮河流域整体优势的发挥和竞争力提升。

“两枢纽”：发挥淮安作为运河与淮河交汇的物流枢纽功能，以低成本运输贯通南北、连接东西。推进蚌埠到滨海一级航道建设，发挥盐城组合港的大丰、滨海、响水、射阳港等河海联运优势，形成以滨海为枢纽、一主多元的淮河出海门户，实现淮河航道与淮三角各海港的无缝对接，建成淮河便捷出海门户、大宗商品储运中转加工交易中心和国际物流枢纽。

“多节点”：以沿淮河两岸各县（市）以及可建内河港的区域为重要节点，包括河南省桐柏县、罗山县、息县、淮滨县、潢川县、固始县六县；安徽省霍邱县、颍上县、寿县、定远县、凤阳县、明光市六县（市）；江苏省盱眙县、阜宁县、响水县、宝应县、大丰市、滨海县和宿迁市七县（市）。提高各节点市和县城吸纳就业的能力，形成50万左右的人口规模，带动新型工业化、信息化、新型城镇化和农业现代化“四化”融合和同步发展。

第六部分是“加快淮河经济带建设的体制保障和政策建议”。

（1）抓紧将淮河经济带建设上升为国家战略。（2）尽快启动一批重大建设项目。近期可立项或开工的重点工程包括：堤防加固工程、黄金水道建设工程，沿淮高速公路、沿淮铁路、滨海30万吨枢纽港、干支流船闸改造工程等。河南段重点工程包括：建设信阳、漯河、周口、驻马店绿色食品加工基地，信阳电子信息产业基地、现代家居产业集群、新型建材产业集群，桐柏碱硝化工产业基地、出山店水库、沙颍河航道整治。安徽段重点工程包括：建设平原水库、河川式水库等大型水利基础设施，加快推进淮水北调工程，研究论证东、中线引江济淮工程；建设蚌埠食品工业基地、汽车零部件生产基地、信息产业基地、硅基新材料国家级产业集聚示范区、烯烃特色产业基地；建设淮南新能源新材料基地、煤电化工基地、电子产业基地等。重点进行蚌淮亿吨大港、长淮卫临港保税港区和城际轨道交通建设；推进淮南采煤塌陷区综合整治与利用，切实解决居民搬迁、生态修复和水系疏通问题。江苏段重点工程包括：淮安打造“中国盐谷”，建设盐化新材料、特钢、IT和食品产业基地；洪泽湖清淤扩容和航道疏浚，黄河故道综合治理；盐城港、淮河入海水道专用码头及港口作业区、淮盐一体化城际轨道交通建设；运河与淮河水上立交航道；百万亩滩涂围垦综合开发试验区及白马湖旅游休闲度假区建设等。(3)实施支持淮河经济带发展的各项政策。(4)支持生态经济带建设需要的特殊政策。(5)坚持以对内对外开放促改革促发展。(6)组建淮河开发集团公司。由中央和沿淮各省国资委、中国交通投资集团公司、神华集团、中化集团、中粮集团等国有企业出资，组建股份制的淮河开发集团公司。

3月，郑新立等人合著的《发展与发达：解读中国现实国情》的英文版由外文出版社出版。

【按】此书为“解读中国丛书”中的一种。近年来，“中国是否依然是发展中国家”是国际上一个重要关注点。改革开放30多年来，中国发展迅速，取得了巨大成就。但是，中国虽然在经济领域取得巨大发展，实际上与发达国家还存在差距。因此，在党的十八届三中全会后，对这个问题做出有理有据的回答，不仅有助于消除国际社会对中国所处发展阶段的误解，也有利于中国自身把握国情特点，制定和实施符合实际的发展战略。《发展与发达：解读中国现实国情》由郑新立等人所著，此书针对国际社会对中国发展中国家属性的质疑，约请专家从经济总量、人均水平、经济结构、体制机制等多个维度进行阐释，展示中国发展全貌，让世界了解一个真实的发展中的中国。

3月，第3期《全球化》发表《探索建立中国特色新型智库》一文。

【按】文章共分四部分：（一）十八届三中全会把智库建设写入了《决定》，使建设中国特色新型智库成为全面深化改革、完善民主决策制度的一项重要改革措施；（二）建设中国特色新型智库是一项崭新的工作，我们应当借鉴发达国家智库建设的经验；（三）中国现有智库发展存在一些突出问题；（四）建设中国特色新型智库需要牢牢把握正确方向。

5月15日，出席在北京举办的“第四届中国自主创新年会”，并做主旨演讲。

【按】年会由经济日报社主办，主题为“改革引领转型、创新驱动发展”。郑新立在发言中以深圳专利申请量为例分享了自己对科技创新的看法，如果中国其他城市都有深圳的机制和环境，那么中国创新将超美国。

数据显示，深圳市申请国际专利的数量占到全国专利申请量的47%，而深圳在科技创新资源上，在全国不是最好的，没有多少研究院、设计院，也没有多少好的大学，但凭着好的机制，国际专利申请量能拿到全国的47%。

对此，郑新立表示应该找到差距，努力实现均衡化发展。他表示，第一就是创新文化方面的差距。很多城市的科研机构、大学、博士生导师、院士、研究员、教授的数量都远远超过深圳，但在创新文化方面，没有像深圳那样有鼓励创新的氛围。

第二就是竞争机制和竞争环境方面的差距。郑新立指出，深圳有华为和中兴，前几年华为申请国际专利的数量在世界排到前列，最近这几年中兴发展起来了，申请国际专利数量超过了华为，这两个企业互不服气，互为竞争对手，实际上带动了深圳通信信息业发展。“那么我们能不能通过一种体制扶植成对的竞争对手，让他们通过竞争来激发创新能力呢？”

第三就是有没有宽容失败的社会环境。郑新立说道，深圳这个地方鼓励创新，宽容失败，失败了没关系可以重来，没有人讥笑、炒作。

第四就是人才的引进，引进在海外学有所成的人才，包括引进外国的人才。

第五就是配套的条件上，要有一些大企业带动着产业链上的中小企业，从而带动行业进步，组织产业联盟，联合攻关，成果共享，政府引导。

第六就是在政策环境方面的差距。郑新立表示，深圳政府办了两个公司，一个叫风险投资公司，另一个叫贷款担保公司。现在深圳成长起来的高科技企业，90% 以上在它们成长的初期，或者在成长过程中，都得到过这两个公司的帮助，90 年代全国风险投资公司的 70% 集中在深圳，现在他们做得比较大了，可以走出深圳。

5 月 16 日，《解放日报》发表《宏观调控要着力优化结构》一文。

5 月 27 日，《中国工业报》发表《以自主创新带动工业发展方式转变》一文。

5 月 30 日，出席在北京举行的“第四届国际农业保险研讨会”，并做题为“借鉴国外经验，发展农业保险”的发言。

【按】研讨会由中航安盟财产保险有限公司、《中国保险报》共同主办，中国农业风险管理研究会协办，主题是“农业保险与农业风险管理”。来自中国、法国、德国、美国、意大利、西班牙和澳大利亚等国家的农险领域政府官员、保险机构人士、专家学者将在此次研讨会上共同探索适合中国国情的农业保险发展道路。

发言共三部分:（一）保险业特别是农业保险在中国发展明显滞后;（二）当前中国发展农业保险面临着难得的机遇;（三）当前发展农业保险面临的主要任务。

5月，第5期《中国农业信息月刊》发表“农村土地公有制不能变，宅基地值51万亿”一文。

5月，完成承担的北京市信息办公室委托的题为《北京信息技术创新政策比较研究》的研究课题。

6月7日，《经济学家》发表《增强宏观调控能力、加快经济转型升级》一文。

【按】文章共分三部分。

第一部分是“实现稳增长目标关键在于加快经济转型升级”。

第二部分是“选准推进经济转型升级的突破口”。

（一）积极推进新型城镇化。

（二）使环保产业成为新的经济增长点。

（三）加快城际高铁和城市轨道交通建设。高铁是国人的骄傲。我国人口众多，国土辽阔，资源分布不平衡。发展高铁，最适合国情，被称为绿色运输方式。加快高铁建设，尽快形成高铁网络，将使国民经济跨上一个新台阶，对促进城镇化和区域协调发展具有重大意义。铁路作为长期发挥作用的基础设施，其投资具有长期稳定回报特点，应通过投资体制改革，建立适合铁路特点的长期融资机制。要实行投资主体多元化，发行长期建设债券，允许将沿线土地商业开发与投资偿还结合起来。拥有200万以上人口的城市，都应当建设地铁。我国有200万以上人口城市42个，绝大部分尚无地铁。加快高铁、地铁建设，对拉动内需、促进增长将起到立竿见影的效果。

（四）扩大城乡公共服务设施建设。

（五）积极发展新能源汽车和新材料。

（六）对有条件在国内生产的大宗进口物资实施以产顶进。

（七）积极培育新的区域经济增长极：我国区域发展不平衡，在不同发展时期，应选择不同区域作为经济增长极，以支撑国民经济持续发展。淮河经济带是目前最有条件成为新的增长极的地区。这一地区土地肥沃、雨量充沛、资源富集、人口稠密，由于雨季过度集中，至今仍遭受着洪涝、干旱交替发生的困扰，是豫皖苏三省发展的洼地。过去几十年淮河治理以防汛为主，现在需要调整思路，从发展的角度进行根治。应抓紧制定淮河经济带的整体规划，做到汛期蓄水、常年用水、科学调度，实现洪水资源化。要建成千公里河川式水库，万吨轮可从滨海行至蚌埠，万吨级船队可行至息县、周口。建成绿色食品基地、新型原材料基地、先进制造业基地和黄金旅游线，使之成为我国第三条出海黄金通道和第四增长极，成为新时期扩大内需的战略支点。

第三部分是“推进经济转型升级，必须更好地发挥政府作用”。

（一）能否发挥好政府作用是“华盛顿共识”与“北京共识”的分水岭。发挥市场对资源配置的决定性作用，就是让价值规律充分发挥作用。在各个部门之间，通过价值规律作用，按照社会需求比例在各个部门间分配社会劳动，从而实现各部门供求的大体平衡。在一个部门内部，通过价值规律作用，把资源配置到最具发展潜力的企业，实现企业间的优胜劣汰。政府充当游戏规则制定者和监督者，不要干预企业经营决策。在实施经济转型、产业升级战略中，政府要制定明确的导向政策，包括鼓励类、限制类政策。在市场准入政策上，要制定负面清单，实行非禁即入原则。在要不要发挥政府作用以及如何发挥政府作用的问题上，东亚国家实行了与西方发达国家和拉美国家不同的模式，这也成为东亚一些国家能够成功跨入高收入国家行列，而许多拉美国家长期落入中等收入陷阱的重要原因。我国在30多年改革发展中，一方面不断扩大市场作用，另一方面逐步转变政府职能，完善宏观调控，创造了经济奇迹。我国与拉美国家经济体制的重要区别，就在于对政府作用的认识，以致有国外经济学家把两种经济现象概括为“华盛顿共识”和“北京共识”。自由经济学派对市场作用的过度推崇和对政府作用的过度批判，已经误导了不少国家政府。作为自由经济学派发源地的美国政府，在应对金融危机中对美国银行和房利美、房地美实施救助措施，美联储连续几年实施货币宽松政策，刺激企业投资和经济复苏，向国外转嫁危机。说明美国政府根本不相信自由经济学派的那一套理论。我国目前正处于转型升级的关键时刻，我们不仅不能使政府去功能化，而且要更好地发挥政府的作用。对经济实施必要的刺激措施，不是一个贬义词，而是一个积极的褒义词。一个负责任的经济学者，应当支持政府推出刺激经济的措施，而不能随意指责。

（二）三大调控杠杆要围绕促进转型升级形成调控合力。计划、财税、金融三大杠杆，是宏观调控的基本手段。三者之间既相互制衡，又相互协调、形成合力，是中国特色社会主义市场经济的宏观调控体系。面对转型升级的任务，计划部门应制定转型升级的目标、重点、要求；财税部门应运用减税、贴息、资本金补助等措施，引导信贷和社会资金投向；金融部门应运用定向宽松的货币政策，包括点贷、重点建设债券等措施，引导信贷资金投向规划和财税政策引导的方向。特别是在目前通胀压力小的情况下，金融调控政策应适时从总量调控为主转变到以结构调控为主，运用强大的金融力量支持经济转型升级。

（三）制定产业结构调整政策要从选择型转变为功能型。

（四）适时选定并实施带动能力强的国家重大工程。集中力量建设国家重大工程，带动经济、科技发展，是政府的一项重要职能。在美国历史上，不同时期都提出和实施了带动全球科技、军工发展的重大工程。如曼哈顿工程带动了核弹、核电发展；星球大战计划带动了航天航空产业发展；信息高速公路工程带动了全球互联网发展；正在实施的新能源计划、出口倍增计划、再工业化计划等，对未来美国经济和全球经济也将产生重要影响。新中国成立以来，我国制定和实施的两弹一星工程、南水北调工程、长江三峡水利枢纽工程、青藏铁路工程以及正在实施的大飞机项目等，也都具有重大带动意义。当前面临经济转型升级任务，应当选择和实施对全局具有带动意义的重大工程，如大规模集成电路工程、生物基因工程、新能源工程、根治淮河工程等，举全国之力攻克技术难关，对提升自主创新能力、增强经济竞争力和持续发展能力，必将产生重大带动作用。

7月6日，《经济学家》发表《颠覆传统思维，加快转型升级步伐——郑新立常务副理事长同管益忻教授对话》一文。

【按】日前，郑新立与《企业家日报》主编管益忻教授，就中央和各级地方政府都在研究、制定十三五发展规划，如何以顶层设计思维，坚持市场在资源配置中的决定作用的同时，搞好宏观调控，解决好一系列重大问题进行了一次对话。对话共分九个部分。

（一）宏观调控要注入新思维。

郑新立（以下简称“郑”）：迄今为止中国搞了35年的改革开放。正是因为这么多年波澜壮阔的改革开放，中国经济社会才发展得这么好，世界有目共睹。现在就连美国的一些经济学家也在研究、学习、借鉴中国的模式，美国在最近几年较快突破危机，搞宏观调控，从一定意义上说是借鉴中国经验的结果。经济危机爆发之后，面对这么大的金融危机，美国采取量化宽松政策，逐步走出了危机。

管益忻（以下简称“管”）：从QE[1]1到QE2，再到QE3，美国

[1] QE是指量化宽松。——编者注

一再地搞货币量化宽松，并没有搞深层的调整结构。伯克南下台，耶伦老太太上来，购买额还从750亿降到650亿，但并未调结构。

郑：美国实际上把危机的影响转嫁出去了。

管：债务是转出去了，但它自己的深层结构问题并没有解决。

郑：人家现在有经济复苏迹象，而咱们有点儿受新自由主义经济学派的影响。搞得政府不敢说宏观调控，一说宏观调控有些人就反对，说政府干预市场。党的十八届三中全会《决定》提出发挥市场对资源配置的决定性作用和更好地发挥政府的作用，两者不可偏废。政府把不该审批的事都交给市场，不要干预微观经济活动，但是宏观调控必须得做。

管：其实世界各国都搞宏观调控，也不唯独中国在搞，是吧？

郑：对。就现实做法来说，我们的宏观调控还是从西方学过来的，是从德国、美国学过来的，当然，学的过程中又根据中国的实际情况加以创新了。

管：中国经济发展的基本面，一个总的形势、总的看法能否给出一个大致的定调？特别是如何颠覆传统思维，加快转型升级步伐的问题。

郑：前不久，中国国际经济交流中心理事长召开座谈会，请了很多专家学者座谈，大家认识上也有一些分歧。两会上记者问总理，我们去年最大的压力是什么？总理说最大的压力就是经济下行的压力。经济下行的压力已经持续了两年多，今年的形势证明压力仍然存在。主要矛盾方面还是需求不足。它的成因既有周期性作用影响，也有全球金融危机的影响。长期因素和近期因素交织到一起了。长期因素就是2000年以后，中国的GDP出现了长达十年两位数的增长，这是中国的一个黄金发展时期，即高增长、低通胀，生产能力明显增长。

管：生产能力十年间两位数增长，这是了不得的辉煌成就。生产能力的空前增长，其核心在TFP（全要素生产率），就是全要素生产率大大提高了。现在发展方式转型应从粗放型向集约型过渡——认为过去的伟大成就似乎是粗放型取得的，这是不对的。理念上，要有一个大的转变。

郑：生产能力增长，这是事实，我国200多种产品生产能力位列世界第一。钢铁生产能力已经超过美欧日总和。钢铁产量中国是世界第一，河北省是世界第二，唐山是世界第三，唐山市的迁安县是世界第五。这表明2000年以后，我们靠高消耗、高投入、高污染，带来的结果就是产能过剩，这成了主要矛盾。另一方面是需求不足。需求不足和产能过剩是一个问题的两个方面。从近期来看，主要问题还是出口，受金融危机影响，美欧等发达国家市场疲软，所以我们出口增长受阻。长期矛盾和近期矛盾结合到一起，造成需求不足。解决这个矛盾从根本上来讲，还是靠转变发展方式，当然，宏观调控要注入新思维。

转变发展方式是十七大提出来的。主要讲三个方面，第一是扩大消费，第二是加快发展第三产业，第三是加快科技进步。

（二）以原创为本是转型升级的关键。

（三）破除“路径依赖”。

郑：从近期来看，可能还得靠投资拉动，但从根本上来说应该主要靠消费来拉动经济增长。

管：新立主任，最近据汤森路透报告格林斯潘对中国的吐槽，他提到现在世界上100个创新意识、创新能力比较好的公司，没有一个是中国的，美国有45个，日本有一些，中国是零。现在我们的产品量上都没问题，就是品牌、文化内涵、核心东西，特别是像汽车发动机等不行。还有，我们转型升级的发展一定要破除“路径依赖”，如投资和消费关系问题就是这样。我们在计划经济年代经常犯的一个毛病就是高积累、低消费。高积累即高投资，大大地挤压了广大民众的消费。现在搞市场经济了还有这个问题。

郑：现在国内汽车消费量很大，但是OEM（定点生产）占比重太大，OBM（代工厂经营自有品牌）尽是外国的。诸多大车展几乎都成了万国汽车博览会。我们的品牌和创新不如韩国，韩国创造出了许多世界名牌。咱们还没创造出来。新中国成立后的前三十年，主要是急于求成，高投资率、低消费，结果欲速则不达，经济发展平均速度只有6%多一点，人民的消费水平年均增长只有1%多点，结果造成了资金大量在投资领域沉淀，所以我们消费水平低。后来，在改革开放初期，就是20世纪80年代，对这个情况进行调整，对轻纺工业实行六个优先，轻纺工业率先改革、率先放开，这样，我们用十年的时间走出了工业发展的困局。

管：党的十一届三中全会后不久，我们发现生产目的出问题了。1980年年底的经济学界群英会——在北京西山开的社会主义生产目的研讨会——是一次关于积累和消费比例关系大反思、大探索、大讨论的会议。实质也是对两大部类关系的探讨，是经济学界一次生产目的大研讨。400人与会，于光远先生主持。我参加了这次会议，你也参会了。

郑：当时，理论上强调生产资料优先增长，过度、片面地理解生产资料优先增长理论。经济学家们反思了这个问题，包括董辅礽20世纪60年代在《经济研究》发表文章，推导所谓列宁的再生产公式。而在中国，是先生产钢，再用钢生产机床，机床量大了再用来生产钢。结果成了钢和机床之间的循环。第一部类内部自己循环了！后来经过80年代的大调整，情况改变了，这个时期经济发展很快，成为老百姓受益最多的时期。那会儿工资也涨了，老百姓买家电，买冰箱，生活水平提高得很快。三十年过去了，现在又积累了矛盾，而且这个矛盾又相当尖锐，所以需要大幅度地进行调整。马克思在《资本论》里讲，资本主义的基本矛盾是生产能力的无限扩大与劳动人民有支付能力（需求）相对缩小之间的矛盾，即生产和消费之间的矛盾。资本主义解决不了这个矛盾，所以就会有周期性的经济危机，经济危机解决不了就埋葬资本主义。后来西方发达国家也从《资本论》里得到借鉴，特别是北欧的一些国家，采取了一些措施解决这个矛盾，第一个是搞社会福利，搞福利国家，搞公共服务，第二个是搞经济预测。就这两条措施，人家生产周期性过剩的危机已经缓解了，或者说是开始消失了。但它现在走向了反面，消费过度，特别是公共服务的保障超过了财力的承受，所以它要延长退休年龄，减少退休金。退休金一减少，老百姓就上街闹事，没办法。我们现在正好相反，东西多得很，但是没有消费能力。我算过一笔账，我们用五年到十年时间，把最终消费率提高10个百分点，把居民消费率提高15个百分点，现在居民消费率只有36%，提高15个百分点，达到50%，形势就大不一样了。“六五”时期，居民消费率曾经达到53%，最终消费率达到60%多，如果能达到六五时期的那个水平，那么居民消费率可以提高15个百分点，最终消费率可以提高10个百分点，这样，就相当于每年用于投资和出口的7万亿到8万亿的商品，转变过来让我们老百姓消费。现在我们一年的社会消费品零售总额是20多万亿到30万亿，要再增加六七万亿甚至8万亿，那消费水平得提高多少？要真正把这个结构调整过来，这才叫以人为本。现在就是发达国家解决了矛盾，我们还没有解决，因为我们没有解决生产能力的无限扩大和有支付能力的需求之间的矛盾。因为现在和过去的改革不一样，现在投资和消费约束机制建立起来了。老百姓的消费水平受工资水平的制约，工资水平受各个企业的制约，政府公务员占很少的一部分。所以没有解决消费的出口，现在关键是要调整收入分配结构，提高中低者的收入。还有就是城乡之间三中全会决定进行农村土地制度改革。

管：各个行业之间的收入差距是个大问题。像金融行业，年收入是9万多，一般的工薪阶层是4万多，还有低收入阶层是3万多，金融行业收入相当于最低收入的三倍。

郑：金融行业现在存在的问题很大。还有一个就是调整收入结构、公共服务和公共消费。如果说个人消费领域是供过于求，或者供求平衡，而公共产品则是供给不足。比如说，城市当中最典型的是清洁的空气、干净的水，本来是要政府提供的，但提供不了。因为没有形成生产机制，为生态文明做出贡献的、治理污染的企业吃亏，不治理污染企业的赚钱。还有城市里的交通拥堵，敬老院、幼儿园、职业教育，这些都是供给不足的。在北京你打电话打三天，养老院都找不到床位。找个幼儿园你得赞助几万元，这些事，要是政策放开的话，不就可以解决吗？

管：还有啊，北京最近要消灭“五小”，说中心城区不能发展“五小”。可这就有问题了，现在上班族下了班可以就近到自由市场买东西，把自由市场“消灭”了，他们到哪儿买菜？怎样解决柴米油盐的问题？

郑：老百姓开一个小门店，一个人就业养活一家子人呢！这还是个公共服务问题，根本的还是靠调整消费投资的比例，提高消费占的比重，这是根本。消费和投资比例调整好了，经济才能进入良性循环。

管：消费是在 50% 到 60% 之间好，是不是？起码不能低于 50%。

郑：消费包括居民消费和政府消费，政府消费这个比例始终不动不大，大约占 14%。居民消费再加上 14% 的政府消费，就是最终消费。现在关键是居民消费这块下降了，像“六五”时期消费占到 53%，现在下降到 36%，最低的时候下降到 34%，下降了十几个百分点，这部分都到了投资那边。

管：那正是民营经济发展受挫折的一段时期，好像是 1999—2001 年，这三年当中，民营经济受到压抑，被搞掉一大块。很多小企业破产或解散了，到后来又好了一些。

郑：看改革开放这三十年的图形非常清楚，投资率是一条上升的斜线，最终消费率是向下的一条斜线，2010 年两条线交叉了，交叉了就是最终消费率与投资率相等。这在全世界也是独一无二的。一年几十万亿 GDP，最后弄了一半用于再生产，1/3 是老百姓的消费，剩下的都是出口，这种结构基本是扭曲，所以最终要进行比例结构的调整。现在这方面的措施不是很有力。

（四）调结构要适应新的形势。

（五）对生态环保、养老等产业要真正从产业化、正能量上做文章。

（六）银行要打造出自己特有的商业模式与核心竞争力。

（七）房地产业发展已到拐点。

（八）以市场化机制解决土地问题。

（九）用改革推动体制机制优化完善。

7月7日，接受新浪财经记者孟先亮、江艾欣的专访，发表专访文章《该刺激要果断刺激、建议重点投资高铁网络》。

【按】针对当前热门的“中国经济新常态”、“微刺激”和“改革”等话题，郑新立在接受记者专访时表示，“微刺激”是正确的，这种调控能优化经济结构、刺激经济增长，并建议政府重点引导投资高铁，形成中国高铁网络。

2014年4月初以来，政府为缓解经济下行压力，从投资、金融、财税和外贸等多个领域采取了“微刺激”的政策。这些措施在郑新立看来必不可少，政府该刺激的时候，还是要果断刺激。

“‘微刺激’就是适度的、精准的刺激，而非过度的和一刀切的刺激。”郑新立表示，根据宏观经济发展的需要，选择那些迫切需要发展的领域来定向给予财政、金融杠杆的支持，既优化了经济结构，又能刺激经济增长。

在郑新立看来，释放经济潜力近期靠投资，而长期靠消费，政府要把“计划、财政和金融三大杠杆形成合力，能使扩大内需和投资的钱用到刀刃上”。

我国20世纪90年代应对亚洲金融危机时，实行了扩大内需的政策，重点引导投资高速公路等六大领域。而在郑新立看来，正是因为这种重点投入，才赢得了2000年后10年的快速增长期。

因此就近期来看，郑新立建议投资能提高居民消费水平的领域，即“通过增加公共服务供给，增加公共服务消费，改善消费环境”。而在具体投资领域上，他表示应重点投资高铁、城市公共服务、环保产业、战略性新兴产业、国内生产大宗物资和区域性经济增长极六大领域。

在这六大投资领域中，郑新立表示要重点投资高铁，形成中国高铁网络，因为“通过高铁建设，拉动装备工业和建材的发展，既能满足出行需求，又为经济长远发展奠定基础”。他进一步解释说，现在面对全球金融危机，能不能把挑战变成机遇，关键看高铁能不能形成投资强度，尽快形成高铁网络。

7月21日，《经济日报》发表《深圳国际专利申请量为何遥遥领先》一文。

7月22日10时，在“中国经济50人论坛”发表《曹妃甸“大跃进”后的困境》一文。

【按】此文认为：如果首钢不搬迁，那么北京的雾霾将会比现在严重很多。将首钢搬到曹妃甸，这是一个非常重要且正确的决策。现在的关键是搬去之后，一期工程建起来了，二期工程由于整个环境容量的考虑，停下来了。在建设一期工程的时候，把二期工程的基础设施全部投入进去了。所以，现在只形成一期，二期工程跟不上，它就亏损。

如果现在二期工程上来以后，马上就可以转亏为盈。曹妃甸的地方环境容量还有一定空间，现在要考虑首钢的二期是不是应该上马。

中国要发展石化产业，就要加大技术研发力度，现在大量进口的产品和PX应当在国内组织生产。石化是大进大出的行业，是一个临港产业，适合建在海边。像新加坡裕廊岛，在一个岛上，原来没有人，后来发展成为石化基地。中国的海岸线很长，在沿海选择一些人烟比较稀少的荒岛，集中建设一个绿色的亿吨级的石化基地来结束化工产品进口的局面，我觉得应该加大这方面投资，这不会造成通货膨胀，因为国内有需求，可以以产顶进。

在我看来，钢铁行业要走集约化道路，借助首钢搬迁的机遇，通过联合，把规模做大，提高钢铁工业的集中度。另外，有一些中小钢厂，如果产品比较好，市场定位比较好，效益也比较好，而且有自己独特的技术，有自己专门的市场，也要鼓励发展。

建议曹妃甸设立一个大宗进出口物资的自由贸易园区，曹妃甸作为北方的大宗进出口物资的集散中心，能够发挥长江口的舟山群岛的作用。同时和天津的东疆自由贸易区在功能上也是互补的，不是重叠的。如果曹妃甸能够向国务院申请设立一个自由贸易区，将成为河北省对外开放的一个亮点。

中国现在需要有区域性的增长极，比如京津冀的一体化，长江经济带的发展等。但是，过去我们考虑经济发展往往各自为政，应当全盘考虑。政府要起到制定规划政策的作用，不要直接去审批项目，把审批项目的事减少得越多越好，集中力量干好政府应该干的事情，就不会出现“跑部钱进”，出现恶性竞争的情况。

7月29日，在“中国经济50人论坛”发表《深化金融体制改革的方向和重点》一文。

7月，第7期《中央财经大学学报》发表与梁云凤合著《公共产品价值补偿与现代财政制度构建》一文。

【按】文章摘要：中共第十八届三中全会强调市场在资源配置中起决定性作用，并首次把财政提高到国家治理的高度，为财税改革提出了新的要求。在生态文明建设和公共财政制度背景下，针对财税制度本身的结构失衡问题，结合效益型、公共型财政观念转变，提出全面深化财税改革，构建现代财政制度应着重考虑有利于生态环境补偿、资源有偿使用、能源集约节约利用，以及节能环保市场的培育壮大。按照兼顾公平和效率原则，完善财政收入制度，改进预算管理制度，增强财政公开透明等政策建议。本文共分五部分。

第一部分是“环境和资源是公共产品”。

第二部分是“我国现行财税制度现状及存在问题分析”。目前的财政问题主要是结构性问题，即财税体制本身的结构失衡。主要表现在以下四个方面。

一是政府间事权财权的配置结构失衡，责权利不配套。二是财政收入制度存在不足。三是财政支出在公共领域缺位。从理论上讲，在完善的市场经济体制下，财政支出的重点领域应该是医疗、卫生、教育、福利保障及社会事业，政府投资和行政事业管理费占比应该降低。在不同的发展阶段，政府承担着不同的职能，财政支出也有不同的规模和结构。根据马斯格雷夫和罗斯托的经济发展阶段论，在经济发展初期阶段，基础设施投资比重大，因其具有公共物品性质和外部效应，应由政府投资，政府投资占总投资比重大，在经济发展中期阶段，公共投资促进产业结构调整，调节市场失灵，政府投资占 GDP 比重下降，而总投资占 GDP 的比重上升；在经济成熟阶段，城市化对基础设施和公共服务要求提高，居民注重生活质量，教育、卫生保健、环保、社会保障、收入分配等服务需要政府提供，因此财政支出增长也会快于 GDP 的增长。根据马斯格雷夫的观点，收入分配和经济稳定的职能主要由中央政府负责。但是我国财政支出中最具有再分配性质的几项，如“文教、科学、卫生事业费”“抚恤和社会福利救济费”“社会保障补助支出”却是由地方政府承担了大头（80%甚至90%以上）；而“政策性补贴支出”地方政府也负担了将近一半的份额，中央财政在这方面存在缺位现象。四是财政支出方式需要完善。

第三部分是“转变观念，加快树立现代财政观”。

第四部分是“绿色发展必须考虑公共产品价值”。

第五部分是“全面深化财税改革，构建现代财政制度”。一是按照兼顾公平和效率原则，在追求经济持续健康发展的同时，调整财政支持经济发展的方式。二是完善财政收入制度：(1)稳定税负，改革税制结构；(2)绿化资源税费制度。其一，完善资源开采阶段税费制度，形成以权利金为主体，以矿业权价款、矿产地租和相关税收为重要补充的矿产资源税费制度体系。其二，完善生产消费阶段的财税制度，打造绿色产品。产品的生产和消费阶段涉及的一个重要税种即消费税，其设置是为了抑制超前消费，调节消费结构，只是其中某些应税产品与环境联系比较紧密，能在一定程度上减少污染，保护环境，但其出发点不在于保护环境，并且其征税范围狭窄，税率设计不合理，因此要充分发挥其环保节能作用就必须做到以下两点。第一，将目前尚未纳入消费税征收范围、不符合节能技术标准的高能耗产品、资源消耗品纳入消费税征税范围。第二，适当调整现行一些应税消费品的税率水平，如提高大排气量轿车的消费税税率，适当降低低排气量汽车、摩托车税率等。其三，产品报废阶段税制的完善。(3)培育地方政府财源，构建地方税体系。

第六部分是“改进预算管理制度，增强财政公开透明”。

7月，第15期《求是》发表《以改革新突破释放发展新动力》一文。

【按】文章共四部分。

(一)推进户籍制度改革释放城镇化潜力。

(二)改革农村土地制度释放农业现代化潜力。

(三)落实金融体制改革释放资本潜力。我国资本存量已经很大，银行M2已达116万亿元，外汇储备接近4万亿美元。但是，由于金融体制改革滞后，资本流动性差，资金配置不合理，企业融资成本高。仅就资金价格来看，与发达国家相比，我国要高出一倍以上。2013年中国企业一年期贷款利率为6.15%，美国是2.25%左右，日本是1%左右，德国是3.5%左右。我国金融业净资产利润率比实体经济也高出一倍以上。金融业的高利率、高利润主要来自垄断，来自行业壁垒，阻碍了生产要素在行业之间的自由流动。这种状况持续下去对实体经济的发展是很不利的。

(四)改革投融资体制释放民间投资潜力。解决当前需求不足的矛盾，从长远来看，靠的是消费的增长；从近期来看，主要是靠增加投资。为了避免重回高投资、高消耗支撑高增长的老路，必须精准选择投资方向，优化投资结构，特别是鼓励民间投资增长，这就需要深化投融资体制改革。围绕转变发展方式调整投资结构，应引导社会资金主要投向这些领域。一是能够带动产业结构优化升级的建设项目，包括新能源、新材料、电动汽车、新一代移动互联网、生物技术、先进制造、海洋经济等战略性新兴产业。二是生产性服务业，包括研发、设计、金融、物流、信息、咨询、会计、审计、法律、文化、创意等产业。三是紧缺的基础设施和公共服务业，包括城际高铁、地铁、停车场、养老、医疗、健康、职业教育、学前教育等。四是环保产业，包括工业烟囱脱硫、脱硝、除尘，污水处理、垃圾处理，强制推广低排放汽车发动机和高标号燃油，绿化环境等。五是顶替进口的大宗物资。我国每年进口化工产品和芯片各2000多亿美元，其中许多产品可以在国内组织研发和生产。如PX进口量已占国内市场的64%，外商趁机抬价，利润大量流失。应选择远离居民的荒岛，集中建设大型先进石化项目，结束进口局面。我国每年进口大豆5 000多万吨，应大力扶持国内木本油料种植，既能绿化荒山，又能增加农民收入。六是新的区域经济增长极，包括长江经济带、淮河经济带、京津冀经济一体化等。特别是淮河经济带，自然条件优越，但由于长期以来缺乏全流域整体发展规划，投入不足，至今仍是豫皖苏三省的经济洼地。如能制定综合规划，协调各方，统一治理，将洪水资源化，可形成千公里河川式水库，重构我国第三条出海黄金通道，新增上千万亩良田，打造我国继珠三角、长三角、环渤海之后的第四增长极。

7月，第7期《金融世界》发表《亚洲亟须统一的信用评级体系》一文。

【按】此文指出，建立亚洲信用评级体系是防范金融风险的客观需要。

2008年由美国金融危机引发的全球金融、经济危机，给世界经济带来重大损失。总结这次危机的教训，主要原因在于美元发行与流通产生的矛盾。作为全球主要的储备货币，美元的发行是以主权信用为基础的，而它在美国之外的使用和流通占总量的三分之二。这种主权货币和产生的金融衍生产品，存在大量的金融风险。据统计，危机之前，各种金融衍生产品总规模高达200多万亿美元。

信用评级体系作为金融风险防范的最后一道防线，由于高度垄断，并与被评级企业存在说不清的利益关系，其本应该发挥的作用存在缺失。雷曼兄弟公司在倒台之前，其信用评级为A+，宣告破产后产生了连锁反应，引发五大投资银行全部倒台。总结教训，打破信用评级垄断，建立国际制衡的信用评级体系，特别是建立亚洲信用评级体系，对于维护金融安全，防范风险具有重要意义。

建立亚洲信用评级体系是扩大亚洲金融合作的需要。亚洲各国（地区）之间快速增长的投资贸易需要一个高效、可信任的评级体系，完全依赖美国三大信用评级公司是远远不够的。我们要建立自己的信用评级公司，同它们展开竞争。在多元竞争中，由企业来评价信用的可信程度，选择诚实的客户来减少投资风险。

建立亚洲信用评级体系是为全球金融稳定做出贡献的客观需要。亚洲的经济已经占到全球的三分之一左右，而且是全球增长最快的。拉美地区在20世纪50年代到70年代曾经是全球经济发展比较活跃的地区，但在70年代之后不断地产生金融波动。总结教训，亚洲的发展要走向一个持续健康稳定的道路。这不仅是亚洲经济发展的需要，也是为全球金融稳定做出贡献的需要。

建立亚洲信用评级体系也是完善中国社会主义市场经济体制的客观需要。未来的中国金融体制改革，大体来讲主要有三个方面的任务：第一，降低企业融资成本，放宽金融准入；第二，建立多层次的资本市场，扩大企业直接融资的比重；第三，扩大人民币在国际贸易结算中使用的规模，促进人民币国际化。

8月2日，出席在山东济宁召开的“资源型城市经济转型与可持续发展高层研讨会”，并接受中新网记者周锐专访。

【按】郑新立在接受专访时表示：建立自然资源资产产权制度，

是促进资源型城市转型发展的制度保障。其中，建立主要领导者对自然资源损坏情况的离任审计制度和自然资源损坏的责任终身追究制度是“很厉害”的一招。郑新立指出，资源型城市转型是中国转变发展方式面临的突出任务。目前，中国煤炭的采空区大概达到了 14 万公顷。资源型城市亟待改造的棚户区房屋在 7 千万平方米左右。资源型城市失业的矿工有 60 多万人，享受低保的有 180 多万人。

在郑新立看来，建立自然资源资产产权制度是促进资源型城市转型发展的制度保障。而要做到这一点，有三项至关重要的改革需要推进。

一是要建立自然资源资产的负债表。二是建立主要领导者对自然资源损坏情况的离任审计制度和自然资源资产损坏的责任终身追究制度。三是建立自然资源资产损坏的赔偿制度。谁损坏，谁赔偿，必要的时候还要追究刑事责任。郑新立强调，把自然资源资产的产权制度建立起来，通过上述具体制度的建立和落实，中国资源型城市转型发展才会有可靠的制度保障。

8 月，第 8 期《全球化》发表《建立多元制衡的国际储备货币体系》一文。

【按】此文认为，现行以美元为本位的国际货币体系，是在美元脱离金本位，宣告布雷顿森林体系解体后形成的。美元作为一种主权货币，它的发行根据美国国内经济需要所决定。而美元作为一种主要的国际储备货币，从有利于全球经济稳定发展的角度来看，其供给量理应既要满足国际经济活动对货币的需求，又要避免过度虚拟化而引发国际金融体系波动。美元在全球经济中的重要功能同其发行决策的国家主权性质，不可避免地产生了矛盾。如何解决这一矛盾？重回金本位是不可能的，发行一种超主权货币也面临诸多现实难题，建立具有约束机制的多元国际储备货币体系，即由美元、欧元、人民币为主，组成三足鼎立的国际储备货币体系，再加上其他若干货币，可能是一种正确选择。本文就此提出一些设想，以期引起讨论。

（一）以多元储备货币取代单一储备货币是历史的必然选择。

（二）多元制衡的国际储备货币体系有利于处理好“特里芬难题”。

（三）中国金融体制改革将为人民币成为国际储备货币创造条件。

（四）欧元在维护国际货币体系稳定中的地位、作用与战略选择。

8月11日，《经济日报》发表《保障农民公平分享土地增值收益》一文。

8月11日，在《中国经济时报》上发表《深化金融体制改革的方向和重点》一文。

【按】文章分四部分。

（一）围绕降低企业贷款利率放宽金融准入。

（二）围绕降低企业债务率发展多层次资本市场。

（三）围绕防范和化解各类风险发展保险业。

在银行业、证券业、保险业三大金融产业中，我国的证券业发展落后于银行业，而保险业的发展又落后于证券业。之所以出现这种状况，有其历史原因。在传统计划经济体制下，货币被看作资产阶级法权的残余，列为逐步消灭的行列。在金融业中允许银行存在，只是起到社会簿记的作用。所以，改革之前中国的金融业，只有银行，没有股票市场，也没有保险业。只是在改革开放后，我国证券业和保险业才逐步发展起来。由于发展时间短，各种制度不够健全，发展很不充分。目前我国保费收入总额仅相当于国内生产总值的3%，而发达国家平均为8%，美国高达13%。有一个例子很说明问题：美国南部海滨城市发生台风海啸灾害，获得保险公司理赔的家庭占全部受灾家庭的50%；而我国发生汶川地震时得到保险公司理赔的比例仅为5%。所以，中国的保险业仍处于起步阶段。

保险是社会的安全网，建立发达的保险业是维护社会安全稳定的需要。去年，我国人均GDP已达6750美元，从国际经验来看，进入了保险业快速发展期。加快建立健全保险制度，为保险业的发展创造良好的政策环境，成为金融体制改革的一项重要任务。《决定》提出，"完善保险经济补偿机制，建立巨灾保险制度"，为发展保险业指明了方向。

完善保险经济补偿机制，是吸引广大企业和居民参与各类保险的前提条件。以农业保险为例，我国农业收成在很大程度上受气候等自然因素影响，发展农业保险对保护农民利益关系重大。目前农业保险的覆盖面和保险深度都比较低，经济补偿仅限于成本补偿，今后应向指数补偿和收入补偿发展，即出现自然灾害之后，保险的理赔不仅限于补偿成本，还应根据受灾程度，提高补偿水平，使之适当减少纯收入的损失，逐步形成完善的经济补偿机制。要建立地震、洪涝、火灾等巨灾保险制度，充分发挥保险公司在防灾救灾中的作用。目前出现大的自然灾害，主要靠政府出资救助和各地群众捐助。如果能将政府在事后的救助资金拿出一部分作为投保的补助，吸引更多的企业和居民参保，就能动员社会资金加入保险事业，起到事半功倍之效。

广义的保险业还包括社会保障在内。当前，我国养老、医疗、失业、工伤等社会保障体系正处于建立和完善阶段。社会保障基金是金融体系的重要组成部分，而且随着居民收入水平不断提高，社保基金的规模将不断壮大，最终将成为社会投资资金的最重要的来源。社保基金追求稳定的长期投资回报，用社保基金投资基础设施建设和国有企业，解决目前类似高铁建设资金不足等问题，是非常合适的。在美国，包括社保基金在内的各类保险基金已成为最大投资资金，许多大型跨国公司的前几位股东都是保险基金，保险基金交给投资公司运营，不干预企业的经营。它们对美国经济的稳定和发展起到举足轻重的作用，以致有的经济学家把美国经济称为基金资本主义。

我国的社保基金建立时间不长，但已积累了相当大的规模。目前的主要问题是，社保基金绝大部分只能存入银行，而银行的存款利率低，有时甚至低于通胀率，存款收益为负。如何实现社保基金保值增值，保证其良性循环，是社保基金运营面临的最大问题。应借鉴发达国家经验，扩大社保基金用于直接投资的比例，以提高其收益率。

社保基金还可用于政策性银行补充贷款资金的来源。法国有一项保值储蓄制度，即每个法国居民可保有总额为2万欧元的保值储蓄，年净利息不低于2%，低于2%时由财政补贴。保值储蓄的资金由专门的政策性金融机构用于基础设施和重大工程建设贷款。我国政策性银行和开发性银行都面临贷款资金来源不足的问题，法国的这个经验值得我们借鉴。

（四）围绕人民币国际化完善汇率市场化形成机制。

8月20日，出席中国国际经济交流中心举办的主题为“如何降低融资成本、支持小微企业发展”的第62期“经济每月谈”，并做题为“深化金融体制改革的方向与重点”的演讲。

【按】此演讲涉及以下方面。

（一）土地流转抵押贷款政策已下达地方执行。

（二）金融体制改革方案即将公布：由央行（中国人民银行）牵头的“全面深化金融体制改革方案”正在抓紧研究制定中，即将出炉。在方案可能涉及的内容方面，郑新立透露，“银行发行小额贷款债券，政府应给予适当贴息”，这点有望写入即将公布的金融体制改革方案中。

郑新立表示，最近几个月国务院出台的一系列关于金融改革的文件，包括金融支持实体经济发展的意见，金融支持发展方式转变经济转型升级的意见，支持文化产业发展的意见，都是贯彻落实十八届三中全会关于金融体制改革的决定精神的具体举措，而且在某些领域已经有了一些重大突破。

8月23日，出席在北京举行的“国企改革进行时——共识与务实的国企改革论坛”，并发言。

【按】论坛由人民政协报社、国务院国资委研究中心、中国企业改革与发展研究会主办。郑新立在发言时表示：管资本为主不是国有资本功能的缩小和弱化，而是它的放大。在产业升级中发挥国有资产、国有资本管理的功能，加快中国发展方式转变和经济转型升级。

8月，第8期《全球化》发表《建立多元制衡的国际储备货币体系》一文。

【按】在金融业高度发达的今天，金融产品依靠主权国家信用形成毫无节制的供给能力，是新的历史条件下全球金融危机产生的重要根源。以多元储备货币取代单一储备货币是历史的必然选择，用这种制衡机制迫使货币发行国政府对本国的币值稳定负责，相当于发挥金本位作用。有了这种机制，就能有效地促进货币发行国政府从本国利益出发，加强对金融的监管，既能满足全球经济活动对货币流动性的需求，又能避免超量发行和金融衍生产品泛滥，以保持全球金融和经济稳定。

9月9日，出席在天津举办的“京津冀一体化峰会”，并发言。

【按】郑新立在会上表示：京津冀一体化是实现2020年全面小康的目标，我们现在还有六年的时间，如果到2020年北京周围像莱源、承德、张家口的县还是那么穷，就在北京眼皮子底下，我们能说全面小康实现了吗？

北京市现在交通问题、污染问题、房价上涨的问题已经走到极限了，北京下一步要发展，要创造宜居的环境，要成为政治经济、国际交流中心，现在外国人要逃离北京，不愿意在北京当外交官了，北京市怎么办？我们2011年去秦皇岛度假，高速公路两边、铁路两边都是玉米地，两三个小时看不见一间工厂，这和苏南形成很大的差距。

郑新立称，我们京津周围的农地为什么不能生产供应京津地区的绿色食品、形成一个绿色食品基地呢？花卉、水果、蔬菜就地供应，减少运输距离，当地农民也富了，京津地区居民也可以吃上新鲜的蔬菜。另外像曹妃甸和天津港，过去是竞争大于互补，今天我说互补大于竞争，天津港将来可能会以枢纽港、集装箱港作为主体功能。曹妃甸港水深条件非常好，将来可以作为大宗物资吞吐港口，煤炭、钢铁、石油、天然气、粮食、木材在这里进出口。曹妃甸和天津港完全可以形成互补的关系，现在还是低水平的竞争。

像这类问题如果不解决，下一步京津冀要稳增长就很困难，实现小康也很困难，所以发展现代化的示范区，在全世界都将具有举足轻重的作用，京津冀应成为引领世界经济发展的都市群。中央提出京津冀一体化，我觉得当前具有极大的紧迫性和重要性。

9月11日，央广网经济之声《天下财经》报道“北京富人应该住河北去，穷人都住三环内”。报道称这是中国国际经济交流中心常务副理事长郑新立的最新言论。

【按】郑新立说，大家不要集中在三环路以内，这就像纽约和新泽西州的关系，纽约和新泽西没有像我们这样的行政壁垒，纽约是高端服务集中地，新泽西有很多总部培训中心、科研基地、小别墅，都建在哈德逊河的边上，越是穷的人越住在曼哈顿，家庭年收入3万美元以下都住那里，超过5万美元的都往周边买房子，年收入超过10万美元的，再高一点超过20万美元的跑得更远，到了树林里面、河边，找一片地方盖一片别墅，这就是纽约和新泽西州的关系，我们应该比照这个关系打造北京和河北省的关系，越是富越到河北省，穷人都住三环路以内，这样调整就到位了。

9月14日上午，出席由清华大学主办的“中国企业改革与发展研究会会长宋志平对话诺贝尔经济学奖得主埃德蒙·费尔普斯”的“全球智库大讲堂”活动。

9月22日，《学习时报》发表《慎重稳妥推进农民住房财产权商品化》一文。

9月，第17期《中国经济和信息化》发表《让市场决定金融资源配置》一文。

【按】此文指出：允许企业在各个行业自由投资，打破垄断、强化竞争，使各个行业都能获得大体平均的资本利润率，是降低资金价格、提高资金配置效率的唯一有效途径。党的十八届三中全会《决定》提出，加快完善现代市场体系，发挥市场在资源配置中的决定性作用。金融是现代经济的核心，金融市场是现代市场体系的枢纽，发挥市场对资源配置的决定性作用，很大程度上取决于在金融资源的配置上能不能发挥市场的决定性作用，取决于有没有开放、竞争、有序的金融市场体系。

10月15日，《人民日报》发表《坚持科学发展是中小城市的根本出路》一文。

【按】此文是在中国小城市科学发展评价体系创立十周年，以及《2014中国中小城市绿皮书》发布之际，《人民日报》记者就中小城市科学发展评价体系的研究思路、产生的影响等话题，对中国中小城市科学发展评价体系研究和《中国中小城市绿皮书》高级顾问郑新立的采访。

记者：你认为，10年以来，中小城市科学发展体系研究最宝贵的经验，最应该坚持什么？

郑新立：这项评价的生命力在于评价体系本身的科学性。结合过去10年最宝贵的经验，最应该坚持的是以下几个原则。

一是牢牢把握政策导向。中央当前的政策是评价体系所要倡导的基本导向。中小城市科学发展评价体系在不断完善的过程中，始终紧紧围绕贯彻和落实中央的方针政策展开。当前，最核心的就是要将“实现没有水分的增长”和“新型城镇化”落实到指标体系中去。

二是理论与实践紧密结合。当今世界瞬息万变，中小城市发展实践也在不断创新。脱离这些实际，评价体系就会变得苍白。因此，评价体系的完善应当充分听取中小城市管理者的意见和建议，把来自一线的意见纳入评价体系的优化和调整中去。

三是全面把握科学发展的内涵。将非经济指标放到更加重要的位置，这是科学发展的要求，也是科学发展评价体系的一项基本原则。突出以人为本，更加重视人均指标和反映人民群众生活质量的指标。

四是保持研究工作的独立性、客观性。坚持从真实的数据出发，让评价结论经得起考验。

10月24日下午，出席在北京中国大饭店举行的“中韩经济合作论坛”，并发表中韩合作机会的主题演讲。

【按】郑新立在演讲时表示，亚洲基础设施投资银行的建立以满足亚洲基础设施建设对资金的需求为目标，未来将带动亚洲国家之间贸易规模的扩大和各国经济的发展。

第一，亚欧大陆桥的开通将为韩国商品运输提供便捷的通道。第二，陆路通道沿线经济开发为韩国投资提供大量机会。第三，中韩企业联合开发可满足共同需要，并增强抗风险的能力。第四，“一带一路”建设的资金需求为中韩金融合作提供了机遇。

郑新立指出，亚洲大部分地区基础设施落后，实现区域间互联互通，基础设施建设的需求量很大，而现有的亚洲开发银行资金量有限，主要用于扶贫，中国提议成立的亚洲基础设施投资银行可以满足亚洲基础设施建设对资金的大量需求，基础设施建设将带动亚洲国家之间贸易规模的扩大和各国经济的发展，扩大亚洲市场的容量。

“我还曾经建议再搞一个亚洲农业投资银行，主要面向亚洲，特别是中南半岛许多国家。这些国家有很好的农业资源，缺乏农业技术，我们去投资以后将来可以建立一个新的有机食品的供应基地，帮助它们发展。”郑新立建议道。

10月，随中国国际经济交流中心理事长赴澳大利亚珀斯参加博奥亚洲论坛组织的亚洲经济合作论坛，回程顺访菲律宾。

10月，《转型：寻求持续发展的中国经济》（英文版）由外文出版社出版。

【按】此书为“中国进行时”丛书之一，主要讲中国经济如何持续发展，比如如何全面深化经济体制改革，处理好政府和市场的关系，使市场在资源配置中起决定性作用和更好地发挥政府作用；如何实施创新驱动发展战略；如何进行经济结构战略性调整；如何推动城乡发展一体化；如何提高开放型经济水平，等等。

11月，第22期《农村工作通讯》发表《积极探索农村土地公有制实现方式》一文。

11月1日，出席在海口举行的以“2014新兴经济体智库经济政策论坛——走向新常态的新兴经济体”为主题的“第79次中国改革国际论坛”。

11月2日，出席在陕西省西安市召开的“中国农业经济学会2014年年会暨学术研讨会”，并做交流发言。

11月22日，出席在北京举行的主题为“变革与决策”的“2014

新浪金麒麟论坛”并发言。

【按】论坛由新浪财经主办，郑新立表示：通过七大改革释放潜力，我们足以在 2030 年之前保持经济的中高速增长。

11 月 23 日上午，出席在深圳市汕头商会礼堂举行的“中国第一家涉侨民间智库成立揭牌仪式”。

11 月 28 日，出席在北京裕龙国际酒店举办的“2014 中国商业经济国际论坛”并发言。

【按】此坛由中国商业联合会、中国商业经济学会主办，其主题为“变革、转型”。郑新立在论坛上表示，我国要继续对小微企业实行税收减免政策，实行“放水养鱼”的政策，等做大做强以后再收税。

11 月，《中国经贸导刊》(下)发表《聚焦经济改革、释放增长潜力》一文。

12 月 13 日，出席在天津举办的“2014 全球资产管理论坛”，并做题为“互联互通为经济发展创造新空间”的演讲。

【按】论坛由中国海外政经研究中心主办，郑新立在演讲时说，近期国家主席习近平在出访中亚和东南亚国家期间，分别提出共同建设丝绸之路经济带和 21 世纪海上丝绸之路的倡议，引起了相关国家的强烈共鸣，为我国加快沿边开放带来了重大机遇。

“一带一路”倡议的背景是，通过多个回合谈判，区域贸易自由化成为推动经济全球化的新动力。各类区域贸易自由化组织达 249 个，其中 TPP（跨太平洋伙伴关系协定）、TTIP（跨大西洋贸易与投资伙伴协定）都在紧锣密鼓地进行。

世界贸易格局正在发生重大变化，金砖国家经济总量占全球比重达 20%，发展中国家进口总额占全球 45%。

国际产业竞争与合作的趋势发生重大变化，劳动密集型产业从新兴经济体向低收入国家转移。发达国家也搞再工业化，服务外包和服务投资成为国际投资的新热点，新能源、云计算、3D（三维）制作、基因诊断与修复等新技术取得新的突破。

我国参与经济全球化的条件已发生变化，我国出口和外汇储备已经位居世界第一位，进口和吸收外资居世界第二位，对外投资居世界第三位，国际社会对我们的期待增加。

目前沿边地区的开放程度还不适应国内外发展的要求。我国同 14 个国家毗邻，陆路边境总长 2.28 万公里，沿边 139 个县约 200 万平方公里，居住着 45 个少数民族。它们要想在 2020 年实现小康还要加快开放的步伐。我国周边人口多、资源丰富。

"一带一路"倡议的意义，一是沿边人民同步实现小康目标的需要；二是建立和平稳固的外交关系的需要；三是互通有无、共同发展的需要；四是完善开放型经济体系的需要。

重点讲一下建设丝绸之路经济带的任务，大概有九条大的通道需要逐步连通。

第一条就是哈尔滨到海参崴，建立一条铁路的通道，海参崴作为天然良港现在闲置。如果从绥芬河修 200 公里铁路到海参崴，海参崴就可以为东北地区货物的进出口提供良好的港口和对外通道。

第二条就是从满洲里经二连浩特到莫斯科，建一条世界上最长的高铁，这样从北京坐高铁可直达莫斯科。

第三条就是从连云港经乌鲁木齐直通鹿特丹，即原来的欧亚大陆桥。

第四条就是从新疆的喀什经塔吉克斯坦、土库曼斯坦到伊朗等海湾各国。

第五条就是从新疆的喀什到巴基斯坦的瓜德尔港，进入阿拉伯海，先修一条高速公路，然后是铁路。

第六条就是从昆明到保山，经缅甸到孟加拉的吉大港。

第七条就是昆明经德宏到缅甸的胶漂港或实兑港。

第八条就是昆明经景洪、万象、曼谷到新加坡的泛亚铁路中线，现在昆明到万象的协议已经定下来了，很快就要开工。这条铁路意义非常重大，可把中南半岛和中国大陆经济紧紧联系在一起。

我曾经到柬埔寨、老挝考察过，湄公河流域资源非常好，光、热、土、水资源丰富，但是没有很好地利用起来。如果把那个地方农业资源利用起来，矿产资源开发出来，有可能成为我国农产品、矿产品、能源的供给基地和工业品的销售市场，这些国家可以借助中国市场把资源优势变成经济优势，搭上中国快速前进的列车，实现共同发展。

泛亚铁路中线可以继续往南修，直到雅加达。因为印度尼西亚企业家已提出建议，要在马六甲海峡和雅加达与苏门答腊的海峡修建隧道或跨海大桥，这条铁路可一直通到雅加达，将来从北京坐火车可以到雅加达。印尼是土地和人口比较多的国家，资源非常丰富。

第九条就是从南宁经河内到胡志明市。

还有就是建设海上丝绸之路，沿郑和下西洋的线路进一步扩展。这里面有一个克拉运河，泰国人对开这条运河早就有梦想，最窄的地方只有80公里，运河开通以后中日韩的货物不必经过马六甲海峡，航程缩短一千多公里，泰国每年可以获得非常好的回报。

我们要从合作机制和开放政策上寻求突破，建立边境经济合作区，现在已经批准了瑞丽、满洲里、霍尔果斯、绥芬河建立合作试验区，将来可以建设跨境自由贸易园区，使之成为连接中国和周边国家地区共同发展的结点。中国搞特区，搞自由贸易区的经验可以在这里推广。另外允许沿边重点口岸、边境城市、经济合作区在人员往来、加工物流等方面实行特殊的政策和方式。

12月15日，以中国工业经济学会会长的身份出席在北京举行的“第三届中国工业发展论坛——经济新常态下的中国工业论坛”，并做题为“行业审批管得严就没前途”的演讲。

【按】此论坛由中国社会科学院主办、中国社科院工业经济研究所承办。时任中国社会科学院副院长、学部委员李培林，时任中国社会科学院工业经济研究所所长黄群慧，经济管理出版社社长张世贤，时任中国社会科学院工业经济研究所副所长史丹等出席。

郑新立在演讲中说：“我今天主要围绕学习中央经济工作会议精神讲这样一个题目，就是把稳增长作为明年经济工作的首要任务，我要讲三个观点。”

第一，正确认识、适应经济新常态。

第二，稳增长是明年经济工作的主要任务。这里面需要我们的宏观调控政策，要为稳增长做出贡献。我说一个观点：有效的宏观调控和发挥政府的作用，是社会主义市场经济体制的内在要求和客观规律。我们一方面要发挥市场对资源配置的决定性作用，同时也要更好地发挥政府的作用，把“看得见的手”和“看不见的手”结合起来，特别是能够有效地发挥政府在宏观调控中的作用，这是“北京共识”和“华盛顿共识”的一个明显的区别。现在美国、日本、欧洲都在刺激经济，美国连续几年实施量化宽松政策，所以美国现在已经率先走出危机的影响，开始复苏了。

我们不要老去反对政府实行的刺激经济的政策，把正确的宏观调控、正确的对经济的刺激统统说成是对市场的干预，这是一种不好的倾向、不好的现象。特别是我们国家的宏观调控，经历了曲折的进程。改革开放前 20 年，大家都经历过，我们是在周期性的大起大落中度过的，隔几年来一次整顿治理，来一次通货膨胀。直到 2000 年以后，我们总结了经验教训。当经济偏热的时候，我们踩一下刹车，控制货币的发行，控制投资规模；当经济偏冷的时候，我们踩一下油门，增加货币供给，增加投资，这样就熨平了周期。2000 年以后，摆脱了周期性的大起大落的困扰，这是宏观调控的一个宝贵经验，这个经验对今天实现稳增长仍然有效。

当前财政政策有很大的空间。中央债务加上地方政府债务，占GDP的比例不到40%，在全世界是最低的。所以，发点债，实施积极的财政政策，有很大的空间。美国的债务率100%，日本的债务率高于200%，我们是40%，发点债有什么危险呢？没什么危险。我们现在面临通货紧缩，多发一点货币，刺激一下经济，有什么危险？没什么危险。现在有些经济学家整天说经济的货币化率，M2是分子，GDP是分母，这样一除，200%了，因为我们M2已经是126万亿，就在那儿吓唬人，说不能再发货币，再发货币就通货膨胀了。这是只知其一、不知其二，光看经济的货币化率高，没有看到经济的证券化率低。如果拿股市的市值做分子，拿GDP做分母除一下，不到40%。发达国家都比100%多，美国再加上金融衍生产品，它的货币实际乘数效应达到300多万亿美元。我们的经济主要依靠间接融资，在这样的一个架构下，在直接融资还没有充分发展的架构下，M2多一点，它是合理的、健康的、必要的。

改革开放到现在35年，投资率从20%多一直上升到48%，居民消费率从20世纪80年代初期的53%一直下降到34%，这两条曲线本来有一个很大的缺口，到2008年两条线交叉在一起了，这一年我们的投资率提高到49%，居民消费率下降到34%，最终消费率下降到47%，投资率超过了最终消费率，全世界没有这么扭曲的结构。所以，怎样解决这个过剩，我们注意得不够、关注得不够、研究得不够，还没有找到一个有效的办法解决。

第三，围绕阻碍发展的体制弊端深化改革。中央经济工作会议提出，明年要深化改革，今年各个部门在制定方案，现在方案陆续都拿出来了，正在论证，明年就要按照这个方案陆续推出。中央经济工作会议特别提出了九个方面的重点改革。一是下放审批权限。我是搞工业经济的，而且我在钢铁行业干了十五六年。我从北京钢铁学院毕业后在冶金企业干了九年。我国钢铁能够搞到世界第一，产量占到世界的一半，现在尽管有很多问题，但是为什么搞了这么大的数量？再对比一下石化，石化现在一年进口石油两千亿美元，进口石油化工产品 2 000 亿美元，一共进口 4 000 多亿美元，严重满足不了国内市场需要。为什么这两个原材料行业，一个发展得很快，另一个发展得很慢呢？

我在上研究生的时候，孙冶方给我们讲课，他就提出来重视劳动对象的必需性。他主张大力推广应用新型合成材料，因为用合成材料来代替金属材料，能源的消耗可降低 1/2。为什么我国钢铁发展快，化工合成材料发展慢？现在看来，一个是没有审批，一个是有审批，钢铁放开不审批了，民营经济进来了，石化行业审批控制得很严。如果这次石化行业放开了，石化行业将会成为一个新的增长点，民营经济进入，就可以改变石化行业供不应求、严重依赖进口的局面。老百姓加成品油的价格会下降，你们等着看吧。这就是审批和不审批的两个行业的不同效果。所以我们总结，钢铁为什么搞得快？有的同志说，就是因为把冶金部撤了，所以钢铁一下子上来了。哪个行业审批管得严，那个行业就没前途。

二是要尽快推广 PPP 模式，政府和社会资本合作，把社会资金引入基础设施和公共服务建设里来。

最近，我联合国家发改委、财政部、国家开发银行下面有关单位，准备干 5 件事。第一，组建一个 PPP 行业协会；第二，组建一个 PPP 研究院，我当理事长，贾康当院长；第三，设立一个 PPP 基金；第四，设立一个 PPP 信息平台，放在国家信息中心，政府外网；第五，明年 3 月份在深圳开一个 PPP 投资洽谈会。让政府对基础设施、公共服务的需求和有设计能力、规划能力、投资能力的企业，供需双方见面，把社会资金引入公共设施和基础设施建设上来。大力推广 PPP 模式，对明年稳增长将会起到至关重要的作用。

三是民营银行的准入，这个中央经济工作会议也已讲了。十八届三中全会明确提出，允许符合条件的民间资本依法设立中小商业银行等金融机构，这句话写入三中全会的文件了，但是落实起来很难。现在搞五个试点，我看全国得搞几百个、几千个。美国现在有 8 000 多家银行，我们现在只有几百家，我们的银行不是多了，而是少了。有的人说，你搞那么多银行，出现金融风险怎么办？三中全会文件也明明白白讲了规避风险的办法，要把这些小的银行交给地方监管，只允许在一个区域范围内吸收存款和贷款，不允许跨区域存贷款。最近郭树清到山东当省长，率先改革，把他们省里的金融办，地、县、市金融办又加挂了一个牌子，叫金融监管办，把那些小型的金融机构的监管责任交给地方政府，出了问题由他们负责。

同时要建立存款保险制度，用市场机制化解风险。这个事搞好以后，我们就可以通过强化竞争，降低资金的价格。现在中国资金价格全世界最高，去年一年期贷款利率 6.25%，美国是 2.25%，德国是 3%，日本只有 1%，中国的资金价格凭什么这么高呢？就是垄断的结果，不让民营经济进入的结果。通过民营资本进入，强化竞争，将会降低中国资金的价格。另外我们要围绕降低企业的债务率，发展多层次的资本市场，把现在的企业债务率平均 80% 降到 40%～60% 的合理水平，这样企业融资成本下降了，运营成本下降了，就会增强国际竞争力，实体经济也能发展起来。

12 月 19 日，出席在福建平潭举行的“2014 年国际海洋旅游经济论坛暨平潭国际旅游岛高峰会议”，并做题为“建立平潭自由贸易园区，促进两岸共同发展”的主题演讲。

【按】郑新立在演讲时表示，平潭具备建立自由贸易园区的良好条件。离台湾最近、便于封闭管理、可利用土地面积比较大、两岸人脉关系深厚四大独特优势，这是建立自由贸易园区最大的优势、最好的条件。如何创造出平潭自由贸易园区的特色，郑新立提出了“实施旅游带动战略、高端产业政策引导战略、内外开放战略、创新驱动战略、境内关外战略、税收优化战略、廉价资金战略、环境宜居战略”八大战略。郑新立最后补充说，平潭岛上没有雾霾，没有交通拥堵的困扰，空气清新，清静优雅，气候宜人，起点比较高，可以创造一个最宜居宜业的环境，吸引台商投资。

12月25日，《人民日报》发表《进一步深化国有企业改革》一文。

【按】文章分四个部分：（一）国有资产管理体制向以管资本为主转变；（二）积极发展混合所有制经济；（三）允许混合所有制经济实行企业员工持股；（四）对不同功能的国有企业实行分类改革。

对自然垄断行业，如铁路、电网、基础电信、管道等基础设施，应实行以政企分开、政资分开、特许经营、政府监管为主要内容的改革。根据不同行业特点，实行网运分开，放开竞争性业务。铁路虽然具有自然垄断特点，但投资主体也可以实行多元化，吸收地方政府和民间资金投入。铁路货运和客运业务更应放开经营，形成多元竞争格局。电网体制实行厂网分开、竞价上网改革已经多年，实践证明是成功的。应按照保护环境的要求，采取优惠政策，鼓励使用清洁能源、可再生能源。电信基础服务已有几家公司开展有限竞争，增值业务已放开经营，应进一步完善竞争体制，鼓励充分竞争。管道运输在我国仍是一个突出的薄弱环节。美国管道总长度有50万公里，我国仅有5.5万公里。应加大改革力度，促进管道运输发展。此外，为了改善大气质量，应大力提高天然气在一次能源消费中的比重。在这方面，可以借鉴国外经验，实行“X+1+X”模式，即“放开两头、管控中间”，放开气源供给，集中进行管道、储气设施建设，允许燃气生产商竞价入网；对使用天然气的成本予以适当补贴，鼓励更多用户使用天然气。对于竞争性领域的国有企业，应取消包括贷款在内的一切优惠，使之与各类所有制企业平等竞争、优胜劣汰，进一步破除各种形式的行政垄断。

12月28日，出席在京举行的“财经战略年会2014”并发言。

【按】年会由中国社会科学院财经战略研究院主办、中国新闻社经济部协办；时任审计署审计长刘家义、时任中国社会科学院院长王伟光、全国人大预算工作委员会原主任高强、国务院发展研究中心原副主任卢中原、时任财政部财政科学研究所所长刘尚希、国家税务总局税收科学研究所所长李万甫等出席。

中国经济如果继续下滑，应当引起重视。郑新立认为，不能把当前出现的经济下行、需求不足、通货紧缩等趋势性问题混同为新常态；中国目前正处在由中等收入国家向高收入国家跨越的艰难爬坡阶段。当前总的态势是经济稳中趋降，经济下行的压力不断加大。

国务院总理李克强同志在 2013 年 5 月就曾表示，中国人均 GDP 已达到 6 000 美元，进入了中等收入阶段。国家统计局数据显示，2013 年中国人均 GDP 为 6 995 美元，为美国的 13.17%；“我们不能盲目乐观，认为中国已经摆脱中等收入陷阱的危险了”，郑新立认为，世界许多国家在人均 GDP 6 000 至 7 000 美元徘徊了几十年，只有少数国家跨过这道坎进入高收入行列。如果掉以轻心，不采取行动，可能会落入中等收入陷阱。

当前经济主要矛盾是需求不足，产能过剩是另一个表现，为此，郑新立表示，当前，中国从生产资料到消费资料全面过剩，宏观经济运行的主要矛盾源自需求不足，主要将面临通货紧缩的危险，但这些都不是中国经济的新常态。

中国经济已连续四年处于缓慢下降态势，郑新立坦言，若继续下降，中小企业压力将加大。“特别是传统制造业，如浙江的企业压力比较大，如果继续下滑可能会有一批中小企业倒闭。”他认为，这将引起经济的震荡，并引起金融不良资产的增加，需引起重视。

12 月，第 50 期《经济研究参考》发表《深化金融体制改革、支持实体经济发展》一文。

【按】此文认为：金融体制改革需要顶层设计，制定改革路线图，各项改革必须周密设计、精心测算、协调配套、同步推进。通过围绕降低企业贷款利率，加快放宽金融准入改革；围绕降低企业债务率，加快发展多层次资本市场改革等措施，把党的十八届三中全会《中共中央关于全面深化改革若干重大问题的决定》提出的改革要求落到实处。

12月，出席在京举办的“2014中国商业经济国际论坛”。

【按】论坛由中国商业联合会、中国商业经济学会、北京工商大学和香港冯氏集团联合主办。

12月，第22期《中国商贸》发表《质量信誉当先》一文。

【按】郑新立说：怎么能够把中国的食品安全质量搞好，我想最重要的就是三条。第一条是要建立诚信的理念。所有食品的生产者、销售者都要牢牢树立诚信理念。第二条是要发挥行业的自律作用。十八届三中全会提出要推行国家治理和治理能力的现代化。治理体系和治理能力的现代化跟过去的国家管理体系和管理能力有一字之差，其差别在于内涵大大扩展。管理是政府对于企业、民众来讲，而治理除了政府作用外，还要发挥市场中介组织的作用，这一点是我国跟发达国家相比的薄弱环节。第三条是要建立食品安全制度。十八届三中全会专门提出要建立食品原产地可追溯制度和质量标识制度，这两项制度是食品安全制度的核心。

附录

2014年	中外政治、经济大事记
3月1日	修订后的《中华人民共和国公司法》正式实施
3月15日	修订后的《中华人民共和国消费者权益保护法》开始施行
4月8日	我国首部自贸区仲裁规则《中国（上海）自由贸易试验区仲裁规则》在上海颁布，自2014年5月1日起实施
5月1日	修订后的《中华人民共和国商标法实施条例》施行

7 月	总部设在上海的金砖国家开发银行成立
9 月 19 日	阿里巴巴集团在纽交所正式挂牌交易
10 月 10 日	法国图卢兹经济学院教授让·梯若尔（1953—）因在规制经济学领域“对市场力量和管制的研究分析”而获得诺贝尔经济学奖

2015年（乙未）
七十一岁

1月7日，《人民日报》发表《新常态是新认识、新概括，不是一个筐》一文。

【按】文章认为：当前，理论界出现研究经济新常态的热潮，这是好事。同时，也有泛化倾向，有的研究者把经济运行中出现的问题全都归结为新常态，有的甚至把经济的短期波动也归结为新常态。这值得商榷。

经济新常态并不是一个随意提出的概念，而是有着深刻的战略内涵。它所提出的时代背景是，我国经济总量已经上升到世界第二位，处于工业化后期阶段，人均收入跨入中等收入国家行列；我国仍处于可以大有作为的重要战略机遇期，但战略机遇期的内涵和条件发生了改变。我国经济在向形态更高级、分工更复杂、结构更合理的阶段演化进程中，呈现一系列趋势性变化。这些趋势性变化，就是我国经济发展的新常态。经济新常态是对我国经济发展阶段性特征的高度概括，是对经济转型升级的规律性认识，是制定发展战略和政策的重要依据。

对经济新常态的判断和理解，直接影响我国经济工作的重点和基调，关系我国经济当前发展和未来走势。因此，形成对新常态的正确理解和科学认识十分必要。中央经济工作会议从消费、投资、出口和国际收支、产能和产业组织方式等9个方面，对经济发展新常态做出全面深刻分析，对于我们正确认识、适应、引领新常态，具有重要指导意义。这九大特征的精神实质，就是集中体现了增速适度、结构优化、效益提高、民生改善的客观要求。增速适度，即经济保持7%左右的中高速增长。这一增速乃至增量，在全球依然名列前茅。结构优化，即最终消费对经济增长的贡献率继续提高，第三产业发展明显滞后的状况得到改变，第一产业过低的劳动生产率得到提高，第二产业的产品结构由以劳动密集型、资源密集型为主向以技术密集型、知识密集型为主升级。效益提高，即企业利润和财政收入持续稳步增长。民生改善，即城乡居民收入特别是中低收入者的收入持续较快增长，公共服务水平迅速提高。提出新常态的概念，绝不是要安于现状，而是要通过加快转变经济发展方式，推动我国经济在新的起点上实现持续健康发展，如期实现“两个一百年”奋斗目标和中华民族伟大复兴中国梦。所以，习近平同志明确指出：新常态将给中国带来新的发展机遇。

新常态当然也会伴随新矛盾新问题，但新常态的内容不宜泛化，不宜把发展中需要解决的矛盾和问题都纳入新常态，那样会失去解决矛盾、问题的时机和动力；也不宜把一些短期现象纳入新常态，那样会导致长期经济政策发生偏离；更不能把新常态当成一个筐，什么都往里装：（1）不能把经济下行视为新常态；（2）不能把需求不足视为新常态；（3）不能把通货紧缩视为新常态。

我们所说的经济新常态，与国际社会针对国际金融危机后世界经济低迷状态所说的新常态，以及不久前国际货币基金组织概括的新平庸，显然有着不同含义。正确认识我国基本国情和经济发展阶段性特征，从实际出发推进改革、谋划发展，这是我们过去的成功经验，也是今后发展的重要原则。

1月8日，《经济日报》发表《努力保持经济稳定增长》一文。

【按】文章分四部分。

（一）稳增长必须释放需求的巨大潜力。

（二）稳增长需要有一批新增长点作为支撑。近几年，第三产业的增长速度明显加快。2013 年，第三产业对经济增长的贡献率达到 46.8%，已成为重要增长点。第三产业对就业的贡献更大。2013 年，第三产业从业人员占全社会从业人员的比重提高了 2.4 个百分点，达到 38.5%，是改革以来提高幅度最大的一年。同期，第一、第二产业从业人员比重分别下降2.2和0.2个百分点。这是经济结构的积极变化。应当看到，第三产业就业比重的提高还有很大空间。因为全世界平均水平为 60%，发展中国家的平均水平为 50%。我国要达到发展中国家的平均水平，还需提高 12.5 个百分点，可以增加近一亿个就业岗位。若提高到全世界平均水平，可增加 1.7 亿个就业岗位。第三产业中发展最快的是生产性服务业，需要具有专业技能的人才。为此，需要加大对专业技能人才的培养。同时，要继续推广“营改增”税制改革，进一步降低新办企业门槛，发展小额信贷，鼓励全民创业，为第三产业发展创造更好的政策环境。

大力发展战略性新兴产业，包括互联网产业、新能源、新材料、电动汽车、生物产业、先进制造业、海洋产业等。鼓励技术创新和技术成果的产业化，以自主创新带动战略性新兴产业的发展。我国基础设施和公共服务仍然落后。铁路通车里程不到美国的 1/2，多数 200 万人口以上的城市仍没有地铁。各种管道总长度，美国有 50 万千米，我国仅有 5 万千米。道路和停车场建设远远满足不了群众的需要。污水处理、垃圾处理设施不足，烟囱脱硫脱硝除尘设备不适应治理大气污染的要求。运用特许经营权的方式，吸引社会资金进入基础设施和公共服务事业建设，可形成持久不衰的经济增长点。

（三）稳增长需要重新聚焦农村改革发展。

（四）稳增长需要构建新的区域增长带和增长极。中央经济工作会议提出要完善区域政策，促进各地区协调发展、协同发展、共同发展。坚持西部开发、东北振兴、中部崛起、东部率先的区域发展总体战略。同时提出要重点实施“一带一路”、京津冀协同发展、长江经济带。提出要通过改革打破地区封锁和利益藩篱，全面提高资源配置效率。这些重大举措，将形成新的区域增长带和增长极，对稳增长发挥重要带动作用。

建设丝绸之路经济带和21世纪海上丝绸之路，是完善开放型经济体系的重大行动。共建“一带一路”涉及65个国家，总人口44亿，年产值21万亿元，分别占全球的62.5%和28.6%。显然，发展中国家居多数。历史上这些国家就同我国有着密切的经济往来。通过建设一批铁路、公路、港口，实现陆路、水路和空中互联互通，就能进一步密切中国同这些国家的贸易和投资关系，实现互通有无、优势互补、共同发展。沿线国家有着丰富的能源、矿产、农业资源，实现互联互通之后，它们的资源优势就能转变为经济优势，搭上中国这列快速前进的列车，同时对中国未来的可持续发展给予有力支持，以造福各国人民。各国经济联系更加紧密，有利于周边地区的和谐稳定，将为各国创造更好的发展环境。

1月8日，《光明日报》发表《稳增长是今年经济工作的第一要务》一文。

【按】文章分四部分。

（一）需求不足是当前经济运行的主要矛盾。

（二）重新聚焦农村改革是破解需求不足难题的关键。

据统计，2013年，我国农村仍居住着6.3亿人，农业劳动力尚有2.4亿人，农业劳动力占全社会从业人员的比重为31.4%。农业劳动生产率只及全社会平均劳动生产率的三分之一，农民人均收入水平也只及城市居民的三分之一。把农业劳动生产率提高到社会平均水平，从而使农民的人均收入水平赶上城市人口收入水平，条件已经成熟。释放6.3亿农村人口的消费潜力，足以支持我国经济以7.5%以上的速度发展到2030年。中国30多年改革发展的一个重要经验，就是不管什么商品，只要农民学会制造，这种商品很快就会由供不应求转变为供过于求；不管什么商品，只要农民有钱购买，这种商品很快就会由供过于求转变为供不应求。

释放农村需求的巨大潜力，首先要提高农民的购买力。以汽车来说，尽管不少城市已因交通拥堵而限购，但农村不存在这个问题。2013年，我国民用汽车拥有量为1.27亿量，拥有率不足10%，全世界平均为30%以上，发达国家高达80%甚至更高。如果让农民买得起车，将足以支持我国汽车工业未来十几年的高速增长，城乡结构将由此发生深刻变革。

通过加快农业发展方式转变，建立现代化、规模化、专业化大农业，是提高农业劳动生产率和增加农民收入的根本途径。习近平总书记在2014年全国农村经济工作会议讲话中曾指出，单季农业地区，每个劳动力能耕种100~120亩地；双季农业地区，每个劳动力能耕种50~60亩地，其劳动生产率就能达到社会平均劳动生产率，农民就能成为一个体面的职业。在广大平原和浅丘陵地区，达到这样一个最低规模要求已经有了条件，农业现代化出现了千载难逢的机遇：一是农业劳动力转移有出路，到处都是招工难；二是农用工业可以提供充足的农机装备等农业生产资料；三是市场对优质农产品的需求旺盛；四是各级政府对三农包括水利的投入规模高达五万亿元，今后还会不断增加。充分利用这些有利条件，大幅度提高农业劳动生产率，大幅度缩小乃至消灭城乡居民收入差距，此其时也。

（三）鼓励农民工有偿退出宅基地并在城市购房。

（四）亟待厘清的几个认识误区。

重新聚焦农村改革，释放农村发展的巨大潜力，必须首先打破思想障碍，厘清几个认识上的误区。（1）认为农村土地制度改革必然冲击18亿亩耕地红线和国家粮食安全。发展现代化农业，将使我国农业由一个弱质产业提升为具有国际竞争力的产业，这是对粮食安全的根本保障。（2）担心农民工在城市失业，老家又回不去，怎么办？让农民工市民化以后，即享受到城市的社会保障，包括养老、医疗、失业、工伤等保险，这个问题就自然化解了。（3）担心农民对土地的法人财产权实现之后，会不会引起货币超发和通货膨胀。农民能够像城里人一样分享到城市化过程中土地增值的收益，而且通过设置区域性土地交易市场，让远离城市的农民的宅基地，也能分享到大城市的级差地租，这是农民的权利。农民工增加的购买力充其量只能对缓解通货紧缩发挥些作用，说会引发通货膨胀，实在是不着边际。

1月28日，《光明日报》发表《聚焦农村改革、破解需求瓶颈》一文。

1月31日，出席“中国金融40人论坛”第114期双周圆桌内部研讨会，并做题为“中国海外投资的方向与战术”的主题演讲。

【按】演讲分两部分，以下是内容节选。

（一）在“一带一路”倡议的背景下，海外投资在方向选择上有以下四个重点。（1）为了获取更多能源资源的勘探权、开发权（包括农产品海外供给基地），优选项目进行投资。在海外很多地区，特别是中南半岛地区，资源勘探程度很低，例如老挝、柬埔寨、缅甸，没有经过认真的地质普查，至今不清楚本国有什么矿藏。我们应围绕打破中国未来发展所面临的能源资源瓶颈约束，针对国内短缺的能源资源来进行海外投资。我曾到老挝、柬埔寨、泰国做过考察，湄公河流域光、热、水、土资源非常丰富，特别适合水稻等农业种植，但是由于缺乏市场需求，水稻本来可以一年种三季，现在只种一季。中国西南的云贵川地区地形并不适合种植水稻，将来这些地区的“大字报”田可以退耕还林还草，恢复生态。我们可以输出工业品来换取农产品，这是一笔合算的生意。比如，英国一年出口6 000辆汽车换回的粮食就能满足全国的需要。现在，我们同中南半岛之间是垂直分工，开展投资和贸易，可以把它们的资源优势转变为经济优势，实现互利双赢。将来，我们再帮助它们逐步发展资源的加工业，再以技术、知识密集型产品换回资源、劳动密集型产品。(2)发展加工贸易，以资本输出带动商品劳务输出，创造出口需求。现在我国不仅轻纺等劳动密集型产业具备了海外投资能力，家电、汽车、钢铁等技术、资本密集型产业也都具备了海外投资能力。这些产业到东南亚、南亚、中亚、西亚投资，可以起到一箭三雕之效果：一是可以带动零部件、原材料和劳务出口；二是可以转移消化国内过剩产能；三是可以将部分外汇储备转变为海外投资，提高外汇使用效益。(3)开展国际并购，提高国内企业自主创新能力和国际经营能力。这主要针对欧洲的一些发达国家。由于受金融危机的影响以及市场和管理等因素，很多中小企业经营困难，还有一些家族式企业，由于后代不愿意接班，急于转让出去。这些企业拥有较好的技术资源和国际营销网络，给我们带来并购的机会。通过国际并购，能够迅速提高国内企业的技术创新能力和国际经营能力，加快产业升级的步伐。前年，国内的国宇集团收购了德国的威尔博特公司，后者是全世界最有名的生产塔吊的专业公司，拥有80多年历史。过去三一重工想以8 000万欧元收购，对方不卖。后来，该公司遇到经营困难，国宇集团以300万欧元就完成了收购，第二年开始盈利。(4)到海外进行工程承包，带动劳务、建材和施工机械的出口。在实施互联互通战略中，应当让较多的中国企业参与这些基础设施项目建设。

(二)开展海外投资，对我国企业来说，尚缺乏经验。在战术上，我认为有四点需要注意。(1)选择投资项目应以经济效益为主。(2)投资股权要多元化，尽量不要单干。要注意拉一些有影响的外国公司联合投资，经验证明，这是规避风险的重要途径。比如在缅甸建密松电站，对于带动缅北发展具有重大意义，本来是一件无可挑剔的好事，但是由于外国敌对势力挑拨，鼓动当地人闹事，工程刚刚展开，不得不停下来，损失巨大。还有一个铜矿，由中国企业开采，敌对势力鼓动闹事，使项目难以顺利进行。但是，缅甸皎漂港的港口和天然气开发项目进展顺利。一个重要原因就是我们与韩国、印度以及当地的公司联合投资。(3)要加强内部协调。(4)再次聚焦农村改革，缩小以致消除城乡发展差距。有一件事让我很纠结：现在我国劳动密集型产业正向东南亚、南亚转移，而我国农村还有2.4亿农业劳动力亟待向非农产业转移。如果等到我国劳动密集型产业大部分转移到了海外，我国农业富余劳动力将窝在农村，失去向非农产业转移的历史机遇。

1月，李孟刚[1]、郑新立合著的《国家粮食安全保障体系研究》一书由社会科学文献出版社出版。

【按】书中指出：粮食安全问题是国家经济、政治、社会和生态文明建设中的重大基础性问题。基于全球化视角，笔者分析了我国粮食的供需现状，提出了新型粮食安全观。针对新形势下我国粮食安全面临的新问题，提出了加快构建国家粮食安全保障体系的对策建议。本书的研究结果有利于国家进行宏观调控、化解国家粮食风险，并对有效提高粮食综合生产能力、缓解粮食结构矛盾、提高我国粮食产业竞争力、稳定粮食价格具有重要的指导意义。

1月，为“全国旅游业工作会议”撰写《旅游业是我国现阶段的朝阳产业》一文。

【按】文章共分四部分：（一）我国旅游业正处于黄金发展期；（二）旅游业是传递文明的富民产业；（三）以提高服务水平为重点拓展国内旅游市场；（四）把出境游作为展示民族风貌的重要举措。

2月14日，出席在北京举行的“中国经济50人论坛2015年年会”，并做题为“本届政府缺少传之于后世的重大项目”的演讲。

---

[1] 李孟刚（1967—），山东博兴人，为北京交通大学教授、博士生导师，现任北京交通大学中国产业安全研究中心（CCISR）主任、北京印刷学院文化产业安全研究院院长，兼任中国产业安全论坛秘书长、《管理世界》常务编委、《北京交通大学学报》（社会科学版）编委会委员。

【按】年会的主题为“新常态下的‘十三五’规划思路”，这次演讲涉及了下面五个问题。

（一）“十三五”有两个硬指标：一是城乡居民人均收入比2010年翻一番，根据前三十几年的数据，经济增长速度比城乡居民人均收入增长速度快2.5个百分点。最近一两年城乡居民收入的增长速度超过了GDP的增长速度，短期内是可以的，但是长期是难以维持的。所以这个指标是一个硬指标，要反过来测算经济增长速度达到多少；二是单位GDP的能源消耗和污染物排放下降的指标。“十二五”时期这个指标没有完成。所以这两个指标将会影响全面小康目标的实现。

（二）“十三五”的主要矛盾是最终需求不足。我们33年走过的道路是投资率不断上升，也就是说生产能力无限扩张和广大居民有支付能力的需求相对下降的路子，必然导致周期性的生产过剩危机。现在我们面临的矛盾就是经济下滑，增长的动力不足，这是33年矛盾的积累。所以“十三五”要围绕着解决最终需求不足这个矛盾来展开，转方式、调结构是解决主要矛盾的手段。转方式、调结构不能急于求成，是一个历史性的任务。

（三）我们重新聚焦农村改革，释放农业现代化和农民工市民化的潜力，这是破解当前需求不足瓶颈的根本途径。现在我们农民工有2.8亿，加上他们离散的家属，全国家庭分离的有4.16亿人。如果我们加快农民工的市民化，让他们有条件实现全家在城里团聚，在城里买房子消费，那么会产生巨大的市场需求。另外农业现代化可以释放农村的劳动力，使农业能够建立在现代化的基础之上。我认为重新聚焦农村改革和发展，可能是当前破解需求不足这个重大难题的途径。其他的措施都是小打小闹，这个是主要的。

（四）要优选一批能够带动产业升级和扩大内需的重大项目。这一届政府我觉得缺的就是能够传之于后世的重大项目，我们要筛选这样一批重大项目。比如说新一代互联网、芯片、3G、4G等等。如果淮河经济带进行治理，有可能会形成中国的第三条出海黄金通道。煤炭的清洁高效利用在技术上已经实现了突破，我们现在一年烧掉30

多亿吨煤，烧掉的30多亿吨煤用低温热解法提取油和气，一年可以提取近3亿吨油品和3 000亿立方的天然气，剩下的煤是清洁高效煤，还可以继续烧。这样煤炭的分级分质提级利用，立足国产的能源，就可以解决环境污染的一些重要问题，还可以代替石油进口。

（五）通过全面深化改革来释放经济增长的潜力：一是要通过收入分配制度的改革释放消费需求的潜力，二是通过户籍制度改革释放城市化的潜力，三是通过土地制度改革释放农村劳动力供给的潜力，四是通过宅基地的改革释放土地供给的潜力，五是通过审批制度的改革释放垄断行业发展的潜力，六是通过税制改革和创业环境的改善释放第三产业发展的潜力，七是通过科技教育体制改革释放自主创新的潜力，八是通过外汇体制改革释放外汇储备的潜力，九是通过生态文明体制改革释放环保产业发展的潜力，十是通过投融资体制改革释放基础设施和公共服务建设的潜力。

2月27日，人民网《人民论坛》发表访谈文章《中国特色新型智库建设的先行者》。

【按】下面是这次的访谈部分内容。

人民论坛：党的十八届三中全会《决定》提出“加强中国特色新型智库建设，建立健全决策咨询制度”。您认为建设中国特色新型智库当前面临的最大难点是什么？该怎么办？

郑新立：我认为最大的问题是数量不多。中国特色的智库跟美国的智库相比，从数量上看，美国有两三千，我们也有两三千。但是，中国的智库绝大部分都是在党政机构内部，都是内设（智库人员也是公务员）。美国的智库全部都是基金会、个人资助或者靠市场筹集资金；或者建立者先提出报告，有投资人有意愿出资，那智库就建立起来了。当然，其中有一种竞争机制，假如你写的报告没有人采纳、没有人出资，那就不适合从事这一行业。

中国智库的好处就是，我们的公务员可以集中精力搞研究，但是搞不好就变成了党政领导的秀才班子。给领导提建议是智库的主要职能，然而，有好多人就是看领导的脸色行事，揣摩领导的意图，把自己的工作变成了对中央文件的解释解读，而不去提出建议，这就是最大的问题。

将来我们党的机构内部还要建设智库，但是智库人数要尽量少一点，大力发展像中国国际经济交流中心这样不吃财政饭的民间智库。我们民间智库提出的建议可以给党的机构内部研究室提供参考，他们可以从我们这里吸收营养，来向各级领导部门提出一些建议。

智库有三要素：一是独立性（独立思考），二是研究水平，三是社会影响力。所以我们要强化智库的竞争机制，通过竞争来提高智库的研究水平，更好地服务国家的各方面建设，这是智库建设的核心。

2月，《国家命运：中国未来经济转型与改革发展》一书收入《深化金融体制改革的方向和重点》一文。

2月，第4期《求是》发表《关键是保持稳增长和调结构之间平衡——学习贯彻习近平总书记在中央经济工作会议上的重要讲话精神》一文。

【按】文章共分四部分：（一）稳增长是今年经济工作第一位的任务；（二）调结构是经济发展新阶段必须实现的重大战略；（三）把稳增长与调结构有机结合起来的关键在改革；（四）保持稳增长与调结构之间的平衡，不仅需要在实践中准确把控，还要在理论认识上廓清四个问题：（1）宏观调控是实现经济稳定发展的内在要求；（2）着力探寻破解市场经济下“过剩”这一难题的途径；（3）研究开放型经济条件下如何保持总供求的大体平衡；（4）规划、财税、金融三大调控杠杆要形成合力。

3月10日，《中国经济周刊》发表记者王红茹的专访文章《郑新立谈如何应对经济下行》。

【按】专访的关键词为：需求不足、就业比例、增长速度、东北三省、居民消费水平、钢铁生产能力、居民消费率、短缺状态等。

3月17日，《中国经济周刊》发表郑新立接受该刊记者的专访。

【按】访谈涉及如下内容：（一）中国经济增长仍有四大潜力，同时应警惕经济失速落入“中等收入陷阱”；（二）抑制经济下行，短期还是要依靠投资；（三）2015年应警惕经济失速风险。

3月18日上午，出席在北京梅地亚中心举办的中国国际经济交流中心第69期“经济每月谈”，并做主题为《积极发展适度规模经营，推进农业现代化》的演讲。

【按】郑新立表示：现在通过农民工的市民化，让这些到城里来的劳动力能够在城里买房子，把他们的家属也接到城里来，这样城市化率也提高了，第二、第三产业招工难的问题也解决了，整个中国经济的一盘棋就走活了。在两会上总理讲经济下行的压力越来越大，我们采取了许多措施，但是最根本的措施还是要重新聚焦农村改革，聚焦农村发展，把农村近7亿人口发展的潜力、需求的潜力激发出来，就能够打破当前需求不足这个主要矛盾，能够推动国民经济持续健康再发展十几年，到2030年。现在经济的症结所在就是农业现代化和农民工的市民化，也就是统筹城乡经济发展。

去年我们的人均GDP已经达到7 500美元，我计算到2022年就要达到12 000美元这样一个高收入国家行列，离现在还有7年的时间。如果这7年时间我们不迅速提高农业的劳动生产率，提高农业的经营规模，不迅速缩小城乡居民收入的差距，这7年的时间要想顺利走出中等收入的区间，跨入高收入国家行列就面临着很大的困难，搞不好有落入中等收入陷阱的危险。

郑新立表示：中国一个劳动力只能种7亩左右的地，一个家庭是10亩左右，欧洲一个劳动力能种几百亩，美国一个劳动力能种几千亩，最大的一个家庭农场能搞到上万亩，所以我们跟他们的差距差的是几倍、几十倍的规模。农业劳动生产率远远低于第二、第三产业的劳动生产率，大概只有第二、第三产业劳动生产率的三分之一，这不是因为我们农民不能干，是因为土地太少了，不够干。农业劳动生产率远远低于第二、第三产业劳动生产率，这就决定了农民的人均收入远远低于城镇居民的人均收入，所以城镇居民人均收入是农民人均收入的三倍多。

3月18日，《人民日报》发表《中国产业经济发展规律新概括——〈产业经济学〉（第四版）简评》一文。

【按】《产业经济学》（第四版），李悦等编著，东北财经大学出版社，2015年1月版。

3月23日，在《小康财智》上发表《不能把通货紧缩看作是新常态》一文。

3月30日，《人民日报》发表《把握新常态下新亮点新机遇》一文。

【按】文章共分三部分：（一）用好宏观经济政策和投融资改革新机遇；（二）用好农业现代化和新型城镇化新机遇；（三）用好行政体制改革和国有企业改革新机遇。

4月3日，出席在江西南昌举办的"'中国梦'名家讲坛"，并发表演讲。

【按】讲坛由江西日报社、中国银行江西省分行主办，信息日报社、《中银非常关注》栏目承办，郑新立在演讲中对“一带一路”提出的背景、合作机制及开放政策等多个方面进行了解读和全面剖析。

4月5日，清明节扫墓回老家住了两天。宴请全村65岁以上的老人，给每位老人发了红包。小叔郑德俊已过80岁，但身体仍然健康。环绕全村的寨河早已干涸，小时候经常游泳的大池塘变成堆放垃圾的地方。

4月18日，出席在上海举行的“第二届中国跨境投资并购峰会”并发言。

【按】峰会由晨哨网主办，东方财富网对本次会议进行直播。

提高海外投资效益并规避风险，是所有“走出去”企业关注的焦点。郑新立认为，信息不对称是制约中国企业国际并购的最大因素，因此，充分了解国内外信息，解决信息不对称问题是中国企业海外并购的关键。

“通过建立网络，把全世界希望出售的企业，或者希望寻求合作伙伴的信息收集起来，同时把国内有海外投资愿望的企业信息也收集起来，之后通过网络进行谈判，充分了解信息，这是进行海外投资最主要的条件。除了网络，有条件的还是要到海外去看看，找行业内的专家了解相关信息。”郑新立说。

中国企业海外并购近年来得到长足发展，据晨哨研究部监测，2015年一季度中国企业海外并购交易宗数为119宗，环比增长36.78%，同比增长39.34%。涉及资金401.30亿美元，环比增长138.47%，同比增长9.05%。

通过扩大海外投资，创造出口需求，郑新立表示，这是解决当前需求不足、产能过剩的正确选择。“我国经济发展面临着一些瓶颈约束，如石油、天然气、铁矿等资源，国内供给不足。此外，技术上也存在瓶颈。而通过海外并购，则可以解决未来10年到20年中国长远发展所面临的瓶颈约束。”

此外，他还表示，受全球金融危机的影响，从发达国家到发展中国家都在进行结构调整。因此，国际并购正面临着千载难逢的窗口期，应该抓住机遇。

对于扩大海外投资所面临任务的理解，郑新立认为，首先是要获取更多的能源、资源勘探权和开发权；其次是通过国际并购获得国外科技资源和营销网络，从而提升自主创新能力和国际经营能力；其三，通过发展加工贸易创造出口需求，使出口保持持续旺盛增长；最后是通过海外设立研发机构，充分利用全球人才进行自主创新。

4月30日，《经济日报》发表《“一带一路”是完善开放型经济体系的重大战略》一文。

【按】文章共分四部分。

（一）建设“一带一路”的重大意义。

（二）“一带一路”背景下的海外投资重点选择。一是国内短缺的能源资源。主要是石油、天然气、铁矿、铝矿、铜矿、钾矿等。随着经济发展，我国对这些能源资源的市场需求和进口量不断增加，大豆进口量迅速攀升，应围绕这些短缺产品到海外投资，争取建立海外稳定的供给基地。一般来说，通过股市购买比较成熟的资源类企业股权，可能比直接购买矿藏更有利一些，因为它不需要为开发矿藏而进行相关基础设施投资。二是鼓励企业开展国际并购。选择拥有较好的科技资源和营销网络的国外企业进行并购，以提高国内企业的创新能力和国际经营能力，是实现企业转型升级的一条捷径。国际金融经济危机使一些发达国家的企业经营困难，为我国企业开展国际并购提供了千载难逢的机遇。金融机构应当支持企业“走出去”开展国际并购。三是鼓励企业到海外发展加工贸易。目前，我国机电、轻纺、冶金等行业的企业已经具备了到海外发展加工贸易的能力。鼓励一部分企业到海外发展加工贸易，可带动零部件、原材料出口。在目前出口增长受阻的情况下，通过发展加工贸易，可创造出口需求。也就是说，通过资本输出带动商品和劳务输出。发达国家做这件事很多年，从中受益良多。新兴工业化国家通过在我国发展加工贸易，解决了国内市场狭小的问题。我们应当向他们学习。四是鼓励企业到海外承揽建设工程。在基础设施建设上，我国企业具有较强的竞争优势。到海外承揽更多的铁路、公路、港口、房屋建设工程，可带动建筑材料、工程机械和劳务出口。应通过实施“一带一路”，发挥我国企业的优势，拓展国外建筑市场。五是鼓励企业到海外设立研发机构。为利用国外科技力量，提高企业科技创新能力，应鼓励企业到国外去设立科研机构。例如华为公司，把互联网方面的研究机构设在美国，把数学方面的研究机构设在俄罗斯，把软件方面的研发机构设在印度，做到了择天下英才而用之。这样做，比请外国科技人才到中国来更为简便，值得学习借鉴。

（三）如何提高海外投资的成功率。

（四）同步推进农村改革和农业现代化。

5月17日，光明网发表《提高增长质量潜力巨大》一文。

5月，应中共湖北省委决策咨询委员会之约撰写专稿《湖北如何提高市场化水平》。

6月12日，《21世纪经济报道》发表《稳增长亟待货币政策的支持》一文。

【按一】下面是为《21世纪经济报道》撰写的编者按。

对于当下的经济形势和未来货币政策的走向，目前学界的判断仍存在一定分歧。一种观点仍然主张要谨慎使用货币政策，因为目前经济还处于产能出清、去库存的阶段，如果盲目进行货币刺激，可能使这个过程功亏一篑，短期经济数据会有起色，但最终会拖累经济增长，并可能损害金融体系的健康。而且，目前的经济运行仍处于合理区间，也不必采取宽松货币的刺激政策。

但是另外一种观点认为，目前的经济下行压力较大，形势比较严峻，正在陆续公布的五月份的经济数据也显示了这一状况。而这种严峻形势一定程度上与货币政策稳增长的力度不够有关系。下面这篇来自中国国际经济交流中心副理事长、中央政策研究室原副主任郑新立的文章，是这种观点的代表。这并不代表本报的立场，作为一家之言，供读者参考。

与目前是否采取更积极的货币政策相比，实体经济和金融体系的改革或许同样迫切，因为前期的降准降息已经使银行间市场的利率大幅度降低，但是实体经济的需求不足，银行的资金并未获得充分利用，实体经济的融资成本也并没有明显下降。

【按二】下面为《稳增长亟待货币政策的支持》一文。

一季度的经济数据发布之后，4 月 30 日上午，中共中央政治局召开会议，分析当前经济形势，提出要“高度重视应对经济下行压力”。这是对当前经济运行主要风险做出的正确判断，是对当前宏观调控主要任务做出的重要部署。我们应当按照政治局会议精神来统一对当前经济形势的认识，并采取协调一致的行动。

经济下行已经持续了三年多时间。今年一季度，GDP 同比增速降为 7%，财政收入增速降为 3.9%，工业企业利润减少 2.7%。4 月份，规模以上工业企业增加值同比增速为 5.9%，出口增长 6.2%，CPI（居民消费价格指数）降为 1.5%，PPI（生产价格指数）已连续 38 个月为负。1—4 月，新开工建设项目投资增长率为零，4 月末规模以上工业企业产成品库存增长 7%。尽管就业情况仍比较好，整个经济运行仍处于可控范围，但一些脆弱的行业和企业，如煤炭、钢铁、房地产和一部分中小企业的运营困难加大，孕育着破产和金融不良资产增加的风险，显露出经济形势严峻的一面。统计数据已经说明，需求不足已成为宏观经济的主要矛盾，经济下行成为当前经济运行的基本趋势，通货紧缩则成为经济生活的主要风险。扩大需求特别是扩大内需，已成为当前宏观经济政策最重要的选择。

实施扩大内需的战略，要求推行积极的财政政策和适度宽松的货币政策。在经济职能上，财政政策主要是管结构，货币政策主要是管总量的。因此，实施扩内需、稳增长的政策，主要应当发挥货币政策的作用。近 4 年多来，我们实际上实行了适度从紧的货币政策。

为什么说近几年的货币政策实际上是适度从紧？只要我们把近四年多的广义货币 M2 的增长速度与之前 20 年的年均增长速度做一个对比，就会一目了然。1991—2010 年的 20 年间，我国 M2 的年均增长速度为 20.5%，GDP 的年均增长速度为 10.3%，M2 的增速为 GDP 增速的 2 倍。这是我国经济的长期实证数据，与国际历史上处于快速成长期的国家的数据是一致的。国外经验证明，在工业化、城市化快速推进的过程中，M2 的增速保持在 GDP 增速的 2 倍左右是合理的。长期高于 2 倍，就会出现通货膨胀；长期低于 2 倍，就会出现通货紧缩。美国著名货币经济学家、诺贝尔奖获得者米尔顿·弗里德曼曾发现和论证了这一规律。笔者曾在 20 世纪 90 年代两次赴美，向他请教治理通货膨胀的办法，他告诉了我这一研究结果。他说这是他从日本、韩国和我国台湾地区等快速成长期的统计数据中发现的规律。中国 20 年的统计数据，再次验证了弗里德曼的结论是正确的。

反观 4 年多以来我国货币增长速度及其影响：2011—2014 年，M2 的年增速分别为 13.6%、13.8%、13.6%、13%，年均增速为 13.5%，比此前 20 年的年均增速下降了 7 个百分点；随之 GDP 的年增速分别为 9.3%、7.7%、7.7%、7.4%，年均为 8%，比前 20 年下降了 2.3 个百分点。今年 1—4 月，M2 的同比增速降至 10.1%，比 1991—2010 年的增速下降了 10.4 个百分点，比前 4 年的增速下降了 3.4 个百分点。根据经验，货币增速对经济增速影响的滞后期为半年，去年特别是今年前 4 个月，货币增速进一步下降，必将在下半年和明年显现出来。应当说，前四年多 GDP 的增速没有降至 M2 增速的二分之一，是大力推行经济发展方式转变的结果。

应当看到，当前经济下行已经形成一定的惯性。由于企业形成了经济下行的不良预期，制约了投资的积极性。今年前 4 个月，社会融资总规模仅增加 5.7 万亿元，比去年同期减少 1.5 万亿元，固定资产投资资金来源同比仅增长 6.5%，比同期固定资产投资增速低 5.5 个百分点。企业缺乏投资意愿，银行贷款用不出去，以致不久前人民银行向部分金融机构进行定向正回购，回收了超过 1 000 亿元流动性。经济下行惯性助推通货紧缩，通货紧缩加剧经济下行，如此恶性循环，是十分危险的。当前，必须抓紧落实中央政治局 4 月 30 日会议精神，采取强有力的措施，克服经济下行惯性，使货币增速有一个大于正常情况下的增长速度。

一个时期以来，不少人常常以我国经济的货币化率较高为由，主张降低货币发行的增速。截至 2014 年年底，我国 M2 即货币和准货币总量已达 122.8 万亿元，相当于国内生产总值 63.6 万亿元的 193%。在国际上，这个比例因各个国家的发展阶段、金融结构不同而有较大差异。我国的这一比例与某些发达国家不相上下。判断一个国家货币化率是否合理，关键应看货币供给量能否保持总需求与总供给的大体平衡。只要不造成通胀或通缩，货币供应都应当视为合理。需要指出的是，由于我国资本市场发育程度低，企业融资主要依靠银行贷款，经济货币化率高一些是正常的、合理的。也就是说，由于我国经济的证券化率偏低，企业对间接融资的需求较大，必然要求有较高的货币化率。发达国家股市市值总额一般相当于 GDP 的 100%，而我国长期仅为 40% 左右，最近几个月才上升到 50% 以上。在判断货币供给总量是否合理时，只看经济的货币化率，不看经济的证券化率，只能得出错误结论。因此，对于目前 193% 的货币化率，不应过度担忧。相反，在人民币逐渐国际化的背景下，M2 的总量已成为衡量国家经济实力的重要指标。我国规模巨大的实体经济是人民币的强大支撑。

从国内外经验来看，由于我国工业化、城市化的任务尚未完成，经济仍处于快速成长期，M2 的增速保持在 GDP 的增速的 2 倍左右是必要的，既能满足经济发展的需要，又不会出现通货膨胀。同时，发展方式的转变不仅需要存量的调节，更需要增量的调节，这就要有一个稳定的较为宽松的经济环境。发展方式转变是一个历史过程，不能一蹴而就、急于求成。当前在货币政策上实施降息降准，适度扩大货币发行，是稳增长、调结构、防风险的正确举措。

在经济下行的情况下，为了避免银行贷款大量流入股市，制造资本泡沫，需要投资政策和财政政策的引导。我国债务率偏低，实施积极的财政政策还有较大空间。应扩大长期建设债券的发行规模，通过财政资金的贷款贴息、资本金补助、减税等措施，引导银行贷款投向，调动民间投资积极性。国家发改委近期推出总投资额近 2 万亿元的 7 个工程包，主要包括基础设施、公共服务类建设项目，以特许经营权的方式，鼓励社会资金投入。财政资金和银行贷款应主要投向这些领域，以达到优化结构、改善民生、促进发展方式转变的目的。为防止企业挪用信贷资金炒股，应加强对资金流向的跟踪监察，确保银行资金流向实体经济。过去曾实行过的点贷、窗口指导等成功经验，现在依然有效。我国人均 GDP 仅为美国的六分之一，人均消费支出水平仅为美国的十二分之一。我们通过扩大内需拉动经济增长还有很大空间。如果在目前的发展水平上就出现增长乏力，那就一定是我们的体制和政策出了问题，没有把增长的潜力释放出来。

7 月 18 日，出席在杭州举办的“第七届中国（国际）资产管理大会”。

【按】大会由新华浙江大宗商品交易中心主办、中国期货信息网承办，主题为“跨界——资产管理离我们有多远”。郑新立在演讲中提到，党的十八届三中全会后，加快与周边区域建设丝绸之路经济带、海上丝绸之路，形成全方位开放新格局，这是新时期我国对外开放的新举措。

7 月 30 日上午，出席中国国际经济交流中心召开的“分析上半

年经济形势的会议”。

【按】郑新立在会上提出，高度重视应对经济下行压力，高度重视防范和化解系统性风险。

7月，随国务院副总理出席俄罗斯在圣彼得堡举办的国际经济论坛。

7月，出访美国。访问期间拜访多家美国一流智库、美国财政部以及金融机构，就中国经济改革转型、中美经济战略合作等热点话题进行了交流。

【按】本次出访的同行有清华大学教授李稻葵、高西庆，金砖国家经济智库副秘书长冯兴科等。

8月17、18日，在北京万寿宾馆约见作家墨白。

8月28日，出席在河南信阳举行的“第十届豫商大会”并发言。

【按】大会由河南省政协主办，信阳市人民政府、河南省商务厅、河南省归国华侨委员会、河南省工商业联合会、河南省豫商联合会承办。

8月，《弯道超车：从德国工业4.0到中国制造2025》一书收入郑新立、王一鸣合著的《学德国，操作层面还要继续研究》一文。

【按】《弯道超车：从德国工业4.0到中国制造2025》由上海人民出版社出版，收入了罗兰·贝格（德）、张茹、左世全、芮明杰、李稻葵、王一鸣、郑新立等海内外二十余位专家学者的著作，主要对当前国际上新兴的工业模式的革新进行探究，描述了何为工业4.0，与前三次工业革命的区别何在、工业4.0的真正内涵、中国在浪潮中的领先途径等。这是一本普通人也能看懂的国家前沿战略分析的著作，这本书告诉我们，中国能向德国制造学什么。

8月，第8期《宏观经济管理》发表《高度重视应对经济下行压力》一文。

【按】此文认为：解决当前经济下行、增长乏力问题，实现稳增长目标，必须对症下药，从扩大内需入手，破解需求不足难题；必须采取强有力的措施，克服经济下行惯性，使货币增速有一个大于正常情况下的增长速度。货币政策上实施降息降准，适度扩大货币发行，是稳增长、调结构、防风险的正确举措。聚焦农村改革是实现稳增长的根本途径，按照所有权、承包权、经营权三权分置的原则，允许农户对承包土地的经营权抵押、担保、转让，发展土地规模化、专业化、现代化经营，提高农业劳动生产率。

9月8日，《中国经济时报》发表《高度重视经济下行引发的系统风险》一文。

9月9日，《人民日报》发表《创名牌是建设制造强国核心工程》一文。

【按】文章认为：品牌是建设制造强国的核心，是技术、管理、创意等多重因素作用的结果，是长期细心浇灌才能培育出的花朵。

制造业的著名品牌都有自己独特并不断更新的技术。拥有名牌的企业大都长期注重技术研发投入。研发投入占销售收入的比值是企业的研发强度。在技术密集、知识密集型产业，研发强度应达到10%以上；在传统产业，也要达到3%以上，低于2%就意味着企业将被淘汰。我国目前研发投入强度能达到这个标准的企业为数不多。凡是在市场上崭露头角的制造业企业，都在技术研发上舍得投入。华为和中兴是国际市场上两个知名度较高的中国品牌，其企业研发投入强度都在10%以上，企业拥有技术专利数量在国内排名前两位。名牌必须建立在领先的技术基础之上。

创名牌需要坚持不懈的培育呵护。品牌是企业的生命，是企业员工的饭碗，企业的兴衰存亡系于品牌。一个具有长远发展观念的企业，一定会把创名牌作为经营的核心战略。品牌认可度由用户说了算。企业应当把用户当作上帝，从产品设计到售后服务都努力满足用户需求。这种用户第一的理念只有长期坚持，企业才能基业长青。扩大品牌知名度，还要善于谋划。海尔坚持从高端市场做起，从最挑剔的市场做起，先占领发达国家市场，再扩大到发展中国家市场。这是有气魄、有信心的表现。当然，由于发达国家市场趋于饱和，对有些产品来说，先开拓发展中国家市场，扩大生产规模，降低成本，再进军发达国家市场，也是一种现实途径。

9月9日，出席在北京召开的“政策科学论坛——推进城乡发展一体化研讨会”，并做主题发言。随后，就城乡一体化、房产税改革等问题接受中国经济网记者采访。

【按】研讨会由中国政策科学研究会举办。郑新立在发言时表示：“加快城乡发展一体化进程，对于激发农村发展的巨大潜力，克服当前经济下行压力，实现到2020年全面小康的目标，具有重大现实意义和战略意义。”

郑新立认为，城乡居民基本权益均等化是实现城乡一体化发展的前提。目前，城乡居民权益不平等集中体现在两个方面。一是财产权的不平等。城市的生产资料和消费资料几乎已全部商品化，包括国家、集体和个人所有的土地、厂房、设备、住宅等，都允许在市场上自由流通；而农村的土地、住宅等产权仍不明晰，农村对土地和房产等的法人财产权仍不落实，作为农民最重要的生产资料和消费资料仍不能实现商品化、市场化，因此，农民就不能像城里人一样享受城市化过程中不动产增值的收益。这是城乡居民基本权益上的最大的不平等，是城乡居民收入差距拉大的重要原因。

二是在户籍制度上的不平等。尽管有2.8亿农民工为城市建设做出了巨大贡献，有些农民工进城已二三十年，但是由于户籍的限制，他们享受不到城市户口所附加的各类社会保障和公共服务，绝大部分仍处于全家分离状态。从农民应有公民基本权益上说，这也是很不合理的。

2013年11月，十八届三中全会《决定》曾提出，在坚持和完善最严格的耕地保护制度的前提下，赋予农民对承包地占有、使用、收益、流转及承包经营权抵押、担保权能，允许农民以承包经营权入股发展农业产业化经营。选择若干试点，慎重稳妥推进农民住房财产权抵押、担保、转让，探索农民增加财产性收入渠道。提出在符合规划和用途管制前提下，允许农村集体经营性建设用地出让、租赁、入股，实行与国有土地同等入市、同权同价。

“城乡公共服务的差距是城乡差距的重要体现。”郑新立表示，“包括养老、教育、医疗、交通、供水、供电、环境等，农村都明显落后于城市。原因在于长期以来公共服务事业投入重点在城市，城市越来越漂亮，即使中西部地区的城市与沿海地区相比也毫不逊色。但是，农村特别是中西部地区的农村公共服务投入严重不足，导致农村居民不能像城里人一样享受到大体均等的公共服务。由于公共服务的落后，制约了农村经济发展，改变中西部农村公共服务落后状况，政府要把农村作为公共服务投入的重点，通过城乡人均公共财政支出的均等化实现城乡基本公共服务的均等化，尽快弥补农村公共服务投入的欠账。”

对于未来城乡一体化的发展方向，郑新立认为，近期应当把教育、医疗、交通、环保、养老作为农村公共服务发展的重点。要运用政府与企业合作的PPP模式来发展农村公共服务业。沿海地区农村公共服务比较好，主要在于通过发展乡镇企业，很快富裕起来。富裕起来的农村，主要通过自己增加投入，再加上地方政府的帮助，把公共服务完善起来。中西部农村也必须走这条路子。

10月，带队到美国、加拿大考察霍尼维尔公司生物柴油技术。从木质纤维和秸秆中提取柴油，该公司已有成熟的技术工艺。中国每年有8亿吨秸秆，若全部利用，可产生2亿吨以上生物石油。

10月，第10期《全球化》发表《学习成老始终如一的国家情怀和奋斗精神》一文。

【按】此文为悼念成思危先生的文章。

11月7日，出席在福州市召开的“第四届风险管理与农业发展论坛”。

11月12日，《求是》发表《加快形成以创新为主要引领和支撑的经济体系和发展模式》一文。

【按】文章共分三部分。(一)我国已进入只有靠创新才能持续发展的新阶段。(二)如何打造以创新为主要引领和支撑的经济体系。(三)如何构建创新驱动的发展模式：(1)激发创新主体的活力和动力；(2)建立科技成果向生产转化的有效手段；(3)完善支持创新创业的风险投资体系；(4)合理发挥政府在支持创新创业中的作用；(5)培养和吸引国内外创新人才。

11月30日，出席在京召开的“第七届世界非并网风电与能源大会”。

【按】大会由世界风能协会、世界可再生能源协会、江苏省宏观经济研究院等联合举办，会议旨在展示世界风能利用最新技术成果推动非并网风电的应用。

12月9日，以中国政策科学研究会执行会长的身份，出席并主持“中国政策科学研究会举行的第二次政策科学论坛”。

12月，第12期《宏观经济管理》发表《“十三五”起步之年应抓好的三件事》一文。

【按】此文认为：党的十八届五中全会关于制定“十三五”规划的《建议》，明确了到2020年新的奋斗目标，提出了创新、协调、绿色、开放、共享发展的新理念，这是全面建成小康社会决胜阶段的行动纲领。2016年作为“十三五”规划的开局之年，在落实规划上应当有一个良好的开端，应突出抓好以下三件事：（一）采取有效措施阻止经济下行并防范系统性风险；（二）正确处理稳增长与调结构的关系；（三）在城乡一体化改革发展上要取得重大突破。

是年，为《走在城乡之间》[1]一书撰写题为“顺应城乡一体化的历史大趋势”的序言。

【按】郑新立在序言中说：“河南是我的家乡，在我19岁来北京上大学之前，都在农村度过。离开家乡整整50年的时间内，我几乎每年都回去一两次。家乡人的生产、生活状况，成为我观察世界的重要参照系。特别是改革开放以来，看到沿海地区农村迅速发展起来了，与河南农村的发展差距逐步拉大，我内心深处为家乡感到着急，为河南农村取得的每一点进步感到高兴。河南地处中原大地，土地肥沃、

[1] 王仲斌.《走在城乡之间》.经济日报出版社，2015。

资源丰富、交通发达、人口密集，具有发展经济的得天独厚的优越条件。如果说缺少什么，最缺的是改革开放的思想观念，是转变传统生产方式的紧迫感。沿袭了几千年的以小农户为主体的自然经济模式，形成了小富即安的思维定式，满足于吃饱穿暖的稳定生活，躺在小农经济的温床上自我欣赏、自我陶醉，把建立现代化、社会化的大工业、大农业视为畏途。年轻人到外地打工，开阔了眼界，但积累的资金只够在家乡盖一栋楼房，作为创业投资则远远不够。加之土地承包权流转、宅基地转让等受到传统体制的约束，农业现代化、工业化、城市化步履维艰。”

附录

2015 年	中外政治、经济大事记
8 月 24 日	中共中央、国务院印发《关于深化国有企业改革的指导意见》
10 月 10 日	在普林斯顿大学任教，拥有英国、美国双国籍的经济学家安格斯·迪顿（1945—）因在微观经济学领域“对消费、贫困以及福利方面的分析”而获得诺贝尔经济学奖
12 月 14 日	欧洲复兴开发银行发表声明，批准中国成为该行股东
12 月 20 日	中国–韩国、中国–澳大利亚自贸协定正式生效
12 月 25 日	亚洲基础设施投资银行正式成立
12 月 31 日	东盟共同体正式成立

2016年（丙申）
七十二岁

1月7日，与滕文生同志谈中国政策科学研究会2016年工作计划。

1月8日，出席在北京召开的“2016凯胜年度峰会”，并发表演讲。

【按】郑新立发表演讲时说，中国智库应该研究财政资金引导机制，以撬动银行贷款和社会资金在“十三五”规划期间投入农业现代化、新农村建设和农民工市民化三件事情上来。

1月10至11日，在山东聊城参加聊城“十三五”规划讨论会。

1月12日，出席在人民大会堂举办的“广东·德庆农业品牌新闻发布会暨德庆紫淮山、贡柑北京推介会”。

1月16日，在深圳参加深交所年会。

1月18日，在怀柔中国科学院大学分校区参加网络发展问题研讨会。

1月21日，会见日本参议员介护法倡导者笹野贞子。

1月22日，参加中日养老产业交流会。

1月23日，出席在北京召开的“中国信息化百人会2016年会”。

1月24日，在北京饭店主持中国城镇化促进理事会第一次会议。

1月25日，出席在北京召开的“全联中小冶金企业商会联合大成经济研究院关于化解钢铁过剩产能座谈会”。

1月26日，会见法国电力集团董事长。

1月26日，《人民日报》发表《全面小康决胜阶段的行动指南——学习党的十八届五中全会〈建议〉》一文。

【按】文章共分四部分：（一）全面建成小康社会必须把发展作为第一要务；（二）全面建成小康社会关键在于加快城乡一体化进程；（三）全面建成小康社会必须着重扩大公共服务；（四）全面建成小康社会必须大力改善生态环境。

1月，第1期《改革》发表《以全面小康为目标加快城乡一体化进程》一文。

【按】文章共分五部分：（一）城乡居民基本权益平等化是城乡一体化的前提条件；（二）城乡公共服务均等化是城乡一体化的重要举措；（三）城乡居民收入均衡化是城乡一体化的根本目标；（四）城乡要素配置合理化是城乡一体化的必然要求；（五）加快城乡一体化改革发展的三个抓手。加快城乡一体化发展进程，必须把农业现代化、新农村建设、农民工市民化“三件事”连在一起，同步推动。国务院提出要抓好“三个一个亿”，即东部地区抓好一亿农民工市民化、中西部城市再吸纳一亿农民工就业、城市抓好一亿户棚户区改造。这两个“三”件事互相牵制，互相影响。农业现代化能够进一步释放农业劳动力潜力，为农用工业发展和水利建设提供需求；新农村建设能够改善农村生产、生活环境，为建材工业提供需求；农民工市民化能够使4亿多离散人口实现全家团圆梦，形成城市建设的需求。抓好这“三”件事，又必须深化农村土地制度改革。通过农村土地的确权颁证，鼓励承包地经营权向合作社、农业公司、家庭农场集中，为扩大土地经营规模，发展集约化、现代化农业创造条件。通过进城落户农民退出宅基地，既能满足城市新增建设用地需要，又能增加一部分耕地，有利于推进新农村建设和农民工市民化。

2月1日至3日，赴湖北省荆门市调研新型城镇化和城乡一体化发展问题。

2月，赴美国考察斯坦福大学、加州大学伯克利分校、南加州大学、加州理工学院，对创新型大学进行了深度调研。

3月2日，出席在京举行的“企业创新发展战略研讨会暨《企业创新方法论》新书首发式”。

3月7日，参观李苏安发明的煤油共炼新技术。

3月13日，出席在中国政策科学研究会举行的“学习和运用马克思主义政治经济学基本原理和方法座谈会”，并做题为“解决产能过剩问题需要运用马克思的政治经济学理论”的发言。

3月20日，赴天津港考察天然气浮动码头和LNG运输船。

3月21日，在中国国际经济交流中心会见布鲁金斯学会主席约翰·桑顿。

3月22日，出席在清华大学举行的“G20中国峰会”，同日《世纪经济报道》发表在“G20中国峰会”上以“中国科技创新体制应向美国学习五件事”为题的演讲内容。

【按】郑新立的演讲内容如下。

前几天国际知识产权组织公布了2015年国际专利申请的数量。美国以5万多项专利列全球第一，中国以2.9万项列第三；美国申请国际专利的数量比2014年下降了6.8%，中国比2014年增加了16.7%，美国去年申请国际专利的数量是中国的1.9倍。

如果我们把这个镜头再往回拉五年，也就是2011年，美国申请国际专利的数量是中国的6倍。五年的时间，由6倍缩小到1.9倍。在某种程度上代表着中国的技术创新能力同美国的距离正在迅速拉近。

当然，国内申请专利的数量方面，中国从2006年就居世界第一了，去年中国专利申请量达到了200万项，美国是40万项，但是这200万项专利的质量比较差，跟国际专利的质量没有可比性，所以我更看重国际专利的申请量。

从中美两国科技创新能力最近五年的变化来看，中国的创新能力在迅速提高。但是，同美国相比，还是有很大的差距。我有机会在改革开放之后多次到美国，对美国的科技创新体制以及教育体制进行考察，并且与中国进行了对比。

我觉得美国在科技创新体制上有五点值得中国虚心、认真地学习。在这个方面美国是我们的老师。

第一点，美国有一个充分竞争的市场机制。企业不创新就意味着倒闭，而且大学里面也有激烈的竞争。大学是一个培养创新型人才的基地，是科技创新的源头，大学也是专利申请的重要提供方。这一点，我觉得我们特别需要向美国学习。美国的硅谷就是依托斯坦福大学和加州大学贝克利分校成长起来的。我们的学校和美国如果在科技创新上有差距的话，主要的差距表现在大学的水平上。美国培养出来创新型的人才，而我们在这个方面同美国的差距太大了。

第二点需要向美国学习的就是，美国政府隔一段时间提出一个具有带动意义的重大工程，政府和企业合作，集中攻关，带动了全世界的科技进步。比如说历史上美国政府提出的曼哈顿工程，带动了核电工业的发展，航天航空工程带动了航天业的发展，信息高速公路的计划带动了互联网的发展。现在正在实施的新能源计划和再工业化计划，也正在发挥作用。

第三点，美国是一个开放型的国家，吸引了全球的人才。在美国硅谷新创办的企业50%是由亚裔人才创造的，主要是中国人和印度人。美国的大学用优厚的奖学金把全世界的优秀学子吸引过去进行培养，毕业后那些拔尖的人才留下来工作。我们十八届三中全会提出“择天下英才而用之”，美国就是这么做的。

第四点，美国有一个风险投资体系，从天使投资、风险投资，最后到纳斯达克；从风险投资到私募股权投资，在创新的每一个阶段都有全过程的金融服务。我上个月到斯坦福大学附近的风险投资小镇去考察。小镇集中了一大批风险投资企业，它们和斯坦福大学的老师和学生保持密切的联系：斯坦福大学的老师及学生有一些新的成果，甚至刚有一个构想，马上就被一大批风险投资公司围起来，帮助分析这个想法、成果怎样加快工程化、产业化，怎样完善，并投资支持他们的发展。这种风险投资机制非常完善。

第五点是美国实行军民结合的体制，不像中国，军品是军品，民品是民品，两条体系。美国国防部每年有3 000亿美元以上的国防科研的项目和军工订货，接受这些科研项目和军工订货的企业，除了满足军方的需要，也可以无偿转到民用工业，带动了民用高科技产业的发展。

3月28日，为《人民日报》撰写《厘清认识误区、聚焦结构改革》一文。

【按】文章共分四部分：（一）强调供给的重要性，并不意味着可以忽视市场需求；（二）判断货币供应是否合理不仅要看货币化率，还要看证券化率；（三）加大对环境治理投入，不是减缓而是促进经济增长；（四）实行农村土地所有权与用益物权分离，不是有悖于而是有利于土地公有制实现方式的完善。

4月7日，《参考消息》发表《中国有巨大潜力跃升高收入国家》一文。

【按】文章共分三部分：（一）推动城乡一体、破除认识误区；（二）完善投资体制、增加公共产品；（三）借鉴美国经验、狠抓科技创新。

4月9日，在河南新郑市参加黄帝拜典。

4月10日，为《人民日报》撰写《走出认识误区、深化国企改革》一文。

【按】文章共分三部分：（一）走出对国企改革认识上的误区；（二）增强对深化国企改革重要性、紧迫性的认识；（三）敢于创新、分类施策，完成新一轮国企改革任务。其中第一部分讨论了四个问题：一是国有资产监管从以管资产为主向以管资本为主转变，会不会导致监管职能弱化；二是发展混合所有制经济会不会造成国进民退或国退民进；三是国企高管限薪，是不是意味着国企改革走回头路；四是国企改革是否意味着又要出现一次“下岗潮”。

4月19日，去湖南湘西自治州参加太平洋集团扶贫助学工程大会。

4月23日，出席在北京举行的“加快农业现代化研究会”，并做题为“借鉴荷兰、日本经验教训加快我国农业现代化”的发言。

【按】研讨会由全国小康研究会主办。郑新立在发言中说：“加快农业现代化步伐，要从中国实际出发，并借鉴国外经验。其中，荷兰和日本的农业走了不同的路子，导致不同的结果。作为正反两方面的教员，值得我们认真研究、比较、思考和借鉴。”

（一）荷兰农业是以合作社为主体的社会化大生产，日本农业是以农户为主体的小生产。

荷兰农业条件并不好，气候阴冷潮湿，光照时间少，人均耕地只有1.3亩，27%的耕地和60%的人口处于海平面以下，靠着前人修建的长达2 400公里坚固的防潮大堤，才把耕地保护下来。因此，荷兰人对土地极为珍惜，把提高土地产出率作为主攻方向。全国190万公顷农田中，57%种植粮食和花卉，40%为草场。总共只有25万农业劳动力，兴办了73万个农牧场，其中奶牛农场189万个，畜牧农场168万个，耕作农场111万个，实行种植、畜牧养殖、加工、销售一体化经营。在种养环节，以家庭经营为主，在加工、销售环节，以合作社经营为主，所有家庭都根据自己种养的品种参加一个或几个合作社。荷兰的乳制品很有名。奶牛饲养一般以家庭为主，同时加入乳制品合作社。乳制品合作社除了按合同收购家庭奶牛场的牛奶，还根据股份多少和经营情况给社员分红，合作社与社员之间形成利益共同体，大家拥有共同的商品品牌，共同维护商品质量和品牌信誉。大概是因为花卉最赚钱，所以荷兰农民把栽培郁金香等花卉作为主打产品。花卉种植也有专业分工，有的家庭几十年只种一个品种。由3 000多个花农组成的花卉合作社，建立了一个全球最大的花卉批发市场，面积相当于12个足球场。每天早晨5点开始拍卖，9点左右即可进入欧洲各城市零售店。花卉销量占欧洲市场的80%。农业虽然具有分散劳动和与自然过程相结合的特点，但在荷兰，组织化程度很高，这是它具有国际竞争力的重要原因。

反观日本，全国有200多万个农业经营主体，基本上是以农户为单位的分散的小规模生产。虽然农户之间也有资金方面的合作，但整体来讲，农业的专业分工和组织化程度较低，由此决定劳动生产率低下，农业完全丧失了国际竞争力。大米的价格每斤卖到50元以上，沦为全世界最大的农产品进口国。

（二）荷兰农业是一个高盈利行业，日本农业却只能依靠政府补贴。

（三）荷兰对农业劳动力的资质有较高的要求，日本的农业已沦为老人产业。

（四）荷兰致力于发展高附加值的出口农业，日本竭力保护本国农产品市场。

荷兰国土面积狭小，耕地面积仅为我国的1.6%，农业劳动力人数仅为我国的0.1%。2015年荷兰农产品出口额达824亿美元，自1989年以来，净出口额始终居全球第二位，仅次于美国。荷兰进口一些粮食、饲料，满足国内食品和畜牧业发展的需要。也就是说，荷兰从人均土地资源少的基本国情出发，进口占用土地和水资源多的农产品，经过转化增值，变成劳动、技术、知识密集型的农产品用于出口，提高了外贸的经济效益。为了使农产品打入国际市场，荷兰请美国和欧洲的质量监管专家帮助建立质量标准，而且国内标准高于国际标准，并严格检测管理，从而取得了国外消费者的信任。

反观日本，由于农业缺乏国际竞争力，国家对农产品进口设置各种各样的壁垒，以保护国内农产品市场。封闭市场的结果，是保护了落后。目前，日本食品的自给率仅为39%。由于对农产品的刚性需求，到头来，还得依赖进口，而且进口的比重还会不断提高。根据有关国际机构对农业竞争力的评价，荷兰农业的竞争力指数为0.261，日本为−0.914。日本的农业已成为失败的典型案例。

纵观荷兰、日本农业的经验教训，我们应当得到哪些启示？一是要在家庭土地承包的基础上，走以合作社为经营主体的社会化大生产的道路。荷兰发展农业合作社的经验证明，它有助于实现产加销一体化，干成单家独户干不了的事情，使农民能分享到种植养殖、农产品深加工和产品营销三个环节的利润；有助于采用先进的科学技术和大型农业机械，提高生产效率；有助于创建和维护农产品品牌，提高品牌的信誉度和市场占有率；有助于把小规模经营的农户引入专业化、社会化的生产体系，分享规模化经营带来的利润。合作社可以有多种形式，股份合作、土地入股、公司化经营等就是中国农民的创造。通过建立现代产权制度和按劳分配制度，合作社可以避免大锅饭和平均主义。二是要吸引高素质的劳动力从事农业经营。这就要通过土地经营权流转，发展集约化、高效益农业，使从事农业经营比外出打工获得更高的收入。目前，我国农业劳动力出现类似日本的老龄化趋势，必须引起高度重视。三是强化农业科研和技术培训体系，大力培育农产品新品种，努力使农业劳动力掌握先进的栽培、饲养、加工技术。我国现在主要依靠农业技术员的指导是不够的，一定要让农民成为具有农业技术和知识的劳动者。四是积极扩大农产品出口，建立开放型农业。我国农业劳动力为荷兰的 900 多倍，2015 年我国农产品进出口 1 875.6 亿美元，其中，出口 706.8 亿美元，比荷兰少 117 亿美元，进口 1 168.8 亿美元，逆差 462.0 亿美元。我们应当学习荷兰经验，发挥我国劳动力资源丰富等优势，努力扩大农产品出口。通过出口劳动、技术、知识密集型农产品，进口资源密集型农产品，实施以劳力换土地的战略，可以倒逼我们提高农产品质量，获得农产品外贸的比较效益。

5 月 13 日，出席中国政策科学研究会举办的“实施精准扶贫、决胜全面小康”论坛，并做题为“实施精准扶贫、决胜全面小康”的发言。

5月17日，到深圳华为公司调研，与任正非同志交谈华为股权结构和收入分配经验。

5月18日，到深圳前海调研。

5月27日，出席在人民大会堂举办的“2020减贫论坛暨中国援疆科技扶贫公益大会”并发言。

5月，受深圳市委决策咨询委员会委托，主持题为“深圳创办高水平、创新型大学研究”的课题研究。

【按一】参加此课题研究、撰稿的有陈永杰、徐伟、綦鲁明、盛思鑫。

【按二】此研究课题共分五部分。

第一部分是“建立高水平、创新型大学是深圳发展的迫切要求”：（一）培育新的经济增长点的需要；（二）加快构建创新型城市的需要；（三）加快构建更高层次开放型城市的需要；（四）改善城市文化环境的需要；（五）提升城市竞争力的需要。

第二部分是“深圳建立高水平、创新型大学的条件和基础”。

（一）深圳建立高水平、创新型大学的外部有利条件：（1）深圳拥有雄厚的经济实力，具备发展高等教育的基础经济条件；（2）深圳人口基数大，人口年轻化，对高等教育的需求旺盛；（3）深圳毗邻港澳，优质教育资源流入成本较低；（4）深圳开放水平高，要素聚集程度高，为发展高等教育提供了助推力；（5）雄厚的产业创新基础为就业创业提供了优良环境；（6）发展教育拥有巨大的潜在需求；（7）改革走在全国前列，制度机制有明显优势。

（二）深圳建立高水平、创新型大学的内部基础。（1）高校数量规模日益增大，综合实力快速提高。（2）学生数量快速扩大，社会需求得到较大满足。（3）师资数量快速增加，具备本科、硕士、博士培养能力。(4)办学方式更加多元，广泛引进国内外各类高校资源。当前深圳高校主要有三类。第一类是自建型高校，即由深圳市自己筹建高校，如深圳大学、南方科技大学、深圳职业学院等，还包括正在由深圳大学筹建的深圳应用技术大学（深圳理工大学）等。第二类是分校型高校，即引入国内外知名高校在深圳办分院、校区，比如港中大（深圳）、暨南大学深圳旅游学院、北大深研院以及中山大学·深圳等。其中，北京大学深圳研究生院和清华大学深圳研究生院分别是北京大学和清华大学唯一的异地办学机构，并且北京大学深圳研究生院拟升级为北京大学的一级校区。再如暨南大学旅游学院已整体迁移到深圳旅游学院。第三类是特色学院型，即和国内外知名高校合作办学兴建特色学院，比如深圳北理莫斯科大学、深圳吉大昆士兰大学、湖南大学罗切斯特设计学院（深圳）、清华–伯克利深圳学院等。2014年以来，特色学院型院校的大量筹建成为深圳高校办学热点。从近几年深圳高校发展来看，深圳高校已发展到从重单独举办向合作举办、单独举办并重转变。在依靠市里力量单独申办新建高校的同时，加快与境内外著名高校合作，引进优质高等教育资源快速扩大办学规模。(5)办学主体日趋多元，层次不断提高。随着深圳开放程度的不断提升，深圳高校筹建的主体不断多元化，既有各级政府、政府部门，也有国内外高校、研究机构，还有行业协会、大型国有企业、大型民营企业。并且，办学主体的层次不断提升，除了地方政府部门外，部委及直属单位也有参与；除了国内顶尖学校外，海外的知名、顶尖高校也被引入深圳；除了地方企业外，央企、跨国公司也成为深圳高校办学主体。在政府部门办学主体中，地方政府除深圳市政府外，区一级的政府如宝安区、龙华新区、龙岗区、盐田区、南山区也主办或合作办高校。政府部门除广东省教育厅外，深圳市交通委联合大连海事大学兴办的深圳国家物流学院得到国家交通运输部大力支持；暨南大学深圳旅游学院由国务院侨办、暨大、中旅集团、华侨城集团联合开办；中国资本市场学院是由中国证监会、深圳证券交易所、上海证券交易所、上海期货交易所、中国金融期货交易所、大连商品交易所、郑州商品交易所、中国证券登记结算公司联合举办的非学历成人教育学院，是由中国证监会直接管理的非营利性事业单位。在高校、研究机构办学主体上，除了国内几大知名高校、研究机构，包括中科院、中国社科院、北京大学、清华大学、哈尔滨工业大学、人民大学、吉林大学、厦门大学、暨南大学、北京电影学院，还吸引了一批海外顶尖的大学。如清华–伯克利深圳学院的合作方加州大学伯克利分校，常年位居上海交通大学世界大学学术排名前 4 名；北大–哥大深圳学院的主办方哥伦比亚大学在 US New 2015 排第 10，北京大学排第 39；深圳国家建筑学院的合作方英国建筑研究院是全球五大最顶尖的建筑研究院之一；深圳微电子技术学院的合作方加拿大–不列颠哥伦比亚大学微电子学院（UBC）在 2015 泰晤士世界大学排名第 32 位。特别值得关注的深港合作办学已经取得一定成效，香港中文大学（深圳）是由香港中文大学、深圳市政府、深圳大学联合举办的综合性大学，为国家高等教育体制改革探索新路，香港科技大学和香港浸会大学也在深圳开办学校。在企业办学主体上，有华大基因这样的本地大型民营企业，还有平安集团这样的金融国企，以及汇丰银行这样的跨国公司。（6）学科结构日趋完善，现代化特征较为明显。（7）产学研结合特色办学经验丰富。深圳航空航天学院，由龙岗区政府与北京航空航天大学合办，旨在助力深圳建设航天航空科技城。国际太空科技学院由深圳与哈工大、航天员中心共建，将面向太空科技重大需求、国际宇航学术前沿，以培养具有国际竞争力的高层次创新人才为目标，建成太空科技领域特色鲜明的国际化专业性大学，通过加强与国际专业培训机构合作，开展太空领域的国际培训，建设我国太空领域国际合作平台。北京大学医学院（深圳）由北京大学、哥伦比亚大学、加州大学洛杉矶分校兴办，为深圳培养高端应用型医学人才。哈工大城市规划与设计学院（深圳）由哈工大深研院、苏黎世艺术大学、嘉泰罗马尼亚高等建筑学院合作办学，重点发展建筑产品、空间和城市文化等领域。华大基因学院由华大基因联合武汉大学、东南大学、华中科技大学、四川大学、安徽医科大学、暨南大学、中国地质大学（武汉）、华南理工大学、青岛大学、香港中文大学、奥胡斯大学、加州大学戴维斯分校合作办学，其培养模式分为两种：一是“2.5+1.5+X”，二是“3+1+X”，即学生本科期间前2.5或3年在合作院校学习，后1.5年或1年在华大基因进行科研项目实战培养，X则指本科毕业后，可继续硕士或博士联合培养。深圳先进技术学校由中科院深圳先进技术研究院、深圳市政府、香港中文大学合办，是一家与国际和产业接轨的新型国家科研教育机构。上述各种办学方式也积累了丰富的产学研结合的经验。

面临的问题：（1）大学办学缺乏特色；（2）吸引高端人才的机制还没有形成；（3）管理机制不顺，管理水平滞后；（4）缺少有利的外部环境条件；（5）与地方经济发展结合不紧密。

第三部分是“国外高水平、创新型大学的体制机制和办学经验”：（一）发展定位明确；（二）突出学术自由；（三）独立自主办学；（四）教授治校原则；（五）全球选聘师资；（六）吸引优秀学生；（七）办学经费充足；（八）考核激励合理；（九）支持科技向产业转化；（十）生态环境优美。

第四部分是“深圳大学教育体制需要实现六大突破”：（一）资金管理突破——建立以大学基金会为主的经费运营模式；（二）学校治理突破——推行教授治学和自主选聘大学校长；（三）办学理念突破——倡导人格独立、学术自由的大学文化；（四）教师机制突破——改革教授选聘、薪酬与考核机制；（五）教学管理突破——实行弹性学制、自主教学和反近亲繁殖；（六）科研管理突破——强化科研成果转化、培养学校“智本家”。

第五部分是“对深圳建立高水平创新型大学的政策建议”。

（一）科学规划统筹、明确目标步骤。

（二）加大政府投入、扩大社会筹资。

（三）整合教育资源、突出重点扶持。

结合深圳的战略性新兴产业和重点支持领域，以及未来产业和重点民生领域，新建特色学院。按照引入资源优质化、学科建设专门化、办学层次高端化的思路加快特色学院建设。加大对试点高校的政策支持。研究出台推进高校分类发展、分类管理与分类评价改革的指导性意见，学习借鉴发达国家和地区尤其是美国加州发展高等教育经验，推动高校科学定位、特色发展、同类竞争。《深圳高等教育“十三五”规划》提出按照人才培养及科学研究主体功能差异，将高校分为学术研究型、应用研究型、应用技术型（含高职、高级技工院校）三个层次。按照学科类别差异，三个层次高校又分为特色类、多科类和综合类。在深圳建设世界一流大学不可能千校一面，各个学校在发挥优势的同时，必须彰显个性和特色。办学特色既要有共性，也要体现各自独特的目标定位、办学传统和资源禀赋。在办学中注重突出特色：突出创新创业人才培养特色，构建科教融合、校企结合的整合育人环境，努力培育复合型创新创业人才。具体体现在做大做强现有高校。

（1）深圳大学。在立足深圳、面向全国，具有创新创业特色的高水平综合性研究型大学定位基础上，主要发展文、史、哲、法、教育、管理、经济、艺术、理、工、医等学科，文史类与理工类学科共同发展，按照高水平大学建设方案，重点推进光电技术与材料学科群、智能信息处理学科群、特区经济与中国道路学科群等3个学科建设。

（2）南方科技大学。定位为国际化高水平研究型大学，中国重大科学技术研究与拔尖创新人才培养重要基地。主要发展理工类学科，兼顾医学和特色人文社会学科。尽快取得硕士、博士研究生学位授予权。

（3）香港中文大学（深圳）。定位为扎根深圳，立足中国，面向世界的一流研究型大学。重点培养具有国际视野的创新型高层次人才；以高水平教学和科研平台建设、国际一流人才团队引进为核心，重点发展理工、经管及人文社科等学科。

（4）清华大学深圳研究生院。重点发展生命与健康、能源与环境、信息科学与技术、物流与交通、先进制造、海洋科学与技术等新兴前沿理工类学科，兼顾社会科学与管理等人文学科。

（5）北京大学深圳研究生院。重点发展金融学、经济学、管理学、法学等北大优势学科，以及信息工程、化学生物学与生物技术、环境与能源、城市规划与设计、新材料等前沿交叉理工学科，深圳急需的医学学科。

（6）哈尔滨工业大学（深圳）。建设一所秉承哈工大优秀传统，扎根深圳、服务国家、面向世界的高精特研究型大学。

（7）华大基因学院。华大基因研究院、深圳大学、哥本哈根大学合作举办非独立设置中外合作办学机构，培养生物企业国际一流的人才，助推国内生物产业发展，条件成熟时申请独立设置；重点发展基因组学、转录组学、宏基因组学、生物信息学和遗传学等。

对正在建设中的深圳国际太空科技学院等大学，由于其专业的前沿性，也要给予大力支持。

在办学过程中，突出学科交叉汇聚特色，推动学科体系的优化调整，营造学科交叉的制度环境，以特色创新联盟为载体建设一批高水平交叉研究平台和交叉学科团队。

（四）减少行政干预、尊重学校自主。

（五）开放合作办学、集聚最优资源。

（六）创新激励机制、吸引顶尖人才。

（七）强化产教融合、鼓励科技应用。

5月，第11期《求是》发表《树立并落实创新、协调、绿色、开放、共享的发展理念》一文。

【按】“十三五”规划的一个鲜明特色，就是根据党的十八届五中全会《建议》，突出了创新、协调、绿色、开放、共享的发展理念。本文认为：牢固树立并切实贯彻这五大理念，是关系我国发展全局的一场深刻变革，是到2020年实现全面小康目标的根本保证，对我国经济的长期持续健康发展具有重大深远意义。文章共分五部分：（一）坚持创新发展，发挥科技创新的引领作用；（二）坚持协调发展，着力加快农村、中西部和社会发展；(三)坚持绿色发展，把环保产业培育成支柱产业；(四)坚持开放发展，形成更高层次的开放型经济；(五)坚持共享发展，让全体人民共同迈入小康社会。

6月21日，出席在山东青岛举行的主题为“PPP与新型城镇化”的“2016青岛·中国PPP论坛”。

6月25日，参加宁夏中阿产业园课题评审。

6月，郑新立等著《新常态、新亮点、新机遇》一书由中国社会科学出版社出版。

【按】《新常态、新亮点、新机遇》一书是郑新立及其学生合著的论文合集，由40多篇文章构成，以“新常态、新亮点、新机遇”为主题，从国民经济的宏观、产业和制度等层面，对中国经济新常态的概念进行了较为全面、深入的解读。本书认为，中国经济新常态不是所谓的新平庸，也不是对中国经济下行的自我解嘲式的一种说辞，而是对中国经济成长至目前规律性的认识和概括。新常态下，中国经济将通过自身的结构调整，迈上新的发展阶段，其中的关键是要把握好稳增长与调结构的平衡。为读者准确、理性地理解中国经济现象和把握中国经济走向提供了认识上的支撑。围绕新常态，本书提出当前中国经济发展面临诸多新机遇，同时呈现出了不少新亮点。首先，扩大内需仍然存在很大的新空间。主要表现为当前我国居民消费率仍有提高空间，公共产品投资面临巨大的市场潜在需求。其次，产业转型升级潜力巨大。主要是通过推进改革，完善产权制度，促进有效竞争，优化各类资本在市场中的配置。同时，推进科技创新、管理创新、产业创新等，实现产业转型升级。

6月，《郑新立文集》(全16册)由中国社会科学出版社出版。

【按一】《郑新立文集》收录了作者1981年至2016年4月公开发表的文章和著作，覆盖改革开放30多年来郑新立对中国经济的所思所想，即研究经济增长如何为广大居民带来更大的利益，以及如何尽快提高广大居民的生活水平。这本书的大部分文章登载在《人民日报》《经济日报》《求是》等报纸杂志上，都与相应年代改革发展息息相关，超前或及时地展示出自20世纪80年代至今，中国改革和发展的进展、问题及对策。阅览本书，不仅能够从中得到理论启迪，而且有助于了解我国改革开放以来的经济成长和未来发展走向。

此书集收录文章共554篇，560余万字，按时间顺序，分成16册出版。

【按二】下面是《郑新立文集》编者按。

一、郑新立的学术贡献

1981年8月，郑新立从中国社会科学院研究生院工业经济专业毕业，进入中共中央书记处研究室经济组工作，从此开始了长达35年对经济政策和经济理论的不懈探索。由于他先后在书记处研究室、国家计委研究室和中央政策研究室工作，参与了一系列中央有关改革和发展的重要文件的起草，更由于他勤于思考、求真务实、科学严谨的治学精神，在工作中撰写了大量的理论文章和学术著作。这些成果有些是对党的方针政策的理论阐释，有些是对经济走势的分析和对策建议，有些是对重大经济难题的研究，有些是对国外经验的比较借鉴。概括郑新立的学术成果和治学精神，主要如下。

（一）提出把最终产品率作为评价宏观经济效益的一个主要指标

改革开放前三十年，源于生产资料优先增长理论，我国在经济上“重重、轻轻”，即重视重工业，轻视轻工业。重视重工业导致“重工业自我循环”。每年围绕钢铁产量搞煤、电、油、运平衡，生产出来的产品大量沉淀在中间生产环节，进不到老百姓的日常生活中去，造成日用消费品严重匮乏，产品结构极度不合理，宏观效益低下，广大居民不能从经济发展中得到实惠。当时中国的机床加工能力是全世界领先的，机床加工能力超过了钢铁产量。郑新立在大学学了钢铁专业，毕业后又从事钢铁行业的工作，前后共十五年的时间，面对钢铁问题，他开始反思，为什么生产了那么多机床、那么多钢铁，却与居民的生活无关，他认识到因为这些产品不是最终产品，它与居民的消费脱节了。基于理性层面的思考，从现实问题上升到理论层次，最终他的硕士论文以《最终产品与最终产品率》为题，主要分析改革前30年片面理解生产资料优先增长理论，搞“重重、轻轻”，造成消费品短缺、商品匮乏。在文中，他提出把最终产品率作为评价宏观经济效益的一个主要指标，提出最终产品就是最终消费品，最终产品率即最终供居民消费的产品在整个社会产品中的比例，应当从增加最终产品即最终消费品出发制订计划，提高最终产品率，使广大居民能够从经济发展中得到更多实际利益。他提出了按生产结构将社会产品划分为初级产品、中间产品和最终产品的科学分类方法，为从最终产品出发制订计划提供了科学依据。他提出最终产品率的概念，为正确调整社会生产结构，减少中间品积压，提高宏观经济效益提供了科学的评价指标。他提出并论证了应当用最终产品法制订计划，创造性地设计了一种半动态投入产出模型，使最终产品法制订计划具有了可操作性。这些基本观点对20世纪80年代制定重视农业和优先发展轻纺工业的政策，结束短缺经济时代，具有重要意义。同时，这些观点也推动了我国经济学理论的丰富和发展，为我国改革的实践提供了有力的理论支撑。

（二）关于合理投资规模的界限

在计划经济体制下，由于缺乏投资的约束机制，加上急于求成的指导思想，投资规模膨胀引发通货膨胀导致经济周期性大起大落，成为国民经济中长期困扰的问题。如何把投资率或积累率控制在合理的范围之内，经济主管部门和经济学界进行了大量的研究探讨。郑新立在1983年写了《基本建设规模的制约因素》一文，在吸收同类研究成果的基础上，提出合理投资规模最低限度（或称下限）和最高限度（或称上限）的设想。最低限度即社会扩大再生产的规模应至少能保证新增劳动力的技术装备水平不低于现有社会劳动力的平均水平，而且能逐步提高。最高限度即社会扩大再生产规模应能使新增人口在内的居民平均消费水平不低于上一年，而且还要有所提高。根据这两个标准，他进行了实际测算，对于选择最优的投资规模，提供了计算依据。他提出基本建设投资规模的上限和下限并逐年加以计算，其实际意义在于：找出基本建设投资规模的两条客观警戒线，越过了它，就会给国民经济造成危害；在圈定的范围之内寻找最优的投资规模，可以大大减少盲目性，从而避免在主观意志决定下使投资规模大上大下，以保证人民生活和经济建设的稳步提高和健康发展。该文提出的确定合理的投资总规模的数量界限，对医治投资饥渴症，实现投资总规模调控科学化，具有开创意义。

（三）在改善宏观调控中确立新的计划职能

1993年至1998年，经济运行中要解决的主要矛盾是抑制通胀。当时中国正处于从传统计划经济体制向社会主义市场经济体制转轨的过程中，市场经济还要不要计划，如何转变计划职能，这是郑新立当时思考的主要问题。他的观点是，市场经济需要宏观管理，但是这种管理与计划经济时代的管理应有所不同。

1993年，他发表了《社会主义市场经济需要强有力的宏观调控体系》一文，提出由于我国生产力发展水平比较低，处于二元结构状态，经济发展面临着工业化和现代化的双重任务。为了在21世纪中叶使人均国民生产总值达到中等发达国家的水平，必须实行赶超战略。与此同时，必须建立起宏观经济调控体系。宏观调控的主要任务应当是：保持经济总量的平衡；优化产业结构和地区生产力布局；培育具有国际竞争能力的企业集团；在国际交流中保护国家和企业的利益。

他提出宏观调控体系应是互相配合、高效灵活的有机整体。建立完善的宏观经济调控体系，是现代市场经济健康运行的前提条件。各种调控手段的运用应当密切配合，同时在权限上互相制衡。其中，最重要的是计划、财政、金融手段之间的协调和配合。宏观调控必须以不妨碍微观经济活动的主动性和选择性为前提，强调市场经济之所以具有动力和活力，关键在于它能通过物质利益和市场竞争，使每一个生产经营者都充分发挥出主动性和创造性，都能根据市场需求和效益原则来选择自己的经营方向和经营方式。各个生产要素能根据价格的高低，集中到最需要也是效益最好的地方。宏观调控必须有利于这种主动性和选择性的发挥，必须有利于市场机制的正常运行。同时在宏观调控中，要明确企业是市场的主体。另外，维护市场秩序，保护合理竞争，也是宏观调控的重要职能之一。

从传统计划经济体制向社会主义市场经济体制转变，是我国经济体制的根本转变。如何转变计划职能？1994年，郑新立发表了《改革计划体制，转变计划职能》一文。同年，针对通货膨胀的严峻形势，发表了《在加强和改善宏观调控中确立新的计划职能》一文，围绕转变计划职能问题，提出计划应合理确定宏观调控的目标体系，制定实现目标的政策措施，综合协调经济杠杆的运用，运用国家直接掌握的资源平抑市场。

（四）建立与市场经济相适应的投资体制

适应资源配置方式从过去政府直接配置为主，转变为在国家宏观调控下发挥市场的基础性作用，我国投资体制也进行了根本性改革。对此，郑新立在1995年发表的文章《建立适应市场经济要求的投资体制》中，提出通过市场竞争和产业政策引导形成投资激励机制，发挥市场在配置资源方面的基础性作用。从根本上说，就是要建立起资本和其他生产要素能够在不同行业之间和同一行业内的各个企业之间，按照价值规律和供求规律自由流动的机制。在注重发挥市场对资源配置的基础性作用的同时，还要发挥国家计划和产业政策对资源配置的引导作用。要通过制定和实施产业政策，对一定时期内国家重点发展的产业，明确规定其经济规模、产品质量标准、技术工艺和布局政策，规定相应的财税、信贷、进出口优惠政策。国家还要扶持一批贸易、科研、生产一体化的大型企业集团，以不断扩大市场占有率，解决低水平重复建设问题，同时在国内市场同国际市场对接的情况下，能够保住国内市场，并逐步进入国际市场。

他提出通过推行项目法人责任制建立投资风险约束机制。对竞争性、基础性、公益性项目投资实行不同的管理方式，强化竞争性项目投融资的市场调节，拓宽基础性项目投融资渠道，改善公益性项目投融资制度。他提出改进对投资总规模的调控，除了依靠强化投资风险约束外，还要建立完善的投资调控体系，运用资金调控、规模调控、质量检测等经济、法律手段和必要的行政手段调节投资规模，对投资结构进行调整优化和引导，培育为投资主体服务的咨询、设计、审计、招标投标、工程监理等服务体系。这些建议对深化投资体制改革产生了重要作用。

（五）建立和完善计划、财税、金融相互协调的宏观调控体系

宏观调控体系是社会主义市场经济体制的重要组成部分。为了避免经济大起大落，就要建立与市场经济相适应的宏观调控体系。要适应新形势，建立和完善计划、财税、金融相互协调的宏观调控体系。20世纪90年代中期和后期，结合抑制通胀和扩大内需的实践，他发表了一系列文章，对宏观调控的功能、特点、运行机制进行了探讨。指出我国的宏观调控体系既不同于以美、英为代表的分散型市场经济国家，也不同于以德、日、韩为代表的协调型市场经济国家。主要体现在计划、财税、金融三大调控杠杆的运用上，从我国现阶段的生产力发展水平、市场发育程度和追赶发达国家的要求出发，形成高效、灵活、具有中国特色的调控体系。计划是宏观调控的基本依据，财政是结构调整的重要手段，金融调控的作用主要在总量平衡。三者之间相互协调，形成合力，构成经济运行的动力机制和平衡机制，从而为国民经济的持续、快速、健康发展创造条件。

（六）振兴四大支柱产业

在制订“九五”计划时，通过研究和对需求预测，他提出应当把汽车制造、电子机械、石油化工和建筑业加快培育为国民经济的支柱产业。在《人民日报》组织了振兴支柱产业的专题讨论，编写了《中国支柱产业振兴方略》一书。从1995年到2007年党的十七大召开，中国在转变经济增长方式上取得了重大进展。一个具有标志意义的事

情，就是在这12年间，电子机械、石油化工、汽车制造和建筑业在国内生产总值中的比重由12%上升到20%，作为国民经济四大支柱产业的地位确立起来。四大支柱产业的崛起，对这一时期国民经济的持续快速增长发挥了重要支撑作用。

（七）《发展计划学》与《郑新立经济文集》

1999年，郑新立主编了《发展计划学》一书。在书中，他用发展的视角，总结了改革的成果。在更新计划观念、转变计划职能、探讨计划理论和普及计划知识方面，该书都做了全新的阐释。《发展计划学》使计划学彻底摆脱了传统计划经济的影响，成为一门崭新的学科。

2000年，郑新立出版了《论抑制通胀和扩大内需》（《郑新立经济文集》卷一）、《论新经济增长点》（《郑新立经济文集》卷二）和《论改革是中国的第二次革命》（《郑新立经济文集》卷三），三本书约120万字，精选了作者20年间公开发表的178篇文章。文集从一个角度真实记录了改革开放20年来中国经济发展和宏观调控的轨迹。《论抑制通胀和扩大内需》一书收入的文章，主要涉及经济总量和经济结构方面的内容，记录了我国经济从短缺到低水平过剩的全过程，反映了宏观调控从以抑制需求膨胀为主要任务到以扩大内需为主要任务，从反通胀到反通缩的历史性转变。《论新经济增长点》一书，收入了有关支柱产业、主导产业培育和发展方面的文章，论证了转变经济增长方式的必要性和努力方向，分析了产业结构优化升级的主要任务和相关政策，指出了支撑经济长期持续快速增长的潜力所在，特别是提出了在21世纪经济发展的新阶段，要以满足人民住行和受教育的需求来拉动经济增长。发展是硬道理，坚持用发展的办法解决面临的各种问题，是这本书的灵魂。《论改革是中国的第二次革命》一书，汇集了有关改革开放的论文和调查报告，包括企业改革，农村改革，计划、投资、金融、财税体制改革，对外开放的方针政策等。

（八）混合所有的股份制是公有制的主要实现形式

2002年在党的十六大召开之前，郑新立率调研组赴浙江省调查所有制结构问题，他从浙江的实践得出结论：浙江经济的崛起关键在于坚持以公有制为主体、各种所有制经济共同发展；混合所有的股份制经济是与现阶段生产力发展要求相适应、富有活力的经济形式；由公众所有的股份制是社会主义公有制的一种新的实现形式。在调研报告中，他提出，社会主义条件下的股份制是对私有制的积极扬弃，劳动者的劳动、技术和资本联合为主的经济应属于公有制经济；企业职工持股使雇佣劳动者变为名副其实的主人，实现了劳动者与生产资料的直接结合；劳动者持股使生产者变为有产者，有利于劳动人民走上富裕道路；股份制使劳动者有了投资自主权，适应了社会主义市场经济发展的要求。

（九）引导社会资金投入新农村建设和农业现代化

对社会主义新农村的建设内容，郑新立指出，一要把发展农村经济、增加农民收入作为中心环节；二要把改善农村基础设施和公共服务落后局面放到突出位置；三要建立起深化农村各项改革的有效机制。要把新农村建设和工业化、城镇化结合起来，形成良性互动，加快工业化、城镇化进程，通过工业化、城镇化带动新农村建设。他提出通过建立六项制度，把农村改革推向深入：一是稳定和完善农村基本经营制度，明确家庭经营、统一经营的发展方向；二是建立严格规范的农村土地管理制度，鼓励、支持、规范土地流转；三是建立财政支持农业和农村发展制度，逐步实现城乡公共服务均等化，引导社会资金来增加对农村和农业的投入；四是建立现代农村金融制度，农村改革的重点要放在农村金融上；五是建立城乡经济社会发展一体化制度，即“六个一体化”，其中包括城乡规划一体化，产业布局一体化，基础设施一体化，公共服务一体化，要素市场一体化，社会管理一体化；六是健全农村民主管理制度，通过村务公开，村党支部建设，以党内民主带动民主决策，进而在基层政权建设等方面建立一整套农村民主管理制度。

进入“十二五”期间，加快农业现代化的条件已经具备：社会资金富余，劳动力转移有出路，对优质农产品的需求旺盛。应抓住机遇，建立鼓励社会资金投入农业现代化建设的机制，鼓励发展新型农业投资经营主体，包括家庭农场、农业合作社、农业公司等，以实现农业的规模化、集约化经营，把一部分农民从土地上解放出来，向第二、第三产业转移。为此，需要搞好农户对承包地和宅基地的确权颁证，确保其用益物权。学习推广成都、昆山、新乡城乡一体化的经验。

（十）从转变经济增长方式到转变经济发展方式

1996 年“九五”计划提出转变经济增长方式，2007 年党的十七大报告又提出转变经济发展方式。在两个重大发展战略提出的前后，郑新立都不遗余力地撰写文章进行探讨、论证和阐释。

郑新立提出了转变增长方式的内涵及主要方向，这一政策建议被采纳。

1995 年，党的十四届五中全会关于制订第九个五年计划的《建议》提出要转变经济增长方式，强调经济增长要从粗放型向集约型转变，同时提出要通过经济体制的转变推动经济增长方式的转变。为了推动转变经济增长方式的研究，郑新立同志以国家计委政策研究室的名义，于 1996 年夏天在南戴河组织召开了全国转变经济增长方式经验交流会。国务院总理、副总理等全体领导成员接见了与会代表。会后出版了《转变经济增长方式论文集》、《转变经济增长方式经验汇编》和《转变经济增长方式研究报告》。2004 年，发表文章《宏观调控：重在调整结构、转变增长方式》。2005 年，发表《自主创新：增长方式转变的关键》。

2007 年，国内经济发展的突出矛盾已经聚集在需求结构和产业结构上。投资率过高，消费率过低，经济增长过度依赖工业的增长，第三产业发展严重滞后的问题越来越突出。时任中央政策研究室副主任郑新立认为，需求结构和产业结构这两大问题不解决，将会制约经济的持续增长。需求结构、产业结构、要素结构的转变，归结起来应该是发展方式的转变。经过集体讨论和广泛征求意见，十七大召开前夕，转变经济发展方式被提出。

十七大报告提出发展方式的三个转变后，他撰写了一系列宣传解释文章。2009 年发表《推动我国经济社会发展必须坚持的正确方向——论“三个转变”》，提出一系列实现“三个转变”的措施。2010 年又发表了《转变发展方式是应对危机的根本途径》一文，提出扩大内需的各项财政刺激政策，必须把着力点放在促进转变发展方式上，只有在发展方式转变上取得实质性突破，才能在全球率先回升，并为今后一段较长时期的平稳较快增长奠定基础。可以毫不夸张地说，转变经济增长方式和转变经济发展方式这两个命题，从分析研究论证到宣传贯彻实施，郑新立都做出了突出的贡献。

（十一）实施扩大内需的战略

1998 年 4 月，郑新立写了《确保今年 8%增长速度存在的问题和建议》报告，提出扩大内需。受亚洲金融危机冲击，我国投资、消费和出口都受到影响，为确保经济增长，提出通过扩大基础设施投资带动投资需求，也为将来经济发展奠定物质基础。同年发表《扩大内需：我国新经济政策详解》一文，他指出扩大内需是一项必须长期坚持的基本政策，扩大内需应当同产业结构优化升级结合起来，指出扩大内需应当着重于增加消费，提出了增加消费的措施。1999 年发表的《扩大内需：一项重要的战略方针》一文，深入分析了把扩大内需作为我国经济发展的基本立足点，以及如何扩大内需的具体措施。2003 年，在《发展要有新思路》一文中，提出坚持扩大内需的方针，必须逐步提高消费在国内生产总值中的比重，扩大内需的重点要适时地从以扩大投资为主向以扩大消费为主转变。通过增加城乡居民收入，培育新的消费热点，进而拉动社会投资的增长。走新型工业化道路，形成以高新技术产业为先导，基础产业和制造业为支撑、服务业全面发展的产业格局。

（十二）从提出启动四个消费“发动机”到提出房市、车市、股市联动发展，到“双提高”议案

注重消费对经济增长的拉动作用，是郑新立长期坚持的观点。20 世纪 80 年代初，他就多次撰文论述正确处理积累与消费、生产建设与人民生活的关系，强调生产的根本目的是满足人民日益增长的物质、

文化需要。在20世纪90年代后期扩大内需中，他撰文强调以改善居民住行条件为重点启动消费，之后又提出在消费领域全面开动吃穿用、住房、汽车、旅游四个“发动机”。2003年到2008年，在新一轮经济增长周期中，投资率上升到历史最高点，居民消费率则降到历史最低点。在大量数据分析的基础上，他又提出了调整收入分配结构、大幅度提高居民消费率的目标设想，他提出把房市、车市、股市联动发展作为扩大国内市场的战略，房地产市场、汽车市场和股票市场，是现阶段拉动我国经济发展的主要引擎。他提出了三个市场联动发展的政策建议：在保持房地产市场持续繁荣方面，通过住房政策的调整和体制改革，增强房地产业发展活力，满足多层次的住房需求，充分发挥房地产业对国民经济的拉动作用；在鼓励扩大轿车消费方面，通过采取扩大汽车消费信贷，改善汽车使用环境，鼓励购买电动汽车、混合动力汽车和中小排量轿车等政策鼓励汽车消费；促进资本市场平稳健康发展，通过资本市场的稳定和繁荣支撑房市、车市的持续繁荣，努力使房地产业和汽车产业成为拉动国民经济长盛不衰的重要产业。根据党的十七大的精神，郑新立在全国政协会议上提出“双提高”的提案：提高城乡居民收入占国民总收入的比重，提高居民消费率。争取用3~5年的时间，把城乡居民收入占国民总收入的比重由43%提高到53%，把居民消费率由35%提高到50%。把这两个比例分别提高10个百分点和15个百分点是完全能做到的。如果能做出这样一个大的调整，需求结构就会有一个大的变化，这就意味着老百姓的收入水平和消费水平将会大幅度提高，增强消费对经济增长的拉动作用。

近30年来郑新立不断呼吁提高消费水平，避免投资的巨大浪费，要进行结构调整，让广大居民从经济发展中得到更多的实惠。这个观点没有人比他说得更多，所以人们亲切地尊称他为“郑消费”。

（十三）提出自主创新的途径

郑新立总结我国国内企业的经验和自主创新的各种方式，提出了提高自主创新能力的十种途径：第一，引进消化吸收再创新；第二，通过系统集成的方式创新；第三，原始创新；第四，通过技贸结合、国际招标提升自主创新能力；第五，通过国际兼并拥有知识产权；第六，在国外设立研发机构或委托国外研发拥有自主知识产权；第七，与国外合作进行研究开发，成果共享；第八，由国内设计国外制造，或者进口关键零部件在国内制造；第九，通过关键零部件和关键环节的创新突破，逐渐形成自主知识产权；第十，产学研结合。他还指出第三产业的创新，主要是业态的创新，即经营模式的创新。

（十四）提出把无形资产的增值列入对国有企业资产保值增值考核的范围之内

国有企业集中了大批创新人才，站在行业技术进步的前沿，应当成为自主创新的主力军。但是，由于对国有企业资产保值增值的考核中，只看有形资产、不看无形资产，企业研发的专利和技术成果不计入考核范围，打压了企业研发投入的积极性，助长了企业经营决策的短期行为。郑新立为此到企业进行了调研，写了不少文章呼吁改善对国有企业的考核指标体系，还在全国政协会议上做了专门提案。最终这件事引起国有资产管理部门的重视，制定了关于鼓励国有企业增加研发投入，发挥在自主创新中的骨干和带动作用的若干意见，把企业创造的技术专利等无形资产纳入资产保值增值的考核范围。

（十五）提出了加快“走出去”步伐的必要性和海外投资重点

他认为中国经济长远发展面临两大约束：一个是能源资源的瓶颈约束，另一个是技术的瓶颈约束。中国有高额的外汇储备，要提高外汇储备的安全性和使用效益，一个重要方向是通过扩大海外投资，把外汇储备的一部分或大部分转化为资源储备和实物储备。他提出在应对 2008 年金融危机冲击中，要把我国的巨额外汇储备和过剩生产能力结合起来，形成优势，通过资本输出带动商品、劳务输出，把优势发挥出来。扩大海外投资，有利于创造出口需求，打破能源资源瓶颈，有利于提高自主创新能力和国际经营能力，推进人民币的国际化，从而实现多重目标。他提出通过海外投资创造出口需求，至少可以从五个方面来实现：一是通过扩大海外能源、资源的投资，带动我国勘探开发设备的出口，同时又能够满足我国对能源、资源的需要；二是通过扩大海外加工贸易，带动我国制造业走出去，带动零部件的出口；三是通过扩大对发展中国家的经济援助，带动我国设备和劳务出口；四是通过增加对机电产品出口的买方信贷，扩大我国机电产品的出口。五是通过扩大人民币双边互换，使那些想购买中国商品，但是又缺乏支付能力的国家，以人民币购买中国商品，以能源、资源来偿还贷款。他还提出通过扩大国际并购，拥有国外企业的创新资源和国际营销网络，提升国内企业的国际竞争力。这些观点具有很强的现实意义和可操作性。

（十六）全球金融危机为我国经济发展带来三大机遇

2008年下半年，全球金融危机使我国出口市场萎缩，对国民经济增长带来严重影响。如何在全球金融经济危机中化挑战为机遇，变压力为动力，2009年初，郑新立撰文，提出了金融危机为我国发展带来三大机遇：一是国际并购的机遇，二是扩大内需特别是扩大消费的机遇，三是人民币国际化的机遇。这些观点和建议体现了辩证思维方式，不仅起到了增强信心的作用，而且转化为宏观经济政策。

（十七）提出了把通胀压力转变为产业升级动力的政策建议

进入2011年，经济运行面临着通货膨胀压力。如何在保持物价总水平基本稳定的前提下，引导流动性过剩的资金，实现经济平稳较快增长，是“十二五”开局之年面临的严峻挑战。在分析的基础上，提出了通过重视“菜篮子”工程以降低农产品价格，通过重视保障房建设以降低房价，通过海外投资以降低进口铁矿石价格。通过增加有效供给，抑制几类上涨过猛的商品价格是完全能做到的。同时，通过合理引导资金投向，把过剩资金引导到产业升级所需要的方向上来，包括资本市场、战略性新兴产业、公共服务、基础设施、农业现代化、第三产业和海外投资等方面。只要努力朝这个方向调控，就有可能在稳定物价的同时保持经济的较快增长。

（十八）创立了现代政策学和发展计划学两个学科

随着经济的发展，中国迫切需要新的理论体系进行支撑，需要适应市场经济的新学科，对中国计划体制改革、政策研究和发挥市场配置资源的基础性作用进行科学总结和理论指导。20 世纪 90 年代，由郑新立主编的《现代政策研究全书》和《发展计划学》构建了中国两个新的学科，提出了富有创新的理论。

政策是中国共产党夺取政权和长期执政的重要手段，是成功的法宝。尽管政策对党来说如此重要，但对政策学的研究和理论体系始终落后于实践，政策学未能像法学那样成为一个完整的学科。郑新立基于 30 多年从事政策研究的实践，从理论上对政策学进行思考，为推动政策学作为独立学科问世做出了重大贡献。郑新立组织中国从事政策研究的人，从政策研究基本理论、政策研究方法论、政策研究基础、政策研究层次论、政策研究部门论、国内外政策研究机构概述、国内外政策研究的实践等方面进行了全方位的研究，使新中国第一次有了完整的政策研究理论体系，为之后我国的政策研究奠定了坚实的理论基础。

郑新立创立的发展计划学，是社会主义市场经济下的发展计划学，是研究如何提高全社会组织程度，加快经济发展，提高全社会劳动生产率的科学，它反映发展社会主义市场经济的要求，阐述社会主义市场经济体制下经济社会发展的客观规律，论述社会主义市场经济条件下计划与市场的关系。该学科建立了中长期计划、年度计划和专项计划这一完整学科体系，特别是提出计划与市场相辅相成，以更好地发挥市场配置资源的作用和政府的作用，使“看得见的手”和“看不见的手”在经济社会发展中共同发挥作用，为实现发展生产力这一社会主义主要任务提供制度支持。

此文集将现代政策学的部分内容和发展计划学重新再版，这给当前及未来研究者提供了宝贵的思想财富。

（十九）创新淮河经济带发展战略研究

为支持淮河流域发展，造福一方，郑新立组织各方力量对淮河经济带发展战略进行研究。郑新立用了 3 年的时间，从淮河头到淮河尾，经过大量调研、反复论证，最终形成的研究报告《把加快淮河生态经济带建设作为我国扩大内需的重要战略支点》获得了国务院领导的重要批示。郑新立领导的研究开创了多个第一。第一次在课题研究上对淮河全流域进行研究，提出治理建议。过去对淮河发展的研究，都是各部门、各地方分别进行，这次是第一次以民间力量把农业、水利、工业、交通、旅游各行业有效衔接，组织河南、安徽、江苏三地发改委一起共同研究，打破了部门、地区各自为战的状况，综合各方面研究力量，有效地形成合力。开创了全流域研究的先河，为其他流域发展研究提供了宝贵的经验和借鉴。

针对过去主要从防汛角度来研究治理淮河，第一次从发展角度进行淮河流域研究。对中国流域发展模式进行了创新，他提出把淮河建成继长江、珠江后的第三条出海黄金水道，把淮河经济带建成继珠三角、长三角、环渤海之后的第四个增长极。这些建议为淮河的开发利用和淮河经济带的发展描绘了美好蓝图，提出了切实可行的政策措施。在郑新立的积极协调下，目前，皖豫苏三省政府已联合向国务院呈送了关于淮河经济带开发建设的报告。2018 年 10 月 6 日，国务院正式批复国家发展和改革委员会关于淮海生态经济带发展规划，研究成果正在变成现实。

（二十）两个建议为中央采纳，产生了重大经济效益和国际影响

《确保今年 8% 增长速度存在的问题和建议》和《关于设立由我主导的亚洲基础设施投融资机构的建议》两篇报告是把研究成果转变成国家决策的重要体现。

为了应对 1997 年亚洲金融危机对中国经济的影响，郑新立在 1998 年 4 月撰写了报告《确保今年 8% 增长速度存在的问题和建议》，提出通过发行国债，集中用于基础设施建设，扩大内需，扭转中国经济通货紧缩的走势。报告建议经国家计划委员会呈报国务院，得到中央采纳。同年 4 月，国务院决定增发 1 000 亿元十年期长期建设债券，同时银行配套贷款 1 000 亿元。该项政策连续实行五年，做了六件大事：农村电网改造、城市基础设施建设、高速公路建设、长江干堤加固、国家粮库建设和扩大大学生招生所需的设施建设，不仅办了多年想办而未能办成的事，支持了当期经济平稳较快发展，而且为之后十

年出现高增长、低通胀的黄金发展期奠定了坚实的基础。

2009年3月，郑新立在亚洲博鳌论坛上提出建立亚洲基础设施投资银行和亚洲农业投资银行的建议。2013年7月郑新立又写了《关于设立由我主导的亚洲基础设施投融资机构的建议》，经中国国际经济交流中心报送党中央和国务院，得到中央领导人的高度肯定。2013年10月，国家主席习近平在雅加达同印度尼西亚总统苏西洛举行会谈时，宣布中方倡议筹建亚洲基础设施投资银行。建立亚投行的主要目的是援助亚太地区国家的基础设施建设，促进亚太地区互联互通建设和经济一体化进程。2014年10月24日，中国、印度、新加坡等21个首批意向创始成员国的财长和授权代表在北京签约，共同决定成立亚洲基础设施投资银行。2015年6月29日，亚投行的57个意向创始成员国代表在北京出席了《亚洲基础设施投资银行协定》签署仪式。中国以2 978.04亿美元的认缴股本和26.06%的投票权，居现阶段亚投行第一大股东和投票权占比最高的国家。亚投行的设立，是人民币走向国际化的关键一步，改变了中国在世界经济中的地位，是中国国际地位提升的一次重要战果，是改变全球国际治理格局务实的一步。有评论认为亚投行的建立，是中国做出的最富有智慧的举动，著名经济学家斯蒂格利茨对亚投行的建立给予积极评价，认为2015年将开启中国金融时代元年。

（二十一）提出建立舟山群岛自由港区

在国务院批准设立舟山群岛新区后，如何使舟山的优势得到充分利用？受浙江省政府和舟山市政府委托，郑新立组织课题组对舟山群岛进行了认真调研。他认为，建立舟山群岛新区对于打造国民经济发展的新增长极、构筑我国扩大对外的新平台、为全国海洋经济科学发展提供示范、提高国家战略资源安全的保障能力具有战略意义。对舟山的建设提出分三步走，首先把舟山群岛建成自由贸易港区，然后建成自由园区，再建成自由港区。国务院批复的舟山群岛新区发展规划中，第一次提出建设自由港区的目标，这是我国对外开放政策的新突破，是对邓小平提出的再造几个香港设想的具体落实。研究报告还提出了建设环杭州湾第二大通道，从上海奉贤起，经舟山的大洋山、岱山、舟山，到宁波的公铁两用大桥，实现环杭州湾区域内水铁、水陆零对接，使舟山深水港优势充分发挥，把舟山建成国际物流枢纽。研究报告提出在大小余山建设大型绿色石化基地。经过进一步论证，他提出重点发展国内市场短缺石化产品以顶替进口，在绿色石化基地等项目建设中充分发挥浙江民间资本力量。这些建议都写入了国务院发展规划，有些已付诸实施。

二、郑新立的治学理念和学风

（一）求真务实、严谨创新的治学精神

“学为人师，行为示范”。郑新立在研究过程中表现出求真务实、严谨创新的治学精神。他注重看书学习，但又不受书本理论的束缚。他认为，中国的改革发展是前无古人的事业，没有现成的经验可以效仿，不可能从书本上找到现成的答案。中国经济社会大变革的时代，不断有新问题出现，需要的是有什么问题就研究什么问题，解决什么问题。这就需要不断解放思想，大胆创新，推动经济理论的发展。郑新立认为，作为一名经济学者，要向孙冶方学习，敢于坚持自己认准的观点，自己经过大量研究形成的认识，一定要反复宣传，争取更多的理解和支持。他坚持作研究一定要从实践中来，这样研究的结论才能站得住脚。“不谋万世者，不足谋一时，不谋全局者，不足谋一域。”他坚持从整体上、从长远发展角度分析问题，用动态的视角观察问题，既要把中国的经济情况吃透，也要了解世界经济，把中国经济放在世界经济坐标中去观察分析。他多少年梦寐以求并为之奋斗的，就是让中国富强起来。他高瞻远瞩、心系国家、忧国忧民的情怀处处体现在他的研究成果中，也深深影响着他周围的人。

1. 理论联系实际

郑新立认为政策研究者最重要的品质是理论联系实际。他认为面对纷繁复杂不断变化的现实问题，只能从实际出发才能找到有效的解决办法。中国经济正处在快速成长的赶超时期，为了实现 2020 年全面建成小康社会的目标，到 21 世纪中期基本实现现代化，改革开

放和经济发展都面临着艰巨复杂的任务，有许多新的经济理论需要探讨，许多改革发展的难题需要破解。这需要有理论思维、理论兴趣，要大胆创新，推动经济理论的发展。郑新立长期从事经济理论和经济政策研究工作，学术眼光开阔，他经常讲要提高创新能力，提高研究质量，促进不同领域研究的渗透和融合。他对经济运行趋势有灵敏的察觉，对经济发展脉络有比较准确的把握。他对我国经济形势跟踪研究 30 多年，其研究成果思路清晰，结构严谨，分析推理简洁明快。

经过深入调查和独立思考，他形成了自己的理论认识。在所有制理论方面，郑新立提出混合所有制经济是各类所有制经济中最有活力、发展最快的一部分，是与社会主义初级阶段相适应的公有制实现形式。郑新立提出建立适合中国国情、具有中国特色的宏观经济政策体系。在宏观调控理论方面，他提出中国的社会主义市场经济需要强有力的宏观调控体系，要在加强和改善宏观调控中确立新的计划职能，强调要明确企业是市场的主体。提出国家宏观经济调控政策与指导性的宏观经济规划在年度、中期和长期各个时段上要全面协调，建立和完善计划、财税、金融相互协调的宏观调控体系。他在分析和研究中国全面协调可持续发展实践的基础上，提出中国经济在 1998 年以后主要面临的问题是需求不足，尤其是内需不足。在消费需求方面，以扩大最终消费为基础，即本国居民的消费需求，它是经济发展的主要动力。在投资需求方面，加强基础设施和公共服务投资。在扩大外需方面，提出要通过扩大海外投资创造出口需求，以资本输出带动商品和劳务出口。坚持“引进来”和“走出去”相结合，利用外资和对外投资并重，提高利用两个市场、两种资源的能力。他认为要利用我国外汇储备多、工业生产能力过剩的机遇，积极实施“走出去”战略。

2. 深入调查研究

郑新立非常注重实地调研，从沙漠荒坡到星罗棋布的海岛，足迹遍布大江南北，凡是有好经验的地方他都不惧劳苦地去调研，把经验加以总结和宣传推广。

如何使淮河流域发展的潜力激发出来？郑新立用整整9天时间从淮河头到淮河尾，对沿线城市、农村进行了深入调研，提出淮河经济带发展布局，把淮河经济带建成中国的第三条出海黄金水道和第四个增长极。就深化农村改革，推动农业现代化、新农村建设，缩小城乡差距等问题，郑新立带队到黑龙江、河南农村调研，通过调研，他提出应当把农业现代化、新农村建设和农民工市民化作为推进城乡一体化的三件大事，以农村土地制度改革为核心，连在一起来做。他认为这是克服经济下行压力、实现全面小康和避免落入中等收入陷阱、跨入高收入国家行列的根本举措，将有力支撑国民经济持续、健康发展。

（二）从各国经济体制和发展模式比较研究中吸取经验，对中国发展提出符合实际的建议。通过对各国宏观调控体系和发展政策比较分析，借鉴国外经验教训，并针对中国实际，提出相应的对策建议

1. 探索建立中国新型智库

郑新立在20世纪90年代曾到美国考察智库发展情况，1995年主编出版了《美国技术市场与信息咨询市场》，介绍美国智库情况。建立世界一流智库的想法一直是他期待实现的。2008年，郑新立率先提出了建立中国新型智库——民间智库的设想。2009年3月，中国国际经济交流中心成立，郑新立任该中心常务副理事长。同年6月，全球第一届智库峰会在北京举行，国内外著名智库齐聚一堂，共商全球发展，会议取得巨大成功。美国前国务卿亨利·基辛格在会上发言时说："智库峰会这个想法非常简单，而且也非常重要，以前谁有过这个想法呢？"从学者型高官到中国新型智库负责人，郑新立一直致力于打造中国特色的新型智库。郑新立的心愿是看到中国国际经济交流中心成为世界一流智库，为中国特色新型智库建设做出有益的探索。

2. 提出稳增长亟须货币政策支持

通过对发达国家和新兴经济体在工业化、城市化快速推进过程中M2与GDP增长关系的分析，并结合2011年之后中国经济发展中出现的问题，他提出M2增速下降是导致经济下行的根本原因。为应对

经济下行压力，他撰写《稳增长亟待货币政策支持》一文，提出应推行积极的财政政策和适度宽松的货币政策，在货币政策上实施降准降息，适度扩大货币发行。他的文章于2015年6月12日公开发表，其建议得到了有关部门的采纳。2015年6月27日中国人民银行宣布，从28日起降息并定向降准，这是央行首次使用“降息+定向降准”组合。8月26日，央行再次宣布降准降息，以松动银根支持经济增长。

3. 提出社会主义新农村建设

为了制定好“十一五”规划，在解决“三农”问题和促进农村经济社会发展方面切实迈出步伐，中农办、财政部、建设部、人民银行和贵州省的有关同志，到韩国就“新村运动”进行了考察。考察团团长是时任中共中央政策研究室副主任郑新立。回国后，考察团提交了《韩国“新村运动”考察报告》和《关于建设社会主义新农村的若干建议》两个成果，提出要抓住机遇，借鉴韩国经验，把我国社会主义新农村建设摆在国家重大战略的高度，切实有效地加以推进。他陆续发表《借鉴韩国“新村运动”经验，加快我国新农村建设》《推进新农村建设是实现全面小康的重要途径》《建设新农村需要制度设计》《全面深化农村改革，促进社会主义新农村建设》等文章，对推动新农村建设，改善农村发展状况起到了积极作用。

（三）把对策研究放在突出地位，重点着眼于研究成果为中央制定经济政策时采纳

研究的目的是为中央决策服务，不做无用功。这是郑新立的坚定理念。在长期从事政策研究的实践中，他通过研究中国改革发展中急需解决的问题，不断产生新思想、新观点，并着眼于把研究成果转变成国家决策，着眼于把“球”踢进去。他围绕中央文件起草工作进行研究，围绕阐释、宣传和贯彻落实中央文件精神进行研究。郑新立的主要工作是参加中央一系列重要文件的起草，绝大部分时间他都在中央政策研究机构和国务院的综合经济部门从事经济政策研究，有机会亲历改革开放和经济发展的全过程，直接或间接地参与了改革开放以来各项重大经济决策的酝酿、出台和实施过程。他长期从事宏观经济

理论和经济政策研究，在计划和投资体制改革、宏观经济调控、中长期发展政策等领域，都有较深的研究和独到的见解。他坚持从中国的实际出发，绞尽脑汁、竭尽全力地提出有针对性的理论观点和政策建议。他的许多观点、主张演绎为实际实行的政策，一些预见也变成了事实，如对调整产业结构、转变经济增长方式、扩大内需、转变经济发展方式等问题的研究和政策建议，对解决当时经济生活中存在的问题发挥了重要作用。从建立新型智库到建议建立亚投行，从建立舟山群岛新区到建议建立淮河经济带，无不体现郑新立把解决实际问题作为研究的着眼点。他始终坚持研究的成果和提出的政策建议必须符合中国国情。只有使研究成果在国家的发展规划、发展战略和政策措施中体现出来，这样的研究才是有意义的。

多年以来郑新立所发表的经济文章和出版的著作，大部分都围绕着改革开放以来的宏观经济调控、中长期发展战略、重大经济政策来展开，或进行理论探索，或提出政策建议，或解读中央文件，或反映调研成果。他所提出的观点具有很强的预见性和前瞻性，切中我国经济发展实际。对各个时期经济运行中的热点、难点问题抓得准，研究得透，从而使得他的研究现实性、政策性强。郑新立的思想与时俱进，一直都是站在最前沿，他所提出的各种主张和建议，未来很长一段时间内仍具有很强的理论指导和实践价值。

（四）定性与定量相结合的科学分析方法

郑新立在研究过程中，非常注重定性分析与定量分析相结合，这一特点在他写的文章中表现明显。他认为经济活动具有特殊性和复杂性，研究既要注重定性研究也要注重定量研究，要在各种纷繁复杂的现象中准确把握事物的本质，就要运用定性分析与定量分析相结合的科学方法，力求从众多现象和经济数据中揭示出内在的经济规律，来达到对于经济现象和经济数据本质的认识。要努力揭示各类事物之间的相互关系。只有在科学分析的基础上得出正确的判断，才能提出切实可行的政策建议。

也许由于大学是学理工科的原因，郑新立对数据有着特别的兴趣和敏感。在做研究时，他坚持用数据说话。在表述自己的思想、观点和研究成果时，运用了翔实的数据和事例，力求增强研究成果的说服力。这使得他的研究成果立论扎实，建议合理，措施得力，具有可操作性，说服力强，为经济决策提供了重要智力支持。

【按三】下面是《郑新立文集》自序。

1981 年我从中国社会科学院研究生院毕业，进入中共中央书记处研究室工作，开始了经济研究生涯。1987 年书记处研究室被撤销，我调到国家计划委员会，先在国家信息中心工作两年，之后到计委研究室，2000 年又回到中央政策研究室，直到 2013 年退休。2009 年，我协助曾培炎同志创办了一家社会智库——中国国际经济交流中心，继续从事经济研究和国际交流工作。

从这些经历可见，改革开放 35 年，我始终有幸在中央一级机构从事经济理论和经济政策研究。从 20 世纪 90 年代开始，参与中央文件起草工作：从“八五”“九五”“十五”“十一五”到“十二五”，我连续参加了五个五年计（规）划起草组的工作。从十四届三中全会关于建立社会主义市场经济体制的决定，十六届三中全会关于完善社会主义市场经济体制的决定，十七届三中全会关于农村经济体制改革的决定，到十八届三中全会关于全面深化改革的决定，这四次党的重要改革文件，我都参与了起草。我还参与了党的十七大报告的起草工作。由于工作的关系，我的研究工作大多围绕着中央文件的产生、阐释和贯彻落实中的问题来进行。因此，收入《郑新立文集》的文章，从一个侧面真实记录了改革开放以来我国发展战略、方针政策、体制机制的演变过程，反映了各个时期遇到的困难和矛盾，以及这些困难和矛盾是如何被一一克服的。当然，这些浩繁的文字，浸透着我的心血和汗水，体现着一个经济研究人员的创造性劳动，表明了个体的研究如何融入时代前进的洪流。

如果把 30 多年致力经济政策和经济理论研究工作的心得梳理一下，我想以下几点值得分享：

经济研究一定要从中国实际出发。经济学是富民强国之学。如何使我国经济尽快赶上发达国家的水平，是经济研究所围绕的目标。我国人口多、经济发展不平衡，国情决定我们必须从自己的实际出发，寻找相适应的发展道路。好的办法来自群众。经济研究工作者一定要深入实际调查研究，善于发现和总结各地发展经济的有效办法，并善于把好的经验提升到国家政策和理论的高度，使之在全国开花结果。多年来，我一听说哪里有好的做法，就一定迅速赶到，做实地调研。因此，我写的文章、报告、建议，都有实际案例为支撑，做到不说空话。由于立足于实际，形成的观点也敢于坚持。

一定要用定量分析方法。经济学是一门精细的科学。现代经济中的各种参数既表明经济运行的不同状态，又相互影响。离开具体的动态的经济数据，不可能对经济运行的健康状况做出正确的分析判断。许多经济规律都是在对大量经济数据分析的基础上抽象出来的。所以，研究经济问题必须对经济数据保持浓厚兴趣和高度敏感。我写的文章和提出的观点，一般都有足够的数据来佐证。这也是文章和观点说服力强的诀窍。

一定要独立思考，不迷信权威。经济学是以不断变化的事物为研究对象的科学。特别是对中国这样的发展中大国来说，由于经济发展水平和经济体制变化很快，不同时期会有不同的矛盾和问题。我的切身体会是，如果用老办法解决新问题，往往南辕北辙。我在国家计划委员会工作时，1993—1998 年的五年间，我们一直在与通货膨胀做斗争，而到了 1998 年之后，我们又反转，改为与通货紧缩做斗争。因此，前五年宏观调控的基调是抑制通胀，后五年改为扩大内需。如果墨守成规，必然铸成大错。遇到新问题，没有人能告诉你现成的解决办法，也不能听前人说过什么，只能靠实事求是和独立思考，靠独立解决问题的能力。作为智库人员，更应发表独立见解，切莫人云亦云或揣摩领导意图。因为在这个时候，领导最需要听的，是智库的意见。对于自己经过独立研究形成的观点，一定要敢于坚持。

一定要有全球视野，从国际比较中获得灵感。经济学是一门国际性很强的学科。发达国家和发展中国家有不同的国情，大国和小国各有自己的特点。中国作为后发展国家，要发挥后发优势，加快发展，必须学习借鉴发达国家的经验。20 世纪 80 年代初期我们比较多地借鉴日本制定产业政策的经验，之后又学习借鉴德国和美国宏观调控的经验。对于一些发展比较快的小国的经验，如韩国工业化的经验，爱尔兰跨越式发展的经验，芬兰和以色列重视发展科技、教育的经验，荷兰发展高效农业的经验，以及印度发展软件产业的成功经验，法国发展农业合作社的经验等，我都专门前去进行了考察，从中开阔了眼界，得到许多启示。在起草《招标投标法》过程中，我走访了有关国际组织和一些发达国家。仅对美国的专项考察就去了 11 次，从各个角度对美国进行了深入观察，每一次都有很大收获。虽然改革 30 多年我们已经取得显著发展，但同发达国家相比，仍然有很大差距。为了避免落入中等收入陷阱，顺利跨入高收入国家行列，我们还要谦虚地做小学生，要取各国之长，借助各国人民的智慧，来促进我国经济的持续、健康发展。

一定要勤奋好学、埋头苦干。经济学是一门需要知识和经验积累的学科。我在书记处研究室时，有幸在梅行同志领导下工作。他是一位品格高尚、才华横溢的老同志，他经常告诫我们，研究室的家规就是“埋头苦干、无名无利”，对我的影响极深。以后无论我走到什么地方，都把这八个字作为座右铭。做智库工作的人，一定要多读、多看、多思、多写，特别是在精力充沛的年龄，更应抓紧分分秒秒提高自己的水平和能力。我在计委工作时，经常加班到深夜。我的同事们都有一股很高的工作热情。如果加班没有叫上谁，谁就会有失落感。一篇文稿往往要改很多遍，有时要推倒重来。我们在起草中央文件的工作中，把改好每一个字视作与党的事业和人民的利益紧密相关的大事。勤奋、认真，是一个经济研究和智库人员的基本素质要求。

我的学生们问我：“你的工作任务这么重，怎么还能写出这么多文章？”我心里明白，除了我的勤奋努力之外，我的母亲为我付出了很多，她为我照看了家庭和孩子。她今年已经 91 岁，仍然坚持步行上下楼锻炼，她将坚韧的品格传给了我。我的夫人刘世援，是北京大学医学部的教授，是她承担了家务，让我全力以赴工作。我的儿子郑哲，在他的成长过程中，我很少陪伴和帮助他，他常常在我回家时就已经入睡。对母亲、妻子、儿子，我都心怀愧疚。我的这些文字，是全家人的付出换来的。

感谢我的学生徐伟从图书馆和网站上查找复印了许多文章和文献。感谢许琳编辑对文稿进行仔细勘正和精校。

读者在看到这些文字时，如果感到有一些用处，觉得在这个伟大时代里，笔者没有碌碌无为和虚度年华，那我就心满意足了。

【按四】2017 年 3 期《全球化》发表徐伟的文章《中国改革发展的理论开拓和实践探索——〈郑新立文集〉评介》。此文在研究《郑新立文集》的基础上，对郑新立在宏观调控理论和实践研究及学术研究方面的主要成果及贡献进行了论述。郑新立提出的一系列新思想、新观点和新论断，其独到见解和宝贵的经济思想，对于我们总结改革开放经验，把握中国经济发展规律，在新时期新形势下有效地推进改革开放，使中国经济在健康的轨道上发展，具有重要的理论、政策和学术价值。

7 月 9 日，出席在北京钓鱼台国宾馆举行的“中国改革开放回顾与展望——《郑新立文集》首发座谈会”。

7 月 12 日，在深圳参加宝安区特色小镇讨论会。

8 月 4 日，《光明日报》发表《实施精准扶贫、决胜全面小康》一文。

8 月 4 日，《参考消息网》发表《中国有巨大潜力跃升高收入国家》一文。

8 月 7 日，到中国人民大学讲课，题目是“以转变发展方式促进经济稳定增长”。

8月18日，《人民日报》发表《抓住转变发展方式的历史机遇》一文。

【按】此文认为：我国经济发展进入新常态，带来了转变经济发展方式的历史机遇。这是因为，在经济高速增长期，市场需求快速扩张，供给不论优劣都有市场需求，转变发展方式既缺乏压力也缺乏动力。进入新常态后，经济增速换挡，市场需求扩张放慢，需求结构深刻变化，必然要求加快调整和优化供给结构，进而对加快转变经济发展方式形成市场倒逼机制，提供难得的历史机遇。抓住并用好新常态下转变发展方式的历史机遇，应在以下三个方面加大改革力度：（1）健全城乡发展一体化体制机制，提高农业供给效率；（2）改革投资体制，增加公共产品供给；（3）完善激励机制，加快技术进步和第三产业发展。

8月，第16期《求是》发表《牢固树立并贯彻落实新发展理念》一文。

【按】文章共分五部分。

（一）坚持创新发展，发挥科技创新的引领作用。

党的十八届五中全会通过的《建议》指出：“创新是引领发展的第一动力。必须把创新摆在国家发展全局的核心位置，不断推进理论创新、制度创新、科技创新、文化创新等各方面创新，让创新贯穿党和国家一切工作，让创新在全社会蔚然成风。”对创新的这一论述，把创新的重要性提升到了新的高度，拓展了创新的内涵，并对贯彻落实创新发展理念提出了总体要求：（1）理论创新是社会发展和变革的先导；（2）制度创新是持续创新的保障；（3）科技创新是全面创新的主要引领；（4）文化创新是一个民族永葆生命力的重要基础。

（二）坚持协调发展，着力加快农村、中西部和社会发展。

（1）协调是持续健康发展的内在要求；（2）缩小城乡差距，关键在推动城乡发展一体化，包括农业现代化、新农村建设和农民工市民化；（3）城乡居民基本权益平等化是城乡发展一体化的前提条件。

目前城乡居民基本权益不平等集中体现在两个方面：一是财产权不平等，二是户籍制度中隐含的福利不平等。社会发展滞后于经济发展，是结构性矛盾的又一表现，主要体现在教育、医疗、社会保障、市政、文化、体育、信息等公共服务满足不了广大人民需要。公共服务供给短缺，原因在于过去主要靠财政投入，财力不足导致发展缓慢。“十三五”时期，要大力改革投资体制，推行政府和社会资本合作模式，使公共服务投资也能获取合理回报。这样，就能把社会资本和银行贷款吸引到公共服务建设上来，对扩内需、稳增长、调结构也将发挥重要作用。

（三）坚持绿色发展，把环保产业培育成支柱产业。

（四）坚持开放发展，发展更高层次的开放型经济。

开放是国家繁荣发展的必由之路。发展更高层次的开放型经济，一要搞好内外需协调，坚持进出口平衡，引进来与走出去并重，引资和引技、引智并举，更好地利用两个市场、两种资源。要优化出口结构，提高出口商品的附加值和技术含量，逐步实现从出口劳动、资源密集型产品为主，向出口技术、资本、知识密集型产品为主转变。要扩大服务出口，尽快改变服务贸易逆差的局面。在全球市场疲软的情况下，要通过扩大海外投资，创造出口需求，努力以资本输出带动商品、劳务出口；通过国际并购，利用国外企业的技术资源和国际营销网络，提高国内企业的技术创新能力和国际经营能力；通过购买海外能源资源的勘探开发权，打破未来我国经济发展面临的能源资源瓶颈；通过到海外搞加工贸易，带动国内零部件出口；通过到国外承揽工程，带动国内建筑材料和工程设备出口。要通过海外投资，针对进口的大宗物资，如石油、铁矿石、大豆、棉花、棕榈油等，建立稳定的海外生产供应基地和港口、仓储、运输设施。二要以“一带一路”建设为依托，扩大同沿线国家的经济合作，开拓对外开放的新局面。

三要扩大金融业双向开放，一方面围绕人民币国际化，扩大人民币作为国际贸易、投资结算工具和储备货币在海外的流通量，扩大人民币与其他国家的双边互换规模；另一方面在提高国内金融市场开放水平的同时，鼓励国内商业银行到海外设立分支机构。四要积极参与全球经济治理和公共产品供给，提高我国在国际经济规则制定中的制度性话语权，同时重视加强宏观经济政策的国际协调，为世界经济的稳定做出应有贡献。

（五）坚持共享发展，让全体人民共同迈入小康社会。

9月29日，在浙江莫干山参加国际合作中心召开的金融改革研讨会。会议期间考察了湖州市农村“洋家乐”。

9月29日，接受河南电视台采访。

11月4日，出席在深圳举行的“第三届大梅沙中国创新论坛”，并发表题为“实现十三五最大的新动能”的演讲。

【按】论坛由深圳创新发展研究院主办，主题为“创新与‘十三五’”。郑新立认为“十三五”最大的新动能是城乡一体化，城乡一体化主要是通过城市的带动作用、工业的带动作用来加快农业的现代化，加快新农村建设、加快农民工市民化的步伐。现在城乡居民收入比为2.7∶1，最低的是浙江，城乡居民收入比是1.7∶1。如果到2020年，全国能够达到浙江的水平，城乡居民收入的差距缩小到1.7∶1，我们6亿多农村人口的收入水平、生活水平将会发生巨大的变化，城乡矛盾能够大大缓解，最主要的是将释放出巨大的增长潜力。

“十三五”这件事如果做好了，我们就不会发愁经济下行，经济就会出现持续的、健康的增长局面，7%~8%的增长速度可以保持到2030年。

郑新立还表示，以自主创新带动产业升级，特别是创新能力的提高，需要人才的积累、知识的积累，不是一朝一夕就能实现的。目前以新技术带动的新经济，它的比例占GDP比例不到10%，即使新经济以两位数的增长，如果传统产业处于低迷状态，新经济不足以带动经济的持续健康发展，所以对于自主创新带动产业升级也不可急于求成。

11月6日，《光明日报》发表《使改革精准对接发展所需》一文。

【按】文章共分四部分。

（一）精准对接农村小康所需，加快形成城乡一体化发展新制度。

全面建成小康社会，关键在农村，特别是中西部农村。加快中西部农村发展，主要应从加快农业现代化、新农村建设和农民工市民化三个方面入手。这三个方面的关键，则在于打破城乡市场之间的政策壁垒，通过“人、地、资”联动，吸引城市资本下乡，实现城乡生产要素的双向自由流动。目前城市的各类生产要素已经商品化，包括土地、房产、技术、资本、劳动力，都可以自由地进入市场交换，而农村的土地、房产等尚不能自由进入市场，在财产权益上城乡居民处于不平等状态。通过加快农村土地制度改革，允许农户对土地的经营权、宅基地的使用权、集体经营性建设用地的受益权实行抵押、担保、转让，就能撬动银行贷款和社会投资进入农村，从而大大加快城乡一体化发展进程。将农村土地的所有权与用益物权分离，使之与市场经济相融合，并不损害土地公有制性质，而是找到了土地公有制新的实现方式。这个改革思路与国有企业改革是一致的。由于我们赋予国有企业对其所占有的国有资产以法人财产权，实现了所有权与经营权分离，从而实现了全民所有制经济与市场经济的有效融合。

（二）精准对接公共产品供给短板，形成能吸引社会资金投入的新体制。

目前我国从生产资料到个人消费资料的产能已处于全面过剩状

态，但公共产品供给不足，包括环境、交通、市政、社保、医疗、教育、信息、文化等，远远满足不了广大居民的需要，农村的公共服务和基础设施更落后于城市。公共产品供给不足的原因在于长期以来主要靠政府投资，政府财力有限，导致以公共产品供给为主要内容的社会发展滞后于经济发展。

扩大公共产品供给，必须推行政府与企业合作的方式，即 PPP 模式。通过赋予建设项目一定的政策支持，使投资公共产品能得到合理回报，从而调动企业投资的积极性。推广 PPP 模式，关键在于政府要积极做事、敢于负责，对民营企业要有诚意。实践证明，许多现在看来老大难的问题，诸如环境污染、交通拥堵、停车难、进养老院难、入托儿所难、看病难等，只要从 PPP 模式上想办法，就会变得容易了。治理雾霾好像很难，但只要根据三中全会提出的实行“谁污染、谁付费，推行第三方治理”的新制度，用政府收取的污染物排放费，通过招标选择有资质、信誉好的企业来治理，保证把最好的治理设备安装起来并保证一天 24 小时运转，颗粒物的排放即能降低 95% 以上。垃圾、污水如能全部处理，对环境的损害就能降到最低限度。用发展环保产业的办法来治理污染，环境治理就能成为一个新的经济增长点。

（三）精准对接创新创业对人才、资金所需，建立有效的科技、教育体制。

（四）允许地方进行改革试验，调动地方改革积极性。

11 月 10 日，《经济日报》发表《把特色小镇作为城乡一体化突破口》一文。

【按】此文指出：当前，我国正处在城镇化快速推进的过程中。城镇化是现阶段经济增长的最大动力源泉。改革开放 30 多年来，随着工业化的迅猛发展，城镇化水平大幅度提高，2015 年城镇化率已达 56.1%，迅速兴起的大大小小的城市，在集聚生产要素、带动经济发展、提升国际竞争力等方面发挥了重要作用。但是，由于城镇化很大程度上是在各地经济发展的过程中自然形成的，缺乏明晰的战略规划引导，也存在一些新的矛盾和问题。分析起来，突出有三点：一是不少发展较快的大城市、特大型城市交通拥堵、空气污染、房价畸高，制约了城市的可持续发展；二是常住人口和户籍人口形成二元格局，不利于培育稳定的高素质的产业工人队伍；三是城市结构、布局不合理，城市总量明显偏少，大城市、特大型城市由于吸引要素的能力强、就业机会多而迅速膨胀，中小城市特别是小城镇由于吸纳就业的能力弱而发展缓慢、数量偏少，中西部地区尤为明显。

针对这些问题，有关部门提出了示范性特色小镇建设的计划。建设特色小镇将成为推进城乡一体化的突破口，成为走新型城镇化道路的带动力量，成为释放巨大需求潜力的重要改革举措，为我国经济持续健康发展注入强大新动能。

特色小镇位于城乡接合部，建设特色小镇既能与都市经济融为一体，又能带动农业农村的发展。特色小镇的出现是生产社会化、专业化发展的必然结果。在一个 5 万～10 万人规模的小镇上，围绕一种产品或一类服务，形成从研发、制造到营销、物流的完整产业链条，以及完整的配套体系。与此相配套的是怡人的居住环境，没有噪声、雾霾的烦恼，房价较低，可以步行上下班，并拥有较为先进的教育、医疗条件。这样漂亮宜居的特色小镇必将吸引各方面的人才前来就业创业。在发达国家，特色小镇已成为城市化的一种重要模式，居住在特色小镇已成为许多人的追求。德国的城市化率已达 90% 以上，但是 70% 的人口居住在小城镇。在美国、法国等城市化非常成熟的国家，都有大批各具特色的小城镇，成为亮丽的风景线。

特色小镇在中国也不乏佼佼者。改革开放 30 多年，我国的纺织业逐步从大城市转移到小城镇，形成三大名镇：（1）以化纤布纺织为特色的浙江绍兴柯桥镇；（2）以毛纺织为特色的江苏江阴新桥镇；（3）以棉纺织为特色的山东邹平魏桥镇，其生产规模、技术水平、品种质量、市场占有率在全球都位居前列。一批旅游小镇、科技小镇、金融小镇、商业小镇、工业小镇、文化小镇等纷纷涌现、蓬勃发展。在这些小镇上，各类专业的生产要素高度集聚，形成了全国乃至全球无与伦比的竞争力。例如，浙江省在改革开放以来形成的各类块状经济的基础上正全力建设特色小镇，诸如科技成果孵化的梦想小镇、基金小镇、网店小镇、丝绸小镇、风情小镇等，必将进一步提升浙江经济的品质和国际竞争力。

当前，我们已经具备了优化城市结构和布局的条件，已经建成了较为发达的高速公路网、高铁网和通信网，为人员和物资在城乡和城市之间流动创造了良好条件。长三角、珠三角地区已崛起的现代化都市群，在全球经济中都居于举足轻重的地位。我国已经形成的强大的制造业生产能力亟待找到新的需求，亦为城镇化结构和布局调整提供了物质保证。纵观全局，加快发展特色小镇的条件已经成熟。

11 月 19 日，出席在北京举行的“中国宏观经济论坛 2016—2017 的年度论坛”，并做题为“中国投资结构的‘三高三低’”的演讲。

【按】论坛由中国人民大学国家发展与战略研究院、中国人民大学经济学院、中国诚信信用管理股份有限公司主办，郑新立在演讲中表示：目前中国的投资结构出现了严重扭曲，要引起高度注意。主要问题表现在：（1）国有投资增长比较快，增长 20% 左右，民间投资低迷；（2）房地产投资增长比较快，制造业尚未走出底部调整；（3）海外投资暴增，国内投资增长缓慢。

对于如何解决中国的债务问题，他指出，可以把优质的国有资产证券化，在资本市场融资用于偿还债务。他还说，人民大学是一个经济研究力量、教学力量最集中的地方，随着市场经济的建立，人民大学培养宏观管理干部的同时，还要加大对企业家的培养力度，要培养出成百上千、成千上万的像任正非这样的企业家。

11月22日，在“中国经济50人论坛”上发表《垄断行业冗员过多仍是突出问题》一文。

【按】文章指出，在一些垄断性行业，如石油化工产业，冗员过多仍然是制约企业发展的突出问题。这些行业的国有企业应做好充分的思想准备，不能再依赖政府保护，而应主动进行改革，积极迎接来自外部的竞争挑战。文章共分三部分。

第一部分是“当前社会上对国有企业改革还存在三种认识误区”。

（一）国有资产监管从以管资产为主向以管资本为主转变会导致监管职能弱化。产生这一认识误区，是因为没有真正理解“以管资本为主加强国有资产监管”的深刻内涵和积极意义。实际上，对国有资产的监管从以管资产为主向以管资本为主转变，适应了国有企业改革发展的需要，不是弱化而是优化了监管职能，不仅不会造成国有资产流失，而且有利于国有企业发展壮大。

国资委成立以来，代表国家履行出资人职责，对国有企业实行管人管事管资产相统一，在国有资产保值增值等方面发挥了重要作用。但随着实践的发展，以管资产为主的监管模式越来越不适应国有企业参与国内外市场竞争的需要。因为按照现代产权制度的要求，国有企业依法享有独立的法人财产权，依法自主经营、自负盈亏、自担风险、自我约束、自我发展。

国有企业要发展，需要通过自主投资，根据实际情况及时处置闲置或收益率低的资产、购置新的能为企业带来长期高收益的资产；需要通过国际并购，在全球范围优化资源配置，提高资产收益率。以管资产为主的监管模式显然会束缚企业的手脚，妨碍企业自主经营权和法人财产权的实现，影响企业对市场的应变能力，进而影响企业发展、削弱企业竞争力。

以管资本为主明确了国有资产监管机构的职责定位，正是为了落实国有企业的自主经营权和法人财产权，强化国有企业市场主体地位，激发国有企业活力。此外，以管资本为主进行国有资产监管，对于国有资本优化布局、规范运作、提高回报、维护安全等都具有重要意义。

（二）发展混合所有制经济会造成国进民退或国退民进。这种认识是不科学的。事实上，发展混合所有制经济有利于实现国有企业和民营企业共赢。实践证明，单一所有制经济具有一定的脆弱性，追求“纯而又纯”的所有制形式往往不利于企业发展；而混合所有制经济有利于发挥各方面积极性，增强国有企业发展活力，促进各种所有制经济共同发展。这是因为，股权多元化有助于形成相互制衡的更为完善的公司治理结构，出资人根据股权多少拥有不同的投票权，各类出资人权利平等。

（三）国有企业改革意味着又要出现一次“下岗潮”。这方面的疑虑不必过重，因为当前的情况和20世纪90年代国有企业改革的情况已大不相同。20世纪90年代，长期存在的“大锅饭”“铁饭碗”造成国有企业冗员多、效率低，国有企业改革中大批员工下岗转岗是无奈之举，也是必须之举。

当前，大多数国有企业已完成了减员增效和剥离办社会职能的任务，并不存在大量冗员。而对一些产能严重过剩行业的国有企业以及经营不善的国有企业实行兼并重组、破产清算，是推进供给侧结构性改革、调整产业结构的需要。在这一过程中会有部分人下岗，但党和政府已经把人员安置作为处置“僵尸企业”、化解过剩产能的重中之重，能培训的培训，能转岗的转岗，确实不能转岗的做实做细托底工作。

第二部分是“深刻认识深化国有企业改革的重要性、紧迫性”。

国有资产是全体人民的共同财富，只有办好国有企业、使国有资产不断增值，才能更好地服务全体人民。习近平同志指出：要坚持国有企业在国家发展中的重要地位不动摇，坚持把国有企业搞好、把国有企业做大做强做优不动摇；推进国有企业改革，要有利于国有资本保值增值，有利于提高国有经济竞争力，有利于放大国有资本功能。

对照这两个“不动摇”和三个“有利于”来分析国有企业现状，可以发现国有企业还存在一些亟待解决的突出矛盾和问题：一是一些企业市场主体地位尚未真正确立，国有资本运作效率不高；二是有的企业管理混乱，内部人控制、利益输送、国有资产流失等问题突出，企业办社会职能和历史遗留问题尚未完全解决；三是一些企业党组织管党治党责任不落实，党在企业中的领导核心和政治核心作用被弱化。

这些矛盾和问题严重制约着国有企业健康发展，与国有企业应当担负的重要责任很不适应。我们必须深刻认识深化国有企业改革的重要性和紧迫性，坚持问题导向，通过深化改革解决国有企业发展中存在的突出矛盾和问题。

需要认识到，国有资本、集体资本、非公有资本等交叉持股、相互融合的混合所有制经济，是社会主义基本经济制度的重要实现形式。在发展混合所有制经济的企业改革重组中，国有企业和民营企业应平等合作，重组企业的股权结构应根据具体情况由各方协商确定。应根据实际灵活采用混改路径，适宜独资的就独资，适宜控股的就控股，适宜参股的就参股，不一定要求绝对控股、合并报表。实践证明，与民营经济混合，国有经济可以形成新优势、增添新活力；民营经济借助国有经济平台，也能更快成长。

又如，这一轮国有企业改革正值国民经济转型升级的关键阶段，推进供给侧结构性改革需要国有企业发挥骨干和带动作用。特别是在电子信息、航空航天、生物工程、先进制造、新能源、新材料等战略性新兴产业领域，亟待培育一批创新能力强的龙头企业。国有企业应责无旁贷担当起这一历史重任。

应通过进一步强化技术研发、设计总装、全球营销等关键环节，形成联系紧密的产业集群，以降低成本、提高质量、增强整体竞争力。先进制造业代表着国家的科技实力和制造能力，在这些领域要实现自主制造，实施系统集成创新和协同创新。完成这样艰巨繁重的任务，必须通过深化改革提高产业集中度，增强国有企业技术研发能力和国际经营能力，把企业打造成为行业技术进步的领军者。

再如，在一些垄断性行业如石油化工产业，冗员过多仍然是制约企业发展的突出问题。伴随国有企业改革和民营企业进入，行业劳动生产率和国际竞争力将会迅速提高，石油化工产品大量依赖进口的局面将会改变，终端产品价格也将会下降。这些行业的国有企业应做好充分的思想准备，不能再依赖政府保护，而应主动进行改革，积极迎接来自内外部的竞争挑战。

第三部分是“敢于创新、分类施策，完成新一轮国有企业改革任务”。

11 月 26 日，出席在北京召开的“中国经济与国际合作年会暨新‘巴山轮’会议 · 2016”。

【按】1985 年 9 月 2 日清晨 6 点，随着一声汽笛长鸣，数十位国内外顶尖经济专家给中国经济发展间接地提出了治理方向，让人们初次知道了什么是好的宏观经济管理，什么是中国眼前该做的事情。三十多年后，“巴山轮会议”重启，会议从经济增长、海上丝绸之路、市场公平竞争三个层面，探讨中国经济未来的发展路径。

12 月 15 日，《学习时报》发表《城乡一体化是最大的新动能》一文。

【按】文章共分四部分。

（一）经济结构转换是形成新的发展动能的源泉

在经济发展的长过程中，必然伴随着经济结构的转换，从而不断释放经济增长的新动力。如果因为体制僵化，阻碍结构转换，不能释放新的发展动力，经济增长就必然减缓甚至停滞。中国改革开放以来之所以能创造经济奇迹，关键在于通过不断深化改革，推动经济结构经历了三次大的转换。

第一次结构转换，是 20 世纪 80 年代推行土地家庭联产承包责任制并伴随乡镇企业崛起，带动了国民经济的起飞。改革激发了蕴藏在几亿农民中发展经济、摆脱贫穷的巨大潜能，农业劳动生产率和土地产出率大幅度提高。同时，针对工业消费品极度匮乏的状况，通过发展乡镇企业，满足市场需求，仅用十几年时间，就一举结束了困扰我们几十年的短缺经济。这次结构转换的特征是农产品、轻纺工业产品供给的大幅度增加，使最终消费品在社会总产品中的比重迅速提高，改变了长期以来经济结构"重重轻轻"和农业发展滞后的扭曲状态，从而释放出巨大的发展动能，既满足了市场需求，又拉动了经济快速增长。

第二次结构转换，是20世纪90年代以国有企业改革为中心的宏观管理体制改革和四大支柱产业振兴，带动了经济的腾飞。1992年党的十四大提出了建立社会主义市场经济的改革目标，十四届三中全会做出了具体规划，以企业为主体建立市场经济体制的改革激发了经济活力。同时，"九五"计划提出振兴电子机械、石油化工、汽车制造、建筑业四大支柱产业，使之在国民经济中的比重由8%迅速提高到25%以上，改善了居民的居住和出行条件，降低了电子机械、石油化工产品对进口的依赖。在工业结构中，重工业的比重由50%左右提高到70%以上，重工业的快速发展成为拉动经济增长的主要动力。

第三次结构转换，是进入新世纪的前十年，通过发行长期建设债券，主要用于基础设施建设，使国民经济出现了长达十年两位数的黄金增长期。仅用十几年时间，我国高速公路、高速铁路的通车里程就跃居世界第一位，大学招生人数增长10倍以上，经济总量从全球第六位上升到第二位，并为经济的持续增长奠定了坚实基础。

实践证明，在经济发展的不同阶段，结构转换面临着不同的任务和要求。只有遵循经济发展的客观规律，从经济发展的内在要求出发，打破思维定式和体制禁锢，为结构转换创造良好的政策环境，把社会资金引向结构调整所需要的方向，才能把经济持续健康发展的局面继续保持下去。

（二）推进城乡一体化将释放出巨大的新动能

习近平总书记在2015年4月30日中央政治局集体学习时就城乡

一体化问题发表了重要讲话，提出要努力实现“城乡居民基本权益平等化，城乡公共服务均等化，城乡居民收入均衡化，城乡要素配置合理化，城乡产业发展融合化”。这个“五化”的提出，应成为推进城乡一体化的重要目标和指导原则。当前，应重点抓住农业现代化、新农村建设、农民工市民化三件事，带动城乡一体化的改革发展。

劳动生产率低、缺乏国际竞争力，是我国农业存在的突出问题。发展集约化、规模化、专业化、社会化大农业，提高农业供给效率，是农业现代化的当务之急。由此将释放出对农用生产资料和服务业的巨大需求，拉动农机、化工等农用工业和服务业的发展。农业现代化对水利事业的发展也将提出巨大需求，由此将拉动水利建设的投资。新农村建设已经取得了很大成就，但与城市相比，基础设施、公共服务落后的问题仍十分突出。结合村庄整治和新型社区建设，加大对农村基础设施建设投入，可释放对建材工业的巨大需求，逐步使农村成为美丽、宜居、令人向往的地方。

全国目前共有 2.8 亿农民工,6 000 万留守儿童、4 300 万留守妇女、4 000 万留守老人，共 4.1 亿人口处于全家分离状态。实现全家团圆是他们的梦想，也是把农民工培养成高素质的产业工人队伍的需要。通过提高户籍人口的城市化率，为农民工及其家属提供城市保障房和公共服务，将释放巨大的城市住房、基础设施和公共服务需求，成为拉动经济增长的强大动力。

（三）聚焦城乡一体化改革才能释放最大新动能

推进城乡一体化改革，正是精准对接发展所需、基层所盼、群众所想的重大改革举措。按照党的十八届三中全会《决定》部署，当前推进城乡一体化改革的重点应当包括以下内容。

一是落实农户对土地的法人财产权。农村土地集体所有制如何同市场经济相融合，是建立社会主义市场经济体制必须解决的重大课题。党的十四届三中全会《决定》提出赋予国有企业对所占有的国有资产以法人财产权，使国有企业成为独立经营主体，从而实现了国有经济与市场经济的融合。同样，赋予农户对所占有的承包地、宅基地以法人财产权，就可以在不改变土地集体所有制性质的前提下，使土地的用益物权成为可以转让、整合的商品，从而为发挥市场对土地资源配置的决定性作用创造条件。为此，需要对农户的承包地和宅基地进行确权颁证。农户有了对土地的法人财产权，能够从法人财产权的出让中获得财产性收入，就会根据机会成本选择自己经营土地或转移经营权，从而为土地经营权向合作社、农业公司、种田能手集中，发展规模化经营创造条件；进城农民在农村闲置的宅基地及其房产，就能从市场交易中获得财产性收入，从而为建设用地的集约节约利用和优化配置建立起一个有效的市场机制。

二是建立全国城乡统一的建设用地市场。2016 年国务院《关于推进新型城镇化的若干意见》，提出了“全面实行城市建设用地增加和农村建设用地减少相挂钩的政策”，这是对十八届三中全会有关农村土地制度改革精神的具体贯彻落实。在工业化、城市化过程中，由于有大批劳动力从农业转移到第二、第三产业，大批人口从农村转移到城镇，必然伴随着城市建设用地的增加和农村建设用地的减少。同时，由于城市土地利用的集约化程度高，单位建设用地所容纳的人口，城市比农村高 3 倍多，这就必然带来建设用地的节约和耕地的增加。根据测算，全国现有 2.5 亿亩宅基地，如果能够实现宅基地及房产的商品化，可减少农村建设用地 50% 以上。所有发达国家的经验也证明，在城市化过程中，耕地是增加的。我国正处在历史上规模最大的城市化过程中，城乡建设用地的增减调整政策应当与这一进程相适应。特别是前 30 多年劳动力的流动是全国性的，沿海地区吸纳了大部分中西部农村富余劳动力。只有建立全国城乡统一的建设用地市场，在全国各地城乡之间进行建设用地的调整，才能使农村减少人口而闲置的建设用地及时退出，用以满足城市新增人口对建设用地的需求，抑制房价上涨。退出农村建设用地所获得的财产性收入，用于在城市购置住房，不动产随人口的流向实现空间和价值形态上的转移，唯有如此，生产关系的调整才能称得上适应了生产力发展的要求，否则，就是阻碍生产力的发展。因此，建立全国城乡统一的建设用地市场，势在必行，刻不容缓。

三是打开城乡资本市场之间的堰塞湖。长期以来，由于城市的各类生产要素已经市场化，而农村的生产要素特别是土地、房产等还没有市场化或处于半市场化状态，城市市场对农村市场就产生了一个虹吸效应，农村的土地、劳动力、资本等资源源源不断地流入城市，而城市的资源却流不进农村，长期单向流动的城乡市场是导致城乡发展差距不断拉大的根本原因。一个突出的现象是，城市的资本大量过剩，房价一涨再涨；而农村的资本严重短缺，房价便宜得难以想象。如能以农民对土地的承包权、宅基地的使用权和集体经营性建设用地的经营权为质押，在“十三五”期间，撬动银行贷款和社会投资 20 万亿元，投入农业现代化、新农村建设和农民工市民化，农村面貌将发生巨大变化，不仅为 2020 年实现全面小康提供保障，而且将有助于避免落入中等收入陷阱，到 2022 年进入高收入国家行列。

（四）加快城乡一体化需要厘清几个认识误区

（1）必须破除农村土地两权分离是搞土地私有化的认识误区。恰恰相反，由于找到了土地集体所有制的有效实现方式，使之与市场经济相融合，从而能够更好地坚持农村土地的集体所有制。确认农户对土地的法人财产权，把耕地的所有权、承包权、经营权分离，农户凭借对土地的承包权，可以获得经营权转让的财产性收入。中部有些农村把每亩地年转让费定为 1 000 斤小麦的市场价，很有创意。宅基地使用权转让，按照重庆的交易价格为每亩 20 万元左右。这里所转让的是用益物权，不是所有权，所以土地的集体所有制性质不变。

（2）必须破除城市资本下乡是掠夺农村资源的认识误区。恰恰相反，只有确认农村资源的市场化地位，才能使农民分享到城市化过程中不动产增值的财产性收入。按照市场经济规律，生产要素总是朝着获利较多的地方集聚。农村生产要素有了交换价值，才能吸引资本进入。资本又是要素流动的龙头，资本流向农村，其他生产要素就会随着进入农村，从而推动农村经济社会的发展。

（3）必须破除城乡一体化冲击 18 亿亩耕地红线的认识误区。恰恰相反，实行城市建设用地增加和农村建设用地减少相挂钩的政策，可以减少农村宅基地的浪费。根据经验，退出的宅基地至少 40% 可以用于增加耕地。至于占好补劣等问题，可以通过建立耕地质量监管等制度加以解决。

（4）必须破除解决三农问题主要靠财政投入的认识误区。恰恰相反，只有通过建立城乡一体化的市场机制，吸引大批社会资金和银行贷款进入，才能迅速改变农业农村的落后面貌。目前，用于三农的支出占财政支出的比重已达 10% 以上，财政对三农的支持已经尽了很大的力。应当把对三农的财政支持方式由补贴为主改为引导为主，发挥财政资金四两拨千斤的作用，引导更多的社会资金和银行贷款投入农业农村发展。

12 月 16 日上午，出席在北京举行的“中国大众创业论坛暨 2016 安利全球创业报告发布会”的开幕式，并做题为“第四次结构大转换带来创业机遇”的演讲。

【按】发布会由新浪财经、新浪科技、新浪创业主办，以“大众创业、万众创新”为主题。郑新立在演讲时表示：第四次结构大转换带来创业机遇主要体现在四个方面。第一，城乡一体化将会成就一大批新的敢于到特色小镇、敢于到农村去创业的企业家；第二，公共产品和公共服务领域将会造就一大批的企业；第三，营改增的税制改革为第三产业的发展创造一个良好的政策环境；第四，自主创新带动战略性新兴产业发展。

改革开放 30 多年，我们之所以能够创造经济奇迹，主要是因为我们通过改革，不断地为结构转换创造了好的条件。由于结构转换释放了经济增长的潜力，所以能保持长达 30 多年的快速增长。目前正面临着第四次结构大转换，郑新立指出，这次结构转换主要特征是以城乡一体化的改革发展为主要内容，要通过建立城乡一体化发展的新制度，促进农业现代化、新农村建设和农民工的市民化，它将改变城乡发展差距不断拉大的趋势，加快农村的发展。

12月16日下午，出席在京召开的“2016稀土行业运行形势分析会”，并作宏观形势报告。

12月21—28日，率团到新加坡、迪拜考察自由贸易港。随团成员刘森、李宇静、王维。

附录

2016年	**中外政治、经济大事记**
5月1日	全国范围内全面推开营业税改征增值税试点，将建筑业、房地产业、金融业、生活服务业全部纳入试点范围
6月23日	英国举行“脱欧”公投，约52%的选民投票支持脱离欧盟。英国首相卡梅伦宣布辞职
9月4日至5日	二十国集团领导人峰会在杭州召开，这是中国首次主办G20峰会
10月1日	人民币正式纳入SDR，与美元、欧元、日元和英镑一道构成SDR新的货币“篮子”
10月8日	商务部发布《外商投资企业设立及变更备案管理暂行办法》
10月10日	哈佛大学经济系教授奥利弗·哈特（1948—）、芬兰经济学家本特·霍姆斯特罗姆（1949—）二人因“在契约理论方面的贡献”而获得诺贝尔经济学奖
11月	中共中央国务院《关于完善产权保护制度依法保护产权的意见》正式印发
11月9日	特朗普当选第58届美国总统

2017 年（丁酉）
七十三岁

1 月 2 日，接受中央电视台关于 2017 年经济走势的采访。

1 月 4 日，在“中国经济 50 人论坛”发表《发展特色小镇解决大城市病》一文。

【按】文章认为：在发达国家，特色小镇已成为城市化的一种重要模式，居住在特色小镇已成为许多人的追求。德国的城市化率已达 90% 以上，但是 70% 的人口居住在小城镇。在美国、法国等城市化非常成熟的国家，都有大批各具特色的小城镇，成为靓丽的风景线。

我国正处在城镇化快速推进的过程中。城镇化是现阶段经济增长的最大动力源泉。改革 38 年来，随着工业化的迅猛发展，城镇化水平大幅提高，2015 年城镇化率已达 56.1%，迅速兴起的大大小小的城市，在集聚生产要素、带动经济发展、提升国际竞争力等方面发挥了重要作用。

但是，由于城镇化很大程度上是在各地经济发展的过程中自然形成的，缺乏明晰的战略规划引导，也带来了一些新的矛盾和问题，突出有三：一是不少发展较快的大城市、特大型城市交通拥堵、空气污染、房价畸高，制约了城市的可持续发展；二是常住人口和户籍人口形成二元格局，既不利于培育稳定的高素质的产业工人队伍，又造成了新老居民之间基本权益的不平等；三是城市结构、布局不合理，城市总量明显偏少，大城市、特大型城市由于吸引要素的能力强、就业机会多而迅速膨胀，中小城市特别是小城镇由于吸纳就业的能力弱而发展缓慢、数量偏少，中西部地区尤为明显。在城市群内，行政区划常常扭曲资源的合理配置，造成经济发展的巨大落差。

针对这些问题，根据习近平总书记的批示，最近，由国家发改委、住建部和中财办在杭州联合召开鼓励发展特色小镇的会议，各地介绍了发展特色小镇的经验，住建部提出了第一批 127 个示范性特色小镇建设的计划。建设特色小镇将成为推进城乡一体化的突破口，成为走新型城镇化道路的带动力量，成为释放巨大需求潜力的重要改革举措，为我国经济持续健康发展注入强大新动能。

特色小镇位于城乡结合部，建设特色小镇既能与都市经济融为一体，又能带动农业农村的发展。特色小镇的出现是生产社会化、专业化发展的必然结果。在一个 5 万 ~ 10 万人规模的小镇上，围绕一种产品或一类服务，形成从研发、制造到营销、物流的完整产业链条；在总装厂周围，形成完整的配套体系。

与此相配套的是优雅怡人的居住环境，没有噪音、雾霾的烦恼，房价较低，可以步行上下班，并拥有一流的国际化的教育、医疗条件。这样漂亮宜居的特色小镇必将吸引各方面的人才前来就业创业。在发达国家，特色小镇已成为城市化的一种重要模式，居住在特色小镇已成为许多人的追求。德国的城市化率已达 90% 以上，但是 70% 的人口居住在小城镇。在美国、法国等城市化非常成熟的国家，都有大批各具特色的小城镇，成为靓丽的风景线。

总结国内外经验，搞好特色小镇建设应注意以下几点。

（1）精心布局、整体规划。特色小镇的布点应优先选择在大城市、特大城市周边一小时生活圈内，接受城市第二、第三产业的扩散、辐射和带动，以利于形成大中小城市和小城镇合理布局的城市群。依托资源优势和远离中心城市建设的小城镇，必须首先改善其交通等基础设施条件。对特色小镇建设要做好可行性研究和总体规划，规划方案应经有关专家论证和第三方评估，以避免盲目性。

（2）突出特色、创造优势。小城镇建设要围绕一个核心产业或产品，吸引相关企业进入，通过高度发达的专业化分工，提高效率、降低成本，努力做到全国第一、世界领先。要避免千镇一面，东施效颦。要选择具有一定优势的产业、产品和企业，通过特色小镇建设，赋予其更好的配套协作条件和更大的发展空间，从而创造出新的竞争优势。

（3）城乡一体、搞活土地。贯彻落实中央关于城乡一体化改革发展的各项政策，使进入小城镇的居民平等享受各项基本权益和公共服务。全面实施城镇建设用地增加与农村建设用地减少相挂钩的政策，落实十八届三中全会关于农村土地制度改革的各项部署，使进城落户的农民分享到土地使用权转让所获得的财产性收入。通过发挥市场对土地资源配置的决定性作用，实现土地资源的集约、节约利用。

（4）财政引导、金融支持。要运用 PPP 模式，通过财政资金的引导，吸引民间资金进入小城镇建设。鼓励政策性金融、商业贷款和各种基金、债券等，支持特色小镇建设。要允许以农村土地的法人财产权为抵押，撬动银行贷款和社会资金投入特色小镇建设。

（5）千企千镇、搞好示范。中国城镇化促进会正在政府有关部门的指导下，推行千企千镇计划，即鼓励 1 000 家企业自愿到 1 000 个小镇落户，建立研发、生产、营销、物流基地。目前报名的企业和小城镇都很踊跃。在适当时候将举办镇企对接会。通过这种办法，鼓励城市的企业、事业单位包括大学、医院、银行、科研机构等迁出地价昂贵、拥挤不堪的市区，到特色小镇获得新的发展空间，享受清洁的空气和宁静的环境，并带动小镇及其周边的发展。

1 月 10 日，《光明网》发表《实施“千企千镇工程”、走新型工业化道路》一文。

2 月 15 日，出席在北京举行的“中国经济 50 人论坛 2017 年年会”，并发言。

【按】年会主题为“深化供给侧结构性改革——产权、动力、质量”。郑新立在发言中指出，去年投资领域出现了三个冷热不均的问题：民间投资冷，国企投资热；实体经济投资冷，虚拟经济投资热；国内投资冷，海外投资热。这三个跟供给侧结构性改革相矛盾的现象，一个重要的原因就是新的增长动能还没有形成，老的动能已经失去了。

2月15日，《求是》发表《全面把握好经济工作中的几个辩证关系》一文。

【按】文章共五个核心要点。

（一）当前，我国经济出现了产能过剩等重大结构性失衡，首先是供给结构出了问题，即劳动密集型、资源密集型产品严重过剩，而技术密集型、知识密集型产品供给不足。供给侧结构性改革，最终目的是满足需求。因此，我们要深入研究市场变化，理解现实需求和潜在需求，在解放和发展社会生产力中更好地满足人民日益增长的物质文化需要。

（二）短期目标与长期目标是一个对立统一体，过分强调哪一个方面，都会顾此失彼，给经济发展带来不可估量的损失。我国多年宏观调控的经验证明，在经济偏热时，适当踩一下“刹车”，在经济偏冷时，适当踩一下“油门”，以熨平周期性波动，是宏观调控的艺术。

（三）城乡发展差距拉大是当前国民经济中的一个主要矛盾。我国已达到中高收入水平，但距离高收入国家还有一个大台阶。许多国家跌入“中等收入陷阱”，就是因为难以跨上这个台阶。能否跨上高收入台阶，是对中国共产党执政能力和社会主义制度优势的考验。

（四）实体经济与虚拟经济之间既相互依存、相互转化，又相互促进、相互制衡。随着我国经济市场化程度的提高，把握好实体经济与虚拟经济的关系，对于避免经济波动、实现经济持续稳定增长至关重要。

（五）使市场在资源配置中起决定性作用和更好地发挥政府作用，是我们党对政府与市场关系认识上的重大突破。发挥市场对资源配置的决定性作用，就是按价值规律办事。政府的作用主要是宏观调控、市场监管、公共服务、对外协调。

2月16日，《人民日报》发表《抓住重大问题、推进供给侧结构性改革》一文。

【按】文章共分三部分。

（一）聚焦农村改革，促进城乡一体化发展。

城乡发展差距大，是当前国民经济结构中的一个突出矛盾。实现城乡协调发展，首先必须建立和完善农村要素的市场体系，实现要素在城乡市场之间双向自由流动。发展特色小镇是城乡一体化的突破口。位于城乡接合部的特色小镇的发展，能够带动周边农村基础设施和公共服务发展，有利于吸纳农村劳动力就业，促进第一、第二、第三产业融合发展，并使城市文明迅速扩展到农村，实现城乡协调发展。最近，习近平同志就发展特色小镇两次做出重要批示。推进美丽、特色小镇建设，应认真落实这些重要批示精神，鼓励大城市的企事业单位搬出地价昂贵、交通拥堵、空气污染的市区，到周边的小城镇落户，打造优越环境，拓展更大发展空间。

（二）聚焦投资体制改革，扩大公共产品供给。

当前，在供给结构中，生产资料和消费资料都已处于产能过剩状态，但环境、交通、市政、医疗、教育、社会保障、文化、信息等公共产品供给不足，特别是怎样能够呼吸清洁的空气、饮用干净的水成为人们最为关心的问题。公共产品供给不足的原因主要是体制不合理，缺乏公共产品的价值补偿机制。

过去，公共产品主要靠财政投资，财力不足限制了公共产品供给能力的提高。改革投资体制，采用政府与社会资本合作的方式即PPP模式，就能有效解决这一问题。这就要求政府对公益性或半公益性项目的投入和收益进行精细测算，并给予一定的政策补偿，使投资这些项目的企业有合理回报。在选择投资企业时，对国有企业和民营企业应一视同仁，通过招标确定项目投资企业。解决公共产品短缺问题，不是缺乏资金，也不是没有技术和施工能力，关键在政府要有所作为，而且需要规划、财政、金融部门密切配合。在项目实施中，政府和企业都要信守合同，确保工程质量，政府承诺给予企业的政策和补助要及时兑现。

（三）聚焦科技教育体制改革，增加技术和人才供给。

技术和人才是供给结构中最短缺的资源。供给侧结构性改革的核心是提高自主创新能力。要落实创新发展理念、鼓励技术创新，以具有自主知识产权的技术实现产业升级，逐步由现在以资源密集型、劳动密集型为主转变为以技术密集型、知识密集型为主，在国际分工中由产业链的中低端向中高端跨越。

当前存在的问题，是对研发的重视程度和投入很不平衡。从地区来看，有的城市已形成鼓励创新的机制和社会环境，研发成果开始成批涌现，如深圳市每年申请国际专利的数量占全国申请量的46.9%，创新已经成为深圳经济增长的第一驱动力。而许多创新资源优于深圳的城市，在技术创新成果上远远落后于深圳，说明这些城市的创新潜力尚未发挥出来。深圳建设创新型城市的经验，主要是经过多年坚持不懈的努力，培养了崇尚创新的文化氛围、鼓励创新的市场机制、宽容失败的社会环境、不拘一格的人才战略、面向全球的开放意识、一视同仁的扶持政策。各地应学习推广深圳的经验，抓紧建立鼓励企业增加研发投入的激励机制，提高广大科技人员创新的积极性，加快科技成果的工程化、产业化。

企业是研发投入和提供创新成果的主体。大学不仅要培养创新型人才，而且要成为科技创新的重要基地。

2月24日，在“中国经济50人论坛”上发表《把环保产业打造成支柱产业》一文。

2月26日下午，出席“中国区域经济50人论坛”成立大会暨第一次研讨会，并主持会议。

【按一】中国人民大学校长刘伟，中国社会科学院学部委员、中国区域经济学会会长金碚，国务院参事、国家发展和改革委员会原副主任徐宪平，南京大学原党委书记、教授洪银兴，国家发展和改革委员会原副秘书长范恒山，国土资源部原副部长胡存智，中国国际经济交流中心副理事长商务部原副部长魏建国，中国国际经济交流中心常务副理事长、国务院研究室原主任魏礼群，国家发展和改革委员会国际合作中心主任曹文炼等出席并演讲。

【按二】中国区域经济50人论坛，由范恒山、杨开忠、金碚、曹文炼、肖金成倡议，经中国区域科学协会、中国区域经济学会、国家发展和改革委员会国际合作中心发起成立，邀请长期从事区域发展理论、政策研究和实践工作的具有较大影响的专家和中青年新锐组成，是研讨中国区域经济理论、政策和实践的学术平台，旨在深化区域经济理论研究，提出促进区域协调发展政策建议，推动国家区域发展战略的贯彻实施。论坛倡导实事求是、开拓创新的探索精神和自由讨论、平等交流的学术氛围。

【按三】中国区域经济50人论坛荣誉成员与正式成员名单。

一、荣誉成员

陈宗兴：第十一届全国政协副主席、中国生态文明研究与促进会会长；

魏礼群：中国国际经济交流中心常务副理事长、国务院研究室原主任；

王洛林：中国社会科学院原常务副院长、中国区域经济学会原会长；

陆大道：中国科学院院士，中国地理学会原理事长。

二、正式成员（按姓氏拼音首字母排序）

曹文炼：国家发展和改革委员会国际合作中心主任；

陈耀中：中国社会科学院工业经济研究所研究员；

程必定：安徽省人民政府参事；

迟福林：中国（海南）改革发展研究院院长；

丁任重：四川师范大学党委书记；

杜平：国家信息中心原常务副主任；

杜鹰：国务院参事、国家发展和改革委员会原副主任；

樊杰：中国科学院科技战略咨询研究院副院长；

范恒山：国家发展和改革委员会原副秘书长；

顾朝林：清华大学建筑学院城市规划系教授；

郝寿义：南开大学校学术委员会委员、教授；

洪银兴：南京大学原党委书记、教授；

胡存智：国土资源部原副部长；

金碚：中国区域经济学会会长、中国社会科学院学部委员；

李国平：北京大学首都发展研究院院长；

李吉平：中国开发性金融促进会执行副会长、国家开发银行原副行长；

李罗力：中国经济体制改革研究会副会长；

李善同：国务院发展研究中心发展战略和区域经济研究部研究员；

李晓西：北京师范大学经济与资源管理研究院名誉院长；

刘亭：浙江大学区域与城市发展研究中心主任；

刘伟：中国人民大学校长；

刘尚希：中国财政科学研究院院长；

刘以雷：新疆生产建设兵团党委、兵团副秘书长；

刘志彪：全国首批文科“长江学者”特聘教授、南京大学教授；

马晓河：国家发展和改革委员会宏观经济研究院原副院长；

秦尊文：湖北省社会科学院副院长；

仇保兴：国务院参事、住房和城乡建设部原副部长；

史晋川：浙江大学经济学院院长；

史育龙：国家发展和改革委员会宏观经济研究院研究员；

孙久文：中国人民大学区域与城市经济研究所所长；

魏后凯：中国社会科学院农村发展研究所所长、研究员；

魏建国：中国国际经济交流中心副理事长、商务部原副部长；

肖林：上海市人民政府发展研究中心原主任；

肖金成：国家发展和改革委员会国土开发与地区经济研究所所长；

徐宪平：国务院参事，国家发展和改革委员会原副主任；

许宪春：国家统计局原副局长；

杨开忠：首都经济贸易大学副校长；

张大卫：中国国际经济交流中心副理事长兼秘书长、河南省人大常委会副主任；

张建清：武汉大学中国中部发展研究院常务副院长；

张军扩：国务院发展研究中心副主任；

张可云：中国人民大学教授；

张学良：上海财经大学城市与区域科学学院副院长；

张占仓：河南省人民政府参事；

郑新立：中共中央政策研究室原副主任。

3月24日，出席在北京举办的“中国新型城镇化发展高峰论坛暨特色小镇合作开放大会”并发言。

【按一】大会由《财经国家周刊》举办、瞭望智库提供智力支持。郑新立在发言时指出，在发达国家，特色小镇已经成为城市化的重要模式。这些小镇既提供了中心城区不可能提供的优越的环境，又在全球经济中发挥着重要的作用。

【按二】由瞭望智库发起的中国特色小镇培育发展联盟在本次大会上宣告成立。

3 月 27 日，出席在海南海口举行的“第九届中挪社会政策论坛暨第 82 次中国改革国际论坛”，并做题为“要扩大企业按劳分配的比例、让劳动者多拿工资”的演讲。

【按一】论坛由中国（海南）改革发展研究院与挪威城市区域研究所共同举办。来自人力资源和社会保障部、国务院发展研究中心、中国社会科学院、中国发展研究基金会、中国人民大学、北京师范大学、华夏新供给经济学研究院、挪威驻华大使馆、挪威国际问题研究所、芬兰 Kela 研究所、挪威利勒哈默尔大学、挪威奥斯陆大学等国内外多家单位的领导、专家、学者共 200 余人参加了本次论坛。

郑新立在演讲中指出：华为股权结构和劳资分配比例的突破性意义，在于破解了马克思在《资本论》中所提示的资本榨取剩余劳动价值的资本主义制度的基本矛盾。这只有在中国特色的社会主义制度下才能做到。

当前，中国正在努力推进的经济社会转型，在经济领域主要集中在四个方面。一是在要素结构上，通过技术进步、改善管理、提高劳动者素质，改善经济增长主要依靠增加物质资源消耗的状况，提高全要素生产率。二是在产业结构上，改变主要依靠第二产业拉动经济增长的格局，继续鼓励发展第三产业。三是在需求结构上，改变经济增长过度依赖投资和出口增长的局面，努力扩大消费需求对经济增长的拉动作用。四是在城乡结构上，改变城乡发展差距不断拉大的趋势，努力实现城乡一体化发展。

为了实现这四个转型，在改革上，要采取一系列重大的措施。

（一）要允许混合所有制企业实行员工持股制。

十八届三中全会明确国有企业改革三个重点：一是从过去以管资产为主向管资本为主转变；二是国有企业要吸收民间资本入股，发展为混合所有制的企业；三是允许混合所有制企业实行员工持股制。

员工持股包括核心层、骨干层、老员工持股，只有通过一系列的改革，国有企业才能够在股权多元化的基础上建立一个规范的股份制公司，只有员工持股，才能够使本企业的管理层和老的员工真正成为企业的股东，成为企业的主人翁。大家同心协力把公司办好。

如果这个公司办得好，股票就可以升值，大家都可以成为百万富翁、千万富翁；如果这个公司倒闭了，大家都是穷光蛋。所以，大家会拼了命把公司搞好。这也是西方的一些跨国公司能够成为百年老店的一个诀窍，我们的国有企业也要成为这样的公司。

十八届三中全会已经指出了这样的改革方向。当然，员工持股不是说人人有股，人人有股又成为平均主义了。一般来说，员工持股的比例以30%～40%为宜，而且每年要评选优秀员工，只有优秀员工才有资格持有本公司的股份，可以对优秀员工奖励公司的入股权。

这样员工既拿到了一份工资的收入，又拿到了一份股金分红的收入，有了这两份收入，劳动者变成有产者，劳者有其股，劳动者才能够快速富裕起来，中等收入群体才能够扩大。

（二）发展股份合作制企业。

股份合作制是劳动者的劳动联合与资本联合相结合的企业组织形式，是对资本主义私有制的积极扬弃，是公有制的初级形式。股份合作制是浙江台州农民发明的，在乡镇企业崛起中发挥了重要作用。

国内有一些发展股份合作制的成功案例，尤为典型的是深圳的华为公司，华为公司有17万员工，现在有7万人入股。另一个是浙江的舜宇公司，公司的老板原来百分之百是个人股份，后来发明了一个理论，叫作财聚人散、财散人聚。他发现资产集中在他手里，职工积极性很难释放出来，后来他把股份分为骨干层、核心层、员工层持股，这样劳动者的积极性大大提高。

（三）赋予农民以土地财产权。

农民对承包地、宅基地实行所有权与用益物权分离，所有权归村集体，用益物权或者是财产权归农户。农户凭借对土地用益物权对土地进行抵押、担保、转让，可获得财产性收入。

（四）引导劳资分配的合理比例。

华为公司按劳分配和按资分配的比例是3∶1，3∶1具有重大的突破性意义。在发达国家可能是1∶3。按照华为的比例，我们能够调动劳动者的积极性。上个月我到华为探讨劳资比例，任正非向我介绍，一开始的时候，一些持股较多的老员工一年按股分红可以拿到几百万，这些员工就不愿意干活了。他说这样不行，要调整劳资分配的比例，加大按劳分配的比例，特别是使新增的利润向第一线创造技术专利、创造劳动成果、开拓市场的员工倾斜，不断调整，增加按劳分配的比例。

2015年，工资分配达到1 200亿，按资分配400亿，这样17万多名员工平均收入能够拿到近90万元。这样的收入水平和发达国家高科技的公司基本接近，有这样的收入水平可以招揽全世界优秀的人才进入企业。

根据诺贝尔经济学奖得主斯蒂格利茨披露，2016年美国1%的人占有新增收入的91%。另有统计数据，美国从20世纪70年代到2010年的40年，新增收入的绝大部分为资本和技术拥有者攫取，蓝领阶层收入几乎没有增加。华为股权结构和劳资分配比例的突破性意义，在于破解了马克思在《资本论》中所揭示的资本榨取剩余劳动价值的资本主义制度的基本矛盾。这只有在中国特色的社会主义制度下才能做到。所以，中国扩大中等收入群体的比例应当有更多的政治优势。

【按二】演讲于2017年3月29日发表在“中国经济50人论坛”上。

4月10日，《学习时报》发表《特色小镇建设的五个原则》一文。

4月12日，接受中央电视台关于农村改革问题的采访。

4月13日，在清华大学做题为“抓住重大问题、推进供给侧结构性改革”的演讲。

【按】演讲中，郑新立说：“未来十几年，中国人将会经历两件激动人心的大事：一个是我们进入高收入国家行列，另一个是我们经济总量回到世界第一的位置。”他推算，2023—2025年，中国就有可能跨入高收入国家的行列。2025—2027年，按照人民币的汇率计算的国内生产总值超过美国，中国回到世界第一的位置。

但还有很多困难要克服，郑新立表示，当前经济的一个亟待解决的问题就是投资结构不合理。投资领域出现“三冷三热”是很不正常的，反映在金融领域就是M2的增长速度远远低于M1的增长速度。

连续多年的经济下行，企业看不到市场亮点在什么地方，从银行拿到钱以后，也没有投资出路，又以活期存款存到银行，或者干脆把钱放到自己企业的财务公司的账上。很多民营企业都有一定的积累，但是不知道往哪里投。投到什么地方都是过剩，意味着赔钱。所以这个钱就放在银行里。现金在那儿倒来倒去，进不到长期投资项目里面去。

谈到深化城乡一体化改革，他表示要做好这几方面：第一要落实农户对土地的法人财产权，第二要建立全国统一的建设用地市场，第三要打开城乡资本市场之间的堰塞湖，第四要为进城落户农民提供充分的公共服务。如果能把这几件事真正做好，“中国7%～8%的增长速度保持到2030年没有问题”。

演讲中，郑新立还谈到了赴美考察的感悟。去年他做了一个课题，在深圳创办一所创新性的高水平大学，带着这个任务到美国去考察了四所大学：斯坦福大学、加州大学伯克利分校、南加州大学、加州理工学院。

“考察以后，我觉得中国的大学比美国大学的水平不是一般的差，而是差得很远很远。比如说加州大学伯克利分校在美国算不上最厉害的学校，但是这个学校有36个得过诺贝尔奖的学者。清华大学、北京大学是我国最顶尖的学府，会聚全国的精英学子，但是我们的创新跟人家比差距太大了。”我们今天享受电子信息互联网这么多成果，70%来自硅谷的那些大学，主要是斯坦福大学和加州大学伯克利分校创造的成果，中国一定要向它们学习。

4月21日，在“中国经济50人论坛”上发表《要把我国13亿人口的潜力发挥出来》一文。

【按】此文主要是对经济学家周天勇的两部著作《繁荣的轮回》与《跨越发展的陷阱》的读后感。

4月26日，在广州会见广东省省长马兴瑞，汇报在深圳建立超级Wi-Fi和粤港澳大湾区航空一体化问题。

5月18日，赴贵阳，与时任贵州省政协主席王富玉会谈关于信息扶贫和在安顺建超级Wi-Fi（无线网）事项。

5月26日至6月5日，赴美国旧金山参加中美经济新政百人会暨中美经济合作论坛。

6月15日，会见中国交通建设集团董事长刘起涛，讨论淮河经济带开发问题。

6月16日，讨论“长沙建设国家中心城市研究”课题报告。

6月19日，参加在职工之家由中改院和广东经济出版社召开的改革40周年图书出版会议。

6月，第12期《求是》发表《党的十八大以来坚持和完善我国基本经济制度的理论与实践》一文。

【按】文章共分四部分。

（一）积极发展混合所有制经济，使之成为基本经济制度的重要实现形式。

国有经济是社会主义经济制度的重要基础，是全体人民共同利益所在。党的十八届三中全会在国企改革上有三个重大创新：（1）以管资本为主加强国有资产监管；（2）鼓励发展混合所有制经济；（3）允许混合所有制经济实行企业员工持股。这三项制度创新是总结实践经验的结果，反映了我们党对国有企业改革认识上的深化，是社会主义所有制理论的重大突破，是社会主义基本经济制度的创新。随着各项改革逐步到位，一个全新的所有制结构和高效率的国有经济实现方式将形成，中国特色社会主义经济制度的根基将更加稳固。

（二）创新农村土地集体所有制实现方式，使之与市场经济相融合。

农村土地（包括耕地、林地、草地、宅基地、集体经营性建设用地等）归村民集体所有，是中国特色社会主义基本经济制度的重要特征，是与社会主义初级阶段相适应的公有制形式。在推进新型工业化、信息化、城镇化、农业现代化的过程中，土地作为重要的生产要素，必须同其他生产要素一样，主要由市场决定其配置。农村土地集体所有制如何与市场经济对接，是全面深化改革必须解决的问题。党的十八届三中全会《决定》提出了农村土地所有权与用益物权分离的改革方案，在所有权不变的前提下，赋予农户土地的用益物权即法人财产权，允许农户对承包地的经营权、宅基地使用权抵押、担保、转让，获得财产性收入。允许集体经营性建设用地与国有土地同权同价。这就使土地与其他要素一样成为可流动、整合的商品，为土地的规模化、集约化、专业化、社会化经营打开了方便之门。所不同的是，土地使用权的流转必须与用途管制相结合，耕地转变为建设用地时必须依法合规。

（三）同等保护各类产权，为非公有制经济发展创造公平竞争的环境。

改革开放以来，非公有制经济的迅猛发展已经显示出巨大的活力和创造力，在扩大就业、增加居民收入、满足市场需求、推进技术创新和扩大出口等方面发挥着重要作用。党的十八届三中全会强调了对发展公有、非公有制经济的两个“毫不动摇”，强调了对公有、非公有制经济财产权的两个“不可侵犯”，明确提出两种所有制经济受到同等法律保护；提出坚持权利平等、机会平等、规则平等，废除对非公有制经济各种形式的不合理规定，消除各种隐性壁垒，制定非公有制企业进入特许经营领域的具体办法，鼓励非公有制企业参与国有企业改革，鼓励发展非公有资本控股的混合所有制企业。所有这些决定，都为非公有制经济创造更为平等的竞争环境，有利于非公有制企业的持续快速发展。近几年，国务院采取了一系列鼓励民营经济发展的重大举措，如允许民营经济进入电信、石化等垄断性行业，允许兴办民营股份制银行，允许民营企业参与基础设施和公共服务类政府与企业合作建设项目，提高对小微企业的税收起征点，通过“营改增”降低以民营经济为主体的第三产业税收负担，鼓励民营企业走出去到海外投资，等等，民营经济发展的政策和市场环境逐步优化。

（四）完善收入分配制度，落实共享发展理念。

党的十八大以来，我国在调整收入分配结构上采取了一系列有效措施。按照习近平总书记提出的“全面小康一个也不能少”的指示，我们加大扶贫攻坚力度，财政增加了扶贫支出，各级党委和政府强化了扶贫的责任，同时动员企业和各行各业人士积极投身到扶贫工作中来，确保实现每年脱贫 1 000 万人的目标。鼓励大众创业、万众创新，以创业带动就业，是增加居民收入的重要途径。特别是发展“互联网 +”经济，出现了一批新产业、新业态，网店销售、摩拜单车、网络医疗、网络教育、网络金融等蓬勃发展，我国基于现代通信网络所出现的数字经济，已走在世界前列。我国在改革中创造出的股份合作制企业，是劳动者资本联合与劳动联合相结合的经济组织形式，属于集体经济的范畴。这类企业的从业人员，既能拿到工资，又能分到红利，可以很快富裕起来。以华为公司为例，在收入分配中按劳分配与按资分配的比例为 3∶1，既调动了员工的劳动积极性，又使资本得到合理回报，革除了资本主义制度下企业利润分配中资本所得过多，即“资本榨取剩余劳动价值”的痼疾，有效避免了收入分配不公和两极分化问题。也只有在中国特色社会主义制度下，才能出现这种注重劳动贡献、兼顾资本收益的分配模式，具有重大深远的突破性意义。

7月3日上午，在广西创新发展研究院发表学术报告《鼓励民间投资是稳增长、调结构的关键》。

7月11日，出席在宁波举行的“聚焦‘一带一路’、谋求合作共赢——2017年中国航海日论坛”。

7月31日，在“中国经济50人论坛”发表《国企改革还会带来下岗潮吗？》一文。

【按一】“中国经济50人论坛”宗旨是：为中国经济发展与改革等重大问题献策献力。论坛定位于集国内外重大经济政策方面的研究，而不是单纯的学术讨论。目的是把各个领域有着深入理论研究的专家对中国经济发展、改革中的问题及政策建议的研究成果集合起来，希望用他们的思想精华对中国经济改革及各行业乃至地区经济的发展起到推动作用。

中央领导和有关部门多次委托50人论坛进行专题研究，听取论坛专家的意见与建议，并做出重要批示。论坛也多次与各省市共同主办区域经济发展研讨会，为推动地方经济发展做出贡献。近年来，台湾经济学界也多次邀请论坛成员共同对两岸经济发展与产业分工的问题进行研究讨论。

在国际合作方面，论坛与美国、英国、法国、德国、日本、新加坡、阿根廷、波兰等国家的专家学者进行了广泛的学术交流。近年来，已成功多次举办“中美经济学家颐和园对话会”，与瑞典环境科学院合作发布《低碳经济发展·中国与世界》的研究报告。

【按二】据不完全统计，2004年9月2日发表《深化劳动就业体制改革》至本期的《国企改革还会带来下岗潮吗？》，14年来，郑新立共在“中国经济50人论坛”发表论文42篇。

2004年:《深化劳动就业体制改革》《宏观调控:重在调整结构转变增长方式》;

2006年:《韩国“新村运动”启示录》《“十一五”开局之年如何起好步?》《中国上市企业百强的历史使命》《2020年的中国经济》《未来15年中国能源供求态势与对策》《提高自主创新能力的多种途径》《我国经济快速增长的潜力较大》;

2007年:《从制度上更好发挥市场在资源配置中的基础性作用》《建立体现社会公平的收入分配制度》《实现国民经济又好又快发展》;

2008年:《自主创新是国家发展战略的核心》《注重改善民生、谱写美好生活——学习党的十七大报告》《探索实行职能有机统一的大部门体制》《推动我国经济社会发展必须坚持的正确方向——论“三个转变”》《全面深化改革的三个着力点》;

2009年:《转变发展方式是化危为机的关键》《应对危机需把握好政府与市场的关系》《着力扩大消费对经济增长的拉动作用》;

2010年:《2009年经济分析与2010年展望》《2010年中国经济八大建议》;

2011年:《努力实现抑制通胀和稳定增长双重目标》;

2012年:《中国经济实现可持续发展的制度保障》;

2013年:《中国经济面临“升级版”考验》《努力打造中国经济升级版》《全面认识与把握我国经济发展走势》《论金融体制改革的路线图》;

2014年:《深化金融体制改革的方向和重点》;

2015年:《稳增长是今年经济工作的第一要务》《进一步深化国有企业改革》《关键是保持稳增长和调结构之间平衡》《“新常态”是一种新认识、新概括,而不是一个筐》《高度重视经济下行引发的系统风险》;

2016年:《切实提高农业国际竞争力》《走出认识误区深化国企

改革》；

2017 年：《炸开城乡资本市场堰塞湖》《特色小镇是城乡一体化的突破口》《把环保产业打造成支柱产业》《要扩大企业按劳分配的比例让劳动者多拿工资》《要把我国 13 亿人口的潜力发挥出来》《国企改革还会带来下岗潮吗？》。

7 月，第 7 期《中国经济信息》发表《特色小镇可有效解决城市化弊病》一文。

8 月 12 日，参加深圳潮商会组织的国际贸易投资博览会。

8 月 19 日，参加在长春市由中改院召开的东北振兴论坛。

8 月 24 日，出席在北京开幕的“首届中新 · 国际特色小镇发展论坛”，并做题为“城镇化走向将是重点发展特色小镇”的演讲。

【按】论坛由新华社中国图片集团、中新城镇化研究院主办，主题为“特色小镇之路——动感 VS 静思”。

郑新立在演讲中说，中国正处于城镇化快速推进的过程中，中国城镇化是人类历史上最大规模、推进速度最快的城镇化。过去 30 多年，城镇化取得了很大成就，也出现了一些弊端和迫切需要解决的问题。第一个弊端是城市结构不合理，人口过度向大城市、特大城市集聚，导致房价高涨、环境污染、交通拥堵等城市病出现；第二个弊端是城市布局不合理，城市过度集中在沿海地区，中西部地区城市化滞后于沿海城市化；第三个弊端是农业劳动力到城市就业，没有享受到市民应有的公共服务，他们的父母、子女和伴侣还留在农村，在城市形成一个新的二元结构。所有这些问题，都需要我们总结过去近 40 年的城镇化经验，走出一条新型城市化的道路，特别是要借鉴发达国家城市化的经验教训。

中国城镇化下一步重点推进的是特色小镇。2016 年 12 月 12 日，国家发改委联合国开行、光大银行、企业家联合会、企业协会和城镇化促进会 6 个单位联合下发“实施‘千企千镇’工程，建设美丽特色小镇”的通知。半年多的时间，已经有 200 多家企业和地方政府签订了合作协议。“千企千镇”工程的实施，将引领中国城镇化走出一条新的道路，出现一系列的创新和转变。

第一个转变，城镇化的方向要由重点发展大城市向重点发展特色小镇转变。通过发展一批特色小镇，带来的就业机会就能吸引城市人口和农村转移人口在小城镇聚集，从而改变中国城市化的走向。

第二个转变，城市功能由过去工作和居住区域相互分离转变为向产城融合方向发展，过去的城市化被大家俗称为“摊大饼”，就业地和居住地是互相分离的，形成了潮汐式的人流。下一步小城镇的发展必须是产城融合的。

第三个转变，由多业并举的综合性城市向专业化的特色产业发展。现在的大城市、特大城市和中等城市，往往各种产业都有，是一个综合性的城市。未来，特色小镇要高度专业化，围绕一个产品形成一个小镇。比如，浙江嵊州是全世界领带的生产中心，生产的领带包括贴牌的领带，占全球领带产量的 80%。将来的特色小镇一定要突出它的特色，而且特色产品要在中国市场、在全球市场有较高的占有率。

第四个转变，在投资运营主体上，要由政府主导转变为企业运营。比如，固安县开发区委托华大幸福基业来办，政府与企业实行 PPP 管理模式，一年招到了几百亿投资，而且都是高水平的企业。因此，特色小镇的运营由政府主导转变为由企业来负责，可以大大提高效率，调动企业的积极性。

第五个转变，在土地的供应上，由政府征地后招拍挂向转让土地用益物权或土地入股方式转变。过去，小城镇等城市建设用地都是政府向农民低价征地，通过招拍挂让企业进驻，土地财政已经成为第二财政，这个模式不能再继续下去了。国务院批准的 15 个农村宅基地改革试点县，3 年试点的经验已经总结出来了。如果 15 个宅基地改革试点县的经验能在全国推广，就能够满足特色小镇建设对土地的需要，同时还能带动周边农村的发展，这是城乡一体化重要的带动力量。

第六个转变，在融资的方式上，由间接融资为主向直接融资为主转变。前 30 多年的发展，我们过分注重间接融资，以银行提供贷款为主，导致出现债务率过高的状况。因此，建设特色小镇切记不要把债务比例搞得太高，可由各企业带着生产要素投资入股，尽可能扩大股权融资，把债权融资保持在一个适当比例。

总之，特色小镇建设正在探索，现在全国搞的最好的应当是浙江，已经建了 78 个特色小镇。中西部地区要研究浙江特色小镇的经验，要研究借鉴国外的特色小镇的经验，改变中国的城乡布局和城乡的面貌，支撑未来十几年、几十年中国经济的持续增长。

【按二】本次演讲内容发表在 2017 年 9 月 4 日《中国城市报》。

8 月 30 日 9 时 20 分，在新浪发表《城镇化方向将从大城市转向特色小镇》一文。

【按】通过在小镇上发展专业化协作，降低成本，能够形成更高的竞争力，这将改变中国城镇化的走向。

9 月 2 日，与同济大学校长、副校长商谈组建绿色发展研究院事宜。

9 月 10 日，与高尚全、金立群同志讨论亚投行运营及国际投资问题。

9 月 20 日，参加深圳天使板开业。

10月16日，在深圳会见龙岗区区长戴启远，商谈建立新伟泛公司科研基地。

10月31日，在北京万寿宾馆会见作家墨白和诗人、评论家江媛。

10月，郑新立、徐伟、綦鲁明合著《从计划到市场——中国计划投资体制改革40年》一书由广东经济出版社有限公司出版。

【按】《从计划到市场——中国计划投资体制改革40年》一书，是广东经济出版社出版的“复兴之路：中国改革开放40年回顾与展望丛书”中的一种。我国改革开放已经经历了40年的光辉历程，创造了世界经济发展的奇迹。此书回顾总结了40年来计划投资体制改革的历程，改革开放之路经历了哪些磨难，积累了哪些经验，履行了哪些实践，取得了哪些成就，这些都值得我们去探讨、研究与弘扬。该书由郑新立、徐伟、綦鲁明共同讨论形成提纲，共分为17章，按照历史发展的脉络，围绕是搞计划经济还是搞市场经济这一重大改革问题，回顾总结了40年来计划投资体制改革的历程，展望了未来的发展前景。

10月，国经基金公司徐岩、谭平、曾博林来家中，商谈《奇迹是如何创造的——中国改革和发展40年轨迹》一书英文版由商务印书馆出版发行事宜。

11月1日，出席在北京万寿宾馆举行的“丁酉年世界郑氏拜祖大典北京筹备会”并讲话。

【按】筹委会由荥阳市人民政府世界郑氏联谊中心、世界郑氏网举办。

11月3日至15日，出访瑞典、挪威，考察了斯德哥尔摩市哈马碧生态社区，与中国驻瑞典大使桂从友探讨了瑞典福利社会和社会民主党的政策。

11月20日，在井冈山干部学院讲课，题目是《为实现中华民族伟大复兴的中国梦而奋斗——学习习近平总书记在党的十九大的报告》。

12月1日，上午参加由科技产业协会主办的科技创新论坛。下午参加由中国石油天然气研究院举办的油气发展论坛。

12月15日，在广西大厦参加由广西区委副书记孙大伟召开的咨询专家座谈会。

12月26日，在珠海市参加由鼎晖基金召开的"新时期投资机遇讨论会"。

附录

2017年	中外政治、经济大事记
3月31日	国际货币基金组织首次公布全球人民币外汇储备持有情况：截至去年第四季度，人民币外汇储备达845.1亿美元，占参与官方外汇储备货币构成报告成员外储资产的1.07%
4月	国际货币基金组织与世界银行春季年会在美国举行
5月1日	全面推行营改增，将建筑业、房地产业、金融业、生活服务业全部纳入
6月20日	摩根士丹利资本国际公司宣布，开始将中国A股纳入其新兴市场指数和全球基准指数
6月1日	美国总统特朗普在白宫宣布，美国将退出《巴黎协定》

6月7日　包括中国在内的67个国家和地区的政府代表在法国巴黎共同签署了《实施税收协定相关措施以防止税基侵蚀和利润转移的多边公约》

6月15日　亚洲基础设施投资银行批准总额约3.24亿美元的三个新项目，其中包括向印度基础设施基金提供1.5亿美元的股权投资，这也是亚投行首个股权投资项目

9月　在福建厦门举办金砖国家领导人第9次会晤

10月10日　美国芝加哥大学商业研究生院行为科学与经济学教授理查德·塞勒（1945—）因对“行为经济学领域的贡献”而获得诺贝尔经济学奖

11月24日　中国与联合国亚太经社会在曼谷合办“一带一路”政策研讨会，30多个亚太经社会成员的150余名代表与会

11月24日　出台的《铁路“十三五”发展规划》提出，到2020年全国铁路营业里程达到15万公里，其中高速铁路3万公里，复线率和电气化率分别达到60%和70%左右

后记

一个人的经济理论编年

2015年春天，我们着手进行《亲历中国经济70年：郑新立经济理论纪年》的编撰工作，历时三年收集整理资料、采访及编撰工作，现在终于完稿。

我们把《亲历中国经济70年：郑新立经济理论纪年》的内容分为四编。

《第一编：1945年至1980年》记述的是谱主从出生到获得中国社会科学院研究生院经济学硕士学位以前的经历。从1945年到1964年进入北京钢铁学院学习止，是谱主对中国农村社会逐渐了解的过程；从大学到邯郸冶金矿山建设指挥部工作期间，是谱主对中国国有企业逐渐了解的过程；之后三年的研究生生活，则是谱主逐渐深入经济学领域研究的过程。从社会学到经济学，这些最基础的研究经历，为谱主后来构建经济理论体系，打下了坚实基础。

《第二编：1981年至1999年》记述的是谱主从中共中央书记处研究室到国家计委工作的经历，特别是在国家计委工作的13年里，经历了邹家华主政时期的“简政放权工作”、陈锦华主政时期的“抑制通胀政策”、曾培炎主政时期的“扩大内需政策”，是谱主人生历程中的一个重要阶段。

《第三编：2000年至2008年》记述的是谱主在中共中央政策研究室工作的经历。

《第四编：2009年至2017年》记述的是谱主退休后参与创办中国

国际经济交流中心至今的经历。

我们视《亲历中国经济 70 年：郑新立经济理论纪年》为中国经济 70 年发展进程中，一部由一个人的经济理论体系编撰而成的编年史。

这部编年史的纲领，来源于郑新立先生先后参与起草的中共四次三中全会有关改革的文件，这些文件决定了中国经济发展的走向，包括：十四届三中全会提出建立社会主义市场经济体制，包括市场主体、市场体系、宏观调控体系和法律体系；十六届三中全会关于完善社会主义市场经济体制；十七届三中全会关于农村体制改革；十八届三中全会关于全面深化改革；来源于郑新立先生参与的国家“八五”“九五”“十五”“十一五”“十二五”五个五年计（规）划与中国共产党十七大和十八大两届报告的起草。

郑新立先生从 1981 年进入中共中央书记处研究室工作以来，开始了长达近 40 年对中国经济政策的研究与经济理论的探索。他公开发表的文章和著作，几乎涵盖了改革开放 40 年来中国社会的多个领域。郑新立经济理论体系的一个重要特征，就是把来自顶层设计的经济政策与中国社会的经济实际相结合，在实践过程中进行大量的社会调查和课题研究，他关注到这个时期中国经济发展的多个方面。郑新立经济理论体系的另一个重要特征是，他对世界不同国家经济理论和成功经验的借鉴，并在中国经济发展过程中的实践与运用。

经济基础决定上层建筑。《亲历中国经济 70 年：郑新立经济理论纪年》通过一个人的经济理论纪年，不但再现了新中国成立以来，尤其是改革开放 40 年来经济的成长脉络与发展历程，而且为后来者研究中国经济形势、经济的转型、改革与发展，提供了极为重要的参考依据；《亲历中国经济 70 年：郑新立经济理论纪年》不但呈现出这个时期的中国因受经济影响，由政府、军队、警察、法庭、监狱等国家机器与其他党派和组织所构成的国家体制与社会制度，而且为后来者研究这个时期中国的经济制度的形成提供了第一手资料。总之，《亲历中国经济 70 年：郑新立经济理论纪年》中所传达的信息极其丰富，几乎与这个时期的每一个中国人相连，我们每一个人多多少少都能从中获取与自己的生活和命运息息相关的信息。

我们在每一章的终结处，编选了当年中外政治、经济大事记，其目的是让这部一个人的经济理论编年史与整个时代的历史进程相呼应。

在此，我十分感谢郑新立先生在本书的编撰过程中多次接受我们的访谈；感谢广东湛江雷州北和南岭郑华（郑宜金）先生，感谢河南省郑文化研究院郑朝增秘书长、郑城先生，感谢河南省荥阳市人民政府世界郑氏联谊中心郑天强先生对编撰本书的大力支持与无私相助！

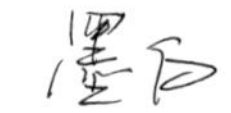

2018 年，北京